Bernard Willms / Paul Kleinewefers

Erneuerung aus der Mitte

Bernard Willms / Paul Kleinewefers

Erneuerung aus der Mitte

Prag – Wien – Berlin

Diesseits von Ost und West

Busse Seewald Herford

CIP-Titelaufnahme der Deutschen Bibliothek

Willms, Bernard:
Erneuerung aus der Mitte :
Prag – Wien – Berlin ; diesseits von Ost u. West /
Bernard Willms ; Paul Kleinewefers. –
Herford : Busse Seewald, 1988
ISBN 3-512-00825-9
NE: Kleinewefers, Paul:

Satz und Druck: Busse Druck, Herford
Buchbinderei: Klemme, Bielefeld
Printed in Germany

ISBN 3-512-00825-9

Inhalt

»Endlich ist Deutschland das Mittelstück des ganzen europäischen Kontinents, infolgedessen die deutschen Angelegenheiten – mehr, als in irgendeinem anderen Lande geschieht – sich in die europäischen Angelegenheiten verlaufen. Darum steht die innere Gestaltung Deutschlands in unmittelbarem Zusammenhang mit der europäischen Politik ...« *Constantin Frantz, 1879*

»Für die Vereinigten Staaten würde der Verlust des europäischen Vorpostens bedeuten, daß sie eine Schlacht verloren hätten, für uns aber würde es Krieg bedeuten mit dem höchstwahrscheinlichen Ausgang unseres gänzlichen Endes. ... Es liegt im Interesse der Europäer, alles zu tun, um die UdSSR davon zu überzeugen, daß der Konflikt nicht auf Europa begrenzt bliebe; die Vereinigten Staaten haben ein Interesse daran, die Möglichkeit einer Begrenzung auf und innerhalb Europas für möglich zu halten. Der bestmögliche Ausgang für die Vereinigten Staaten wäre der begrenzte Konflikt – für uns wäre er das Schlimmste, was passieren kann.« *Régis Debray, 1985*

»Die Interessensolidarität dieser Völkerzone ergibt sich aus der gleichen Gefahr, Mahlgut zwischen zwei Mühlsteinen zu werden. *Karl Renner, 1915*

Vorwort

Wer sich in der Politik der Geschichte nicht bewußt ist, kann für die Gegenwart nur Ahnungslosigkeit an den Tag legen.

Wer wie ein Blinder, schutzsuchend bei Einäugigen, durch die Gegenwart stolpert, wird vor jeder Veränderung, die die Zukunft unausweichlich bringt, zurückschrecken.

Wer Unkenntnis der Geschichte und damit seiner eigenen Herkunft, Ahnungslosigkeit in der Gegenwart und Angst vor den Veränderungen der Zukunft verbindet, der kann weder die Entschlossenheit noch die Entschiedenheit aufbringen, die von jeher für eine selbstbewußte Politik notwendig sind. Er wird die für die Politik notwendigen Grundlagen durch Gesinnung, Parteilichkeit und vor allem durch Ideologie zu ersetzen suchen.

Eine solchermaßen ideologisierte Politik führt zu Opportunismus. Opportunistische Politik macht korrupt, korrupte Politik läßt das Volk verkommen. Ideologie, Opportunismus und Korruption führen dazu, politische Defizite durch Phraseologie zu ersetzen.

Das Bewußtsein vom eigenen Volk wird zum »Verfassungspatriotismus« gemacht. Der Notwendigkeit, Zukunftsaufgaben zu lösen, geht man durch Propagandaformulierungen und Öffentlichkeitsarbeit aus dem Wege. Jede konkrete Forderung läßt den so beschriebenen Politiker zusammenzucken und veranlaßt seine Medien, ihm die Welt oder besser sein Bild von dieser Welt wieder zurechtzuschreiben. Nichts wird so gefürchtet wie eine Veränderung des Status quo.

Mit Recht wird darauf hingewiesen, daß sich alle Fronten in Europa und besonders um Deutschland herum zu verschieben beginnen. Selbst Politiker des eingangs charakterisierten Schlages sprechen davon, daß etwas in Bewegung geraten sei – ihre eigenen Bewegungen gleichen dann aber eher dem ziellosen Aufflattern bereits geköpfter Hühner oder – je nach Temperament – dem des legendären Straußes.

Aber die Situation in Europa *hat* sich verändert, und es ist eine der wichtigsten Aufgaben politischer Wachsamkeit, diese Veränderungen dahingehend zu analysieren, wie weit sie eigenen Zielen nutzbar gemacht werden können. Freilich muß man sich über die »eigenen Ziele« im klaren sein und sich diese nicht von großen Brüdern vorschreiben lassen.

Um eigene Ziele zu sehen, muß das Bewußtsein eines »wir« da sein. Ein deutscher Politiker, der den Namen verdienen will, denkt an Deutschland, und zwar nicht nur in der Nacht. Es ist ein historischer Irrtum größten Ausmaßes zu glauben, die Bundesrepublik Deutschland und die Deutsche Demokratische Republik werden sich auf Dauer stabilisieren und etablieren. Ihre Existenz verdanken sie den USA und der UdSSR; diese können an der Weiterexistenz beider Staaten in Deutschland interessiert sein, aber sie müssen es nicht. Und die Zeichen mehren sich – zumindest für die Bundesrepublik Deutschland –, daß sich die Einstellung der USA gegenüber der Bundesrepublik zu ändern beginnt. Schon reagiert man in der Bundesrepublik Deutschland auf die Gefahr, den großen Schutzschild der USA möglicherweise in näherer oder fernerer Zukunft zu verlieren, damit, mit dem kleineren »Schutzschild« Frankreichs zu liebäugeln. Aber Frankreich mag sich einen Freund der Bundesrepublik Deutschland nennen, die Verlautbarungen führender Politiker mögen zunehmend deutlicher in Richtung einer starken Interessengemeinschaft zielen: Es ist jedoch noch keinem Franzosen gelungen zu zeigen, daß Frankreich die Politik von 1648 verlassen hat – also die Politik der eigenen Stärke und der Zersplitterung Mitteleuropas.

Frankreich ist ebensowenig an Veränderungen in Mitteleuropa interessiert wie die USA – von England ganz zu schweigen. Inwieweit die russische Interessenlage unter dem neuen Generalsekretär Änderungen unterworfen sein könnte, das bleibt abzuwarten. Wenn denn jemand anders an Europa in einem substantiellen Sinne interessiert ist – und nicht bloß an »Verwestlichung« oder an geistiger und politischer »Ostintegration«, dann müssen es die Deutschen sein, deren Land die Teilung Europas in sich selbst auszutragen hat. Und wenn es anders richtig ist, daß eine Lösung der deutschen Frage nur in einem europäischen Zusammenhang wirklich werden kann, dann muß an diese Lösung in einer Bemühung herangegangen werden, die die Ost-West-Teilung dadurch überwindet, daß sie zunächst einmal die Denkvoraussetzung für eine eigene, zentraleuropäische Position formuliert.

Dies versucht das hier vorgelegte Buch. Hierbei konnten die in der Bundesrepublik Deutschland gegebenen Möglichkeiten freier Forschung und freier öffentlicher Diskussion genutzt werden. Da solche

Möglichkeiten in der Deutschen Demokratischen Republik – zumindest bis heute – nicht gegeben sind, konnte dieses Buch die wirklichen Meinungen, Ansichten, Vorstellungen und Anregungen aus dem Bereich der DDR nicht einbeziehen. Aber »Perestroika« und »Glasnost«, die der neue Generalsekretär der KPdSU, Gorbatschow, in seinem Land durchzusetzen sucht, lassen uns hoffen, unsere hier niedergelegten Gedanken eines Tages unter Mitwirkung auch der Deutschen aus der DDR als gesamtdeutsche Ideen weiterentwickeln zu können.

Dies Buch bleibt nicht dabei stehen, nur eine neue Denkgrundlage zu erarbeiten. Es entwickelt – unter dem Titel der »Zentraleuropäischen Föderation« – einen umfassenden Problemaufriß und stellt damit einerseits jede Art von Status-quo-Denken zur Disposition, wie es sich andererseits mit allen Problemen befaßt, die eine wirkliche politische Einigung Zentraleuropas unter Anerkennung aller historisch gewordenen Realitäten und unter Veranschlagung der Interessen *aller* Beteiligten mit sich bringen wird.

Vor allem kommt es darauf an zu zeigen, wie die bestehenden Gemeinsamkeiten, die die beteiligten Völker in ihrem historischen Schicksal, in ihrer kulturellen Prägung und in ihrer politischen Lage aufweisen, zu einer Zukunft aufgeschlossen werden können. Daß solche Gemeinsamkeiten auch für andere Nationen in Ost und West aufgezeigt werden könnten, ist den Autoren klar. Aber die grundlegenden Probleme werden mit dieser Erinnerung nicht prinzipiell verändert. In diesem Sinne könnte die hier vorgeschlagene Lösung durchaus auch Modellcharakter für weitere europäische Perspektiven haben.

An diesem Buch haben drei Generationen gearbeitet: *Paul Kleinewefers* ist 1905 geboren und bekannt als niederrheinischer Unternehmer ebenso – und darüber hinaus – wie als Autor seiner Biographie, die gleichzeitig ein Bericht über Zeit- und Wirtschaftsgeschichte ist und den Titel trägt: »Jahrgang 1905«. *Bernard Willms,* Jahrgang 1931, ist Universitätsprofessor für politische Wissenschaften, vor allem für politische Philosophie und Geschichte der politischen Ideen. *Dag Krienen,* Jahrgang 1960, ist angehender Historiker.

Als Autoren treten hier nur Bernard Willms und Paul Kleinewefers auf – sie verantworten so Inhalt und Form. Dag Krienen ist für die unermüdliche Zuarbeit in der Beschaffung historischer Unterlagen sowie für manche kritische Bemerkung aus der Sicht seiner Generation zu danken. In dieser vorliegenden Form ist das Buch im wesentlichen das Ergebnis jahrelanger fruchtbarer Zusammenarbeit, ständiger Diskussionen und intensiver gegenseitiger Prüfung des je Geleisteten durch die beiden unterzeichneten Autoren. Sie wiederum sind so zahlreichen Gesprächs- und Korrespondenzpartnern der letzten Jahre für so viel Anregung und so vielen praktischen Helferinnen und Helfern zu Dank verpflichtet, daß diese hier nicht alle aufgezählt werden sollen – zumal die beiden Autoren allein die Verantwortung für dieses Buch, seine Analysen und seine Urteile übernehmen.

Bochum und Krefeld, Frühjahr 1988

BERNARD WILLMS
PAUL KLEINEWEFERS

I. Die Lage Europas und das Konzept der Zentraleuropäischen Föderation

Europas Weg im 20. Jahrhundert

Drei große Entwicklungslinien bestimmen die politische Weltgeschichte des 20. Jahrhunderts: die Entkolonialisierung, die Entwicklung der nuklearen Waffentechnik und das Ende der zentralen Bedeutung Europas. Daß diese drei Vorgänge miteinander im Zusammenhang stehen, liegt auf der Hand. Ihre Bedeutung und ihr Stellenwert in unserem weltpolitischen Bewußtsein sind jedoch unterschiedlich.

Für diejenigen, die die Entwicklung miterlebt haben, dürfte der Vorgang der *Entkolonialisierung* der erstaunlichste sein. War vor 50 Jahren eine Aufteilung der Welt in sogenannte Mutterländer und in Kolonien noch selbstverständlich, so hat sich die Umwandlung der Erde zu einem Pluriversum von Nationen und selbständigen politischen Einheiten so rapide vollzogen, daß diese vielleicht folgenreichste Entwicklung den jüngeren Generationen kaum noch im Bewußtsein ist. Persönlichkeiten der Entkolonialisierung wie Gandhi, Mao Tse Tung, Che Guevara, Lumumba oder Ho Tschi Minh, deren Leben, Lehren und Kämpfe kurze Zeit das politische Denken, mehr noch die politische Phantasie von Studentengenerationen beschäftigte und den verschiedensten »Bewegungen« in Amerika und im Europa der sechziger Jahre zu mehr oder weniger fanatisch aufgenommenen Vorbildern dienten, sind bereits vergessen. Das Ergebnis dieses welthistorischen Vorgangs der Entkolonialisierung entspricht freilich nicht den Phantasien von weltweiter Befreiung oder »Emanzipation«, die die politische Phantasie wohlstandsverwöhnter und leicht entflammbarer Generationen jeweils zu unverbindlicher, aber desto intensiver gefühlter Solidarität und Engagement beflügelt hatten. Aber das Angesicht der Erde hat sich tatsächlich verändert. Natürlich gibt es immer noch große und kleine, mächtige und schwache, reiche und arme, zentrale und periphere Nationen, und noch immer finden sich nicht nur die unterschiedlichsten Regierungs- und Verfassungsformen, sondern auch die unterschiedlichsten Grade von innerer Stabilität. Aber prinzipiell ist der Globus aufgeteilt in Nationen, die wenigstens formal und völkerrechtlich dadurch definiert sind, daß sie eine eigene Politik von sich selbst her entwickeln, daß sie ihre eigenen Interessen wenigstens zum Ausdruck bringen können, daß es keinen Kolonialstatus mehr gibt und daß sie alle zu souveränen Subjekten des Völkerrechts geworden sind.

Die Entwicklung der *nuklearen Waffentechnik* hat nicht nur den herkömmlichen grundlegenden Unterscheidungen von Krieg und Frieden einen völlig neuen Sinn und eine andere Qualität verliehen, sie ist auch der Motor für den entscheidenden Bruch im Bewußtsein vom Fortschritt der Zivilisation, ein Bruch, dessen Folgen so wenig absehbar sind wie seine einschneidende Bedeutung doch schon deutlich vor aller Augen steht. Auch hier muß an die Selbstverständlichkeit des technischen Fortschrittsglaubens erinnert werden, der noch nach 1945 die Menschen der fortgeschrittenen Industrieländer beseelte. Zwar war schon in den Erlebnissen der »Materialschlachten« des Ersten Weltkrieges hier und da der Gedanke aufgedämmert, daß das Verhältnis der Menschen zur Technik angesichts der vernichtenden Anwendungen und grauenhaften Auswirkungen zumindest neu überdacht werden müßte. Aber da die führenden Mächte, namentlich die USA, auch den Zweiten Weltkrieg im wesentlichen kraft ihrer Technik gewonnen hatten, und da vor allem die Amerikaner sich dadurch in ihrem politischen Auserwähltheitsbewußtsein bestätigt sahen, blieb das Verhältnis zur Technik auch nach 1945 zunächst scheinbar ungebrochen. Mittlerweile ist es aber gerade die Entwicklung der nuklearen Vernichtungsmittel, die das herkömmliche Fortschrittsdenken zum Teil schon bis hin zu irrationalen »Zurück-zu-Bewegungen« hin umgebogen hat. Zwar haben die Irrationalismen im Westen häufig den Charakter von nur vorübergehender Beunruhigung oder kurzfristigen und schnell die Moden wechselnden Bewegungen. Zwar scheint die sozialistische Welt aufgrund ihrer Ideologie ein scheinbar ungebrochenes Verhältnis zum technischen Fortschritt behalten zu wollen. Aber es muß doch festgestellt werden, daß die 40 Jahre, die die Menschen jetzt mit einer Technik leben, die sie selbst und ihre Umwelt scheinbar heillos bedroht, zumindest vorerst in den westlichen Ländern das Denken tiefgehend beeinflußt haben. Man kann vielleicht noch nicht erkennen, wohin sich dies Denken entwickeln wird, jedenfalls wird schon deutlich, daß nichts mehr so werden kann, wie es einmal war. Überlegungen zu ganz neuen Existenzweisen stehen auf der Tagesordnung.

Natürlich sind diese beiden bestimmenden Vorgänge des 20. Jahrhunderts, die Entkolonialisierung und die Entwicklung der nuklearen Vernichtungstechnik, auch von maßgebender Bedeutung für den dritten, nämlich das *Ende der zentralen Stellung Europas*.

Europa hatte seit dem 19. Jahrhundert eine Entwicklung genommen, in der seine großen Mächte den Charakter von »Weltmächten« annahmen. Eine Weltmacht in diesem Sinne war eine europäische Macht, die ihre politische Position in Europa durch überseeischen Kolonialbesitz abstützte und ergänzte. Der eigentliche Typ für diesen Zeitraum der europäischen Geschichte ist England und sein Imperium. Diese Entwicklung der europäischen Mächte zu Weltmächten wurde gebrochen, als Deutschland aufgrund seiner »kleindeutschen« politischen Einigung im Jahre 1871 versuchte, die Stellung einer solchen Weltmacht auch für sich einzufordern. Es zeigte sich nunmehr, daß Europa sich mit diesem Weltmächtekonzept selbst überfordert hatte. Die nationale Organisation Europas mußte bei dem Versuch der Durchsetzung dieses Weltmachtkonzepts die europäischen Mächte gegeneinander aufbringen. Der Erste Weltkrieg zeigte, daß eine Weltpolitik nach dem Muster einer von Europa ausgehenden Vorherrschaft von »Weltmächten« an ihr Ende gelangt war.

Erkennt man den Ausgang dieses Ersten Weltkrieges, der ja auch schon durch das von England betriebene Eingreifen der nichteuropäischen Macht USA entschieden wurde, als eine der wesentlichen Ursachen für den Ausbruch des Zweiten Weltkrieges, so wird das Scheitern der Weltmachtkonzeption Europas endgültig überdeutlich. Keine europäische Macht ist mehr Weltmacht – nicht einmal mehr Großmacht. Die Welt ist nicht mehr von Europa her geordnet, nicht mehr auf Europa bezogen, nicht mehr in Europa zentriert.

Eine weltgeschichtlich ganz neue Konstellation scheint allein beherrschend geworden zu sein: die Ausbildung zweier Supermächte, deren Antagonismus für die Welt, jedenfalls aber für Europa, ebenso eine tödliche Bedrohung darstellt wie ihr weltpolitisches Zusammenspiel über jede Selbstbehauptung Europas hinweggehen könnte.

Die Europäer haben sich längst angewöhnt, aus der »Not« der Entkolonialisierung eine politische und geschichtliche Tugend zu machen - zumal sich mannigfache Einflüsse und Verbindungen mit der »Dritten Welt« aus den aufgehobenen Kolonialverhältnissen heraus ergeben haben. Es versteht sich, daß für England, das tatsächlich von seinen Kolonien lebte, die Umstellung vom Imperium zur europäischen Mittelmacht am schwierigsten ist, während die anderen Länder, deren wirtschaftliche Entwicklung keineswegs so eindeutig mit ihrem Kolonialbesitz verbunden war, zwar jedes auf seine Weise, aber doch alle mehr oder weniger mit der Entkolonialisierung fertig geworden sind.

Die andere Entwicklung, die der nuklearen Vernichtungstechnik, wird zwar noch mehr als eine Bedrohung gesehen. Nach 1945 fragte man sich, wie denn die Menschen »mit der Bombe leben« können. Es hat sich mittlerweile herausgestellt, daß die Menschen »mit der Bombe« jedenfalls eher leben können als mit mehr als 0,15 Prozent Kohlenmonoxyd in der Atemluft. Zudem erscheint das Problem der nuklearen Vernichtungstechnik ja zunächst als Problem der beiden Supermächte. Sie allein scheinen überhaupt noch Weltpolitik machen zu können – und zu müssen. Es gibt zwar die »Dritte Welt« und die »Blockfreien«; ihre zunehmende Bedeutung – man denke an die Entwicklungen in China, Indien, Südostasien oder Brasilien – darf nicht unterschätzt werden! Aber das Schicksal der Welt scheinen vorläufig noch nur die ganz großen, eben die Supermächte zu bestimmen. Die Politik des Weltmachtstrebens hat Europa in seiner nationalen Organisation scheinbar endgültig an den Rand des Weltgeschehens gebracht. Die Konfrontationspolitik der Supermächte hat Europa überdies geteilt, und zwar aufgrund der Ergebnisse des Zweiten Weltkrieges durch eine Teilung Deutschlands, in der sich die Teilung Europas konkret darstellt.

Es sieht so aus, als hätten die Europäer die beiden ersten welthistorischen Entwicklungen besser verarbeitet als die dritte, als wären sie mit der Tatsache, nicht mehr Mittelpunkt der Welt zu sein, überhaupt noch nicht fertig geworden. Viel mehr als ein perspektivenloses Sich-Abfinden ist jedenfalls noch nicht entwickelt worden.

Die Politik der europäischen Mächte als Weltmächte, also der Versuch, auf der Basis der europäischen Nationen ein System von Weltmächten aufzubauen, ist im Zweiten Weltkrieg endgültig gescheitert. Die europäische Expansion wurde weltweit abgeblockt, Europas Energien, soweit sie der Krieg nicht aufgezehrt hatte, wurden auf sich selbst zurückgebogen. Europa wurde in einer sein bisheriges Selbstverständnis erschütternden Weise auf sich selbst zurückverwiesen. Dieser objektiven Situation entsprach dann auch folgerichtig eine neue Selbstbesinnung. Das Prinzip des Nationalstaates schien als ganzes gescheitert oder überholt zu sein, und deshalb entwickelten sich vielerorts Ideen und Vorstellungen einer neuen europäischen Gemeinsamkeit, ältere Europa-Ideen wurden wieder aufgenommen.

Namentlich in Deutschland mußten solche Ideen großen Einfluß gewinnen. An der Verlierernation des Zweiten Weltkrieges mußte sich das Problem der gescheiterten Weltmacht am deutlichsten zeigen. Zweifellos spielte dabei nicht nur der Schock der katastrophalen Niederlage, sondern auch die Belastung mit der Alleinschuld an den Kriegen des Jahrhunderts eine Rolle. Deutschland war objektiv die Ursache für eine Entwicklung, die das Prinzip der nationalen Organisation des Kontinents endgültig zum Scheitern verurteilt zu haben schien. Ebenso kurzsichtig wie jene Belastung Deutschlands mit der Alleinschuld am Zusammenbruch des Kontinents war es aber, mit dem Bade des europazentrischen Nationalimperialismus nun auch das Kind der Idee der Nation auszuschütten. Aber ein Bekenntnis zu etwas Größerem oder mindestens zu etwas ganz Anderem, auch vielleicht Höherem, lag den Deutschen um so näher, als sie, indem sie zunächst für sich dem Prinzip nationaler Politik abschworen – von der Idee des Reiches ganz zu schweigen –, damit auch von sich als Nation ablenken konnten. Freilich wurde gerade hier das eigentliche Verhängnis für Europa, nämlich die Konstellation der Sieger, sehr bald deutlich.

Die Deutschen innerhalb des Machtbereichs der Sowjetunion wurden dazu gezwungen, ihr Heil in einem Sozialismus zu suchen, dessen theoretische Grundlagen sie, die Deutschen, durch Karl Marx immerhin selbst entwickelt hatten, dessen praktische Seite aber von russischen Verhältnissen geformt war und von den Deutschen im Machtbereich der UdSSR übernommen werden mußte. Jetzt erschien dieser Sozialismus als reale Möglichkeit, sich in eine höhere politische Form hinein aufzuheben, die das Prinzip der Nation scheinbar geschichtlich überholen konnte oder schon überholt hatte. Daß dies auch im Osten nur eine Illusion war, wurde den Deutschen in der DDR erst später klar; erst in der Gegenwart versuchen sie, nationale Tradition wieder in ihr politisches Bewußtsein einzuholen. Im Westen vollzog sich, unter dem Einfluß namentlich der USA, zwar nach dem Scheitern des Nationalsozialismus eine anfangs noch umstrittene, schließlich aber doch eindeutige »Zurückwendung zum Kapitalismus«. Aber damit war, im Gegensatz zu dem Teil Deutschlands, der im sowjetrussischen Einflußbereich lag, weniger eine eindeutige politische Form und Einbindung verbunden als eben primär ein Wirtschafts- und Gesellschaftssystem.

Dies System war zwar, und dies wurde für die Entwicklung Europas wesentlich, durch eine Frontstellung gegenüber dem sozialistischen Osten und folglich durch eine zunehmende Verhärtung der europäischen Teilung bestimmt, aber für die politische Ausgestaltung schienen verschiedene Möglichkeiten offen zu bleiben. In dieser Situation sahen viele Angehörige europäischer Nationen eine Zukunft in einer Politik, die die nationalen Prinzipien und Interessen zugunsten europäischer Ideen und übergreifender Organisationsformen hintanstellen sollten. Namentlich die Westdeutschen wurden aus den angegebenen Gründen zu überzeugten Europäern. Es setzte eine förmliche »Europa-Bewegung« ein, die, wie jedermann weiß, auch nicht ohne entsprechende Organisationen bleiben sollte.

Daß die gegenwärtige Gestalt des damals angestrebten Europa längst nicht den Vorstellungen entspricht, die nach 1945 die wenigen großen und die vielen kleinen Europäer beflügelten, liegt jedoch nicht nur daran, daß großartige Ideen, wenn man sie in die Wirklichkeit umsetzt, notwendigerweise an Glanz verlieren. Der Gedanke von einem geeinten Europa stand als politikanleitende Vorstellung vielmehr von Beginn an unter bestimmten Widersprüchen.

Erstens sollte Europa in der politischen Vorstellungswelt der Nachkriegseuropäer das Prinzip der Nation überholen. Nationen konnten zwar, wie die Geschichte zeigt, in Bündnissen und Bündnissystemen zusammenarbeiten, aber politisch blieben sie doch immer und notwendigerweise auf sich selbst bezogen. Ihre Politik mußte sich am Maße des eigenen Interesses messen. Das Nebeneinander von politischen Gebilden, die vor allem und zuerst auf sich selbst bezogen waren, führte aber dazu, daß sie unter dem Gesichtspunkt der eigenen expansiven Entwicklung von Nachbarn zu Konkurrenten, von Konkurrenten zu Feinden wurden. Das Prinzip der Nation wurde also zum Prinzip von gegeneinander gerichteter Politik und schließlich als kriegstreibend und kriegsauslösend schlechthin angesehen.

Nun war es aber bei näherem Hinsehen nicht die Existenz der Nationen als solche, die die Mächte gegeneinander aufbrachte, sondern die Politik der Expansion im Weltmachtstil, also der Nationalimperialismus, der als historische Ursache für die katastrophalen Weltkriege des 20. Jahrhunderts angesehen werden muß. Mit dem Nationalimperialismus nun aber auch das Prinzip der Nation überhaupt mit einer Europa-Idee zu überwinden, war der erste Widerspruch, der alle Europapolitik belasten mußte. Denn für die Beurteilung aller Wege zu einer europäischen Politik und für die Beurteilung aller darauf gerichteten wirtschaftlichen, institutionellen oder sonstigen politischen Maßnahmen und Vorhaben blieb letztlich doch der nationale Selbstbezug, also der Maßstab der Nationalstaatsraison oder das nationale Eigeninteresse allein übrig. Und dies konnte nicht einfach mit dem moralisierenden Vorwurf nationalen Egoismus abgelehnt werden.

Europapolitik konnte – wenigstens zunächst – gar nicht anders als im Interesse der jeweiligen Nationen betrieben werden und dies vor allem unter dem Gesichtspunkt von deren demokratischer Organisation. Diejenigen, denen das demokratisch verfaßte Volk ein politisches Mandat gibt, werden von eben diesem ihrem Wahlvolk zunächst und unausweichlich danach beurteilt, inwieweit sie die Interessen dieses Volkes vertreten und dessen Bedürfnisse befriedigen. Das Interesse an Europa aber konnte nur ein abgeleitetes Interesse sein, das nationale Hemd blieb stets näher als der europäische Rock. Europa konnte also vor allem dort Erfolge haben, wo die europäische Kooperation den beteiligten Nationen handfeste Vorteile versprach, also im Bereich etwa des Wirtschaftlichen. Aber Europa als Idee läßt sich als Markt nicht hinreichend definieren.

Bei den Westdeutschen lagen die Dinge etwas anders. Zunächst blieb ihnen nichts anderes übrig, als sich mit allen Kräften dem wirtschaftlichen Wiederaufbau zu widmen. Politisch jedoch konnten sie, aufgrund der moralischen Dimension der nationalen Niederlage, ein weit stärker empfundenes Interesse an Europa als politischer Idee deshalb entwickeln, weil sie damit quasi von sich selbst und ihrer Vergangenheit ablenken konnten. Sie wurden in eine Lage gebracht, in der sie die Absage an die Nation für sinnvoll, ja sogar für – ihrer Lage entsprechend – zweckmäßig halten konnten. Aber die siegreichen Nationen bzw. jene, die sich auf deren Seite geschlagen hatten, teilten dies Interesse durchaus nicht; sie beharrten wie selbstverständlich auf dem nationalen Standpunkt. Daß die Deutschen ihrer Nation abschworen, wurde vom Ausland her begrüßt, insofern es den nationalen Interessen der anderen entgegenkam. Aber mit einer Absage an das nationale Prinzip als solches mußten die Deutschen durchaus allein bleiben.

Die Europa-Idee aber mußte nicht nur an diesem Widerspruch scheitern. Es wäre immerhin denkbar, daß aus einer zunehmenden Verflechtung mit wirtschaftlichen Vorteilen für alle Seiten auf die Dauer eine Bewegung in der Richtung einer weitergehenden politischen Einigung entstehen könnte. Nach solchen Vorstellungen hatten die Theoretiker der »europäischen Integration« sich dieselbe auch vorgestellt: aus den Bereichen wirtschaftlicher, technischer und kultureller Zusammenarbeit sollte sich ein Überlaufeffekt – »Spill-over« – in eine Politik ergeben, die auch zum politischen Zusammenschluß führen sollte.

Diese Vorstellung ist durch die verzögerte und für die überzeugten Europäer so enttäuschende Entwicklung der westeuropäischen Wirklichkeit noch keineswegs endgültig widerlegt. Die Entwicklung eines europäischen Bewußtseins im Sinne der Einsicht, daß Europa auch zum »Hemd«, also zum wirksamen Interesse werden könnte, wäre durchaus nicht prinzipiell unmöglich, wenn die Illusion, die Basis des nationalen Prinzips zu beseitigen, aufgegeben würde. Ein »Europa der Vaterländer«, wie es de Gaulle vorgeschwebt hatte, ist ja durchaus keine politische Absurdität.

Freilich muß sich nun mit Macht der zweite Widerspruch zur Geltung bringen. Die Vereinheitlichung Westeuropas, soweit sie in Verbindung mit den USA politische Gestalt angenommen hat, ist wesentlich motiviert aus dem Gegensatz zu dem von der Sowjetunion dominierten osteuropäischen Sozialismus. Und es ist diese Frontstellung, die alle Ideen von Europa, soweit sie aus dem Westen stammen, ad absurdum führt. Denn einem Europa, das sich in seiner Zukunftsperspektive nur auf Westeuropa richten kann, fehlt notwendigerweise die geschichtliche Substanz, der reale Boden, von dem her solche Perspektiven in die Wirklichkeit umgesetzt werden könnten. Eine Europa-Idee, die sich nur auf Westeuropa bezieht, kann sich zwar auf sogenannte Realitäten beziehen, die nun einmal die Situation bestimmen würden. Aber dergleichen politische Tagesrealitäten bestimmen die Situation nur vordergründig und oberflächlich. Die politische Situation Europas wird vor allem in der Tiefendimension der eigenen Geschichte und in der Wirklichkeitsdimension der konkreten Situation bestimmt.

Europa als Westeuropa ist im genauen Sinne eine schlechte Abstraktion. Eine schlechte Abstraktion ist es, von wesentlichen Umständen, die jedoch weitgehend die eigene Lage bestimmen, absehen zu wollen. Nirgendwo rächen sich schlechte Abstraktionen so hart und unerbittlich wie in der politischen Wirklichkeit. Eine politisch-geschichtliche Wirklichkeit wie »Europa« kann nicht willkürlich definiert werden, indem man von Gebieten, Völkern und Räumen, die geschichtlich zu Europa gehörten, einfach absieht.

Besteht man auf einem Teileuropa, indem man diesen Teil auf dem Wege über die Ideologie als das »eigentliche« Europa definiert, also zum Beispiel als »das freie«, so bleibt man damit ebenfalls – vielleicht oberflächlich – im Recht. Aber der Teil Europas, der diesen Freiheitsbegriff nicht teilt oder an ihm nicht teilhaben kann, wird dadurch um so nachdrücklicher zurückgewiesen – ja er muß dies als eine neue Art von Imperialismus ansehen: Die Fronten werden sich verhärten. So steht Europa sich weiterhin selbst im Wege.

Europapolitik im Sinne einseitiger Westbindung muß historisch wurzellos bleiben, kann politisch nur Teilerfolge zeigen und wird darüber hinaus aufgrund der fundamentalen Widersprüchlichkeit gerade auch durch Teilerfolge, d.h. Festigung der Beziehungen oder gar »Integration« der politischen Lage, die eigentliche Teilung Europas verstärken. Dies kann nun keineswegs bedeuten, daß nicht etwa die Bundesrepublik Deutschland sinnvollerweise Politik in Europa machen könne. Freilich würde man sich wünschen, daß ihre Europapolitik sich jene realistische Sicht der EG als Interessengemeinschaft zu eigen machen würde, die die anderen Beteiligten auszeichnet. Man würde dann Ungereimtheiten, wie der Tatsache, daß innerhalb der europäischen Agrarwirtschaft die Bundesrepublik Deutschland immer wieder den »Zahlmeister« spielen muß, daß dabei aber in Brüssel das Deutsche nicht einmal offizielle Verhandlungssprache ist, eher begegnen können. Auch ist die Zusammenarbeit mit Frankreich zweifellos ein Fortschritt gegenüber einer älteren, nationalistischen Auffassung vom »Erbfeind« Frankreich. Problematisch aber muß diese Pflege der gutnachbarlichen Verhältnisse zum Feind von gestern dann werden, wenn sie nicht im konzeptionellen Rahmen und als Teilbereich einer wirklichen Europapolitik vor sich geht, sondern wenn sie zusammen mit der Arbeit am Verhältnis zur europäischen Gemeinschaft an die Stelle von Europapolitik schlechthin rückt.

Kommt dazu noch die gleichfalls einseitige Betonung der ideologischen Westbindung, so wird diese Europapolitik sehr schnell als die wurzellose Scheinblüte deutlich, die sie in der Tat ist. Eine »Aussöhnung mit dem Westen« war nach den beiden Weltkriegen zweifellos ein großartiges Unternehmen. Die Aussöhnung mit dem Westen und jede politische Freundschaft mit dem Westen ist, und das ist der

Kernpunkt, aber nur auf der Basis der Anerkennung des Status quo Deutschlands zu haben. Die eigentliche Probe auf das Exempel solcher Freundschaften wäre aber die Anerkennung auch des deutschen Rechtes auf Selbstbestimmung, und zwar nicht nur als Lippenbekenntnis, das durch rituale Wiederholungen nicht glaubhafter wird.

Dies grundsätzlich auszuklammern, ist die Lebenslüge des Westens und vor allem Europas. Jede volltönende Rede von Europapolitik, die nur Westeuropa meint, ist historisch sinnlos, ideologisch haltlos, politisch zum Scheitern verurteilt. Jedes Festhalten an der »Verwestlichung« der Bundesrepublik Deutschland als einer historischen Errungenschaft verurteilt sich zur Ideologie des bloßen Status quo. Nur Ideologen des Status quo zu sein, hat man gerade deutschen Intellektuellen immer wieder vorgeworfen. Es wird in diesem Zusammenhang gerne an den Wilhelminismus und den Nationalsozialismus erinnert. Aber die aufrechten Verteidiger der »Verwestlichung« als Errungenschaft übersehen vollständig, daß sie sich genauso verhalten wie ihre damaligen »Kollegen«: nämlich den Status quo nicht nur loyal, sondern sogar aggressiv und bedingungslos zu verteidigen.

Der Hinweis darauf, daß es diesmal um einen Status quo ginge, der ideologisch »richtig« liege, wiederholt nur diese Abhängigkeit eines intellektuellen und politischen Konformismus. Irgend etwas Gutes läßt sich zu fast jedem Status quo sagen, und seine jeweilige Rechtfertigung ist nur eine Übung oberflächlicher Intelligenz. Aber Nonkonformismus ist immer schon das Grundprinzip jeder sich entwickelnden Wissenschaft und jedes ernsthaften politischen Denkens gewesen.

Westeuropa kann nie Europa sein. Von der Geschichte Europas bleibt in einer solchen künstlichen Konstruktion nur das »westliche«, das, was, zwar von Europa ausgehend, auf dem Weg über die neue Welt zu uns zurückgekommen ist. Es hilft nichts, wenn man versucht, aus der Not eine Tugend zu machen und die Verwestlichung Europas und namentlich Westdeutschlands als wichtigste Errungenschaft der Nachkriegszeit zu feiern. »Verwestlichung« ist nichts anderes als die Umschreibung dafür, daß den Europäern und namentlich den Deutschen in der Bundesrepublik eben nur der Westen übriggeblieben ist – aber dies geht an der Wirklichkeit Europas vorbei.

Sicher ist die Teilung tiefgehend und scheint kaum zu überbrükken. Aber dies kann nicht bedeuten, daß Mittel- und Osteuropa nicht mehr existieren. Will Europa eine Zukunft haben, muß es versuchen, sich unter Überwindung der Teilung in diese Zukunft einzubringen. Jeder erste Schritt müßte mit zentralen Gemeinsamkeiten rechnen und die eigentliche historische Substanz, die sich in West-, Mittel- und Osteuropa entwickelt hat, veranschlagen. Westeuropa als solches kann auf die Dauer nichts anderes sein als ein historisch-politisch unselbständiges Anhängsel »des Westens«, d.h. der USA, sowie umgekehrt ein Osteuropa der Anhängsel der UdSSR ist.

Die »Mitteleuropa«-Diskussion: Einwände und Zurückweisungen.

Neben selbsttäuschenden Reden, Plänen und Perspektiven, die »Europa« sagen, aber nur dessen Westen meinen, ist neuerdings in zunehmendem Maße von »Mitteleuropa« die Rede. Auf diese anhebende und schon recht vielstimmige Diskussion, die von dem amerikanischen Nachrichtenmagazin »Newsweek« schon Anfang 1987 als »dramatisches Comeback« eines politischen Konzepts »Mitteleuropa« bezeichnet wurde, soll hier in einigen grundsätzlichen Aspekten eingegangen werden.

Zunächst scheint ja eine solche mitteleuropäische Perspektive der Einsicht zu entsprechen, daß Europa nicht von der Peripherie her – Brüssel, Straßburg – begründet und gegründet werden kann. Auch scheint die Konzeption »Mitteleuropa« die Abstraktionen der bloßen Ausrichtung auf den Westen oder Osten vermeiden zu können. Vor allem aber müßte in einer ernstgenommenen Konzeption von Mitteleuropa eine Perspektive für die Überwindung der Teilung Europas liegen, die Europa und die Europäer daran hindert, ihre politische Existenz nach den Gesetzen ihrer eigenen Geschichte und ihres eigenen Raumes in die Hand zu nehmen. Es ist also sinnvoll, das historische Gewicht, das Verdienst oder einfach die Zugehörigkeit der Länder Ost-Mittel-Europas zu Europa, ja sogar zu dessen Kern, zu seiner »Mitte« hervorzuheben. Hier zeigt sich vor allem das Bestreben, für diese Länder und Völker eine selbständige geschichtliche Gestalt in Anspruch zu nehmen und zu zeigen, daß die abstrakte Rede von »Satelliten der Sowjetunion« nur dazu führt, das Auseinanderdriften Europas zu vergrößern und dessen Selbstbesinnung zu erschweren.

Dem Nachdenken über ein neues Konzept »Mitteleuropa« ist nun schon manches vorgeworfen worden. Zunächst konnte man lesen, es handle sich um eine nostalgische, eher unpolitische Erinnerung an die Zeiten, in denen Ost-Mittel-Europa, also namentlich die Tschechoslowakei und Ungarn, noch im Rahmen der k.u.k.-Monarchie vereint und einen selbstverständlichen Platz in einem großen Mitteleuropa gehabt hätten.

Insofern nostalgische und romantisierende Züge sich feststellen lassen, ist dieser Vorwurf natürlich auch berechtigt, aber eine bloß auf dieser Ebene angesiedelte Erinnerung an »Mitteleuropa« würde ohnehin keine bedeutende politische Wirkung entfalten können.

Ein anderer Vorwurf ist wesentlicher. Er richtet sich gegen die Seite eines neuen Nachdenkens über »Mitteleuropa«, die für Europa eine Chance eigengewichtiger Existenz in Distanzierung zu beiden Supermächten sehen will. Von seiten der Kritik (vgl. etwa *Kielinger* im Rheinischen Merkur, Christ und Welt, vom 19. 9. 1986) wird hier schweres Geschütz aufgefahren. Im Nachdenken über Mitteleuropa wird nichts weniger gesehen als ein Verrat am freien Westen. Als wenn die Möglichkeit, daß Mitteleuropäer auf Distanz zu beiden Supermächten gehen wollen, daß sie nach einer eigenständigen Position Europas von seiner Mitte her suchen, gleichbedeutend wäre mit der Absage an Freiheit und Demokratie! Als wenn Freiheit und Demokratie nur genauso aufgefaßt werden könnten, wie sie gegenwärtig im Westen verwirklicht sind! Wenn jede Besinnung darüber, ob es eine Alternative zur Weiterexistenz der in westlicher Abhängigkeit ebenso wie in östlicher lebenden Teile Europas geben könne, schon eben deswegen als Abfall von sämtlichen Errungenschaften der Nachkriegszeit und als Verrat an der Freiheit denunziert wird, so zeigt sich hier weniger das Engagement für die Freiheit als das bloße Sicherheitsdenken und die Ergebenheit an den Status quo, die eben diesen für der politischen Weisheit letzten Schluß hält.

Aber es gibt nie einen letzten Schluß in der Politik, und wer bloß auf dem Status quo beharrt und auf seinen Freiheitsprivilegien sitzt, wie Fafnir auf dem Nibelungenhort, der entwickelt politisch keine Zukunftsperspektiven. Wer eigene politische Schritte mit dem Hinweis auf Risiken und Veränderungen weit von sich weist, dem hilft es nichts, wenn er behauptet, ein solcher Verzicht auf Selbstbesinnung und Selbstbestimmung geschehe im Namen der Freiheit. Gerade die Berufung auf die eigenen Möglichkeiten, die Überlegungen für eigene Schritte, die Besinnung auf Gemeinsamkeiten, die die Mitteleuropäer als diese und nicht nur als je sich bloß vom Westen oder vom Osten her Verstehende haben, wäre erst die Bewährung jener Freiheit. Noch weiter führt der Einwand, es gäbe überhaupt keine Möglichkeiten eines »dritten Weges« zwischen West und Ost, ein Einwand, den exemplarisch J. G. Reißmüller in der »Frankfurter Allgemeinen Zeitung« vom 16. 09. 85 zusammengefaßt hat. Zunächst wird die scheinbare Alternative zwischen westlicher Demokratie und östlicher Diktatur, zwischen westlichem, liberalen Parlamentarismus und leninistischer Partei absolut gesetzt. Außerdem wird vorausgesetzt, daß ein Wirtschaftssystem auf irgendeinem »dritten Weg« notwendig weniger leistungsfähig sein müsse als die jetzige westliche Wirtschaftsordnung. Der Nachweis der größeren Leistungsfähigkeit der westlichen Wirtschaftsordnung ist nicht schwer zu führen – aber damit ist nichts über Europas eigene Möglichkeiten gesagt. Die Frage bleibt, ob und wieweit die Resultate dieser Ordnung von dem »Block«charakter des »Westens« abhängig sind. Für diese zu fordernde eindeutige Geschlossenheit des Westens werden dann vor allem Sicherheitsgesichtspunkte angeführt –, aber auch hier muß gefragt werden dürfen, ob europäische Sicherheit nicht auch unabhängig von den USA und der UdSSR wenigstens anzustreben sei. Zudem bleibt dabei die Frage nach der politischen Zuverlässigkeit der Supermacht USA im Bezug auf Westeuropa – von Zentraleuropa noch zu schweigen – ungestellt, und das politische Denken, das die Unmöglichkeit eines dritten Weges behauptet, beweist damit nichts anderes als seine politische Option für den Status quo. Als wenn mit jener Alternative »westliche Demokratie und leninistische Diktatur« die politischen Möglichkeiten der Welt oder Europas erschöpft wären. Die Festschreibung dieses Gegensatzes und dergleichen Behauptungen von der Unmöglichkeit eines dritten Weges sind nichts anderes als die Rechtfertigung bestehender Machtverhältnisse, die schon immer von beflissenen Nutznießern des Status quo in Ost und West geliefert worden sind. Sie entsprechen im Niveau einer Propaganda, die im Krieg die eigenen Soldaten zum Kampf bis zum Letzten mit der Parole anzufeuern sucht, der Gegner würde kein Pardon geben. Daß in Mitteleuropa Traditionen des Nachdenkens über politische Formen entstanden sind, die etwas sehr anderes sind als das, was gegenwärtig als »der westliche Liberalismus« angepriesen wird, können auf den Westen festgelegte Mitteleuropäer mittlerweile sogar von nonkonformistischen amerikanischen Historikern erfahren. So schreibt David P. Calleo in seinem Buch »Legende und Wirklichkeit der deutschen Gefahr« (Bonn, 1980) folgendes:

»In Wirklichkeit stellt die Unterdrückung der politischen Tradition des Idealismus eine der schädlichsten Nachwirkungen der Kriege Deutschlands dar, ein Eliminierungsvorgang, der damit begründet wurde, daß diese Tradition ›deutsch‹ sei« (S. 213). »Entzweiender Eigennutz, der eine Gesellschaft brüchig werden läßt, ist dann der ganz natürliche Zustand einer Gesellschaft, die kein größeres gemeinsames Ziel hat. Zeitweiliger Überfluß mag den Tag der Erkenntnis kurzfristig hinausschieben, aber früher oder später wird es zur Krise kommen... Denn kein gesellschaftlicher Apparat kann lange ohne eine kreative politische Vorstellung gedeihen. Die neo-liberale Tradition versucht, diese Vorstellung durch ihre Version des freien Marktes zu ersetzen. Das ist ein vergebliches Unterfangen, und es ist einer der Vorteile der idealistischen Tradition, daß sie dies besser weiß« (S. 224).

Eine andere Serie von Einwänden zielt darauf ab, Gedanken über eine politische Zukunft Mitteleuropas, vielleicht sogar wohlwollend, als »Träume« zu bezeichnen. Dem Träumer können dabei sogar gewisse Sympathien entgegengebracht werden; danach begibt man sich jedoch wieder an das Geschäft des »politischen Realismus«. Eine andere, weniger subtile Methode ist in Massenmedien sehr beliebt. Wird ein Begriff in die Diskussion gebracht und zeigt diese Diskussion die Voraussetzungen politischer Entscheidung oder die Möglichkeit politisch realer Folgen, so wird die Sache etwa als ein »Modewort« bezeichnet, womit der Kritiker zeigt, daß seine eigene Weltsicht über »Modeworte« (soll heißen: Modetorheiten) erhaben ist. Damit dispensiert man sich selbst von der weiteren Diskussion und kann diejenigen, die auf der Sache bestehen, als rückständige Toren denunzieren. Die damit erfolgte Abstempelung, nicht mehr nach der Mode zu denken, scheint für viele den Medien Ausgelieferte oder sich ausgeliefert Habende wirklich tödlich zu sein. Die Massenmedien machen aber ohnehin ihre Beschäftigung mit einem Thema nicht von der Bedeutung der Sache, sondern von der Überlegung abhängig, ob es »schon mal dagewesen« ist. Es sei deshalb hier festgehalten: Wer einen politischen Begriff als »Traum« oder als »Mode« bezeichnet, zeigt damit zunächst nichts anderes, als daß er der politischen Brisanz, die in der Sache liegen könnte, ausweichen will, daß er ein Gegner der politischen Konsequenzen ist, die aus der Diskussion eventuell gezogen werden können, oder, daß er ganz einfach nicht mehr weiter denken kann oder will. Dieser Denkverzicht läuft dann schließlich auch wieder auf nichts anderes als auf das simple Festhalten am Status quo hinaus – eine Haltung, die weder mit Freiheit noch mit Politik etwas zu tun hat.

Etwas anders liegt die Sache, wenn jemand seine Vorstellungen eines dritten Weges selbst als seinen »Traum von Europa« bezeichnet. (So György Konrád in »Kursbuch« Nr. 81 vom September 1985). Konrad bezeichnet sich selbst nicht zu unrecht als »Träumer«, insofern er seine Gedanken über Mitteleuropa mit den Vorstellungen eines enttäuschten, liberalen und intellektuellen Philanthropen darüber belastet, wie ein humanes, friedlicheres, wohl auch eigentlich sozialistischeres Leben in der Welt möglich sein könnte. Bestimmend bleibt also die typische Enttäuschung des intellektuellen Linken, eine Enttäuschung, die subjektiv stets dem Ausmaß der Täuschung entspricht, der sich der Betreffende entweder in bezug auf »den Sozialismus« oder in bezug auf »den Menschen« überhaupt hingegeben hat.

Von dergleichen »Träumen« weiß sich dies Buch allerdings weit entfernt. Es sei denn, man bezeichnet als »Traum« jeden politischen Entwurf, hinter dem keine Atombewaffnung steht. Die Konzeption von Mitteleuropa als einem selbstbestimmenden »Reich der Nationen« gestattet sich weder anthropologische noch ideologische, pazifistische noch sonstige Wunschvorstellungen. Aber sie geht allerdings davon aus, daß es zwischen solchen und dem bloßen phantasielosen Beharren auf dem Status quo noch andere Möglichkeiten geschichtsbelehrten und realitätsnahen politischen Denkens gibt: *Die Entwicklung realer Möglichkeiten aus gegebenen und aufweisbaren Voraussetzungen heraus, mit Abwägung beteiligter Interessen, mit Erwägung der Folgen von Veränderungen und mit klarer Erkenntnis des »Restrisikos«, ohne das politisches Denken niemals realistisch sein kann.*

Wiederum eine andere Art von Einwand – in der hier wiedergegebenen Form eher beiläufig gemacht, aber im Kern von außerordentlicher Bedeutung – findet sich beispielhaft in einer Äußerung von Johannes Groß: »Immer wieder treten politische Träume auf, die der Mitteleuropafunktion Deutschlands nachsinnen und darin eine Zukunft sehen. Mitte zu sein, Vermittler auch, einen dritten Weg gehen zwischen den Blöcken: Wer sich schon nicht entscheiden, sich in seinem Feldlager einrichten will, sollte wenigstens wahrnehmen, daß nicht mehr Deutschland sich um das abgeschaffte Amt bewerben kann, sondern Europa.« (FAZ-Magazin vom 17. 10. 86).

Wir brauchen aber keinen vorgeblich »höheren« Sinn, werde er als

»Brücke« oder »Vermittlung« oder als sonstwas dargestellt. Dergleichen abstrakte Sinngebungen gehen wieder einmal nur vom bestehenden Machtgegensatz aus. Mitteleuropa soll nur sich selber wollen, nur es selbst sein wollen. Und wenn man von Freiheit spricht, dann kann es sich von niemandem mit einer Rolle beauftragen lassen wollen, schon gar nicht von einem Europa, das undefiniert bleiben muß, solange sich nicht Zentraleuropa politisch selbst neu definiert hat. Und die Ideen dieses politischen Wollens, dem es um Selbstsein und Selbsterhaltung geht und nicht um einen »höheren Sinn«, kann Mitteleuropa nur selbst und von sich selbst her denken – also müssen die Deutschen sich schon selbst bequemen, das Wort, die Idee und den Gedanken von Mitteleuropa zu ergreifen. Dies ist keineswegs neudeutsche Hybris; es wird auch von anderen Europäern eingesehen. So sagte Jean de Gaulle, Enkel von Charles de Gaulle und Pariser Abgeordneter, auf die Frage nach der Zukunft Europas: »Es sind vor allem die Deutschen selbst, die die Initiative ergreifen müssen. Sie haben die Frage zu stellen.« (»Die Welt« vom 1. 12. 86)

Am einfachsten machte es sich mit seinem Einwand gegen eine Diskussion über »Mitteleuropa« der Historiker Michael Stürmer. Sein Beitrag kann allerdings auch für sich in Anspruch nehmen, das bloße Vom-Tisch-wischen einer unbequemen Frage, das die Status-quo-Politiker so gut beherrschen, am eindeutigsten zum Ausdruck gebracht zu haben. Dieser Historiker hat (in der FAZ vom 10. 12. 1986) Mitteleuropa schlicht für tot erklärt. Zwar gäbe es geschichtliche, kulturelle Verflechtungen, aber politisch-gegenwärtig sei die Rede von Mitteleuropa sinnlos: Es existiert kein Mitteleuropa! Eine bemerkenswert geschichtslose Sichtweise für einen Historiker. Der Blick in die Geschichte sowohl wie der auf die Landkarte belehrt uns eines Besseren. Kulturelle Gemeinsamkeiten – wie hier die zwischen Tschechen und Deutschen – sind Resultate von geographischer Lage und politischer Geschichte. Und die geographische Lage ist eine relative Konstante, deren politische Überformungen weder zufällig noch, als heutige, voraussetzungslos und einfach hinzunehmen sind. Raum und Geschichte zeigen eine Gemeinsamkeit, und diese hört nicht auf, solange die Tschechen und die Deutschen da wohnen, wo sie wohnen – es sei denn, man faßt den »Eisernen Vorhang« als so etwas auf, was früher eine sogenannte natürliche Grenze war. Die Aussage, »Mitteleuropa« gäbe es nicht, ist eine politische Aussage, die wie keine andere nur an der bloßen Rechtfertigung des Status quo orientiert ist.

Angesichts dieser Einwände soll hier folgendes sehr deutlich gemacht werden: Sowohl die Traumvorwürfe der Verteidiger des Status quo wie die Traumselbstbezichtigungen von linken Emigranten verraten nichts anderes als Konformismus. Die Verteidiger des Status quo gehen konform mit ihrer westlich-privilegierten Situation politischer Unmündigkeit, und die Linke geht konform mit der verbreiteten, völlig in den Status quo integrierten Szene ebenso herkömmlicher wie unverbindlicher linker Menschheitsträume. Eine tragende Idee für Mitteleuropa kann nur von einem nonkonformistischen Denken erwartet werden, das ohne Illusionen um jene Kräfte der Geschichte weiß, die Gegenwart aufbrechen und Zukünfte gestalten können.

Europa wird niemals mehr eine selbständige Rolle in der Politik spielen können, eine Rolle, die seiner langen Geschichte, seinen Erfahrungen – auch den schlimmen –, seinen Kräften und der Energie und dem Selbstbewußtsein seiner Völker und Nationen entspricht, wenn es sich vom Westen und vom Osten diktieren läßt, was es jeweils für seine »Errungenschaften« zu halten hat. Europa ist in aller Hinsicht geeignet genug, aus sich selbst heraus seine zukünftige Gestalt zu entwerfen. Aber die Voraussetzung dafür ist das Ende der europäischen Teilung, und die Voraussetzung dafür ist wieder zum mindesten die Relativierung der jeweiligen Errungenschaften bzw. wenigstens die Freiheit, sie im Sinne der Selbstbestimmung elastisch anzuwenden und weiter zu entwickeln.

Der zentrale Vorwurf gegen die neuere Diskussion um »Mitteleuropa« ist, als der eigentliche und stärkste, in aller Deutlichkeit von »Pankraz« (d. i. Günther Zehm) in »Die Welt« vom 22. 09. 86 formuliert worden:

»Erst peu à peu stellte sich heraus, daß bei den zahlreichen Mitteleuropa-Diskussionen ... das wirkliche Mitteleuropa, nämlich Deutschland, geflissentlich ausgeklammert blieb. Mitteleuropa war nach Südosten weggerutscht ... die Diskussion sollte realistisch und nicht unter falscher Flagge geführt werden. Vor allem darf man die Hauptsachen nicht aussparen. Sonst entartet die ganze Bewegung zum Kaffeehausgeplänkel nostalgischer Mokkazwerge, über die die Mächtigen der Politik in ihren mitteleuropafernen Großbüros nicht einmal lachen können.«

Die eigentliche Hauptsache jeder Mitteleuropa-Diskussion oder gar -Bewegung also ist die deutsche Frage.

Es ist bereits die Ansicht erwähnt worden, daß die Probleme

Europas nicht von der Peripherie her gelöst werden können. Sie müssen vom Zentrum her bestimmt werden. Insofern ist »Mitteleuropa« in der Tat die Beschreibung des Problemfeldes und die Angabe des geschichtlichen und geopolitischen Raumes, aus dem heraus Europa zu einer neuen Selbstbestimmung finden kann. »Mitteleuropa« muß wieder etwas anderes sein als der Schauplatz der Konfrontation der Systeme und der Supermächte, d.h. der stets mögliche Kriegsschauplatz von diesen Antagonismen, die in ihrem jeweiligen Herrschaftscharakter durch Abrüstungsverhandlungen zunächst nur stabilisiert werden. In der Hilflosigkeit west- und ostdeutscher Politiker zeigen sich die Folgen einer jahrzehntelangen Entwöhnung von selbständiger Politik durch einseitige Fixierung auf Rüstungsprobleme, die im wesentlichen immer die Probleme der Supermächte waren.

Wer von Mitteleuropa spricht, kann nicht von Deutschland schweigen. Wenn wir Deutschen im Westen schon so stolz auf unsere freiheitlichen Errungenschaften sind, dann sollten wir auch selbstbewußt genug sein, zu erkennen, daß Gedanken über die Zukunft Mitteleuropas ohne eine Neubestimmung der Lage der Deutschen in der Tat sinnlos sind. Die »deutsche Frage« ist identisch mit der nach »Mitteleuropa«, und es ist notwendig, daß sie auch und gerade von Deutschen aufgeworfen wird; daß wir Deutschen Europa eine europäische Antwort auf die Frage geben, die wir selber in unserer Geschichte und unserem Schicksal darstellen. Indem wir eine Perspektive für Europa ausbilden und ins Werk zu setzen versuchen, könnten wir Europa den Dienst erweisen, den es nur von uns erwarten kann. Wir könnten damit die historischen Wunden heilen, die der Nationalimperialismus und sein Konzept der hegemonialen Einigung dem alten Europa geschlagen hat. Nur in der Entwicklung einer solchen Perspektive könnte die europäische Katastrophe zu einer zukunftsweisenden Perspektive aufgeschlossen werden. Die Geschichte bietet nur so viel Sinnerfüllung, wie man in sie gestaltend hineinlegt, und sie bietet sie nur demjenigen, der seine historischen Aufgaben erkennt und sie in die Hand nimmt.

»Diesseits von Ost und West« – die Perspektive einer neuen Ebene politischen Denkens

Indem die deutsche Frage als das Problem Mitteleuropas aufgenommen wird, schließt sich dies Buch der verbreiteten Einsicht an, daß diese deutsche Frage nur im Rahmen einer »Europäischen Lösung« beantwortet werden kann. Die Verfasser sind sich darüber im klaren, daß hier eine Voraussetzung gemacht werden muß, und zwar die der Wiederherstellung des Nationalbewußtseins der Deutschen, eine Voraussetzung, die allein das Selbstbewußtsein vermitteln kann, die eigene Frage in einer europäischen Lösung in Angriff zu nehmen. Von dieser Voraussetzung her muß eine Einstellungsänderung gefordert werden: zunächst die Bereitschaft, freiheitliche Errungenschaften nicht als bloßen Besitz, sondern als Instrument zur Selbstbesinnung und Selbstbestimmung dynamisch und elastisch zu handhaben. Dazu gehört auch die Einsicht, daß die wiederholte Darstellung der vorzüglichen Rechtsposition der Deutschen die Lösung der europäischen Probleme ebensowenig näherbringt wie eine bloß sterile Wiederholung der Wiedervereinigungsforderung, die nicht bereit ist, ihre Politik von einer möglichen Zukunft statt von einer problematischen Vergangenheit bestimmen zu lassen. Diese Gedanken zu entfalten ist die Aufgabe, die sich dieses Buch gestellt hat. Seine politische Zielvorgabe ist also eine Überwindung der europäischen und der deutschen Teilung aus der Mitte Europas heraus.

Zielvorstellung für alle folgenden Überlegungen ist die *»Zentraleuropäische Föderation«* mit den Hauptstädten Prag, Wien, Berlin. Die Zentraleuropäische Föderation umfaßt also die Bundesrepublik Deutschland, die DDR, Österreich und die Tschechoslowakei. Damit sind die Minimalbedingungen für eine europäische Lösung angesetzt: Sie muß aus dem Zentrum Europas kommen, sie muß die Teilung Europas mit der Teilung Deutschlands überwinden, sie muß das Vorbild einer mehrere Nationen umfassenden neuen politischen Großformation sein, sie muß sich auf hinreichende historische Gemeinsamkeiten stützen, und sie soll Völker zusammenführen – hier Deutsche, Österreicher, Tschechen und Slowaken oder, wenn man so will, Germanen und Slawen. Sie muß eine konkrete Zukunftsperspektive ebenso bieten, wie sie die politische Phantasie herausfordern soll.

Der Sinn einer solch politischen Zielvorgabe ist weder der eines bloßen Wunsches noch der einer propagandistischen Fanfare: »vorwärts zu ...«. Dergleichen haben wir allzuoft erlebt. *Sinn der Zielvorgabe oder des Entwurfs einer solchen kerneuropäischen Zukunft kann und muß es vor allem sein, die Probleme deutlich zu bestimmen, die sich auf dem Wege zu diesem Ziel ergeben und die zur Erreichung dieses Ziels gelöst werden müssen.* Die Zielvorstellung »Zentraleuropäische Föderation« hat also hier vor allem einen methodischen Sinn, aus dem sich alle folgenden Überlegungen herleiten. Nur wenn ein großer Schritt von Richtung und Ziel her deutlich bestimmt ist, können die notwendigen kleinen Schritte mit hinreichender Genauigkeit untersucht, beurteilt und geplant werden. Aus dieser methodischen Seite der Zielvorstellung ergibt sich der Aufbau dieses Buches, der im folgenden kurz angedeutet werden soll. Vorher aber muß noch eine allgemeine Bemerkung gemacht werden:

Wünschen läßt sich manches, ausdenken läßt sich fast alles, und politischer Phantasterei sind keine Grenzen gesetzt. Auch wenn man sich bewußt hält, daß der Vorwurf des »Wunschdenkens« oder der »Utopie« meist nur Ausdruck eines politischen Verhaltens ist, das nichts kennen will als den Status quo, muß der hier vorgelegte Entwurf vom bloßen Wunschdenken ebenso unterschieden werden wie vom bloß Ausgedachten, bloß sentimental Herbeigesehnten oder Utopischen, das ja »nirgendwo« seinen Ort hat. Die Bedeutung des Entwurfs liegt nicht primär in seiner Ausgestaltung politischer Zukunft. Die Zukunft sieht schließlich immer anders aus, als sie geplant wird. Die Bedeutung liegt vor allem darin, daß ein folgerichtiger Aufbau für politisches Handeln in konsequenten Schritten gezeigt und daß klargemacht wird, was man veranschlagen kann, womit man rechnen muß und, vielleicht das Wesentlichste, inwiefern ein neues Denken gefordert ist. Geht es also um einen konkreten politischen Entwurf für die europäische Zukunft, so ist das erste methodische Gebot, daß konkrete Zukunft für einen bestimmten Raum aus der Geschichte dieses Raumes selbst entwickelt werden muß. Die »Vereinigten Staaten von Amerika« z. B. sind ein reales Ergebnis eines genau bestimmbaren historischen Prozesses. Die »Vereinigten Staaten von Europa« sind zunächst nur eine abstrakte Übertragung eines unter ganz anderen Bedingungen erfolgten Ergebnisses auf Verhältnisse, deren Geschichte diese Ergebnisse weder zulassen noch nahelegen, es sei denn, man nehme die Bezeichnung »Vereinigte Staaten von Europa« als nur ganz oberflächliche Bezeichnung einer politischen Wunschvorstellung. Das politische Denken der Gegenwart ist voll von solchen abstrakten Übertragungen bzw. voll vom Glauben an solche abstrakte Übertragbarkeit. Schon die Übertragung der in Amerika entstandenen Grund- und Menschenrechtsauffassung ist, wie unter anderem Siegfried Landshut und Raymond Aron gezeigt haben, ein höchst problematisches Unternehmen, und ebenso verhält es sich mit den Begriffen »Demokratie« oder »Freiheit«. Freiheit bleibt nur eine ganz allgemeine und oberflächliche Parole, wenn sie nicht aus der konkreten Geschichte der Völker und Nationen entwikkelt ist. Es genügt auch nicht, die »Freiheit, die wir meinen« zu beschwören, denn das bloße Meinen ist, wie einer der bedeutendsten politischen Denker, Georg Wilhelm Friedrich Hegel, sagte: »ein weiches Element, dem sich alles Mögliche einbilden läßt.«

Es kommt also, wenn man einen bestimmten Grad politisch-historischer Konkretheit einhalten will, nicht darauf an, sich Modelle auszudenken, sondern festzustellen, mit welchen Beständen man im Falle Mitteleuropas rechnen kann.

Was die politischen Formen angeht, die in Europa entstanden sind, so sind es vor allem drei welthistorisch gewordene Ausprägungen, die bestimmten Ideen entsprachen: *Reich, Staat* und *Nation*. Wem bei »Reich« nur »Drittes Reich« und bei Nation nur »Nationalsozialismus« oder »Nationalimperialismus« einfällt, sollte ab hier nicht weiterlesen. Daß sowohl die Idee des Reiches wie die der Nation pervertiert oder mißbraucht werden können bzw. konnten, daß ein abstraktes Ineinanderwerfen politischer Ideen wie der vom Reich mit dem Gedanken einer rassischen Homogenität einer integralen Nation im »Dritten Reich« des Nationalsozialismus die bekannten Folgen gehabt hat, ist ebensowenig ein Grund, diese Ideen und geschichtsmächtigen Prägungen zu übergehen, wie man die historischen Erfahrungen mit diesen Ideen, die guten wie die schlimmen, aus der Gegenwart entfernen kann. *Wir sind Resultat unserer Geschichte, und die Freiheit politischen Denkens und Handelns für die Zukunft ergibt sich nicht im Überspringen der geschichtlichen Erfahrung oder gar im Aussteigen aus der Geschichte, sondern nur in der Veranschlagung der Bestände der Geschichte als Grundlage ihres Weiterdenkens.* So muß also mit Nationen als faktisch getrennten Besonderheiten ebenso gerechnet werden wie eine Tradition vom Reich als einer übergreifenden politischen Form als gemeinsamer Bestand aktiviert werden kann.

Im Falle Mitteleuropas kommt hinzu, daß zwar die Trennung der Völker im Prozeß der Nationwerdung zu politischer und eben »nationaler« Entgegensetzung ebenso geführt hat wie zu extremen Auseinandersetzungen und gewalttätigen Hegemonie-Versuchen, daß aber die deutschen Länder im weiten Sinne mit denen der heutigen Tschechoslowakei Gemeinsamkeiten der Reichstradition haben, die als historischer Bestand viel zu kostbar sind, als daß sie nicht veranschlagt werden sollten. Daß die Gemeinsamkeiten der mitteleuropäischen Kultur unübersehbar sind, kann leicht aufgezeigt werden, nicht vergessen werden darf dabei die Gemeinsamkeit einer christlichen Prägung, die sich noch heute ganz konkret in der den Ost-West-Gegensatz übergreifenden Gemeinsamkeit der Einrichtungen der katholischen Kirche ebenso zeigt wie in den Traditionen der tschechisch-deutschen Ketzergeschichte. Alle diese Gemeinsamkeiten sind kein Zufall. Sie sind letztlich begründet durch die Entfaltung der Geschichte in dem mitteleuropäischen Raum, der der konkrete »Ort« aller dieser Gemeinsamkeiten in der Vergangenheit war und in der Zukunft sein wird. Die Zentraleuropäische Föderation ist also keine »Utopie«: sie ist vorgeprägt durch Raum, historische Lage und Situation, »Mitteleuropa« könnte niemals politische Zukunft werden, wenn es nicht schon historische Vergangenheit und auch – so widersprüchlich, ja unglaubhaft das klingen mag – Gegenwart wäre.

Entsprechend diesen Überlegungen trägt das zweite Kapitel dieses Buches die Überschrift »Städte und Ideen«. Es wird eingeleitet durch einen Abschnitt, in dem »Vier europäische Kaiserstädte« behandelt werden, von denen die erste, Aachen, hervorgehoben und an den Anfang gestellt ist als der Ort, dessen Aura die Verfasser zu ihren ersten europäischen Überlegungen inspiriert hat. Prag, Wien und Berlin sind dann als zukünftige Hauptstädte der »Zentraleuropäischen Föderation« historisch, kulturell und von ihrer eingeschränkten Gegenwart her in den Blick genommen.

Es geht in diesem zweiten Kapitel des weiteren darum, die historische Substanz der europäischen Reichsidee als der einer, eine Vielfalt von Nationen umspannenden, Friedensidee zu charakterisieren und die Möglichkeiten ihrer Aktualisierung zu zeigen. Nach der Idee des Staates und der Staatlichkeit, die eine Grundlage für alle politische Selbstbehauptung bleibt, soll die Idee der Nation in ihrem Kern, als politische Selbstbestimmung selbstbewußter Völker, deutlich gemacht und schließlich gezeigt werden, wie Reich, Staat und Nation als die Elemente europäischer Tradition zu einer zukunftsträchtigen politischen Form aufzuschließen sind.

Das dritte Kapitel ist der historischen Gemeinsamkeit der Völker des mitteleuropäischen Raumes gewidmet. Hier handelt es sich um eine der geschichtlichen Beziehungen zwischen Deutschen und Slawen als Beispiel und Fundament aller Ost-West-Beziehung, Beziehungen, die sich konkret zwischen Deutschen und Tschechen entwickelt haben – in Gemeinsamkeit und in Gegensätzen. So wird auf den Anteil Böhmens am alten Reich ebenso eingegangen wie auf das Verhältnis von Tschechen und Slowaken zum habsburgischen Österreich. Das Erwachen des tschechischen Nationalbewußtseins im 19. Jahrhundert, die Verflechtung dieser beiden Nationen – der tschechischen und der deutschen – sowie ihre Auseinandersetzungen werden behandelt.

Die Deutschen, die Österreicher, die Tschechen und die Slowaken sind die geschichtlich geprägten »natürlichen« Partner der Zentraleuropäischen Föderation.

Nach der Erörterung der ideenpolitischen und der geschichtlichen Voraussetzungen wendet sich die Darstellung im vierten und fünften Kapitel der künftigen Verfassung und dem politischen Selbstverständnis der Zentraleuropäischen Föderation zu. Die Verfasser machen den Versuch, keiner Frage aus dem Weg zu gehen. Dazu gehört es, daß als ideenpolitisch absolut unabdingbare Voraussetzung eine Notwendigkeit behandelt wird, die für die beteiligten Völker als größte Zumutung erscheinen mag. Es handelt sich um die »große Amnestie«, das Vergessenmüssen aller gegenseitigen Untaten der Vergangenheit. Vergangenheit, soweit sie scheinbar unüberbrückbare Abgründe aufgerissen hat, muß zur Angelegenheit historisch sekretierter Forschung neutralisiert werden. Das historische Beispiel der politischen Amnestie im Frankreich der Religionskämpfe soll die Notwendigkeit und die Heilsamkeit dieser Forderung deutlich machen. Jedenfalls ist eine zukünftige Gemeinschaft unter Beibehalt von Haß, Revanchismus oder auch bloß Ressentiments von Tschechen gegenüber Deutschen ebenso sinnlos wie festgehaltener Tschechenhaß auf deutscher Seite.

Erst nachdem die unabdingbare Voraussetzung der Amnestie auch mit ihren konkreten Folgen deutlich gemacht ist, können die Erörterungen zu den Prinzipien der Verfassung der Zentraleuropäischen Föderation erfolgen. Hier soll nur der Kreis der Probleme angedeutet werden:

Die Verfassung Mitteleuropas kann nicht anders als stark, ja extrem föderalistisch-regionalistisch sein. Weitestgehende Selbständigkeit – Autonomie – der Nationen und Regionen muß zur Grundlage des

Zusammenschlusses werden. Nicht die bestehenden Staaten – Bundesrepublik Deutschland, DDR, Österreich, Tschechoslowakei – sollen die Elemente Mitteleuropas bilden, sondern die bestehenden oder auch neu zu organisierenden Länder, Regionen oder Bezirke. Die zentrale Vertretung der Länder muß so konstruiert sein, daß eine Dominanz bzw. Benachteiligung einzelner Länder ausgeschlossen bleibt. »Minoritäten« im Sinne der Regulierungen aus der Zeit nach dem Ersten Weltkrieg oder auch der jetzt bestehenden Verhältnisse wird es in der Zentraleuropäischen Föderation nicht geben. Damit soll eines der politisch verhängnisvollsten Probleme der Geschichte Mitteleuropas bereinigt werden, eben das stets haß- und unfriedensträchtige Problem der Minoritäten. Dabei wird keinesfalls auf eine Wandlung aller betroffenen Mitteleuropäer zu besseren Menschen gesetzt, sondern auf die entsprechenden verfassungs- und gesetzmäßigen Einrichtungen, Instanzen und Appellationsstellen.

Daß die Verfassung der Zentraleuropäischen Föderation demokratisch zu sein habe, muß nicht eigens betont werden. Hinter dieser Forderung nach Demokratie kann sich aber keineswegs der stillschweigende Alleinvertretungsanspruch bestimmter Formen von Demokratie verbergen. Kein Land kann seine besondere Form von Demokratie den anderen aufdrängen. Hinter dem jeweiligen Stolz auf »die Freiheit« verbirgt sich bei uns im Westen z. B. öfters nur eine Unbeweglichkeit, die zu den bestehenden Formen verfaßter Freiheit keinerlei Alternative gelten lassen will. Aber Freiheit ist eine sehr allgemeine Idee, die in der konkreten Ausformung vielerlei autonome politische Formen möglich sein läßt, wie etwa schon die unterschiedlichen Verfassungen der USA, Frankreichs oder der Bundesrepublik Deutschland beweisen.

Keine politische Form ist es wert, als absolutes Hindernis für die Einheit Mitteleuropas und damit für eine politische Zukunft ganz Europas aufgefaßt zu werden. Der Bestand an politischen Formen ist in Europa groß genug, um gemeinsame Möglichkeiten und zukunftsträchtige Kombinationen zu erproben. Jedenfalls ist deutlich, daß in einem Reich von Nationen unterschiedlicher Kopfzahl das rein formaldemokratische Prinzip – ein Bürger, eine Stimme –, das seine historische Berechtigung hatte, überwunden werden muß: Es könnte nur zur Ungleichberechtigung der Nationen führen, würde also das zentrale Prinzip der Föderation verletzen. Ebenso müssen Übergangsbestimmungen für eine allmähliche Angleichung der Menschenrechtsauffassungen getroffen werden. Es ist zu wiederholen, daß das Bestehen auf liebgewordenen Beständen oder sogenannten Errungenschaften – freiheitlichen oder sozialistischen – keine andere Funktion hatte und hat, als die Teilung Europas zu verewigen. *Wer nicht anerkennen will, daß in die zukünftige Gemeinsamkeit Prinzipien und Elemente beider Demokratieauffassungen eingehen müssen, zeigt, daß es ihm mit dieser Gemeinsamkeit nicht ernst ist.*

Die Aktualisierung der Idee des Reiches und der damit verbundene Verzicht auf nationale Hegemonie verlangt eine ebenso präzise wie prinzipielle Regelung des Sprachproblems. Eine dreifach gestufte Zweisprachigkeit soll hier als Vorschlag zu dessen Lösung eingebracht werden. Nach Überlegungen über die konkrete Rollenverteilung für die drei Hauptstädte Prag, Wien und Berlin ist noch ein wesentlicher Schritt zu tun.

Die Zentraleuropäische Föderation wird als Vorbild für eine gesamteuropäische Friedensordnung vorgestellt, und es wird gezeigt, daß es sich zwar um eine feste politische Form handelt, die jedoch prinzipiell auf Assoziations- und Erweiterungsmöglichkeiten hin offen ist. Dabei ist deutlich zu machen, daß eine spätere Erweiterung – etwa um andere ost-mitteleuropäische Länder – keinesfalls »Anschlußcharakter« haben kann. Eine Erweiterung durch den Beitritt eines anderen Landes verändert die Qualität der Zentraleuropäischen Föderation. Jedes neue Mitgliedsland muß nicht nur die gleichen Rechte wie alle anderen erhalten, sondern auch das selbstverständliche Recht haben, jene neue Qualität, die durch die Erweiterung erreicht wird, aktiv mitzubestimmen – natürlich ohne daß die Zentraleuropäische Föderation sich als Ganzes in ihrer Verfaßtheit in Frage stellen müßte. Vielmehr muß diese Verfassung von vornherein so ausgerichtet sein, daß jene grundsätzliche Offenheit erreicht wird, die die Föderation nicht nur attraktiv im Sinne eines Anpassungswunsches jener Länder macht, sondern auch attraktiv im Sinne von deren Möglichkeiten und Wünschen, von Beginn an aktiv an der konkreten Ausgestaltung mitzuwirken.

Im Kapitel V wird das zentrale Problem der Wirtschaftsordnung der Zentraleuropäischen Föderation behandelt. Es dürfte keine Frage sein, daß sich hier – wie schon bei den Problemen der Demokratie – der Realismus alternativen Zukunftsdenkens einer seiner schwierigsten Proben gegenübersieht. Jedenfalls werden hier konkrete Vorschläge für eine schrittweise Angleichung der Systeme gemacht, die sich von alten Konvergenzvorstellungen, nach denen eine Angleichung quasi »von selbst« erfolgen würde, durchaus unterscheiden.

Hier wird vielmehr versucht, auf der Basis von mitteleuropäischen Vorstellungen, die immer schon auf die Überwindung rein kapitalistischer und formal-liberalistischer Prinzipien hin orientiert waren, eine neue Wirtschaftsordnung zu entwerfen. Verstaatlichungs- ebenso wie Reprivatisierungskonzepte sollen hier ebenso erörtert werden wie eine politische Rolle von Kammern und eine neue Regelung überbetrieblicher Mitbestimmung. Die Vergleichbarkeit eines tragfähigen Begriffes von »Ständen« mit dem fortschrittlichen von »Räten« soll zu einem wichtigen Element politisch-wirtschaftlichen Korporativismus ausgebaut werden.

Das sechste Kapitel versucht, eine Analyse der Lage und der Interessenkonstellationen der beteiligten politischen Größen zu erarbeiten.

Das siebente Kapitel befaßt sich mit den Fragen der Neutralität und der Bewaffnung und Verteidigung der Zentraleuropäischen Föderation.

Da es hier nicht nur um die unmittelbar einbezogenen Länder, also um die beiden Deutschland, die Tschechoslowakei und Österreich gehen kann, werden dann im Kapitel VIII die Interessenlagen und möglichen Reaktionen der beiden Supermächte sowie der Staaten Westeuropas behandelt – letzteres am Beispiel Frankreichs.

Die Verfasser sind sich darüber im klaren, daß die dabei wenigstens andeutungsweise zu versuchende weltpolitische und weltgeschichtliche Gesamtsicht eine Voraussetzung darstellt, die sie vor eine eigentlich kaum zu bewältigende Aufgabe stellt. Der Versuch rechtfertigt sich jedoch von der Einsicht her, daß diese Aufgabe, wie unvollkommen auch immer, als Voraussetzung für einen konkreten Entwurf unumgänglich ist. Ausgang der Analyse ist jedenfalls eine zweifache Einsicht: die von einer möglichen Veränderung der bisherigen Europapolitik der USA und die von der Unausweichlichkeit der Lage Mitteleuropas im Schwerefeld der Macht der UdSSR. Auf diesem Hintergrund müssen die Möglichkeiten einer mitteleuropäischen Selbstbehauptung erörtert werden, mit politischer Phantasie, aber ohne Illusionen, mit Veranschlagung aller gegenläufigen Interessen, aber ohne sich von deren Übermacht lähmen zu lassen, mit einer vom Willen zur neuen politischen Form beflügelten Realistik, aber ohne Fetischisierung irgendwelcher Bestände, die auf irgendeiner Seite für unaufgebbar gelten.

II. Städte und Ideen

Vier europäische Kaiserstädte

Aachen – von der Heimat zu Europa

Aachen ist die europäische Kaiserstadt, die der niederrheinischen Heimat der beiden Verfasser am nächsten liegt. Aachen ist der Ort, von dem aus ihre ersten gemeinsamen europäischen Betrachtungen ihren Weg nahmen, ein Weg, der schließlich zur Konzeption der »Zentraleuropäischen Föderation« führte.

Im Jahre 1000 nach Christus fand in Aachen ein ebenso denk- wie merkwürdiges Ereignis statt. Der jugendliche Kaiser Otto III. ließ das Grab Karls des Großen öffnen, betete vor dem toten Kaiser wie vor einem Heiligen und nahm schließlich sogar Karls Halskreuz und einige andere Reliquien an sich.

Auf diese Weise die Ruhe des toten Kaisers zu stören, stellte, auch wenn die Motive ebenso rein wie großartig waren, für das Mittelalter eine ziemlich unerhörte Handlungsweise dar: Diese Tat mußte denn auch in aller Heimlichkeit vor sich gehen. Die symbolische Bedeutung dieser Handlung muß insofern hoch veranschlagt werden, als sie eine hohe Bedeutsamkeit für Otto III. selbst hatte. Diese ist heute freilich nicht leicht zu verstehen, weil sie sehr tief im mittelalterlichen Bewußtsein verankert war. In Ottos Vorgehen sind mindestens drei Beweggründe zu unterscheiden: Einmal seine große persönliche Frömmigkeit, dann das Bewußtsein des inneren und äußeren Zusammenhanges mit dem großen Vorgänger und vor allem die Idee des zu erneuernden Reiches – »renovatio imperii«. Vor allem von dieser Reichsidee her war für Otto III., wie schon für seinen Vater Otto II. und für seinen Großvater Otto I., Aachen und sein Münster der Ort, an dem ein Nachfolger Karls des Großen in einzig angemessener Weise sein Amt aus der Hand Gottes entgegennehmen konnte. Otto I. hatte Aachen schon als »den vornehmsten Königssitz diesseits der Alpen« bezeichnet. Otto III. tat alles, um zu seiner Zeit die Bedeutung Aachens zu vergrößern und zu erhöhen und damit sein eigenes Amt und seine kaiserliche Aufgabe in der Nachfolge Karls des Großen darzustellen. Es war die Idee des Reiches und seiner Erneuerung, die Otto III. mit Karl verband, und die Stadt Aachen ist bis heute ein Zeuge der Tradition und der Stärke dieser frühen Reichsidee.

Den Kern des Aachener Münsters bildet die Pfalzkapelle Karls des Großen. Diese Pfalzkapelle, ein achtseitiger Zentralbau – Oktogon – wurde nach byzantinischen Vorbildern an der Stelle einer schon unter den Merowingern nachweisbaren Kapelle etwa um 800 errichtet. Das Oktogon blieb mit seiner 31 Meter hohen Kuppel während 300 Jahren, also bis um 1100, der größte Steinbau nördlich der Alpen seit der Römerzeit.

Der Ort selbst war schon in römischer Zeit seiner Lage und der heißen Quellen wegen »Lazarettstadt«, Etappe für die am Rhein stehenden Legionen, die ständig in mehr oder weniger aufreibende Kämpfe mit den Germanen verwickelt waren. Für das Reich Karls des Großen, das sich nach der gewaltsamen Unterwerfung (Christianisierung) der Sachsen bis zur Elbe erstreckte, war Aachen die eigentliche Zentrale.

Im Obergeschoß des zweistöckigen Westbaus des Oktogons befindet sich der – eher schlicht gehaltene – Sitz Karls des Großen, auf dem als dem »Erzstuhl des Reiches« während der nächsten 600 Jahre 30 deutsche Könige demonstrativ Platz nahmen, so die Verbindung der Weihe des Ortes mit dem Herrscheranspruch bezeugend.

Die Domschatzkammer Aachens birgt noch heute unschätzbare Werke, die in Europa nördlich der Alpen nicht ihresgleichen haben. Sie geben Zeugnis für Aachens hohe Bedeutung, eine Bedeutung, für die allerdings, insbesondere im europäischen Zusammenhang, noch andere Tatsachen wichtig sind: Im hohen Mittelalter übertraf Aachen eine Zeit lang sogar das spanische Santiago de Compostela als Wallfahrtsort der Christen. Dabei ist es übrigens bemerkenswert, daß die Mehrzahl der Wallfahrer und Pilger aus dem Osten Europas, aus Böhmen und Ungarn stammte – noch heute gibt es im Aachener Dom eine böhmische und eine ungarische Kapelle.

Um 1350 wurde, des großen Raumbedarfs für Krönung und Wallfahrt wegen, die gotische Chorhalle angebaut. An diesem bedeutenden Erweiterungsbau war Kaiser Karl IV. wesentlich beteiligt, womit wir von Aachen her den ersten Hinweis auf Prag erhalten. Karl IV., aus dem Luxemburger Hause und in Prag geboren und gestorben, war deutscher König, König von Böhmen, König von Burgund und seit 1355 deutscher Kaiser. Unter ihm wurde Prag zum Mittelpunkt des Reiches. Er erbaute die Burg Karlstein bei Prag und gründete in Prag die erste deutsche und tschechische Universität. Aber seine Ostorientierung, die gelegentlich im Gegensatz zu der »Westorientierung« Karls des Großen gesehen wird, blieb keineswegs einseitig; zu stark wirkten hier Reichsidee und Reichstradition. Auch er ließ sich in Aachen krönen und blieb zeit seines Lebens ein Verehrer Karls des Großen und, wie wir schon gesehen haben, ein Förderer Aachens. In seiner berühmten »Goldenen Bulle« (1356) ist festgesetzt, daß ein deutscher König nur in Aachen rechtmäßig gekrönt werden könne. Schließlich beauftragte er seinen Prager Baumeister, den großen Peter Parler, ihm auf der Prager Burg, dem Hradschin, eine Kapelle ähnlich der Aachener Chorhalle zu bauen.

Die Tradition der bewußt gepflegten Westbindung als Demonstration der Zusammengehörigkeit des Reichsgebietes ist übrigens noch bis hin zu den letzten Hohenzollern festzustellen. Kaiser Wilhelm II., als König von Preußen erster Repräsentant des deutschen Protestantismus, ließ seine Söhne sehr bewußt in dem katholischen Bonn studieren und setzte, was die Kaiserstadt Aachen anging, mit Stiftungen die alte Tradition fort. Im Aachener Dom ließ er Säulen des Oktogons und die Rundbögen mit Marmor verkleiden sowie reiche Mosaiken anbringen – wie übrigens auch das große Mosaik im Chor der Basilika in dem Benediktinerkloster Maria Laach eine Stiftung Kaiser Wilhelms II. ist. Der kunsthistorische Wert dieser Stiftungen mag umstritten sein – was nicht dem Kaiser, sondern dem herrschenden Kunstverständnis der Zeit angelastet werden müßte –, aber die bewußt gepflegte Verbindung mit dem Westen des Reiches ist deutlich, wobei natürlich gesehen werden muß, daß es hier auch um das Bemühen ging, die katholischen Reichsteile, hier also das Rheinland, in dem vom evangelischen Preußen dominierten kleindeutschen Kaiserreich enger an das Herrscherhaus zu binden. Aber auch hier ging es letzten Endes darum, Einheit im Reich praktisch neu zu begründen und zu bewahren.

Im übrigen ist es wesentlich, sich klarzumachen, daß das Bewußtsein der Tradition und das Geltendmachen der Idee des Reiches schon in jenem bedeutsamen Akt Ottos III., von dem eingangs die Rede war, keineswegs die Bedeutung hatte, territoriale Ansprüche zu erheben. Die enge Beziehung, die Otto zu Karl dem Großen als dem Begründer des Reiches herzustellen suchte, war nicht im Sinne einer gebietsmäßigen Wiederherstellung von dessen Herrschaftsbereich zu verstehen. Es fällt einem profanen Zeitalter wie dem unseren sicher schwer, die numinose Aura des alten Reichsbegriffs angemessen aufzufassen, und zweifellos muß die Idee des Reiches in politischer Betrachtung auch für die Gegenwart von dem theologischen Inhalt abgelöst werden. Diesen politischen Kern der Reichsidee herauszustellen, ist Aufgabe späterer Abschnitte. Hier soll, ausgehend von Aachen, das für Karl den Großen ja noch in der Mitte des Reiches lag, die territoriale Frage, wie sie sich schon dem Mittelalter stellte, kurz vergegenwärtigt werden.

Die Ottonen waren sich sehr wohl darüber im klaren, daß, rein territorial gesehen, ein Herrschaftsanspruch auf Westeuropa, also namentlich auf Frankreich, wie es nach der Teilung des Reiches Karl des Großen entstanden war, sinnvollerweise nicht erhoben werden konnte. Auf dem Rücken der Idee des Reiches als eines christlichen – mit entsprechendem Missionsauftrag – dehnte sich das Reich nach Osten hin aus, und auch hier wirkten Reichsidee und die Gegebenheiten politisch-territorialer Herrschaftsbehauptung gewissermaßen gegenläufig: Das Reich als christliches eroberte die Räume für das Christentum; die Notwendigkeit realer politischer Entwicklung aber wirkte insofern als konkrete Grenze, als die erschlossenen Räume von sich her – wie schon im Westen – auch im Osten ein eigenständiges Gewicht errangen. Dies wird sehr deutlich an der Missionspolitik Otto III. selbst. Im Jahr 1000, also dem gleichen Jahr, in dem er die Bindung an das Reich in Aachen so eindrucksvoll hervorhob, gründete Otto im Einvernehmen mit dem Papst und auf Bitten des damaligen polnischen Herzogs Boleslaw Chrobry das Erzbistum Gnesen. Damit wurde dieses Territorium kirchenpolitisch aus dem Einzugsgebiet des Bistums Magdeburg ausgegliedert, es wurde zum geistigen Kristallisationspunkt des späteren Polen. Man kann hieraus sehen, wie die ursprünglich universal gedachte Reichsidee durch die Zwangsläufigkeit der realen politischen Entwicklungen auf Mitteleuropa als historisch-politischen Wirkungsbereich konzentriert wurde. Gemäß der Herkunft der Idee aus den Vorstellungen des Imperium Romanum und deren Fortsetzung in der christlichen Reichsidee galt aber die Orientierung nach Rom jahrhundertelang als unaufgebbar.

Die geschichtliche Entwicklung des unausweichlichen Gegeneinanders der Nationalstaaten brachte die Reichsidee, die ja in ihrer Universalität von religiösen Inhalten geprägt war, sozusagen auf irdisches Maß herab, und als räumliche Grundlage schälte sich eben das heraus, was wir heute als »Mitteleuropa« bezeichnen. Hauptstädte des Reiches wurden Prag, Wien und zuletzt Berlin – die

Kaiserstadt Aachen wurde an die Peripherie des Raumes gedrängt, den das Reich später für sich geltend machte. Dabei blieb Aachen damals wie heute natürlich der Punkt, von dem aus die Verbindungen zum Westen, heute im wesentlichen zu den Beneluxstaaten und zu Frankreich, gepflegt wurden und werden.

Im übrigen bewahrt die Stadt Aachen das Andenken an ihre Karl-Tradition immer noch auf – selbstverständlich auch nicht im Sinne territorialer Ansprüche, sondern im Sinne europäischer Gemeinsamkeit und Zusammenarbeit. Seit 1950 verleiht die Stadt Aachen jährlich ihren »Karlspreis« für besondere Verdienste um die europäische Einigung. Der Karlspreis ist mit DM 5 000,– dotiert; außerdem erhält der Preisträger eine Medaille mit dem Bild Karls des Großen. Es gehört zu dem Charakteristischen der deutschen Zustände, daß »Europa« im Sinne dieses Preises stets nur Westeuropa meint. Ganz abgesehen von der grotesken Situation von 1956, wo ausgerechnet der trotz einer flammenden Europarede in Zürich 1946 nur als Europagegner zu bezeichnende Winston Churchill den Preis erhielt, konnte diese erbauliche Idee der Aachener Stadtväter nie politisches Gewicht entfalten: Wer immer Europa sagt und nur Westeuropa meint, dient damit, bewußt oder unbewußt, der Teilung Europas, er gibt die Einheit Europas in Mitteleuropa – d.h. da, wo sie allein konkret werden würde – zugunsten des schönen Scheines westeuropäischer Gemeinsamkeiten auf.

Sozusagen als Gegengewicht gegen diese einseitige Westorientierung hat die sudetendeutsche Landsmannschaft ihrerseits einen Karlspreis gestiftet. Dieser Preis war in Erinnerung an Karl IV. und den mitteleuropäischen Raum, der die alte Heimat der Sudetendeutschen umfaßte, gedacht. Und obwohl dieser Karlspreis, unter politischen Gesichtspunkten der »eigentlichere« und zukunftsweisendere hätte sein müssen, blieb er ohne Bedeutung. Jedenfalls mußte ihm die zugedachte Fanalwirkung unter den Umständen der Entwicklung der europäischen Teilung und der Einstellung der Westdeutschen dazu versagt bleiben.

Die bedeutungslose Gutwilligkeit der Aachener Bürger und die hilflose Gesinnungsfestigkeit der sudetendeutschen Landsmannschaft machen die Ausweglosigkeit der bundesdeutschen »Europapolitik« deutlich, eine Ausweglosigkeit, der mit dem politischen Entwurf dieses Buches begegnet werden soll.

Prag – historische Würde und gegenwärtige Beschränkung

Die Stadt *Prag / Praha,* die in jeder Hinsicht bedeutende Hauptstadt der heutigen Tschechoslowakei, bietet in ihrer Gegenwart den Eindruck eines Baumes, der zur Hälfte abzusterben droht, oder eines Sees, der verlandet, weil er von einem wichtigen Zufluß abgeschnitten ist. Die Stadt ist immer noch eine der schönsten Städte Europas, tatsächlich gibt es keine, die ihr gleichen könnte. Aber das Beieinander von Fremdherrschaft, Funktionärsregierung und ebenso sorgfältiger wie oberflächlicher Pflege einer Vergangenheit ohne Bewußtsein oder mit verdrängtem Bewußtsein von der Substanz dieser Vergangenheit macht die Stadt zu einem eher wehmütigen Aufenthalt für die, die sie lieben.

Warschau etwa ist eine polnische Stadt und Hauptstadt für das Volk der Polen. Budapest ist ganz Ungarn und das Zentrum des Lebens des ungarischen Volkes. Wolle man aber sagen, Prag ist ganz Böhmen und die Hauptstadt des tschechischen Volkes, so würde man, durchaus ohne diesem Volk Unrecht zu tun, erkennen, daß diese Charakterisierung unangemessen ist, und daß sie um so unangemessener erscheint, je deutlicher die einseitige Beziehung zum Osten sich bemerkbar macht, eine Hinwendung, die abstrakt bleiben und also etwas Gewaltsames behalten muß. Denn Geschichte, Schicksal und Prägung des tschechischen Volkes war es, vor allem zum Westen gewendet zu existieren, vom Westen Impulse zu empfangen, das tschechische Volk lebte in Symbiose mit Deutschen, und Prag bleibt falsch - mindestens unvollständig – charakterisiert, solange es nur Hauptstadt der Tschechen genannt wird. Prag ist ebenso von Deutschen mitgeprägt, wie es von Deutschen geliebt und verehrt worden ist. Diese Prägung der Stadt von der geschichtlichen Symbiose zwischen Tschechen und Deutschen steht objektiv außer Zweifel. Die Einzigartigkeit dieser mitteleuropäischen Hauptstadt ist gerade das Ergebnis dieses Zusammenwirkens. Von der Lage her wird Prag immer die Hauptstadt des tschechischen Volkes bleiben, aber von seiner Geschichte her gehört es nach Mitteleuropa wie Aachen oder Wien.

Noch ein zweiter Faktor ist zu erwähnen, der dem heutigen Prag diesen Charakter des von einer Quelle Abgeschnittenen verleiht. In seiner jetzigen Verfassung, in seinem politischen, kulturellen und gesellschaftlichen Leben und in seiner ideenpolitischen Bestimmtheit entfernt sich Prag auch von seiner lebendigen christlichen Vergangenheit. Dies wird nicht nur als allgemeine Stimmung wirksam, es zeigt sich auch an vielen Stellen des Umgangs mit dem Stein gewordenen christlichen Erbe. Dabei ist Prag wie kaum eine andere Stadt Mitteleuropas vom Christentum geprägt, freilich nicht nur in den gebauten Formen intensivster Frömmigkeit, sondern auch in der Tradition heroischen Ketzertums und in den fanatisch gesteigerten Auseinandersetzungen der Konfessionen. Auch die Substanz der christlichen Vergangenheit hat dieses Volk geprägt.

Die Stadt Prag liegt an einem der ältesten europäischen Handelswege. Er verband den Osten Europas mit dessen Mitte, und zwar an dem Punkt, an dem diese Handelsstraße die Moldau überquert. Im 9. Jahrhundert lagen zu beiden Seiten der Moldau einige Dutzend befestigter Höfe. Dominiert wurde diese Siedlung von den festen Burgen auf dem Hradschin links und Wyscherad rechts der Moldau. Bis zum Jahre 1306 wurden Prag und Böhmen von dem einheimischen Fürstengeschlecht der Przemysliden beherrscht, deren Anfänge sich im nur durch Legenden erhellten Dunkel des 8. Jahrhunderts verlieren.

Um 870 jedoch ließ sich der Przemyslide Herzog Boriwoj taufen – damit war der Beginn der geistlichen und politischen Orientierung nach Westen gegeben. Böhmen, dem seit ca. 1030 das zeitweise polnisch besetzte Mähren fest zugeordnet war, stand seit 927 in enger Verbindung mit den deutschen Königen und wuchs allmählich in das Reich hinein. 973 wurde das Bistum Prag gegründet. In der Folge wuchs die Stadt, nunmehr Sitz weltlicher und geistlicher Herrscher, und wurde zu einer der ersten Städte des Reiches, seit 1085, dem Jahr, in dem erstmals ein Przemyslide vom Kaiser die böhmische Königswürde erhielt, auch Königsstadt. Böhmen wurde schon unter den Przemysliden zur europäischen Großmacht und wahrte innerhalb des Reichsverbandes seine hohe Selbständigkeit. Nicht zuletzt trug dazu bei, daß sich die Prager in dem König Wenzel, der 929 ermordet wurde, einen autochthonen Heiligen erschufen, dessen Kult, schnell von Rom anerkannt, die Integration außerordentlich förderte. Und ununterbrochen wanderten in den ersten Jahrhunderten Böhmens Deutsche in Prag ein, Geistliche, Adlige, Kaufleute, später, und oft von den böhmischen Herrschern ausdrücklich gefördert, auch Bürger, Bauern und Handwerker. In bezug auf das Zusammenleben der Deutschen und Tschechen stellt sich kaum das Problem ethnischer Verschmelzung, weil die Deutschen seit dem berühmten Erlaß des Herzogs Sobeslaw II., 1178, in folgender Weise privilegiert waren:

»Ich, Sobeslaw, Herzog von Böhmen, tue kund allen Gegenwärtigen und Zukünftigen, daß ich in meine Gnade und meinen Schutz aufnehme die Deutschen, die unter der Burg von Prag leben, und ich will, daß diese Deutschen als Volk (Nation) geschieden bleiben von den Böhmen, wie sie auch von ihnen verschieden sind durch ihr Recht und ihre Gewohnheit. Ich gewähre dabei diesen Deutschen, zu leben nach dem Gesetz und der Gerechtigkeit der Deutschen, die sie seit der Zeit meines Großvaters, des Königs Wratislaw, gehabt haben.« Gegen Ende des 13. Jahrhunderts wäre ein Przemyslide beinahe auch deutscher König geworden: Ottokar II.; er unterlag jedoch in der historischen Schlacht auf dem Marchfeld gegen Rudolf von Habsburg 1278, die Przemysliden starben dann 1306 aus. Böhmen fiel an die Luxemburger, und unter Karl IV. – deutscher König seit 1346, König von Böhmen 1347, deutscher Kaiser seit 1355 und seit 1365 auch König von Burgund – wurde Prag zum Mittelpunkt des Heiligen Römischen Reiches. Und wenn auch die Bemühungen um innerpolitische Reform und Integration Karls IV. in Böhmen selbst langfristig nicht zum Tragen kamen, so hat doch das Umsetzen politischen Wollens in Architektur zur bleibenden Prägung der Stadt Wesentliches beigetragen.

Wenn man heute von der Altstadt Prags herkommend durch den Altstädter Brückenturm die Karlsbrücke betritt, so findet man sich nicht nur auf der »schönsten Brücke Europas«, sondern auch gegenüber einem der atemberaubendsten Stadtpanoramen, die Europa kennt. Der langgestreckte Rücken des Laurenziberges, an dessen Abhang die »Kleinseite« liegt (eine der vier ursprünglich selbständigen Teilgemeinden von Prag: Kleinseite – Altstadt – Neustadt – Hradschin), trägt den Hradschin. Diese großartige Burganlage wird ihrerseits vom Veitsdom optisch beherrscht, jenem Gotteshaus, das, entsprechend der Bedeutung der Stadt als Zentrum des Reiches, von Karl IV. an der Stelle begonnen wurde, wo schon eine romanische Basilika gestanden hatte und noch früher die kleine Wenzelkirche.

Von der Karlsbrücke aus gesehen, liegt die Prager Burg links vom Veitsdom, aus jüngerer Zeit stammen die eher nüchternen, enorm langgestreckten Gebäudetrakte, deren ausgedehnte Horizontalen aber nur die Bedeutung des Gesamteindruckes erhöhen,

Der Dom zu Aachen: Stahlstich von J. M. Kolb nach einer Zeichnung von L. Rohbock aus dem Jahr 1840

Prag: der Hradschin mit Karlsbrücke – um 1900

zumal sie die architektonische Dominanz des Domes eher noch hervorheben als stören.

Der Grundriß des Domes stammte von dem Baumeister Matthias von Arras, den Karl IV. aus Avignon kommen ließ, aber als Matthias 1352 starb, beauftragte Karl den damals erst dreiundzwanzigjährigen Peter Parler aus Schwäbisch-Gmünd mit dem Weiterbau. Mit Peter Parler stoßen wir auf einen der bedeutendsten Künstler der europäischen Gotik überhaupt, dem wichtigsten Vertreter einer weitverzweigten Künstlerfamilie, deren Wirken 1978 mit der Kölner Ausstellung »Die Parler und der schöne Stil« zusammenfassend dokumentiert wurde.

Nicht nur das überaus hohe und neuartige Gewölbe des Domes, die architektonische Gestaltung seiner der Stadt zugewandten Südfront und die reiche Ausstattung mit Plastiken und Sarkophagen im Inneren stammen von Peter Parler, sondern auch der eben erwähnte Altstädter Brückenturm und jene »schönste Brücke Europas«, die Karlsbrücke, früher von den Pragern einfach die »steinerne Brücke« genannt.

Die Karlsbrücke war jahrhundertelang neben den Moldaufähren die einzige Verbindung zwischen Kleinseite/Hradschin und Altstadt/Neustadt. Das moderne Prag hat mittlerweile im engeren Stadtbereich nicht weniger als acht Brücken über die Moldau – die Karlsbrücke ist zur reinen Fußgängerbrücke geworden. »Wenn man über die Karlsbrücke gegangen ist, kann man nicht mehr ganz traurig sein«, sagt man in Prag. Die wunderbare Wirkung dieser Brücke ergibt sich aber nicht nur aus deren Baukörper und auch nicht allein aus dem Blick auf den Hradschin. In diesem Fall ist etwas gelungen, was dem Kunstfreund und Betrachter in so vielen Fällen eher störend vorkommt, nämlich das Zusammenbringen von älterem gotischem Baukörper und späteren barocken Zutaten. Auf der breiten Mauerbrüstung sind, in mehr als dreißig überlebensgroßen Figurengruppen oder Einzelfiguren, die Gestalten von Heiligen aufgestellt, meist Werke des Barock. Dieses himmlische Spalier ist eine unerhörte Demonstration von Christentum, nationaler Kultur und glaubenssicherer Frömmigkeit, als religiöses oder auch nur künstlerisches Erlebnis dem der bedeutendsten Kathedralen Europas vergleichbar – unvergleichlich jedoch in der Durchdringung des Sakralen mit der einfachen Alltäglichkeit eines großstädtischen Verkehrsweges, den jahrhundertelang zahllose Prager Bürger täglich oft mehrmals zurücklegen mußten. Hier finden sich, geschart um die Kreuzigungsgruppe, Hauptheilige der Christenheit; die Madonna – gleich fünfmal – und Johannes der Täufer, vor allem aber die tschechischen Nationalheiligen: der Heilige Wenzel – dreimal –, die Heiligen Veit, Adalbert, Ludmila und viele andere. Die jüngste Gruppe stellt die Heiligen Kyrillus und Methodius dar: diese Gruppe wurde anläßlich des zwanzigsten Jahrestages der Gründung der ersten tschechoslowakischen Republik im Jahre 1938 vom Staatsministerium für Unterricht in Auftrag gegeben und aufgestellt.

Diese unerhörte Versammlung von Brückenheiligen ist nicht nach einem Plan entstanden, die Figuren wurden, meist aufgrund von Stiftungen, zum größten Teil im Laufe des 17. und 18. Jahrhunderts errichtet. Es war religionspolitisch die Zeit der Gegenreformation und künstlerisch die des Barock. Unbestrittener Mittelpunkt für die Prager war und ist auf dieser Brücke das Bronzestandbild des Heiligen Johannes von Nepomuk, aufgestellt 1683.

Johannes von Nepomuk ist einer der katholischsten unter den christlichen Heiligen. Er, der um 1350 eben in Nepomuk in Westböhmen geboren wurde, war später Generalvikar des Prager Erzbischofs, ein prominenter und beliebter Geistlicher, der auch wohl zunächst das Vertrauen des Königshauses genoß. Aber am 20. März 1393 wurde Johannes auf Veranlassung des Königs Wenzel IV. von der Karlsbrücke herab in der Moldau ertränkt. Es ging im Kern um eine machtpolitische Auseinandersetzung zwischen Erzbischof und König, aber die Legende weiß es besser: Johannes hatte sich standhaft geweigert, dem König preiszugeben, was die Königin ihm in der Beichte anvertraut hatte. Er wurde so zum Helden und Märtyrer seines priesterlichen Berufes und des Beichtgeheimnisses. Die Beichte und ihr Geheimnis aber war eines der wichtigsten Mittel, mit dem die katholische Kirche in der apostolischen Vollmacht »zu binden und zu lösen« ihre Gläubigen beherrschte. Die Heiligsprechung erfolgte 1729, die Verehrung des Johann von Nepomuk aber hatten die Prager längst vorweggenommen, tatsächlich wurde Johannes einer der populärsten Heiligen Mitteleuropas – nicht zuletzt deshalb, weil sein Standbild, meist deutlich nach dem Prager Vorbild geformt, bald auf allen Brücken Mitteleuropas zu finden war –, Nepomuk ist der Brückenheilige schlechthin. Für die Prager wurde er nach dem eher romantisch gesehenen Heiligen Wenzel der zweite große Stadtpatron.

Fassen wir aber die Verkörperung des Katholischen und der katholischen Volksfrömmigkeit ins Auge, so dürfen wir an einem anderen

Denkmal, das Prag hat, nicht vorbeigehen. Am Altstädter Platz findet sich das Denkmal eines anderen Johannes, des Magisters Johann Hus. Es ist erst 1915, zum 500. Jahrestag der Verbrennung dieses Vorläufers der großen Reformatoren, errichtet worden.

Die Geschichte wird von Siegern geschrieben, und so wurde die Geschichte Prags, wie das Stadtbild, beherrscht vom Heiligen Nepomuk, dem Barock, der Gegenreformation. Aber die Gegenreformation nahm in Prag und in Böhmen eine ganz spezifische Färbung an: Sie wurde, vor allem seit dem 19. Jahrhundert, mit zunehmendem Bewußtsein als Übermächtigung des Landes von außen, als Werk einer fremden Macht angesehen: Österreichs. So wurde der Ketzer Hus ebenfalls zu einem Nationalheiligen.

Prag wurde also zur Stadt der Ketzer und zur Stadt der Gegenreformation gleichermaßen. Die Habsburger festigten ihre Herrschaft, die 1526 durch Erbfall begründet worden war, über fast vier Jahrhunderte – bis zum Jahre 1918. Als Teil der Habsburger Monarchie erlebte Prag nicht nur die Erneuerung des Katholizismus, die zweifellos auch beim Volk durchdrang, wie Karlsbrücke und Nepomuk-Kult anzeigen, sondern auch schließlich im 19. Jahrhundert den Aufstieg zu einer der ersten Industriestädte Mitteleuropas, Prag und Böhmen wurden in der Tat zum Kern der Industrialisierung für die gesamte Donaumonarchie. Es ist kein Zufall, daß Prag die älteste technische Hochschule Mitteleuropas hat (1806); bis heute sind »Skoda« und »Bata« Firmennamen von europäischer Bedeutung.

Aber parallel zur Industrialisierung erfolgten auch die zunehmende Nationalisierung und die unheilvolle Vertiefung des deutsch-tschechischen Gegensatzes. Der reformatorische Geist, mehr und mehr zum National-Aufständischen werdend, grollte unter der Oberfläche der etablierten Habsburger Monarchie. Die Österreicher verstanden es nicht, der Region und ihrem Selbstbehauptungswillen gerecht zu werden, und die Schicksalsgemeinschaft der deutschen und tschechischen Prager mußte darunter leiden, daß auch die mehr und mehr verhaßten habsburgischen Österreicher, die in Wien saßen, Deutsche waren. Setzte sich das Deutsche als Verkehrs- und Verwaltungssprache und folglich auch als die Sprache der führenden Schichten durch, so wurde das Tschechische abgedrängt.

Aber trotz der zunehmenden anti-österreichischen Nationalisierung muß gerade für diese Zeit eine ganz erstaunliche Entwicklung festgehalten werden, erstaunlich selbst für Prag, diese »Goldene Stadt« voller Wunder. Das Prag der Gegenreformation und der prachtvollen barocken Palais auf der Kleinseite, das Prag der legendenumwobenen Altstadt und ihrer großen jüdischen Tradition, von der die Alt-Neu-Synagoge ebenso zeugt wie der berühmte jüdische Friedhof und die vielen Sagen um den größten jüdischen Lehrer, den Rabbi Löw: Dieses Prag entwickelte gerade in der Phase der Industrialisierung, die ganz neue Stadteile schuf und alte – wie Smichow – schnell mit der agressiven, dynamischen Häßlichkeit moderner Industrie überzog, eine der höchsten Blüten jüdisch-deutscher Sprache und Dichtung. Der weltweit bekannteste Name von Franz Kafka ist sozusagen nur die leuchtende Spitze eines Eisberges.

Im Jahre 1970 erschien ein höchst bemerkenswertes Buch, das »Handbuch der Denkmäler und Gedenkstätten europäischer Kulturbeziehungen in den böhmischen Ländern«. Dies Werk von Professor Hugo Rokyta, Prager Historiker, Kunst- und Geisteswissenschaftler und Denkmalspfleger, hat den Ehrgeiz, »einer neuen Erdkunde der Geistesgeschichte zu dienen«. Hugo Rokyta schreibt des weiteren in seinem Vorwort:

»Oft waren in der Vergangenheit die Denkmäler zum Gegenstand von nationalen Konflikten geworden ... Indes, die volle ungekürzte Wahrheit und die Botschaft von der friedlichen Kommunikation der Völker bringen sie nur jenen, die sie vernehmen wollen.

Das vorliegende Buch ... verwirft jede unrichtige und willkürliche Interpretation des Denkmals und bekennt sich ... zur verpflichtenden Symbolik jener großen und festlichen Brunnenarchitekturen, die mit ihren vom Wasser überströmenden Schalen ein Gleichnis vom Geben und Nehmen im Nebeneinander der Völker geworden sind.«

Eindringlicher als jedes andere Werk ist dieses Buch mit seinen nüchternen Angaben, die nur gelegentlich mit Zitaten aus der Dichtung aufgelockert werden, eine Dokumentation über Prag als mitteleuropäische Hauptstadt, über Prag und seine für sein ganzes Wesen grundlegende Beziehung zum Westen, über Prag und seinen Anteil an deutscher Kultur und deutschem Geistesleben und über den Anteil der letzteren an Prag. Eine kleine Auswahl aus der Beschreibung der Denkmäler in der Reihenfolge ihrer Aufzählung im »Handbuch« macht dies deutlich:

»Die St.-Niklas-Kirche in der Altstadt ... eine deutsche Kaufmannsgründung« – »Das Geburtshaus von Franz Kafka« – »Das Geburtshaus des ›rasenden Reporters‹ Egon Erwin Kisch« – »Das ›Ständetheater‹, jetzt ›Tyl-Theater‹ ... am 21. April 1783 mit der festlichen Premiere von Lessings ›Emilia Galotti‹ eröffnet, am

29. Oktober 1787 fand die Uraufführung von Mozarts Oper Don Giovanni statt.«

»In den Jahren 1813–16 wirkte als Direktor am Ständetheater der deutsche Komponist Carl Maria von Weber ... Am 2. Februar 1847 ... gab Clara Schumann geb. Wieck im Ständetheater ein Konzert ... Im Jahre 1854 dirigierte hier Richard Wagner persönlich seine Oper ›Tannhäuser‹«. – »Der Altstädter Brückenturm ... ein Werk der Parler Hütte. Allgemein als schönster Brückentum Europas bezeichnet.« – »Das Johannes-Kepler-Haus« – »Das Haus ›Zur goldenen Schlange‹ ... das erste Kaffeehaus Prags ... durch Rilke, Werfel, Brod, Urzidil und Kisch in die Weltliteratur eingegangen ...« – »Das Nationaltheater ... Im Februar 1885 wurde Goethes Faust in der tschechischen Übersetzung von J. J. Kolar ... aufgeführt ... Höhepunkte der Bühnenkunst des Nationaltheaters und Bekundungen der Verbundenheit mit anderen nationalen Kulturen sind die festlichen Aufführungen der ›Meistersinger‹ und übriger Wagnerscher Musikdramen sowie der berühmten Shakespeare-Zyklen gewesen.« – »Das ›Palais Hlvka‹ ... 1892–95 wohnte Rainer Maria Rilke ...« – »Der Karlshof ... Gründung ... durch Karl IV. ... Die Kirche wurde nach dem Vorbild der Begräbniskirche Karls des Großen zu Aachen als zentraler Bau angelegt ...« – »Das Nationalmuseum ... Johann Wolfgang Goethe war Ehrenmitglied des böhmischen Nationalmuseums ...« – »Das Geburtshaus des Dichters Franz Werfel.« – »Das Geburtshaus von Rainer Maria Rilke« – »Die Karlsbrücke ... Franz Kafka, der zu Ende seines Romans ›Der Prozeß‹ seinen tragischen Helden Josef K. über die nächtliche Karlsbrücke führen läßt, liebte diese steinerne Brücke:

> Menschen, die über dunkle Brücken gehen,
> Vorüber an Heiligen
> Mit matten Lichtlein.
> Wolken, die über grauen Himmel ziehen
> Vorüber an Kirchen
> Mit verdämmernden Türmen.
> Einer, der an der Quaderbrüstung lehnt
> und in das Abendwasser schaut, die Hände an alten
> Steinen.« (Franz Kafka, 1903)

In all diesen Beschreibungen Prager Denkmäler und deren Beziehung »zu anderen nationalen Kulturen«, und die Beispiele für die deutschen-tschechischen Beziehungen könnten noch weitaus vermehrt werden, kommen nur zwei russische Namen vor: Der Lenins bei der Erwähnung des 1953 im Palais Losy gegründeten Lenin-Museums und der des großen Anarchisten Bakunin, der einmal kurz im Haus »Zum goldenen Engel« gewohnt hat.

Es soll hier keineswegs darum gehen, kulturelle Hegemonie aufzuweisen. Nur der bedeutende Anteil des Deutschen an der böhmischen Kultur sollte festgestellt werden. Diese Feststellung ist also frei von jedem Unterton zu treffen. Sie soll aber deutlich machen, wohin Prag gehört: In der nicht mehr auflösbaren Verbindung von slawischer und westlicher Kultur eindeutig nach Mitteleuropa.

Wien – vom europäischen Imperium zur österreichischen Parzelle

Wien erweckt heute den Eindruck eines großen »Verwaltungspalais«, das, bestimmt zum Mittelpunkt eines ausgedehnten Herrschaftsbereiches, nunmehr nur noch von der freilich zahlreichen Familie des Hausmeisters bewohnt wird, der gleichzeitig den Fremdenführer abgibt. In keiner anderen Hauptstadt Europas, auch in London nicht, wurde von ihren eigenen Bewohnern so stark das Erlebnis der Unangemessenheit der Gegenwart zum Ausdruck gebracht. Es ist dieses einmalige Auseinanderklaffen von Gegenwart und allerorts anwesender geschichtlicher Bedeutung, das gerade in Wien den intelligenten Beobachter so bitter über seine Zeitgenossen urteilen läßt, denen ihr Kostüm überall zu groß sein muß. Die Trivialität einer Zigarettenreklame muß dann um so mehr wehtun, wenn sie in einem wirklichen und echten, drei auf fünf Meter großen Original-Barockrahmen präsentiert wird. So stammt die bitterste Literatur menschlicher Desillusioniertheit aus Wien: Robert Musil beschreibt in einer selbst fast als barock zu nennenden einmaligen Ausdehnung der essayistischen Romanform die politische Sterilität einer Gesellschaft, die sich, in jener Unangemessenheit von historischen Rahmen und Gegenwart mit der Verwaltung bloß bestehender Sinnlosigkeiten beschäftigt, einer Katastrophe entgegenbewegt. Karl Kraus leidet körperlich unter der ständig zunehmenden Vulgarisierung jener Zigarettenreklamemenschen und ihrer Sprache, Wien ist für ihn der Schauplatz für die »Letzten Tage der Menschheit«. Ungeschliffener, gemessen an Karl Kraus, und monomanischer, verglichen mit Robert Musil, türmt in unseren Tagen Thomas Bernhardt mit jedem neuen Roman sein Werk der Menschenverachtung und des Hasses auf Wien vor uns auf, aggressiv, eigensinnig und gleichfalls wie jene schon in Form und Inhalt der Werke, jenes Auseinanderklaffen selber auch repräsentierend.

Wien liegt an dem Punkt, an dem sich zwei Linien schneiden, eine Nord-Süd-Verbindung, die alte Bernsteinstraße, und die Donau, der Fluß, der vom Westen nach Osten die Teile des europäischen Kontinents verbindet. Ein Ort des Durchziehens; in der Lage ist ein Schicksal vorgezeichnet: Wien war bis heute kulturellen Einflüssen aus allen Richtungen offen – nicht ohne, im Wiener Becken gelegen, im Laufe der Zeit ein Eigengewicht zu entwickeln, das jene Einflüsse zu einem eigenen Ganzen zu verarbeiten in der Lage war.

Aber die exponierte Lage war auch als römisches Militärlager schon nicht leicht zu verteidigen: Die Siedlung wurde um 170 schon von den Markomannen, 400 von den Goten als römische Befestigung endgültig zerstört. Aber die Lage ließ die Siedlung wiedererstehen. Der Donauhafen machte sie in den folgenden Jahrhunderten zum wichtigen Handelsplatz.

Das ostfränkische Adelsgeschlecht der Babenberger war es, das sich, bei Ausdehnung des deutschen König- und Kaiserreiches nach Südosten, schließlich um die Mitte des 12. Jahrhunderts in Wien festsetzte, und mit dem bedeutendsten von ihnen, Leopold VI., wurde Wien im 13. Jahrhundert nicht nur Stadt mit entsprechenden Handelsprivilegien, sondern auch in kultureller Hinsicht nach Köln »die vorzüglichste Stadt des Reiches«. Die Babenberger starben 1264 aus, und nach einer kurzen böhmischen Herrschaft, die der Stadt nicht schlecht bekam, gelangten Wien und Österreich in die Hand der Habsburger – in der sie sich mehr oder weniger heute noch befinden. Das Haus Habsburg ist Wiens Schicksal.

Die Habsburger bauten. Zu Beginn des 14. Jahrhunderts wurde mit dem Ausbau des Stephansdomes begonnen, gleichzeitig jedoch wurde noch an einem halben Dutzend weiterer Kirchen gebaut. Der Stephansdom ist im wesentlichen hochgotisch. Die Gotik ist nicht in Wien entstanden, aber die Baumeister des Stephansdomes entwickelten einen eigenen Stil, die sogenannte »weiche« Gotik, und es ist nicht uninteressant, daß die Baugeschichte des Stephansdomes eine gewisse Wechselwirkung zwischen Prag, wo Peter Parler den Veitsdom gebaut hatte, und Wien erkennen läßt.

Auseinandersetzungen zwischen der Stadt und den Habsburgern sowie eine vorübergehende Besetzung Wiens durch die Ungarn ließen die Stadt gegen Ende des 15. Jahrhunderts an Bedeutung verlieren. Aber 1490 übernahm Kaiser Maximilian Wien, und im 16. Jahrhundert erfolgte der atemberaubende Aufstieg des Hauses Habsburg und mit ihm Wiens. Zwei Entwicklungen vor allem stellten die Weichen für die Entwicklung der Stadt: Das eine war die unter Maximilian und seinem Nachfolger angebahnte Orientierung nach Osten, was hier Polen, Böhmen und Ungarn bedeutete. Hier zeigte sich das spezifische »Glück« Österreichs, durch Heirat verband man sich mit Polen, und eben durch Glück – einen plötzlichen Todesfall – erhielt man auf dem Erbwege Böhmen und Ungarn: Wien wurde Mittelpunkt eines machtvollen Reiches. Diese Machtenfaltung provozierte freilich die Konfrontation mit den Türken, die mehrmals bis vor Wien kamen, aber jedes Mal, mit knapper Not 1529 und zuletzt und endgültig mit Reichshilfe und mit polnischem Beistand 1683, abgewehrt werden konnten: Wien war zum »Bollwerk der Christenheit« geworden. Die heldenhaften Verteidiger von Stadt, Christenheit und Europa waren 1529 Nicklas Graf Salm und 1683 Rüdiger von Starhemberg. Die zweite wesentlich bestimmende Entwicklung war die Reformation, in deren wechselndem Verlauf Wien schließlich zum anderen Male ein »Bollwerk der Christen« wurde – diesmal als Zentrum der europäischen Gegenreformation. Der Sieg über die Türken, der damit zusammenhängende Ausbau des Absolutismus und seiner Herrschaft über die Bürger und schließlich die Gegenreformation waren die Grundlagen für die unerhörte Entfaltung einer Stadt, die schließlich politisch, künstlerisch und ideologisch das europäische Zentrum des Barock werden sollte.

Man muß sich klarmachen, daß zur Zeit Maximilians II., der 1576 starb, Wien zu etwa 80 Prozent lutherisch war. Aber 1577 verbot Rudolf II. jeden protestantischen Gottesdienst in Wien. Die Gegenreformation bedeutete nicht nur die gewaltsame Unterdrückung des protestantischen Glaubens, die in den Seelen der Wiener zweifellos ihre Spur hinterlassen hat. Der Stachel der Reformation brachte auch eine grundlegende Erneuerung des katholischen Christentums, und beides machte Wien erst zu dem, was es wurde, eben der europäischen Hauptstadt des Barocks. Zentralisierende Macht, Katholizität und die Selbstbehauptung des christlichen Europa gegenüber den Bedrohungen durch die Türken machten Wien groß.

Ins Werk gesetzt wurde die gegenreformatorische Entwicklung unter dem unerhört unternehmenden Wiener Kardinal Melchior Khlesl vor allem durch eine »Klosteroffensive«, d. h. durch die Neugründung und damit verbundenen Kirchen- und Klosterbauten von mehr als einem Dutzend Orden verschiedenster Observanz, die, neben den Bauten der Hofburg und neben den Palais des Adels, das frühbarocke Wien bestimmten. Nicht übergangen werden kann bei der Würdigung der Bedeutung Wiens für Mitteleuropa der Einfluß der Gesellschaft Jesu; Petrus Canisius, der erste deutsche Jesuit und echter geistlicher Sohn des Ordensgründers Ignatius von Loyola, ist von einer solchen Bedeutung für das katholische Europa geworden, daß man ihn als den »zweiten Apostel Deutschlands« bezeichnet hat. Er war eine Führerpersönlichkeit von seltenen Gaben: rednerisch wie theologisch, schriftstellerisch, diplomatisch wie organisatorisch gleich begabt, ein religiöses Genie mit verzehrendem Einsatzwillen, das auch über seine Aufgabe der katholischen Erneuerung Deutschlands nicht vor Konflikten mit seinen Oberen und der Kirche zurückschreckte. Der Jesuitenorden wurde 1552 nach Wien gerufen, sein Schwergewicht entwickelte er in der Wissenschaft, d.h. im Universitätssystem und, bekanntlich, in der Erziehung und Beratung der katholischen Fürsten und ihres Nachwuchses. War der Einfluß der Jesuiten auf die Zentren der Macht gerichtet, so wirkte ein anderer Orden, der sich Mitte des 16. Jahrhunderts von den Franziskanern loslöste, der Kapuzinerorden, intensiv im Alltag des Volkes in der Stadt wie auf dem Lande. Auch im Wirken der Kapuziner, die von König Matthias nach Wien gerufen wurden, um dort die Begräbnisstätte der Habsburger zu betreuen, läßt sich die Verbindung von katholischer Erneuerung und europäischer Selbstbehauptung zeigen. Denn die Kapuziner machten den Kampf zur Abwehr der Türken zu ihrer eigenen Sache und in Predigt und Unterweisung zu der des Volkes: Ihre Verbindung von Marienverehrung, Türkenkampf und volkstümlicher Frömmigkeit ist eine der großen Prägungen des klassischen Wien. Die Kapuzinergruft, also eben die Begräbnisstätte der Habsburger unter der Kapuzinerkirche am Neuen Markt, ist mit ihren 138 Habsburger Särgen bis heute eine Stätte mitteleuropäischer Geschichte, deren Eindruck sich niemand entziehen kann.

Insofern die Wirklichkeit der Stadt Wien – und damit die Österreichs – so wesentlich durch die Gegenreformation und später durch zentralisierten Absolutismus geprägt war, hat man in diesem »Wiener Sonderweg« auch eine Verengung geistiger Horizonte und eine jahrhundertelange Herrschaft »der Reaktion« gesehen. In der Tat wuchs, um nur ein Beispiel zu nennen, kaum irgendwo in Europa das Verzeichnis der verbotenen Bücher so rapide und zu einem solchen Umfang an wie in Wien. Vermeidet man aber die Einseitigkeit, aus der liberalen Pressefreiheit nun ihrerseits das Evangelium der Moderne zu machen, so werden Blicke auf die Zusammenhänge der realgeschichtlichen Entwicklung möglich, die sich dem einseitigen Schema von »Reaktion« und »Fortschritt« entziehen müssen. Es ist keine Frage, daß die Abwehr der türkischen Invasion 1683, die Wien zu einem der wesentlichen Punkte europäischer Selbstbehauptung gemacht hat, nur möglich war aufgrund der vorangegangenen Herstellung einer geistig-geistlichen Einheit, die die Erneuerung des Katholischen in Führungsschicht und Volk herbeigeführt hatte. Stellt man diesen realen Zusammenhang her, dann kann die europäische Bedeutung dieser Bewegung der Gegenreformation, die Wien als politischen Ort ebenso geprägt hat wie als kulturell-geistigen Befund, und die das Bild dieser Stadt bis heute mitbestimmt, objektiv in ihrem historischen Stellenwert gesehen werden. Wobei es auch noch zu erinnern gilt, daß die Abwehr der Türken schließlich auch schon durch eine mitteleuropäische Gemeinsamkeit (Wien – Reich – Polen) ermöglicht wurde, wie denn der übergreifende Charakter des mitteleuropäischen Adels seinerzeit eine Art von Integration bewirkte, die nach Überwindung des trennenden Nationalismus erst in einem neuen Selbstbewußtsein der europäischen Nationen wiedererlangt werden muß.

Die Bedeutung Wiens als des zweifachen »Bollwerks der Christenheit« prägte sich dann wieder in der architektonischen Entwicklung aus. War die Erneuerung des Katholizismus im 17. Jahrhundert mit der »Klosteroffensive« durch Sakralbauten, Kirchen und Klöster geprägt, so zeigt sich das enorme Anwachsen der politischen Bedeutung in der Prägung der Stadtentwicklung im 18. Jahrhundert durch die profanen Bauten, die der Hof und die um ihn versammelte Aristokratie errichten ließen. Als nach dem endgültigen Sieg über die Türken 1683 der Hof zunehmend vom Festungscharakter zum Palastcharakter wechselte, wirkte sich dies geradezu wie eine Entfesselung der barocken Kräfte aus. Die Wiener Hofburg erlangte mit Karl VI. (1685–1740, Kaiser seit 1711) ihre »kaiserliche« Prägung vor allem durch den Bau der Hofbibliothek, des Reichskanzleitrakts, der Winterreitschule – in deren Saal bis heute die Vorführungen der Spanischen Hofreitschule stattfinden – und der Redoutensäle. Die Stadt Wien wuchs im 18. Jahrhundert durch die bauliche Erschließung der

Vorstädte auf das Zehnfache ihres Umfanges an, die Bevölkerung nahm von ca. 80000 im Jahre 1650 auf 250000 um 1800 zu. Die Hofaristokratie entwickelte gleichfalls eine typische barocke Bauleidenschaft, das Lobkowitz-Palais, das Harrach-Palais, das Liechtenstein-Palais, das Schwarzenberg-Palais und das Palais Starhemberg-Schönborn sind Zeugen dieser Entwicklung.

Dabei soll nicht verschwiegen werden, daß das Bauen häufig Ersatz für politische Aktivität war. Den Energien der durch den zentralisierten Absolutismus bedeutungsloser werdenden Aristokratie bot das Bauen Möglichkeiten der Entfaltung und der Kompensation durch barockes Baupathos. Dies trifft für eine der wichtigsten und faszinierendsten Gestalten in der Geschichte Wiens freilich nicht zu. Gemeint ist der Prinz Eugen (1663–1736), der, französischer Abstammung, als Feldherr und Politiker ebenso bedeutend war wie als Bauherr und Förderer der Künste und Wissenschaften, der mit Leibniz korrespondierte und im ganzen eine der europäischen Figuren von überragender Dominanz gewesen ist. Sein Belvedere-Palast und die dazugehörigen Parkanlagen konnten in Ausdehnung und prachtvoller Ausstattung mit den Bauten des Hofes konkurrieren.

An kontinental-europäischer Bedeutung läßt sich mit Wien im 18. Jahrhundert nur Paris vergleichen. Wuchs dort jedoch die Aufklärung und bereitete sich die bürgerliche Revolution sowie der napoleonische Ansturm Frankreichs gegen Mitteleuropa vor, so bewahrte Wien die Kräfte des Reiches in einer katholisch-absolutistischen Form, Kräfte, die, um es zu wiederholen, nicht nach einem ideologischen Schema von »fortschrittlich« und »reaktionär« zu beurteilen sind, sondern in ihrer Bedeutung für Mitteleuropa gesehen werden müssen. Immerhin waren diese Kräfte stark genug, dem »unbesiegbaren« Napoleon im Jahre 1809 bei Aspern, das im Wiener Becken liegt, eine entscheidende Niederlage beizubringen, eine Niederlage, die die Stoßrichtung der französischen Eroberungen über Wien nach Südosteuropa hin in bezeichnender Weise auffing und umbog. Der Deutsche Theodor Körner, der später im Befreiungskrieg gegen Napoleon fallen sollte, hat Aspern enthusiastisch gefeiert.

Die Namen der Künstler, die Wien seine hochbarocke Prägung gaben, gehören zu den ersten des Barockzeitalters schlechthin: Johann Bernhard Fischer von Erlach, Johann Lukas von Hildebrandt und, Sohn des ersteren, Josef Emanuel Fischer von Erlach als Architekten, Giovanni Giuliani und Lorenzo Mattielli, Balthasar Permoser und vor allem Georg Raphael Donner als Bildhauer, Carlone, Altomonte, Fanti, Rottmayer, Grantroger und vor allen Franz Anton Maulbertsch als Freskenmaler. Der große Anteil an italienischen Namen zeigt Wien auch hier als einen Ort der Vermittlung gesamteuropäischer Kultureinflüsse.

Die außenpolitischen Verluste Österreichs unter Maria Theresia haben innenpolitisch dem absolutistischen Zentralismus kaum geschadet. Er stabilisierte sich sogar, freilich vor allem im Sinne einer bürokratischen Verfestigung. Nicht ohne Zusammenhang damit wandelte sich auch die Kunstauffassung. Vom Pathos des von einer Idee und dem Bewußtsein einer Mission getragenen Barock ging man über zum Rokoko, das die Welt der architektonischen Formen veräußerlichte und ins Spielerische transformierte. Jene Vorherrschaft des bürokratischen Absolutismus hielt, weit über die Französische Revolution hinaus, die immer stärker werdenden Kräfte des Bürgertums von der Politik ab – entsprechend gibt es in Wien Höhepunkte des Rokoko, wie später auch des Biedermeier. Auch die »nach innen« gerichtete Biedermeierkunst – wobei »nach innen« nicht nur bürgerlich-unpolitische Innerlichkeit meint, sondern auch ganz wörtlich auf Innenräume, bürgerliche Wohnungen, auch auf Theater und Bibliotheken bezogen ist – machte Wien wieder zu einem Glanzpunkt europäischer Kultur, denken wir an Schubert, an Beethoven, auch freilich an Johann Strauß. 1842 wurden die »Wiener Philharmoniker« gegründet, bis heute eines der großen Weltorchester. In der Literatur sei an Namen wie Stifter und Lenau, aber auch an Raimund und Nestroy erinnert. Besonders letzterer ist für Wien vor der 48er Revolution charakteristisch. Sein Theater – das Theater stand in Wien unter besonders strenger Zensur – ist ein bemerkenswertes Beispiel für subversive Kunst, die zum Ausdruck des unterdrückten Denkens und Fühlens der Bürgerlichen und des Volkes wurde.

Wien hatte 1780–1790 unter Josef II. ein politisch-aufklärerisches Zwischenspiel erlebt. Dieser Kaiser arbeitete weiter am Ausbau der zentralisierten Bürokratie, aber er verringerte den Druck der Zensur, reformierte das Steuerwesen – auch der Adel wurde nun zu Grundsteuern herangezogen – und erließ 1781 ein Toleranzpatent, das Nichtkatholiken freie Religionsausübung sichern sollte. Unausweichlich mußten die Reformen dieser »Aufklärung von oben« überhastet wirken, und sie waren auch in der kurzen Zeit, die Josef hatte, dem schwerfälligen Apparat nur oberflächlich aufzuprägen. Immerhin hatte Josef das Verdienst, Aufklärung als »Josephinismus« auch in Österreich als eine Geistesströmung zu etablieren, die, quasi »hoffähig« gemacht, sich nicht mehr verlieren sollte. Franz II. (1792–1835) brachte, Resultat der Erfahrungen des 18. Jahrhunderts, das Römisch-Deutsche Kaiserreich zu Ende: Seit 1806 war Wien nur noch Kaiserstadt im engeren österreichischen Sinne der Monarchie der Habsburger und ihres Vielvölkerstaates.

Nach dem Sieg über Napoleon 1815 wurde Wien noch einmal zur Hauptstadt Europas, als mit dem Wiener Kongreß die Ära Metternich begann. Unter Führung des genial-resignierten Konservativen Metternich, der loyal, aber skeptisch die Intentionen seines eher bornierten Kaisers Franz II. – als Kaiser von Österreich seit 1804 Franz I. – ausführte, sollte Mitteleuropa im konservativen Sinne noch einmal stabilisiert werden. Bei der mittlerweile erfolgten Verbreitung aufklärerisch-revolutionärer Ideen, die sich in ganz Mitteleuropa vor allem auch mit den Ideen des Nationalen verbanden (in denen Österreich ebenso wie Preußen eine Gefährdung der bestehenden Machtverhältnisse sehen mußte), mußte die »Restauration« unausweichlich auf erhöhte Schwierigkeiten stoßen und folglich zunehmend ihren Gewaltcharakter verstärken. Die ideenpolitischen und real-ökonomischen Entwicklungen, die katastrophale Lage weiter Teile der Bevölkerung als Folge der ersten industriellen Revolution führten in Europa zur Märzrevolution von 1848, die in Wien, nunmehr unter Kaiser Franz-Josef I., mit besonderer Härte unterdrückt wurde, ein politisches Trauma, das österreichisches Denken um so nachhaltiger prägte, als es nicht, wie es in Preußen 1866 und 1871, wenigstens teilweise, geschah, durch eine nationale Revolution »von oben« kompensiert wurde.

Freilich entwickelte Wien sich im 19. Jahrhundert zur Weltstadt und erhielt eine neue Prägung durch den historizistischen Baustil, der zweifellos auch zu großartigen Leistungen fähig war, wie die neue Hofburg und die Ringstraße beweisen. Aber es wurde schließlich auch zu jenem »Kakanien« (von der Abkürzung k.u.k. = kaiserlich [österreichisch] und königlich [ungarisch]), das Robert Musil und Karl Kraus so schmerzlich beschrieben haben, eine Stadt, der es nicht mehr gelang, zu jener eindeutigen politischen Identität zu finden, die sie als Hauptstadt des Reiches gehabt hatte. Als Haupt des Vielvölkerstaates wurde Wien zunehmend vom europäischen Nationalismus bedrängt. Nach dem Ersten Weltkrieg wurde Österreich auf Deutsch-Österreich reduziert, aber von den Siegern an der nunmehr ebenso natürlich wie politisch vernünftig erscheinenden Verbindung mit

Deutschland gewaltsam gehindert. So nahm diese Stadt mehr und mehr den Charakter des »bürokratischen Wasserkopfes« an, der eingangs festgehalten wurde und der weder durch demokratisches Bewußtsein noch durch das ständige Suchen nach »österreichischer Identität« oder »österreichischer Nationalität« übertönt werden kann. Nur in der Funktion einer mitteleuropäischen Hauptstadt wäre Wien zur Übereinstimmung seiner modernen Existenz mit seiner historischen Größe zu bringen.

Berlin – Brandmal der europäischen Teilung

Weder eine Karlsbrücke oder einen Hradschin wie in Prag noch einen Stephansdom oder ein Belvedere wie in Wien können wir als architektonisches Kennzeichen für *Berlin* angeben. Wir brauchen uns aber auch keine weiteren Gedanken über den gegenwärtigen Charakter der mitteleuropäischen Hauptstadt Berlin zu machen. Hier ist weder der Gedanke der Unangemessenheit zwischen jetzigem Dasein und historischer Prägung und Bestimmung sinnvoll noch die erklärende Geschichtskonstruktion des Abgeschnittenseins von einem bestimmten Teil der eigenen Geschichte. Berlins Wirklichkeit ist heute mit aller brutalen Deutlichkeit durch ein einziges Bauwerk bestimmt: die Mauer. Es gibt keinen Gang durch Berlin, der nicht an der Mauer endet. Es gibt keine Möglichkeit, von der Mauer abzusehen. Berlin ist heute auch darin die mitteleuropäischste aller mitteleuropäischen Städte, als es die Krankheit und Wunde Mitteleuropas an und auf dem eigenen Leibe deutlich sichtbar trägt. Deutschland ist der Ort, wo Europa geteilt ist, und Berlin ist das Brandzeichen der Teilung Europas.

Es hat keinen Sinn, in dieser geteilten Stadt eine Konsequenz aus der deutschen Geschichte zu sehen. Es hat keinen Sinn, die Teilung als notwendige, unvermeidliche hinzunehmende oder gar zu begrüßende Tatsache aus deutscher Schuld zu betrachten oder sie, in der beliebten, aber bloß entlarvenden Distanzierung, post festum Hitler oder »den Nazis« in die Schuhe zu schieben. Die Deutschen sind ebensowenig schuld an ihrer Teilung wie die Einwohner von Hiroshima an ihrer Vernichtung durch die Atombombe. Die Teilung Europas, Deutschlands und Berlins ist Ergebnis des ideologischen und machtpolitischen Gegensatzes der beiden Supermächte USA und UdSSR.

In Deutschland hatte man sich seit 1871 zunehmend von der alten

Reichsidee entfernt, das »Zweite Reich« hatte sich, in viel zu weit gehender Nachahmung der anderen europäischen Mächte, wie diese nationalimperialistisch entwickelt. Auch das »Dritte Reich« ist, gemessen an der Reichsidee (die weiter unten behandelt wird), eine durch Nationalimperialismus gekennzeichnete Macht wie alle anderen. Die Tatsache, daß man sich trotzdem im »Zweiten« wie im »Dritten Reich« auf das alte Reich und seine Kaiserherrlichkeit bezog, ist für einen großen Teil des falschen Pathos verantwortlich, das den intellektuellen Überbau dieser beiden Reiche kennzeichnete. Jedenfalls sah der europäische Nationalimperialismus im Deutschen Reich eine bedrohliche Konkurrenz, in der natürlich das Pathos des Reiches eine weit geringere Rolle spielte als die ökonomische Potenz und nationale Aggressivität. Jedenfalls fanden sich die USA und die Sowjetunion im Zweiten Weltkrieg in einer fatalen Koalition als Gegner des »Dritten Reiches«. Teils provoziert und angegriffen, teils bloß interessiert und eingreifend, verfolgten sie ein scheinbar gemeinsames Kriegsziel – nämlich das, Deutschland als politische Macht in Europa auszulöschen und es für immer daran zu hindern, eine bestimmende Rolle in der Politik zu spielen. Die Teilung Europas, Deutschlands und Berlins ist paradoxerweise die Folge dieser Gemeinsamkeit. Wer, wann und ob überhaupt jemand den Plan hatte, Deutschland territorial so zu teilen und zu zersplittern, wie es dann geteilt und zersplittert wurde, ist letzten Endes politisch uninteressant.

Die Frage mag die Historiker beschäftigen. Aber die faktische Teilung ist das Ergebnis des Zusammenwirkens jenes – eingestandenen Kriegsziels und des Zerbrechens der scheinbaren Gemeinsamkeit, als das Kriegsziel erreicht war. Deutschland wurde von Mächten besetzt, die nun wirklich nichts gemeinsam hatten als dieses Kriegsziel, und die in allen anderen Dingen sowohl ideologisch wie machtpolitisch schließlich jenen weltpolitischen Gegensatz verwirklichten, der mit der Formulierung »Existenz zweier Supermächte« scheinbar harmlos, in Wirklichkeit aber voll tödlicher Brisanz umschrieben ist. Die Besatzungspolitik mußte sich bei allem Vorbehalt der vier Mächte für das ganze Deutschland in der Realität als faktische Teilung auswirken. Die Berliner Mauer ist das reale Symbol dieser Teilung – für die außer der Gewalt nichts spricht und die keinerlei politische Logik für sich in Anspruch nehmen kann. Daß sie ein Vierteljahrhundert steht, macht sie nicht vernünftig oder vernünftiger. Sie kann für jeden denkenden Europäer nur eine Herausforderung sein.

Aber auch hier hat es – und dies ist die Überzeugung der Verfasser – keinen Sinn oder keinen Sinn mehr, die Schuld an diesem Zustand bloß den beiden Supermächten oder gar einseitig der UdSSR zuzuschieben. Es hat auch kaum Sinn mehr, in Erkenntnis der unbezweifelbaren Rechtslage, das Unrecht und die Gewalt anzuklagen und Wiederherstellung bloß zu fordern. *Wiederherstellung Berlins, Deutschlands und Mitteleuropas kann nur in einer ideen- und realpolitischen Alternative gesehen werden, die tatsächlich etwas anderes ist als »der Westen« oder »der Osten« und selbstverständlich auch etwas anderes als irgendein Deutschland von gestern.* Daß eine solche Alternative von sich selbst her von Gewalt absehen muß, macht sie nicht »abstrakter«, sondern im Gegenteil. Eine gewaltsame Lösung von Problemen ist immer leicht auszudenken, aber dies kann nicht bedeuten, daß bei Verzicht auf Gewalt nichts anderes übrigbliebe als der gewaltsam aufrechterhaltene Status quo. Eine konkrete politische Alternative für Mitteleuropa wie für Berlin zu entwickeln, kann nicht dem Schwergewicht dieses Status quo allein überlassen bleiben. Dafür ist er mit zuviel Gewalt durchsetzt.

Eine konkrete politische Alternative ist nur aus der Mitte Europas selber zu entwickeln. Der Gewaltsamkeit des gegenwärtigen Zustandes kann nur mit einer alternativen Interessenanalyse begegnet werden. Grundlage für jede Analyse aber ist es, sich mit einem bloß durch Gewalt aufrechterhaltenen Zustand nicht abzufinden.

Insofern die Mauer nicht Resultat einer inneren Entwicklung Berlins oder Deutschlands ist, sondern ein bloßes Merkmal äußerer Gewalt, hat Berlin, insofern es selbst Geschichte hat, mit dieser gewaltsamen Gegenwart nichts zu tun. Deshalb mußte die Erinnerung an die Mauer hier zwar am Beginn stehen – aber Berlin ist natürlich mehr und anderes: in Geschichte und Kultur, in Entstehung, Prägung und eigenartiger Größe.

Berlin ist die jüngste der drei mitteleuropäischen Hauptstädte, und es entwickelte sich bekanntlich als Zentrum Preußens innerhalb des Reiches als Gegensatz zu diesem. Diese Entgegensetzung, die schließlich zu dem preußisch-österreichischen Krieg von 1866 führte und zur »kleindeutschen« Reichslösung von 1871, darf für die Geschichte Mitteleuropas ebensowenig verabsolutiert werden, wie der fast gleichzeitige Sezessionskrieg in den USA für deren Entwicklung verabsolutiert werden kann.

Es gibt keinen Grund, aus einer zeitweiligen und zeitbedingten inneren Entgegensetzung und kriegerischen Auseinandersetzung

Der Wiener Stefansdom nach einem Stahlstich der Firma Neubauer aus der Mitte des 19. Jahrhunderts

Berlin 1936: seitlicher Blick auf das Brandenburger Tor

Bildnachweis: Stiftung Preußischer Kulturbesitz

innerhalb Deutschlands heraus den gegenwärtigen Status quo für der politischen Weisheit oder Fatalität letzten Schluß anzusehen. Auch insofern Berlin der Exponent dieser Entgegensetzung war, blieb es Deutschland. Diese Entgegensetzung ist freilich auch ein Ergebnis jener relativ späten Entwicklung, die Berlin zur jüngsten der drei mitteleuropäischen Hauptstädte gemacht hat.

Berlin ist keineswegs – wie Prag und Wien – durch seine Lage in der Entwicklung zur Metropole begünstigt gewesen. Die großen Wirtschaftswege gingen bis weit in die Neuzeit hinein an Berlin vorbei. Es war erst die politische Entwicklung der Stadt, die dann durch ihr Schwergewicht auch Handel und Verkehr auf sich zog. In der Frühzeit hingegen waren etwa Städte wie Breslau oder Magdeburg weit eher als Kreuzungspunkte von Handelswegen und Flüssen begünstigt als Berlin. Ganz freilich fehlt die natürliche Auszeichnung in Berlin nicht, aber das Einzugssystem seiner Verkehrslage war nicht gesamteuropäisch-großräumig, sondern eher lokal und bescheiden. Der Spreeübergang bei Berlin wurde im 13. Jahrhundert Anlauf- und Durchgangspunkt der deutschen Einwanderung in das Land, Berlin wurde aber selbst hierin zunächst von Köpenick übertroffen. Die ausgedehnte morastige Niederung der Spree machte das Land nur an den wenigen Punkten passierbar, wo feste Inseln sich aus dieser Umgebung erhoben, und dies war eben der Fall bei Berlin und Cölln, den Ursprungsorten des späteren Berlins. Gegen Ende des 13. Jahrhunderts war Berlin (Berlin und Cölln) immerhin schon so weit entwickelt, daß ein nicht unbedeutender Fernhandel – etwa mit Hamburg und Flandern – bestand und daß auch Landtage der Mark Brandenburg hier stattfinden konnten. Aber immer noch war etwa Frankfurt an der Oder bedeutender als ausgerechnet Berlin.

1411 wurde Burggraf Friedrich VI. von Nürnberg vom Kaiser mit der Statthalterschaft der Mark Brandenburg betraut, und von da an ist das Schicksal Berlins mit dem Haus Hohenzollern verbunden.

Aber das Land gehörte zu den armseligsten in Europa, es wurde noch lange »des Heiligen Römischen Reiches Streusandbüchse« genannt. Auch hieraus ergab sich von Beginn an ein enger Bezug zwischen den Hohenzollern und der Stadt Berlin. Aus einem zunächst gemeinsamen Kampf von Stadt und Markgraf gegen die Raubritter der Mark wurde bald ein herrschaftliches Abhängigkeitsverhältnis, insofern die Hohenzollern Gegensätze zwischen Patriziat und zünftiger Bürgerschaft zugunsten der Festigung der Landesherrschaft ausnutzen konnten. Dieser Herrschaftsanspruch wurde 1443 durch die Errichtung einer Burgresidenz innerhalb der Mauern unterstrichen, und auch der enge Zusammenschluß von Berlin und Cölln zu gemeinsamer Verteidigung der städtischen Interessen konnte an der Entwicklung nichts Wesentliches mehr ändern. Auch der sogenannte »Berliner Unwille« von 1448, eine Erhebung gegen den Kurfürsten, konnte von Kurfürst Friedrich II. leicht gebrochen werden – zumal die Berliner vergeblich auf die Unterstützung durch die Hansestädte gehofft hatten. Aber durch eine sehr maßvolle Politik des Kurfürsten wurde die Verbindung von Stadt- und Landesherrn danach nur enger – ohne als bloße Unterdrückung empfunden werden zu müssen. Sein Wachstum verdankte Berlin im 16. Jahrhundert jedenfalls der Tatsache, daß die Hohenzollern allmählich Berlin zu ihrer ständigen Residenz machten. Nicht nur die Ausdehnung des Hofes, auch die rasch folgende Verlagerung und Begründung landesherrlicher Behörden trug zum Bevölkerungswachstum bei.

Die Reformation setzte sich in Berlin verhältnismäßig problemlos durch. Versuche des Kurfürsten Joachim I., das eindringende »neue Wesen« abzuwehren, wurden von den Berlinern, bei denen sich eine gewisse Skepsis ebenso zeigte wie handfeste Erwartungen von Bereicherungsmöglichkeiten an Kirchengut, zunächst mit passivem Widerstand beantwortet. Zwanzig Jahre nach dem Lutherischen Thesenanschlag beklagte sich der zuständige Bischof von Brandenburg über die Verachtung kirchlicher Riten durch die Berliner Bürger. Am 2. November 1563 nahmen Rat und Bürger von Berlin zum ersten Mal offiziell das Abendmahl in beiderlei Gestalt – Berlin war protestantisch. Die Bevölkerung Berlins vergrößerte sich, trotz Rückschlägen durch Pest, 30jährigen Krieg und Maßnahmen wie den Militärdienstzwang König Friedrich Wilhelm I., der zur Abwanderung von ca. 17000 Menschen führte, auf längere Sicht stetig. Waren es in der zweiten Hälfte des 16. Jahrhunderts etwa 12000 Einwohner, so betrug deren Zahl 100 Jahre später 17500, um 1700 schon 29000 und nach dem großen Aufschwung unter Friedrich dem Großen im Jahre 1800 bereits 172000. Der starke Zuzug von außen und eine gewisse Internationalität der Zuwanderer – wobei die Rolle des stets anwesenden Militärs ebensowenig unterschätzt werden darf wie die der unternehmenden französischen Hugenotten – bildeten einen spezifischen Bevölkerungstyp heraus, einen Typ, den Goethe als einen »verwegenen Menschenschlag« bezeichnete und den unternehmende Gesinnung ebenso auszeichnete wie intelligentes »Räsonieren«, treffendes Urteil, Beweglichkeit des Ausdrucks und ein gewisser Leichtsinn.

Der für die Verhältnisse des 17. und 18. Jahrhunderts ziemlich weitgehenden Freiheit des Räsonierens, des Denkens, die durch die Toleranz von Hohenzollern wie den Großen Kurfürsten und Friedrich dem Großen bekanntlich gefördert wurde, entsprach allerdings nicht die Entwicklung bürgerlichen Bewußtseins im Sinne der politischen Verwaltung der eigenen Angelegenheiten. Dies verhinderte die enge Verbindung von Landesherrschaft und Stadt und die Unterordnung dieser unter jene. Da freilich bei dieser Unterordnung die alte Stadtverfassung mit städtischen Behörden und Stadtverordneten weiterhin bestand, wurden diese politischen Körperschaften als politisch sinnentleert und als bloße Formen durchschaut: Die Berliner wußten, wer der Herr im Hause war, und sie reagierten sowohl mit innerer Distanz, Respektlosigkeit und Widerstand ebenso wie mit Untertanengesinnung und realistischer Obrigkeitsanerkennung.

Immerhin konnte sich diese »Obrigkeit«, auch unter dem Aspekt des Interesses der Stadt betrachtet, sehen lassen. Friedrich Wilhelm, der Große Kurfürst (1620–1688), war tolerant, weil er wußte, was gut für Berlin war: Die französischen Hugenotten, die er nach Berlin zu kommen einlud, als sie unter Ludwig XIV. verfolgt wurden, brachten einen Aufschwung namentlich der Textilindustrie. Der Kurfürst bemühte sich auch um Verbesserung der Verkehrswege durch Regulierung der Spree und Kanalbau, Friedrich der Große leistete eben darin auch Bedeutendes. Ebenso geschah der Ausbau Berlins zu einem Bankplatz auf Gründungsanregung der Hohenzollern, die auch das ganz Deutschland umfassende Postnetz aufbauten, dessen Mittelpunkt eben Berlin war. Selbst der wegen seiner Militärleidenschaft und seiner groben Verachtung für höhere Kultur so berüchtigte König Friedrich Wilhelm I., der Vater Friedrichs des Großen, hat außerordentlichen Anteil am Aufschwung Berlins als Stadt, und zwar gerade wegen seiner politisch motivierten Sorge um die ständige Verstärkung des Militärs. Die Bedürfnisse der ständig vergrößerten Armee schufen immer neue Unternehmungen und damit Arbeitsplätze, zogen Fachleute aus ganz Europa ins Land, und die vom König geforderte Disziplinierung der Gewerbe im Sinne konsequenter Entwicklung und Erweiterung, der gleichfalls eine großzügige Förderung durch Privilegien entsprach, verband die Stadt auf sehr konkrete Weise mit »ihrem« Militär – eine der konkreten Grundlagen für die Entwicklung des spezifisch »preußischen Militarismus«, die meist zuwenig beachtet wird.

Und – die Hohenzollern bauten Berlin. Nicht mit dem Reichtum von Paris und nicht mit dem barocken Überschwang der Gegenreformation wie in Wien. Aber in dem Zusammenspiel von Repräsentationsbedürfnis, kulturellem Anspruch, militärischem Erfolg und Beschränktheit der Mittel entwickelte sich mit und unter den Hohenzollern der »preußische Stil«, für den hier die Namen Schlüter, Knobelsdorff, Langhans und Schinkel stehen sollen.

Andreas Schlüter (1660 bis 1714) baute ab 1698 das Berliner Schloß, das in seiner zurücknehmenden Auseinandersetzung mit dem südeuropäischen Hochbarock eines der eindrucksvollsten Denkmale der Zeit war. Die Masken der sterbenden Krieger in den Fensterkartuschen des Zeughauses, die Andreas Schlüter gleichfalls schuf, stellen eine diesseitige Intensität der Empfindung und des Ausdrucks dar, die in der gesamten jenseitig bezogenen Barockplastik ihresgleichen sucht, und Schlüters Reiterdenkmal des Großen Kurfürsten gehört, mit dem des Gattamelata von Brunelleschi und dem des Colleoni von Verrocchio, zu den bedeutendsten Reiterstandbildern Europas.

Georg Wenzeslaus von Knobelsdorff (1699 bis 1753), ursprünglich Offizier, war seit 1740 »Oberintendant der königlichen Schlösser und Gärten«. Zusammen mit Friedrich dem Großen entwickelte er das friderizianische Rokoko, ein klassizistisch gedämpftes Rokoko von zurückhaltender Schönheit. Knobelsdorff baute das Schloß in Rheinsberg und Sanssouci in Potsdam. Vor allem aber schuf er die Oper (1741 bis 1743), und es soll nicht verschwiegen werden, daß die Knobelsdorffsche Oper, im Zweiten Weltkrieg total zerstört, 4 Jahre nach der Sprengung des Schlosses von den gleichen herrschenden Kommunisten wiederaufgebaut wurde, denen jene Sprengung anzulasten ist. Und nicht nur das, auch deren städtebauliche Einbettung, die längst durch ein überdimensionales Bankgebäude und andere Baufrevel beeinträchtigt war, wurde weitgehend wiederhergestellt und jene Sünden der Vergangenheit rückgängig gemacht.

Carl Gotthard Langhans (1732 bis 1808) war einer der frühesten Vertreter des Klassizismus in Deutschland. Von ihm stammt vor allem das Brandenburger Tor, einer der gelungensten städtebaulichen Akzente Europas und hervorragendes Beispiel der Leistungsfähigkeit klassizistischen Formbewußtseins – heute vor allem weltweit bekannt als Symbol der europäischen Teilung.

Karl Friedrich Schinkel (1781 bis 1840) entwickelte aus Hinwendung zu klassischen Schönheitsidealen in der Aufnahme der preußischen Tradition und in der Verbindung von Repräsentationsbedürfnis mit durchaus nüchternen Zweckmäßigkeitsüberlegungen seinen preußischen Klassizismus, der ihn zu einem der hervorragendsten Baumeister des 19. Jahrhunderts werden ließ. Hier sei vor allem für Berlin auf die Neue Wache (1818), das Schauspielhaus am Gendarmenmarkt (1821), das Alte Museum (1828) und die Bauakademie (1835) hingewiesen.

Die Zeit der Hohenzollern, vor allem aber die nachfritzische Zeit der Aufklärung, der Klassik und Romantik machte Berlin zum führenden Zentrum europäischen Geisteslebens. Mendelssohn, Nicolai und Lessing seien als Vertreter der »Berliner Aufklärung« genannt. Und nach der Jahrhundertwende wurde Berlin zur Stadt der Blüte einer Philosophie, die in ihrer Bedeutung und in ihrer Auswirkung nur mit der klassischen Philosophie der Antike verglichen werden kann: des deutschen Idealismus, der durch Namen wie Fichte, Hegel, Schelling und Schleiermacher in seiner weltumspannenden Fülle und Gegensätzlichkeit charakterisiert ist.

Zur Kennzeichnung des geistigen Klimas Berlins im ersten Drittel des 19. Jahrhunderts sei nur eine Auswahl von Namen aufgeführt, deren Träger sich in dem berühmten Salon von Rahel Varnhagen trafen: Friedrich und Alexander von Humboldt, Felix Mendelssohn-Bartholdy, Johann Gottlieb Fichte, Georg Wilhelm Friedrich Hegel, Friedrich Schlegel und August Wilhelm Schlegel, Ludwig Tieck, Adalbert von Chamisso, Friedrich von Gentz, Heinrich von Kleist, Jean Paul, Friedrich Daniel Schleiermacher, Heinrich Heine, Achim und Bettina von Arnim, Neidhardt von Gneisenau, Gottfried Keller und auch Ferdinand Lassalle.

Im 19. Jahrhundert wurde Berlin Großstadt, seit seiner Erhebung zur Reichshauptstadt 1871 Weltstadt. Vor allem nach der Gründung des »Zweiten Reiches« verstärkte sich einerseits der Charakter der Residenz- und Militärstadt; Hof und Militär wurden als Führungsschicht zum Vorbild auch für einen Teil des gehobenen Bürgertums.

Aber die Industrialisierung hatte Berlin auch am Beginn des 20. Jahrhunderts zur größten »Fabrikstadt« der Welt gemacht, zum ersten Bank- und Börsenplatz und zur ersten Pressestadt Deutschlands ohnehin. Für die Industrie müssen Namen wie Borsig und Siemens, Rathenau und die AEG, Bergmann, Mix und Genest, Ludwig Loewe, Orenstein und Koppel, Hahn erinnert werden – von dem gewaltigen Umfang des Textilgewerbes, der Schuhindustrie und den großen Warenhäusern zu schweigen. Nach dem Ersten Weltkrieg betrug die Bevölkerung über 4 Millionen; von den 2,3 Millionen Erwerbstätigen waren 46 Prozent in der Industrie tätig, 21 Prozent im Bank- und Versicherungswesen, 10 Prozent in der Verwaltung und freien Berufen.

Die Industrialisierung machte Berlin zu einer Arbeiterstadt mit allen den Problemen, die damit verbunden waren: Arbeiterexistenz an der Verelendungsgrenze, Wohnprobleme und die Folgen sozialer Entwurzelung und Deklassierung. In Berlin war nicht nur die große Staatsphilosophie Hegels entstanden, als Schüler Hegels hatten auch Karl Marx und mit ihm andere sogenannte Linkshegelianer hier die theoretisch-ideologischen Weihen erhalten; unter Ferdinand Lassalle wurde Berlin zum Zentrum der deutschen Arbeiterbewegung.

Schon die 48er Revolution war, obzwar letztendlich hier ebenso gescheitert wie anderswo, in Berlin am weitesten geraten, zum Entsetzen des Bürgertums. Berlin wurde zur »Roten Stadt«; es gelang nicht, die Arbeiterbewegung zu integrieren.

1918, nach dem Zusammenbruch der Hohenzollern-Monarchie in dem verlorenen Ersten Weltkrieg, war in Berlin Revolution – aber die Arbeiterbewegung räumte mit ihrer eigenen Revolution auf: Die Sozialdemokratie wollte eine bürgerliche Republik. Die Republik von Weimar erlebte eine wirtschaftliche Scheinblüte, für die 20er Jahre wurde Berlin noch einmal und auf eine neue und grelle Art Weltstadt. Geistige, kulturelle und zivilisatorische Revolutionen waren an der Tagesordnung, die ganze Welt traf sich im Berlin der 20er Jahre. Die Republik, von weiten Teilen der bürgerlichen Bevölkerung ungeliebt, erlag dem Ansturm der in der Gegnerschaft geeinten Kräfte von rechts und von links. Die Wirtschaftskrise traf die Stadt hart, in den Bürgerkriegsauseinandersetzungen behaupteten sich die Nationalsozialisten, hier in Berlin in bedeutenderer Weise sozialrevolutionär als anderswo, immer stärker. Berlin, die Stadt arbeitsloser und hungernder Massen, die Stadt derer, die die Revolution von links fürchteten, die Stadt eines gelähmten Parlamentarismus und einer an autoritäres Eingreifen längst oder wieder gewöhnten Führungsschicht, erblickte 1933 die Machtergreifung des Nationalsozialismus und das Brandenburger Tor den größten Fackelzug seiner Geschichte. Berlin wurde zur Hauptstadt des »Dritten Reiches«, und auch die skeptischen Massen wurden, bis weit in die Führungsschichten hinein, wenn nicht überzeugt, dann doch hingerissen vom wirtschaftlichen und politischen Aufstieg. 1936 erlebte Berlin noch einmal einen weltstädtischen Höhepunkt durch die Veranstaltung der Olympischen Spiele, und dann wurde es bald Nacht. Im Zweiten Weltkrieg wurde Berlin zunächst physisch, dann politisch zerschlagen und zerteilt – bei allem relativen Aufbau und Aufschwung diesseits und jenseits bleibt Berlin beherrscht von der Mauer, dem Baudenkmal deutschen und europäischen Schicksals.

Ideen

Gesellschaftssysteme und Ideologien

Die gegenwärtige Wirklichkeit des Raumes, der hier unter der Zielvorstellung »Zentraleuropäische Föderation« zusammengefaßt werden soll, wird von vier Staaten gebildet, die nach ihrem bisherigen, historisch relativ kurzfristigen Selbstverständnis »unterschiedliche Gesellschaftssysteme« verkörpern.

Die Unvereinbarkeit dieser »unterschiedlichen Gesellschaftssysteme« ist lediglich eine Frage der Ideologie. Das soll nicht bedeuten, daß dieser ideologische Faktor in der Wirklichkeit unterschätzt werden darf, wohl aber soll angedeutet werden, daß dies ideologische Problem theoretisch erledigt werden kann. Die Verabsolutierung eines Standpunktes, einer Perspektive, einer Entwicklungslinie oder gar eines bloßen Status quo zu einem Alleinvertretungsrecht für die Bestimmung dessen, was jeweils Mensch, Freiheit und Geschichte sei, mag eine gewisse kurzfristige Stabilisierung von Herrschaftsverhältnissen bedeuten, aber eine solche Stabilisierung wird auf die Dauer der Versteinerung nicht entgehen können. Keinesfalls soll hier eine Wiederauflage der alten Konvergenztheorien von »Ost und West« erfolgen. Diese Denkmodelle tragen die Bezeichnung »theoretisch« durchaus zu Unrecht, weil ihre kurzatmige Oberflächlichkeit ebenso im Rahmen der bloß ideologisch festgehaltenen abstrakten Begriffe verblieben ist wie jenes ideologische Festhalten an einem Antagonismus, das die absolute Verurteilung »des anderen« Systems braucht, um das eigene als im Prinzip unveränderlich – höchstens als zu perfektionierendes – zu denken.

Die mörderischen Konsequenzen dieses Fundamentalismus der Oberfläche und der Verteufelung eines entgegenstehenden Machtschwergewichts, das von seiner Ideologie her gleichfalls nur eine andersgeartete Oberflächlichkeit darstellt, sollen keineswegs übersehen werden. Das ideologische, also künstliche Festhalten einer solchen Entgegensetzung wird jedoch keineswegs dadurch überzeugender, daß man sie zu einem globalen Ausmaß nur deshalb stilisiert, weil augenblicklich eben zwei entgegenstehende Supermachtsysteme existieren. Die Primitivität eines solchen Weltbildes wird keinesfalls dadurch eindrucksvoller, daß die beiden sogenannten »Antagonisten« sich gegenseitig ebenso wie den Rest der Welt in die Luft sprengen könnten. Der behauptete ideologische Antagonismus dient nur noch dazu, die jeweils beherrschten Massen bei der Stange zu halten. Und dies trifft für beide Supermächte gleichermaßen zu. Beide stellen nichts anderes als diesen oberflächlichen Antagonismus gegeneinandergerichteter Herrschaftssysteme dar. Die jeweilige Herrschaft aber braucht einen künstlichen Erb- oder Menschheitsfeind nur deshalb, weil sie von ihrer eigenen Ideologie her genötigt ist, den Charakter ihrer Herrschaft gegenüber den eigenen Völkern zu verschleiern und sie bloß einseitig und erbaulich als Verwirklichung der »eigentlichen Freiheit« auszugeben. Diese hier bloß angedeutete Diagnose des Gegensatzes der Supermächte hat eine sehr grundsätzliche Konsequenz, die sich derjenige nicht ersparen kann, der eine Alternative zu diesem weltumspannenden und weltbedrohenden Scheinantagonismus aufzeigen will. Will man von einer Zukunft Europas sprechen, die den ebenso ideologischen wie zerstörerischen Antagonismus überwinden soll, so muß das politische Denken sich als erstes darum bemühen, eine Denkebene zu gewinnen, die sich ihre Schlüsse nicht von dem großen »Antagonismus« vorschreiben läßt.

Immer kann man zwischen zwei Arten politischen Denkens unterscheiden. Die eine Art geht aus von der umfassenden Anerkennung der Wirklichkeiten, der Notwendigkeit, der historischen Prägung, der Ordnung als Ausprägungen der Freiheit. Die andere Art versucht auf die eine oder andere Weise, den Härten und Problemen zu entgehen, indem sie von irgendeinem Befund absieht. Berühmt geworden ist das Absehen, das Leugnen der Gefährlichkeit des freien Menschen durch die ideologische Annahme: »der Mensch ist gut« – mit welcher das politische Denken Europas sich bis weit in den heutigen Liberalismus und Sozialismus hinein ideologisch infiziert hat. Die eine Art führt zu wirklichkeitsgerechtem Handeln, die andere vergewaltigt immer irgendwo die Wirklichkeit. Man kann auch sagen, die eine Art ist die konkrete, die andere die abstrakte. Die eine ist realistisch, die andere utopisch. Die eine Art umfaßt theoretisch die andere, insofern sie die politischen Defizite der menschlichen Orientierungsmöglichkeiten veranschlagt, die andere hat keine Möglichkeit, die erste anders als nach ihrem eigenen abstrakten Maßstab zu messen. Die eine Art ist die theoretische, die andere die ideologische.

Es ist leicht einzusehen, daß der Weltgegensatz der Supermächte nun keineswegs auf diesen Gegensatz der beiden politischen Denkweisen abzubilden ist. Westlicher Liberalismus und östlicher Sozialismus sind Varianten der ideologischen Denkweise. Daß dazu eine theoretische Alternative in einer umfassenden Denkweise aufgestellt werden kann, bedeutet keineswegs, diesen Gegensatz der Supermächte sozusagen versöhnen, ihn harmonisieren zu wollen in einer fiktiven brüderlichen Umarmung. Wenn aber von Europa her und für Europa eine Alternative entwickelt werden soll, dann kann sie nur gelingen, wenn sie alle Maßstäbe der konkreten Denkweise berücksichtigt und sich vor allen abstrakten Begriffen hütet. Die Dynamik der Freiheit darf ebensowenig verschwiegen werden wie die Prägung der Gegenwart durch Geschichte. Das führt dazu, die historischen politischen Ideen Mitteleuropas, insofern sie dessen Wirklichkeit geprägt haben, von den Ideologien zu unterscheiden, die Mitteleuropa bloß unterworfen haben.

Die historischen Ideen

Der mitteleuropäische Raum ist in seinen geschichtlich wirksamen politischen Formen von den Ideen des Reiches, des Staates und der Nation geprägt. Hinzu kommt eine spezifisch europäische Idee menschlicher Freiheit, die in der Neuzeit und der Moderne zunehmend die politischen Gestaltungen begründen, ihnen republikanischen oder demokratischen Charakter verleihen soll. Es wird sich zeigen, daß gerade das letztere mehr mit der Idee der Nation zu tun hat, als den Verächtern der nationalen Tradition lieb ist: Es kann erwiesen werden, daß Nationalbewußtsein in der Tat mit modernem Freiheitsbewußtsein in einer Weise verbunden ist, die die Gegner des Nationalbewußtseins heute auch zu Gegnern der Freiheit macht. Freilich bleibt dieser Zusammenhang meist unbewußt – aber Unkenntnis ideenpolitischer Zusammenhänge schützt nicht vor der Strafe der politischen Bodenlosigkeit.

Übersieht man die Geschichte unseres mitteleuropäischen Raumes, so fällt vor allem auf, daß das politische Bewußtsein in dieser europäischen Geschichtswirklichkeit nie oder nur ganz selten zu der Eindeutigkeit einer einzigen beherrschenden politischen Form vorgedrungen ist. Vielmehr herrscht zwischen Reich, Staat und Nation meist ein ungeklärtes Verhältnis. Die Ideen vom Reich und die von der Nation haben in Mitteleuropa stets eine beruhigte oder stabile Ordnung, die aufgrund des rationalen Staatsbegriffs und seiner eindeutigen Abgrenzungen denkbar gewesen wäre, verhindert. Das mittelalterliche Reich war, selbst in den kurzen Augenblicken seiner höchsten universalistischen Ausprägung, nie unangefochten von den Notwendigkeiten der territorialen Durchsetzung konkreter Herrschaft. Aber auch nach Durchsetzung des modernen Staatsprinzips und nach Verabschiedung der alten Reichsidee blieben im 19. Jahrhundert übergreifende Formen wie das Habsburger Reich am Leben: die Vielfalt der mitteleuropäischen Völker und Nationen ließ sich in eine deutliche Staatenwelt allein nicht oder noch nicht aufheben. Je stärker ein Reich Staatscharakter annahm, also Züge zentralistischer Organisation zu verwirklichen suchte, um so stärker wurden u. U. auch die zentrifugalen Kräfte des Nationalbewußtseins. Und je eindeutiger das Nationalbewußtsein in dem Durcheinander Mitteleuropas sein vielköpfiges Haupt erhob, um so deutlicher wurde, daß der Nationalismus von sich her keine übergreifende Friedensidee entwickelte. Es ist offenbar äußerst schwierig, für Mitteleuropa übergreifende Ordnungsvorstellungen zu entwickeln. Die mitteleuropäische Geschichte ist die Geschichte ständiger Auseinandersetzung zwischen den Ideen von Reich, Staat und Nation, von den Auseinandersetzungen mit den von außerhalb auf Mitteleuropa eindringenden Einflüssen, Eroberungsansprüchen und sonstigen Bedrohungen einmal abgesehen.

Diese Prägung läßt es zu allerletzt zu, die Auseinandersetzung zu einem scheinbar eindeutigen Ende dadurch zu führen, daß man die Ideen von Reich und Nation oder eine von beiden für überholt erklärt. Auch das »Dritte Reich«, das die Deutschen in Mitteleuropa errichten wollten, gehört in die Geschichte dieser Auseinandersetzung. Es war der buchstäblich gewaltsame Versuch, Ideen von Reich, Nation und Staat in einer jeweils radikalen Version miteinander zu vereinen. Es ist müßig, Vermutungen darüber anzustellen, was aus dieser radikalen Fassung geworden wäre, wenn sie nicht im Zweiten Weltkrieg besiegt worden wäre; sie wurde besiegt, weil ihre Gewaltträchtigkeit und die Perspektiven ihrer konkreten Machtentfaltung in der Hegemonialisierung des europäischen Kontinents die Welt zu ihrer Zerschlagung provozierte. Daß damit auch ganz Europa geschlagen war, ist erst allmählich klargeworden.

Das Ergebnis der Weltkriege ist jedenfalls für Mitteleuropa alles andere als eine stabile Situation. Und auch, wenn man die Wirklichkeit Mitteleuropas, soweit sie hier ins Auge gefaßt ist, einfach von »vier Staaten« bestimmt sieht, so wird doch deutlich, daß nicht einmal vom Begriff des Staates her diese mitteleuropäische Scheinordnung erfaßt werden kann, geschweige denn von dem der Nation und ihren freiheitlichen Implikationen her. Es zeigt sich, daß die bloß gewaltsame Überwindung der nationalsozialistischen Perversionen von Reich, Staat und Nation nicht ausgereicht hat, auch nur *eine* der Ideen zu restituieren – sie bleiben pervertiert, von einem lebensfähigen Zusammenwirken ganz abgesehen. Übriggeblieben ist in dem inneren Kampf und der äußeren Übermächtigung Europas in der gegenwärtigen Wirklichkeit Europas nur die Gewalt. Also Konfrontation der Supermächte, kein Friedensvertrag, keine Souveränität, keine Selbstbestimmung für die Nationen Mitteleuropas und ein militärisch immer noch brisanter »Antagonismus« als einzig zählende Realität mitteleuropäischer Politik. Erträglich gemacht wird die Realität der unterworfenen Völker durch Ideologien, zu deren Raffinement es gehört, daß die unterworfenen Völker Mitteleuropas in der Übernahme dieser Ideologien gelehrt worden sind zu glauben, das Eigentliche erreicht zu haben – hie westliche Freiheit, da Sozialismus. Wenn auch die Gewaltabhängigkeit dieser Ideologien im Osten weit deutlicher ist als im Westen, so kann doch auch hier schließlich nicht darüber hinweggesehen werden, daß Mitteleuropa fremdbestimmt bleibt, solange es nicht von sich selbst her eine übergreifende Friedensordnung verwirklicht, die Staaten, Völker und Nationen in einer gemeinsamen Organisation ihrer Freiheit verbindet. Deren Bezeichnung wäre dann relativ unwichtig. Konkret muß man von der Auseinandersetzung ausgehen, die jene Prägung Mitteleuropas geschichtlich kennzeichnet, d. h. von den ideenpolitischen Beständen von Reich, Staat und Nation. Sie sind durch Begriffe wie »Demokratie« oder »Sozialismus« schon deshalb nicht ersetzbar, weil »Demokratie« ebenso wie »Sozialismus« ein Programm darstellt, das niemals und niemanden der Frage nach dem Volk, der Nation, dem Staat, dem Territorium, wenn man will, den Menschen, kurz: nach den konkreten Verhältnissen und Menschen enthebt, auf die dieses Programm Anwendung finden soll, die dem Programm unterworfen sein oder die dieses Programm verwirklichen sollen. Lassen sich Menschen in ihrer politischen Existenz und also in ihrer konkreten territorialen Abgrenzung und in ihrem nationalen Wir-Bewußtsein nicht als die Subjekte dieser Programme bestimmen, so bleibt von dem ganzen Vorgang nur die Unterwerfung wirklich.

Ziel der folgenden Ausführungen ist es also, aus den Ideen von Reich, Staat und Nation diejenigen Vorstellungen zu entwickeln, die ebenso der europäischen geschichtlichen Prägung entsprechen, wie sie auch zu einer neuen Form erschlossen werden können. Mitteleuropa hat gelernt, was von seinen Ideen – und andere hat es nicht – geht und was nicht geht, denn die geschichtliche Prägung ist selbst der Vorgang dieses Lernens. Diesen bewußt zu machen, ist hier die Aufgabe.

Die Idee vom Reich in der Geschichte Mitteleuropas

In keiner Idee scheinen sich so sehr die Inhalte und Vorstellungen dessen zu brechen, was »Abendland« war oder ist, wie in der Idee vom Reich, insbesondere wenn sie mit Christenheit ebenso verbunden wird wie mit Kaisertum.

Aber die Reichsidee spielt im Mittelalter eine ähnliche Rolle wie die Freiheitsidee in der Neuzeit. Wenn jemand in späterer Zeit, aber auch schon heute, die ideenpolitische Rolle der Freiheit für die Neuzeit und die Gegenwart untersuchen würde, so würde er nicht nur feststellen, daß es eine »westliche« und eine »östliche« Freiheit gibt. Er müßte auch feststellen, daß die Freiheit eines Partisanen in der Dritten Welt oder die Freiheit eines entschlossenen Anarchisten etwas sehr anderes ist als die Freiheit einer Supermacht oder die Freiheit, die in der Hürde einer wohlerzogenen Demokratie gepredigt, geglaubt und sogar verteidigt wird. Der Untersucher würde es nicht nur für nötig halten festzustellen, welche Freiheit je gemeint war, und ob sich die Freiheit von 1789 überhaupt noch mit der von 1989 vergleichen läßt, und wenn ja, wo und mit welcher. Er würde auch selbstverständlich von der Ansicht ausgehen, daß der ganz offensichtlich hohe und höchste Rang, der der Freiheit beigelegt wird, daß ihr hoher Stellenwert, ihr politisches Prestige notwendig dazu führen, daß sie politisch instrumentalisiert wird, d. h., daß sie für konkrete Herrschaftsvorstellungen und -strategien ideologisch vereinnahmt wird. Und der

Untersuchende, der Erforscher der Freiheit, wird in der Vielfalt des Mißbrauchs von Freiheit ebenso wie in den Kämpfen und politischen Bemühungen um Freiheit bei aller Vielfalt das Wesen der Freiheit ausmachen können.

Ebenso müssen wir uns zur Idee vom Reich einstellen. Wenn wir deren Geschichte vergegenwärtigen wollen, so ist es auch für die ideenpolitische Betrachtung sinnvoll, die historischen Bildungen des Ersten oder des Alten Reiches, die des Habsburger Reiches des 19. Jahrhunderts, dem später das preußische deutsche »Zweite Reich« parallel sich bildete, und schließlich das »Dritte Reich« zu unterscheiden.

Die romantisierende Wiederaufnahme bzw. Beanspruchung der Reichsidee im 19. Jahrhundert gehört ebenso zu ihrer historischen Wirklichkeit wie die radikale Perversion dieser Idee im Nationalsozialismus. *Mißbrauch kann keine Idee korrumpieren, und die Wahrheit der Idee ist auch noch erkennbar auf dem Boden der äußersten Entstellung.*

Die zeitliche Kürze der Erneuerungsversuche romantischer Prägung und der Radikalisierung im 20. Jahrhundert zeigt, daß weder die romantische noch die radikale Restauration von Ideen sinnvoll ist, wenn diese nicht von ihrem Kern her auf die neuen Umstände hin transformiert werden. Das Alte oder Erste Reich seinerseits prägte nun aber mehr als ein Jahrtausend europäischer Geschichte. Von einem so großen Zeitraum ist nicht zu erwarten, daß eine Idee stets auf die gleiche Weise geltend gemacht oder zu machen versucht wird. Es ist deshalb notwendig, diese Zeit des Ersten Reiches in den wichtigsten Stationen der ideenpolitischen Entwicklung darzustellen.

Geboren wurde *die mittelalterliche Reichsidee* aus einer geschichtlichen Prägung, aus einer theologischen Erklärung und aus einer politischen Situation. Die geschichtliche Prägung ist die fortlebende Prägung durch das »Imperium Romanum«, durch dessen machtvoll durchgesetzte Idee einer politischen Einheit des Erdkreises, diesem aufgeprägt von einem bestimmten Punkt, einer Stadt her. Diese geschichtliche Prägung der Idee bedeutete vor allem deren konkreten Universalismus, womit gemeint ist, daß sich die Einheitsvorstellung auf ein Ganzes bezog, dessen außerordentliche Vielfalt an Völkern, Stämmen, Religionsformen, Zivilisationsstandards zusammengefaßt wurde in einem Herrschaftssystem, in dem konkret alle Wege nach Rom führten, und das als wesentliche Leistung die römische Ordnung als Pax Romana, in stetigen Kämpfen sich ausdehnend, verwirklichte.

Das aber auch an seinen Rändern stets mit den »anderen« rechnen mußte – es wird zuwenig beachtet, daß der Begriff der »Koexistenz«, der so modern scheint, schon auf das Römische Reich und sein Verhältnis etwa zu den von ihm nie wirklich besiegten Parthern angewendet wurde. Die ganz konkrete Prägung des ausgedehnten Imperium Romanum wurde nun über sein Ende hinaus wirksam, insofern das Christentum sich in dessen Spuren entwickelte und es schließlich in seinem Expansionswillen noch weit übertraf. Der Erfolg des Christentums als einer jüdischen Sekte im imperialen Aufstieg zur Weltreligion war nicht so sehr dem Umstand zuzuschreiben, daß die damalige Welt irgendwie auf die Wahrheit des Christentums gewartet hätte, sondern vor allem dem, daß das Christentum bald sein Zentrum nach Rom verlagerte und sich, in erstaunlich intensiver Aufnahme der römischen Imperiumstradition und unter Ausnutzung von deren materialer und spiritueller Infrastruktur, mit einem enormen Sendungsbewußtsein ausbreitete und schließlich machtpolitisch durchsetzte. Dabei wurde durchaus vor keinem Mittel zurückgescheut, wofür die sogenannte »Konstantinische Schenkung«, nach der Rom als legale Basis und Besitz der Kirche zu gelten hatte, und zwar aufgrund eben einer Schenkungsurkunde Kaiser Konstantins, nur ein Beispiel ist: es handelt sich um die sicher folgenreichste Fälschung mindestens der abendländischen Geschichte.

Das Christentum hat nun, und damit kommen wir zu der theologischen Bedeutung der Reichsidee, mit seinen eigenen Mitteln, also mit seiner Offenbarung, also mit der Bibel und von ihr ausgehend, der Welt dann doch das gebracht, wonach diese in der Tat »hungerte« – nämlich eine universale sinnstiftende Welterklärung, die der politischen Situation der sich auflösenden Antike und der entsprechenden Verunsicherung der Menschen entsprach.

Das Christentum erklärte Welt als Situation, d. h., es war von Beginn an geschichtlich bezogen. Sein zentrales Ereignis war ein konkreter Mythos, d. h. ein geschichtliches Datum, das der Geburt, des Lebens und des Sterbens des Erlösers der Menschheit. Die Rolle des universalen Erlösers aber konnte mit der Tatsache der historischen Existenz einer bestimmten Menschwerdung Gottes, also auch mit seinem sehr menschlichen Tod, nur zusammengebracht werden, wenn dieser Tod »überwunden« und das Erlösungswerk als in der zukünftigen Zeit zu Vollendendes dargestellt wurde. So entstand der

Mythos der Auferstehung und der Wiederkehr des Messias, der bei dieser seiner Wiederkehr schließlich endgültig sein »Reich« aufrichten wird, ein universales Reich, eine geeinte und von sich selbst und von ihren Widersprüchen erlöste Menschheit. Die mehr oder weniger konkreten Vorstellungen von diesem zukünftigen Reich waren jeweils von dem Widerspruch geprägt, in dem sich die Not der Menschen am fühlbarsten zeigte.

Das frühe Christentum lebte sehr konkret in der Erwartung der Wiederkunft: »Dein Reich komme«. Diese Vorstellung hat die Reichsidee mitgeprägt. Das Leben in einer ständigen Erwartung als solcher ist schwer durchzuhalten, und deshalb mußten sich die Christen unausweichlich mit der Frage des »Wann?« befassen. Im Bemühen, auf diese Frage eine Antwort zu finden, entstand jene geschichtliche Welterklärung, für die die Idee des Reiches zentral war. Diese Erklärung stellt, auf biblische Weissagungen zurückgehend, alle Geschichte als Abfolge von »Reichen« dar. Für die frühen Christen, die in der Erwartung der Wiederkunft und der Begründung eines ewigen Reiches lebten, wurde das Imperium Romanum als das Reich angesehen, das dem »ewigen« vorausgehen sollte. Die Apokalypse erweiterte die Sicht auf die Zeit des Ewigen Reiches durch die Zwischenherrschaft des Antichristen, die auf das Vierte – das Römische – Reich folgen und wahrhaft furchtbar und über alle Vorstellungen grauenerregend sein würde.

Man muß sich klarmachen, eine wie reale Bedeutung die Heilserwartung für die frühe Christenheit hatte, wenn man begreifen will, wie diese Erklärung der Geschichte und damit der gesamten »Welt« dazu führen mußte, daß man an der realen Verlängerung des römischen Imperiums nicht nur aus ausbreitungsstrategischen Gründen, sondern auch aus der Vermeidung der Konfrontation mit dem Antichrist interessiert sein mußte. Da ein weiteres Reich – außer dem des Antichristen – von dem Beginn der Endzeit, die ebensoviel Schrecken bringt wie schließlich Erlösung, nicht angezeigt war, mußte alles, was weder als Zeit des Antichristen noch als endgültige Wiederkunft des Erlösers erlebt werden konnte, als Verlängerung des römischen Reiches erklärt werden, als »Renovatio Imperii«. So wurde die frühchristliche Idee vom Reich auf Universalismus und auf Rom festgelegt – oder jedenfalls festzulegen versucht. So hielt die Ausdehnung des Christentums die Reichsidee zäh und lebendig.

Sie mußte freilich mit zwei politischen Faktoren rechnen: mit der

Tatsache der Spaltung des Römischen Reiches in Ost- und West-Rom und der später daraus folgenden Spaltung der Christenheit und damit, daß es keine natürliche Regelung für die faktische Fortdauer des Römischen Reiches geben konnte. Diesem Problem versuchte man mit der Theorie von der »Translatio Imperii« zu begegnen. Darunter verbargen sich die mannigfaltigsten Versuche, die Fortdauer des Reiches in Gestalt verschiedener Mächte und im Interesse der betreffenden Macht zu erklären.

Es ist deutlich, daß das theologisch-politische Prestige dieser Idee des Reichs dazu führen mußte, daß die verschiedensten Figuren von »Translatio« entwickelt wurden, je nachdem, wer daran interessiert war, seine Macht mit jenem Prestige zu stärken. So ist die spätere Inanspruchnahme von »Renovatio« und »Translatio« durch Ideologen der Macht des jeweiligen Kaisers, des Papsttums oder auch der Stadt Rom, die das Recht beanspruchte, den Kaisertitel verleihen zu können, entstanden. Am nächsten kam dem Anspruch, der in der erneuerten Idee des »Imperiums«, des Reiches lag, der Franke Karl der Große: mit Karl ist ein Höhepunkt der Reichsidee bezeichnet.

Die Verbindung des römischen Papstes mit Karl, der die Kaiserkrönung durch den Papst zu Weihnachten im Jahr 800, wie wir durch seinen Hofchronisten Alkuin wissen, durchaus nicht ohne Bedenken akzeptierte – Karl war zu sehr Politiker, um nicht die Weiterung zu übersehen bzw. nicht unübersehbare Weiterungen zu vermuten –, war vor allem ein politischer Zug West-Roms gegenüber Ost-Rom. Dessen Herrscher führte den Titel »Großkönig« oder »Basileus«, die griechische Entsprechung zum lateinischen »Imperator«, ein Titel, in dem gleichfalls ein universaler Anspruch geltend gemacht war. Indem sich die weströmische Kirche mit dem Frankenherrscher als ihrem weltlichen Beschützer verband, ging es um Unabhängigkeit in der west-/ost-römischen Rivalität. Die Bindung an Rom war für Karl als christlichen Herrscher ebenso selbstverständlich, wie sie politisch für ihn nicht zentral war, aber das neue Imperium blieb von da an mit Rom spirituell verbunden. Aus dieser Verbindung entstand die das Mittelalter prägende Auseinandersetzung zwischen Kaiser und Papst, die um so intensiver werden mußte, je mehr die Kirche auch zur politischen Macht wurde, die Einfluß auf ihre Bischöfe, die auch Reichsfürsten waren, hatte und diesen Einfluß auf deren Einsetzung und Belehnung auszudehnen suchte und auszudehnen wußte (Investiturstreit). In dieser stets lebendigen und nur selten relativ stabilisierbaren Auseinandersetzung wird zweierlei deutlich: Erstens, wie stark sie jeweils von starken Persönlichkeiten – Kaisern oder Päpsten – geprägt werden konnte, und zweitens, die Rolle, die in dieser ständigen Auseinandersetzung die mehr oder weniger gescheiten, mehr oder weniger zur Autorität werdenden Ideologen der beiden Parteien spielten. Dies Gegeneinander der Ideologen bewirkte zweierlei: erstens, daß die Reichsidee ihre oft verwirrende Vielfalt bekam, was die politisch konkreten Auslegungen anging, daß sie aber zweitens ihr Gewicht als Prinzip, auf das sich alle bezogen, behielt. Die spätere Geschichtswissenschaft ließ freilich allzuhäufig ihr Urteil von einseitiger Reichspropaganda bestimmen, ohne den Wirklichkeitsgehalt jeweils hinreichend zu überprüfen.

Das Kaisertum Ottos des Großen (seit 962) wurde wiederum als »Erneuerung des Reiches« angesehen, das ja unter Karls Nachfolgern zerfallen war. Die Ablösung des Westens, des späteren Frankreich, störte dabei umso weniger, als der christliche Auftrag des Reiches von Otto dem Großen und vor allem, wie schon gezeigt, von dem enthusiastischen Bewunderer Karls des Großen, Otto III., in der missionierenden Angliederung des mitteleuropäischen Ostens gesehen werden konnte. Unter den Ottonen und den ihnen folgenden Saliern aber erreichte das Reich – unter mehr oder weniger stillschweigender Anerkennung der Verselbständigung Frankreichs – vor allem seine mitteleuropäische Prägung, es blieb für fast tausend Jahre neben einem römischen, einem heiligen, eben auch ein deutsches Reich. Die Bezeichnung »Heiliges Römisches Reich Deutscher Nation« ist selbst verhältnismäßig spät entstanden und verwendet worden. Seit Mitte des 12. Jahrhunderts wurde die Bezeichnung des »Sacrum Imperium«, des »Heiligen Reiches«, vom staufischen Kaisertum in Anspruch genommen, Mitte des 13. Jahrhunderts entstand die Zusammensetzung »Sacrum Romanum Imperium«, und erst im 15. Jahrhundert erscheint der Zusatz »Deutscher Nation«.

Die Bezeichnung des »Heiligen« für das Kaiserreich bedeutete aber später nicht mehr die selbstverständliche Bindung an die römisch-christliche Bestimmung, sondern eher das Gegenteil. Im Investiturstreit hatten die machtpolitischen Anstrengungen der Päpste dazu geführt, im Schrifttum und der Meinung der Menschen das Kaisertum zu entheiligen, d. h., das Christlich-Heilige ausschließlich in die eigene kirchliche Verwaltung zu nehmen. Als Antwort auf diese Entheiligung der kaiserlichen Herrschaft durch die Päpste machten die Staufer jenen Charakter des Heiligen oder Geheiligten schließlich auch für ihr Kaisertum und unabhängig vom Papsttum geltend.

Es ist also der Titel des »Heiligen« für das Reich keineswegs ein Ausweis für die Einheit des Mittelalters, sondern ein Resultat bitterer machtpolitischer Auseinandersetzungen. Aber es waren gerade die Hohenstaufen, die dadurch der Idee des Reiches eine bestimmte, Rom-unabhängige sakrale Prägung gaben. Diese Prägung wirkte dann vor allem später, als die Idee des Reichs der politischen Wirklichkeit immer weniger entsprach, und zunehmend als etwas Verlorenes, aber Wiederzugewinnendes festgehalten wurde.

Unter dem Staufer Friedrich II., dem, um seine Unabhängigkeit vom Papst zu zeigen, mehr daran lag, sich als Nachfolger römischer Cäsaren denn als Beschützer der heiligen Kirche zu sehen, hatte das Reich mehr und mehr Staatscharakter angenommen. Friedrich II. bemühte sich um Zentralisierung der Herrschaft und Organisation bürokratischer Verwaltung. Da er den Schwerpunkt aber nach Süden verlegte und im wesentlichen von Sizilien aus herrschte, hatte diese Veränderung für Mitteleuropa wenig Folgen. Aber wir sind damit bei dem zweiten Komplex politischer Probleme, der neben der Rivalität von Papst und Kaiser die politische Welt des Mittelalters, die Verfassung Mitteleuropas und dessen Geschichte eigentlich bis heute bestimmen: nämlich die ständigen unausweichlichen Auseinandersetzungen zwischen den Ansprüchen der Reichsidee und den Notwendigkeiten, Herrschaft tatsächlich, d. h. in konkreten Räumen und Territorien, zu verwirklichen.

Hier mußte es namentlich der Anspruch auf Universalität sein, der mit dem politischen Selbstbewußtsein, das sich bei den lokalen Herrschern aufgrund ihrer erfolgreichen Ordnungsleistungen einstellte, und die in ihrem Königreich oder Herzogtum die konkrete Macht hatten, in Konflikt geraten mußte. Die Kämpfe zwischen Kaiser und Fürsten bieten ein ebenso mannigfaltiges Bild wie die Auseinandersetzung zwischen Papst und Kaiser, und es ist diese Dimension, die schließlich dazu führte, daß das Reich schließlich zu einer romantisierbaren Idee wurde, die mehr und mehr den Charakter eines Traumes oder einer Sehnsucht annahm. Auch hier wird die überragende Stellung Karls des Großen klar, der sich ja noch tatsächlich als Herrscher in seinem Reich faktisch durchsetzen konnte. Aber das weitere Mittelalter hatte aufgrund der lokalen Entwicklungen nicht mehr die Möglichkeit, ein konkretes zentralisiertes Imperium nach dem Vorbild des römischen aufzubauen. Es wurde unausweichlich, die Verselbständigungen christlicher »regna«, Königreiche, anzuerkennen, was zur Grundlage der großen Staatengliederung des heutigen Europa führte. Frankreich, England, Spanien und Skandinavien stabilisierten sich mehr oder weniger schnell aus sich selbst und entwickelten eigene Souveränität, die schließlich in der zuerst in Frankreich gebrauchten Formel ausgedrückt wurde: »Rex est Imperator in regno suo« – in seinem Königreich ist der König ein Kaiser.

Immerhin spielte der Begriff eines Kaisertums auch, losgelöst von der zentralen Reichsidee, in diesen Gebieten insofern eine Rolle, als er eine zusammenfassende Herrschaftsweise meinen konnte, die eine Mehrheit von »Königen«, also territorial stabilisierte politische Gebilde, zusammenfaßte. Kommt hier immerhin noch die Idee der Einheit zum Ausdruck, so wurde in der Konzentration der Reichsidee auf Mitteleuropa und auf das Volk der Deutschen diese Idee zum eigentlichen Schicksal Mitteleuropas. Hier hielt sich der Anspruch der Reichsidee und des Kaisertums am längsten, was politisch-geschichtlich vor allem gegenläufige Folgen hatte. Einerseits blieben Kaiser und Reich als Herrschaftsanspruch immer relativ ohnmächtig gegenüber den sich unter selbstbewußten Fürsten politisch bildenden Territorien. Schon Friedrich I. mußte den Sachsenherzog Heinrich den Löwen 1176 kniefällig um Hilfe gegen die reichsbedrohende Widerspenstigkeit der lombardischen Städte bitten.

Dieser Gegensatz zwischen Idee als Anspruch und politischer Stabilisierung hätte keinesfalls das Reich auch als politische Wirklichkeit so lange am Leben halten können, wenn nicht in »Reichspolitik«, d. h. in Veranschlagung der Autorität und des möglichen Beistandes des Kaisers auch ein sehr konkretes Interesse der Fürsten oder, wie es später hieß, der Reichsstände zum Tragen gekommen wäre. Dies war das Interesse, Rivalitäten untereinander relativ auszubalancieren, Vorherrschaften zu vermeiden und übergreifende Stabilisierung ebenso wie gewisse rechtliche Einrichtungen aufrechtzuerhalten. Diese beiden Wirklichkeiten, also Stärkung der Territorialherrschaft der Fürsten seit der Stauferzeit, die später, vor allem als Gremium für die Kaiserwahl, den Kaiser von sich abhängig wußten, und das Festhalten an der Idee und der Institution führten wieder zu zwei weiteren Folgen. Einerseits mußten die Kaiser an der Vergrößerung ihrer eigenen konkreten Herrschaft neben dem Reichsanspruch interessiert sein, d. h. an Vergrößerung der Macht ihrer Dynastie, der »Hausmacht«. Hier waren vor allem die Habsburger erfolgreich, die seit der Entwicklung ihrer Hausmacht unter Rudolf von Habsburg dann unter Friedrich III. 1452 das Kaisertum übernahmen und es – seit 1804/06 als österreichisches – bis zum bitteren Ende 1918 festhielten.

Wesentliches Datum für diesen Abschnitt der Geschichte des Kaisertums ist der Westfälische Friede von 1648, der dem Dreißigjährigen Krieg – auch eine Auseinandersetzung zwischen Kaiser und Reichsständen, d. h. Fürsten – ein Ende machte, und der den Kaiser in seinem Anspruch dermaßen reduzierte, daß die weitere Entwicklung Mitteleuropas nur als Entwicklung der Teilstaaten zu beschreiben ist. Was nun wiederum auch der Unmöglichkeit entsprach, das Problem der Konfessionsspaltung in übergreifendem Maßstab zu lösen; vielmehr war die Befriedung nur möglich auf dem Boden territorialer Herrschaft (cuius regio eius religio – wer die Herrschaft hat, bestimmt über die Religion). Das Reich wurde also einerseits abgelöst von den Staaten – deren neuzeitliche Entwicklung wesentlich durch diese Lösung des Konfessionsproblems geprägt ist. Andererseits wurde aber das Kaisertum, das ja, wie gezeigt, schon unter den Hohenstaufen eine Art Heiligung aus sich selbst heraus beansprucht hatte, nunmehr durch die Bindung an die Habsburger Hausmacht auf eine andere, jetzt konfessionelle Weise sakralisiert. Denn die Habsburger entschieden sich für die Gegenreformation, also die Wiederherstellung der alten christlichen Wahrheit. Ihr Reich wurde so auch zu einem »Bollwerk des Christentums«, was die österreichische Tradition der Reichsidee, die durch die Auflösung des Heiligen Römischen Reiches Deutscher Nation 1806 zum Träger der gesamten Ideentradition geworden ist, in besonderem Maße einfärbte. Die Kontinuität und der umgreifende Anspruch der Reichsidee wurden nun zu einem Instrument der österreichischen Vielvölkerherrschaft, einer Herrschaft, die eine »Herrschaft über Könige«, also ein Kaisertum, blieb, bis sich im 20. Jahrhundert der Nationalismus der Völker auch dieser Fessel entledigte, zu der die Errungenschaft der Einigung inzwischen geworden war. Und in Deutschland war der Staat Preußen, Prototyp des modernen Staates, inzwischen so stark geworden, daß von ihm her eine Einigung des Restes Deutschlands – die kleindeutsche Lösung des nationalen Problems – ins Werk gesetzt werden konnte, was schließlich dazu führte, daß es ab 1871 wieder zwei deutsche Kaiser gab – nicht als Kaiser und Gegenkaiser, wie so oft in der Geschichte, sondern als einander anerkennende und in ihrem Bereich je Einheit durchsetzende und bewahrende kaiserliche »Brüder«, deren kaiserliche Macht schließlich im Ersten Weltkrieg als gemeinsame dem geballten Angriff einer »Welt« erlag, in der für Kaisertum endgültig kein Platz mehr zu sein schien.

Ist deswegen auch die Idee vom Reich endgültig vergangen? Es sieht so aus, vor allem, seitdem die nationalsozialistische Erneuerung des Reiches als »Drittes Reich« unter gräßlichem Mißverstehen der Idee als national, ja rassisch integrierter Herrschaft nun ihrerseits gescheitert ist. Aber gerade die Perversion durch den Nationalsozialismus trägt dazu bei, daß wir die wesentlich bestimmenden Inhalte der Reichsidee durch ihre Geschichte hindurch erkennen können.

Die Inhalte der Reichsidee: Kontinuität, politische Vielfalt, Frieden

Die nationalistische Romantisierung der Reichsidee im 19. Jahrhundert, das schließlich erfolglose Durchhalten von umgreifenden Kaiservorstellungen in der k.u.k.-Monarchie und die nach innen und nach außen zwangsläufig gescheiterte Reichsvorstellung des »Dritten Reiches« scheinen die Reichsidee endgültig zu einer nur noch historischen gemacht zu haben. Wenn man aber eine historische Idee ernst nimmt, so handelt es sich nicht nur um ein intellektuelles Angebot, das man ausgraben, annehmen oder verwerfen kann. In allen ihren widersprechenden Erscheinungsformen, im propagandistischen Mißbrauch, in parteinehmender Ideologisierung und in konkreten Kämpfen ist die Reichsidee etwas, was der historischen Wirklichkeit Mitteleuropas sozusagen »eingearbeitet« wurde. Sie ist, wenn man diese Geschichte bewußt macht, eine Prägung, die sich in historischen nachweisbaren Beziehungen zwischen Teilen Mitteleuropas ebenso zeigt wie in den unverlierbaren Formen gemeinsamer Kunst- und Kulturarbeit, die sich im mitteleuropäischen Raum aufzeigen läßt.

Über Geschichtsverlust wird allerorten geklagt, und es läßt sich zeigen, wie Geschichtsverlust mit Politikverlust und Realitätsverlust zusammenhängt. Aber die Geschichte und ihre Inhalte sind nichts, was man aus Museen ausgraben und dann bloß konsumieren könnte. Die konsumierende Vereinnahme geschichtlicher Bilder und Bestände ändert überhaupt nichts am Geschichtsbewußtsein. Ebenso läßt sich sagen, daß die bloß intellektuelle Befassung mit historischen Ideen wie der vom Reich, mag sie noch so gelehrt sein, doch prinzipiell ebenso unangemessen ist wie die bloß nostalgisch-sentimentale. Der einzig angemessene Umgang mit Geschichte ist die Erkenntnis ihrer Aktualität, d. h. die Erkenntnis der geschichtlichen Dimension der eigenen gegenwärtigen Wirklichkeit. Diese Wirklichkeit ist immer Resultat, sie geht in Geschichte auf, weil sie nicht nur »von« der Geschichte geprägt ist, sondern weil sie Geschichte ist. Geschichtsbewußtsein ist keine Frage von Bewußtseinsinhalten, die zum »normalen« oder Alltagsbewußtsein lernend hinzugefügt werden müssen, sondern die Art von Wirklichkeitserkenntnis, die sich nicht nur mit der Oberfläche, mit abstrakten Begriffen oder mit Status quo begnügt.

Insofern unsere Geschichte in ihren politischen Dimensionen wesentlich von der Reichsidee mitgeprägt ist, hat unsere Gegenwart als Resultat dieser prägenden Geschichte teil an dieser Idee. Sie ist ein Bestand, den nur geschichtslose Herrschaft ein Interesse haben kann, zu verhehlen. Zu ihrer Aktualisierung bedarf die Reichsidee jedoch einer Herausstellung dessen, was als ihr ideeller Kern in ihrer geschichtlichen Vielfalt zum Ausdruck kommt.

Wie wenig andere ist der Begriff des Reiches auf historische *Kontinuität* festgelegt, und zwar von Beginn an. Damit ist sie aber auch ein Ausdruck der humanen Verfassung schlechthin: Der Mensch existiert geschichtlich – was in durchgehaltenen Traditionen ebenso zum Ausdruck kommt wie in Widersprüchen, Entgegensetzungen und Revolutionen, die nur ein hochabstraktes Denken aus den oberflächlich-politischen Gründen scheinrevolutionärer Räson als einen völligen Neubeginn bei einer »Stunde Null« ansehen kann. Insofern in der Reichsidee dies Moment der Kontinuität bewußt wird, insofern wird alle Politik in dem Raum, der von dieser Idee mitgeprägt wurde, in den Zusammenhang einer Tradition gestellt, die ebenso in der Lage ist, die Politik in einem genauen Sinne zu humanisieren, wie in anderen Gesellschaften der Ahnenkult und in jedem Volk, das auf sich hält, das Bewußtsein des Zusammenhanges der Generationen, in dem die Toten ebenso zum Volk gehören wie die zukünftig Lebenden.

Für gänzlich Vernagelte sei hier noch einmal betont, daß es weder darauf ankommt, den Präsidenten einer Zentraleuropäischen Föderation mit alten Reichsinsignien zu schmücken, noch irgendeine Art von Kaisertum wieder neu einzuführen. Aber in einer politischen Realität, die sich in drei Hauptstädten repräsentiert, die alle drei Reichs- und Kaiserstädte sind, sollte das Bewußtsein der Kontinuität einen Respekt im erinnernden Umgang mit sich selbst bewirken können, der den Politiker zu mehr verpflichtet als zu oberflächlicher und äußerst kurzfristiger Bewältigung von Tagesaufgaben. Die gebauten Formen der Reichsidee sprechen eine Sprache, die freilich nur der versteht, der selbst gelernt hat, sein politisches Amt und seine Aufgabe in größeren als tages- und parteipolitischen Horizonten zu sehen. Das gebaute und zur Kunst gewordene Universum des Reiches müßte in Einrichtungen von respektierter Tradition und selbstbewußten eigenen Aufgaben – eine Mischung, die in anderen europäischen Ländern, namentlich in Frankreich, selbstverständlich ist – die Völker greifbar an ihre Tradition erinnern und damit ihre Existenz humanisieren.

Mit Recht ist für das Mittelalter ein mehr oder weniger starkes Auseinanderklaffen von Reichsidee und Wirklichkeit festgestellt worden – d. h., man stellte fest, daß die Vorstellung der verschiedensten Autoren und die von den jeweiligen Kanzleien in Schriftform gebrachten Ansprüche von Kaisern, Päpsten, Gegenkaisern und Gegenpäpsten nicht mit der unruhigen, unstabilen, von Selbstbehauptungs- und Vorherrschaftskämpfen beherrschten politischen Realität »übereinstimmte«.

Aber es gehört zur Wirklichkeit jeder Idee, daß sie sich in Entgegensetzungen verwirklicht. Sucht man die Reichsidee nur in den Reichsschriften des Mittelalters auf, so stoßen wir auf höchst widersprüchliche Texte, aber insofern solche Texte bestimmten Mächten jeweils zugeordnet sind, bietet sich hier mehr als bloß ein verwirrendes Angebot von Schriften, die einander widersprechen. Machen wir uns klar, daß es in diesem verwirrenden Gegeneinander um konkrete Auseinandersetzungen geht, so reicht es nicht aus, für diese Auseinandersetzungen nur die Bezeichnung »Machtkämpfe« anzusetzen. In der Idee vom Reich bringt sich nichts Geringeres zur Geltung als die Idee der angemessenen Ordnung der menschlichen Dinge.

Das Mittelalter ist die Zeit der Erprobung universaler Ordnungsvorstellungen. Die großartige Leistung Alteuropas ist die Idee des Kosmos, d. h. die Vorstellung einer umfassenden Geordnetheit der Welt als Schöpfung eines Gottes. Das Mittelalter setzte hier auf die Ergänzungsbedürftigkeit der defizienten Menschennatur durch Erlösung und Offenbarung. Die gemeinsame Idee war es, daß eine Ordnung – ganz generell bzw. universal gedacht – zu finden und mit Gottes Hilfe auch zu errichten sei. Ihre Substanz erhält diese Idee einer universalen Ordnung durch die absolute Unausweichlichkeit der Herstellung von Ordnung schlechthin, der sich die Menschen nicht entziehen können. Die archaische Großartigkeit des Mittelalters lag nicht zuletzt in der Vorstellung, daß es gemäß der einfachen Gegenüberstellung von Gott und Menschheit auch eine universale Ordnung geben könne. *Die Reichsidee des Mittelalters ist die großartige Vereinfachung des*

Gegensatzes von jener Welt und dieser Welt in dem Gedanken, daß, wie in jener Welt ein Gott durchgehende Ordnung garantiert, so in dieser Welt ein Herrscher die Ordnungsidee repräsentieren solle oder könne. Das aber ist die Idee des Universalismus: Ein Gott – ein Kaiser.

Es ist wichtig, sich klarzumachen, daß der Universalismus der Reichsidee niemals konkret bedeutet hat, daß die gesamte Menschheit nur einen irdischen Herrn haben sollte, eben »den Kaiser«. Von Beginn an wurde in der christlichen Reichsidee auch mit »Reichen«, also mit einer *Vielfalt* gerechnet, und wenn auch die nichtchristlichen Reiche in der Geschichtsperspektive missionarisch eingeordnet wurden und sich das Reich der Wahrheit unter dem christlichen Kaiser immer weiter ausbreiten sollte, so rechnete die Idee doch auch stets mit den Grenzen, die ihr die Wirklichkeit zog. Der Universalismus der Reichsidee ist im Kern nichts anderes als die Idee rechter Ordnung oder der Gerechtigkeit. Ist die Reichsidee aber einerseits die Idee eines Reiches der Gerechtigkeit, so andererseits auch die Idee, daß Gerechtigkeit nicht in einer Einförmigkeit der Bildungen gesehen werden muß. Die Reichsidee trägt also als Universalismus der Notwendigkeit Rechnung, indem sie die konkrete *Vielfalt* menschlicher Ordnungen, die auf stammesmäßige, letztlich stets geschichtlich gewordene Unterschiede zurückgeht, in einem Reich umfaßt: Gerechtigkeit, die die Vielfalt stehen läßt und sie in eine Gesamtordnung einbindet.

Aus dieser Bestimmung der Reichsidee wird ebenso deutlich, wieso sie insbesondere unter der Bedingung der neuzeitlichen Entwicklung sinnvollerweise festgehalten werden kann. Wo immer es darum geht, konkreten Verhältnissen in ihrer Vielfalt gerecht zu werden und historische Entgegensetzungen großräumig zusammenzufassen, erweist sich die Reichsidee als angemessen. Die Geschichte der Menschen hat gezeigt, daß in politischen Selbstbehauptungs- und Anerkennungskämpfen die Berufung auf eine übergeordnete Gerechtigkeit ebenso stark eine Rolle spielte wie die auf »altes Recht« – d.h. auf erprobte, konkret entstandene Ordnungen. Der Gedanke, daß politische Ordnung nicht bloß funktionieren muß, sondern daß sie eine Gerechtigkeit verwirklichen soll, ist das ganz konkrete Erbe des Universalismus der Reichsidee. So gesehen ist »Reich« die humane, historisch geladene Gegenkraft zu jener Seite des modernen Staates, die ihn als das »kälteste aller kalten Ungeheuer« erscheinen lassen kann. Egalitarismus, Geschichtslosigkeit und bürokratische Herrschaft sind die humanitätsgefährdenden Erscheinungen, gegenüber denen die Reichsidee nach wie vor ihre politische Kraft entfalten kann: Gerechtigkeit, Humanität, Buntheit, Vielfalt, Lebendigkeit von Religionen, Nationen, Einzelnen, Geschichten, Überlieferungen, Kulturen; alles verbunden durch den Respekt vor dem, was geworden ist und umfaßt in einer Einheit, die all diesem seine Stelle läßt, erhält, zuweist. Keine Frage, daß es genau dieser Teil der Reichsidee ist, die den Aufgaben des neuen Mitteleuropa, seiner Selbsterhaltung und seiner Selbstentfaltung angemessen ist.

Es liegt auf der Hand, daß gegenwärtiges Denken mit dem Bestandteil des »Heiligen« in der Reichsidee die größten Schwierigkeiten haben muß, wenn es um deren Aktualität geht. Einerseits ist der Name des Heiligen, insofern kein lebendiger Glaube mehr dahintersteht, durchaus geeignet, eine Art von Gefühlen hervorzurufen oder anzusprechen, die eher ins Nostalgisch-Romantische schlagen. Lebendiger Glaube ist inhaltlich, also als christlicher im Vollsinne, nicht mehr allgemein erwartbar, auch nicht zumutbar, insofern seine Inhalte nicht theoretisch vermittelt werden können. Als lebendiger Glaube ist inhaltliches Christentum selbst individuell-zufällig, und seine Lebendigkeit ist in einer »pluralistischen« Gesellschaft zu Aktualität nur in privater Existenz verurteilt. Was also kann man mit dem Attribut des Heiligen in der Reichsidee anfangen?

Zunächst ist festzuhalten, daß Mitteleuropa eine objektive Beziehung zu diesem Heiligen im Sinne des christlichen Reiches hat. Das Mittelalter ist in seiner Glaubenswirklichkeit für uns kaum noch richtig wahrnehmbar, aber unübersehbar ist die objektive Prägung Mitteleuropas durch seine christliche Vergangenheit. So sinnvoll es sein kann, diese christliche Prägung als eine Mischung von römischem Katholizismus sowie germanischer und slawischer Aneignung anzusehen, so durchaus sinnlos ist es, im prägenden Einfluß des Christentums für Mitteleuropa ein »Verhängnis« zu sehen.

Man muß sich klarmachen, daß das Sakrale ursprünglich auch eine enge Bindung an die irdische Ordnung, an Recht und Gesetz hatte. Das Recht oder das Gesetz ist sehr früh mit den gefürchteten und verehrten Göttern zusammengebracht worden, zumindest aber mit Geltung seit »unvordenklichen Zeiten«, alles Veranstaltungen, die notwendig waren, damit das Recht funktionieren konnte, es sollte durch diese »Heiligung« dem willkürlichen Zugriff der einzelnen relativ entzogen werden. Das Recht oder die politische Ordnung mußte deshalb auch in ihrer Herrschaftsgestalt heiliggesprochen werden, und hier liegt der Sinn jener Versuche der Stauferkaiser, die irdische Herrschaft wieder zu ihrer ursprünglichen Würde des Sakralen zu bringen, die im Streit der Mächte zu zerrinnen drohte. Hier liegt also die Bedeutung der Reichsidee als einer Ordnungsvorstellung, deren eigene Substanz und Würde keiner zusätzlichen Theologie bedarf. Diese Substanz und Würde ergibt sich aus der absoluten Notwendigkeit der Ordnung, und insofern sie Bestandteil der Reichsidee ist, kann sie weiterhin ihre Geltung beanspruchen. Der Sinn der Ordnung des Rechts, das durch Herrschaft, also politisch, verwirklicht und garantiert ist, ist aber nichts anderes als der *Frieden*. Und insofern irdischer Frieden und diesseitige Ordnung, also genau der Frieden, »den die Welt geben kann«, auch und unausweichlich die Voraussetzung zur Erlangung des wahren Friedens ist, insofern hat dieser Friede seine eigene Bedeutung, seine Substanz, seine Würde, unabhängig davon, ob man nach, hinter oder über ihn noch einen anderen, »wahren« Frieden eines anderen, etwa jenseitigen Reiches annimmt, glaubt oder vorschreibt. Zum Kern der Reichsidee gehört vor allem der zu schaffende Frieden.

Die Reichsidee umfaßt also den Gedanken der Kontinuität, das Wissen um die historische Prägung und den Respekt vor dem Gewordenen, er umfaßt den Gedanken einer sich selbst behauptenden Einheit in anerkennender Vielfalt von Völkern, Staaten, Nationen, und wenn man will, Gesellschaftssystemen und – vor allem – den Gedanken eines Gemeinsamkeit stiftenden umfassenden Friedens: nicht in Weltfriedens- und Menschheitsträumen, sondern in konkreter, großräumiger Territorialität. Niemand wird leugnen, daß diese Idee vom Reich, die zu demjenigen Erbe gehört, das Mitteleuropa aus sich selbst entwickelt hat, eine selbständige Perspektive für ein Europa zwischen den Supermächten bedeuten kann. Damit diese Idee aber geschichtsmächtig werden kann und nicht bloß eine Neuauflage des »Traumes vom Reich« bleibt, ist es notwendig, sich mit den beiden anderen geschichtlichen Prägungen zu befassen: mit der des Staates und der der Nation.

Die Idee des Staates – neuzeitliche Verwirklichung von Freiheit und Ordnung

Die Idee des Reiches war als universale Idee durch die Welt des Mittelalters hindurch den konkreten politischen Verhältnissen eingearbeitet worden. Das Ergebnis waren die neuzeitlichen Staaten, die, vor allem in der Bewältigung des Problems des konfessionellen

Bürgerkrieges, in abgegrenzten Räumen jeweils innere Ordnungen stabilisierten.

Da es für die politische Organisation der menschlichen Existenz ebensowenig »natürliche Grenzen« wie »natürliche Rechte« gibt, müssen Grenzen in historischen Kämpfen erstritten, festgelegt und anerkannt werden.

Die innerhalb des Staates zu erbringende Ordnungs- und Friedensleistung muß sich nach außen behaupten können. Politik als Gründungs- und Erhaltungsleistung ist deshalb nach außen und nach innen gerichtet. Um die Selbstbehauptung nach außen wirksam werden zu lassen, ist es für den Staat notwendig, daß er darüber entscheidet, wer Staatsbürger ist und wer nicht, wer dazugehört oder nicht, oder, in der politisch zugespitzten Formulierung, daß er »Freund und Feind unterscheidet«. Diese Notwendigkeit einer entschiedenen Abgrenzung nach außen trifft für jede Form der Herrschaft zu. Der neuzeitliche Staat als Idee ist jedoch nur zu bestimmen, wenn man sich menschliche Existenz als Existenz von denkenden Wesen, also von Wesen, deren entscheidendes und unterscheidendes Merkmal die Freiheit ist, denkt. Freiheit bedeutet, als der Ausdruck einer »conditio humana«, die in der Neuzeit mehr und mehr zum Bewußtsein gekommen ist, daß die Menschen zwar stets unter dem Zwang stehen, handeln zu müssen, daß aber Richtung und Ausprägung dieses Handelns nicht von vornherein festgelegt sind. Wenn man nicht einsieht, daß Freiheit auch immer die Freiheit bedeutet, eine bestehende Ordnung gerade nicht anzuerkennen, hat man eine falsche Auffassung von Freiheit. Es gibt seit der Aufklärung und im Liberalismus und Sozialismus bis heute eine erbauliche Auffassung von Freiheit, die voraussetzt, daß mit der Freiheit aller Menschen auch schon eine Art vernünftiger Übereinstimmung gegeben sei – eine Auffassung, die von der realen und stets gefährlichen Dynamik der Freiheit abzusehen versucht. Wenn Freiheit in einem System organisiert werden soll, das – möglichst für alle – lebbar sein soll, so muß gesehen werden, daß Politik als konkrete Ordnungsleistung permanent erbracht werden muß und daß diese Arbeit des Staates niemals endet, solange Menschen als Freie gedacht werden oder sich selbst als freie Wesen auffassen wollen.

Die innere Bestimmung der Staatsgewalt ist also ebenso notwendig und unausweichlich, wie ihre gültige Form vielfältig sein kann. Denn diese Festlegung des Verhältnisses von Freiheit des einzelnen und Verwirklichung der gemeinschaftlichen Existenz im ganzen ist, wie alle menschliche Wirklichkeit, historischer Entwicklung sowie den Bedingungen der Verschiedenheiten von Völkern und Räumen unterworfen, und es ist eine der abstraktesten Vergewaltigungen der Politik, eine bestimmte Form dieses Verhältnisses für alle Zeiten und/oder für alle Völker festschreiben zu wollen.

Von welcher Seite man aber immer an die Bestimmung des Staates im neuzeitlichen Sinne herangeht, ob von den Notwendigkeiten der Bestimmungen von Territorien, der Unterscheidung von Bürgern und Fremden oder der elastischen Festlegung des Verhältnisses von allgemeiner Freiheit, d. h. Ordnung und individueller Freiheit, stets muß deutlich werden, daß ein Staat in diesem Sinne seine Aufgabe, also den Zweck, für den er in der Welt ist, nicht lösen kann, wenn er als konkreter nicht selbst frei ist. Zum Staat gehört die Souveränität, sie ist mit dem konkreten politischen Begriff des Staates gegeben. Selbstverständlich hat »Souveränität« nie bedeutet, daß ein Staat nach innen oder nach außen »machen kann, was er will«. *Aber Souveränität als Selbstbestimmung in Verhältnis von Staat und Bürger, also Bestimmung des »Gesellschaftssystems«, gehört, ebenso wie die Selbstbehauptung nach außen, zum Wesen des Staates.*

Was nun dieses Wesen des Staates angeht, so läßt sich von keinem der vier Staaten, aus denen die Zentraleuropäische Föderation bestehen soll, sagen, daß er in diesem Sinne souverän ist. Für die DDR und die Tschechoslowakei sind wir im Westen vielleicht allzu willig bereit, dies auch einzusehen und für vorwerfbar zu halten. Aber Besatzungsrecht und Vier-Mächte-Vorbehalte machen nach übereinstimmender Auffassung ehrlicher Völkerrechtler auch die Bundesrepublik Deutschland zu einem »Land ohne Souveränität« (Rumpf), und ein aufgedrungener Vorbehalt »immerwährender Neutralität« im Falle Österreichs kann ein sinnvoller Kaufpreis sein, einen als unerträglich angesehenen Status quo zu verändern, aber selbstverständlich ist auch dies Einschränkung von Souveränität.

Souveränität im Sinne auch jener eigentlich minimalen, unter dem Gesichtspunkt der Freiheit unverzichtbaren Selbstbestimmung ist für die vier mitteleuropäischen Staaten, die hier in den Blick genommen wurden, nicht verwirklicht. Sie ist auch nicht zu verwirklichen, solange sie eben das bleiben, was sie jetzt sind.

Der Zusammenschluß zur Zentraleuropäischen Föderation würde aber jedenfalls die Möglichkeit bieten, konkrete Souveränität nach Maßgabe der historischen Möglichkeiten und im Sinne eines entwikkelten Freiheitsbewußtseins zurückzugewinnen. In diesem Sinne wäre diese neue gemeinsame Souveränität der erste Schritt zur Freiheit durch Selbstbestimmung. Dieses Ziel wiederzuerringender Souveränität kann natürlich nur bedeuten, daß die Zentraleuropäische Föderation selbst den Charakter einer allgemeinen Lösung der politischen Existenz der Menschen der vier Staaten ist, d.h., daß sie selbst schließlich Staatscharakter im hier bestimmten Sinne annimmt – wobei es relativ unwichtig ist, ob man dies dann (noch) einen Staat nennt; wesentlich ist die souveräne und gemeinsame Selbstbestimmung nach innen und außen, wie es der europäischen Idee des Staates als »Wirklichkeit der Freiheit« (Hegel) entspricht.

Die Idee der Nation – Bewußtsein und Anerkennung des Besonderen

Im Gegensatz zur Reichsidee verkörpern die Nationen das Prinzip des Besonderen. Damit ist unausweichlich das Problem der Abgrenzung und der Abwehr gegeben, und die Neuzeit ist auch, jedenfalls für Europa, als der Zeitraum zu kennzeichnen, in dem die Vielfalt der Kämpfe, Auseinandersetzungen und Aggressivitäten die Staaten mit zunehmendem, besonderem Wir-Bewußtsein entstehen ließ. Es ist mit Recht als eine der größten Leistungen des alten Europa bezeichnet worden, daß diese Staaten eine Art des Umgangs miteinander entwickelten, nämlich das »Jus Publicum Europaeum«, das Völkerrecht, dessen größte Errungenschaft die Kanalisierung der Unterscheidungs- und Selbstbehauptungskämpfe oder die »Hegung des Krieges« gewesen ist. Andererseits ließen die dynastischen Verflechtungen, unvorhersehbare und ungewohnte Erbfälle, auch dynastischer Landhunger, die Grenzziehungen zu einem schwer umkämpften und schwer erkämpften Problem werden, das die Neuzeit bis in das 20. Jahrhundert hinein beherrschte. Aber da so etwas wie politische Ordnung von nirgendwoher vorgegeben ist, weder von Offenbarung noch von Natur, noch von Wissenschaft, bleibt für ihre Einrichtung nur die Lehre aus der tatsächlichen Geschichte, und deren Ergebnis sind die Nationalstaaten, ein Ergebnis, das als europäisches zum Muster für die Politisierungsprozesse auf der ganzen Erde, namentlich im Zuge der Entkolonialisierung, geworden ist. Ein höchst dynamisches Muster, freilich nicht notwendig ein aggressives. Denn von der Idee her gehört zur nationalen Selbstbehauptung schließlich auch die Anerkennung der anderen Nationen. Wir müssen mit Nationen leben – um die Entartungen von Nationalismus und

Chauvinismus vom positiven Kern zu unterscheiden, muß die Idee der Nation deutlich herausgestellt werden.

Dem scheinbaren Zusammenbruch oder Scheitern des europäischen Nationensystems nach dem Zweiten Weltkrieg entsprach lange Zeit, und insbesondere in Deutschland, die Tendenz, sich mit dem Befund »Nationalismus« nicht zu befassen oder nicht befassen zu wollen – zumindest aber die, den Gegenstand Nation und Nationalismus für einen historisch überholten Bestand zu halten. In Kapitel I dieses Buches ist dazu bereits einiges ausgeführt worden. Den Problemen entkommt man aber nicht durch Umgehen des Themas: Immerhin ist Nationalismus wahrscheinlich die bewegende politische Kraft schlechthin. Die Entwicklung des Sozialismus von einer gerade international gedachten Ideologie zu einem ideenpolitischen Instrument in der Hand des russischen Nationalismus ist nur ein Beleg für diese umfassende Bedeutung. Es nützt nichts, mit dem Bade des kriegsträchtigen Nationalimperialismus das Kind des Nationalbewußtseins auszuschütten. Mehr und mehr stellt sich heraus, daß Nationalismus das zentrale politische Bezugssystem der Neuzeit geworden ist.

Bei allen konkreten Kämpfen gehört es doch zum Mittelalter, daß ein gemeinsamer Bezug auf eine übergeordnete Wahrheit durch eine zentrale Institution festgehalten wurde. Wenn diese Wahrheit, die ja stets zerbrechlich und ständigen Zweifeln und Angriffen seitens der Ketzer ausgesetzt war, nicht mehr autoritativ verkündet werden konnte, wenn Päpste und Gegenpäpste aufstanden und wenn schließlich mit alternativen Erklärungen nicht mehr als mit bloßen Irrtümern fertiggeworden werden konnte, kurz, wenn »die Kirche« sich in die Vielheit von Kirchen – und damit grundsätzlich von Sekten – aufgelöst hatte, also im Verlauf des 16. und 17. Jahrhunderts, dann wurde das Festhalten an der Lehre, an der Welt- und Jenseitsorientierung von gläubig hingenommener selbstverständlicher Geborgenheit für die einzelnen zu einer Sache der Entscheidung. Dies ist die Geburt des modernen Individualismus. Die Menschen wurden auf der einen Seite zum Individualismus sozusagen gedrängt oder verurteilt. Vielen erschien dies als Fluch und Last, viele erlebten es als Befreiung; die Nachdenklichen erkannten beides. Jedenfalls mußte die politische Wirklichkeit dieser Zeit nach der etablierten Reformation deshalb unausweichlich zur Zeit der konfessionellen Bürgerkriege werden, die konfessionellen Differenzen führten dazu, daß man zu den Waffen griff. Da es theoretisch keine Möglichkeit mehr gab, die Aufspaltung der inneren Überzeugungen zu begrenzen, haben Denker wie Thomas Hobbes in dieser Zeit der konfessionellen Zersplitterung, die zu Bürgerkriegen führte, mit Recht so etwas wie eine Rückkehr zum »Naturzustand« gesehen, in dem jeder jedermanns Feind war. Das auf diese Weise so bedrohlich handfest gewordene Problem des neuzeitlichen Individualismus konnte weder allein von diesem her noch im Rückgriff auf die alten Wahrheiten gelöst werden – denn deren Verbindlichkeit war nur noch ein individuelles Bedürfnis, dem keine einheitliche Institution mehr entsprach. Insofern die Überwindung der konfessionellen Bürgerkriege durch die Staaten erfolgte, wurden die einzelnen in ihrem Orientierungsbedürfnis auf die geschichtliche gemeinsame Herkunft – Volk – und auf die politische Einheit – Staat – verwiesen. Das Vergehen der älteren Sinnbezüge wurde, bei weiterbestehendem Sinnbedürfnis, durch die Beziehung auf diese realen übergeordneten Einheiten ersetzt. Je mehr die vorgegebenen Orientierungen in bezug auf das Jenseits auch zur Lockerung und schließlich auch zur entscheidenden Schwächung der diesseitigen Orientierungen führen mußte, je weniger also die Religion theoretisch und praktisch den Einzelnen tatsächliche Sicherheit und Geborgenheit zu vermitteln in der Lage war, um so unausweichlicher wurde der einzelne auf seinen Staat und sein Volk als umfassenden, existenzbegründenden und erhaltenden Sinnbezug hingewiesen, und zwar um so deutlicher, je mehr er nachdachte. Diese Beziehung auf den Staat als den »unseren« trat an die Stelle der alten Bindungen. Die neue »Religion« beruhte zudem auf der Tatsache, daß Bestimmtheit und Prägung des einzelnen durch »seine Nation« objektiv dargetan werden konnten.

Freilich konnte ein theoretisch so anspruchsvolles Konzept wie das der Abhängigkeit der Freiheit des einzelnen vom geschichtlichen Staat nicht dem Bedürfnis des massenhaften Individualismus entsprechen, und so erhielt der Nationalismus eben jene massenhaften Züge, die ihn als Quasi-Religion ausprägten. Wußte früher der Christ, daß er sein Dasein, seine Wohlfahrt und seine Zukunft allein dem göttlichen Willen verdankte, so bekannte der Nationale ebenso objektiv realistisch wie subjektiv emphatisch: »Was ich bin und was ich habe, dank' ich dir, mein Vaterland« (Fallersleben). Noch einen Schritt weiter weist übrigens das angelsächsische »Right oder wrong – my country«. Was ja nicht bedeutet, daß das eigene Land nicht auch etwas Falsches tun könne, sondern, daß es trotzdem das eigene Land bleibt – d. h. konkret das Bezugsystem für die Weltorientierung, zu dem es normalerweise keine Alternative gibt.

Der moderne Nationalismus hat also seine Ursprünge in der Modernisierung, also eben in den geschichtlichen Bewegungen der Entbindung des einzelnen zum modernen Individualismus und in seiner Einbindung in die konkreten Zusammenhänge seines Landes und Volkes. Diese große Bedeutung des Individualismus oder auch der modernen Freiheit mußte Folgen haben. Denn wenn die Identifizierung mit Vaterland, Heimat und deren Herkommen auch Loyalität zur Konsequenz machten, so mußte diese Loyalität doch nicht unbedingt nahtlos an den jeweils Herrschenden festgemacht werden. Die Orientierung an der Nation lief über ganz konkrete Dinge, an denen sie sich festmachte: an Heimat mitsamt ihren bestimmenden Gefühlswerten, an real erfahrenen Gemeinsamkeiten, wie etwa an der Sprache, und, namentlich in dem politisch uneinheitlichen Deutschland des 18. und 19. Jahrhunderts, an der als gemeinsam erlebten Kultur und Bildung. Dies alles aber sind Tatbestände und Orientierungen, die die Nation von den jeweilig Herrschenden ablösbar machten. Nationalismus konnte sogar gegen die politische Herrschaft ausgespielt werden – und dies war vor allem in Deutschland und Österreich nach den Befreiungskriegen der Fall. Die berühmten Lehrer der Nation, wie Ernst-Moritz Arndt, Josef Görres und Johann Gottlieb Fichte, erkannten zwar, daß unter den Bedingungen der napoleonischen Fremdherrschaft der erste Feind, gegen den im Namen der Nation Front gemacht werden mußte, in der Tat Napoleon oder »der Franzmann« sein mußte. Aber der zweite Feind wurde praktisch im gleichen geschichtlichen Atemzuge in den eigenen politischen Herrschern, den deutschen Fürsten erkannt. Konsequent wurden die Nationalisten dieser Zeit auch von ihrer Obrigkeit verfolgt und ihre Lehren unterdrückt. Die mitteleuropäischen Fürsten erkannten genau, daß die Berufung auf die Nation – statt auf die Dynastie – einen unausweichlich revolutionären Zug hatte.

Für Mitteleuropa wurde es jedenfalls entscheidend, daß die konkreten Zusammenhänge, auf die sich der Nationalismus bezog oder beziehen konnte, nicht mit den staatlichen Verfaßtheiten übereinstimmte. Der Staat konnte mehrere Nationen umfassen wie die Habsburger Monarchie – hier wurde der letzte Konflikt Reich–Nation ausgetragen. Die Nation konnte staatenumgreifend geltend gemacht werden, was für den deutschen Nationalismus, der die Einzelstaaten übergriff, von Beginn an zutraf. Als schließlich Preußen zum »Zweiten Reich« wurde, mußte der Nationalismus einen etwas künstlichen Charakter annehmen. Denn der Mantel des Kaisers erwies sich einerseits für die Hohenzollern als etwas zu groß: die deutschen Länder entwickelten höchst unterschiedliche Loyalitäten gegenüber Preußen. Andererseits erschien er aber auch zu klein, weil das ganze Deutschland, dem ein Titel wie »Reich« zugekommen wäre, durch den Ausschluß Österreichs eben doch nicht geeint war.

Die kurze Vergegenwärtigung historischer Ereignisse hat gezeigt, daß die Nation viel enger mit der Entwicklung des modernen Individualismus, d. h. also mit dem neuzeitlichen Begriff von Freiheit, verbunden ist, als gemeinhin gesehen wird. *Die Nation ist ein Bezugsystem der Freiheit,* das durchaus eine Basis abgeben kann, von der aus gegen die jeweilig Herrschenden Front gemacht werden kann. Und dies gilt keineswegs nur für die alten mitteleuropäischen Dynastien. Es gilt auch für Herrschende innerhalb demokratischer Staatsformen. Gerade in der Verbindung von Freiheit und Nation oder in dem fundamental-demokratischen Charakter der Nation liegt die Möglichkeit, gegen jede Herrschaft im Interesse der Nation Front zu machen – was übrigens auch das Motiv des Widerstandes gegen Hitler war. Insofern liegt in der Idee der Nation auch ein anarchistisches Moment, und es ist diese Möglichkeit, die nicht zuletzt gegenwärtig Herrschende mißtrauisch gegen das Geltendmachen der Idee der Nation sein läßt – vor allem in Westdeutschland und in Österreich. Die Idee der Nation hat also, wie jede Idee, eine praktische Dynamik, die sich in der Forderung ausdrücken läßt, daß die Freiheit der einzelnen mit dem politischen System übereinstimmen soll. Insofern die Nationen vor allem historisches Schicksal sind, verlangt die Idee der Nation die Identität mit der eigenen Geschichte. Insofern die Idee der Nation von der Freiheit ausgeht, verlangt sie auch hier Identität, was bedeutet: Freiheit des einzelnen ist nur wirklich in einem freien – selbstbestimmten – Ganzen.

Die Nation als Idee verlangt also die Einheitlichkeit des Bezugssystems und das ist für die Deutschen das ganze Deutschland im konkreten regionalen Aufbau und vor allem: in Unabhängigkeit. Mitteleuropa-Politik bedeutet, daß die Dynamik dieser zweifachen Identität der Idee der Nation geltend gemacht werden müßte: Die Übereinstimmung vor allem des Freiheitsanspruches des einzelnen mit der Freiheit seiner Nation.

Diesen Ausgangspunkt teilt die deutsche Nation mit der tschechischen – Deutsche und Tschechen sind »Brüder« unter dem gemeinsamen Anspruch ihrer nationalen Freiheit. Die Orientierung an der Vergangenheit der nationalen Gegensätze ist unzeitgemäß. Die Zukunft gehört einem freien Mitteleuropa. Dies bedeutet nicht, daß die Vergangenheit im Interesse der Gegenwart geschönt werden soll. Auch gemeinsame Kämpfe stiften Gemeinsamkeiten; von ihnen aber sozusagen nur den Haß zurückzuhalten, ist unzeitgemäß, bedeutet Orientierung am Gestern.

Wenn die Zentraleuropäische Föderation wirklich werden soll, muß man sich vor Augen halten, daß von der Idee der Nation her dieser nichts übergeordnet werden kann. Nur bei strikter Beachtung dieses Prinzips können Freiheit und Unabhängigkeit der Nationen auch in einem Zusammenschluß gewahrt bleiben. Dieser Zusammenschluß selbstbestimmter Nationen zu einem neuen Mitteleuropa wird aber nicht nur von der gemeinsamen Geschichte, dem vergleichbaren Schicksal und den historischen Aufgaben, der Versöhnung des deutsch-tschechischen Gegensatzes und der Überwindung der scheinbar zwingenden Systemgrenzen nahegelegt. Hier muß auch die andere Idee veranschlagt werden, die Europa entwickelt hat, die des Reichs. Sehr scharfsinnig ist erst jüngst von französischer Seite bemerkt worden, daß die Idee der Nation, so allgemein sie in Europa geworden ist, doch selbst auch wieder nationale Verschiedenheiten aufweist. Danach ist Nation für Franzosen aufgrund ihrer geschichtlichen Entwicklung eher eine »integrale« Idee. Für die Deutschen hatte Nation immer »Reichscharakter«: die deutsche Nation bedeutete immer schon eine Einheit in Vielfalt. (de Benoist, in: Willms [Hrsg.], Handbuch zur Deutschen Nation, Bd. 1, Tübingen u. a. 1986, S. 117ff.)

Gemäß den Ideen des Reiches, des Staates und der Nation wäre Mitteleuropa ein selbständiges, souveränes Reich der Kontinuität, des Ausgleichs, des Friedens, der Einheit in der Vielfalt freier Nationen und Regionen und in der Tat die Heilung der politischen und ideologischen Perversionen des alten Kontinents.

Mißbrauch widerlegt die Ideen nicht

Das »Dritte Reich« hat weder die Idee des Reiches kompromittiert noch sein Nationalismus die Idee der Nation. Wohl aber läßt sich zeigen, daß und wieso das »Dritte Reich« eine Perversion dieser Ideen war.

Die Perversion ist in bezug auf die Reichsidee vor allem darin zu sehen, daß Reich einerseits im Sinne der noch lebendigen Tradition des »Zweiten Reiches« und seiner schon durchaus problematischen Kaiserherrlichkeit romantisiert wurde, daß aber andererseits, um die Idee auszufüllen, nichts anderes aufgenommen wurde als äußere Bestimmungen von Macht, Ausdehnung und Hegemonie und vor allem ein extremer Zentralismus – zudem wurde die im Prinzip äußerliche Reichsauffassung dann noch mit der Vorstellung einer extremen Integration, nämlich der der Einheit einer herrschenden Rasse verbunden. Damit wurden Vorstellungen von der »nation integrale«, die aus Frankreich stammen, noch zu übertreffen versucht. Auf diese Weise konnte man weder das Reich als Einheit konkreter Vielfalt noch die Nation im Sinne ihrer freiheitlichen Bestimmungen begründen.

Es muß zugegeben werden, daß die Identifikation der Deutschen mit dem »Dritten Reich« hoch war und daß sich kaum beurteilen läßt, ob und wieso sich die Ideen von Reich und Nation auf Dauer auch in anderer, abgewandelter Weise zur Geltung gebracht hätten. Das »Dritte Reich« hat bis zum Krieg nur sechs Jahre Zeit gehabt, und die Priorität seiner nach dem Muster der europäischen Weltmächte gesehenen Aufgaben – Revision von Versailles und Hegemonie auf dem europäischen Kontinent – hat vor allem durch das Eingreifen der raumfremden Macht USA zum Zusammenbruch des gesamten europäischen Systems geführt. Insofern hat das »Dritte Reich« sowohl die Schwächen dieses europazentrischen Systems wie aber auch seine eigenen Strukturfehler deutlich gemacht – eben die ganz und gar unhistorische Gemeinsamkeit von veräußerlichter Reichsvorstellung und integraler Nation. Und dies, obwohl eine »Nation mit Reichscharakter« durchaus in der Tradition und auch in den Möglichkeiten gelegen hätte. Aber Tradition wurde auch vom »Dritten Reich« meist nur zu Propagandazwecken instrumentalisiert – wobei wieder der Gesichtspunkt der Hast und des Überstürzenden eine wesentliche Rolle spielte: Ein »Reich« baut man nicht in sechs Jahren.

Insofern die Niederlage des »Dritten Reiches« und der Zusammenbruch Europas zu dessen Geschichte dazugehören, muß auch diese Prägung erkannt und veranschlagt werden. Der erste Schritt zur Selbständigkeit Zentraleuropas wäre es, seine Ideen in eine neue Form zu bringen und seine Teilung durch die Supermächte nicht weiter als Schicksal hinzunehmen oder sie gar wie die meisten Deutschen – jedenfalls ihre politisch Herrschenden und ihre offiziellen Medienvertreter – als unausweichliche Folge eigener Schuld anzusehen.

Die Ungeschichtlichkeit als Verdrängungsfolge der europäischen Katastrophe war schon im »Dritten Reich« und seiner pervertierten Aufnahme der traditionellen Ideen Mitteleuropas zutage getreten. Immerhin war es eine Aufnahme grundlegender Ideen – die gegenwärtige Ungeschichtlichkeit, die sich als Folge der Verdrängung der europäischen Katastrophe und der aus ihr resultierenden Fremdbestimmung ergibt, kann nicht dadurch kompensiert werden, daß man statt mitteleuropäischer Einigungspolitik Geschichtsmuseen entwirft. Wirkliche Geschichtsbewußtheit macht sich politisch geltend. Es ist der Sinn dieser Erinnerung an unsere prägenden Ideen, zu aktiver Politik aufzufordern.

Dabei ist zwischen bloßer Restauration und lebendiger Aktualisierung der unentrinnbaren geschichtlichen Prägung zu unterscheiden. Es geht darum, sich bewußt zu machen, was Mitteleuropa ist, und zwar zu dem Zwecke, der eigenen Zukunft selbst begegnen zu können.

Bloße Restauration wäre etwa eine aus nostalgisch verklärender Erinnerung geborene Absicht, nach einem neuen Kaisertum zu suchen – wobei man sich dann je nach Laune für einen Hohenzollern oder einen Habsburger entscheiden könnte. Schon allein diese Zweiheit zeigt, daß auf dem Wege über Restauration des Kaisertums keine mitteleuropäische Einheit begründet werden kann.

Die lebendige Aktualisierung der unentrinnbaren geschichtlichen Prägung jedoch ist zu messen an jener Wirklichkeit des eigenen Wesens, das Resultat der eigenen Geschichte ist. Da es in dieser Erinnerung um einen Entdeckungsprozeß von historischen Wirklichkeiten geht, kann es sich nicht darum handeln, sich nur die Seiten aus der Geschichte herauszusuchen, die von eigener Größe handeln. In einer solchen Auswahl bleibt Geschichte etwas durchaus Äußerliches, das nur oberflächlicher Manipulation dient – genau das war ja das Geschichtsverständnis, das etwa den Nationalismus aller Zeiten und Völker so einseitig gemacht hat. Dabei hatte schon Herder darauf hingewiesen, daß das Nationalbewußtsein nicht mit bloßem, ziemlich vordergründigem, ja dummem Nationalstolz aufgefüllt werden müsse. Es geht also nicht um eine Instrumentalisierung von Geschichte im Interesse einer bloß bestehenden Herrschaft, die im übrigen ihr Wesen in abstrakten Begriffen wie »Sozialismus« oder »Demokratie« sucht, sondern um die Erkenntnis dessen, was ist. Zur geschichtlichen Prägung gehören – um im Bild zu bleiben – die Höhen und Tiefen, und ohne Tiefen zu erkennen, sind Höhen überhaupt nicht auszumachen, und Körper erhalten die Prägung in Wirklichkeit nur durch ihre Höhen und durch ihre Tiefen. Zu der Wirklichkeit der Idee gehören auch die Mißbräuche und die historischen Fehlschläge. Es mag sein, daß Menschen aus der Geschichte nichts lernen, weil man sich auch zu der eigenen Wirklichkeit verdrängend oder ablehnend oder einfach vernagelt, uneinsichtig verhalten kann – oder weil vor allem die Politik abstrakter Begriffe oder kurzsichtiger Parteiinteressen oder bloßer Gewaltbehauptung den Blick auf die eigene Geschichte vermeidet. Aber es steht außer Zweifel, daß die Frage nach dem eigenen Wesen nicht in spekulativen Tiefen, sondern in der Wirklichkeit der geschichtlichen Prägung zu suchen ist. *Was wir sind und was wir haben, ist Resultat, ist Ergebnis.* Und dies ist die Voraussetzung für eine neue Selbstbestimmung, die immer möglich ist, wenn man will.

Fassen wir also die wesentlichen Punkte an jenen Ideen zusammen, die als unsere eigenen im Prozeß des Ein- und Abarbeitens an der Wirklichkeit zu unserer historischen Prägung geworden sind, so ergeben sich die folgenden Bestimmungen als Grundlage für eine neue Ordnung Mitteleuropas. *Die Idee vom Reich vermittelt der auf unseren mitteleuropäischen Raum bezogenen Politik die Idee der Einheit und die Verwirklichung der friedlichen Gemeinsamkeit von Völkern, Stämmen, Nationen und Sprachen in einer lebendigen Vielfalt. Die Idee vom Staat diktiert die Notwendigkeit des politischen Rahmens, einer gemeinsamen Willensbildung und Organisation der gewollten Einheit.* Insofern aber die Idee des Staates in mitteleuropäischer Tradition selbst als Figur der Freiheit aufgefaßt wird, als »Wirklichkeit der sittlichen Idee«, ergeben sich hieraus nicht nur zusammenfassende Organisationsprinzipien, sondern auch Konsequenzen für die innere Ausgestaltung und freiheitliche Verfassung. *Es folgt aus dieser Idee das politische Ethos von Pflicht, Amt und Dienst* – die Idee des Staates als Wirklichkeit der sittlichen Idee umfaßt auch das Prinzip des »kategorischen Imperatives« und damit das Prinzip der politischen Formung, Sinngebung und Wesenserkenntnis für den einzelnen als Staatsbürger.

Die Idee von der Nation bringt die lebendige Identität in erlebter Heimat, realer prägender Gemeinschaft und historischer Besonderheit – damit auch das Bewußtsein der Vielfalt. Hier vor allem muß der geschichtliche Lernprozeß die Idee der Nation zu der Idee des Reichs als einer politisch organisierten freien Kooperation freier Nationen aufschließen. Die Besonderheit als Besonderheit zu betonen, geltend zu machen im Rahmen einer Politik, die auf gemeinsame Friedensleistung geht, genau dies wäre die Form eines neuen Nationalismus der Zukunft, in der die beiden Seiten der Selbstbehauptung und Anerkennung praktisch verwirklicht sind. Dieser bedeutende Stellenwert der Nationen und Regionen, die ihren Beitrag zur Gemeinschaft Mitteleuropas nur und gerade als diese besonderen zu leisten in der Lage sind, darf nun keineswegs durch entgegenlaufende Prinzipien verwässert werden. Wo die Bedeutung der je besonderen Stämme, Völker, Nationen, Regionen in ihrer geschichtlichen Prägung so hoch veranschlagt wird, da muß deutlich werden, daß in bezug auf die innenpolitische und gesellschaftliche Ausrichtung der zusammengeschlossenen Einheiten nicht Vorstellungen geltend gemacht werden können, die die freiheitliche Gestaltung in die Richtung einer gleichmacherischen Einheitsdemokratie drängen würden.

Abstrakte Begriffe wie die großen von »Sozialismus« und »Demokratie«, aber auch konkrete Verfassungselemente ebenso wie die Stellung der einzelnen in Politik und Gesellschaft: all dies kann nur an den Ideen gemessen und von ihnen her bestimmt werden. In allen diesen Punkten bilden die Ideen den Rahmen, der unserer geschichtlichen Prägung entspricht. Nach der Darstellung der geschichtlichen Beziehung zwischen Böhmen und Deutschland ist es Aufgabe der nachfolgenden Kapitel, diesen Rahmen mit konkreten Vorschlägen auszufüllen.

III. Böhmen und Deutsche – Geschichte einer Beziehung

Frühzeit

Land und Sprache

Böhmen ist ein geographisch sehr deutlich bestimmtes Land Mitteleuropas: begrenzt durch den Böhmerwald, das Erzgebirge, die Sudeten und die Böhmisch-Mährischen Höhen. Mähren – eine relativ natürliche Fortsetzung nach Südosten mit freilich weniger eindeutigen Grenzen – ist eher als ein klassisches mitteleuropäisches Durchgangsgebiet zu bezeichnen: offen nach Südwesten und, an der Mährischen Pforte, auch nach Norden.

Alle Wege Böhmens führen nach Prag, das man als »natürliche Hauptstadt« ansprechen kann: Tatsächlich ist Prag aufgrund dieser Voraussetzung neben Paris und Rom die älteste (ständige) Landeshauptstadt Europas. Seine natürliche Lage machte es zur unbestrittenen Zentrale des Herrschaftsgebietes.

Die Slowakei steht räumlich nur in loser Verbindung zum böhmisch-mährischen Raum, sie gehört zu dem die Ungarische Tiefebene umgebenden Karpaten-Bogen als dessen nördlicher Teil. Dieser Lage entsprach auch das Schicksal der Slowakei bis 1918: Sie war 1000 Jahre lang Teil des Königreichs Ungarn.

Die geographische Lage Böhmens führte dazu, daß das zunächst von Kelten, dann von Germanen besiedelte Land, nachdem es von Slawen in Besitz genommen war, vom Westen her schon früh als eine relativ festbestimmte Einheit angesehen wurde: das Land Böhmen. Die Verbindung des Landes mit den Tschechen erwies sich als dauerhaft: So entstand historisch eine eindeutige Identität von Land und Volk, was für Mähren mit seiner weniger eindeutigen Begrenzung und mit zwei Zentren – Brünn und Olmütz – allerdings nicht in diesem Maße zutrifft.

Die oft von böhmischen Fürsten und Königen geförderte Zuwanderung von Deutschen in dieses Gebiet führte schließlich dazu, daß die Bevölkerung zwei deutlich getrennte Gruppen aufwies: Eben

Tschechen und Deutsche. Die Bezeichnung des »tschechischen« (Jazyk Cesky) setzte sich für die Sprache der Tschechen erst ab 1300 durch, aber für die Deutschen hatten die Tschechen, ähnlich wie die meisten anderen Slawen, die Bezeichnung »nemecky«, was von dem Wort »nemy« (»stumm«) abgeleitet ist. Die Fremden wurden also als jene bezeichnet, die »die Sprache nicht hatten«. Diese Sprachdifferenz führte zu Identitätsproblemen der Deutschen in Böhmen. Als diese etwa im 17. und 18. Jahrhundert ihre Zugehörigkeit zu Böhmen betonen wollten, war gelegentlich zu hören: »Wir sind weder Tschechen noch Deutsche, sondern Böhmen.« Aber es ist interessant, daß dieser Satz in tschechischer Sprache eigentlich gar nicht formuliert werden kann, denn die alte Bezeichnung »Bohemia« ist im Tschechischen eben »cechy«, d. h., das Land wird vom Stamm her definiert. Diese Einzelheit wird hier nicht mitgeteilt, um deutlich zu machen, »wem Böhmen ursprünglich gehört«, sondern um Probleme anzudeuten, die das Nebeneinander von Tschechen und Deutschen mit sich brachte. Aber auch die gewaltsamen Auseinandersetzungen in ihrer Geschichte haben Tschechen und Deutsche nie daran gehindert, immer wieder intensivste Beziehungen zu pflegen.

Frühgeschichte Böhmens

Seit dem 6. Jahrhundert sind slawische Gruppen in das von germanischen Völkerschaften größtenteils verlassene Böhmen und Mähren eingewandert. Im eigentlichen Sinne besiedelt wurden freilich zunächst nur die tiefer gelegenen und fruchtbaren Kernräume, während die gebirgigen Randgebiete weitgehend menschenleer blieben. Nach dem Ende der Völkerwanderung im 7. Jahrhundert und nachdem im 9. und 10. Jahrhundert Angriffe von Awaren und Magyaren (Ungarn) abgewiesen werden konnten, bildeten sich allmählich eine politische Einheit und ein tschechisches Volk heraus. Für dieses Volk wurden die Behauptung und Abwehr gegenüber dem Osten und die zunehmende Orientierung nach Westen kennzeichnend.

Die böhmisch-mährischen Slawen waren bodenständig und zäh. Nach innen bildete sich ein eigenes Feudalsystem aus, auch beginnt eine vorerst zögernde christliche Missionierung. Als aber im Westen das Franken-Reich erstarkte, wurde auch der böhmisch-mährische Raum in dessen Wirkungsbereich einbezogen.

Zur Zeit Karls des Großen waren die Slawen in Böhmen und Mähren von den aus der ungarischen Ebene kommenden Awaren unterworfen. Karl gelang es, in mehreren Anläufen das Awaren-Reich zu zerstören – dies bedeutete für Böhmen und Mähren freilich zunächst nur den Austausch der awarischen gegen die fränkische Oberherrschaft. Aber als es nach Karls Tod zu den bekannten Schwächen des Reiches kam, stabilisierte sich im damals weiter entwickelten Mähren eine eigene Herrschaft, die das ostfränkische Reich unter Ludwig dem Deutschen schließlich nach vergeblichen Kämpfen als selbständige Macht anerkennen mußte. Der mährische Herzog Rastislaw wurde zwar 862 wieder von den Franken geschlagen, aber die relative Selbständigkeit des Landes entwickelte sich trotzdem weiter. Dies nicht zuletzt aufgrund eines kirchenpolitischen Schachzuges.

Im Reich waren ja Christentum und weltliche Herrschaft aufs engste verbunden. Um sich auf diesem Gebiet relativ selbständig zu machen und der kirchlichen Oberherrschaft, die von bayerischen Bischöfen ausgeübt wurde, zu entgehen, hatte Rastislaw schon den Papst Nikolaus I. »der Große« (858–867) um Priester gebeten, die in Mähren die kirchlichen Verhältnisse ohne die bayerische Oberaufsicht gestalten und auch in der slawischen Sprache predigen sollten. Der Papst lehnte diese Umgehung der bayerischen Bischöfe ab, und daraufhin wandte sich Rastislaw mit seiner Bitte an Byzanz. Dem Oströmischen Reich schien diese Verbindung erfolgversprechend, und es schickte zwei in der Slawenmission bereits erfahrene Missionare: Die (nachmaligen) Heiligen Cyrill und Method. Deren Bedeutung für die Entwicklung Mährens und Böhmens lag nun weniger im Bereich der christlichen Missionierung; Mähren war im großen und ganzen schon christianisiert. Aber Cyrill und Method brachten eine entwickelte slawische Liturgie und ein slawisches Evangeliar mit. Damit legten sie den Grund für die Entwicklung einer slawischen Schriftsprache, was den größten Einfluß auf die nationale Entwicklung haben mußte. Ihr sog. »Altkirchenslawisch« wurde damals noch von allen Westslawen verstanden. Die modernen Unterschiede der slawischen Sprachen hatten sich noch nicht herausgebildet. Die politische Bedeutung dieses kirchlichen Abkoppelungsversuches wurde vom Ostfränkischen Reich ebenso klar erkannt wie von den bayerischen Bischöfen. Aber die Mährer konnten sich zunächst gegen Reich und Papst behaupten. 871 schlug der Herzog Svatopluk die Franken und Bayern. Die fränkischen und bayerischen Priester mußten das Land verlassen, der Papst, der sich mit einer eigenen slawischen Kirchenprovinz abgefunden hatte, mußte einlenken: Svatopluk und

Method wurden unumstrittene Herrscher im weltlichen und geistlichen Mähren. Man einigte sich schließlich auch mit dem Ostfränkischen Reich: Svatopluk versprach Tributzahlungen und erhielt dafür außen- und innenpolitisch völlig freie Hand. Weder die Tributzahlungen noch die rituelle Huldigung der mährischen Fürsten vor Karl III. (884) konnten jetzt die Entwicklung des Großmährischen Reiches hemmen. Svatopluk führte selbständig Kriege und Missionsfeldzüge gegen benachbarte heidnische Slawenstämme, schließlich bezog er auch Böhmen in sein Herrschaftsgebiet ein. Das großmährische Reich erlag freilich bereits 907 dem Ansturm der Ungarn aus dem Osten. Vorher jedoch hatte Svatopluk eine kirchenpolitische Umorientierung eingeleitet, die von größter Bedeutung war. Als Method gestorben war, arrangierte er sich mit Rom, dem die griechisch beeinflußte slawische Kirchenprovinz ein Stachel im Fleische war, er vertrieb um 886 sogar die griechischen Priester, und der Papst hob die slawische Liturgie auf. Noch bevor das selbständige Mähren für immer aus der Geschichte verschwand, war gleichzeitig entschieden, daß die Westslawen zu einem Teil der lateinischen abendländischen Welt geworden waren.

In Böhmen, das im Laufe des 9. Jahrhunderts christianisiert wurde, hatte sich das Geschlecht der Przemysliden zu Herren des Landes erhoben. Der erste geschichtlich greifbare Przemyslide ist Boriwoj, der sich um 870 am mährischen Hof taufen ließ. Die Przemysliden stellten sich, durch gelegentlich erneuerte Treueide, auf freundlichen Fuß mit dem Ostfränkischen Reich, dessen nominelle Vorherrschaft wegen seiner inneren Krisen kaum drückend war. Unter den ersten Przemysliden löste sich Böhmen mit ostfränkischer Hilfe auch wieder aus der Vorherrschaft Mährens; seit dem Ende des 9. Jahrhunderts bildete sich unter dieser Familie ein politisch einheitliches Böhmen heraus.

Böhmen und das Reich

Die ersten Przemysliden

Das 10. Jahrhundert läßt sich als die Zeit bezeichnen, in der die entscheidenden Weichen für das bis heute existierende System der europäischen Nationen gestellt wurden. Gleichzeitig erfolgte die Ausdehnung und Konsolidierung des lateinischen Christentums vom fränkischen Kern aus zum christlichen Abendland. In diesem Zusammenhang ist auch die Entwicklung Böhmens zu sehen, die dadurch gekennzeichnet ist, daß Böhmen einerseits ein Teil des Reiches wird, andererseits aber einen Sonderstatus und hohe Selbständigkeit erreicht. Heinrich I. und Otto I. betrieben im Sinne der Ausdehnung des christlichen Reiches und auf den Spuren Karls des Großen eine aktive und wirkungsreiche Ostpolitik. Das System der Einrichtung von Ostmarken und die Abwehr der Ungarn – bei Riade an der Unstrut 933 und (mit böhmischer Hilfe) auf dem Lechfeld 955 – führten dazu, daß die Westslawen durch die Politik des Reiches schließlich zu Ostmitteleuropäern wurden. In dieser politischen Organisation Mitteleuropas vom Reich her wurde in besonderer Weise auch Böhmen mit einbezogen.

Für die Entwicklung böhmischen Selbstbewußtseins und für das Entstehen des tschechischen Nationalgefühls spielt der Przemyslide Wenzel (geboren um 907) eine wichtige Rolle. Wenzel (Václav) war ein persönlich wohl überzeugter und politisch wirkmächtiger Förderer des Christentums gewesen, der sich zudem eng an das Reich anschloß.

Entweder 929 oder 935 wurde Wenzel von seinem Bruder Boleslaw ermordet – und nach seinem Tode wurde er für Böhmen wichtiger als zu seinen Lebzeiten. Denn die Kirche machte den ermordeten Wenzel sehr bald zum Märtyrer und zum Heiligen. Gegen Ende des 10. Jahrhunderts war Wenzel schon zu einem der bekanntesten und gefeiertsten Heiligen Mitteleuropas geworden. Seine Kultstätte in Prag machte diese Stadt zur »Heiligen Stadt« der Christenheit; die Einbindung Böhmens in das Abendland war ideologisch und in der daraus folgenden machtpolitischen Anlehnung an das Reich auch politisch zur endgültigen Realität geworden. Gleichzeitig wurde Wenzel für die Tschechen ein Symbol für nationales Selbstbewußtsein. Münzprägungen mit seinem Bild zeigen Wenzel seit dem Jahr 1000 als Symbol für das Land Böhmen.

Die Nachfolger Wenzels setzten die Politik der Anlehnung an den Westen und der konsolidierenden Abgrenzung nach Osten fort. Sie machten Prag zum eigenen Bistum, einem Bistum, das dem fernen Erzbistum Mainz und nicht dem für Ostmitteleuropa eigentlich zuständigen Erzbistum Magdeburg unterstellt war. Auch dies unterstreicht die Sonderstellung Prags im Verband der Reichskirche. Das Verhältnis zum ostfränkisch-deutschen Reich war zwar nicht konfliktlos, aber eng und beruhte auf konkreten Interessenverbindungen zwischen Kaiser und böhmischem Herzog.

Die Zeit um 1000 wurde bestimmend für das Schicksal von Ost- und ganz Mitteleuropa, hier fallen wesentliche Entscheidungen, und zwar in enger Verzahnung der böhmischen, polnischen, elbslawischen und der Reichspolitik. Wichtig wurde dabei, daß die »Elbslawen« im wesentlichen noch nicht christlich missioniert waren und daß aufgrund ihrer lockeren Organisationsform ihre Länder, umgeben im Westen vom Reich, im Osten von Polen und im Südosten von Böhmen, sowohl unter dem Gesichtspunkt der Missionierung und der damit verbundenen Herrschaftsausdehnung Gegenstand von Machterweiterungsbestrebungen aller drei großen Nachbarn werden konnten. Das Reich, Polen und Böhmen konnten zwar – etwa in dem großen Slawenaufstand von 983 – zeitweilig zu einer gemeinsamen Front gegen die Elbslawen zusammengebracht werden, aber die Expansionsbestrebungen vor allem auch der Polen und der Böhmen mußten auch immer wieder dazu führen, daß diese beiden Kräfte feindlich aufeinanderstießen. Hinzu kam, daß die Gemeinsamkeiten der drei in diesem Raum bestimmenden Mächte – Reich, Polen, Böhmen – aufgrund der Selbständigkeitsbestrebungen Polens und Böhmens nie stabil bleiben konnten und daß die verschiedensten Bündnisse möglich wurden. Das Reich pflegte jeweils dem gerade Unterlegenen gegen den Stärkeren der beiden – Polen oder Böhmen – beizustehen oder ihm wenigstens Rückhalt zu geben.

In den Auseinandersetzungen innerhalb dieses Beziehungsdreiecks wurde die Person des heiligen Adalbert (Vojtech) zu einem ebenso bedeutenden wie geschichtlich entscheidenden Faktor. Adalbert war als Prager Bischof Anhänger der cluniaszensischen Kirchenreform. Dies bedeutete politisch, daß er die Selbständigkeit der Kirche von der politischen Macht – d.h. hier vom böhmischen Herzog – erstrebte. Er hatte deshalb schon 989 Prag verlassen und war nach Rom gegangen, wo er den jungen Kaiser Otto III. kennenlernte, der eine schwärmerische Verehrung für Adalbert entwickelte. Adalbert war aber Angehöriger des Geschlechts der Slawinikiden, des einzigen, das den Przemysliden in Böhmen noch gefährlich hätte werden können. Als Boleslaw II. diese Konkurrenz ausrottete, konnte auch die Freundschaft des Kaisers Adalbert nicht mehr in Prag halten. Er ging stattdessen nach Polen, um von dort aus bei den heidnischen Pruzzen zu missionieren; 997 wurde er jedoch umgebracht. Dieser Märtyrertod machte ihn zum Heiligen, seine Gebeine wurden nach Gnesen überführt, das von Otto III. zum selbständigen Erzbistum erhoben wurde, eine wichtige Entwicklung, die der Ausbreitung der

Przemysliden im westslawischen Raum entgegenwirkte, indem sie den polnischen Herrschaftsraum konsolidierte.

Nach dem frühen Tode Ottos III. 1002 kam es jedoch zu grundlegenden Änderungen in dem Dreieck der Machtbeziehungen. Den Polen gelang es, sich auch formell aus der Lehnshoheit des Reiches zu lösen, und Polen wurde ein selbständiger Herrschaftsbereich. Der Polenherzog Boleslaw Chrobry dehnte seine Herrschaft auch auf Böhmen aus. Dort jedoch wurde er vom Kaiser vertrieben. Heinrich II. zog 1004 nach Prag und setzte Jaromir (1004–1012) als Herzog in Böhmen ein. Dieser mußte als Gegenleistung für diese Befreiung Böhmens eine festere Lehnsbindung an den Kaiser akzeptieren und sich zur Heerfolge gegen Polen verpflichten. Die Auseinandersetzungen zwischen Tschechen und Polen hörten in der Folgezeit nicht auf, wobei die Tschechen 1029 endgültig Mähren zurückerobern konnten, während Schlesien umkämpft blieb. Die zwar nie unproblematische, jedoch im 10. und 11. Jahrhundert relativ stabile Bindung Böhmens an das Reich machte diese Zeit zur Epoche der Ausbildung, Entwicklung und Eingliederung des böhmischen Herrschaftsraumes in den Bereich der westlich-lateinischen Kultur und in die Gemeinschaft der europäischen Völker – auch was die sozialen, wirtschaftlichen und kulturellen Entwicklungen angeht.

Die innere Entwicklung Böhmens erfolgte als Bildung eines reinen Feudalsystems, das sich aus den tschechischen Verhältnissen selbständig entwickelte. Dies zu betonen, ist deshalb nicht unwichtig, weil die nationale Geschichtsschreibung der Tschechen seit der Mitte des 19. Jahrhunderts (Palacky) versucht hat, die These einer ursprünglich slawisch-tschechischen Demokratie zu vertreten, der ein Feudalsystem erst unter deutschem Einfluß »übergestülpt« worden sei (siehe S. 115). Diese These wird auch von der tschechischen Geschichtsforschung heute nicht mehr gehalten – es läßt sich sogar zeigen, daß der tschechische Feudalismus häufig rigoroser war als der deutsche. Die Zugehörigkeit zum Reich wurde während dieser Zeit weder bestritten, noch wurde sie etwa als schmachvolle oder demütigende Abhängigkeit empfunden.

Dieser Punkt soll im Interesse der Klärung der historischen Voraussetzung für die Begründung eines neuen deutsch-tschechischen Verhältnisses noch hervorgehoben werden, weil diese Zugehörigkeit Böhmens und der Tschechen zum Reich häufig als »Unterdrückung« und »Ausbeutung« dargestellt wurde. Für diese aus dem Nationalismus von gestern stammenden Auffassungen gibt die wirkliche Geschichte keine realen Grundlagen her.

Das Bündnis zwischen dem deutschen Kaiser und dem böhmischen Herzog beruhte auf einer gegenseitigen Anlehnung zum Zwecke der Konsolidierung der jeweiligen Herrschaftsbereiche. Eine stabile Herrschaft ließ sich in Böhmen nur mit Unterstützung des Kaisers errichten – wobei diese auch gelegentlich ganz real »erkauft« wurde; das böhmische Silber machte es möglich. Der deutsche König jedoch mußte die Sonderstellung und Unabhängigkeit Böhmens respektieren und unangetastet lassen, weil der Herzog von Böhmen sich, mächtig wie er war, sonst – mit anderen Reichsfürsten – gegen ihn hätte stellen können. Es handelte sich also um ein Verhältnis, das den politischen Interessen beider Seiten entsprach.

Ein Königreich im Reich

Das Hochmittelalter, also etwa die Zeit des 11. bis zum 13. Jahrhundert, wird allgemein als die große Zeit der deutschen Kaisergeschichte angesehen. Obwohl diese Zeit auch die große Zeit der Reichsidee ist, muß doch festgestellt werden, daß sie vor allem durch eine allmähliche Verdichtung der Herrschaftsformen und -rechte in konkreten Herrschaftsräumen gekennzeichnet ist. Diese Entwicklung breitete sich über ganz Europa aus. Die relative Verselbständigung der Territorien erstreckte sich auch auf das deutsche Königtum, vor allem aber nahmen daran die deutschen Reichsfürsten teil.

In der gesamteuropäischen Bewegung hatte Böhmen einen gewissen historischen Vorsprung, vor allem weil seine bisherige Geschichte sowie die Landesnatur eine relativ machtvolle Zentralisierung gefördert hatten. Dies hatte aber zur Folge, daß Böhmen eines der wichtigsten, weil stärksten, weil geschlossensten Territorien des Reiches wurde. Böhmen wurde auf diese Weise trotz oder gerade wegen der Schwächung der zentralen Reichsmacht ganz selbstverständlich ein Teil des allmählich praktisch auf Mitteleuropa beschränkten und zu korporativer Verfassung sich entwickelnden Reiches.

Wesentlich für die Stellung Böhmens im und zum Reich wurde dessen räumliche Ausdehnung nach Osten. Teils durch direkte Landnahme, teils durch dynastische Verflechtung, teils durch die kräftige Selbstbehauptung von Territorien – z. B. der vereinigten norddeutschen Städte und Fürsten, die die Dänen 1227 bei Bornhöved schlugen und damit die Grundlage für die spätere Machtentfaltung der Hanse legten – dehnte sich der Reichszusammenhang nach Osten über Holstein, Brandenburg, Mecklenburg, Pommern und Schlesien aus. Auch ist hier die Eroberung des Pruzzenlandes durch den deutschen Orden zu erwähnen, der diese Kreuzzugsmissionierung auf Einladung des polnischen Teilfürsten Kamods von Masowien unternommen hatte. Durch diese Ostausdehnung des Reiches ist Böhmen räumlich in das Reich hineingewachsen – fast sogar zu seinem Mittelpunkt geworden – jedenfalls, was Mitteleuropa anging. Spätestens ab 1180 gehörte der Böhmenfürst auch »offiziell« zum Stand der Reichsfürsten, was wesentliche politische Folgen haben sollte.

Als gegen Ende des 12. Jahrhunderts die Macht des Reiches durch den Thronstreit zwischen Staufern und Welfen geschwächt war, gelang es in Böhmen Ottokar I. (1198–1230), die Position Böhmens weiterhin entscheidend auszubauen. Ottokar erlangte 1198 von dem Staufer Philipp von Schwaben endgültig den Königsrang, der bis dahin bloß als rein persönliche Würde an einzelne Przemysliden vergeben worden war. Dies war für diese Zeit eine einmalige Situation, zumal Ottokar auch das Recht zur Einsetzung des Prager Bischofs bekam, der dadurch seine Reichsfürstenstellung zugunsten des böhmischen Königs verlor. Böhmen war »Königreich im Reich« geworden. Die Verpflichtungen gegenüber dem Reich, unter Barbarossa noch machtvoll in Anspruch genommen, waren ganz erheblich geschrumpft. Eine völlige Verselbständigung des mächtigen Königreiches Böhmen hätte durchaus im Bereich des Möglichen gelegen, es kam aber zum Gegenteil.

Vor allem König Ottokar II. (1253–1278) führte Böhmen zu einem solchen glanzvollen Machthöhepunkt, daß er schon bald nach seinem Tode als der »Eiserne« oder der »Goldene« in Geschichte und Legende einging. Ottokars Pläne strebten weit über Böhmen hinaus, ihm schwebte ein ost-mitteleuropäisches Reich von der Adria bis zur Ostsee vor. 1254 gewann er Oberösterreich und später, mit Unterstützung des steirischen Adels, auch die Steiermark. Er verschaffte sich auf diplomatischem Wege das alte staufische Reichsland um Eger sowie Anrechte auf Passau und Salzburg, später brachte er auch Kärnten, Krain und die Windische Mark an sich. Damit war er in der Tat fast zur Adria durchgestoßen.

Im Norden konnte er seine Pläne freilich nicht durchsetzen, aber nachdem er seinen Herrschaftsbereich bis weit nach Ungarn hinein ausgedehnt hatte, war er auf dem Höhepunkt seiner Macht angelangt, und es sah aus, als habe das Habsburger Reich schon 300 Jahre vor der Zeit unter einem böhmischen König quasi Gestalt angenommen. Ottokar war aufgrund der Geschlossenheit sowohl des böhmischen wie auch der angegliederten Gebiete einer der mächtigsten Fürsten Europas. Dazu trug, neben der zentralen Lage, vor allem der Silberreichtum des Landes bei: ein unmittelbarer politischer Vorteil in einer Zeit, in der Politik zum großen Teil über »Handsalben«, d.h. über Geldgeschenke lief.

Das althergebrachte Burgensystem mit königlichen Ministerialien wurde ausgebaut und an die Landesgrenzen und zwischen die adligen Güter geschoben. Wesentlich aber wurde vor allem die intensive Politik des Landesausbaus mit Hilfe der von Ottokar berufenen deutschen Siedler, die in großer Zahl als Bauern, aber auch als Stadtbürger ins Land geholt wurden. Ausgedehnte Rodungen und eine intensive Stadtgründungspolitik befestigten Macht und Reichtum Ottokars und des Landes. Was hingegen Ottokar nicht gelang, war, die dauerhafte Unterstützung des eigenen Adels zu erhalten.

Unentwirrbar hingen aber Ottokars »Glück und Ende« (Franz Grillparzer) mit der Reichspolitik zusammen, und für das letztere war das entscheidende Ereignis die Wahl Rudolfs von Habsburg zum deutschen König 1273.

Ursprünglich hatte Ottokar II. sich selbst zur Wahl stellen wollen, seine Kandidatur aber nur halbherzig betrieben, sich durch seine Ungarnpolitik mit dem Papst überworfen und durch seine Expansionspläne den deutschen Reichsfürsten verdächtig gemacht. Diese wählten deshalb den an Macht zunächst weit geringeren Rudolf von Habsburg. Dieser ließ sich 1274 vom Reichstag in Nürnberg ermächtigen, alles seit 1245 entfremdete Reichsgut wieder einzuziehen, was eindeutig gegen Ottokar gerichtet war, der damit außerhalb von Böhmen und Mähren alle Positionen räumen und sich dem habsburgischen Reichsoberhaupt unterwerfen sollte.

Als Ottokar sich weigerte, wurde die Reichsacht über ihn verhängt, und mit Hilfe einer Reihe von Reichsfürsten, denen der Böhme schon unheimlich geworden war, konnte der Krieg gegen den Goldenen König eröffnet werden. Da ihn, wie bereits erwähnt, sein Adel im Stich ließ, mußte er sich schon 1276 unterwerfen – allerdings erhielt er Böhmen und Mähren als Lehen – nachdem er auf alle Neuerwerbungen verzichtet hatte.

Der eigentliche Friede wurde 1277 in Wien ratifiziert, seine Bedingungen stellten die Beziehung Böhmens zum Reich deutlich heraus: Ottokar verzichtete auf alle seine Erwerbungen außerhalb Böhmens

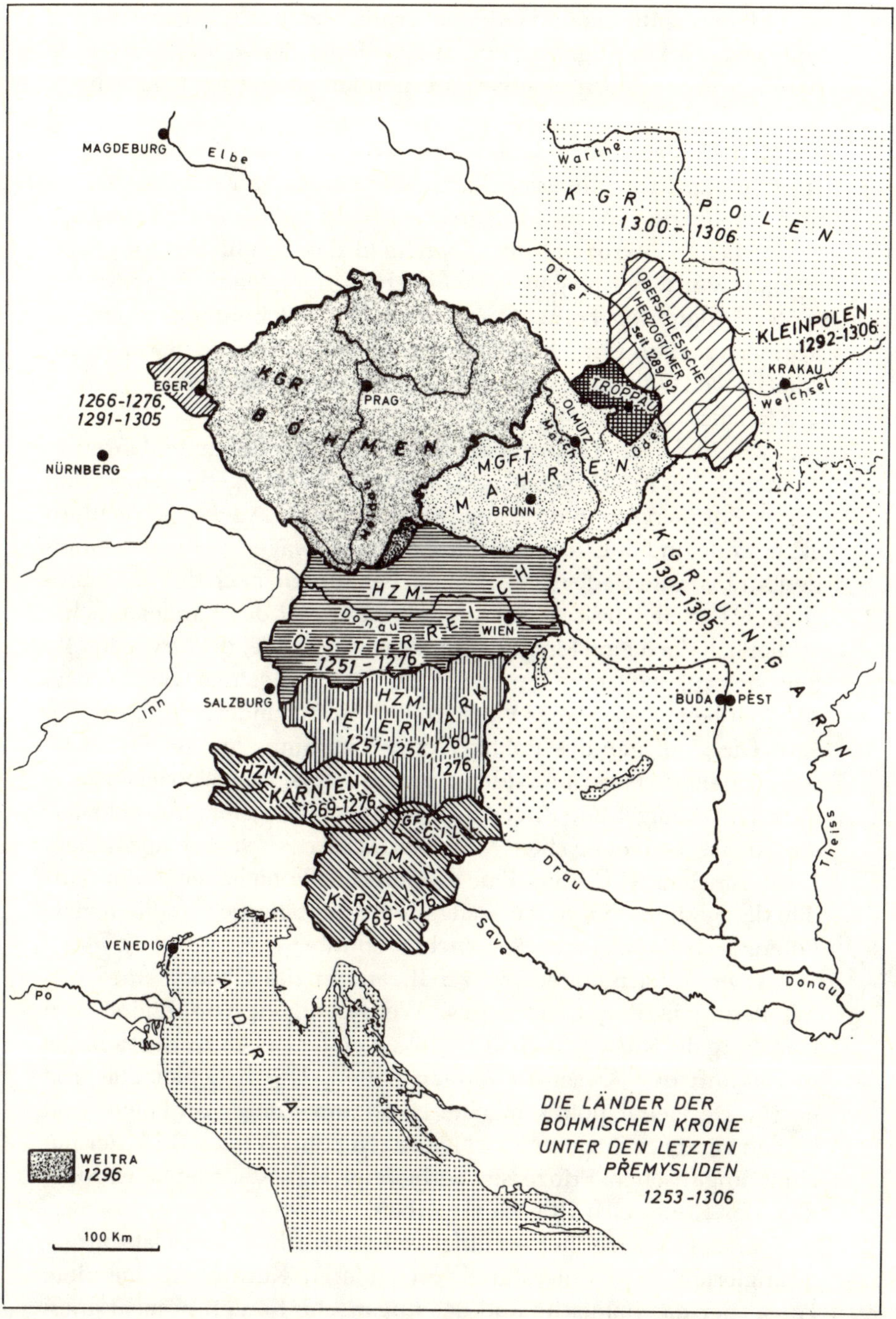

DIE LÄNDER DER BÖHMISCHEN KRONE UNTER DEN LETZTEN PŘEMYSLIDEN 1253-1306

und Mährens; Rudolf und Ottokar verpflichteten sich gegenseitig zur Hilfeleistung bei Angriffen von außen. Trotz der Niederlage wurde Böhmen immer noch eine gewisse Sonderstellung im Reich eingeräumt.

Da Ottokar aber auch diesen Sturz nicht akzeptieren wollte, wurde ein erneuter Krieg unvermeidlich. Aber ein fast nur habsburgisches und ein hinzugezogenes ungarisches Heer schlugen 1278 nördlich Wiens bei Dürnkrut auf dem Marchfeld das böhmische Aufgebot. Ottokar wurde erschlagen – in einer erniedrigenden und von Rudolf später bedauerten Form. Damit war der Griff Böhmens nach der Vormachtstellung in Mitteleuropa gescheitert, und zwar nicht zuletzt, weil Ottokar II. die Abhängigkeit seiner Stärke von der Politik des Reiches unterschätzt hatte.

Nach dem Tode Ottokars fiel das Königreich Böhmen/Mähren in Anarchie. Der Adel besetzte und plünderte die Königsburgen, Rudolf zog in Böhmen ein, wurde aber nicht von allen Adelsgeschlechtern akzeptiert, und auch der mit Ottokar verschwägerte Otto von Brandenburg konnte weder seine Position behaupten, noch den ausgebrochenen Parteienstreit schlichten. Aber die Not des Landes brachte schließlich doch eine Einigung des Adels zustande, und zwar einigte man sich auf den legitimen Nachfolger Ottokars, seinen Sohn Wenzel (II.), der beim Tode seines Vaters freilich noch minderjährig gewesen war. Die eigenständige Politik Wenzels im Sinne innerer Stabilisierung scheiterte meist am Widerstand des Adels, aber Wenzel förderte die relativ königstreue Kirche und vor allem die Zisterzienserklöster, die, meist von deutschen Mönchen besetzt, sich vor allem dem Landesausbau widmeten. Eine zweite Säule königlicher Macht wurden die Städte und ihre Patriziate, deren militärische und finanzielle Potenz sich Wenzel zunutze machen konnte.

Fast ergab sich unter Wenzel II. erneut die Chance eines ostmitteleuropäischen Großreiches. Wenzel erhielt von Rudolf von Habsburg die Kurwürde, wurde also einer der sieben Kurfürsten, die in Zukunft den Kaiser zu wählen hatten. Durch Diplomatie und geschickte Heiratspolitik brachte er es zum König von Polen, und beinahe hätte er für seinen zwölfjährigen Sohn Wenzel (III.), der mit einer ungarischen Prinzessin verheiratet war, die Stephanskrone, d. h. das Königreich Ungarn erworben.

Aber die Österreicher – mittlerweile Albrecht I. von Habsburg – arrangierten sich, unterstützt von anderen Kurfürsten, mit dem Papst, der das polnische und das ungarische Königtum nicht anerkannte. Als Wenzel II. schließlich 1305 starb, verzichtete sein Sohn Wenzel III. auf Ungarn, er behielt zwar die Ansprüche auf Polen, aber als er 1306 – vermutlich von Angehörigen des böhmischen Adels – ermordet wurde, war die böhmisch nationale Dynastie der Przemysliden ausgestorben.

Die Ansiedlung der Deutschen in Böhmen und die Entstehung des böhmischen Sonderweges

Die europäische Zivilisation entwickelte sich als Ausdehnungsprozeß von Westen nach Osten, und in diesem Prozeß entstanden immer wieder charakteristische Probleme zwischen den Völkern. So erwuchs etwa ein Gegensatz zwischen Franzosen und Deutschen, der bereits im Mittelalter eine Rolle spielte. Schon damals trifft man die Vorstellung an, daß die Franzosen eben (schon) zivilisiert, weltläufig, gebildet und verfeinert, während die Deutschen bäurisch, zurückgeblieben und grob seien. Umgekehrt wurden die Franzosen von den Deutschen als aufgeputzte Schönredner, als Heuchler und im Grunde als Feiglinge angesehen, während sie, die Deutschen, sich selbst als bieder, fleißig, arbeitsam, aufrichtig und treu, gutmütig und tapfer sahen. Selbst ein so aufgeklärter Geist wie Lessing hat später diese typischen Vorurteile, die der Ausbreitungsprozeß der Zivilisation fast unausweichlich machte, noch in seinem Stück »Minna von Barnhelm« als Typen angeführt: der Major von Tellheim ist in diesem Sinne ganz deutsch, aufrichtig und ehrlich bis zur Torheit, der Franzose Riccaut de la Marlinière hingegen ist ein Falschspieler und Hochstapler.

Das französisch-deutsche Beispiel soll zeigen, daß die Entwicklungen bei der Ausbreitung und Bildung der europäischen Zivilisationen eines der dornigsten Probleme der europäischen Geschichte darstellen: die Unterschiede mußten in den Prozessen der nationalen Selbstfindung unausweichlich zu nationalistischen Entgleisungen führen.

Und in ganz besonderer Weise wurde und wird das Verhältnis von Tschechen und Deutschen hiervon geprägt. Die Entwicklung in Böhmen erfolgte als Teil der gesamteuropäischen Entwicklung nicht nur später – sie nahm durch das Nebeneinander der Völker auch eine spezifische Richtung an. Die Deutschen waren ja zunächst Fremde in einem Land, das in seiner bisherigen Gestalt und in seiner gesellschaftlichen und politischen Entwicklung im wesentlichen von Slawen gestaltet und bestimmt war. Die Fragen des historischen Verhältnisses der Deutschen und Tschechen *in* Böhmen sind im Sinne der Zielsetzung dieses Buches deshalb zweifellos von besonderer Bedeutung.

Wie das Beispiel von Franzosen und Deutschen zeigt, die sich in den Phasen ihrer nationalistischen oder besser chauvinistischen Entgegensetzung gegenseitig zu »Erbfeinden« machten, so ist auch das ja noch noch viel engere Verhältnis der Deutschen und Tschechen in den Zeiten der modernen nationalen Selbstfindung entsprechend gesehen worden. Der bereits erwähnte Vater des tschechischen Nationalismus, Palacky, erklärte zum Zwecke der Stärkung des tschechischen Nationalbewußtseins im 19. Jahrhundert die Geschichte der tschechisch-deutschen Beziehung als Kampf zwischen Slawentum und Deutschtum.

Ihm zufolge gab es in Böhmen zunächst eine »slawische Urdemokratie«, d. h. eine Gesellschaft von lauter Freien, in der auch der Adel sich nur durch Groß- und Grundbesitz unterschied. Diese Zeit habe bis zum Tode Ottokars II. gereicht. Danach sei von Deutschland her und von deutschen Siedlern ein »typisch deutscher Feudalismus« eingeführt worden, der das Ende der slawischen Freiheit und Unterdrückung des tschechischen Volkes durch Deutsche selbst oder wenigstens durch von diesen gewaltsam eingeführte Herrschaftsformen bedeutet habe. Diese Auffassung wird jedoch als unhaltbar auch von tschechischen Historikern nicht mehr geteilt.

Die Ausbreitung von Zivilisation in diesem europäischen Sinne, insofern sie sich auf Rechtsordnung, politische Organisation und vor allem technische und wirtschaftliche Entwicklung bezieht, ist innerhalb der Entstehung der gesamten europäischen Kultur immer als realer Vorgang zu sehen, d. h., konkret »bringen« bestimmte Menschen dergleichen Errungenschaften zu anderen bestimmten Menschen. Wesentlich ist, daß die Siedlungsbewegung von Deutschen nach Böhmen von jenen durchaus nicht als kollektiv-nationale und daß sie andererseits meist auf Anforderungen böhmischer Könige und Adliger vor sich ging. Es handelt sich im ganzen um einen Teil des Ausgleichs der europäischen Bevölkerungsdichte, die eine durch den Bevölkerungsanstieg im Westen stetige Wanderung zur Folge hatte. Natürlich veränderte diese Masseneinwanderung die gesellschaftlichen und politischen Verhältnisse.

Behält man im Sinn, daß die Ausbreitung europäischer Zivilisation nichts mit der Überlegenheit von Völkern oder Volkscharakteren oder ähnlichen Fiktionen zu tun hat, so lassen sich die Vorgänge frei von nationalistischen Bewertungen, in ihrer wahren Bedeutung beschreiben: Die Zivilisationsgefälle, vor allem die frühen Städtegründungen im Westen, trugen dazu bei, daß, modern gesprochen, durch die Ansiedlung von Deutschen in Böhmen westliches »Know-how« im Sinne der Land- und Machterweiterung der böhmischen Mächtigen einsetzbar wurde, wobei König und Adel miteinander wetteiferten. Dabei konzentrierte sich der Adel mehr auf die bäuerliche Ansiedlung, die Könige eher auf die Erweiterung der Städte.

In Südmähren hatte es schon im 12. Jahrhundert eine relativ wenig organisierte Einwanderung von bayerischen Bauern und Bergleuten gegeben. In Böhmen kam die Hauptwelle der deutschen Siedlung nach 1250. Am Ende des 13. Jahrhunderts sah es so aus, daß in den gebirgsnahen Landesteilen, die vorher nur sehr dünn besiedelt waren, nunmehr die Deutschen die Masse der Bevölkerung stellten. Wesentlich wurde freilich für das ganze Land, daß sich das deutsche Siedlerrecht weitgehend durchsetzte. Diese »deutsches Recht« genannte Ordnung war aber weniger die Übertragung einer allgemein höheren deutschen Rechtskultur als die Anwendung eben des speziellen »Siedlerrechts«, das auch schon beim Landesausbau westlich von Elbe und Saale für diese Situation speziell entwickelt worden war und sich jetzt in Böhmen und Mähren entsprechend bewährte. Fast überall setzte sich aber für das Siedlerrecht mit seiner spezifischen Bestimmung die Bezeichnung »deutsches Recht« durch, weil dies das generelle Unterscheidungsmerkmal war. Aber dieses »deutsche Recht« wurde auch auf tschechische Neusiedler angewandt. Gerade deswegen war, freilich allgemein gesehen, der Einfluß des Siedlerrechts, das die Stellung der Landbevölkerung verbesserte, in ganz Böhmen recht bedeutend.

Da die Stadtentwicklung in Böhmen mit der deutschen Einwanderung bzw. Ansiedlung zeitlich im großen und ganzen zusammenfiel, kam es dazu, daß die »Stadt«, als Ort mit eigenem besonderen Recht, in den böhmischen Ländern erst durch die deutschen Siedler – oft auf der Grundlage älterer tschechischer Siedlungen – richtig etabliert wurde. Die größte Stadtgründungswelle ist unter Ottokar II. zu verzeichnen, und diese neuen Siedlungsformen organisierten sich nach dem Muster der Herkunftsländer der Siedler, also auch nach »deutschem Recht«.

Es gehört zum Schicksal Böhmens, daß so einer der entscheidendsten Modernisierungsschübe mit der großen deutschen Einwanderungswelle zusammenfiel, und zwar zu einem Zeitpunkt, zu dem infolge der ethnischen Entwicklung, der Sprachverfestigung und des Bewußtseins des deutsch-slawischen Gegensatzes eine Assimilation aller Einwanderer zu einem neuen Volk nicht mehr erfolgte. So bedeutend die Fortschritte für das Land insgesamt waren, so schwer mußten in allen Arten von späteren sozialen Krisen die nationalen Hypotheken auf den Völkern lasten. In diesem Nebeneinander und in dem Ergebnis, daß alle sozialen Probleme eine nationale oder nationalistische Zuspitzung erfahren konnten, ist der eigentliche böhmische Sonderweg zu sehen.

Böhmen als Mittelpunkt des Reiches: Karl IV.

Der bedeutendste Abschnitt der böhmisch-deutschen Gemeinsamkeit ist zweifellos die Regierung Karls IV., der Böhmen zum Mittelpunkt des Reiches machte.

Karl IV. war der Sohn Johanns von Luxemburg, der 1310 zum böhmischen König gewählt worden war, und der Przemyslidin Elisabeth. Er war auf den Namen Wenzel getauft worden, aber als sein Vater gewaltsam seine Erziehung am französischen Hof durchsetzte, wurde er umbenannt und ging als deutscher König (seit 1346) und Kaiser (seit 1355) Karl IV. in die Geschichte ein – übrigens auch in die tschechische, obwohl er als König von Böhmen eigentlich der erste Karl war.

Karl war in seiner tiefen Religiosität zwar noch eher mittelalterlich geprägt. Abgesehen davon kann man seine geistige Haltung und vor allem sein Verhältnis zur Politik aber doch schon als recht modern bezeichnen. Er zeigt einen Willen zur gedanklichen Durchdringung der Dinge, zur Analyse von realen Verhältnissen und eine systematischere Auffassung seiner Aufgaben, als dieses vordem üblich war. Politische Handlungen und Konzepte waren oft von modern anmutender Rationalität, im einzelnen pragmatisch und flexibel, im ganzen aber von großer Prinzipientreue. Der Historiker Seibt bezeichnet seine Haltung als einen »konstruktiven Konservatismus«, der sich unter Berufung auf alte Formen und Legitimationen neuer Mittel bediente und zu neuen politischen Gestaltungen fähig war.

Karl sah in Böhmen seine eigentliche Heimat. Wenn »seine« Böhmen ihm auch die Namensänderung ankreideten, so war sein Verhältnis zu ihnen im ganzen gesehen doch sehr gut. Die Krone Böhmens erlangte er erst 1347, nach seiner Krönung zum deutschen König, aber seine Position war sozusagen die Personalunion eines Verhältnisses, das, wie die Geschichte zeigte, immer schon beide Seiten stabilisieren konnte, die des deutschen Königs und Kaisers und die des Königs von Böhmen. Karl war beides; das war seine Stärke, die er systematisch ausbaute. Böhmen als geschlossenes Territorium und als eines der reichsten Länder war der Ausgangspunkt, von dem her Karl das universale Reich zu stärken suchte. Das Reich war immer noch die Wirklichkeit der Idee einer völkerübergreifenden Gemeinschaft. Karl dachte weder tschechisch noch deutsch im nationalen Sinne, sondern bewußt universal. Dabei war die Verbindung der römischen mit der böhmischen Krone der Ansatz und das Zentrum Böhmens der Ausgangspunkt.

Seine Politik läßt sich als Stabilisierung, Intensivierung und friedliches Neuerwerben bezeichnen: Stabilisierung des Reiches, Intensivierung der Herrschaftsorganisation in den böhmischen Ländern und Vergrößerung dieser seiner territorialen Grundlage.

Es zeigte sich allerdings, daß die Verwirklichung einer im Prinzip immer noch umfassenden Reichsidee in stabilen Verhältnissen vor allem die Räumung nicht mehr haltbarer Positionen bedeutete. Karl verfolgte die Politik der Begrenzung der Rechte des Kaisers auf das deutsche Regnum und Absage an die Ansprüche auf das übrige Imperium. Insgesamt bedeutete dies die Konzentration auf den mitteleuropäischen Raum und, im Verzicht auf die Verbindung von Kaiserkrone und Papsttum sowie auf Italienpolitik, eine Epochenwende des Kaisertums.

In seinem auf diese Weise geschrumpften, aber handhabbarer und stabiler gewordenen Reich verfolgte Karl die Linie eines allseitigen Ausgleichs. Er verzichtete geschichtlich auf zu hoch angesetzte Eigenrechte und versuchte eine Politik persönlicher Beziehungen und eines immer wieder diplomatisch neu ausgehandelten Ausgleichs aller politischen Kräfte zur Friedenswahrung eines korporativ gestalteten Reiches. Dabei war er vor allem auf die Stabilisierung der Verhältnisse zwischen Kaiser und Fürsten, aber auch auf die Regelung der Beziehung zwischen Adel und den nun immer mächtiger werdenden Städten bedacht. Seine großangelegte Landfriedenspolitik zielte auf regionale Einigung aller beteiligten Stände, und der Kaiser wurde eher zum Vermittler, nicht zum Garanten des Friedens und der allgemeinen Gerechtigkeit. D. h., er versuchte, die Probleme weniger durch persönliche Herrschaft und Machtentfaltung als durch Institutionalisierung und Verrechtlichung zu lösen. *Wenn jemand, so*

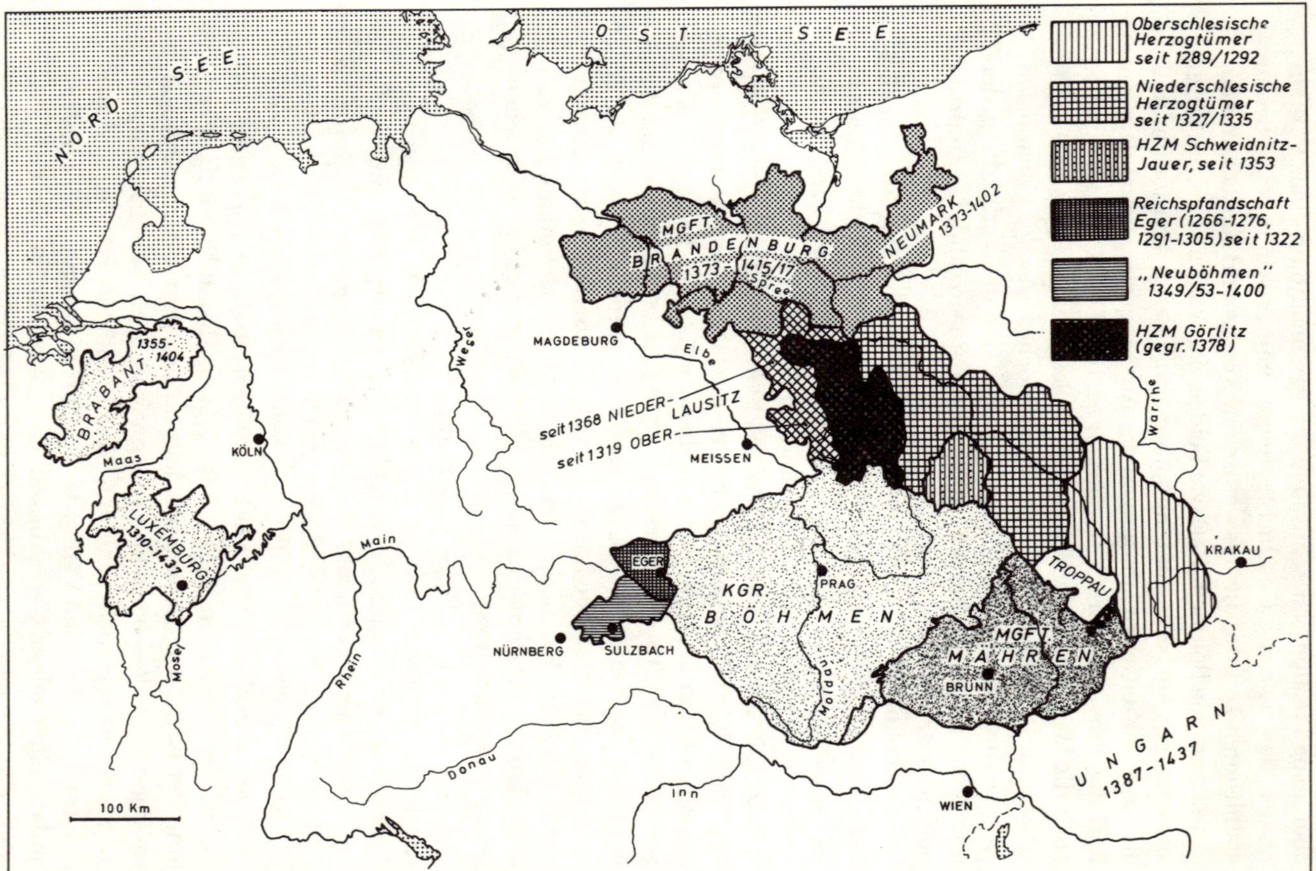

DAS KÖNIGREICH BÖHMEN UND SEINE NEBENLÄNDER UNTER DEN LUXEMBURGERN, 1310–1437

ist Karl IV. als ein Ahnherr der Zentraleuropäischen Föderation anzusehen.

Die Verlagerung des politischen Schwergewichts von der persönlichen Herrschaft auf Verrechtlichung der Zustände – ein ausgesprochen moderner Zug – ist deshalb auch das Auszeichnende an dem, was sich historisch stets als unbestrittene politische Leistung mit Karls Namen verbindet: das Reichsgesetz von 1356, die sogenannte »Goldene Bulle«.

Die wichtigsten inhaltlichen Bestimmungen der Goldenen Bulle regeln vor allem das Verhältnis des Kaisers zum Papst und die Kontinuität der Herrschaft im Reich durch genaue Regelung der deutschen Kaiserwahl. Die Anerkennung des deutschen Königs durch den Papst wird als nicht mehr unbedingt notwendig behandelt, aber er behält den Anspruch auf die Kaiserkrone.

Die Wahl des deutschen Königs wird endgültig bei den sieben Kurfürsten verankert: Mainz, Köln, Trier, Böhmen, Pfalz, Brandenburg, Sachsen. Die Kurfürsten erhalten eine Reihe von Vorrechten, werden aber auch zur engen Zusammenarbeit mit dem König/Kaiser verpflichtet.

Daß Karl »seinen« Böhmen noch zusätzliche Vorrechte einräumte, ist vielleicht weniger bemerkenswert als das schon erwähnte Gebot, daß die Söhne und Erben weltlicher Kurfürsten außer Deutsch auch Lateinisch, Italienisch und Slawisch (Tschechisch) lernen sollten: die Mehrsprachigkeit der Verantwortlichen sollte den Erfordernissen des multinationalen Reiches gerecht werden.

Allerdings muß gesehen werden, daß die Chance, aus dem Reich eine wirkliche Föderation durch die Institutionalisierung der Zusammenarbeit des Kaisers mit den Kurfürsten zu machen, in der Folgezeit durch deren territoriale Herrschaftsinteressen vereitelt wurde. Konsequent mußte auch die Politik des Kaisers auf Erweiterung der »Hausmacht« gehen.

Natürlich konzentrierte er diese seine Politik auf Böhmen – indem Böhmen das erste der Kurfürstentümer werden sollte, wollte Karl zum »Fürsten der Fürsten« des Reiches werden.

Karl faßte die böhmischen Länder, also vor allem Böhmen, Mähren und Schlesien, das seit 1335 ein auch von Polen anerkanntes böhmisches Erblehen war, in einer einheitlichen Ordnung des Lehnsrechtes fest zusammen und vertiefte das böhmische Sonderbewußtsein namentlich der Barone, aber auch des Volkes, indem er die »Wenzelskrone« stiftete. Diese war ursprünglich gedacht für die Reliquienbüste des böhmischen Nationalheiligen Wenzel im Veitsdom von Prag.

Nur bei der Krönung und bei besonders feierlichen Anlässen sollte sich der König diese Krone aufsetzen dürfen. Die böhmischen Länder wurden auf diese Weise zu den »Ländern der Wenzelskrone«, und diese liturgische Erfindung Karls, die er sich durch den Papst bestätigen ließ und die tatsächlich einmalig war und blieb, wurde – religiös, mystisch und rational zugleich – zu einem bedeutenden Faktor für die politische Erstrangigkeit Böhmens im Reich.

Prag wurde von Karl zum Erzbistum gemacht (1344) und zur Hauptstadt Mitteleuropas ausgebaut. Was ihm jedoch nicht gelang, war eine dauernde Verrechtlichung des Verhältnisses vom böhmischen König (Kurfürsten) und böhmischen Hochadel. Er entwarf zwar auch hierfür ein bemerkenswertes Dokument, die »Majestas Carolina«, setzte sich aber damit bei den Baronen nicht durch.

Außerhalb Böhmens versuchte Karl mit unterschiedlichem Erfolg, seine Hausmacht zu vergrößern, indem er vor allem Diplomatie und Heiratspolitik einsetzte. Die zunächst solideste Erweiterung aber war, daß er den Wittelsbachern das Kurfürstentum Brandenburg abkaufte – für die damals ungeheure Summe von 500 000 Goldgulden. Damit wollte Karl sich und seinem Hause eine zweite Kurwürde sichern. Ziel von Karls Reichspolitik war es, das im Westen eher zersplitterte Reich durch eine neue kompakte territoriale Königsmacht im Osten neu zu verklammern. Er starb jedoch 1378, ohne seine großen Ziele erreicht zu haben. Kurz vor seinem Tode erlebte er noch den Beginn einer der größten politischen Katastrophen des ausgehenden Mittelalters: das große Schisma, in dessen Verlauf drei Gegenpäpste und ihre jeweiligen politischen Verbündeten einander bekämpften, und das erst auf dem Konzil von Konstanz 1418 beendet werden sollte.

Unter Karls Nachfolgern – er vererbte seinen vier Söhnen je einen Teil seines Herrschaftsbereiches, mit deutlicher Bevorzugung Böhmens, das an Wenzel IV. kam – war niemand, der den entstehenden Schwierigkeiten der mit dem Schisma verbundenen Kämpfe, der Durchsetzung des Landfriedens und der territorialen Stabilisierung fertigwerden konnte. So zerfiel vor allem die Verbindung von Böhmen und dem Reich unter allgemeinen Auflösungserscheinungen, deren markanteste die große Revolte der Hussiten werden sollte.

Das Konstanzer Konzil 1414–1418 hatte sich zwei große Aufgaben vorgenommen: die Beseitigung des Schismas und eine Reform der Kirche an Haupt und Gliedern. Mißstände in den kirchlichen Institutionen und in der Praxis von Personen, die 100 Jahre später schließlich zum Ausbruch der Reformation in Deutschland führten, lagen zu Beginn des 15. Jahrhunderts bereits vor aller Augen, und auf das Konzil wurden große Hoffnungen gesetzt. Unter tätiger Mitwirkung des Königs und späteren Kaisers Sigmund, einem der Erben Karls IV., wurde die erste dieser Aufgaben tatsächlich erfolgreich erledigt – es war auch politisch die handgreiflichste. Indem das Konzil diese Papstfrage lösen konnte, stärkte es seine eigene Autorität, den Konziliarismus.

Eher nebenbei wurde in Konstanz auch der Fall des Prager Magisters Johann (Jan) Hus (1369–1415) verhandelt, der der Ketzerei angeklagt war. Sigmund hatte Hus einen freilich eher allgemein gehaltenen Schutz- und Geleitbrief ausgestellt. Solange Hus an die Reformabsicht des Konzils glaubte oder jedenfalls noch Hoffnung hatte, Gehör und Unterstützung für seine – durchaus berechtigten – Klagen auf Reformen zu finden, verlief die Verhandlung relativ harmlos. Als Hus aber erkannte, daß die Reform der Kirche nicht einmal in Angriff genommen werden würde, stellte er die Autorität des Konzils auch in bezug auf seine theologischen Differenzen ziemlich rabiat in Frage. Dadurch aber wurde Hus' Position – auch vom Kaiser her gesehen – unhaltbar; er wurde verurteilt und verbrannt.

Natürlich war dieser Tod an sich nicht der Grund für die Entstehung jener religiösen, sozialen und schließlich nationalen Bewegung, die von ihren Gegnern insgesamt als die der Hussiten bezeichnet wurde. Aber die Verehrung des Jan Hus als Märtyrer wurde doch zu einem der wenigen gemeinsamen Punkte, die diese Bewegung, die schließlich ganz Mitteleuropa in Angst und Schrecken versetzte, auszeichnete.

Eine derartige Bewegung hat langfristige und tiefgehende Ursachen. Zweifellos ist die wichtigste religiöser Art: Das Offenbarwerden des Zusammenbruchs der einheitstiftenden Institution Kirche im Schisma und die daraus folgende tiefe religiöse Verunsicherung der Gläubigen. Aus der Suche nach neuer Gemeinsamkeit und unter dem Druck der Verfolgung entstand die »Bewegung« der »Hussiten«.

Die religiösen Positionen der Hussiten waren keineswegs einheitlich, und eine eindeutige soziale Zuordnung ist gleichfalls nur schwer möglich, da Angehörige fast aller Schichten und Gruppen im Lager der »Ketzer« zu finden waren. Eindeutiger ist der nationale, tschechische Charakter der Bewegung, obwohl es in ihr immer auch Kräfte gab, die auch die Deutschen in die Erneuerung des Christentums einbezogen.

Folgende sozialen Entwicklungen waren an der Entstehung der Hussitenbewegung beteiligt: die bäuerlichen Schichten waren weniger verarmt als durch die langsame Entwicklung zu marktorientierter Geld- und Zinswirtschaft verwirrt: Wo blieben hier mittelalterliche Vorstellungen von »gerechtem« Preis und »gerechtem« Lohn, wenn zunehmend der Markt das Geschehen bestimmte? Der Adel begann, sich in niederen Adel und Hochadel zu differenzieren, was verschiedene, oft entgegengesetzte Interessen und auch verschiedene Loyalitäten gegenüber dem König zur Folge hatte. Am deutlichsten ist die Entwicklung in den Städten. Sie ist im Prinzip überall in Europa beobachtbar: Handwerker und andere Teile der immer ausgedehnter werdenden Städte liegen im Kampf mit den bisherigen Stadtherren, dem Patriziat. Da das Patriziat in den meisten Städten Böhmens praktisch von Deutschen beherrscht wurde, die nachdrängenden Gruppen aber oft aus Tschechen bestanden, mußte der Kampf hier unausweichlich nationale Züge annehmen. Dieser nationale Zug wurde verstärkt, als das Reich – also die Deutschen – von außen gegen die hussitischen Reformer als »Ketzer« Front machte.

Keineswegs kann man die hussitische Bewegung als die Abwehr einer drohenden Überfremdung ansehen, was weder faktisch noch im Bewußtsein der Akteure der Fall war. Aber es ist das historische Schicksal des böhmischen Sonderweges, daß tiefliegende und schließlich ausbrechende Konflikte, die durchaus gesamteuropäischen Bewegungen entsprechen, hier immer nationalisiert werden konnten – etwa so wie alle Arten von Konflikten in einem Land, in dem Weiße und Schwarze leben, immer auch eine rassistische Zuspitzung erfahren. In der Hussitenzeit bildete sich in der Tat zum ersten Mal ein starkes tschechisches Nationalgefühl mit antideutscher Tendenz aus.

Hus' Aufgabe in Prag war es gewesen, an der Bethlehemskapelle in der tschechischen Volkssprache zu predigen: die Kapelle war eigens zu diesem Zweck – auch von Deutschen – gestiftet worden. Hus' zum Teil recht weit von der Universalkirche abweichende, aber durchaus nicht neue Reformideen orientierten sich an der Vorstellung des

Engländers Wyclif – der übrigens auch schon recht national argumentiert hatte. Wyclif hatte die Amtskirche bekämpft, trat für das Armutsideal ein und bestritt jeden politischen Machtanspruch des Papstes. Theologisch wollte er das allgemeine Priestertum stärken. Bestimmte offizielle theologische Konstruktionen wie die Lehre von Transsubstantiation, die für die Kirche essentiell waren, lehnte er ab. Auf Betreiben der reichen englischen Orden verurteilte der Papst 1377 einige Sätze Wyclif's, aber seine ganze Lehre wurde erst auf dem Konstanzer Konzil, als er schon längst tot war, als ketzerisch verworfen. Von da an genügte es freilich, eine Lehre mit der Wyclif'schen in Verbindung zu bringen, um den Vertreter ebenfalls als Ketzer zu qualifizieren. Genau dies geschah schließlich Hus in Konstanz.

In Prag wurden die Anhänger seiner Reformgemeinde nun bedeutend radikaler: ihre zentrale Forderung wurde die Kommunion, das Abendmahl »in beiden Gestalten« (»sub utraque species«) als Zeichen des besonderen Bruches mit der Amtskirche. Die zweite Gestalt des Abendmahls war der bisher nur den Priestern vorbehaltene Kelch, die Reformer wurden deshalb auch kurzweg die »Kelcher« genannt.

Bis 1419 hatte sich die Bewegung schon so weit ausgebreitet, daß der Versuch König Wenzels, die »Kelcher« wieder aus den Städten zu verdrängen, zum »ersten Prager Fenstersturz« führte. Einige altgläubige, obgleich tschechische Räte der Prager Neustadt wurden zum Fenster hinausgeworfen. Danach ließ sich der Sturm nicht mehr aufhalten, und kurz nach dem Tod Wenzels forderte 1419 eine Massenversammlung auf dem Berg Bzi das Volk, den künftigen König und alle Stände zur Mitarbeit an der radikalen Erneuerung der Christenheit auf. In Prag brach der Bürgerkrieg aus. Klöster und Kirchen wurden gestürmt und zerstört, ein erster Kreuzzug Sigmunds, des Bruders und Erben Wenzels, machte den Krieg endgültig. Allerorts gründeten die Aufständischen, aufgepeitscht von Volkspredigern, neue Gemeinden, die sich am Bild der als Gleichheit und Gemeineigentum interpretierten christlichen Urgemeinde orientierten. Bei Wallfahrten auf Bergeshöhen wurde die Ankunft des neuen Zeitalters in der Wiederkunft Christi erwartet, der Berg wurde nach biblischem Vorbild Tabor genannt, und damit hatte dieser, zunächst größere, radikale Teil der Bewegung einen Namen: Taboriten. Ihr Anführer wurde Jan Zizka (1370–1424), der als eine Art böhmischer Cromwell die »Hussiten« zu einem schlagkräftigen Heer ausbildete. Schließlich konnten die »Hussiten« die gegen sie aufgebotenen Kreuzzugsheere aus Deutschland schon durch bloßes Erscheinen in die Flucht schlagen. Und dies zur Schande der Kreuzfahrer und zur Bestätigung des Auserwähltheitsbewußtseins der Taboriten auch dann, wenn diese zahlenmäßig weit unterlegen waren. Die Kämpfe waren gnadenlos und auf beiden Seiten, wie alle Religionskriege, von äußerster Grausamkeit begleitet.

Die Taboriten oder Hussiten machten aber auch Außenpolitik; in Polen hatte ihre Lehre so viel Erfolg, daß sie daran dachten, in Übereinstimmung mit ihren dortigen Anhängern einen polnischen Hussiten zum König von Böhmen zu machen, was allerdings nicht gelang. Seit 1426 gingen die Hussiten dazu über, Kriegszüge in den benachbarten Gebieten durchzuführen, mit denen sie die umliegenden Länder tributpflichtig machten oder ausspreßten – und da sie bleibende Gewinne kaum erwarten konnten, nahmen ihre Plünderungen und Verwüstungen schreckenerregende Ausmaße an. Die Abwehrversuche hingegen blieben unkoordiniert und erfolglos. Betroffen waren neben Mähren, Schlesien und Lausitz auch Meißen, Thüringen, Franken, Ungarn, Österreich und Bayern, schließlich sogar Brandenburg mit Berlin und das Ordensland, wo die Hussiten 1433 zur Unterstützung der Polen bis Danzig vordrangen.

Den Hussiten gelang es freilich nie, im Inneren ein für ganz Böhmen verbindliches politisches Regime einzuführen. Dazu blieb die Bewegung zu uneinheitlich; auch das nationale Element konnte sie auf die Dauer nicht zusammenhalten. Das Ende der Hussitenherrschaft wurde so im wesentlichen durch den Gegensatz zwischen den radikalen Taboriten und den gemäßigten Pragern sowie durch die Gegnerschaft fast des gesamten hohen Adels herbeigeführt. Dieser hielt zwar im Prinzip auch noch an der Lehre vom Abendmahl in beiden Gestalten fest, weshalb seine Vertreter »Utraquisten« genannt wurden, aber er wollte naturgemäß weder die sozialen noch die politischen Forderungen der Taboriten akzeptieren. Den Pragern und dem böhmischen Adel gelang es schließlich, was den Kreuzfahrerheeren nicht gelungen war: zusammen schlugen sie die Taboriten 1434 bei Lipany, und zwar vernichtend. Es war das Ende der Macht der Taboriten und der Dynamik der Hussiten.

Die Sieger arrangierten sich mit dem Kaiser und dem Basler Konzil, das schließlich für Böhmen den »Kelch« gestattete – so wurde eine eher unbedeutende liturgische Reform das eigentlich einzige Ergebnis dieser mörderischen Auseinandersetzungen.

Böhmen im Habsburger Reich

Die Geschichte der Beziehung der heutigen Tschechoslowakei zu den Deutschen läßt sich in zwei große Abschnitte unterteilen. Der erste ist die Geschichte der Stellung Böhmens zum Reich mit den Höhepunkten böhmischer Bedeutung unter Ottokar II. und der glanzvollen Stellung Böhmens als Mittelpunkt des Reiches unter Karl IV. In diesem ersten Abschnitt wurde die Grundlage für den »böhmischen Sonderweg« geschaffen, also die deutsche Ansiedlung unter Verzicht auf Assimilation und die Begründung der Koexistenz zweier Völker und zweier Sprachen in Böhmen. Dieser erste Abschnitt endete mit den Hussitenkriegen. Sie isolierten Böhmen als »Ketzerland« zunächst gegenüber dem Reich, die nationalistische Akzentuierung führte aber keineswegs dazu, daß der böhmische Sonderweg – mit zwei Volksgruppen und zwei Sprachen zu leben – aufgegeben wurde.

Der zweite große Abschnitt der Beziehung zwischen Böhmen und Deutschen ist die Existenz Böhmens im politischen Rahmen der Habsburger Monarchie. Er dauerte bis 1918, also bis zur Begründung der selbständigen Tschechoslowakei, die schließlich in die deutsch-tschechische Katastrophe von 1938 bis 1945 einmündete. Aber der Zustand »Böhmen in Habsburg« war erst 1526 – dann freilich für fast 400 Jahre – etabliert. Die 100 Jahre von der Hussitenbewegung bis 1526 sind charakterisiert durch ineinanderlaufende und sich gegenseitig immer wieder blockierende Versuche, großflächige Einigungen in Ost-Mitteleuropa herbeizuführen. Die Mächte, die hier durch Bündnis-, Heirats- und Erbpolitik – weniger in spektakulären Kriegen und Schlachten – immer wieder jene Zusammenfassungen versuchten, waren neben Böhmen vor allem Polen-Litauen, Ungarn und eben Habsburg. Es ist die Zeit, auf die sich der berühmte Ausspruch bezieht »Was andere durch Kriege versuchen, schafft Österreichs Glück sich durch Heirat« (Bella gerant alii, tu felix Austria nube).

Die Regierung Georg Podiebrads (1450–1471), des letzten nationalen Königs in Böhmen, war zwar nicht ohne Glanz und beträchtliche Machtentfaltung, aber sie stellte in bezug auf jene Bewegung der Geschichte ebenso nur ein praktisch folgenloses Zwischenspiel dar, wie andererseits der Versuch zur Belebung des Reichsuniversalismus unter dem Habsburger Karl V. 1526 erbte wenig später aber dessen Bruder Ferdinand I. die böhmischen Länder und Ungarn – das allerdings zum größten Teil türkisch besetzt war: die Kernländer der Habsburger Monarchie waren vereint.

Daß die böhmische Reformation – also die Hussitenbewegung – einen bedeutenden Einfluß in der Vorbereitung der deutschen, lutherischen, hatte, steht außer Zweifel. Die an sich national eingestellten Prager hatten schon früh Kontakt zu Luther aufgenommen, der aus seiner Wertschätzung Hus' keinen Hehl machte. Er bestätigte diesen hussitischen Einfluß in seiner berühmten Schrift »An den christlichen Adel deutscher Nation«, indem er äußerte, es sei an der Zeit, sich »auch einmal ernstlich und mit Wahrheit der Böhmensach fürzunehmen, sie mit uns und uns mit ihnen zu vereinigen«. Aber diese Annäherung wurde von böhmischer Seite nicht aufgegriffen – der utraquistische Adel fürchtete die Freisetzung religiösrevolutionärer Energien im Volk und bekämpfte schließlich teilweise sogar das Luthertum.

Insgesamt läßt sich nicht leugnen, daß der böhmisch-reformatorische Geist zwar in einzelnen Ständen verschiedene Richtungen einschlug, als ganzer jedoch gegen die Habsburger um so stärker Front machte, je mehr diese die Gegenreformation betrieben. Aber da es auch immer Stände oder einzelne gab, die ihr Interesse mit der Stärkung der habsburgischen Zentralmacht verbanden, war auch diese Front nicht einheitlich. Trotz dieser Uneinheitlichkeiten war in Böhmen der Hochadel, der sich an die gesamtökonomische Entwicklung besser anpaßte und sowohl die Städte mit ihrer oft noch mittelalterlichen Zunftstruktur überholte, wie er auch die Landbevölkerung in strenge Herrschaftsordnung einband, zu Anfang des 17. Jahrhunderts praktisch die maßgebende Macht. Die Revolte von 1618, die den 30jährigen Krieg auslöste und die Katastrophe Böhmens innerhalb von zwei Jahren herbeiführte, war eine Adelsrevolte. Die Interessen des Adels ließen die nationalen Frontstellungen zurücktreten. So waren z. B. die ehemaligen Ausländer Heinrich Matthias Thurn und Linhart Kolon von Fels zwei Säulen der böhmisch-ständischen Opposition, während der den Königsinteressen dienende Wilhelm Slawata aus einer der ältesten und reichsten tschechischen Familien stammte.

Diese Ausweitung der Macht und der Interessen des Adels hatte in Böhmen eine neue deutsche Kolonisation zur Folge. Die Herren betrieben den Landesausbau und förderten die Einwanderung deutscher Bauern, was in Nordböhmen zu einer leichten Verschiebung der deutsch-tschechischen Sprachgrenze führte. Mehr Reibungsfläche boten die Deutschen, die technisch und ökonomisch überlegenes

Wissen in die Städte brachten, und am problematischsten mußte natürlich die Berufung deutscher Beamten nach Prag durch die Habsburger wirken.

Das protestantische Adelslager vertrat eine ständische Adelsrepublik – aber der katholische Teil des Adels fiel aus dieser Front heraus und sympathisierte mit der – verhältnismäßig gemäßigten – habsburgischen Oberherrschaft. Trotzdem gelang es, in Böhmen 1575 einen konfessionellen Ausgleich zwischen Katholiken und den in der »confessio bohemica« zusammengefaßten Lutheranern und Utraquisten herzustellen. Böhmen war für eine Zeit religiös zum theoretisch tolerantesten Land in Europa geworden – mit einem deutlichen politischen Übergewicht der Stände über die habsburgische Oberherrschaft.

1617 wurde der Habsburger Ferdinand II. (1617–1637) trotzdem ohne besondere Schwierigkeiten als König von Böhmen akzeptiert, obwohl jedermann wußte, was von ihm zu erwarten war: Ferdinand war als rabiater Vertreter der Gegenreformation bekannt. Dies erscheint als folgenschwere Fehlentscheidung aus Mangel an Entschiedenheit und Entschlossenheit der beteiligten adligen Stände. Der böhmische Adel akzeptierte Ferdinand und gab damit sowohl seine bisherigen politischen Prinzipien, die auf eine Art von Adelsrepublik hinausliefen, wie eigentlich auch seine Errungenschaften zugunsten der Anlehnung an Habsburg auf. Aber es wurde ihm, wie voraussehbar war, schlecht gelohnt. Ferdinand begann, Edikte zu erlassen, die sowohl die ständische Selbständigkeit zurückdrängten, als auch offensichtlich die Gegenreformation vorbereiteten.

Ein deutlicher Übergriff dieser neuen Herrschaft provozierte schließlich den offenen Bruch. Die Radikalen unter den adligen Ständevertretern setzten durch, zwei kaiserliche Räte, in denen sie die Urheber jenes Übergriffs bzw. dessen Anwälte sahen, zu verurteilen. Am 23. Mai 1618 betraten 12 der ständischen Barone den Hradschin und warfen die beiden kaiserlichen Räte Martinitz und Slawata aus dem Fenster. Die Räte überlebten den Sturz ebenso wie der hinterdrein geworfene kaiserliche Schreiber – aber der Funke hatte gezündet: von diesem Tage an datiert die Geschichte des Dreißigjährigen Krieges, der für Böhmen allerdings schon nach zwei Jahren die Katastrophe brachte, die dem ganzen Reich vorgezeichnet war.

Zunächst schienen sich die Stände politisch neu zu formieren: Ferdinand wurde für abgesetzt erklärt, obwohl der Kölner Erzbischof gewarnt hatte: »Sollte es sein, daß die Böhmen im Begriffe ständen, Ferdinand abzusetzen und einen Gegenkönig zu wählen, so möge man sich nur gleich auf einen 20-, 30- oder 40jährigen Krieg gefaßt machen.«

Aber die Böhmen suchten und fanden einen Gegenkönig. Sie verfielen 1619 auf Friedrich V. von der Pfalz, der als Calvinist und als Gegner Habsburgs bekannt war und der auch im Reich und international – er war der Schwiegersohn Jakobs von England – genügend Rückhalt zu haben schien. Aber Friedrich konnte sich nur einen einzigen Winter lang halten – weshalb er als »Winterkönig« verspottet wurde. Und keine der vielfach als Freunde des Pfälzers angesehenen Mächte kam den Böhmen im entscheidenden Augenblick zu Hilfe.

Die böhmischen Herren hatten auch ansonsten wenig politischen Weitblick und verdarben sich durch arrogantes Auftreten auch ihr zukunftsträchtigstes Konzept, eine mitteleuropäische Konförderation von Adelsrepubliken unter Einschluß Österreichs und Ungarns anstelle der Union habsburgischer Länder. Das Ende des 1618 durchaus mit guten Erfolgsaussichten begonnenen böhmischen Aufstandes kam – trotz der politischen und militärischen Anfangserfolge – aufgrund der politischen Unfähigkeit der böhmischen Barone rasch und konsequent: Am 8. 11. 1620 standen sich bei Prag am Weißen Berg die katholischen und die böhmisch-ständischen Heere zur entscheidenden Schlacht gegenüber. Es wurde eine der kürzesten Schlachten überhaupt – der Zusammenbruch war total und in gewisser Hinsicht für die tschechische Geschichte endgültig.

Danach herrschte in Böhmen die Gegenreformation. Böhmen wurde endgültig ein habsburgisches Erb- statt eines ständischen Wahlkönigreichs. Das Katholische wurde zur Staatsreligion, der katholische Klerus erhielt den ersten Platz in der Ständevertretung.

Große Teile des adligen Grundbesitzes wechselten infolge der Konfiskationen den Besitzer. Reformierte tschechische und deutsche Mitglieder des böhmischen Landesadels wurden durch katholische Herren aus dem der habsburgischen Sache treu gebliebenen Landesadel – darunter dem aus alter tschechischer Familie stammenden Wallenstein –, zum großen Teil aber aus dem habsburgischen Dienstadel deutscher, wallonischer, italienischer und spanischer Herkunft ersetzt. Zwar blieben einige politische Mitwirkungsrechte dem böhmischen Landesadel in der »Verneuerten Landesordnung« von 1627 erhalten, aber es kam zu einem fast völligen Umbruch der böhmischen Tradition und sicher zum entscheidenden Bruch der

Identität. Die ebenso spektakuläre wie grausame Siegerjustiz trug ihr Teil dazu bei. Böhmen war nur noch eine Provinz innerhalb eines multinationalen Imperiums, an dessen Schicksal das Land zunächst nur noch passiven Anteil nehmen konnte. Auch die zukunftsträchtige Maßnahme, die deutsche Sprache in Böhmen mit der tschechischen als gleichrangig anzuerkennen, wirkte sich zunächst negativ aus: Der neue Adel orientierte sich am mitteleuropäischen Deutsch, und eine Germanisierung der Oberschicht war die Folge, die später als Provokation empfunden werden mußte.

Was den weiteren Verlauf des Dreißigjährigen Krieges angeht, so blieb Böhmen von den schlimmsten Kriegsverwüstungen verschont, wenn auch durch die kaiserliche Konfiskations- und Steuerpolitik im Lande ökonomische Ressourcen des Landes in erheblichem Umfang herausgezogen und für die habsburgischen Hegemonialkämpfe im Reich verwandt wurden.

Die böhmische Frage stand in der Liste der Kriegsziele der antihabsburgischen Mächte nicht an erster Stelle, den Frieden schloß man 1648 nach beidseitiger Erschöpfung ohne Skrupel in dieser Richtung: Böhmens Zugehörigkeit zum Hause Habsburg wurde nicht angefochten.

»Finsternis« oder Neuanfang?

Die Zeit nach der Schlacht am Weißen Berg ist im tschechischen Bewußtsein immer noch, einem Romantitel folgend, als »Temno« (die Zeit der Finsternis) gegenwärtig. Dies hat vielleicht eine historisch-politische Plausibilität, wenn man diese Zeit mit den Glanzzeiten unter Ottokar II. und Karl IV. vergleicht. Im Widerspruch zu dieser generellen Einschätzung stehen aber die bleibenden Zeugnisse einer sehr lebendigen Barockkultur in Böhmen, d. h. einer über das Habsburger Reich vermittelten Einordnung der böhmischen Länder in den kulturellen Hauptstrom Europas bzw. zumindest des südlichen und katholischen Europas. Daß diese Reorientierung im Zuge der Gegenreformation eine radikal umwälzende Wirkung auch im geistigen Bereich hatte, kann man nicht leugnen, eine – wenn auch »katholisch« überformte – böhmisch-tschechische Identität blieb aber erhalten. Dazu trug nicht zuletzt eine politisch ebenso weise wie zukunftsweisende Maßnahme Wiens bei. Der Kaiser Joseph überließ 1709 den böhmischen Ständen die Überarbeitung und Umgestaltung der »Verneuerten Landesordnung« selbst, und in seinem Schreiben an die

Kommission betonte er, daß es an der Zeit sei, mit Rücksicht auf die seit der Revolution und ihre Niederwerfung seit 1620 bewährte Treue der Böhmen, alle Gedanken an diese Ereignisse zu tilgen. Da von den aufständischen Familien keine mehr im Lande seien und es auch unter den alten böhmischen Familien und Städten viel Treue gegeben habe, sollten nun »alle Vorrückung und Meldung dieses längst vergessenen Fehlers streng untersagt« sein. Dies bedeutete nichts anderes als eine allgemeine Amnestie – ein Akt staatsmännischer Weisheit, die im 20. Jahrhundert so sehr in Vergessenheit geraten ist.

Die Existenzkämpfe der Habsburger Monarchie, die sich in der Auseinandersetzung mit Preußen, mehr aber noch im österreichischen Erbfolgekrieg 1740–1748 zeigten, hatten nicht zuletzt die Folge, daß Böhmen wieder zum Mittelpunkt verschiedener politischer Ambitionen wurde: Die Preußen wollten Schlesien, das bis dahin zu den Ländern der Wenzelskrone gehörte, und die Bayern zielten sogar auf Eroberung der bömischen Kernlande selbst. Während die Wittelsbacher erfolgreich abgewiesen werden konnten, ging Schlesien bekanntlich 1763 endgültig an Preußen.

Die militärischen Kraftanstrengungen führten aber auch zu einem Verwaltungsumbau in der Monarchie, die die bislang immer noch bestehende innere Autonomie der einzelnen Länder weitgehend beseitigte und sie praktisch, wenn auch nicht formell, zu Provinzen machte und auch die adligen Landstände weitgehend ausschaltete.

Verwaltungsreformen waren unter Maria Theresia in Böhmen mit viel Fingerspitzengefühl durchgeführt worden; 1749 wurde die österreichische und böhmische Hofkanzlei zusammengelegt und so verwaltungsmäßig vereinigt. Dabei ist es bemerkenswert, daß Ungarn von dieser zentralisierenden Verwaltungsreform nicht erfaßt wurde: hier sollte sich ein Dualismus zwischen dem deutsch-böhmischen und dem ungarischen Teil der Monarchie verfestigen. Der böhmische Adel wurde durch kluge, langfristige Maßnahmen immer mehr zur Identifikation mit einem Adel der österreichischen-böhmischen Erbländer gebracht.

Die Wirtschaft der böhmischen Länder war nach 1648 weiterhin agrarisch geprägt, aber die neue Orientierung der adligen Stände hatte einen immer stärkeren Zugriff des Adels auf die Abgaben der Bauern zur Folge – was insbesondere für den mittleren und niederen Adel zutraf. Böhmen erlebte infolgedessen eine Reihe von Bauernaufständen – 1680, 1692 und 1738, die meist in deutsch besiedelten

Gegenden ihren Anfang nahmen – sie wurden aber militärisch immer zugunsten des Adels niedergeschlagen.

Im ganzen läßt sich jedoch nicht von einer generellen Verelendung des Volkes in der Nach-Weißenbergischen Zeit sprechen, da es auch für diese Zeit eine Reihe von Zeichen für gesteigerten ländlichen Wohlstand gab. Auch die seit 1680 wieder sehr rasch ansteigende Bevölkerungszahl spricht dafür; Ende des 17. Jahrhunderts wurde in großem Stil wieder mit der Erschließung von Ödland begonnen – wobei letztmalig eine neue Welle deutscher Ansiedler ins Land kam.

Die Städte hatten unter dem Krieg durch Verwüstungen, Abbruch von Handelsbeziehungen und Kontributionen am stärksten gelitten und erholten sich am langsamsten. Hier griff dann aber im 18. Jahrhundert allmählich die zentralistische Merkantilpolitik des Staates, der, ähnlich wie in Preußen, zum eigentlichen Initiator der Modernisierung wurde. Verkehr, Handel und Manufakturwesen wurden gefördert. Dabei zeigte es sich, daß die alten bürgerlichen Schichten der Städte hinsichtlich der ökonomischen und sozialen Entwicklung eher rückständig wirkten, während die fortschrittlichen Impulse vom Adel und vom Staat ausgingen. So bestanden etwa die städtischen Zünfte noch lange auf der katholischen Konfession ihrer Mitglieder, während im Manufakturwesen diese bei Fachleuten ebenso wie bei den Ungelernten fast keine Rolle spielte.

Neue Gewerbezentren entstanden vor allem in den deutsch besiedelten Randgebieten – was im wesentlichen auf die von dorther leichter zu entwickelnden Handels- und Exportbeziehungen in die anderen deutschen Länder zurückzuführen war. Auch waren die sozialen Strukturen der Randgebiete nicht so überständig verhärtet wie im Inneren Böhmens. Hier konnte nicht nur das Manufakturwesen leichter Raum greifen, sondern es ließen sich auch die neuen Industriedörfer leichter einrichten. Es entstand hier allmählich jene kleinindustrielle Struktur der Sudetenländer, aus denen die Deutschböhmen ihre materielle Sicherung, ihre Identifikation mit dieser Heimat sowie ihr Selbst- und Sonderbewußtsein zogen.

Die Gegenreformation, die unmittelbar nach 1620 zunächst mit einer gewissen Brutalität zugriff, geriet bald in ein anderes Fahrwasser. Gerade manche Kirchenfürsten in Böhmen rieten zu dem Weg langsamer Überzeugung – im ganzen verlor die Gegenreformation die gehässigen Züge eines Glaubenskrieges zugunsten einer staatlichen Maßnahme mit dem Ziel der Vereinheitlichung der Bevölkerung. Die Praxis der Gegenreformation wurde aber erst durch Maria

Theresia gelockert, die 1777 den Nichtkatholiken private Gottesdienste erlaubte und sie nicht mehr zur Teilnahme am katholischen Gottesdienst zwingen ließ. Auch wurden schon unter Maria Theresia Hexenverbrennung und Folter 1776 abgeschafft.

Trotzdem führte natürlich die Einheitlichkeit von Staat und Kirche in der Gegenreformation zu einem gewaltigen Aufschwung des Katholizismus: es war das Zeitalter des gegenreformatorischen Barocks. Böhmen konnte, trotz des Bedeutungsverlustes Prags, sehr bald nach 1650 seinen europäischen Ruf als Kulturland wieder festigen.

Der Klerus wurde – neben dem bauenden Adel – der eigentliche Pfleger der barock-lateinischen, aber auch, was wesentlich ist, der muttersprachlichen, also auch der tschechischen Kultur. Tschechische geistliche Historiker, die natürlich auch eine behutsame Neuinterpretation der Geschichte, mit dem Ziel, das Trauma des Weißen Berges allmählich vergessen zu machen, versuchten, konnten ein katholisch-böhmisches und tschechisches Selbstbewußtsein formen und darstellen. Jedenfalls kann die Rekatholisierung Böhmens keinesfalls mit einer Germanisierung gleichgesetzt werden.

Vor allem in den noch gewaltsamen Anfängen der Gegenreformation war die tschechische Sprache zeitweilig als Ketzersprache diffamiert worden, und natürlich halten sich dergleichen Vorurteile lange. Wichtiger sind aber die sozialen Auswirkungen. Der nun zum großen Teil deutschstämmige Landesadel pflegte neben dem Deutschen als internationale Adelssprache das Französische, zum Teil auch das Italienische. Die tschechische Sprache sank damit zur Sprache der sozial Deklassierten und des politisch einflußlosen Volkes herab, was natürlich wieder eine gesellschaftliche Polarisierung gemäß dem böhmischen Sonderweg, also mit nationaler Akzentuierung zur Folge haben sollte.

Böhmen als habsburgische Provinz und die Anfänge des Nationalismus

Seit Böhmen als selbständiges politisches Subjekt nicht mehr existierte, ist die Geschichte der Beziehung zwischen Tschechen und Deutschen nicht mehr als die Böhmens zum Reich von Bedeutung. Vielmehr handelt es sich nur noch um die Beziehung Böhmens zum habsburgischen Österreich. Selbstverständlich ist auch dies eine Beziehung zwischen Böhmen und Deutschen; vor allem aber geht es jetzt um die Beziehung zwischen den böhmischen Deutschen und den Tschechen.

Zunächst soll das Verhältnis Wiens zu Böhmen zur Sprache kommen, nicht zuletzt, weil dessen Politik die Probleme zwischen Tschechen und deutschen Böhmen selbst wesentlich beeinflußte. Die österreichische Politik der zweiten Hälfte des 18. Jahrhunderts ist die Politik des aufgeklärten Absolutismus. Wichtig ist, sich klarzumachen, daß »aufgeklärter Absolutismus« sich nicht auf die – zum Teil beeindruckenden und spektakulären – Aufnahmen humanerer Züge in die Regierungs- und Verwaltungspraxis beschränkte, also z. B. Reform des Strafrechts, Abschaffung der Folter und dergleichen. Im Kern handelte es sich um einen rein rationalistischen Modernisierungsschub im Sinne der größeren Effektivität der zentralen Verwaltung. Innenpolitisch lief der aufgeklärte Absolutismus in Österreich vor allem auf Entmachtung der Stände hinaus, die, bisher Korporationen aus eigenem Recht, nur noch funktional unterschiedene Schichten der gleichen Untertanenmasse werden sollten.

Gegenüber Böhmen agierte Joseph II. (1780–1790), Sohn Maria Theresias, zwar als aufgeklärter Absolutist, aber ohne jedes Fingerspitzengefühl. Er war 1780 zwar rechtmäßiger böhmischer Erbkönig geworden, aber er unterließ es – im Gegensatz zu seiner Mutter –, sich auch in Prag krönen zu lassen, und schließlich nahm er den Böhmen sogar die Wenzelskrone weg und verbrachte sie in die Wiener Schatzkammer. Ein gutes Beispiel dafür, daß »Aufgeklärtheit« nicht weiser machen muß – schon gar nicht politisch. Die Stände versuchte er in Böhmen ganz auszuschalten, wobei er aber auf zähen Widerstand stieß, so daß bis 1848 sich *formal* die gemeinsame Regierung durch Königtum und Stände hielt; freilich lag der Machtschwerpunkt eindeutig bei der monarchischen Zentralgewalt mit ihrem in Wien zentralisierten Verwaltungsapparat.

Zwar sagte Joseph gerne, sich selbst einbeziehend, »wir Beamten«, aber die Verwaltungsrationalität mußte gerade in Böhmen häufig verletzend wirken, insofern überkommene und gewachsene Verhältnisse überhastet zu ändern versucht wurden.

Die Kirchenpolitik Josephs, vor allem das Toleranzpatent von 1781, mit dem die meisten Beeinträchtigungen von Nichtkatholiken beseitigt wurden, hat wesentlich zum positiven Klang des Begriffs »Josephinismus« in der österreichischen Geschichte beigetragen. Diese Kirchenpolitik hatte in Böhmen und Mähren zweierlei Folgen: Einmal wurde die tschechische Sprache in den Gottesdiensten stärker gepflegt – tschechischsprechende Pfarrer wurden später oft zu wichtigen Förderern der nationalen Bewegung. Zum anderen erlaubte sich der Josephinismus aber auch Eingriffe in die Liturgie und beschränkte vor allem die Zahl der kirchlichen Feiertage – aus ökonomisch-rationalisierenden Gründen – auf 27 pro Jahr. Dadurch machte er sich bei breiten Bevölkerungsschichten unbeliebt – was wiederum dazu führte, daß die latente Adelsopposition hier neue Bündnispartner finden konnte.

Von weit größerer Bedeutung für die Zukunft der Beziehung der Tschechen und Deutschen in Böhmen war die Sprachpolitik Josephs, die für Verwaltung und Oberschichten das Deutsche favorisierte. Zum Zwecke der Bildung einer einheitlichen Elite für das Habsburger Reich wurde auch das höhere Schulwesen deutschsprachig organisiert. An eine »Umvolkung«, d. h. an eine breitenwirksame Fundamentalgermanisierung, war dabei keineswegs gedacht. Die in den 70er Jahren zahlreichen neu entstehenden Grundschulen blieben volkssprachlich-tschechisch, und alle Böhmen betreffenden Verordnungen wurden zweisprachig veröffentlicht.

Wirtschaftlich ist der Josephinismus am eindeutigsten »fortschrittlich« zu nennen. Der gesamte Raum der Monarchie – einschließlich Ungarns, das doch so viele Sonderstellungen behauptete – wurde zu einem einheitlichen Zoll- und Wirtschaftsgebiet zusammengefaßt, die städtischen Zunftprivilegien – längst zu Fesseln der Produktivkräfte geworden – wurden aufgehoben und die Bauern aus Erbuntertanenschaft und Leibeigenschaft befreit. Josephs Reformismus wirkte jedoch im ganzen überhastet und brachte sich damit selbst um manchen Erfolg.

Sein Bruder und Nachfolger, Leopold II. (1790–1792), versuchte eine einlenkende Politik. Er ließ sich wieder in Böhmen krönen und deutete eine gewisse Rückkehr zur ständisch-föderalen Regierungsform an. Allerdings wurde auch schon unter Leopold eine Begleiterscheinung des Josephinismus fortgesetzt: der Ausbau einer straff zentralisierten organisierten Polizei und Zensur. Leopold starb aber schon 1792, und es war das Schicksal Habsburgs, daß es in den nun den ganzen Kontinent heimsuchenden revolutionären und kriegerischen Stürmen einen Kaiser hatte – Franz II. (1792–1835) –, der von höchst mittelmäßiger Begabung war.

Bei dem Ansturm Napoleons, der sich 1804 auch herausfordernd selbst zum Kaiser machte, wurde unter Franz das Reich 1806 endgültig liquidiert. Franz blieb zwar Kaiser, aber er war jetzt nur noch Kaiser Franz I. von Österreich, ein Titel, der 1804 neu geschaffen worden war.

Das Ende des römisch-deutschen Reiches bedeutete für Böhmen nicht nur das Ende einer verfassungsmäßigen Verbindung mit dem übrigen Mitteleuropa, sondern auch das Ende seiner Kurwürde und überhaupt seiner alten Vorrangstellung im übergeordneten Reichsverband. Staatsrechtlich wurde nun sehr rasch die Auffassung üblich, daß die Wenzelskrone der österreichischen Kaiserkrone untergeordnet sei. Damit war Böhmen auch formal-staatsrechtlich zur bloßen Provinz degradiert.

Und diese Provinz hatte Napoleon zeitweise sogar geplant, von Österreich abzutrennen. Aber dergleichen Pläne wurden zunichte, als sich 1809 die österreichisch-deutschen Patrioten, angeregt durch die spanische Volkserhebung seit 1808, zum Kampf gegen Napoleon entschlossen. Bereits während des französisch-preußischen Krieges 1806 war Böhmen Sammelpunkt antinapoleonischer Kräfte geworden – seine wirtschaftlichen und menschlichen Ressourcen spielten in den Kämpfen gegen Napoleon eine wichtige Rolle. Zwar konnte trotz österreichischer Anfangserfolge (vgl. S. 59) zunächst der Triumph Napoleons auch über Österreich nicht verhindert werden. Im Frieden von Schönbrunn wurde das Habsburger Reich, wie zuvor Preußen, zur Macht zweiten Ranges erniedrigt.

Böhmen wurde aber 1813 dann erneut Aufmarschgebiet der antinapoleonischen Hauptarmee, die zusammen mit einer schlesischen und einer brandenburgischen Armee konzentrisch die französische Position in Sachsen angreifen konnte, was nach wechselvollen Kämpfen vor allem dank des Vorstoßes der schlesischen Armee unter Blücher im Oktober 1813 bei Leipzig auch gelang. Danach brach die napoleonische Position in Mitteleuropa völlig zusammen. Die Zeit der französischen Hegemonie war zu Ende, und Mitteleuropa stand damals – wie heute – vor dem Problem, eine dauerhafte Neuordnung zu finden.

Aufklärung und tschechisches Nationalbewußtsein

Die österreichische Aufklärung – weniger vom überschwänglichen Vernunftoptimismus der Franzosen bestimmt und später auch weniger überformt vom deutschen Idealismus, der ja die Reformation bereits vorausgesetzt hatte – mußte unter den Bedingungen des böhmischen Sonderweges wiederum eine eigentümliche Eigenentwicklung nehmen.

Eine der Errungenschaften namentlich der sächsischen Aufklärung, die auf Böhmen stark gewirkt hatte, war die Ablösung der lateinischen Sprache in Theologie und wissenschaftlicher Universitätssprache durch die Volkssprache – also das Deutsche – gewesen.

Folglich begann auch in Prag, gefördert von dem bedeutenden Professor für schöne Wissenschaften und Moral, Karl Heinrich Seibt – einer seiner Ur-Urenkel lehrt heute in Westdeutschland böhmische Geschichte –, die Pflege des Deutschen als Sprache der Gebildeten. Typisch ist jedoch eine Einzelheit: In Prag wurden 1771 die »Prager gelehrten Nachrichten« gegründet – in deutscher Sprache. Auf tschechisch erschien 1788 eine »Monatsschrift zur Belehrung und Belustigung des einfachen Volkes«, die vor allem der pragmatischen Verbreitung naturwissenschaftlicher und technischer Grundkenntnisse diente.

Diese schichtspezifische Sprachverbreitung entsprach dem realen Gesellschaftsaufbau – sie war nicht spezifisch an Nationalität und politischen Zielen orientiert –, faktisch aber wurde die obere Schicht kulturell eingedeutscht, und Tschechisch wurde nur noch in den Trivialschulen gelehrt. Da dies untere Schulwesen aber gleichzeitig in der Absicht, modernere Arbeitsmethoden sowohl in handwerklicher wie in agrarischer Hinsicht auf eine breite Basis zu stellen, enorm ausgebaut wurde, wuchs auch das Selbstbewußtsein der Tschechischsprechenden aufgrund der Aufstiegsmöglichkeiten von dieser Ausbildungsbasis her. Hinzu kam noch, daß an der Wiener Neustädter Militärakademie die Offiziere Tschechisch lernen mußten, um mit den Soldaten umgehen zu können, an der Wiener militärischen Ingenieurschule war es ebenso. Zu diesem rein pragmatischen Zweck kam auch eine noch weitergehende Sprachpolitik: indem das Tschechische zur führenden slawischen Sprache ausgebaut wurde, wollte man auch die anderen slawischsprechenden Bevölkerungsgruppen der Donaumonarchie beeinflussen.

Aber der Effekt des Aufsteigers mit Unterschichtenvitalität mußte in einer mobilen Gesellschaft unabweislich dazu führen, daß das Tschechische nicht im Ghetto einer »Küchensprache« eingeschlossen bleiben konnte. So entwickelte sich immer mehr die textkritische Slawistik und quellenkritische Geschichtswissenschaft; bedeutende Vertreter waren Josef Dobrovsky (1753–1829) und der Historiker Gelasius Dobner (1719–1790). Diese Wissenschaften wurden – und dies ist eine deutliche Parallele zur Entwicklung in Deutschland – mit fortschreitender romantischer Überformung zu einem entscheidenden Mittel, sich der tschechischen Ursprünge zu versichern. Wirkte diese Bewegung in Deutschland kulturnationalistisch vereinheitlichend, so konnte unter den Bedingungen des böhmischen Sonderweges freilich eine Polarisierung nicht ausbleiben.

Von den deutschen Aufklärern spielte ausgerechnet der sanfteste von ihnen, Johann Gottfried Herder, bei den Tschechen – wie überhaupt bei den Slawen – eine der bedeutendsten Rollen, und zwar merkwürdigerweise mit nur ganz wenigen Seiten aus seinem 1780 erschienenen Buch »Ideen zu einer Philosophie der Geschichte der Menschheit«, die, sich auf »die Slawen« beziehend, historisch zudem ganz falsch und irreführend waren.

Herder schilderte die Slawen insgesamt als eine freundlich-kreative, landbauende Kulturnation, die einen ungeheuren Landstrich im Osten Europas bewohnten, der eigentlich ihnen »gehöre«. Überlagert wurden diese Völker dann von kriegerisch-kreativen germanischen Wandernationen. Diese Gegenüberstellung war von langfristiger Wirkung, zumal die Autorität Herders diesen offensichtlichen historischen Unsinn scheinbar unantastbar machte. Diese Gegenüberstellung von friedlichen Slawen und kriegerischen Germanen sollte entscheidende Folgen für die nationale tschechische Ideologie haben: sie findet sich sowohl in Palackys Idee einer idyllischen slawischen Urdemokratie und des von den Deutschen importierten Feudalismus wieder wie in Masaryks Behauptung einer »natürlichen« Affinität der Tschechen für demokratische Werte und der Deutschen für das brutale Herrschaftsprinzip.

Während also die Tschechen sich als Tschechen zunehmend nationalisierten, ließ die objektive Lage der Deutschen in Böhmen einen Landespatriotismus – den sogenannten »Bohemismus« – als einzigen Ausweg erscheinen. Einmal fehlten für eine deutsch-nationale Ausrichtung die sozialen Voraussetzungen: Deutsche Gebirgsbauern und Heim- und Manufakturarbeiter, Handwerker und die anderen Angehörigen der unteren Schichten besaßen zwar oft sie mit der deutschen Oberschicht verbindendes Heimat-, aber kein Nationalgefühl.

Das deutsche Sprachgebiet war in den böhmischen Ländern nur eine mehr oder weniger schmale und um einige Sprachinseln ergänzte Umrandung des tschechischen Sprachgebietes, d.h., es fehlte ihm der geographisch-verkehrsmäßige Zusammenhang. Hinzu kam, daß verschiedene deutsche Stämme in Böhmen gesiedelt hatten und eine entsprechende Mundartenvielfalt herrschte. Für eine gesamtdeutschböhmische Kommunikation fehlte auch ein eindeutiges gemeinsames Zentrum – vielleicht von dem um 1800 überwiegend von Deutschen bewohnten Prag abgesehen. So war und blieb für die Masse der Bevölkerung die jeweilige Heimatlandschaft der wichtigste Bezugspunkt.

Radikale Lösungen, also etwa die Abtrennung der deutschen Gebiete oder die Germanisierung des ganzen Landes, lagen um 1800 noch jenseits des Denkbaren. Gerade das tschechische Erwachen führte bei den Deutschen Böhmens zur Erkenntnis der tschechisch-deutschen Gemeinsamkeit der böhmischen Länder. Für die Deutschen war »Bohemismus« die einzige Möglichkeit, die Existenz zweier Völker in diesem Raum in einer politischen Loyalität zusammenzufassen. Was die Tschechen oft schon ansatzweise taten, den ethnischen und den geographischen Begriff »Böhmen« mit Tschechen zu identifizieren und damit die Deutschen aus dem Lande schon quasi wegzudenken, war auf deutscher Seite unmöglich.

Für den Bohemismus der Deutschen war die Geschichte Böhmens eine Einheit, die auch als tschechische Geschichte ihre Geschichte war. Beide Sprachen sollten geachtet und geschützt werden. Soziale Ungleichheiten sollten ausgeglichen werden. Zumindest für eine kurze Phase waren solche Gedankengänge, mit denen sich auch Loyalität zum Kaiserhaus verbinden ließ, bei den geistig aktiven Deutschen in Böhmen maßgebend.

Berühmtester Vertreter des Bohemismus war der Prager Theologe und Philosoph Bernard Bolzano (1781–1848), der in seinen Reden vor Prager Studenten 1800–1819 dafür zu wirken versuchte, daß beide Stämme Böhmens in der Lage sein sollten, ihr Bestes zum Wohle des gemeinsamen Vaterlandes zu leisten.

Die Zeit vor der Revolution von 1848: die tschechische Nation und Frantisek Palacky

Der auf dem Wiener Kongreß 1815 gegründete »Deutsche Bund« hatte in gewisser Weise die noch übriggebliebenen Ordnungsfunktionen des alten Reiches – zum Teil in durchaus wirksamer Form – übernommen. Die mit Recht berüchtigten Karlsbader Beschlüsse, die zur Patrioten- und Demokratenverfolgung führten, denen unter anderem Arndt, Jahn, Görres und auch Bolzano zum Opfer fielen, waren freilich nichts anderes als die Fortschreibung der in Österreich längst geübten Zensur- und Überwachungspraxis, die nur weiter ausgebaut wurde. Der habsburgische Absolutismus nahm mehr und mehr polizeistaatliche Züge an: Zeichen beginnender politischer

Stagnation, die sich etwa auch im Bereich der Gesetzgebung zeigten. Die Bauernbefreiung wurde erst 1848 fortgesetzt. Bis dahin galten immer noch schwer belastende feudale Dienst- und Abgabenpflichten.

Der Kaiser Franz I. wurde durch die revolutionären Vorgänge in seiner reaktionären Haltung noch bestätigt, und sein Nachfolger, Ferdinand I. (1835–1848), der als Schwachsinniger durchaus regierungsunfähig war, wurde bloß durch das reine Festhalten an der Erbfolge Kaiser. Soweit war das System bereits erstarrt und entwicklungsunfähig geworden. Die Konzentration der Einzelgebiete auf sich selbst, d. h. die nationale Besinnung und Bewegung, mußte auch von hierher die unausweichliche Folge sein.

Da die nationalen oder nationalistischen Probleme von Tschechen und Deutschen stets mit den sozialen Problemen verbunden waren, muß der ökonomischen Entwicklung besonderes Augenmerk gewidmet werden.

Zunächst ist festzuhalten, daß die böhmischen Länder – zusammen mit einigen niederösterreichischen Gebieten – innerhalb der Monarchie bis zu deren Ende generell eine wirtschaftliche Vormachtstellung innehatten, die sie während der industriellen Revolution noch ausbauten.

Die gesamteuropäische Wirtschaftskrise nach Aufhebung der Kontinentalsperre für englische Waren traf deshalb Böhmen besonders hart. Zudem löste sich Böhmen aus dem deutschen Wirtschaftsraum, Habsburg trat dem 1834 gegründeten deutschen Zollverein nicht bei, und Böhmens Handel und Industrie orientierten sich zunehmend nach Osten und Südosten.

Der Aufschwung ließ jedoch nicht lange auf sich warten. Ab 1830 läßt sich auch in Böhmen der eigentliche Beginn der industriellen Revolution ansetzen. Die frühindustrielle Entwicklung wurde durchaus von Wien aus gefördert. Im Jahre 1833 wurde eine »Vereinigung zur Hebung der Industrie in Böhmen« gegründet – entsprechend der bereits angedeuteten Entwicklung zunächst von industriell interessierten Adligen – ohne nationalisierende Akzente. Erst 1842 konnten diesem Verein auch bürgerliche, deutsche und tschechische Unternehmer beitreten, ab 1844 auch Handwerker und Intellektuelle. Gemäß der bereits erwähnten Aufsteigervitalität der tschechisch sozialisierten Unterschichten drang damit ein nationalistisches Element in diese zunächst rein ökonomisch bestimmte Bewegung ein. Jedenfalls erlebten Industrie und Infrastruktur einen ziemlichen Aufschwung. Damit entstanden freilich auch zunehmend Klassengegensätze, die sich in den 40er Jahren erstmalig in lokalen Arbeiterunruhen zeigten. Eine der Grundlagen für die industrielle Entwicklung war der Bevölkerungsanstieg in den böhmischen Ländern von 4,8 auf 6,6 Millionen zwischen 1815 und 1848. Die immer noch starke Belastung der Bauern durch das reaktionäre Grundherrensystem führte dem Verstädterungs- und Industrialisierungsprozeß ständig neue Massen zu, deren größter Teil der Proletarisierung nicht entgehen konnte. Die Belastung der Bauern war gleichfalls vom böhmischen Sonderweg her national akzentuiert. Die im Inneren Böhmens auf den fruchtbaren Ebenen siedelnden, meist tschechischen Bauern wurden von der Situation weniger hart getroffen als die von Deutschen dicht besiedelten gebirgigen Randgebiete. Dies führte in diesen Gegenden Nordböhmens immer wieder zu Unruhen unter den Bauern.

Bei der nicht bäuerlichen und nicht adligen Bevölkerung bildeten sich mit der industriellen Revolution die typischen Klassenpolarisierungen: Unternehmertum und Arbeiter, Großbürger und Kleinbürger. Allerdings hatte aus den erwähnten Gründen der Adel auch im eigentlich wirtschaftskapitalistischen System noch lange eine starke Stellung inne. Die neue soziale Dynamik baute auf den schon vorindustriell entstandenen unterschiedlichen sozialen Strukturen der beiden Völker in Böhmen auf. Da zahlenmäßig in den böhmischen Ländern die deutschen Handwerker überwogen und Handwerker die erste Unternehmergeneration stellten, war auch die erste Generation bürgerlicher Unternehmen in Böhmen/Mähren überwiegend deutschstämmig. Da in den ländlichen, überwiegend tschechischen Agrargebieten Innerböhmens und Mährens die Bevölkerungsdichte noch gering und die Bevölkerungsstruktur bäuerlich war, hatten Industriegründungen in den dichter besiedelten deutschen Gebirgslandschaften mit einer bodenständigen, heimarbeitenden und handwerklichen Arbeiterschicht die besseren Startbedingungen und konzentrierten sich dort. Andere Trends zeichneten sich zwar schon ab. Im Dreieck Pilsen – Beraun – Pribram im tschechischen Sprachgebiet konzentrierte sich aufgrund der Kohlelager auch die Eisenindustrie, während in den nördlichen Gebirgsgebieten kleine Zechen ab den 50er Jahren aufgrund mangelnder Rentabilität wieder eingingen. Von dieser Verlagerung profitierte auch Prag, das 1850 118 000 Einwohner erreichte, davon 49 Prozent Zuwanderer, die die deutschen Bewohner Prags allmählich zur Minderheit machten.

Die allgemeine bürgerliche Entwicklung brachte auch eine neue Generation von Intellektuellen zu Einfluß, die sich zunehmend eindeutiger »tschechisch-national« orientierten. Mit bedeutenden wissenschaftlichen und literarischen und publizistischen Leistungen begannen Männer wie Josef Jungmann (1773–1847), Josef Ziegler (1782–1846) und Václav Hanka (1791–1861) die für die Entwicklung bürgerlicher Gesellschaften typische entstehende Öffentlichkeit in ihrem Sinne zu beeinflussen.

Die Ursachen für die Politisierung der national-tschechischen Tendenzen in den böhmischen Ländern lagen nicht in irgendwelchen Repressivmaßnahmen, sondern in den sozialen Entwicklungen innerhalb der tschechischen Bevölkerung selbst. Auf jeden Fall konnte die erste in einem tschechischen kulturellen Kontext sozialisierte Intellektuellengeneration sich romantischen Neigungen hingeben, während sich bei dem sich allmählich etablierenden tschechischen Kleinbürgertum und einigen größeren Bauern politisches Selbstbewußtsein zu formen begann, das noch nicht durch innerethnische Sozialkonflikte belastet war. Ohne Erfahrung in der Artikulation politischer Forderungen, durch eine tschechische Arbeiterschicht nicht bedrängt, allerdings durch das Entstehen einer kapitalistischen Marktgesellschaft – deren Träger vor allem Deutsche waren – latent bedroht, lag es nahe, daß kleinbürgerliche tschechische Schichten ihr Unbehagen und ihr Selbstbewußtsein national ausdrückten, d. h. ihre politischen und sozialen Gegner national identifizierten und ihr Anliegen als nationale Überfremdungsabwehr mit einem starken kulturellen Einschlag zum Ausdruck brachten.

Den Deutschen in Böhmen war solch eine nationale Identifizierung sozialer Gegner und politischer und ökonomischer Bedrohungen faktisch unmöglich, da die sozialen und politischen Gegner selbst auch Deutsche waren. Außer den Zeitungen von »Lesevereinen« und zahlreichen sonstigen bürgerlich-tschechischen Gesellschaften und Veranstaltungen getragen, entwickelte sich der tschechische Nationalismus in der ersten Hälfte des 19. Jahrhunderts sehr rasch. 1818 wurde in Prag das königlich-böhmische Landesmuseum errichtet, an dessen Entstehung übrigens selbst jemand wie Goethe großen Anteil nahm. Seine beiden Gründer, die Grafen Kaspar Sternberg und Franz Anton Kolowrat, hatten die Absicht, es mit Unterstützung der böhmischen Stände zu einem »Monument« der staatlichen Einheit beider Völker in Böhmen zu machen, aber mit der Berufung Palackys zum Sekretär und mit dessen 1827 gegründeten »Zeitschrift des Vaterländischen Museums« hat sich der national-tschechische Einfluß auch hier verfestigt.

Frantisek Palacky (1798–1876) ist der Vater des tschechischen Nationalismus. Er war ein Historiker von hohem Range und hat es wie kein zweiter verstanden, über die Zusammenfassung von vorgeschichtlichen, rechtsgeschichtlichen und volkskundlichen Studien das tschechische Nationalbewußtsein zu fundamentieren und zu verbreiten.

Über Palacky existiert folgende Anekdote, die ebenso sein Selbstbewußtsein wie sein Verhältnis zur Bedeutung seiner Berufung charakterisiert: Eines Tages war Palacky mit einem Freund in den böhmischen Wäldern unterwegs. Als ein Gewitter aufzog, suchten die beiden in einer kleinen Holzfällerhütte Schutz. Als das Gewitter immer bedrohlicher wurde und die Blitze immer näher kamen, soll Palacky gesagt haben: »Wenn uns nun hier ein Blitz trifft – was wird dann aus der tschechischen Nation?«

Daß Palacky seinen einmaligen Rang in der Geschichte des Bewußtseins seines Volkes erreichte, ist nicht nur auf seine Bedeutung als Historiker zurückzuführen. Das geschichtliche Bewußtsein traf hier – ebenso wie beim nachnapoleonischen Deutschland – mit der Erkenntnis politischer Bedeutungslosigkeit und mit der schmerzhafteren Erinnerung vergangener Größe zusammen. Zudem stellte Palacky, nicht unbeeinflußt von Herder und Hegel, auch die Frage nach dem »Sinn der tschechischen Geschichte«.

Palackys Lebenswerk war der Versuch, alle Tschechen, also namentlich auch den Adel – hier war Palacky durchaus konserativ –, in eine gemeinsame nationale Geschichte zu integrieren. Von seiner großen »Geschichte von Böhmen« erschien 1836 der erste Band noch auf deutsch. Der letzte erschien 1867 auf tschechisch: der Sprachwechsel war auf eine Umorientierung Palackys im Jahre 1848 zurückzuführen. Orientierte er sich bis dahin noch an einem gesamtösterreichischen Adel, den er natürlich in Deutsch ansprechen mußte, so forderte er seit der bürgerlichen Revolution den heimischen Adel auf, in den Schoß der Nation zurückzukehren und schrieb konsequent von da an auf tschechisch und unter dem neuen Titel: »Geschichte des tschechischen Volkes in Böhmen und Mähren«.

Die böhmische Geschichte Palackys prägte das tschechische Volksbewußtsein tiefgreifend. Sie hob das tschechische Volk aus dem deutschen Kulturkreis als selbständige Nation heraus und gab ihm eine historische Sendungsidee, wobei das Volk bzw. die Nation im Herderschen Sinne selbst zu einer sittlichen Persönlichkeit wird.

Die Kennzeichnung von Slawen und Deutschen entsprach dem Zeitgeist: die Urtschechen »waren ein friedfertiges, fleißiges, gutmütiges und argloses Volk; gastfrei bis zur Verschwendung; gegen Kriegsgefangene und fremde Ankömmlinge milder ...« und ein »in der Kindheit begriffenes harmloses Volk«. Die slawische Urverfassung kannte keine politischen Standesunterschiede, keine Privilegien, aber Gleichheit aller vor dem Gesetz und gleiche politische Berechtigung aller Volksklassen. Die Deutschen hingegen sind ihrem Ursprung nach – solch deutliche Worte fallen allerdings meist erst später – ein Hunnen, Awaren, Magyaren, Mongolen, Tataren, Türken entsprechendes Räubervolk, der Deutsche quasi Prototyp des »kriegerischen herrschsüchtigen Eroberers«, der ein Feudalsystem zur »wechselseitigen Versicherungsanstalt geraubten Gutes« auf dem Rücken der armen, arglosen Slawen aufgebaut und ihnen Leibeigenschaft, Privilegien, alle Negativa von Herrschaft aufzwingt. Der Gegensatz zwischen Deutschen und Tschechen wird durch Rekurs auf ihre Ursprünge nun aber konsequent zur vollkommenen Polarität zweier unterschiedlicher »Ideen« bzw. Prinzipien ausgebaut, die diametral gegenüberstanden und einen endlosen Kampf herausforderten.

Die weitere tschechische Geschichte wird bei Palacky konsequent zum Inbegriff des Freiheitskampfes, zum »Ringen nach Freiheit gegenüber dem Absolutismus in Staat und Kirche«, wie es im Rückblick 1871 hieß, mit der Hussitenzeit als der großen Zeit des Tschechentums, die böhmische Geschichte zu einem Ringen zweier, in den Völkern verkörperter Prinzipien, »ein Ringen zwischen dem slawischen und dem deutschen Element«.

Es kann nicht verschwiegen werden, daß der tschechisch-slawische Urmythos, den Palacky wissenschaftlich-philosophisch ausbaute, auch auf der Verbreitung von gefälschten Dokumenten beruhte, die als solche von Palacky nicht erkannt wurden. Die berühmtesten sind die Grünberger und die Königinhofer Handschriftenfälschungen von 1817/18, mit denen nicht nur eine uralte slawische Rechts- und literarische Tradition in Böhmen fingiert werden sollte, sondern auch der Unterschied des deutschen und des slawischen Rechtswesens im Sinne der Fiktion der slawischen Urdemokratie.

Merkwürdig, aber konsequent ist auch, daß der Mentor der slawischen Philologie, der bereits erwähnte große Josef Dobrovsky, jene »alten« Handschriften schnell als Fälschung durchschaute. Aber dieser »Vater der slawischen Philologie« wurde dafür nur beschimpft, der »Nestbeschmutzung« und des Vergehens an Nationalheiligtümern beschuldigt. Palackys geistige Autorität war 1848 hingegen groß genug, um ihm in der Revolution die Führungsrolle bei den Tschechen zuzusichern.

Der größte Teil der Deutschböhmen verharrte in der ersten Hälfte des 19. Jahrhinders weiterhin in einem regionalen Heimatbewußtsein oder in dem sich binational verstehenden »Bohemismus«. Gerade die deutsche Literatur der böhmischen Länder begeisterte sich selbst für die slawische Vergangenheit und slawisches Sagengut. Politisch waren nationale Themen wenig relevant, das Bürgertum hatte andere Probleme und orientierte sich meist liberal. Die deutsche Publizistik in Böhmen war im Vergleich zur tschechischen eher unterentwickelt, und deutsche Zeitungen konzentrierten sich meist auf ökonomische Themen. Der »Bohemismus« reichte bei den Deutschen bei weitem nicht in so weite soziale Kreise hinein wie das tschechische Nationalbewußtsein bei den Tschechen. In Prag erschien auf deutsch die landespatriotisch orientierte Zeitung »Libussa« von P. Klas herausgegeben, und Rudolf Glasers »Ost und West«, die zwischen dem slawischen Osten und dem deutschen Westen vermitteln wollten. Letztere gewann auch einiges Ansehen unter Gebildeten. Doch die Zeitschriften gingen mit dem Tod bzw. dem Exil ihrer Gründer nach 1848 wieder ein. Der berühmteste deutsch-böhmische Schriftsteller Adalbert Stifter (1805–1868) war politisch allerdings konservativ-staatsbejahend und sein Werk übernational. Aus religiöser Grundhaltung schilderte er idealisierend bäuerliches und bürgerliches Leben als Volksschriftsteller.

Das Jahr 1848 und seine Folgen

Die gescheiterte 48er Revolution, die in Deutschland später durch die kleindeutsche Revolution von oben ersetzt wurde, führte die politische Entwicklung in Böhmen in eine Sackgasse. Die Deutschböhmen machten etwa ein Drittel der Bevölkerung aus. Sie beobachteten die Vorgänge in Deutschland mit größtem Interesse, orientierten sich an den liberalen Forderungen in Frankfurt und Wien und immer noch am binationalen Landespatriotismus. Dagegen hatte sich bei den Tschechen ein sprachlich-ethnisch bestimmtes, quasi schon modernes Nationalbewußtsein ausgebildet, das 1848 auch bereits den Charakter einer Massenbewegung angenommen hatte.

Für die tschechische Seite muß weiterhin der Umstand veranschlagt werden, daß die Revolution generell den Charakter des Kampfes gegen die aus Wien stammende Fremdherrschaft annahm. Allerdings bildeten sich unterschiedliche Flügel aus. Palacky und seine Freunde vertraten im Grunde einen konservativ-ständischen Nationalismus. Diese Richtung wurde später die der »Alttschechen« genannt. Die kleinbürgerliche, eigentlich liberale Massenbewegung bildete die Bewegung der später sogenannten »Jungtschechen«. Diese radikalere Richtung, die auch von den meisten Intellektuellen Prags unterstützt wurde, setzte sich schließlich durch.

Zwar waren die revolutionären Forderungen, die man am 19. März 1848 nach Wien schickte, zunächst noch so gehalten, daß die Trennung der tschechischen Seite noch nicht allzu deutlich wurde und daß ihnen auch die an liberalen Forderungen interessierten Deutschen zustimmen konnten. Noch wurde die Einigkeit der beiden Völker im Kampf um die Autonomie der böhmischen Länder beschworen. Das Verhältnis der beiden Völker sollte auf »der Grundlage völliger Gleichberechtigung beruhen, so daß weder die Böhmen vor den Deutschen, noch die Deutschen vor den Böhmen irgendeinen Vorzug genießen sollten«. Wie auch die Paulskirchenmänner, so glaubten viele vor allem der deutschen Großbürger und Intellektuellen an die vormärzliche liberale Vorstellung vom Völkerfrühling, der durch wachsenden Liberalismus die nationalen Probleme lösen sollte. Eine Illusion auf beiden Seiten, die schnell vergehen sollte.

Die Antwort der Regierung in Wien ging auf die Forderungen kaum ein, und dies brachte dem radikalen Flügel der Tschechen die Oberhand in der nationalen Bewegung, die nunmehr verstärkt für die Tschechen als für die Mehrheitsbevölkerung die Vorherrschaft im ganzen Lande forderte. Auf die neue Petition der Tschechen reagierte die Wiener Regierung einlenkend, den liberalen Forderungen wurde weitgehend entsprochen, aber auch diese hatten immer Tschechen und Deutsche gemeinsam umfaßt. Wenn jetzt das ethnisch-nationale Prinzip zum herrschenden gemacht wurde, d. h., wenn dies ganze Land nunmehr als »Land der Tschechen« bezeichnet wurde, zeichneten sich darin perspektivisch die zukünftigen Lösungen des böhmischen Sonderweges ab – von Masaryks Erklärung der Deutschen in Böhmen als bloßen »Gästen« bis hin zu dem Extrem der Entfernung der Deutschen aus Böhmen, die schließlich 1945 als ebenso reale wie scheinbare Lösung zur brutalen Wirklichkeit werden sollte, nachdem die umgekehrte Scheinlösung einer rein deutschen Hegemonie gleichfalls gescheitert war. Dieser innere Widerspruch der tschechischen Position und seine bedrohliche Perspektive führte aber auch dazu, daß der Gedanke der Separation bei den Deutschböhmen schon damals auftauchte. Dies wirkte jedoch in den Augen der Tschechen als »Hochverrat«. 1848 handelte es sich freilich erst um Tendenzen, die aber im Licht der Katastrophe des 20. Jahrhunderts ihre Bedeutung entfalten.

In Deutschland hatte sich mittlerweile die Paulskirchenversammlung begründet. Sie lud – ganz aus dem Gedanken reichstraditioneller Einheit – die Deutschen ebenso wie die Tschechen zur Teilnahme ein. In einem berühmten Antwortbrief lehnte Palacky die Teilnahme der Tschechen an der Paulskirchenversammlung ab. Palackys Autorität und die allgemeine Grundströmung des tschechischen Volkes ließen die Absage zu einem Manifest des gesamten tschechischen Volkes werden, zu einer historischen Grundentscheidung. Palacky lehnte die überkommene Bindung an das Reich als bloß »feudalrechtliche« ab. *Hingegen war er am Zusammenhalt aller slawischen Völker im Donauraum interessiert, um eine slawisch dominierte Habsburger Monarchie (Austroslawismus) als zentraleuropäische Großmacht zu etablieren, die die kleinen slawischen Völker gegen eine bei Errichtung des Deutschen Reichs im Sinne der Paulskirche zu fürchtende deutsche, aber auch gegen eine russische Überfremdung und Hegemonie schützen sollte.*

Am 2. 6. 1848 war demgemäß in Prag der erste Slawenkongreß zusammengetreten, an dessen Vorbereitung Palacky intensiv mitgewirkt hatte. Palacky forderte im Sinne seiner erweiterten austroslawischen Pläne in einer geheimen Sitzung, daß der Erhalt Österreichs an die Spitze des Programms gesetzt wurde, was aber viele Anwesende mit Protest quittierten. Nicht nur ließen sich nicht alle Slawen Gesamtösterreichs auf dessen Erhalt einschwören, sondern auch nicht alle Tschechen. Während des Kongresses waren die radikaltschechischen Kräfte in Prag, die mit der Einheit der Monarchie weniger im Sinne hatten, der konservativen bömischen Landesregierung aus dem Ruder gelaufen und hatten sich – nach Wiener Vorbild – zu organisieren begonnen. Zwischen diesen kleinbürgerlichen und zum Teil auch proletarischen demokratischen Gruppen und dem Militär kam es zu Zusammenstößen, die am 12.6. zum Prager Pfingstaufstand führten. Dieser wurde vom Militär rasch niedergeschlagen, der Slawenkongreß wurde aufgelöst.

Obwohl der Prager Pfingstaufstand in seiner Struktur noch eher klassenkämpferisch war, wurde er allgemein als tschechischer Aufstand gegen die Deutschen aufgefaßt und interpretiert.

Nach Abflauen der revolutionären Wirren gelang es Anfang 1849 doch noch einmal, zu einer gemeinsamen Verfassung *aller* österreichischen Völker zu kommen: die »Kremsier Verfassung« (nach dem mährischen Versammlungsort des Reichtages so benannt). Sie sah einen Kompromiß zwischen Zentralismus und Föderalismus bei einem hohen Maß an Autonomie auf Kreis- und kommunaler Ebene vor. In den national gemischten Ländern sollten national möglichst einheitliche Kreise gebildet und alle Nationen der Monarchie ausdrücklich gleichberechtigt werden. Diese Verfassung wurde jedoch durch die Uneinsichtigkeit der Wiener Zentrale vor der Verabschiedung kassiert.

Die Kassierung der Verfassung läutete in gewisser Hinsicht schon die Katastrophe ein. Das mag übertrieben erscheinen, aber die Verfassung hätte zumindest die Chance geboten, die entscheidende Nationalitätenfrage in einem Anlauf und im Sinne eines einheitlichen und einvernehmlich von allen Völkern beschlossenen Konzepts zu lösen oder wenigstens anzugehen. Nach 1850 sollte die habsburgische Monarchie diese Chance nicht wieder erhalten. Ihre Politik wurde zu dem berüchtigten »Durchwursteln«. Jede große Perspektive ging verloren. Die Existenz der Monarchie wurde in sich selber immer sinnloser. Bei den Tschechen verstärkte die gescheiterte Revolution die Abneigung und das Mißtrauen gegenüber dem Staat. Hinzu kam, daß die habsburgische Reaktion von einer deutschsprachigen Verwaltung getragen wurde, was alte Feindbilder am Leben erhielt.

Unter Kaiser Franz Joseph (1849–1916) erhielt die Geschichte Habsburgs ihre Dynamik fast ausschließlich von der Kraft sich durchsetzender nationaler Tendenzen und der mehr oder weniger hilflose Versuche, diesen entgegenzutreten.

1860 verkündigte Franz Joseph ein Staatsgrundgesetz, in dessen Formulierungen sich eine adlig-konservative Mehrheit durchgesetzt hatte. Dieses Grundgesetz, auch Oktoberdiplom genannt, konnte von den Tschechen und Palacky insofern noch akzeptiert werden, als es deren Vorstellung vom »böhmischen Staatsrecht«, also der relativen Autonomie der historischen böhmischen Länder entgegenkam. Die Deutschböhmen lehnten das Gesetz aber als Grundgesetz ab: einerseits, weil sie die Folge der Stärkung der tschechischen Position, die ja längst nationalisiert war, fürchteten, andererseits, weil die fortschrittlichen, d.h. liberalen Inhalte ihrer Meinung nach zu kurz kamen. Die Ungarn lehnten das Oktoberdiplom überhaupt ab, und das gab den Ausschlag für eine Ergänzung des Oktoberdiploms durch ein Februarpatent, das, als Ergänzung deklariert, in Wirklichkeit eine politische Kehrtwendung war. Zentralismus und Bürokratie hatten sich hier durchgesetzt und die Kompetenz der Landesparlamente stark beschnitten, was von Palacky sofort heftig kritisiert wurde. Das eigentliche Problem für Böhmen aber lag im Wahlrecht, dessen komplizierte Konstruktion im böhmischen Kurienlandtag – aus dem der Reichstag beschickt wurde – eine deutsche Mehrheit ergab.

Obwohl die Tschechen durch die ansonsten recht liberalen Bestimmungen des Februarpatentes auch Ausweitungsmöglichkeiten ihres politischen Spielraumes sahen, boykottierten sie doch schließlich den Reichsrat, und als 1867 auch im Prager Landtag eine deutsche Mehrheit entstand, boykottierten sie sogar ihren eigenen Landtag. Da auch Magyaren, Kroaten und Polen im Wiener Reichsrat zeitweise Obstruktion betrieben, brach dieser Parlamentarismus bald fast völlig zusammen.

In Böhmen wurde den Tschechen durch die Mehrheitsverhältnisse aufgrund des sozial gestuften Wahlrechts drastisch vor Augen geführt, wie stark ihr nationales Problem mit den sozialen Verhältnissen verbunden war. Sie reagierten auf zweierlei Art und Weise: erstens mit allmählichem, aber zäh verfolgtem sozialen Aufstieg und zweitens mit den Vorstellungen einer allgemeinen Demokratisierung, die hier so nicht nur um ihrer selbst willen, sondern im Sinne nationalistischer Zweckmäßigkeit angestrebt wurde. Die Tschechen hatten ja jedenfalls die zahlenmäßige Mehrheit. Daß sich diese Bestrebungen mit dem romantischen Mythos der tschechischen Urdemokratie ebenso verbinden ließen, wie sie sich gegenüber den ins Hintertreffen geratenden deutschen Liberalen als Fortschritt ausgeben konnten, führte langsam aber sicher zum Übergewicht der Tschechen. Deren Massenbasis erweiterte sich, im Zug der Zeit und unter phantasievollen organisatorischen Formen, unter denen der »Sokol«, eine tschechisch-nationale Vereinigung, die von der Entstehung her einige Ähnlichkeit mit der deutschen Turnerbewegung hatte, eine bedeutende Rolle spielte, immer mehr. Dabei wurden naturgemäß die »Alttschechen« immer mehr von den »Jungtschechen« zurückgedrängt, weil diese es verstanden, sich mit den neuen Trägerschichten aus Klein- und Mittelbürgertum zu verbinden. Als wichtigster Faktor des tschechischen Nationalismus sollte sich aber doch erweisen, daß das Monopol der Deutsch-Böhmen für eigentliche Oberschichtenzugehörigkeit gebrochen wurde. Man konnte jetzt zunehmend auch – und gerade – als bewußter Tscheche jede gesellschaftliche Position erreichen.

Den Deutschen schadete es zunehmend, daß sie sich immer noch an Wien orientierten – sie versäumten u. a. deshalb längere Zeit, sich im Lande selbst eine entsprechende feste nationale Organisationsstruktur zu geben. Die Politik, sich an eine außerböhmische Zentrale anzulehnen, die schon 1848 begonnen hatte, sollte 1918 und 1938 ihre Folgen haben.

Die schwere Niederlage der Österreicher durch die Preußen bei Königsgrätz 1866 mußte neben ihrer gesamteuropäischen, ja welthistorischen Bedeutung auch Folgen für Böhmen und für die Beziehungen von Deutschen und Tschechen haben. 1867 wurde eine bis zum Ende der Monarchie gültige Gesamtregelung getroffen (der »Ausgleich von 1867«), die freilich die wirkliche Gleichberechtigung nur den mächtigen und einflußreichen Ungarn zugestand, indem sie das Habsburger Reich in einen ungarischen und einen »restösterreichischen« Teilstaat aufgliederte. Die Ungarn waren ihrerseits daran interessiert, ihr Königreich, das ja auch ein eigener »Vielvölkerstaat« war, stark zu zentralisieren. Aufgrund ihres bedeutenden Einflusses setzten sie für das restliche Österreich ebenfalls eine Politik der Zentralisierung durch, was bei den Tschechen zunächst alle föderativen Vorstellungen zunichte machte.

Nach dem Deutsch-Französischen Krieg 1871 wurden die tschechisch-österreichischen Verhandlungen noch einmal aufgenommen. Franz Joseph versprach dem böhmischen Landtag einmal wieder eine böhmische Königskrönung. Zudem wurde dem Landtag der Entwurf eines neuen Nationalitätengesetzes und Wahlrechts vorgelegt, und ein Landtagsausschuß erarbeitete die sog. Fundamentalartikel. Im Nationalitätengesetz wurde neben der allgemeinen Gleichberechtigungsklausel auch vorgesehen, daß jeder Beamte beide Landessprachen sprechen sollte, womit allerdings wie schon früher die deutsche Empfindlichkeit stark getroffen war. Der Landtag sollte in nationale Kurien eingeteilt werden, die jeweils mit Zweidrittelmehrheit eine für die eigene Nationalität bedenklich erscheinende Gesetzesvorlage zu Fall bringen konnten, hinzu kamen noch umfangreiche Bestimmungen für das Schulwesen.

Gegen diese Regelungen erhob sich nun allseitiger Protest: Die Deutschböhmen zogen aus dem Landtag aus, so daß die beschlossenen Artikel keine Gesetzeskraft erhalten konnten. Entscheidend aber wurde, daß sich auch die Ungarn dagegen wandten. Der Ministerrat änderte im Oktober 1871 den am 12. 9. entworfenen ersten Reskript wieder ab, und obwohl immer noch wichtige tschechische Forderungen erfüllt werden sollten, lehnten die tschechischen Politiker die angebotenen weiteren Verhandlungen ab und gingen zur alten Fundamentalopposition über. Damit war der Versuch einer Neuregelung des österreichisch-tschechischen Verhältnisses wiederum gescheitert. Die 1866 und 1871 erneut versäumte Gelegenheit zu einer Gesamtregelung konnte nie wieder aufgeholt werden, ja selbst eine gesonderte österreichisch-tschechische Politik scheiterte und sollte in dieser Form nicht mehr zustandekommen.

Die Verhärtung der Fronten: Nationalitätenstreit bis zum Ersten Weltkrieg

In den 30 Jahren vor dem Ersten Weltkrieg verdreifachte sich die österreichische Industrieproduktion und lag damit kaum hinter der reichsdeutschen Wachstumsrate zurück. Obwohl sich auch das im wesentlichen noch viel stärker agrarisch wirtschaftende Ungarn zu industrialisieren begann, wurde Böhmen zum industriellen Kernland der gesamten k. u. k.-Monarchie, in dem etwa drei Fünftel aller Fabriken Österreichs lagen und in dem etwa zwei Drittel aller österreichischen Industriearbeiter lebten.

Innerhalb Böhmens waren die deutschen Gebiete zunächst am intensivsten industrialisiert. *Die Sudetendeutschen waren die eigentliche industrielle Nation der Monarchie.* Dieses wirkte sich in der Zeit vor dem Weltkrieg u. a. auch dahingehend aus, daß in den sich immer mehr zuspitzenden Nationalitätenstreitigkeiten die Tschechen alle – von deutscher Seite aus konsequenten – Vorschläge regionaler und organisatorischer Landesteilung bekämpften, und zwar nicht zuletzt deshalb, weil sie auf das hohe Steueraufkommen der Deutschen nicht verzichten wollten.

Auf dem Weg zur Industriegesellschaft ergaben sich noch weitere schwerwiegende Entwicklungen. Die relative deutsche Vorherrschaft im Industriebürgertum führte dazu, daß ein hoher Anteil tschechischer Aufsteiger nicht eine wirtschaftliche, sondern eine akademische und Staatsdienstkarriere einschlug, so daß unverhältnismäßig viele tschechische Beamte im Landesdienst tätig waren. Sie brachten schließlich die Landesverwaltung nahezu ganz an sich und spielten auch in der Wiener Bürokratie eine wichtige Rolle. Als Bürokratie hatte das tschechische Bürgertum natürlich erneut andere Interessen, die wiederum das Phänomen des Ämter- und Sprachenstreits in Böhmen anheizten. Zudem ergriff die industrielle Erschließung nach dem Ende des Gründerkrachs von 1873 ab 1880 auch stärker die innerböhmischen Länder, was zur Ausbildung auch eines tschechischen Unternehmertums führte.

Wichtig aber war bei dieser Industrialisierung auch ein anderer Effekt. Mittlerweile war die Fähigkeit der deutschen Arbeiter zu organisierter Interessenwahrnehmung gewachsen. Und die tschechischen, aus der ländlichen Überbevölkerung stammenden und zunächst nur schwer organisierbaren Arbeitskräfte wurden billiger. Die dagegen nicht mehr konkurrenzfähigen deutschen kleinen und mittleren Unternehmer lösten sich von der alten deutsch-liberalen Orientierung und organisierten sich in eigenen Verbänden und Parteien. Ihr sozialer Unwille artikulierte sich nunmehr zunehmend als antitschechischer Nationalismus. Hinzu kam, daß die billigeren tschechischen Arbeitskräfte auch in Städte im deutschen Siedlungsgebiet strömten, was nicht nur zur Tschechisierung deutscher Sprachinselstädte wie Prag, Pilsen und Budweis führte, sondern auch zum Entstehen einiger tschechischer Mehrheiten in bisher geschlossenen deutschen Siedlungsgebieten.

Die Deutschen – in der Monarchie insgesamt mit einer allslawischen Bevölkerungsmehrheit konfrontiert – sahen sich mehr und mehr an den Rand bzw. in die Slawisierung gedrängt. Dies machte sich in Böhmen nicht nur in einer Verstärkung der instinktiven Ablehnung des demokratischen Mehrheitsprinzips bemerkbar, sondern in einer spezifisch deutschen Tendenz zur »nationalen Besitzstandswahrung«: d.h., alle Errungenschaften, Sprachbestände, Anteile an Behörden usw. sollten jetzt gesetzlich ebenso festgeschrieben werden wie die nationalen Gebiete. Denn im freien Spiel der Kräfte würde Stück für Stück des »nationalen Besitzstandes« auf Dauer der Tschechisierung zumindest zum Teil zum Opfer fallen. Das lief in Böhmen auf die Stärkung jener deutschen Kräfte hinaus, die eine Landesteilung auf der Basis der bestehenden Sprachgrenzen anstrebten. Vor allem aber mußten die Deutschen extrem empfindlich gegen Änderungen des Status quo sein, da jede solche auf die Dauer einen Verlust bedeuten mußte.

Die Tschechen sahen die Dinge naturgemäß anders. Sie waren hinsichtlich des Bevölkerungswachstums im Vorteil, was wiederum ihre demokratische Neigung stärkte: sie stellten jedenfalls die Mehrheit dar. Eine Teilung gemäß ethnischen Prinzipien oder überhaupt irgendeine Festschreibung von deutschen Sprach- oder sonstigen Rechten war für sie kein Thema. Sie konnten es sich sogar leisten, abstrakt von »Gleichberechtigung der Sprachen« zu sprechen, da sie für die Zukunft ohnehin annahmen, daß alle böhmischen Länder tschechisiert würden.

Auf beiden Seiten entwickelten sich spezifisch kleinbürgerliche Parteien; auf tschechischer Seite die bereits erwähnten »Jungtschechen«, auf deutscher Seite vor allem die christlichsoziale Partei des Wiener Bürgermeisters Dr. Karl Lueger 1895, aber auch die deutschnationale Bewegung Georg von Schönerers. Alle diese Parteien waren Vertreter eines zunehmend in soziale Bedrängnis geratenen Kleinbürger- und Handwerkertums und gegen die deutschliberale Partei und das deutsch-jüdische Großbürgertum eingestellt. Dies führte bei Lueger zu einem Wirtschafts- und bei Schönerer zu einem Rassen-Antisemitismus. Lueger steuerte insgesamt einen staatserhaltenden Kurs, während bei den Deutsch-Nationalen pangermanische Anschlußideen an Bedeutung gewannen.

Die ökonomische Aufwärtsentwicklung des tschechischen Bürgertums in Böhmen koppelte allerdings die »Jungtschechen« von dem Eingehen auf die soziale Dimension immer mehr ab, so daß es gegen 1900 zu weiterer Aufsplitterung des tschechischen Parteienspektrums kam. Es bildeten sich 1899 die stark katholisch orientierte Agrarierpartei der kleinen Bauern und 1898 die nationalsozialistische Partei (Narodne Soczialistika Strana). Sie vertrat ein scharfes antideutsches, antisemitisches und nicht marxistisches arbeiterfreundliches Programm, das der tschechischen Sozialdemokratie durchaus Konkurrenz machte. Außerdem erhob sie die Forderung nach Bildung eines tschechischen Staates aufgrund des historischen Staatsrechts und kurzfristig die nach dem allgemeinen Wahlrecht. Ein entsprechendes deutsches Gegenstück war die von den proletarisierten kleinbürgerlichen deutschen Schichten der Industriedörfer Nordböhmens 1904 gegründete DNSAP (Deutsche nationalsozialistische Arbeiterpartei). Sie blieb von geringerem Gewicht.

Die sich entwickelnde österreichische Sozialdemokratie stellt hingegen einen besonders interessanten Fall dar. Zunächst internationalistisch nach orthodoxen Marx'schen Prinzipien erreichten viele ihrer Mitglieder jedoch ein tieferes Verständnis nationaler Probleme. Sie entwickelte einen spezifischen staatstragenden Austromarxismus, der durch eine nationale Föderalisierung den habsburgischen Gesamtstaat retten wollte. Hier sind insbesondere Karl Renner und

Otto Bauer zu nennen; der Führer der Sozialdemokratie, Viktor Adler, war durchaus national motiviert.

Gegen eine internationalistische und damit deutsche Ausrichtung der Sozialdemokratie stand auch die Tatsache, daß die Prager Arbeiterbewegung stark mit den Jungtschechen verbunden war. Die nicht unerhebliche Konkurrenz der tschechischen nationalen Sozialisten und auch die zentralistisch-internationalistische Ausrichtung vieler deutscher Sozialdemokraten sowie dann die Problematik der Bildung rein nationaler Gewerkschaften in Mähren führte 1911 zur Spaltung der österreichischen Sozialdemokratie in nationale Parteien. Diese Spaltung der Sozialdemokratie nach Nationen schwächte die Kraft des Austro-Marxismus. Im Ersten Weltkrieg sollte die tschechische Partei in das nationalistische Lager abdrehen, während die österreichisch-deutsche staatserhaltend blieb.

Der Nationalitätenkonflikt – am gefährlichsten der in Böhmen – drohte um 1900 zusehends, die gesamte k. u. k.-Monarchie zu paralysieren. Zentral für den Bestand der Monarchie war die Frage der Einheit der böhmischen Länder. Von einer anhaltenden deutschen Germanisierungspolitik konnte dort nicht die Rede sein. Auf der tschechischen Seite glaubte man allerdings, noch größere Gewinne für das eigene Volk machen zu können, auch wenn man den Deutschen eine formale Gleichberechtigung zuzugestehen bereit war. Denn man glaubte, diese durch die Erfahrungen des »Marsches durch die Institutionen«, die günstigere demographische Entwicklung, das allgemein angewachsene Selbstbewußtsein, den Zeitgeist der Demokratisierung zu einem gegenstandslosen Grundsatz machen zu können.

Das eigentliche Problem auf deutscher Seite lag in der Sperrigkeit der Gleichberechtigung als abstraktem Prinzip und an der auch von kultureller Arroganz genährten standhaften deutschen Weigerung, Tschechisch zu lernen. Wenn die Tschechen den Gleichberechtigungsgrundsatz so auslegten, daß alle böhmischen Behörden zweisprachig sein sollten, so war das real ein die Tschechen begünstigendes Prinzip, denn noch immer sprachen alle gebildeten Tschechen wie selbstverständlich auch Deutsch. Der deutsch-tschechische Streit wurde somit zum Kampf in und um alle öffentlichen Institutionen, besonders den Behördenapparat. Natürlich wurden von Wien immer wieder Anläufe zur Lösung des Problems gemacht, aber sie führten im Grunde nur zur Verschärfung der Lage: Die Tschechen sahen sich ohnehin für die Zukunft als Gewinner. Die Deutschen drangen mit ihren föderativen und Teilungsplänen nicht durch und versteiften sich auf eine Art von »Wagenburgmentalität«.

Unter diesem Gesichtspunkt ist es, auch im Hinblick auf zukünftige Lösungsmöglichkeiten, von größter Bedeutung, daß es 1905 in Mähren doch zu einem lebbaren und praktikablen Ausgleich kam.

In Mähren hatte sich mittlerweile die dort noch existierende deutsche Landtagsmehrheit mit der tschechischen Minderheit auf eine Landesordnung, eine Landtagswahlordnung, eine Sprachenordnung und eine Schulorganisation geeinigt und damit den umfassenden deutsch-tschechischen Ausgleich endlich zuwege gebracht. Dieser Ausgleich löste vor allem ein zentrales Problem, nämlich die Frage nach der Rolle jeweiliger Minderheiten im Falle einer territorial-ethnischen Aufteilung und Autonomie, wie sie deutschen Vorstellungen entsprach. Hier wurden Gedanken des Sozialdemokraten Karl Renner, der durchaus konsequent auch sowohl 1918 wie 1938 für die großdeutsche Lösung eintrat, in modifizierter Form aufgenommen, denn das Grundprinzip war die Personalautonomie: Jeder Mähre konnte sich gemäß seines Nationalitätenbekenntnisses in das jeweilige Kataster unabhängig von der nationalen Struktur seines Wohnortes eintragen. Die Trennung der Nationalität bei den Wahlen und bei den daraus hervorgehenden Selbstverwaltungskörperschaften auf Landes- und auch Bezirksebene, die autonom ausgestaltet wurde, stellte sicher, daß jede Nation ihre Stimme voll zur Geltung bringen konnte. Eine formaldemokratische Majorisierung nationaler Minderheiten durch die Mehrheit in den Verwaltungsgremien wurde unmöglich gemacht. Damit aber war dem zentralen deutschen Anliegen Rechnung getragen, so daß die deutsche Dominanz im Landtag aufgegeben werden konnte. Der mährische Ausgleich bewährte sich auch in der Praxis und stellte insgesamt eine gelungene Lösung des deutsch-tschechischen Verhältnisses dar, das hier bis zum Ende der Monarchie den nationalen Frieden sicherte. Dies kann nur bedeuten, daß dieser Lösung auch für die Zukunft die allergrößte Aufmerksamkeit geschenkt werden muß. Allerdings hatte das Zustandekommen viel mit den besonderen Verhältnissen in Mähren zu tun, wo der Nationalitätenkampf bei weitem nicht die Intensität wie in Böhmen erreicht hatte. Immerhin wurde er 1910 Vorbild für einen Ausgleich in der Bukowina zwischen nicht weniger als sechs Nationen (Deutschen, Polen, Magyaren, Ukrainer, Rumänen, Juden).

Leider führte das, was in Mähren gelang, in Böhmen nicht mehr zum Ziel – hier war man von einem Ausgleich weiter entfernt als je.

Entstehung der Tschechoslowakei und zweite Katastrophe

Der Erste Weltkrieg und die Gründung der Tschechoslowakei

Während die Deutschböhmen (Sudetendeutschen) bei Ausbruch des Ersten Weltkrieges sich noch weitgehend von der deutschen Kriegsbegeisterung hatten anstecken lassen, waren die Tschechen, die ja auf der gleichen Seite zu kämpfen hatten, verständlicherweise weit zurückhaltender. Gründe waren die allgemeine Unzufriedenheit mit Österreich, panslawische Gefühle und mangelnde Identifizierung mit irgendwelchen Kriegszielen. Die Mobilmachungsbefehle wurden noch anstandslos befolgt. Aber schon ab September 1914 kam es zu tschechischen Massendesertionen, im darauffolgenden Winter liefen ganze Regimenter zu den Russen über. Trotzdem kann diese Erscheinung nicht, wie es später die nationalistische Propaganda der Republik behauptete, so erklärt werden, daß »das tschechoslowakische Volk« (das es damals noch gar nicht gab), »1914 wie ein Mann aufgestanden sei, um das 300jährige habsburgische Joch abzuschütteln«. Ebensowenig kann man, wie dies die Deutschböhmen taten, diese Erscheinungen als Verrat bezeichnen. Symbol für die Haltung der Tschechen in einem Krieg, den sie nicht als den ihren ansehen konnten, bleibt der Soldat Schweijk, der sich ebenso erfolgreich wie zweideutig und ebenso einfallsreich wie anpassungsfähig sein Überleben sicherte.

Daß, vorbereitet im Krieg, dann 1918 die tschechoslowakische unabhängige Republik gegründet werden konnte, ist vor allem dem Wirken eines Mannes zu verdanken: Thomas Garrigue Masaryk (1850–1937). Masaryk war Philosoph und Soziologe, ein Gelehrter von Rang und bis 1914, als Führer der kleinen und eher gemäßigten Realistenpartei, Anhänger eines innerhabsburgischen Föderalismus gewesen. Er erkannte aber bald, daß die habsburgische Monarchie den Krieg nicht überleben würde und kam zu der Überzeugung, daß sie das auch nicht sollte.

Ende 1915 verfaßte er ein erstes Memorandum über die zukünftige Gestaltung eines »tschechoslowakischen Staates« – unabhängig von Habsburg. Über seine gelehrten Kontakte in London erhielten die Außenminister der Entente diese Denkschrift und damit eigentlich zum ersten Mal auch Kenntnis von dieser tschechischen Nationalbewegung, ihren Zielen und den Möglichkeiten, die sich für ihre eigenen Kriegs- und Kriegszielpläne daraus ergaben. Masaryk und sein Mitarbeiter und Vertrauter, Edvard Benes (1884–1948), organisierten in Böhmen selbst einen Verschwörerkreis, der sich selbst »Maffia« nannte. Masaryk mußte bald ins Exil gehen, aber gerade das eröffnete ihm das Feld für seine historische Aufgabe. Die Dynamik der Entwicklung wurde, je mehr sich die Niederlage der Mittelmächte abzeichnete, auch von außen her betrieben, und ihre Zentralfigur blieb Masaryk.

Die Tradition des Panslawismus schien zunächst eine Anlehnung an Rußland nahezulegen. Schon vor dem Krieg hatten in Rußland etwa 50 000 Tschechen gelebt. Aus diesen sowie aus Deserteuren und Kriegsgefangenen wurde die »Tschechische Legion« gebildet, die zwar mit ihren 6000 Mann von der Zahl derjenigen Tschechen, die lieber in den Kriegsgefangenenlagern blieben, bei weitem übertroffen wurde, die aber im später ausbrechenden revolutionären Bürgerkrieg auf die antibolschewistische, die »weiße« Seite geriet. Da Rußland im Krieg schon zunehmend in Bedrängnis geriet, verlor es bald sein politisches Interesse an den slawischen Brüdern. Rußland konnte, was Masaryk schnell erkannte, auch nach der Februarrevolution als möglicher Geburtshelfer der tschechischen Unabhängigkeit nicht mehr in Frage kommen. Dies entsprach allerdings auch seiner politischen, am westlichen Liberalismus orientierten Grundüberzeugung und seiner frühen Anlehnung an die westlichen Alliierten.

Masaryk entfaltete konsequent eine rastlose Tätigkeit, um die Westalliierten – später auch die USA – dazu zu bewegen, die Selbständigkeit seines Landes in ihre Kriegsziele aufzunehmen. Die Unkenntnis namentlich der Angelsachsen über die Verhältnisse in Osteuropa ausnutzend, schreckte er vor tendenziösen und unzutreffenden Lagebeschreibungen keineswegs zurück. So schrieb er 1915 in einem Memorandum mit dem Titel »Independent Bohemia«, das er dem englischen Außenminister Grey überreichte, wohl wissend, daß das »Selbstbestimmungsprinzip der Nationalitäten« Eindruck machen würde, darin, daß Tschechen und Deutsche in Böhmen so ineinander verwoben seien, daß man praktisch keine Trennungslinie ziehen könnte, was eine ethnische Landesteilung entlang einer durchaus feststellbaren Sprachgrenze verhindern sollte.

Um sein Ziel zu erreichen, war Masaryk jedes Argument recht; er war ebenso intelligent wie phantasievoll und konnte sich auf das einstellen, was seine Gesprächspartner im Westen – später auch der ahnungslose US-Präsident Wilson – hören wollten. Fast gleichrangig stand ihm der diplomatisch vielleicht noch geschicktere Benes zur

Seite. Sowohl bei den Franzosen wie bei den Briten erreichte Benes im August 1918 die Anerkennung der Tschechoslowakei als »verbündetes Volk« und der tschechischen Legion als eine »verbündete Armee«. Noch leichteres Spiel hatte man mit dem Präsidenten Wilson, schließlich war vom Westen der von Masaryk und Benes dominierte »Nationalrat« »als die faktische, die militärischen und politischen Angelegenheiten der tschechischen Nation leitende Regierung« anerkannt. Masaryk und der Exil-Nationalrat entschlossen sich schließlich zur Bildung einer vollen provisorischen Exilregierung.

Was die Slowaken angeht, so war ihre wie selbstverständlich erfolgende Reklamierung für das zu bildende tschechische Staatswesen, die »Tschechoslowakei«, keineswegs so selbstverständlich, wie es den Alliierten erscheinen sollte. Zwar sind Tschechen und Slowaken sprachlich eng verwandt, die Slowaken nutzten zeitweise auch das Tschechisch der ersten Bibelübersetzungen als ihre Schriftsprache, hatten aber mittlerweile eine eigene entwickelt. Die Slowaken waren zudem sehr im Unterschied zu den Tschechen ein sozial fast völlig homogenes Volk von Kleinbauern und waren stark vom Katholizismus geprägt. Vor allem hatten sie keinerlei historisch-institutionelle Gemeinsamkeiten mit den Tschechen aufzuweisen. Die harsche Madjarisierungspolitik im Königreich Ungarn, dem sie 1000 Jahre lang angehörten – ihre Hauptstadt Preßburg – Bratislava war sogar lange die Krönungsstadt der ungarischen Könige –, hatte zudem eine Entstehung artikulationsfähiger slowakischer politischer Gruppen und Instanzen verhindert. Ihre Einvernahme für die fiktive Nationalität der »Tschechoslowaken«, wie sie auch in der amtlichen Bevölkerungsstatistik der späteren Tschechoslowakei auftauchte, hatte zunächst den ganz praktischen Zweck, die bevölkerungsmäßige Basis des zukünftigen Staatsvolkes zu verstärken. Das Fehlen einer das slowakische Volk als solches repräsentierenden Gruppe oder Institution machte diese Einvernahme möglich, warf jedoch das Problem der Ermächtigung dazu auf. Aber hier glaubte Masaryk, sich Legitimität dafür verschaffen zu können, indem er im Anschluß an eine große Kundgebung der amerikanischen Tschechen und Slowaken in Pittsburgh am 30. 5. 1918 mit den Führern der tschechischen und slowakischen Verbände ein Abkommen schloß, das staatliche Einheit gegen Zugeständnisse an eine eigene slowakische Verwaltung und Sprache sowie dem Versprechen eines eigenen Landtages sanktionierte. Hieraus wurde die Rechtsgrundlage für die Einverleibung der Slowakei abgeleitet.

Die erste tschechoslowakische Republik und die Behandlung der Sudetendeutschen

In den böhmischen Ländern war im Verlaufe des Jahres 1918 die habsburgische Macht regelrecht verdämmert und immer mehr Macht und praktische Verwaltungsaufgaben einem neugebildeten tschechischen Nationalausschuß in die Hand gefallen. Auf einer Routinesitzung am 28. 10. 1918 konstituierte sich dieser schließlich als Revolutionskomitee und proklamierte am Abend das Gründungsgesetz des »selbständigen tschechoslowakischen Staates«. Die noch existierenden österreichischen Behörden und Militäreinrichtungen setzten keinerlei Widerstand entgegen und kooperierten sogar mit der neuen Macht, wurden teilweise dafür in das neue Staatswesen übernommen, so daß Benes von einer »durch Österreich amtlich bewilligten« Revolution sprach.

Am 14. November 1918 trat in Prag die »Revolutionäre Nationalversammlung« zusammen, in der die tschechischen Parteien nach einem durch die Ergebnisse der Reichsratswahl von 1911 gebildeten Schlüssel vertreten waren und 40 slowakische Abgeordnete kooptiert wurden. Alle anderen noch zu vereinnahmenden Minderheiten waren in dieser mit umfangreichen Vollmachten versehenen Versammlung nicht vertreten und damit weder an der Ausarbeitung der tschechoslowakischen Verfassung noch der Wahl des Staatspräsidenten und der Regierung beteiligt. In der Eröffnungssitzung wurden die Absetzung des Hauses Habsburg proklamiert und die Errichtung einer freien und demokratischen Tschechoslowakei im Rahmen ihrer historischen Grenzen. Masaryk wurde einstimmig als Präsident gewählt und ebenso die in Genf gebildete Regierung aus Exil- und Heimpolitikern.

Inzwischen war es auch in der Slowakei zu Entwicklungen gekommen, die die Legitimationsgrundlage der Tschechoslowakei verbesserten. Der Mitte Oktober 1918 gegründete slowakische Nationalrat hatte eingesehen, daß das Zusammengehen mit den Tschechen slowakischen Interessen eher entsprach. Eine unabhängige Slowakei wäre gegenüber den Ungarn ohne Protektor kaum überlebensfähig gewesen.

Mit voller Wucht wurde aber nun die junge Republik – nach Erledigung des ja gleichfalls prekären Slowakenproblems – mit der Frage der Deutschen in Böhmen konfrontiert. Die Beschwichtigungen, Täuschungen und Kompromißformeln – zu denen auch der nach

1918 neu erfundene »Minderheitenschutz« gehörte – führten zum schwierigsten Problem der tschechoslowakischen Republik, die weder die Wege noch die Zeit fand, das Problem – etwa im Sinne des mährischen Ausgleichs von 1905 – zu lösen.

Die Deutschen in den böhmischen Ländern hatten zwar eine eindeutige Rechtsbasis – gehörten freilich insgesamt zu der Verliererseite. Die deutsch-österreichische Sozialdemokratie – nationalbewußt, aber kaum nationalistisch – hatte am 4. 10. 1918 eine Resolution verabschiedet, in der es hieß:

»Wir erkennen das Recht der slawischen Nationen an, ihre eigenen Nationalstaaten zu bilden, wir lehnen aber unbedingt und für immer die Unterwerfung deutscher Gebiete unter diese Nationalstaaten ab. Wir verlangen, daß alle deutschen Gebiete Österreichs zu einem deutschösterreichischen Staat vereinigt werden, der seine Beziehungen zu den anderen Nationen Österreichs und zum Deutschen Reich nach seinen eigenen Bedürfnissen regeln soll.«

Diese Resolution der Sozialdemokraten – eine saubere Lösung im Sinne der damals aufkommenden Ideologie des Selbstbestimmungsrechtes der Völker – wurde von den Vertretern der anderen deutschen Parteien – auch von den kleinlaut gewordenen Nationalisten – übernommen.

Die Bestimmungen sollten vor allem für die Deutschen in Böhmen und Mähren – jetzt zunehmend die *»Sudetendeutschen«* genannt – gelten. Die Eindeutigkeit, mit der hier das historische Habsburger Reich abgeschrieben und das Prinzip der nationalen Selbstbehauptung übernommen wurde, mußte auf die Tschechen aber als eine Herausforderung wirken. In bezug auf ihre Frontstellung gegen Habsburg vertraten sie allerdings das Nationalprinzip, aber ihre Position wurde von der Inkonsequenz, die sich schon bei Palacky gezeigt hatte, in sich widersprüchlich. Denn gegenüber den Deutschen in Böhmen hielten sie am Prinzip des »Historischen Rechts« fest, um den territorialen Besitzstand zu wahren.

Die Selbstorganisation der deutschen Gebiete in den böhmischen Ländern zwecks Anschluß an Deutsch-Österreich machte Fortschritte, aber als man in diesem Sinne mit den Tschechen zu Verhandlungen kommen wollte, wurde den Deutschen von tschechischer Seite ein klares »mit Rebellen verhandeln wir nicht« entgegengehalten. Die Tschechen/Slowaken sahen sich bereits als die Herren des Landes, und zwar in den historischen Grenzen. Die Berufung auf das Nationalitätenrecht wurde durchaus mißachtet. Der neue tschechoslowakische Präsident Masaryk formulierte am 22.12. bei seiner Ankunft in Prag ebenso eindeutig wie verletzend: »Das von den Deutschen bewohnte Gebiet ist unser Gebiet und wird es bleiben... Wir haben unseren Staat gebildet, dadurch wird die staatsrechtliche Stellung unserer (!) Deutschen bestimmt, welche ursprünglich in das Land als Emigranten und Kolonisten gekommen sind.«

Konsequent besetzten tschechische Truppen vorsichtig, aber zielbewußt die deutschen Gebiete – nicht ohne manchmal blutige Zwischenfälle, aber ohne eigentliche größere Gewaltakte oder Massaker.

Beim so schwer geschlagenen und mit den schwierigen Friedensverhandlungen befaßten Deutschen Reich konnten die Sudetendeutschen zunächst keine Hilfe finden. Die Weimarer Republik entwickelte in der Zukunft korrekte und im ganzen unproblematische Beziehungen zur Tschechoslowakei.

Die Politik der Tschechen wurde von der Pariser Friedenskonferenz im wesentlichen bestätigt. Mittlerweile waren Amerikaner und Engländer zwar über die Probleme des Raumes besser orientiert, so daß sie nicht mehr alles widerspruchslos hinnahmen, was ihnen die tschechische Seite vorschlug. Aber im ganzen hatten die Tschechen Erfolg, der im wesentlichen von drei Faktoren abhing:

Erstens hatten sie die fast bedingungslose Unterstützung ihrer Positionen durch Frankreich. Die Franzosen wollten hier einen Verbündeten im Sinne des von Masaryk vertretenen Konzepts eines gegen die Hegemonie des Deutschen Reichs gerichteten Schutzwalls kleiner Nationalstaaten stärken. Sie wollten aber auch eine deutsche Stärkung durch Anschluß sudetendeutscher Gebiete, die vielleicht sogar einen Anschluß Deutsch-Österreichs präjudiziert hätte, um jeden Preis verhindern. Zum zweiten trug die Delegation von Detailfragen an Fachgruppen, die der rührige Benes schon zuvor beeinflußt hatte, besonders zu diesem Erfolg bei. Und zum dritten das allgemeine Drängen auf eine definitive Lösung der deutschen Grenzfrage, die schließlich zur Aufgabe aller Detailfragen zugunsten einer einfachen Übernahme der historischen Grenzen zwischen den böhmischen Ländern und Deutschland führte.

Allein in der Frage des Teschener Bezirks, d.h. des Ostteils des ehemaligen österreichischen Schlesiens mit gemischt deutscher, tschechischer und polnischer Bevölkerung konnten die Tschechen keinen Erfolg verbuchen. Denn bei der versuchten Besetzung war es zu militärischen Zusammenstößen mit den Polen gekommen. In Paris mußten die Tschechen schließlich hier eine ethnischen Prinzipien folgende Grenzziehung akzeptieren. Damit war aber nicht nur das Prinzip der historischen Grenzen durchbrochen, sondern Masaryks Konzept des großen Bündnisses der kleinen Völker in Osteuropa war damit schon im Ansatz gescheitert. Diese Frage sollte auch das polnisch-tschechische Verhältnis weiterhin schwer belasten.

Die Masaryk-Äußerung vom 22. 12. 1918 über die deutschen »Kolonisten und Emigranten« mußte für die Deutschen schon sehr bedrohlich klingen. Dies wurde in einem von der französischen Zeitung »Le Matin« am 10. 1. 1919 abgedruckten Interview mit Masaryk noch verstärkt.

»Unsere historischen Grenzen stimmen ziemlich mit den ethnographischen überein. Nur die Nord- und Westränder des böhmischen Vierecks haben infolge der starken Einwanderung während des letzten Jahrhunderts (!) eine deutsche Mehrheit. Für diese Fremden (französisch: étrangers – also auch als »Ausländer« zu übersetzen) wird man vielleicht einen gewissen Modus vivendi schaffen, und wenn sie sich als loyale Bürger erweisen, ist es sogar möglich, daß ihnen unser Parlament eine gewisse Autonomie zubilligt. Zumindest auf dem Gebiet des öffentlichen Unterrichts. Im übrigen bin ich davon überzeugt, daß eine sehr rasche Entgermanisierung vor sich gehen wird.«

Man muß Masaryk zweifellos zugute halten, daß er allerdings nie die Konsequenz einer brutalen Entgermanisierungspolitik aus seinen Worten zog und als Präsident der Republik später die Notwendigkeit einer deutsch-tschechischen Zusammenarbeit hervorhob und allzu stramme tschechische Nationalisten zurückhielt. Den Charakter des neuen Staates umschrieb er deshalb bei seiner Ansprache zum ersten Jahrestag der Republik weitaus konzilianter, aber klar: »Unsere nationale Politik erkennt loyal die nationalen und sprachlichen Rechte der anderen Nationen unserer Republik an. Den Staat haben *wir* gebildet, und daher ist es ganz natürlich, daß er sein besonderes Gepräge haben wird: das liegt im Begriff des selbständigen Staates selbst.« Interessant, sowohl für Masaryks Interpretation von »Minderheitenschutz« als auch für die langfristige Perspektive, ist die Fortsetzung der Argumentation:

»Aber in unserer Republik wird es keine gewaltsame Entnationalisierung geben ... In unserer Republik werden die nationalen Minderheiten ihre Nationalität vollkommen ungestört pflegen können. Die nationalen Minderheiten könnten und sollten überhaupt dazu berufen sein, zur Annäherung der Völker und zur gewünschten Internationalität beizutragen.« Und gegenüber dem deutschen Prager Tageblatt äußerte er: »Es ist für mich ein unerschütterlicher Grundsatz, daß jede Minderheit sich zur Geltung bringen muß . . . Die Sprachenfrage ist für mich kein Politikum, sondern Sache einer zweckmäßigen Administrative. Eine dementsprechende Lösung dieser Frage wird viele Beschwerden der Deutschen aus dem Weg räumen.«

Masaryk hoffte, daß gerade durch den individualistisch-liberaldemokratischen Charakter der Republik auf Dauer eine Entnationalisierung und »Tschechoslowakisierung« der Minderheiten inklusive der Deutschen eintreten würde, solange man sie nicht direkt in ihrer Nationalität bedrohte.

Durch eine entsprechende Nationalitätenschutzgesetzgebung, wie sie in keinem anderen der Nachfolgestaaten der Monarchie Realität wurde, wurden die Deutschen und die anderen Minderheiten in der Tschechoslowakei tatsächlich vor einer gewaltsamen oder forcierten Entnationalisierung geschützt und behielten auch einen großen und gesetzlich abgesicherten kulturellen Entfaltungsspielraum. Allerdings lag schon im Grundsatz des Nationalitätenschutzes ein Problem, denn dieser wurde nicht wie im alten Österreich einer ganzen Volksgruppe als Korporation eigenen Rechtes gewährt, es wurde nur das abstrakte Individuum als solches in seiner Nationalität geschützt.

Der abstrakte Grundrechtsschutz auf individuelle Nationalität war zwar insgesamt nicht wirkungslos. Für die bislang einer harten Magyarisierungspolitik ausgesetzten Karpaten-Deutschen z. B. in der Slowakei bedeutete er sogar eine Verbesserung, da sie erst jetzt unter den tschechoslowakischen Gesetzen mittlere und höhere Schulen und eigene Büchereien erhielten, sich auch demographisch erholten und ein eigenes kulturelles Leben aufbauen konnten. Aber gegen Politik und Verwaltung eines nach französischem Muster zentralisiert aufgebauten demokratischen Staatswesens reichte das individuelle Schutzprinzip nicht aus. Dabei unterhöhlten weniger spektakuläre politische Maßnahmen die Position der Deutschen; der Teufel steckte in den Details der Praxis dieses Nationalitätenschutzes.

Dabei ist nicht nur an die vielen kleinen Kränkungen und gesetzlichen Sticheleien zu denken, wie die wiederholte Bezeichnung des deutschen Gebietes als »verdeutschtes Gebiet«, die die Erinnerung an die »Emigranten und Kolonisten« wiederaufleben ließ, die Wegnahme des zuvor deutschen Prager Ständetheaters oder das kleinliche Staatsgesetz, das der deutschen Universität in Prag Tradition und

Insignien der Carolo Ferdinanda verweigerte und die nationale Atmosphäre an den beiden Prager Universitäten aufheizte. Andere subalterne Regelungen und vor allem die Kleinkariertheit von Beamten, die hier beste österreichische Traditionen fortsetzen, trugen das ihre dazu bei, nationale Gereiztheiten zu konservieren.

Im großen gab es allerdings keine umfassende Tschechisierungs-Kampagnen, aber spektakulär waren die Massenentlassungen deutscher Beamter und dann ein Ausführungsgesetz zum Sprachgesetz, das verfügte, daß binnen sechs Monaten von allen deutschen Beamten und Richtern Tschechisch-Kenntnisse nachzuweisen seien. Insgesamt schieden zwischen 1921 und 1930 rund 33000 deutsche Beamte aus und wurden 41000 Tschechen neu eingestellt. 1930 betrug der Anteil der Deutschen am Staatsdienst nur noch 15 Prozent im Gerichtswesen und bei Verwaltung, Bahn und Post 12,5 Prozent und erreichte nur im Schuldienst den ihrem Bevölkerungsanteil entsprechenden Anteil von 23 Prozent.

Und gerade die Tschechisierung der Beamtenschaft bot die Möglichkeit, auf vielfältige Weise tschechische Anliegen auf dem Verwaltungswege allmählich voranzubringen und eine schleichende Zersetzung der Minderheiten ohne Gesetzesbruch zu betreiben. Auf der Ebene der niederen Verwaltung wurde ziemlich konsequent eine Politik des Auszehrens noch verbliebenen deutschen »nationalen Besitzstandes« betrieben, der von deutscher Seite mit einem verbissenen Kleinkrieg um Arbeitsplätze, deutsche Schulklassen und Zwergschulen, deutsche Straßentafeln und deutsche Beamte beantwortet wurde.

Die deutschen bürgerlichen Parteien hatten zwar noch beim Einzug in das Parlament im Juni 1920 erklärt, daß sie »nie aufhören werden, das Selbstbestimmungsrecht unseres Volkes zu fordern«, aber sie stellten sich ab Mitte der 20er Jahre, wie zuvor auch schon die Sozialdemokraten, auf den bestehenden Staat um, um weiterhin um Autonomierechte zu kämpfen. Nur die Deutschnationalen blieben »negativistisch«, und ihr Vorsitzender Logdmann von Auen erklärte in einem politisch ebenso törichten wie bösen Wort, »daß es die höchste Pflicht der deutschen Abgeordneten ist, in diesem Staat Hochverrat zu üben«.

Die Außenpolitik der jungen tschechoslowakischen Republik verfolgte das Ziel der Verhinderung einer deutschen Groß- und Hegemonialmachtstellung in Europa. Sie wurde gerade deshalb auch von Frankreich gefördert, das dabei die Tschechoslowakei als wichtigsten

Bundesgenossen und Drehscheibe dieses Konzeptes sehen mußte. Aber von Anfang an hatte diese Politik schwere Defekte, nämlich den Ausschluß Österreichs und Ungarns und die nicht mehr reparable Konfrontation mit Polen über Teschen.

Zur schwersten Belastung aber wurden die Friedensschlüsse von Versailles und Saint-Germain. Denn diese hatten den ost-mitteleuropäischen Raum völlig zersplittert. Vorher hatten hier drei Großmächte geherrscht und sich gegenseitig an einem Übergewicht gehindert. Von diesen Großmächten war aber praktisch nur Deutschland in seiner nationalen Substanz halbwegs erhalten geblieben – die UdSSR war zunächst ausgeschaltet und auch relativ weit abgedrängt. Deutschland hatte damit potentiell durch den Frieden und die Zerstückelung der Habsburger Monarchie in diesem Raum die Stellung einer natürlichen Hegemonialmacht gewonnen. Nur die restriktiven Bestimmungen des Versailler Vertrages, d.h. sehr künstliche Beschränkungen, hinderten es an einer aktiven Ausfüllung dieser Rolle in diesem Raum. Mit der Auflösung der »Versailler Fessel« mußte sich automatisch die Lage in Ost-Mittel-Europa völlig umdrehen.

Die außenpolitisch günstige Position der Tschechoslowakei hing also stark von künstlichen Faktoren ab, die von Prag aus im Ernstfall selbst kaum mehr kontrollierbar und stabilisierbar gewesen wären. Deshalb war 1938 für die Tschechoslowakei ein böses Erwachen. Das Nichthinzuziehen der Tschechen zur Münchner Konferenz 1938 ist insofern nicht nur symptomatisch für die Arroganz der Großmächte, sondern auch der nur mit künstlichen Mitteln überhaupt getragenen außenpolitischen Lage der Tschechoslowakei, die zwar nicht, wie NS-Propaganda gern herausstellte, ein »künstliches Produkt des Versailler Systems« war, aber ihre Rolle doch vor allem diesem System verdankte und dessen Verfall nicht überleben konnte.

Die große Wirtschaftskrise und das Dritte Reich

Von den Auswirkungen und sozialen Erschütterungen der Wirtschaftskrise ab Ende der 20er bis weit in die 30er Jahre hinein waren mit riesigen Arbeitslosenzahlen am schwersten das Deutsche Reich und dann die USA betroffen. Durch die relativ engen wirtschaftlichen Beziehungen zwischen der – auch generell stark exportabhängigen und damit von der internationalen Wirtschaftskrise besonders hart getroffenen – sudetendeutschen Industrie und der benachbarten Wirtschaft des Reiches wirkten sich auch dessen soziale Probleme im Gefolge der Wirtschaftskrise bei den Sudetendeutschen stärker aus als bei den Tschechen. Hinzu kam eine regierungsamtliche Bevorzugung tschechischer Industrieller, die in der Krise erst richtig deutlich wurde, mit dem Ergebnis, daß dieser sozialstrukturelle Unterschied als nationaler Konflikt erschien und zu einer Radikalisierung des Sudetenproblems führte.

Die soziale Frage wurde auch durch den Generationswechsel zu einer politischen Frage. Die Suche nach neuen politischen Formen und die Diskreditierung der »alten Leute« und der alten Parteien, die in Prag weiter mitarbeiteten, mußte fast unausweichlich eine Verschärfung der Frontstellungen mit sich führen. Dieser Radikalisierungsprozeß, der zur Gründung der Sudetendeutschen Partei unter Konrad Henlein führte, die als Sammlungsbewegung aller Deutschen der Tschechoslowakei überaus erfolgreich war, ist politisch sehr komplex verlaufen und war keineswegs von Anfang an auf einen Anschluß an das Deutsche Reich Hitlers ausgerichtet. Die äußerst wichtige Untersuchung des englischen Historikers Ronald M. Smelser zu diesem Problem sei in diesem äußerst sensitiven Bereich auch der heutigen deutsch-tschechischen Beziehungen als neutrales, wissenschaftliches Urteil zitiert. Das grundlegende Problem liegt im Beziehungsdreieck Hitler bzw. reichsdeutsche Volkstumspolitik, tschechischer Politik und sudetendeutscher Politik, an deren Ende die Zerstörung der Tschechoslowakei stand. Smelser sieht keinen weitgefaßten außenpolitischen Plan Hitlers, innerhalb dessen die Sudetendeutschen systematisch erfaßt und eingeordnet worden wären. Vielmehr stellt er ein kompliziertes Wechselspiel innerhalb der sudetendeutschen Gruppen und innerhalb der reichsdeutschen Volkstumspolitik fest. Die zahlreichen und sehr unterschiedlichen Verbindungen dieser unübersichtlichen Beziehungen entwickelten sich allmählich zu Lasten der nur an mehr Autonomie innerhalb der Tschechoslowakei interessierten »Traditionalisten«. Damit wurden der Politik Hitlers schließlich die Möglichkeiten eröffnet, die dann zu seiner »Lösung« des Problems beitrugen. Dabei waren es zweifelsohne auch die Entwicklungen innerhalb der sudetendeutschen Volksgruppe und Politik, die die Reichspolitik in die Sudetenfrage hineinzogen – und nicht nur eine einseitige Instrumentalisierung der Sudetendeutschen durch Hitler.

Läßt Smelser so die Selbstentlastung der Sudetendeutschen nach 1945, sie seien von Hitler zu einer ihnen fremden Politik ausgenutzt worden, nicht gelten, so läßt er aber auch den tschechischen Vorwurf des Verrats der Republik durch die Sudetendeutschen nicht zu. Hierzu sei er ausführlich zitiert:

»Es ist letzten Endes nicht leicht, die Verantwortung für die Ereignisse, die zur Vernichtung des tschechoslowakischen Staates führten, festzulegen. In der labyrinthartigen Verwirrung der Politik der Sudetendeutschen und des Reiches in den Jahren 1933–1938 findet sich reichlich Material, um alle Beteiligten erheblich zu belasten. Wenn man die komplexen gegenseitigen Beziehungen zwischen reichs- und sudetendeutscher Politik entwirrt, ist jedoch klar zu erkennen, daß es, was die Sudetendeutschen anbelangt, eine weit übertriebene Vereinfachung der Entwicklung wäre, ihnen für die dreißiger Jahre durchgehend arglistige und bewußte Zusammenarbeit mit Hitler zu dem Zweck der Zerstörung der Tschechoslowakei zu unterstellen. Die Tragödie der Sudetendeutschen liegt in der Tatsache, daß sie die Natur und die Machtstruktur des Dritten Reiches völlig falsch beurteilten; daß sie versuchten, das nationalsozialistische Deutschland für ihre Zwecke zu verwenden, um schließlich ihrerseits als Werkzeuge für eine radikale Expansionspolitik des Reiches mißbraucht zu werden. Wenn auch die führenden politischen Persönlichkeiten des Sudetenlandes und die sudetendeutsche Bevölkerung selbst zu gegebener Zeit als fünfte Kolonne für Hitler fungierten, so war dies nicht immer so gewesen. Erst nach einer langanhaltenden Reihe politischer Machtkämpfe zwischen Politikern im Reich und im Sudetenland – Kämpfe, die Männer wie Konrad Henlein, der Führer der sudetendeutschen Einheitsbewegung, nie wirklich verstanden – ergab sich eine Krisensituation, die Hitler dazu bewog, im politischen Entscheidungsprozeß eine starke Hand zu beweisen, während sie die Führer der Sudetendeutschen ihrerseits zwang, ihr Schicksal mit den politischen Zielen des Dritten Reiches zu verbinden. Was Hitlers Rolle in dieser politischen Entwicklung anbelangt, so ist es wiederum zu vereinfachend, von einem lange vorbereiteten, sorgfältig durchdachten Plan für die Verwendung der sudetendeutschen Bevölkerung zur Zerstörung des tschechoslowakischen Staates zu sprechen. Als politisch Verantwortlicher scheint Hitler selten irgendwelche genauen Pläne vorbereitet zu haben. Wie viele Forscher bemerkt haben, glich die politische Atmosphäre des Hitler-Regimes oft einem ›bürokratischen Urzustand‹ –, in welchem politisches ›freies Unternehmertum‹, Duplizität der Funktionen und ein intensiver persönlicher Konkurrenzkampf sowie Machtzersplitterung vorherrschten. Mitten in diesem System stand Adolf Hitler als Opportunist bereit, wenn die Bedingungen es von ihm forderten oder wenn sie unverkennbar günstig waren, eine gegebene Situation unter Kontrolle zu bringen und eine verbindliche Entscheidung zu fällen. Diese Art von Entscheidungsprozeß zeigt sich am deutlichsten im Verlauf der Sudetenkrise.« (Ronald M. Smelser, Das Sudetenproblem und das Dritte Reich 1933–1938, München, Wien 1980, S. 216)

Die Tatsache, daß es der SDP bzw. Konrad Henlein am Ende dann doch um die volle Sezession von der Tschechoslowakei ging, ist nicht zu leugnen. Ebenso muß aber auch gesehen werden, daß die Politik Benes' jene Eskalation mitverantworten muß, die den Sudetendeutschen schließlich nur noch den Weg zu lassen schien, den sie seit 1918 mehr und mehr als die Alternative zur drohenden, völligen Tschechisierung erkennen mußten. Benes, der große außenpolitische Taktierer, erwies sich im entscheidenden Moment als ziemlich hilflos, dann nämlich, als diplomatische Finessen nicht mehr ausreichten, sondern die Machtfrage selbst gestellt war. Auch ist für die Gesamtbeurteilung darauf hinzuweisen, daß der französische »Verrat« bei der Münchener Konferenz wie ein Schock wirkte und bei den Tschechen schließlich auch eine gewisse Bereitschaft zur Neuorientierung zutage trat.

Das Münchener Abkommen

Es bleibt, noch kurz den Weg in die Katastrophe zu beschreiben, die 1938/39 der deutsch-tschechischen Gemeinsamkeit in den böhmischen Ländern ein Ende setzte. Es ist bereits oben erwähnt worden, daß die Weimarer Republik zur Tschechoslowakei korrekte und insgesamt nicht schlechte Beziehungen unterhielt und die Sudetendeutschen mehr oder weniger sich selbst überließ. Es darf aber nicht übersehen werden, daß in Deutschland – wie jüngst Hillgruber mit Recht hervorhebt (ders., Die Last der Nation) – alle politischen Kräfte dem Ziel der »Revision von Versailles« folgten. Schon insofern lag eine potentielle Dynamik in dieser Beziehung vom Deutschen Reich zur Tschechoslowakischen Republik. Aktuell war der Weimarer Revisionismus – gerade auch eines Stresemanns – allerdings eher gegen Polen gerichtet, was sich allerdings mit der Reichskanzlerschaft des Österreichers Hitler rasch änderte. Gerade die Machtergreifung der Nationalsozialisten 1933, die die Revisionsforderungen propagandistisch besonders stark betonten, mußte auf Dauer auch die Sudetenfrage in das Blickfeld rücken – ohne daß sich aber, wie erwähnt, etwa ein entsprechender langfristiger Plan Hitlers nachweisen ließe.

1938 erfolgte der Anschluß Deutsch-Österreichs. Dieses Ereignis wurde in nationaler Hinsicht – auch eingedenk der eindeutigen

Willensbildung von 1918 – von Deutschen und Österreichern begeistert begrüßt, und zwar trotz der Tatsache, daß ideologische Bedenken gegen die NSDAP und ihren Führer Hitler als solchen nicht zu übersehen waren. Die Wiederaufnahme von Sezessionsplänen im Sinne der Eingliederung des sudetendeutschen Gebietes ins Reich wurde jetzt unausweichlich. Propagandistisch vorbereitet wurde das Unternehmen innenpolitisch dadurch, daß die tschechische kleinkarierte, benachteiligende und schikanöse Politik gegenüber den Deutschen zu einer generellen Unterdrückung mit ausführlicher Kolportage blutiger Einzelheiten übertrieben wurde. International aber wurde – und zwar erfolgreich – die Karte der nationalen Selbstbestimmung gespielt. Die Losung »Heim ins Reich« wurde im Ausland mehr und mehr zu einer verständlichen Forderung. Den Sudetendeutschen, die ja vielfach alles andere als nationalsozialistisch waren, wurde sie um so mehr zu einer ihnen als einzigen Ausweg einleuchtenden Politik, als sie im Ausland immerhin als plausible Maßnahme und als Vollzug des Selbstbestimmungsrechts verstanden werden konnte. Hitler selbst war allerdings zu diesem Zeitpunkt nicht primär am Selbstbestimmungsrecht der Nationen interessiert. Vielmehr hatten sich seine vagen Pläne im Frühsommer 1938 zum festen Entschluß verdichtet, den ganzen böhmischen Raum gewaltsam in Besitz zu nehmen, ja er glaubte sogar, daß das Dritte Reich einen Rüstungsvorsprung besaß, der die Entfesselung eines neuen Weltkrieges über die tschechische Frage erlaubt hätte. Das sudetendeutsche Selbstbestimmungsrecht war für ihn vor allem ein propagandistisches Mittel. Daß sich Großbritannien und Frankreich dem Prinzip der nationalen Selbstbestimmung im Falle der Sudetendeutschen am Ende beugten, war für ihn eine unangenehme Überraschung. Hitler sah im Münchener Abkommen, das damals in den Augen der Deutschen sein größter politischer Erfolg war, eher eine Niederlage. Seine Politik im Spätsommer 1938 glich fast den Bemühen, gegen die Nachgiebigkeit der Westmächte doch noch seinen Krieg zu bekommen.

Zum Ausbruch der tschechisch-deutschen Katastrophe sei auf eine Begebenheit hingewiesen, die der Geopolitiker Professor Karl Haushofer mitteilt, und die von mehreren Zeugen bestätigt worden ist. Haushofer hatte nach dem Anschluß Österreichs wiederholt Hitler gegenüber direkt oder über seinen Schüler und Freund Rudolf Heß seine Besorgnis über die nach seiner Ansicht für das Reich gefährlich gespannt werdende internationale Situation zum Ausdruck gebracht. Nach Abschluß des Münchener Abkommens 1938, welches ohne den befürchteten Krieg den Anschluß des Sudetenlandes sanktionierte, ließ Hitler Haushofer zu sich in die Reichskanzlei nach Berlin kommen. Hitler: »Na, Herr Haushofer, was sagen Sie nun?« Haushofer: »Mein Führer, Sie haben Großes erreicht, und ich hätte nie geglaubt, daß Sie einen solchen Erfolg ohne Krieg hätten erreichen können. Wenn Sie aber nicht alles aufs Spiel setzen wollen, müssen Sie jetzt eine entschlossene Friedenspolitik treiben!« Daraufhin, so berichtete Haushofer bald nach dieser Begegnung, habe sich Hitler wortlos umgedreht und ihn stehengelassen.

Chamberlains Politik des »appeasements«, d.h. der Erfüllung berechtigt erscheinender deutscher Revisionsforderungen zur Wahrung des europäischen Friedens oder zumindest zum Zeitgewinn für die britische »Nachrüstung«, ist zwar oft kritisiert worden, was aber nur aus einer Ex-Post-Perspektive möglich ist. Zumindest erscheint es heute kaum angebracht, eine Politik zu kritisieren, die sich nicht darauf einließ, einen grenzenlosen deutschen Expansionsdrang dogmatisch festzustellen und Krieg zu beginnen, sondern erst alle Möglichkeiten einer friedlichen Regelung auszuschöpfen versuchte. Auf jeden Fall gab der britische Premier im September 1938 in mehreren Unterredungen mit Hitler der Forderung nach der vollen Sezession aller sudetendeutschen Gebiete nach, und Frankreich folgte ihm dabei. Die offiziell mit der Tschechoslowakei verbündete Sowjetunion protestierte zwar dagegen, machte aber eine militärische Unterstützung der Tschechen von einer westlichen Aktion abhängig. Polen hingegen erneuerte seine Forderung auf das Teschener Gebiet an Prag in scharfer Form, und auch Ungarn hielt sich bereit, seine historischen Grenzen auf Kosten der Tschechoslowakei wiederzugewinnen. Obwohl Hitler fast alles erreicht hatte, was er öffentlich gefordert hatte, bemühte er sich nun aber nochmals, durch ein auf den 1. 10. befristetes Ultimatum für die Übergabe der Gebiete zu einem militärischen Konflikt zu kommen. Tatsächlich lief die tschechische, deutsche, französische und englische Mobilmachungsmaschinerie schon an, und der Krieg schien unvermeidlich. Aber ein Vermittlungsversuch Mussolinis machte ihm – wie Hitler später sagte – »einen Strich durch die Rechnung«. Der »Duce«, Chamberlain, der französische Ministerpräsident Daladier und Hitler trafen sich Ende September so in München zu jener Konferenz, bei der die deutschen Ziele als Vermittlungsvorschlag Mussolinis getarnt durchgesetzt wurden. Zwischen dem 1. und dem 10. 10. besetzte die Wehrmacht das Sudetenland. Auch Ungarn und Polen setzten bei dieser Gelegenheit ihre Gebietsansprüche gegen die Tschechoslowakei durch – was übrigens zur Folge hat, daß Polen bis heute keine Ungültigkeitserklärung des Münchener Abkommens ausgesprochen hat, wie es z. B. die Bundesrepublik 1973 tat.

Die Prager Regierung war zur Münchener Konferenz gar nicht hinzugezogen worden, den tschechischen Vertretern wurden die fertigen »Verhandlungsergebnisse« als bindend zugestellt. Schon zuvor hatte Prag erleben müssen, daß die Westmächte nicht bereit waren, die Integrität der historischen Grenzen des Landes bedingungslos zu verteidigen und hatte – dem geballten Druck der Westmächte nachgebend – schon im September seine zumindest prinzipielle Zustimmung zur sudetendeutschen Sezession erteilt. Das über die Lage nie richtig aufgeklärte tschechische Volk empfand nicht nur das Verhalten der Sudetendeutschen, sondern vor allem das ihrer Verbündeten, vor allem Frankreichs, als »Verrat«, zeigte nach dem Schock sogar eine gewisse Bereitschaft, ein neues Verhältnis zu Deutschland zu suchen.

Konrad Henlein, eher sudetendeutscher Traditionalist als eigentlicher Nationalsozialist – er verschwand nach 1938 rasch von der politischen Bühne –, hatte am 15. September einen Aufruf herausgegeben, in dem folgende Schlußsätze zu lesen waren: »Wir wollen als freie deutsche Menschen leben!« »Wir wollen wieder Frieden und Arbeit in unserer Heimat!« »Wir wollen heim ins Reich!« Dazu soll abschließend der englische Historiker noch einmal zu Wort kommen:

»Henleins Erklärung enthielt einen Widerspruch. Traditionell hätte kein Sudetendeutscher ›Heimatland‹ und ›Reich‹ im selben Atemzug genannt, einfach, weil die Sudetenheimat nie Teil des modernen Deutschen Reiches gewesen war. Der Begriff des Volksdeutschen selbst setzte ein Leben außerhalb des Reiches voraus. Aber Henlein war nicht mehr Traditionalist. Er hatte längst die Auffassung aufgegeben, daß die Interessen seines Volkes außerhalb Deutschlands lagen. Mit seinem Aufruf setzte er das Siegel unter einen Prozeß, der die völkische Integrität der Sudetendeutschen zerstört hatte. Von diesem Zeitpunkt an sollten ihre Interessen als weniger wichtig hinter den Bedürfnissen einer größeren Einheit, deren Teil sie bald werden sollten, zurücktreten. Mehrere Wochen nach Henleins Aufruf traten die Sudetendeutschen in das Reich ein, und von da an sollte ihr Schicksal unwiderruflich mit dem von Hitlers Deutschland verbunden sein. Seine Zerstörung war auch das Ende des deutschen Sudetenlandes.« (Smelser, S. 215).

Schlußbemerkung zur Darstellung der böhmisch-deutschen Geschichte

Es ist eines der für die Absicht des Buches wichtigsten Prinzipien, für die letzte Phase der Beziehung zwischen Deutschen und Tschechen, die der reinen Gewaltsamkeit und des gegenseitigen Blutvergießens, Amnestie zu fordern. Es kann deshalb nicht Aufgabe des historischen Teiles sein, diese Frage in die Darstellung mit einzubeziehen.

Deshalb soll am Schluß dieser Darstellung nur noch einmal ihr Zweck ins Gedächtnis gerufen werden: Es geht darum, das Bewußtsein für eine tausendjährige Beziehung zu fördern, die von größten gemeinsamen Leistungen ebenso gezeichnet ist wie von schweren Auseinandersetzungen. Die heutige Tschechoslowakei hat mit »ihren« Deutschen einen Teil ihrer historischen Identität verloren, eine Identität, die in der Tat viel dichter ineinander verflochten und verwoben ist, als es die äußere Unterscheidung und die scheinbare Abtrennungsmöglichkeit von Sudetendeutschen und Tschechoslowaken deutet. Die Geschichte hat gezeigt, welche Wege in dieser Gemeinschaft unbegehbar geworden sind, sie gibt aber auch genug Beispiele dafür, wie die Zusammenarbeit zwischen den Nationen zu ihrer beider Wohl und zum Zwecke des Ausgleichs und des Friedens in Europa verwirklicht werden könnte. Dieser möglichen Verwirklichung gelten die folgenden Kapitel.

IV. Verfassung der Zentraleuropäischen Föderation – Voraussetzungen, Prinzipien, Demokratie

Amnestie

Bevor der Name »Auschwitz« in der Welt als Bezeichnung für menschenverachtenden Schrecken und für die Verbindung von Politik und Verbrechen verbreitet wurde, gab es ein anderes Wort, das eine ähnliche Wirkung hatte: Die »Bartholomäusnacht«. Damals ging es um die Auseinandersetzung zwischen den herrschenden Katholiken und den Hugenotten im Frankreich des 16. Jahrhunderts. Als die Hugenotten, unter Führung des überragenden Admirals Coligny, immer einflußreicher und mächtiger zu werden drohten, beschloß die Königin-Mutter Katharina von Medici eine »Endlösung« des Hugenottenproblems. Mit Zustimmung des Königs ließ sie in der Nacht zum Fest des Heiligen Bartholomäus, am 24. August 1572, die in Paris versammelten Anführer des hugenottischen Adels und mit ihnen Tausende von Glaubensgenossen ermorden. In Paris zählte man allein an dreitausend Tote, im Land fielen dem allgemeinen Gemetzel noch mindestens zehntausend weitere Menschen zum Opfer. In Rom feierte der Papst dieses Massaker als großen Sieg über die Ketzer mit einem Tedeum.

Die Bartholomäusnacht spielt in der Entwicklung der Geschichte der politischen Ideen insofern eine wichtige Rolle, als sie eine Flut von Veröffentlichungen, Streitschriften und folgenreichen theoretischen Überlegungen über Staatsraison, Tyrannenmord und absolutes Königtum hervorrief. Diese Wirkung soll aber hier weniger interessieren als eine andere, die von größter Aktualität ist.

Die Bartholomäusnacht hatte, als grauenerregendes Ereignis, fast vier Jahrhunderte lang eine Wirkung, die eben der des Namens Auschwitz heute für die letzten vier Jahrzehnte sehr ähnlich ist. Eine Ähnlichkeit, die z. B. auch so weit geht, daß etabliert-katholische Kreise des 19. Jahrhunderts die Ereignisse der Bartholomäusnacht leugneten oder verdrängten. Es gab so etwas wie eine »Bartholomäusnacht-Legende«, worauf sich Gustave Flaubert in seinem »Wörterbuch der Gemeinplätze« ebenso lakonisch wie ironisch bezieht.

Wesentlich ist aber geworden, daß mit der Bartholomäusnacht die konfessionellen Auseinandersetzungen in Frankreich keineswegs beendet waren. Die übriggebliebenen Hugenotten sahen sich aufs schärfste herausgefordert, und die religiösen Streitigkeiten schlugen in einen latenten Bürgerkrieg um, den der Gedanke an das vergossene Blut in unversöhnlicher Weise ausweitete und vergiftete. Die zahllosen Streitfälle und Anschlußverbrechen, die die ganze Nation aufs äußerste aufbrachten und beunruhigten, konnten auch durch paritätisch, also mit Katholiken und Protestanten besetzte Kommissionen nicht beigelegt werden: Selbst in diesen Kommissionen schlug man sich immer wieder die Bartholomäusnacht, die fortan zu einer politischen Streitformel wurde, um die Ohren, was eine Beilegung der Streitfälle unmöglich machte. Da entschloß sich der König unter dem Einfluß bedeutender juristischer Berater zu einem denkwürdigen Schritt. Er setzte eine Oberkommission ein, bestehend aus 14 namhaften Juristen, die zwar alle katholisch waren, die aber von ihren Prinzipien her auf die Überwindung des konfessionellen Bürgerkriegs hinarbeiteten, und zwar im Namen des inneren Friedens und des Zusammenhalts einer Nation, die scheinbar unaufhaltsam in zwei feindliche Lager auseinanderzubrechen drohte. Es ist von Bedeutung, daß diese Kronjuristen und ihre Ideen als »les politiques« in die Geschichte eingegangen sind, also als »die Politiker« schlechthin bezeichnet wurden. Wir haben hier einen wichtigen Punkt in der Entwicklung einer eigenständigen Politikauffassung, deren wichtigstes Kennzeichen darin besteht, daß sie sich von der Theologie und der theologisierenden Moral – wir würden heute sagen: von den Ideologien und ihren unversöhnlichen Wahrheitsansprüchen – trennte, daß sie sich als Politik emanzipierte.

Als das wichtigste Mittel, das Zusammenleben der beiden Lager wieder zu ermöglichen, wurde von dem Wortführer dieser königlichen Kammer bzw. Kommission, dem königlichen Advokaten Loisel, die Amnestie bezeichnet. Er hielt einen richtungsweisenden Vortrag, dessen Motto lautete: »Die beste Abwehr des Bürgerkrieges ist das Vergessen.«

»Loisel knüpft seine allgemeinen Betrachtungen an die Amnestiebestimmungen der vorangegangenen Pazifikationsedikte an. Die Amnestiebestimmungen sind die Grundlage für die übrigen Regelungen dieser Edikte. Auf die Ursachen der Bürgerkriege geht Loisel nicht ein, das Thema steht für ihn jetzt nicht zur Debatte. Ihm kommt es auf die Frage an, mit welchen Mitteln ein Bürgerkrieg beendet wird, und da gibt es kein besseres Mittel als die Amnestie . . . Denn es gibt zwei Arten der Amnestie: Einmal das gegenseitige Verzeihen (pardon) und dann das Vergessen (oubliance). Nach der Beendigung eines Bürgerkrieges ist jedoch das gegenseitige Verzeihen unmöglich: Denn jeder glaubt das Recht auf seiner Seite zu haben und will seine Fehler nicht zugeben. Wenn man jedoch darüber streiten will, so findet der Kampf kein Ende. Deshalb bleibt als einziges Heilmittel das Vergessen aller erlittenen Pein: Man muß alles so rasch wie möglich vergessen, und zwar so gründlich, daß keine Erinnerung an den Bürgerkrieg mehr bleibt: . . . statt ständig in der Vergangenheit herumzuwühlen, ist es besser, das Tedeum zu singen und Gott über alles zu preisen . . . Damit wirklich Ruhe in das Land einkehrt, soll jedweder Verstoß, so fordert Loisel, gegen die Amnestie unter Strafe gestellt werden – als Verstoß gegen die öffentliche Ordnung. Bestraft werden soll auch das ständige Aufrühren der vergangenen Zeit.« (Roman Schnur, Die französischen Juristen im konfessionellen Bürgerkrieg des 16. Jahrhunderts, Berlin 1962, S. 20).

Die Franzosen, in bezug auf äußere Friedensschlüsse bekanntlich nicht immer so weise, bieten ein weiteres berühmtes Beispiel für Amnestie um des inneren Friedens willen. Nach der Restauration der Bourbonen im Jahre 1814 betrieb Talleyrand, zusammen mit Ludwig XVIII., gegen den Widerstand der Ultraroyalisten eine Amnestie in bezug auf die Revolutions- und Napoleonzeit.

Die Anwendung dieser berühmten Beispiele einer die Ideologien überwindenden »Politik als Politik« liegt auf der Hand! Tschechen und Deutsche können unmöglich in einer Einheit zusammenleben, wenn nicht »das Vergessen« vorher wirksam geworden ist. Und selbstverständlich kann es hier nicht bei Appellen bleiben. Dies wirksam werden zu lassen, ist unter der Voraussetzung der Pressefreiheit, der indirekten Gewalt der Massenmedien und einer differenzierten Geschichtsforschung nicht einfach. Andererseits ist diese Amnestie zweifellos durchführbar, wenn sie in den konstitutionellen Grundkonsens der Zentraleuropäischen Föderation eingebaut wird. Die Amnestie als Voraussetzung für die Neuordnung Europas müßte aber um so eher durchzusetzen sein, als es sich hier um ein gegenseitiges Vergessen handelt. Freilich muß hier noch einmal deutlich gemacht werden, worum es gehen wird. Sowohl das Münchener Abkommen wie auch die »Zerschlagung der Resttschechei«, das

»Reichsprotektorat Böhmen und Mähren«, Reinhard Heydrich, Lidice, *müssen aus der politischen Instrumentalisierung herausgenommen und öffentlich »vergessen« werden.* Und auf der anderen Seite müssen die repressive Deutschenpolitik der Tschechoslowakei, die Erledigung des Deutschenproblems durch Vertreibung, Massaker wie das von Aussig, Namen wie Rotwasser, alle die furchtbaren Einzelheiten, die seit dem Reichenberger-Bericht bekannt sind, bei Strafandrohung aus der *öffentlichen* Erinnerung verschwinden. Auch die Behandlung von vermeintlichen oder tatsächlichen Rechtsansprüchen der Sudetendeutschen muß im Geiste dieser Amnestie erfolgen.

Insofern dieser Amnestiekonsens eine der Verfassungsgrundlagen der Zentraleuropäischen Föderation sein muß, kann Pressefreiheit hier nicht geltend gemacht werden, entsprechende Gesetze müssen erlassen und wirksam gemacht werden. Dokumentarisches Material wird sekretiert und nur unter strengen Auflagen für die Zeitgeschichtsforschung und andere wissenschaftliche Zwecke zugänglich gemacht. Alle einschlägigen Produktionen der Massenmedien unterliegen der Zensur ebenso wie die einschlägigen Darstellungen in den Schulbüchern. Alle öffentlichen Denkmale, die an die Zeit des Terrors erinnern, sollten dem Vergessen anheimfallen, alle ehemaligen Anlagen von Konzentrationslagern, Hinrichtungsstätten und die entsprechenden musealen Einrichtungen sollten auf dem Gebiet der Zentraleuropäischen Föderation der besseren Zukunft geopfert werden.

Dies mag vielen unzumutbar, ja undenkbar erscheinen. Aber schon der große Liberale Thomas Dehler hatte in den fünfziger Jahren gegen die Politik des Nicht-Vergessenwollens gekämpft. Und erinnern wir uns der politischen Beispiele. Um des großen Zieles der Zentraleuropäischen Föderation und um des inneren Friedens willen ist dies Versiegenlassen einer Quelle ständiger Zwietracht einfach notwendig. Der Weg in eine gemeinsame europäische Zukunft darf nicht durch die ständige Erinnerung an das, was in der Vergangenheit die Völker gegen- und auseinandertrieb, verstellt werden.

Die Prinzipien

Von der Geschichte des hier im Blickpunkt stehenden mitteleuropäischen Raumes läßt sich ein hoher Anteil von Gemeinsamkeit zwischen den Völkern feststellen, die jetzt in vier Staaten leben. Auch die

Phasen extremer Dissoziation gehören in diese Geschichte des gemeinsam Erlebten, und die Bedingungen der räumlichen Nähe sind auch von den Auseinandersetzungen nicht aufzuheben.

Eine Perspektive, die auf gemeinsame politische Praxis geht, muß aber natürlich von der gegenwärtigen Realität des »Eisernen Vorhangs« ausgehen. Wir müssen mit unterschiedlichen Entwicklungen, unterschiedlichen Systemen und gegeneinandergerichteten Machtbehauptungsinteressen der jeweilig Herrschenden rechnen.

Bevor in diesem Abschnitt über die Perspektiven der innenpolitischen Ausgestaltung und der praktischen Politik der Zentraleuropäischen Föderation gesprochen wird, sollen ihre Prinzipien, also die Grundsätze und die Realfaktoren, die berücksichtigt werden müssen, noch einmal stichwortartig zusammengefaßt werden.

- Die historische Bewegung, die allerorts spürbar ist, fordert gerade von den Deutschen das Denken über weittragende Zukunftsprinzipien, wenn sie in dieser Bewegung mehr sein wollen als Bauern auf dem Schachbrett anderer Mächte.
- Aus der Unerträglichkeit, der Gefährlichkeit und der Sterilität der gegenwärtigen Spaltung Europas ergibt sich zwingend die Forderung nach einer Neuordnung.
- Die Neuordnung muß vom Zentrum her erfolgen.
- Die Situation der Deutschen in Europa verlangt deren politische Einigung. Nur als Geeinte können die Deutschen ihre Rolle spielen, die ihnen in Europa kein anderes Volk oder Land abnehmen kann. Deutschland konnte bisher die Stelle eines beruhigten Zentrums nicht ausfüllen. Die europäische Gesamtentwicklung, das Weltmachtstreben der Europäer und nationalistische Rivalitäten standen dem im Wege. Die Fronten und Konstellationen haben sich jetzt so vereinfacht, daß die europäische Perspektive zwangsläufig eine solche der Konsolidierung aus der Mitte heraus ist – mit der einzigen Alternative der fortschreitenden Bindung Westeuropas an die USA und Ost-/Mitteleuropas an die UdSSR.
- Die politische Neuordnung Europas muß das alte Problem Mitteleuropas, nämlich die Aussöhnung zwischen dem deutschen Volk und slawischen Völkern, ebenso lösen wie das neue der Ost-/Westspaltung.
- Ohne einen Anspruch auf Endgültigkeit zu erheben, muß die Minimalperspektive der europäischen Neuordnung die jetzigen Länder CSSR, DDR, Österreich und Bundesrepublik umfassen.

- Der Aufbau eines neuen politischen Zentrums Mitteleuropa kann nicht der Ausdruck reinen Wunschdenkens sein. Der Plan wird gestützt von der Analyse der langfristigen Interessen aller Beteiligten und der historisch aufgewiesenen faktischen Gemeinsamkeiten.
- Die Differenz zwischen Völkern, Sprachen und Gesellschaftssystemen muß durch erneuerte Formen der Gemeinsamkeiten zu einem lebens- und entwicklungsfähigen Ganzen entwickelt werden. Wie bei aller politischen Arbeit sind Geduld und Augenmaß erforderlich.
- Keine Seite kann der anderen gegenüber einen ideologischen Alleinvertretungsanspruch erheben.
- Insbesondere den Völkern der Tschechoslowakei kann keine »Minderheitenposition« zugemutet werden. Dies würde der zentralen Aufgabe der Neuordnung ebenso widersprechen, wie sie die Glaubwürdigkeit des Strebens nach einer neuen Lösung der mitteleuropäischen Probleme in Frage stellen müßte.
- Die »unterschiedlichen Gesellschaftssysteme« der beteiligten Länder müssen zur Disposition stehen. In Mitteleuropa ist die Koexistenz von Ideologien (Konfessionen) gelungen, die sich weit unversöhnlicher gegenüberstanden. Bis heute sind innerhalb der deutschen Nation eher katholisch geprägte von protestantisch geprägten Ländern zu unterscheiden. Ebenso können eher sozialistisch oder eher liberal geprägte Teile denkbar sein. Die europäische Lösung verlangt, daß dergleichen Prägungen im Laufe einer konsequent verfolgten Entwicklung der Gemeinsamkeit der Zukunft nicht mehr im Wege stehen dürfen. Ideologische Unvereinbarkeiten dürfen nicht mehr die reale Politik bestimmen. Wer weiterhin auf ihnen besteht, ist Feind der europäischen Neuordnung.
- Die Verfassung der Zentraleuropäischen Föderation kann nicht als völlig neu ausgedachte vom Himmel fallen oder »auf der freien Hand« wachsen. Sie muß an alle geschichtlichen Prägungen anknüpfen, die eine reale, nicht nur ideologische Zukunftsdimension haben, und alles zurückdrängen, was dieser Gemeinsamkeit der Zukunft entgegensteht. Was zu vereinbaren ist, soll vereinbart werden. Was schwierig zusammenzudenken und -zubringen ist, daran muß gearbeitet werden. Was dem inneren Frieden der Föderation entgegen ist, kann nicht wahr sein.

Es kann nicht die Aufgabe dieses Buches sein, von diesen Grundlagen aus eine ausgearbeitete Verfassung der Zentraleuropäischen Föderation vorzulegen. Die zahllosen Einzelprobleme müssen den entsprechenden Verhandlungen überlassen bleiben, und natürlich wissen die Verfasser, welche Teufel im Detail stecken. Aber in den Grundsätzen stecken mindestens ebensoviel Teufel, d. h. Schwierigkeiten, und vor diesen soll man sich nicht fürchten.

Noch viel weniger allerdings vor den Menschen, die, was unvermeidbar ist, neuen politischen Lösungen schon allein deshalb Widerstand entgegensetzen, weil sie neu sind. Die grundsätzlichen Probleme werden deshalb in diesem Kapitel in zwei weiteren Abschnitten behandelt: zunächst geht es um die Möglichkeiten der Gemeinsamkeit so grundverschiedener Einheiten überhaupt, also um das Problem der Föderation.

Föderalismus

Die Bezeichnung der »Föderation« ist hier bisher mit einer gewissen Unbekümmertheit benutzt worden. Sie ist staatsrechtlich nicht sehr präzise und muß damit rechnen, von dieser Seite her gewissen Einwänden ausgesetzt zu sein. In gewisser Hinsicht wäre die Bezeichnung »Reich« zutreffender. Aber man muß damit rechnen, daß die Zeitgenossen diesem Wort und seiner Idee nicht unbefangen und sachlich, sondern vorurteilsvoll und mehr in Erinnerung an geschichtliche Perversionen begegnen würden. Gerade deshalb mußte hier die eigentliche Idee des Reiches entfaltet werden – das Wort ist dann nicht mehr so wichtig. Hier wurde die Bezeichnung »Föderation« gewählt, weil sie einerseits die harmlosere zu sein scheint, andererseits immerhin die Aufgabe zutreffend deutlich macht: Es geht ja darum, höchst unterschiedliche Einheiten zu einem größeren Ganzen zusammenzuführen. Dabei muß jede ihre Besonderheit behalten können. Jede Einheit soll aber im Sinne des Zusammenhalts des Ganzen in dieses Ganze ihre Besonderheit in einer Form einbringen, die sie nicht zu einer Zentrifugalkraft, die die Grenze von der Dynamisierung zur Zerstörung des Ganzen überschreitet, werden läßt.

Nicht anders wird übrigens »Föderation« oder »Föderalismus« herkömmlicherweise definiert. Föderalismus ist ein Prinzip politischer Ordnung, das die Vielfalt unterschiedlicher ethnischer, historisch geprägter Einheiten zu einem Ganzen zu verbinden sucht, das sowohl den Besonderheiten der Mitglieder wie den Gemeinsamkeiten des großen Ganzen gerecht wird. Insofern ein Land, Stamm oder Gebiet sich von dem anderen ebenso unterscheidet, wie es seine Eigenart und Selbständigkeit gegenüber dem Ganzen zu bewahren sucht, muß der Föderalismus konkret auseinanderstrebende wie zusammenhaltende Kräfte ausbilden, jene zulassen, diese auferlegen.

Das sehr grundsätzliche Problem der Vereinbarkeit auseinanderstrebender Besonderheiten ist als das moderne Problem der Freiheit des einzelnen im Staat im kategorischen Imperativ Kants und in dessen Formulierung von der »ungeselligen Geselligkeit« des Menschen sowie in der »Rechtsphilosophie« Hegels ebenso grundsätzlich gelöst, wie es in der Reichsidee schon vorgeprägt war. Für den Föderalismus der Zentraleuropäischen Föderation gilt das gleiche, was Hegel für den modernen Staat festgestellt hat, als er sagte: »Das Prinzip der modernen Staaten hat diese ungeheure Stärke und Tiefe, das Prinzip der Subjektivität sich zum *selbständigen Extreme* der persönlichen Besonderheit vollenden zu lassen, und zugleich es in die *substantielle Einheit* zurückzuführen und so in ihm selbst diese zu erhalten.« (Rechtsphilosophie § 260).

In bezug auf das föderalistisch aufgefaßte Zentraleuropa bedeutet dies eben, daß hier die zu sich selbst stehenden Regionen, Stämme und Nationen eben als diese, nämlich als sie selbst, in ihrer Einzigartigkeit bestehen können. Dabei ist das Ganze nicht als bloßes Zweckbündnis anzusehen, sondern als die große politische Form und Macht, die es den einzelnen Einheiten gerade erst ermöglicht, sie selbst zu sein und zu bleiben.

Es ist klar, daß der staatliche Zentralismus, der sich im Absolutismus auszubilden begann, seine historischen Notwendigkeiten hatte. Und zwar aus den Anforderungen der gesellschaftlichen Entwicklung heraus, die die Kommunikation in und zwischen größeren Einheiten verlangte, die Verbindungen zwischen den lokalen Märkten schaffen und die langen Handelswege sichern mußte. Der Staat erhielt durch zentrale Organisation und durch Ausbildung einer professionellen Beamtenschaft die Möglichkeit, die Mittel für die übergeordneten Zwecke der Wahrung des inneren Friedens und der Abwehr äußerer Bedrohung zu schaffen. Dabei entstanden aus dieser historischen Notwendigkeit die Prinzipien der Vereinheitlichung und der Vereinfachung: als Apparat die Bürokratie, die ja diese Prinzipien in sich verkörpert – wobei die Gefahr eines immer träger werdenden Systems freilich gesehen werden muß.

Zwei Erscheinungen führen dazu, bürokratischen Zentralismus von einer Errungenschaft zu einer Fessel – wie sich Marx sehr treffend ausdrückte – werden zu lassen: einmal jene Trägheit des Systems, die zu einer ständigen Selbstvermehrung der Bürokratie führt, und zum anderen die bürokratische Zentralisierung unter hohem Entwicklungsdruck, die, wie in der Sowjetunion, zu einer Diktatur führte, die sich heute zusammen mit der Trägheit und dem Wucherungskomplex als immer überständiger erweist.

Die Verwaltung unterschiedlicher und auseinanderstrebender Einheiten (oder Individualitäten) ist zunächst um so effektiver, je mehr Vereinfachungen herbeigeführt werden. Dies ist der eigentliche Kern der modernen Gleichheitsforderung: Sie ist ja nicht die Ethik der Gerechtigkeit, sondern die Ideologie der Bürokratie. Die Effektivität der Verwaltung beruht auf der Organisation von Informationssystemen, und die Vereinheitlichungstendenz entsprach eine Zeitlang dem informationstechnischen Standard der Postlinien, der zentralen, auf einfachen Linien sich bewegenden Befehlswege, der eindeutigen Ausrichtung von oben nach unten.

Je vielfältiger die zu verwaltenden Besonderheiten sind, um so schwieriger wird die auf die Dauer zu errichtende Gemeinsamkeit – aber für das Zeitalter der Mikroprozessoren, der neuen Informationstechnik sowie des ständig beschleunigten Schienen- und Luftverkehrs sollte dies politische Problem kein Hindernis mehr darstellen.

Es ist kein Zweifel, daß das autoritärste zentralistische System, das der Sowjetunion, in der technischen Modernisierung in den genannten Bereichen schwerfälliger ist und daß es sich als Bürokratie (Nomenklatura) gegen die Aufnahme größerer Vielfalt sträubt. Wenn Gorbatschow »Demokratisierung« in Partei und Verwaltung fordert, dann nicht aus ethisch-philanthropischen Gründen, oder weil er eingesehen hat, daß der Westen doch die bessere Ideologie hat, sondern weil er sein Land weiterbringen, effizienter organisieren will, und weil er erkannt hat, daß die technischen Mittel dazu vorhanden sind oder entwickelt werden können. Der Widerstand, mit dem solche Reformen rechnen müssen, kommt aus der Trägheit der Nomenklatura bzw. der Machteliten – auch und natürlich gerade in der DDR. Eine Bürokratie wird nur schwer von selbst erkennen können, daß sie von einer »Errungenschaft« zu einer »Fessel« geworden ist. Die zweifellos revolutionären Veränderungen, die notwendig sind, können deshalb nur durch einen von oben initiierten technokratischen Elitenschub erreicht werden. Das ist das, was in der Sowjetunion unter »Verjüngung der Kader« versucht wird.

Die stärkere Betonung der Eigenart des Besonderen, die wir in der Gegenwart in dem Regionalismus der Bretonen, Basken, Iren, Katalanen, Slowaken, Tiroler usw. erleben, ist nicht nur ein mehr oder weniger dumpfes Gefühlsstreben nach heimatlicher Identität und querköpfiges Sichsperren gegen Zentralismus. Vielmehr steckt dahinter auch die mehr oder weniger bewußte Einsicht, daß mit der technologischen Entwicklung der alte, lineare Zentralismus, der auf Gleichheit bestehen mußte, überflüssig und überständig geworden ist. Eine neue, auf Netzwerken, kybernetischen Modellen und hochkomplexen Selbststeuerungssystemen beruhende Wahrnehmung der Gemeinsamkeitsleistungen macht Vielfalt der Untereinheiten wieder möglich – und zwar, ohne daß man dies, in bornierter Technikfeindlichkeit, nur als den technisch raffinierteren Zentralismus verstehen müßte. »1984« ist keineswegs eine denknotwendige Vision: Der Ausgleich zwischen den Bedürfnissen der Einheitlichkeit und denen der Besonderheit und Eigenständigkeit der kleineren Einheiten ist technisch möglich. Er wird global, d. h. im Weltmaßstab, effizient, wenn die Gesamtheit groß genug ist und die Einzelheiten hinreichend selbständig sind. Dieser Ausgleich im großen Stil war schon der »substantielle Gehalt« (wie Hegel sagt) der Reichsidee und des modernen Staates. Da es das »Europa der Vaterländer«, das de Gaulle vorschwebte, im Ost-West übergreifenden Sinne kaum geben wird, soll hier statt dessen ein »Europa der Regionen« als politische Einheit erstrebt werden, in dem Raum für jegliche Vielfalt und Besonderheit ist.

Es ist nicht uninteressant, daß zu den Theoretikern, die sich unter dem speziellen Titel des Föderalismus mit diesem allgemeinen Problem befaßt haben, Namen wie Althusius (1557–1638) und Konstantin Frantz (1817–91) ebenso zu finden sind wie P. J. Proudhon, der Vater des freiheitlichen Sozialismus oder Anarchismus. Infolge der hier herausgestellten historischen Bedeutung des Zentralismus neigen die Klassiker des Sozialismus, Marx und Engels, eher dazu, den Föderalismus als Hindernis für die moderne Entwicklung anzusehen. Entsprechend den Entwicklungsnotwendigkeiten seiner Zeit und seines Landes verurteilte auch Lenin einen Föderalismus – wie ihn etwa der armenische Sozialdemokrat Saumjan vor dem Ersten Weltkrieg entwickelt hatte. Dies hinderte freilich die Bolschewiki nach 1917 nicht daran, dem Föderalismus trotzdem eine bedeutende Rolle zuzusprechen: Das Problem der Nationalitäten erwies sich nämlich auch in und nach der Revolution als komplizierter, als es sich die Einheits- und Zentralisierungsfanatiker der bolschewistischen Funktionärseliten vorgestellt hatten. (Natürlich wird Föderalismus nur für sinnvoll gehalten, wenn er sich mit der richtigen, fortschrittlichen Ideologie [des Sozialismus] verbindet.)

Ein zentraler Schritt zur Einrichtung der Föderation wäre die – natürlich fiktive – Auflösung der vier staatlichen Einheiten. Die Zentraleuropäische Föderation müßte nicht von den bestehenden historisch willkürlich begrenzten vier Staaten ausgehen, sondern sich aufgrund ihrer Raumbeziehungen und ihrer Geschichte aus den einzelnen Ländern als selbständigen Einheiten zusammensetzen. Dabei kann von den bestehenden Organisationen ausgegangen werden. Eine Möglichkeit zur Veränderung von Ländergrenzen kann vorgesehen bleiben, ein partikularistischer Trieb zu kleineren Einheiten, die etwa aus irgendeinem Grund – ethnischer oder sprachlicher oder historischer Art – neu zu bilden seien, also ein sezessionistischer Regionalismus muß unterbunden bleiben. Die Zentraleuropäische Föderation würde aus Ländern bestehen. Als Beispiel könnte man nennen: Tschechische Sozialistische Republik, Slowakische Sozialistische Republik, Kärnten, Tirol, Vorarlberg, Sachsen, Mecklenburg, Thüringen, Nordrhein-Westfalen, Rheinland-Pfalz, Bayern usw. Anzustreben sind nicht allzu divergierende Einwohnerzahlen und, wo angemessen, stammesmäßige Verwandtschaft. Die DDR gliedert sich heute nicht nach traditionellen Länderbezeichnungen, sondern – nach Art des rein zentralistisch konzipierten französischen Departement-Systems – nach kleineren Verwaltungsbezirken. Selbstverständlich kann hier – durch die Erwähnung von Ländern wie Mecklenburg oder Thüringen – kein Vorgriff auf Entscheidungen gemeint sein: eine Angleichung erscheint jedoch als möglicherweise sinnvoller. Hervorgehoben werden muß allerdings, daß diese Föderation von Ländern die Auflösung der jetzigen vier Staaten als dieser bedeuten würde – eine Auflösung, die jedoch kein anderes Ziel hätte, als die Nationen und die Regionen in einem neuen und größeren Ganzen zu neuer Blüte, Kraft und Selbständigkeit zu bringen.

Die Hauptstädte Prag, Wien und Berlin (selbstverständlich West und Ost, also Gesamtberlin) würden einen besonderen Status erhalten.

Der letzte Akt der Souveränität der bestehenden Staaten würde – wie natürlich die Verhandlungsführung als solche – der sein, alle

»seine« Untereinheiten ohne Ausnahme in das Gebiet der Zentraleuropäischen Föderation einzubringen. Deren Organe müßten die übergeordnete Funktion der jetzigen Staaten zunächst souverän koordinieren, kontrollieren und schließlich übernehmen.

Was nun den Föderalismus der Zentraleuropäischen Föderation im allgemeinen angeht, so gilt für ihn: soviel Eigenständigkeit wie möglich und soviel Zentralisierung wie nötig. Daß ein solcher Satz eine fast unzulässige Vereinfachung darstellt, ist den Verfassern klar. Nichtsdestoweniger trifft er generell zu. Selbstverständlich ist es eine Definitionsfrage, was je »nötig« und was je »möglich« ist. D. h., daß diese Fragen politisch entschieden werden müssen. Das letztere entzieht sich aber ohnehin der allgemeinen Definition: denn die Eigenständigkeit ist ja der Ausdruck des Besonderen oder der Freiheit – die regionale oder ethnische oder einfach geschichtlich geprägte Eigenart wird sich zur Geltung bringen. Wesentlicher ist es, das allgemein »Nötige« zu bedenken.

Was nun die konkrete verfassungsmäßige Ausgestaltung des Zentraleuropäischen Föderalismus angeht, so muß man sich keineswegs überall neue Regelungen ausdenken: Auch innerhalb der Zentraleuropäischen Föderation wären mehr oder weniger erprobte Lösungen vorhanden: so z. B. die bundesstaatliche Organisation in der Bundesrepublik Deutschland oder die zwischen der tschechischen und der slowakischen Republik bestehenden Regeln der Vereinheitlichung.

Was das generelle Verhältnis des Möglichen zum Notwendigen angeht, so kann auf das Beispiel auch der Eidgenossenschaft hingewiesen werden: niemand zweifelt an deren staatlicher Einheit und einheitlicher Handlungsfähigkeit – jedermann kennt aber auch die Eigenart, Eigenständigkeit, auch den Eigensinn der Kantone. Die Schweizer Verfassung wäre also jedenfalls ebenso auf übertragbare Elemente zu prüfen wie die bisherigen Verfassungen der zentraleuropäischen Staaten auch.

Mit Recht ist darauf hingewiesen worden, daß in allem Föderalismus etwas vom »Subsidiaritätsprinzip« steckt. Das Subsidiaritätsprinzip wird in der katholischen Soziallehre naturrechtlich abgeleitet und besagt kurz, daß alles, was die kleinere Einheit im Rahmen des Ganzen zu leisten in der Lage ist, auch von ihr wahrgenommen werden soll. Die höhere Einheit soll erst dann tätig werden – gesetzgeberisch also –, wenn die Aufgaben die Möglichkeiten der kleineren Einheit übersteigen.

Dies impliziert – in der katholischen Soziallehre wie ebenso im recht verstandenen Föderalismus – auch die Pflicht der höheren Einheit, den Kleineren ihre Existenz zu belassen, zu ermöglichen und ausgleichend zu erleichtern. Von daher sind die zentralen Kompetenzen generell abgrenzend zu bestimmen:

Sie umfassen das, was man früher »hohe Politik« nannte: auswärtige Beziehungen, Verteidigung und Verantwortung für alle Systeme, die dem lebendigen Ausbau der gemeinschaftlichen Existenz dienen; im Falle der Zentraleuropäischen Föderation vor allem die langfristige und vorsichtige Angleichung der von den jetzigen staatlichen Unterscheidungen her differierenden übergeordneten Gesetzgebungen. Das Verhältnis von Bundes-, Länder- und konkurrierender Gesetzgebung, wie es in der Bundesrepublik Deutschland besteht, kann z. B. als Richtschnur angenommen werden. Die zunehmend beobachtete »Politikverflechtung« und die daraus sich ergebende neue Tendenz zum Zentralismus müßte in der Zentraleuropäischen Föderation durch die großen Unterschiede der einzelnen Länder institutionell erst einmal gebrochen werden können.

Für den allgemeinen Teil der föderalistischen Verfassung müßten mindestens drei Prinzipien unabdingbar sein: das Prinzip des Föderalismus als solchem, das Prinzip der Regionalität, das Prinzip der politischen Toleranz.

Das Prinzip des Föderalismus als solches muß in der Verfassung festgeschrieben werden, d. h., daß der föderale Aufbau der Zentraleuropäischen Föderation nicht prinzipiell verändert werden kann. Dies keineswegs nur, um die Nachbarn zu beruhigen, die nach 1945 einen deutschen Zentralstaat fürchteten, und auch nicht, weil im Föderalismus eine Ideologie mit höheren Weihen zu sehen ist, sondern einzig und allein darum, weil es um die Organisation der Freiheit der Völker geht, und weil die föderative politische Großform die der Zukunft angemessene politische Organisation ist.

Das Prinzip der Regionalität ist ebenfalls als grundlegend anzusehen, wenn es auch möglicherweise auf die Dauer nicht rein festgehalten werden kann, insofern sich überregionale Interesse organisieren werden. Als Richtlinie aber ist es zunächst wegen der großen politisch-gesellschaftlichen Unterschiede der beteiligten Einheiten festzuhalten. Für die Praxis der zweifellos langwierigen Zusammenschlußverhandlungen muß die zentrale Versammlung so notwendiger- wie zweckmäßigerweise aus Delegierten der Regionen zusammengesetzt sein.

Die scheinbar entscheidende Frage nach der Vereinbarkeit der unterschiedlichen Partei- und folglich auch Delegationssysteme erledigt sich durch das Prinzip der politischen Toleranz. Das Prinzip der politischen Toleranz der Zentraleuropäischen Föderation bedeutet, daß für die zentrale Versammlung der Föderation kein Delegierter nach der Art seiner Legitimation gefragt werden darf. D. h., es ist in dieser Versammlung – sowohl für die Zeit der Verhandlungsführung wie für die Zeit nach der Gründung der Zentraleuropäischen Föderation – prinzipiell gleichgültig, ob das Mandat des Delegierten aus einer freien Wahl oder aus dem Auftrag einer bestehenden Staats-, später Länderregierung hervorgeht. Die Hindernisse, die einer solchen Regelung entgegenstehen, sind nichts anderes als ideologisch. Das so aufgefaßte Prinzip der politischen Toleranz muß nicht bedeuten, daß auf die Dauer überregionale Parteibildungen nicht stattfinden dürften.

Aber keinesfalls kann die Anerkennung des »anderen« an die Vorgängigkeit freier Wahlen gebunden sein. Das Parteiensystem im herkömmlichen, westlichen Sinne darf nicht verbindlich gemacht werden. Wo es besteht und funktioniert, mag es dazu benutzt werden, bei der Willensbildung – sprich der Abordnung der Delegierten – mitzuwirken. Wo ein anderes Partei- und Demokratieverständnis herrscht, wird der Delegierte ebenso als legitimiert angesehen wie andere auch. Es gibt keine Delegierten erster – demokratischer – Klasse und andere.

Die Zentraleuropäische Föderation als neue Form der Demokratie

Welche Freiheit taugt für die Zukunft?

Ernst Jünger hat einmal geschrieben, es sei »von hohem Wert, daß alles, was auf der Welt an Gedanken vorhanden ist, in Deutschland noch einmal durchdacht, d. h. auf deutsche Schiffe geladen wird«.

Wenn wir uns Gedanken über eine den Verhältnissen der Zentraleuropäischen Föderation angemessene Form der Demokratie machen, so kann es nicht darauf ankommen, eine neue Art von Demokratie zu erfinden, sondern nur darauf, den Gedanken oder das Prinzip der Demokratie auf das Schiff Mitteleuropa umzuladen. D. h., die Gedanken über Demokratie müssen der eigenen Geschichte ebenso entsprechen wie der spezifischen Situation, die eine Eigenständigkeit gegenüber West und Ost fordert.

Das eigentliche Problem der westlichen Form von Demokratie ist die enge Verbindung von Demokratie und Liberalismus – wobei sich zeigt, daß in der Bundesrepublik Deutschland diese Verbindung auf die Dauer zu bestimmten Fehlentwicklungen führt. Der Hinweis auf die Funktionsfähigkeit dieser Verbindung in anderen Ländern des Westens – England, USA, Frankreich – berücksichtigt eben jene spezifische Abwandlung nicht, die die Verbindung in Westdeutschland bekam. Der Schweizer Armin Mohler, zweifellos einer der schärfsten Beobachter sowohl der Deutschen wie auch der Franzosen, schreibt: »Bei der Entscheidung für den westlichen Liberalismus hatten die deutschen Wortführer übersehen, daß er in den angelsächsischen Ländern und in Frankreich nur deshalb Erfolg haben konnte, weil er dort nie wörtlich, nie ›total‹ genommen wurde. Darin unterscheiden sich die . . . Franzosen keineswegs von den Angelsachsen . . . Man muß schon lange unter Franzosen und Angelsachsen gelebt haben, um zu spüren, mit welcher instinktiven Sicherheit man dort weiß, daß jede konsequente liberale Praxis ganz einfach am Wesen, an der ›Natur‹ des Menschen scheitern würde.« (Mohler, in: Willms (Hrsg.), Handbuch zur Deutschen Nation, Bd. 2, Tübingen 1987, S. 64).

Sowohl Franzosen wie Engländer und Amerikaner haben ein »vorkonstitutionelles« Verhältnis zur eigenen Nation und deren Nationalstaatsräson. Selbstverständlich werden Prinzipien – etwa liberale – danach gehandhabt, ob sie gut sind für Frankreich, was zwar zu politischen Kontroversen führt, aber doch durch Jahrhunderte hindurch eben jene instinktive Rangordnung im Politischen ergibt, von der Mohler spricht. Nimmt man aber einem Volk wie den Deutschen, namentlich den Westdeutschen, diesen selbstverständlichen vorkonstitutionellen Bezug auf sich »selbst«, auf Volk und Nation – ein Bezug, den als »Instinkt« auszuformen ihnen ihre Geschichte ohnehin schwermachte –, so bleiben die Prinzipien, und mangels eines anderen Halts werden dann Prinzipien zu Tode geritten, unter maßgeblicher Mitwirkung von Ideologen, die sich als Fachleute für Prinzipien und Begriffe ausgeben. Eine simple Fragestellung wie die von Johann Gottlieb Fichte, ob die Freiheit, die man uns vom Westen her bringt, denn auch wohl »deutsche Freiheit« sein könne, kann dann nur noch persifliert werden. Es kommt hier keineswegs auf Spekulationen von der Art an, die früher beliebt war: ob der »deutsche Mensch« nicht auch in seinem »deutschen Charakter« eine »deutsche Freiheit« brauche oder dergleichen. Es kommt auf die Veranschlagung des Eigentümlichen in Geschichte und Situation an.

In einem Gespräch mit Eckermann äußerte Goethe einmal: »Und wieder ist für eine Nation nur das gut, was aus ihrem eigenen Kern und ihrem eigenen allgemeinen Bedürfnis hervorgegangen, ohne Nachäffung einer anderen. Denn was dem einen Volke auf einer gewissen Altersstufe eine wohltätige Nahrung sein kann, erweist sich vielleicht für ein anderes als Gift. Alle Versuche, irgendeine ausländische Neuerung einzuführen, wozu das Bedürfnis nicht im tiefen Kern der eigenen Nation wurzelt, sind daher töricht und alle beabsichtigten Revolutionen solcher Art ohne Erfolg...«. (Eckermann, Gespräch mit Goethe am 4. Januar 1824).

Geht es also um das Problem, welche Freiheit für die Zukunft gemeint sein könne, so ist zu fragen, inwiefern die geschichtliche Herkunft des »westlichen« Freiheitsbegriffs, der ja schließlich auch nicht bloß ausgedacht war oder ist, es notwendig macht, daß er auf mitteleuropäische Schiffe umgeladen wird.

Wie kam es zu diesem westlichen Freiheitsbegriff und inwiefern nahm er die Gestalt an, deren Übertragung auf unsere Verhältnisse doch vielleicht den Gedanken aufkommen lassen kann, es handele sich nicht gerade um eine Errungenschaft?

Die Grundlage der westlichen Freiheitsauffassung wird allgemein in der Menschenrechtserklärung der Französischen Revolution gesehen, aber die Historiker und Rechtshistoriker sind sich seit langem darüber im klaren, daß es amerikanische Vorbilder waren, auf die die französische Erklärung zurückgeht, und zwar vor allem die Erklärung der Rechte von Virginia und die der amerikanischen Unabhängigkeitserklärung von 1776. Deren Grundgedanke ist der, »daß alle Menschen gleich geschaffen sind, daß sie von ihrem Schöpfer mit gewissen unveräußerlichen Rechten ausgestattet wurden, und daß zu diesen Leben, Freiheit und das Streben nach Glück gehören«.

Hier muß vor allem auf die außerordentliche Abstraktion aufmerksam gemacht werden, eine Abstraktion, die freilich der Situation der »Pilgerväter«, die ja von ihrer Herkunft, von ihrer ganzen Geschichte und deren bisheriger politischer Ordnung absehen mußten und wollten. Lediglich an ihrer Religion und an der Familie hielten sie fest, was einerseits neue Intoleranz, andererseits Verallgemeinerung familiärer Tugenden zur Folge hatte.

»Indem der Naturstand als eine Abstraktion von der ganzen Welt des Mitmenschen gedacht wird, ist er mit seinen Menschenrechten zugleich auch eine Abstraktion von der ganzen Welt, der bestehenden, so gewordenen und überlieferten Verhältnisse, in denen die

Menschen mit ihren Beziehungen, Verpflichtungen und Bindungen sich vorfinden. Und eben diese Abstraktion ... ist für die Amerikaner nichts anderes als eine Aussage über ihre eigene Wirklichkeit. Amerika war immer noch ein jungfräuliches Siedlungsland, in dem ein jeder auf sich selbst gestellt, aus eigener Kraft nach seinem ›Glück‹ strebte, inmitten einer weiten, unbegrenzten ›Natur‹ – ein jeder in der annähernd gleichen Ausgangslage und frei von überlieferten Standesunterschieden, Dienst- und Herrschaftsrechten ... Sie gründeten ein eigenes Gemeinwesen, das in der Tat die Schöpfung eines Vertrages freier und gleicher Parteien war. Hinter den Begriffen von Menschen, von der Gleichheit, der Freiheit, der Natur in ihrer unbestimmten Allgemeinheit ... – hinter diesen abstrakten Begriffen steht also dennoch eine konkrete, geschichtliche Wirklichkeit, die den Verfassern dieser Erklärungen vor Augen stand und die die Anschauung bildete, die jenen Begriffen entsprach.« (Landshut, Menschenrechte: Hamburger Jahrbuch für Wirtschafts- und Gesellschaftspolitik 1958, S. 26).

Die Gründerväter der amerikanischen Freiheitsauffassung waren in der Lage, von ihren traditionellen Verhältnissen und Bindungen abzusehen – sie befanden sich in einem neuen Land, den Verhältnissen im alten England und Kontinental-Europa wollten sie ja gerade entkommen. Außerdem, und das ist ein Punkt, der nicht genügend betont werden kann, hielten sie ihr Land in seiner ungeheuren Ausdehnung für sozusagen unendlich groß, was zwar verständlich war, nichtsdestoweniger aber zu einem Denkfehler führen mußte, und zwar zu einem überaus verhängnisvollen Denkfehler. Wenn das Land nach Westen hin grundsätzlich offen war, dann mußte man sich nicht viel Gedanken über Pflicht, Verantwortung und Einordnung des einzelnen in das Allgemeine machen. Die Unduldsamkeit und die Selbstgerechtigkeit, die von den frühen Amerikanern überliefert sind, brauchten sich nicht grundsätzlich in Frage zu stellen, solange man den Unangepaßten einfach zurufen konnte: »Go west, young man!«

So liegt im Zentrum der amerikanischen Freiheitsauffassung, die sich über die Erklärung der Menschenrechte als der zentrale Inhalt der westlichen Freiheitsauffassung etabliert hat, eine Verräumlichung, eine Beziehung auf den Raum, die es gestattete, eine Vergrößerung von Freiheit nach rein quantitativen Gesichtspunkten zu denken. Wenn der grundsätzlichen Unhaltbarkeit eines bloß individualistischen Freiheitsbegriffes in der Praxis ebenso mit der Weite des

Landes begegnet wird wie jener bekannten Engstirnigkeit und biblisch untermauerten Selbstgerechtigkeit der Amerikaner bis heute, so ist damit die amerikanische Ideologie nicht unbedingt verwerflich – aber um so schärfer muß man die Frage nach der Übertragbarkeit auf andere Verhältnisse stellen.

Denn die Übertragung geschah ja in der Französischen Revolution zunächst auf Frankreich und entwickelte sich im Laufe der Geschichte zu jenem ideologischen Imperialismus einer »Verwestlichung« als Fortschritt, die so viele Ideologen als den Kern aller Nachkriegserrungenschaften ansehen möchten. Aber der wichtigste Bestandteil, den unsere eigene mitteleuropäische Tradition von Freiheit umschließt, ist die Bedeutung von Freiheit als *verantworteter* Selbstbestimmung. Wir konnten uns die rein quantitative Ausdehnungsform der Freiheit überhaupt nicht leisten, sondern mußten auf qualitative Einschränkung gehen.

Hier ist für die Entwicklung des Freiheitsdenkens vor allem Immanuel Kant zu nennen. Kant war ein durchaus neuzeitlicher Denker. Er war sich also darüber im klaren, daß es angesichts der Entwicklung zum neuzeitlichen Individualismus keinen Sinn hatte, dahinter zurückgehen zu wollen. Aber für Kant mußte nun alles darauf ankommen, die Einbindung in das Ganze, die der Inhalt der traditionellen Freiheit war, nunmehr auf der Stufe der Entwicklung seiner Zeit in neuer Weise zu vollziehen. Kant sah sehr genau, daß der Individualismus, der, wie auch Goethe gesehen hatte, als persönlicher Freiheitswille schon immer ein Erbe »aus Germaniens Wäldern« war, in eine problematische Phase geraten war, seitdem die neuzeitliche Entwicklung vor allem dazu geführt hatte, die traditionellen Bedingungen, die ein konkretes Gefüge von Freiheiten bedeuteten, mehr und mehr aufzulösen. Aber dieser neuzeitliche Individualismus mußte doch einerseits der Anknüpfungspunkt für das zeitgemäße Denken sein. Andererseits sah Kant aber auch, daß das Absehen von allen traditionellen Bindungen das moderne Individuum in die eigentliche Wüste des unendlichen Selbstbezugs versetzte, in die Wüste seines Egoismus, eine Gefahr, der er nur durch allerstärkste Rückbindung des persönlichen Freiheitswillens in das Allgemeine begegnen zu können glaubte. So wurde für Kant die moderne Freiheit zur individuellen Autonomie. In diesem Ausdruck sind zwei Begriffe vereinigt, die erst, wenn sie in der Zusammenfügung je das gleiche Gewicht bekommen, ihren gemeinsamen Sinn entfalten.

»Autos« heißt »Selbst« und »Nomos« heißt »Gesetz«. Autonomie bedeutet also Selbstgesetzgebung. Keinesfalls kann dies bedeuten, daß das eigene Selbst, seine Bedürfnisse und seine Meinungen jeweils für den einzelnen das Gesetz sein könnten. Dies wäre nichts anders als die Ellbogengesellschaft, in der jeder der Wolf für den anderen ist. Eine solche Gesellschaft aber wäre für Kant eine völlig sinnlose Aufhebung des allgemeinen Begriffs des Gesetzes gewesen. Wenn jeder einzelne für sich und in sich das Gesetz wäre, dann würde dies nichts anderes bedeuten als Willkür. Und eine solche Willkür, die notwendig die einzelnen gegeneinander statt miteinander handeln lassen würde, wäre, und dies ist wesentlich, das genaue Gegenteil von Freiheit – es wäre genau der alte Naturzustand des Kampfes aller gegen alle – ein Zustand, in dem zu allerletzt Raum wäre für die Freiheit.

Freiheit ist Ordnung – was keineswegs bedeutet, daß jede beliebige Ordnung Freiheit sein könne. Autonomie bedeutet für Kant, daß sich das Selbst von sich aus unter ein allgemeines Gesetz begibt, daß es sich einem Ganzen einordnet. So wird die Ordnungstradition von Freiheit geltend gemacht unter den Bedingungen des neuzeitlichen Menschen, der als einzelner für sich selbst Verantwortung übernehmen muß. Die Begriffe des »Allgemeinen« und der »Verantwortung« zielen eben über den Selbstbezug des einzelnen, d.h. über den Egoismus hinaus. So ist zwar Kant ein Aufklärer, insofern er einsieht, daß man hinter den modernen Individualismus nicht zurückgehen kann. Aber er überwindet gleichzeitig die Aufklärung durch die realistische Schärfe seines Denkens und läßt die deutsche Freiheitstradition in den »kategorischen Imperativ« einmünden, nach dem jeder so handeln soll, daß die Maxime seines Wollens, also das Prinzip, nach dem sich sein Handeln ausrichtet, auch Grundlage einer allgemeinen Gesetzgebung sein kann.

So wurde Freiheit verstanden als die freiwillige Bindung an ein allgemeines Gesetz. Die Begriffe, in denen sich Freiheit des einzelnen nunmehr verwirklichen sollte, waren nicht das aus dem Bezug auf sich selbst kommende Streben nach mehr und mehr und mehr, mehr Bedürfnisbefriedigung, mehr Glück oder mehr Selbstverwirklichung im Äußeren, sondern es waren die Begriffe der Pflicht und der Verantwortung gegenüber dem Ganzen, konkret gegenüber dem Ganzen des eigenen Volkes, in dem die Freiheit lebendig werden sollte. *Diese Tradition deutscher Freiheit ist die Tradition denkender Pflichterfüllung – nicht die des Kadavergehorsams – und der Verantwortung vor dem Ganzen.*

Es muß deutlich werden, daß es bei dieser Freiheitsauffassung nicht um Quantitäten, um das Mehr und Mehr gehen kann, sondern daß die Intensität der denkenden Verinnerlichung des allgemeinen Gesetzes eine Dynamik erzeugt, die die Menschen besser, d.h. pflichtbewußter und verantwortungsfreudiger macht. Diese Freiheit ist der außerordentlichen Ausdehnung des Geltungsbereiches der Autonomie – sprich der Ansammlungen von mehr und mehr und mehr Quantitäten, Glücksgütern und Sachen – gegenüberzustellen, die als Perspektive für alle Menschen nichts anderes als eine gewaltige Illusion in dieser Welt der Endlichkeit und der konkreten Begrenzungen sein kann.

Es gehört bekanntlich zum Kernbestand der »Umerziehung«, daß in der endgültigen Verwestlichung wenigstens eines Teiles Deutschlands die eigentliche Errungenschaft der Zeit nach 1945 zu sehen sei. Es ist oben der eigentliche Kern der Verwestlichung, nämlich der westliche Freiheitsbegriff des quantitativen Glückstrebens, des Ausdehnens der Ansprüche des einzelnen und der Rechte als rein negativer Forderung, zwar als aus einer bestimmten Situation stammend gekennzeichnet, nichtsdestoweniger aber auch auf einen Denkfehler hingewiesen worden. Der Fehler in dieser Auffassung von Freiheit lag und liegt aber darin, daß die angenommene Unendlichkeit des Raumes eine nur scheinbare war. In Wirklichkeit, und das erkannte eben schon Kant, ist die Erde rund. Diese simple Feststellung bedeutet, daß aller Raum und damit alle möglichen Ressourcen, Güter und Sachen, auf die sich das menschliche Streben richten kann, unausweichlich begrenzt sind. Der quantitative Freiheitsbegriff eines Strebens oder gar eines Anspruchs nach mehr und mehr und mehr wäre sinnvoll nur, wenn die Erde eine Fläche mit unendlicher Ausdehnung wäre. Und so sehr Amerika als das »Land der unbegrenzten Möglichkeiten« romantisiert werden konnte, und so sehr die Weite des Landes auf seine Ordnungs- und Freiheitsvorstellungen übertragbar schien: Es gibt keinen Zwang, diesen Freiheitsbegriff unkritisch oder enthusiastisch oder gar in dem Bewußtsein einer epochalen Errungenschaft auf mitteleuropäische Verhältnisse zu übertragen. Diese quantitative Auffassung von Freiheit muß unausweichlich das »Mehr«, also das Wachstum fetischisieren. Ohne Expansion verliert dieser Freiheitsbegriff jegliche Bedeutung. In dieser Erkenntnis hatte, als Resultat unserer konkreten Geschichte und Geistesgeschichte, wiederum Ernst Jünger formuliert:

»Denn in diesem Lande ist ein Begriff der Freiheit unvollziehbar, der sich wie ein feststehendes und in sich selbst haltloses Maß auf jede beliebige Größe anwenden läßt, die man ihm unterwirft. Es hat hier vielmehr von jeher dies gegolten: daß das Maß an Freiheit, über das eine Kraft verfügt, genau dem Maße an Bindung entspricht, das ihr zugeteilt ist, und daß sich im Umfange des befreiten Willens der Umfang der Verantwortung offenbart, die diesem Willen seine Berechtigung und Gültigkeit erteilt. Dies bringt sich so zum Ausdruck, daß nichts anderes in unserer Wirklichkeit, also in unserer Geschichte in ihrer höchsten, schicksalsmäßigen Bedeutung, einzugehen vermag, als was das Signum dieser Verantwortung trägt.«

Nun haben wir auch selbst eine individualistische Tradition, und unsere eigene Wirklichkeit wurde und wird auch von einem personalen Freiheitsverständnis mitgeprägt. Insofern kennen auch wir freiheitliche Errungenschaften, hinter die nicht zurückgegangen werden kann. Aber wenn wir, um wieder mit Ernst Jünger zu sprechen, auch dies, was anderswo gedacht ist, »umladen« müssen, so können wir dies nicht in dem Bewußtsein tun, daß Freiheitsbegriffe einem Volk zur freien Auswahl stehen wie Konsumgüter. Gerade deshalb aber können wir uns noch weniger damit abfinden, daß das westliche Freiheitsdenken für uns Mitteleuropäer der politischen Weisheit letzter Schluß sein müsse. Die Verbindung des individualistischen Freiheitsbegriffs mit der ebenfalls westlichen Form von Demokratie führt zu einem Dilemma, das objektiv aufgezeigt werden kann. Wenn der Freiheitsbegriff auf reinen abstrakten Selbstbezug gegründet ist, dann muß er unausweichlich auf eine Forderung des Mehr und Mehr und Mehr hinauslaufen und dies für alle gleichermaßen. In der Demokratie ist nun aber das Volk souverän, und wenn dies Volk gemäß jenem Freiheitsbegriff aus den abstrakten einzelnen und ihren ungeordneten Forderungssteigerungen besteht, so wird der solchermaßen gebildete Staat unausweichlich seine Substanz nur noch in der Befriedigung von Forderungen finden können – was wegen der Beschränktheit der Mittel notwendigerweise zu einer Ordnung führen muß, die dann von den einzelnen allerdings bloß noch als abstraktes Gegenüber, als Restriktion, als Behinderung ihrer Freiheit aufgefaßt werden kann, was sich in unseren zahlreichen »Bewegungen« immer wieder zum Ausdruck bringt.

Wenn wir schon alle in einem Strom neuzeitlicher Entwicklung sind, aus dem wir nicht aussteigen können, so müssen wir uns doch darüber klarwerden, daß wir unseren eigenen Weg finden müssen, um diesem neuzeitlichen Widerspruch zwischen individueller Freiheit und politischer Notwendigkeit zu begegnen. Und dieser Weg ist der Weg eines durch unsere eigene europäische Vergangenheit aufgeklärten Freiheitsverständnisses. Ein für die Zukunft Mitteleuropas grundlegender Begriff von Freiheit würde heute bedeuten, den einzelnen nicht als bloßen Punkt der Glückserwartungen und Konsumforderungen zu sehen, sondern ihn in personaler Freiheit in die Verantwortung für das Ganze zu nehmen. Daß dies nicht weniger bedeutet als die Rekonstruktion eines politischen Selbstbewußtseins, daß hier an die Stelle von »Gesellschaft« als bloßes »System der Bedürfnisse«, der Verteilung und der Forderungen, die Idee eines übergeordneten Reiches als System von Pflichten und Verantwortungen zu treten habe, daß dies anzustreben wiederum zur Voraussetzung hat, daß die Völker ihrer selbst als Nationen bewußt werden, all dies macht deutlich, daß es sich hier in der Tat um unendliche Aufgaben handelt.

Jene eingeschliffene Erfahrung, die, wie etwa Armin Mohler den Franzosen bescheinigt, die abstrakten Prinzipien des Liberalismus in der politischen Praxis korrigiert, muß in der Tat, wenn man über sie nicht verfügt, durch Prinzipien, besser durch institutionelle Regelungen ersetzt werden.

Politische Institutionen müssen, ohne daß sie moralisch sind, den extremen Möglichkeiten des Liberalismus durch die in ihnen versammelte Autorität zu steuern suchen, und das Maß an Autorität ergibt sich nicht aus einer Ideologie, die erklärt, der Mensch sei eigentlich gut, sondern aus dem Realismus, der nicht zuletzt durch die eigenen historischen Erfahrungen und Prägungen angeleitet wird. Liberalität – das heißt das Gegenteil von Fanatismus, Doktrinarismus und Dogmatismus – ist das Gleitmittel aller gesellschaftlichen Vorgänge, aber Autorität ist der Mörtel staatlichen Zusammenhalts. Der Liberalismus existiert politisch in der Bundesrepublik Deutschland nur deshalb weiter, weil es immer noch hinreichende Bestände von staatsbürgerlichen Tugenden, Auffassungen von Pflicht, Amt und Dienst am Allgemeinen gibt. Diese Bestände können freilich allzuleicht verwirtschaftet werden. Faßt man eine Neuordnung des Kontinents von seiner Mitte her ins Auge, so müssen zwei Dinge veranschlagt werden: Erstens muß von der belebenden Kraft und dem neuen Selbstbewußtsein ausgegangen werden, das die Selbständigkeit einer so bedeutenden politischen Kraft schon als Aufgabe insbesondere den jüngeren Generationen zu vermitteln in der Lage ist. Und zum zweiten müssen die Prinzipien von Pflicht, Amt und Dienst in ihrer institutionellen Struktur rein dargestellt werden, um unserer eigenen Tradition der Freiheitsauffassung zu entsprechen.

Welche Demokratie taugt für die Zukunft?

Der erste, der sich für einen systematischen Vergleich von politischen Verfassungen interessierte, war Aristoteles. Er sammelte um 400 vor Christus Informationen über die verschiedenen Regierungsweisen in den griechischen Stadtstaaten, also über ihre Verfassungen, und zog aus der Betrachtung von deren historischen Schicksalen gewisse Schlüsse, z. B. den, daß jede Verfassung in einer guten und annehmbaren und in einer entarteten Form existieren könne: Danach sind z. B. »Demokratie« sowohl wie »Tyrannei« je Entartungsformen. Gibt es von daher keinen direkten Zugang zum heutigen Problem der Demokratie, so doch über Aristoteles' Auffassung von der besten denkbaren Verfassung. Die beste Verfassung oder der Idealstaat ist dadurch gekennzeichnet, daß alle Bürger sich durch Tüchtigkeit im einzelnen und als einzelne ebenso auszeichnen wie durch politische Tüchtigkeit im allgemeinen. Diese hochentwickelte Tüchtigkeit und Tugend aller vorausgesetzt, sind dann auch alle gleichermaßen zur Teilnahme an der Regierung befähigt und heranzuziehen, womit Aristoteles unserer heutigen Auffassung von Demokratie, die ja im wesentlichen auf dem Prinzip der Partizipation besteht, nahekommt.

An die »klassische«, also die alte griechische Demokratie der Bürger zu erinnern, wenn über heutige Demokratie und ihre Probleme gehandelt wird, mag in mancher Hinsicht sinnvoll sein und wird auch immer wieder versucht, obwohl Aristoteles hier deutlich eine Herrschaftsform sah, in der der »Demos«, die Masse der Armen, politisch bestimmte, eine »Klassenherrschaft« also. Ebenso wichtig werden aber die neuzeitlichen und revolutionär entwickelten Gleichheitsvorstellungen und vor allem die Verallgemeinerung des Begriffs der Souveränität des Volkes. Übriggeblieben ist aus der Geschichte der Demokratie und aus der Geschichte des Nachdenkens darüber heute die Bedeutung von Demokratie als »Herrschaft des Volkes«. Demokratie gilt als eine Herrschaftsform, in der auf bestimmte Weise »das Volk« souverän und an der Regierung beteiligt ist. Dabei ist »Volk« nicht mehr klassenspezifisch oder gruppenspezifisch eingeschränkt, sondern *alle* Bürger sind gemeint.

Zudem wird diese Beteiligung aller nicht mehr an die Ausbildung von bestimmter Tugend und Tüchtigkeit gebunden, sondern umfaßt generell eben alle, d.h. einen jeden, d.h. unter Berücksichtigung bestimmter liberaler Entwicklungen einen jeden einzelnen. Daß dies eine völlige Änderung der Inhalte und der Bedeutung von »Demokratie« im Sinne der Antike ist, die sich ja auf Stadtstaaten als überschaubare Einheiten bezog, ist keineswegs das Problem, als das es manchmal hingestellt wird. Das eigentliche Problem ist *die globale Inflation des Demokratiebegriffes, der dazu geführt hat, daß jede Herrschaftsform auf der Welt die Legitimation durch »das Volk« für sich in Anspruch nimmt, sich also als »Demokratie« präsentiert und dies fast immer auch in den geschriebenen Verfassungen deutlich macht* (bis hin zu dem begrifflich wie inhaltlich problematischen Ausdruck »Volksdemokratie«). Diese allgemeine Verwendbarkeit des Wortes Demokratie und damit der Anspruch jeder Herrschaft, jedenfalls legitimiert zu sein, ist eine Folge der völligen Entleerung des Begriffes Volk einerseits und eine Folge des völligen Verzichts auf die Frage nach Tüchtigkeit oder Tugend, also Qualitäten andererseits. Hinzu kommt noch eine höchst problematische Entwicklung des Begriffes Repräsentation.

Wenn Volk auf der einen Seite nur zur Summe aller einzelnen, also zu einem nur noch massenhaften Individualismus oder zur bloßen Bevölkerung wird, dann ist die demokratische Legitimation hier mindestens ebenso problematisch oder ebenso plausibel wie da, wo die Identität von Volk – im Sinne von Arbeiterklasse – definiert und die Identität mit der herrschenden Partei behauptet wird und sich in entsprechenden Institutionen niederschlägt.

Die Konkurrenz zwischen den Systemen der Volksdemokratie und der liberalen Massendemokratie ist theoretisch nicht mehr entscheidbar, wenn alle existierenden Herrschaftsformen die Bezeichnung Demokratie für sich in Anspruch nehmen. Das jeweilige Festhalten an der jeweilig bestimmten Form des Herrschaftssystems ist nur durch politische Entscheidung durchzuhalten. Diese Notwendigkeit muß bei der globalen Inflation des Demokratieanspruches dazu führen, daß Gegnerschaften und Frontstellungen im ideologischen Überbau damit begründet werden, daß die eigene Form der Demokratie die »wahre« Demokratie oder jedenfalls die größtmögliche Annäherung an die »wahre« Demokratie überhaupt ist. Die Allgemeinheit des Demokratieanspruchs praktisch auf der ganzen Erde führt zur Verschärfung der ideologischen Gegensätze, und diese bewußt hochgespielte Frontstellung – wahre und falsche Demokratie – ist einer der wesentlichen Bestandteile für die Sicherung der Herrschaft der je Herrschenden. Ist man genötigt, die eigene politische Form als die

»wahre« zu bewahren und zu verteidigen, so erfolgt eine Festschreibung des Status quo, der sich weder von der Sache her ergibt noch weltgeschichtlich ein Vorbild hat. Wenn Demokratie als solche zum leeren und gleichzeitig zum allgegenwärtigen Begriff wird, dann wird eine neue Besinnung auf das Wesen der Demokratie unausweichlich.

Die Ost-West-Situation zwingt die Menschen zu einer unmöglichen und im Kern menschenunwürdigen Situation, nämlich der, den bloßen Stand der Dinge außer Frage zu stellen, was, solange Menschen denken, als schlimmste Form der geistigen Tyrannei gegolten hat. Im Falle der beiden Deutschland kommt noch ein Faktor hinzu, der den institutionellen Status quo der Gefahr, in Frage gestellt zu werden, entziehen soll. Es ist der längst schematisierte »Antifaschismus«, dessen penetrantes Überleben längst nichts mehr mit dem heroischen Antifaschismus der historischen Widerstandskämpfer, aber auch schon nichts mehr mit dem guten Willen der Generation, die nach 1945 den Wiederaufbau schaffte, zu tun hat. »Antifaschismus« wird hier nur noch als Instrument zur Komplettierung des Status quo benutzt. Nicht nur werden »Linksabweichler« durch den Hinweis auf die ideologischen Ost-West-Antagonismen zum Schweigen gebracht, sondern auch »Rechtsabweichler« durch den Hinweis auf Auschwitz. (Hinzu kommt natürlich die internationale Funktion eines »Antifaschismus«, der die Deutschen und damit Mitteleuropa insgesamt daran hindern soll, auf sich selbst zu bestehen.)

Daß aber das westliche Demokratieverständnis im Kern genauso auf Erhaltung des Status quo hin instrumentalisiert sein kann wie das östliche auch, läßt sich z. B. an den Reaktionen auf die Versuche der Reformpolitik Gorbatschows zeigen, die ja, entsprechend dem propagandistischen Prestige des Begriffs Demokratie, in der Forderung nach »mehr Demokratie« zusammengefaßt werden. Diese Bemühungen werden zum Teil enthusiastisch mißverstanden, besonders von Entspannungsfetischisten: Endlich gibt es Anzeichen, daß die Sowjetunion demokratischer, d. h. »uns«, dem Westen, ähnlicher wird. Es ist deutlich, daß bei allem Entgegenkommen, mit dem ja auch diese Reformpolitik rechnet, hier doch die Überzeugung von der eigenen, der westlichen Form von Demokratie als der eigentlichen festgehalten wird. Diejenigen hingegen, die davor warnen, hier eine Annäherung an »uns« zu sehen, bestätigen ebenso die Überzeugung von der Eigentlichkeit unserer Form von Demokratie. Als wenn es in Hinsicht auf Kooperation oder Verständigung mit der Sowjetunion darauf ankäme, daß sie uns ähnlich werden müßte. Politik ist von jeher die Kunst des Umgangs mit »anderen« gewesen, nicht die einer anzustrebenden Gleichmacherei. All diese Haltungen, die sich durch den Anspruch rechtfertigen, allein demokratische Legitimation zu haben, sind nur dazu da, den außenpolitischen und innenpolitischen Status quo festzuschreiben. Außenpolitisch die Einbindung in den Westen – unter Vernachlässigung des Verfassungsauftrages der nationalen Einheit – und innenpolitisch die Stabilisierung der Herrschaft unserer gegenwärtigen Machteliten.

Wenn wir also einerseits feststellen, daß der Begriff »Demokratie« von allen für alles in Anspruch genommen und also immer leerer wird, und wir andererseits erfahren, daß die Exklusivität seiner Inanspruchnahme für ein bestimmtes institutionelles Gefüge behauptet wird, so wird deutlich, daß diese Behauptung nur dezisionistisch oder rein ideologisch aufrechterhalten werden kann. Mit »dezisionistisch« wäre folgende Auffassung zusammengefaßt: Wir erklären Prinzipien wie Öffentlichkeit, freie, gleiche, allgemeine und geheime Wahl, Repräsentation und Mehrheitsentscheidung für die fundamentalen Bedingungen unserer Regierungsform, und wir beschließen, dies hier und jetzt Demokratie zu nennen. Die Betonung des Dezisionistischen würde den Vorbehalt bedeuten, andere Entscheidungen anderswo und Entscheidungen für andere Formen bei sich selbst gleichfalls für legitimiert zu halten. Bleibt die Auffassung aber ideologisch, d. h. mehr oder weniger ausgesprochen in dem Sinne, die eigene, je gefundene Form der Herrschaft sei die eigentlich demokratische, so tritt jener fetischisierende Effekt des Status-quo-Denkens unausweichlich auf.

Schaltet man also die sinnlose Frage danach aus, wer die »wahre Demokratie« habe bzw. wo das Wesen der Demokratie zu suchen sei, so bleibt die Frage nach den jeweilig politisch-ideologischen Fiktionen der je behaupteten »wahren« Demokratie. Natürlich kann und muß es hier in erster Linie um die demokratischen Fiktionen im Westen gehen. Um aber nicht der Einäugigkeit beschuldigt zu werden, seien die demokratischen Fiktionen des Ostens wenigsten erwähnt. Es handelt sich dabei mindestens um die Fiktion der Identität zwischen Parteikadern und Proletariat, um die Fiktion eines wissenschaftlich prognostizierten Geschichtsverlaufs, in dem das Proletariat die Rolle des Subjekts spielen soll, und um die Fiktion einer Ersetzbarkeit der Politik (des Staates) durch bessere (andere) Organisation der Produktionsverhältnisse und schließlich um die Fiktion des auf diese Weise ermöglichten Fortschritts zu einem neuen Menschen. Natürlich steht außer Frage, daß auch diese Fiktionen als Grund eines Alleinvertretungsanspruchs für Demokratie im Sinne der Zweckmäßigkeit für das Ziel der Zentraleuropäischen Föderation zurückgewiesen werden müßten.

Wesentlich ist nun aber festzuhalten, daß unter dem Gesichtspunkt dieses Zieles oder Zweckes die Fiktionen der einen, eigenen Seite zunächst und unter formalem Gesichtspunkt nicht qualitativ von denen der anderen unterschieden werden können. Hier müssen ähnliche Anforderungen an den Leser gestellt werden wie später bei der Behandlung des Problems der Äquidistanz (Kapitel VII), aber sie sind unvermeidlich, und es mag hier nur noch einmal darauf hingewiesen werden, wie anormal es für die Geschichte der abendländischen Menschheit ist, die eigenen, ohnehin nur mit knapper Not und mit maßgeblicher Mitwirkung der Sieger nach einer katastrophalen Niederlage errungenen politischen Formen für der politischen Weisheit letzten Schluß zu halten. Die Auffassung, daß einem nichts Besseres einfallen kann, oder die stillschweigende Übereinkunft, daß einem nichts anderes einfallen darf, bezeichnet jeweils den Abschied aus der Geschichte.

Unsere demokratischen Fiktionen sind:

- die Fiktion, Öffentlichkeit in der Politik garantiere per se deren Vernünftigkeit,
- die Fiktion, die allgemeine, freie, gleiche und geheime Wahl als solche sei schon Freiheit,
- die Fiktion, ein Mehrparteiensystem sei als solches schon eine Garantie »wahrer« Demokratie,
- die Fiktion, das gegebene Repräsentativsystem sei die faktische Form der Herrschaft des Volkes über sich selbst.

Es muß hier noch einmal ausdrücklich auf ein methodisches Problem aufmerksam gemacht werden. Es geht hier keineswegs darum, ein »Ideal« oder ideales Wesen der Demokratie aufzustellen und daran die hiesige Wirklichkeit zu messen. Es geht um die kritische Analyse der eigenen Voraussetzungen unseres Demokratieverständnisses, das jene Übereinstimmungen allerdings fingiert.

Die Analyse der einzelnen Fiktionen wird berücksichtigen müssem, daß sie in ihrer gegenwärtigen Erscheinungsform im Sinne eines Liberalismus eingefärbt und ausgeprägt sind, der gleichermaßen zu den absoluten Errungenschaften gezählt wird. Deshalb wird das System der Bundesrepublik Deutschland als liberal-parlamentarische

Demokratie bezeichnet, und zwar in einer Akzentuierung, die hervorheben soll, daß sowohl »liberal« wie »parlamentarisch« als wesentliche Merkmale von Demokratie und als unabdingbare Ingredienzen des freien Westens zu gelten haben. Auch hier kommt es nicht darauf an, ein »Wesen« des Liberalismus oder des Parlamentarismus aufzustellen und daran die schlechte Wirklichkeit zu messen, sondern darauf, die gegenwärtigen Ausprägungen beider Begriffe zu analysieren.

Das nun die Fiktion eines Zusammenhanges von Öffentlichkeit und Vernünftigkeit angeht, so ist sie zunächst die Verlängerung einer Annahme, die aus dem Aufklärungsoptimismus des 18. Jahrhunderts stammt. Damals fingen die Bürger an zu »räsonieren«, die Lesekultur blühte auf, das Zeitungswesen wurde zum Kommunikationsmittel des sich der »Obrigkeit« gegenüber von Bevormundung freimachenden Stadtbürgertums. Im Gegensatz zur Geheimpolitik der Kabinette und zu Begriffen wie dem der Staatsräson, der jahrhundertelang die Politik des Absolutismus stabilisiert hatte, verlangte das aufgeklärte Bürgerbewußtsein entsprechend seiner ökonomischen Rolle auch Einfluß auf die Politik, und sein Streitruf war »die Vernunft«.

»Die Vernunft« war für das sich bildende Bürgertum eine außerordentlich mobilisierende Kategorie, die nach dem Vorbild der diesseitig gewendeten Naturbeherrschung Fortschritt und Vervollkommnung auf allen Gebieten praktischen Handelns bedeuten sollte. Vernünftig war im Kern das dem Bürger Nützliche. Bedingung war der ungehinderte Austausch der als Vernunftsubjekte angesehenen einzelnen nach dem Modell des Marktes. Meinungs- und Pressefreiheit sollten zum Vehikel dieses vernünftigen Fortschreitens werden. In der Folge wurde diese typisch bürgerlich-liberale Forderung nach Emanzipation zum zentralen Teil des liberalen Glaubensbekenntnisses – Pressefreiheit wurde geradezu zum Religionsersatz der räsonierenden Bürger. Merkwürdigerweise konnten weder die konservative Kritik noch die Erfahrungen mit den Möglichkeiten der hergestellten Öffentlichkeit und ihrer propagandistischen Manipulation im 20. Jahrhundert diesen Glauben an einen Zusammenhang zwischen Öffentlichkeit und Vernünftigkeit erschüttern. Noch in unseren Tagen wurde in der Frankfurter »Kritischen Theorie« eine Sozialphilosophie wirksam, die im Kern nichts anderes war als die Übernahme dieses theoretisch nicht begründbaren Vernunftoptimismus des 18. Jahrhunderts, wobei den Verkündern dieser »Kritischen Theorie«

entging, daß dieser Vernunftbegriff des 18. Jahrhunderts zum Kern eben nichts anderes hatte als die Vorstellung des freien Marktes, der allerdings bis heute als ökonomischer Regelungsmechanismus eine gewisse Vernünftigkeit, d.h. Nützlichkeit für die Marktsubjekte für sich hat, der jedoch nicht prinzipiell mit politischer Vernunft gleichgesetzt werden kann.

Die Annahme eines konsequent fortschrittlichen, emanzipativen Zusammenhangs von Öffentlichkeit des Meinungsaustausches und Vernünftigkeit politisch-gesellschaftlicher Praxis hatte als Kampf gegen einen überständig gewordenen Feudalismus und Absolutismus ihren Sinn. Pressefreiheit wäre zweifellos immer noch eine Errungenschaft, wenn anders sie denn im Sinne der unverzerrten Kommunikation nach klassischen Marktbedingungen funktionieren würde.

Das Bild, das das Zusammenspiel von Massenmedien und etablierter Politik jedoch heute gibt, muß zumindest den Automatismus der Verbindung von Öffentlichkeit und Vernünftigkeit in Frage stellen. Die Öffentlichkeit der Massenmedien ist ja längst selbst kein reiner Freiheits-, sondern vor allem auch ein Machtfaktor, noch dazu einer, der nicht demokratisch legitimiert ist, sondern der sich auf eine Meinungsfreiheit beruft, die sich im Ursprung auf den Glauben an die vernünftigen Einzelsubjekte bezog. »Öffentlichkeit« kann immer noch eine kollektive und effektive Kontrolle der Geheimpolitik von Regierungen sein, wie man für den Westen mit zahlreichen Beispielen belegen kann. Aber so sehr so etwas wie Pressefreiheit den Intellektuellen etwa in der Sowjetunion oder in der DDR als erstrebenswertes politisches Ziel erscheinen mag, so kann doch niemand im Westen darüber hinwegsehen, wie weit die Riesenapparate unserer Massenmedien, ihre kaum kontrollierte Macht und ihr Zusammenspielen mit den Kräften des politischen Systems das Instrument öffentlicher Meinungsfreiheit verändert haben; jedenfalls in einem Grade, daß jener Optimismus, durch sie stelle sich »Wahrheit« und »Vernunft« her, der an spezifische Bedingungen des 18. Jahrhunderts geknüpft war, niemandem mehr als etwas anderes erscheinen kann als eben eine demokratische Fiktion. Welche demokratische Legitimation haben Meinungsmacher wie z.B. Augstein oder Springer?

Diese Ausführungen müssen recht verstanden werden. Es geht nicht darum, Presse- und Meinungsfreiheit abzuschaffen oder zu diffamieren, sondern lediglich darum, sie in ihrer gegenwärtigen Form des Charakters eines demokratischen Grundbestandes und damit des Charakters als einer heiligen Kuh der Freiheit zu entkleiden, eines Charakters, den unsere Meinungsöffentlichkeit durch die vielfältigen Verflechtungen mit Macht und durch die Entwicklung zu einem eigenen Machtfaktor sowieso längst verloren hat.

Die zweite Überlegung gilt der Fiktion, die allgemeine, freie, gleiche und geheime Wahl sei als diese schon Freiheit.

Wieder einmal gilt es, an die Einsicht von Marx zu erinnern, daß etwas, was als Errungenschaft im Sinne bestimmter Interessen historisch durchgesetzt wurde, bei veränderten Verhältnissen nicht immer und ewig eine Errungenschaft bleiben muß. Der Sinn des allgemeinen, freien, gleichen und geheimen Wahlrechts war es ja, nicht nur bestimmten Schichten, sondern schlechthin allen Bürgern die Möglichkeit einer Beteiligung am Zustandekommen der politischen Herrschaft zu sichern. Nur darin sah man eine Legitimationsgrundlage für die moderne Demokratie. Auch hier besteht die ideologische Grundlage in der Annahme der Möglichkeit der Verbreitung massenhafter Bürgergesinnung im Sinne allgemeiner Verantwortlichkeit. Aber natürlich ist der Wahlakt im heute praktizierten Parteiensystem nichts anderes als eine Schrumpfform von Freiheit im Sinne aufklärerisch-optimistischer Demokratiesicht. Abgesehen davon, daß die Herrschaftsqualitäten des schließlich gewählten Parlaments, z. B. in der Gesetzgebung, das Herrschaftspotential auch eines absolutistischen Herrschers bei weitem übersteigen und daß ihre Politik den Bürger außerhalb der Wahlurne so strikt und dicht beherrscht, wie es nur zu Zeiten von Tyrannen denkbar war, kann diese Wahl kaum mehr als ein formales Alibi für eine eindeutige Herrschaft sein.

Die Ausdehnung des Wahlrechts im Sinne einer liberalen Gleichheitsvorstellung auf alle Bürger bedeutete in der Konsequenz die Ausdehnung auf alle Individuen als Individuen. Sinnvoll unter der – optimistischen und theoretisch nicht abzuleitenden – Annahme der Vernunft aller Individuen als solchen muß diese Legitimation problematisch werden, wenn sich dieser Optimismus relativiert. Vernunft im Sinne individuellen, massenhaft verbreiteten Vernünftigseins kann nie etwas anderes als eine Fiktion sein. Wenn anders denn Vernunft historisch wirklich geworden ist, dann im konkret und historisch gegliederten Volk, in dem jeder in der Regel eine seiner Vernunft gemäße Stelle hat. Eine »Stelle« (im Sinne Schillers: »Jeder freut sich seiner Stelle«), die ihn an dem Anteil öffentlicher Vernunft partizipieren läßt, die sich in dieser Stelle, Gruppe, Schicht, Profession historisch angesammelt hat.

Wenn anders es um Herrschaft des Volkes geht und ein Klassenbezug wie in der Antike oder wie bei Marx nicht aufrechterhalten werden kann, dann muß man sich mit dem Problem befassen, wie weit alle einzelnen ein »Volk« ausmachen. Denn die bloße Summierung der Einzelinteressen, die ja der Antrieb der praktischen Tätigkeit der einzelnen sind, kann noch kein allgemeines Interesse ergeben. Aristoteles setzte für seinen besten Staat eine politische Tüchtigkeit der Bürger voraus, und natürlich kann sich eine politische, d. h. auf das Ganze des Volkes, des Staates, der Nation bezogene Tüchtigkeit nicht bloß als Tüchtigkeit im Sinne des Kalküls und der Durchsetzung der eigenen Interessen ergeben. Schrumpft die Bürgerqualität auf den Wahlakt zusammen, so wäre dieser auch bloß ein ins Politische verlängerter Akt von der Grundlage des kalkulierten Einzelinteresses her. In Wirklichkeit wissen wir, daß diese Annahme eines rationalen Interessenkalküls bei den Wahlen, die die Grundlage einer ganzen Richtung von Demokratiewissenschaft, nämlich der sog. »Neuen politischen Ökonomie« ist, eine keineswegs durch die Realität bestätigte Voraussetzung ist. Die Wahlentscheidung des einzelnen fällt, abgesehen davon, daß sie keine Wahl, sondern bestenfalls eine Zustimmung zu vorgefertigten Listen und schlimmstenfalls ein negatives Votum ist – A wird angekreuzt, damit B nicht durchkommt –, nach zahlreichen, oft irrationalen Faktoren. Der Appell an den Wählerwillen oder dessen nachträgliche Scheinrespektierung kann, zusammen mit der hohen Irrationalität personalisierter Wahlen und der absoluten Unglaubwürdigkeit der Wahlkämpfe, den Wahlakt kaum aufwerten – es wäre schlimm um die Menschen bestellt, wenn sie politische Freiheit nur in der Fiktion der freien Wahlen erleben könnten.

Die dritte Fiktion ist die, ein Mehrparteiensystem als solches mache sich zu einem System der Freiheit im substantiell demokratischen Sinne. Diese Fiktion ist durchaus notwendig, um die vorige zu stützen. Bleibt in bezug auf die Personen keine Wahlmöglichkeit des auf die Wahlzelle isolierten einzelnen, so doch jedenfalls die Wahl zwischen mehreren, schlimmstenfalls nur zwischen zwei Parteien. Wobei die Annahme von zwei Parteien bereits als hinreichende demokratische Legitimierung gilt. Es ist klar, daß die beiden demokratischen Fiktionen, die sich auf Wahl und Mehrparteiensystem beziehen, einander bedingen. Die Interessenanarchie der einzelnen, zu der das allgemeine gleiche und geheime Wahlrecht unter der Herrschaft eines liberalistischen Individualismus werden mußte, kann nur zu einer politischen Willensbildung führen, wenn die Interessen scharf kanalisiert werden. Aber diese Kanalisierung durch das Parteiensystem muß natürlich keineswegs auf Freiheit hinauslaufen. Zudem wirkt sich der in der Massendemokratie unausweichliche Hang zur Volkspartei, d. h. zu einem Parteityp, der möglichst zahlreiche, potentiell alle, ins Gewicht fallende Interessen bündelt, dahin aus, daß sich die Parteien immer ähnlicher werden, was die Differenzierung der Programme erschwert und die Irrationalität der Wahlkämpfe steigert. Zudem muß eine Folge veranschlagt werden, die im Zuge der Entwicklung des Parteiensystems unausweichlich ist. *Laut Verfassung sollen die Parteien bei der »politischen Willensbildung mitwirken«. Faktisch dominieren aber die Parteien das gesamte politische System. Es gibt keinen Politiker, ja bald keinen führenden politischen Redakteur in den Fernsehanstalten, der seine Position nicht als Parteimann oder Parteifrau erreicht.* Damit aber kommt eine Entwicklung in Gang, die die Wahlmöglichkeit unter den Parteien im Sinne der Praxis demokratischer Freiheit noch fragwürdiger macht. Werden alle politischen Positionen von Parteileuten besetzt, so verwischen sich notwendig die Unterschiede immer mehr. Als Funktionäre ihrer Parteien haben alle Parteileute ein primäres Interesse am Bestehen des Parteisystems als solchem und am politischen Monopol der Parteien ohnehin. Die faktische Herrschaftsausübung liegt also beim »Homo Factiosus«, beim Parteimenschen also als solchem, dem die Parteikarriere kaum die Möglichkeit bietet, etwa Staatsmann im Sinne der *vorrangigen* Verantwortung für das Ganze zu sein oder zu werden. Diese Gemeinsamkeit des Funktionärsinteresses bedeutet nicht nur eine negative Auslese für das politische Personal bis in die höchsten Stellen, sondern auch eine Übereinstimmung gegenüber konkurrierenden politischen Einflüssen, eine Tabuisierung von Alternativen, die den Aufwand der Kämpfe zu Wahlzeiten und im Parlament immer unglaubwürdiger machen. In der Konsequenz ist eine Herrschaft von Parteifunktionären, die sich systemlogisch immer mehr einander angleichen, kaum noch wesentlich unterschieden von der Herrschaft der Nomenklatura innerhalb einer Einheitspartei – in der es im übrigen »Flügel« geben könnte, die sich untereinander in weitaus höherem Maße unterscheiden als die Programme sogenannter Volksparteien, die im Amerikanischen bezeichnenderweise »catch-all-parties« genannt werden.

Die aufgrund dieser Fiktion in realer demokratischer Praxis – der jene Fiktion als Überbau dient – zustande gekommene repräsentative Versammlung kann faktisch selber wieder nur aufgrund aufrechterhaltener Fiktionen existieren. Die zentrale und gesetzlich abgesicherte Fiktion ist eben die, daß ein parteigebundener Interessenvertreter durch die Wahl sozusagen die höheren Weihen eines nur seinem Gewissen verpflichteten Vertreters des Volkes erringt. Die faktische Dominanz des Parteiensystems und die daraus resultierenden Fraktionszwänge und Einheitsansichten, die Prämien auf Konformität, die Übereinstimmung der Regierung oder der Regierungskoalition mit der Mehrheit im Parlament, die damit noch stärker relativierte Rolle der Opposition – die ohnehin aus Funktionären des prinzipiell gleichen Schlages besteht – machen das Parlament zu einem Herrschaftsinstrument in der Hand der Funktionäre starker Interessen – vor allem des Interesses der Funktionäre am Funktionärswesen selbst. Der Hinweis darauf, daß eine »direkte« Herrschaft des Volkes über sich selbst ohnehin in Massendemokratien nicht möglich sei, rechtfertigt keinesfalls diese Verselbständigung des bürokratischen Herrschaftsapparates, der eine Änderung des Status quo so scheuen muß wie der Teufel das Weihwasser. Vertritt man aber die Ansicht, daß diese Herrschaft des Volkes über sich selbst auch gar nicht wünschenswert sei, so sollte man auch konsequent genug sein, auf die Fiktion der Demokratie zu verzichten. Jedenfalls soweit es sich auch in einer Demokratie um einen Staat handelt, der einen Begriff von Staatsvolk ebenso zu bilden in der Lage sein müßte wie einen von Gemeinwohl und einen von »Staatsräson«.

In Wirklichkeit ist Demokratie fast nichts anderes mehr als die Ideologie eines Liberalismus, der insgesamt die gesellschaftliche Wirklichkeit beherrscht und der im Prinzip nichts anderes kennt als die alte törichte Maxime, es käme in der Politik auf nichts anderes an als darauf, das größte Glück der größten Zahl zu fördern. Die Unterschiede zwischen den Parteien reduzieren sich darauf, daß jede in der Lage ist, Gründe zu fingieren, mit denen der anderen Seite vorgeworfen wird, daß sie diese Forderung nicht optimiert.

Die hier vorgetragene Kritik an jener demokratischen Ideologie, die bei uns als Überbau über die durch extremen Individualismus oberflächlich kaschierte Herrschaftsverbindung von Funktionärs- und Kapitalinteressen gepflegt wird, ist, und dessen sind sich die Autoren natürlich bewußt, keineswegs neu oder originell. Sie ist in allen

Punkten aus den Reihen von Demokraten zu vernehmen, und die Existenz dieser Probleme und ihre ebenso lautstarke und lärmende, im Kern aber unverbindliche Behandlung macht einen Teil der Stabilisierung unseres Status quo aus.

Trotz aller demokratischen Fiktionen, die als politische Dezisionen sicher ebenso gut sind wie andere, gäbe es für die westliche Demokratie immer noch ein stärkstes Argument. Es ist das Argument, mit dem schon früher der Unterschied zwischen West und Ost nach der Überwindung des mitteleuropäischen Totalitarismus charakterisiert wurde: »Wenn es bei mir frühmorgens klingelt, weiß ich, daß es der Milchmann ist.« Eine Anspielung auf die Tatsache, daß in Willkürsystemen die politischen Gegner oder diejenigen, die dazu erklärt werden, meist in den frühen Morgenstunden »abgeholt« wurden und werden. Diese Unterscheidung geht aber nicht primär auf Demokratie, sondern auf Rechtsstaat. Im Kern mag Demokratie mit Rechtsstaat mehr zu tun haben, als demokratischen Ideologen, die in Wirklichkeit nur extreme Liberalisten sind, recht ist. Aber eine Auffassung der Demokratie, die sich ihre Fiktionen von einem übertriebenen Liberalismus vorschreiben läßt und die von daher, wie an der Geschichte der Bundesrepublik Deutschland zu studieren, den Rechtsstaat gefährdet, sollte sich nun wirklich nicht als eine politische Wahrheit gerieren, von der aus jede Änderung des Status quo aus Gründen der erhabenen Freiheit und der alleinseligmachenden Demokratie abgelehnt werden müßte. Geht der Rechtsstaat aber vor die Hunde, so sticht auch das Beispiel mit der Wohnungsklingel nicht mehr: unsere entwickelten Wohlstandsgesellschaften kennen bekanntlich das Phänomen des »Klingelgangsters«.

Es gibt nicht »die Demokratie«, und man kann in ihrem Namen einen Status quo als diesen weder verteidigen noch angreifen.

Es nützt ebenfalls nichts, aus dem demokratischen Minimalismus des Apparates oder des Systems die Tugend des »Pluralismus« zu machen. Die innerhalb dieses »Pluralismus« aufrechterhaltenen demokratischen Fiktionen sind nichts anderes als Illusionen und können auf die Dauer nur die destruktiven Wirkungen haben, die sich jedem zeigen, den sein Profitanteil am Status quo noch nicht vollständig korrumpiert hat.

Die kritische Beleuchtung unseres demokratisch-ideologischen Überbaus geschieht nicht aus Lust an der Destruktion, und sie kann sich nicht einschüchtern lassen durch den bei uns besonders beliebten halb drohend, halb warnend erhobenen Zeigefinger, der auf

»Weimar« hinweist, wo die Deutschen ja schon einmal eine Chance, zur höchsten Menschheitsverfassung in Form von Demokratie aufzusteigen, aus Mangel an demokratischem Konsens vertan hätten – mit den bekannten katastrophalen Folgen.

Es geht nicht um Destruktion, sondern darum, in Deutschland und in Europa das Bewußtsein für wirkliche politische Zukunftsaufgaben zu wecken.

Und von diesen her ist die Tauglichkeit der demokratischen Fiktionen ebenso zu befragen wie ihre Unentbehrlichkeit. Es geht keineswegs darum zu zeigen, daß die Demokratie abgewirtschaftet hat. Es geht nur darum zu zeigen, daß das, was sich bei uns gegen die Aufgaben Europas, die eine Veränderung des Status quo bedeuten müssen, sperrt, im Hinblick auf die höheren politischen Ziele relativierbar ist. Wenn unsere Auffassung von Freiheit und Demokratie nur zur Aufrechterhaltung eines Status quo ausreicht, der keine Alternativen kennt und der zum Verzicht auf jede Selbstbestimmung führt, dann haben sich nicht Freiheit und Demokratie, wohl aber die herrschende Auffassung davon ad absurdum geführt.

Die demokratischen Bausteine der Zentraleuropäischen Föderation

Die Bemerkungen des vorigen Abschnittes dienten vor allem dazu, deutlich zu machen, daß die Verbindung von Demokratie und Liberalismus weder eine ideale, noch auf die Dauer überhaupt eine zweckmäßige Realisierung von Freiheit ist, und daß Demokratie als Herrschaftsform nicht unbedingt liberalistisch aufgefaßt werden muß. Wird aber der Liberalismus mitsamt seinen unpolitischen Konsequenzen als der eigentlich festgehaltene Bestand westlicher Demokratie deutlich, so kann es nur als konsequent erscheinen, wenn in der Folge auf die notwendigen Abstriche in dieser Hinsicht aufmerksam gemacht wird. Denn es ist, wie mittlerweile klargeworden sein müßte, jedenfalls *ein* Ziel dieses Buches, die Möglichkeiten einer neuen Ebene des politischen Denkens aufzuzeigen, die weder eine Reproduktion der westlichen Vorherrschaft über Mitteleuropa noch eine solche der östlichen ist.

Damit ist weder eine explizite Verurteilung des Westens gemeint oder Antiamerikanismus zum Ausdruck gebracht, noch eine des Ostens oder Antikommunismus. Beide Haltungen wären ideologische Positionen, die den Ost-West-Antagonismus bloß reproduzieren. Es ist nur die Unangemessenheit von Ideologien für die Mitteleuropäer deutlich gemacht worden, deren Selbstbesinnung ihnen genügend Möglichkeiten der politischen Sinngebung, politischer Ziele und politischer Selbstbehauptung an die Hand gibt, die sie in einem nichtantagonistischen Verhältnis zu beiden Supermächten einbringen könnten. Eine gelungene Selbstbehauptung Zentraleuropas würde eine Anerkennung beider Seiten mitsamt ihrer Ideologien möglich machen – Europa ist nicht der moralische Weltrichter über andere Völker und Mächte!

Wenn im folgenden auf einige Punkte aufmerksam gemacht werden soll, die unter der Zielvorgabe der Einigung Zentraleuropas eine Änderung von Bestandteilen der bisherigen westdeutschen Verfassung bedingen würden, so soll die Konzentration auf »unsere«, die westliche Seite nicht bedeuten, daß die Zentraleuropäische Föderation nur einseitige Opfer verlangen würde. Die Veränderungen, die der DDR, Österreich und der Tschechoslowakei zugemutet werden, sind ebenso gravierend, aber, abgesehen von der Ausführung von Einzelheiten im Abschnitt über die Wirtschaftsordnung, ist es Ziel dieser Darstellung, die eigenen Aufgaben zunächst den Lesern dieses Buches – und das sind ganz überwiegend Bürger der Bundesrepublik Deutschland – zugänglich und einsichtig zu machen und nicht jeweils anderen einen Katalog von Forderungen zu präsentieren.

Es ist also unausweichlich, daß die Gesellschaftsverfassung der Zentraleuropäischen Föderation jedenfalls weniger liberal sein wird und muß als die der Bundesrepublik Deutschland oder Österreichs. Dies kann nur diejenigen erschrecken und empören, die im Liberalismus als solchem schon eine absolute Errungenschaft sehen. Abgesehen von den höchst problematischen Verbindungen von Demokratie und Liberalismus, auf die hingewiesen wurde, muß mit aller Deutlichkeit und immer wieder klargemacht werden, daß ein rein quantitativer Liberalismus als solcher keine humane Substanz entwickeln kann. Geht es darum, humane Substanz zum Ausdruck zu bringen, so muß allerdings mit Freiheit argumentiert werden. Aber Freiheit in der in Mitteleuropa entwickelten Bedeutung von sittlicher Idee und kategorischem Imperativ und vor allem im Verhältnis zu Ordnung und Recht ist vom quantitativen Liberalismus – mehr Glück, mehr Konsum, mehr Freiheit, mehr Selbstverwirklichung für das Individuum – so unterschieden wie das Buch Hiob von der Fernsehserie Dallas.

Die teilweise absurden Konsequenzen und die qualitativen Veränderungen liberaler Errungenschaft sind, wie vor allem das Beispiel der Entwicklung der Pressefreiheit zur »Mediokratie« zeigt, von so gravierender und Freiheit in Frage stellender Bedeutung, daß das bloße Festhalten auch dann nicht sinnvoll erscheinen kann, wenn es mit den Freiheitsparolen des 18. Jahrhunderts verteidigt wird.

Es ist hier als eine der ganz wesentlichen ideenpolitischen Voraussetzungen für die Zusammenarbeit der Völker in der Zentraleuropäischen Föderation erklärt worden, daß die Erinnerung an die gegenseitig zugefügten Leiden das gegenwärtige Zusammenleben nicht beeinträchtigen oder wie in bisheriger Praxis vergiften darf. Über die Größe der Zumutung an die Gefühle und das Rechts- und Unrechtsbewußtsein der Betroffenen sind sich die Verfasser, wie schon deutlich gemacht, im klaren. Dies bedeutet aber in Hinsicht auf die gemeinsame Zukunft, daß die Amnestie nicht dem guten Willen der Beteiligten überlassen bleiben kann, die, mit guten Argumenten, auf der Aufdeckung historischer Wahrheit bestehen können. Dies Interesse muß dem neuen Gemeinwohl geopfert werden – Vergangenheitsbewältigung als politische Waffe, als Gesamtbeeinflussung oder als Belebung vergangener Konflikte muß verboten bleiben. Und es ist keine Frage, daß hier die Pressefreiheit – der liberale Religionsersatz – eingeschränkt werden muß. Freilich nicht durch Gummiparagraphen und Willkürmaßnahmen, sondern durch eindeutige Gesetze und paritätische Zensurkommissionen, die ihrerseits aus Organen hervorgehen, die durchaus demokratische Legitimation voraussetzen. Das Wesentliche ist auch hier nicht, daß dergleichen Maßnahmen an liberalen oder demokratischen Ideologien gemessen werden, sondern daß sie, ausgerichtet an den übergeordneten Zwecken der Zentraleuropäischen Föderation, in rechtsstaatlichen Verfahren zustande kommen, hinreichend präzis formuliert und effektiv durchsetzbar gemacht werden. Da Freiheit im Sinne liberalistischer Betätigungsfreigabe immer eine theoretisch unbegrenzte Zahl von Möglichkeiten eröffnet, muß der Möglichkeit, daß sich einzelne oder Gruppen unter dem Motto »Nieder mit den Nazis« (d. h. den Deutschen) oder »Nieder mit den tschechischen Sadisten« artikulieren, in strikter Güterabwägung ein Riegel vorgeschoben werden. Entsprechende Vereinigungen oder Organe wären verboten. Besteht die andere Seite auf einer vergleichsweise rigorosen Praxis der Drogen- oder Pornographiebekämpfung, so kann die Liberalität in diesem Punkte unmöglich ernsthafterweise als »Errungenschaft« verteidigt werden – abgesehen von der Möglichkeit, zwischen Bereichen zu unterscheiden, die zentral geregelt werden müssen – wie dem der

Amnestie – oder die regionalen Verordnungen überlassen bleiben können.

Ein zweiter wesentlicher Punkt läßt sich in einem einfachen hypothetischen Imperativ formulieren: Wenn Deutsche, Österreicher und Tschechen in der vorgesehenen Weise zu einer neuen, übergeordneten Einheit in der Vielfalt kommen sollen, so muß in allen zentralen Abstimmungen das einfache Mehrheitsprinzip außer Kraft gesetzt werden. Das folgt ganz einfach aus dem Unterschied der Bevölkerungszahlen: Bundesrepublik Deutschland ca. 61 Millionen, DDR 17 Millionen, Österreich 7,5 Millionen, Tschechoslowakei 15,5 Millionen (10 Millionen Tschechen, 5 Millionen Slowaken). Bei diesem Verhältnis würde das Bestehen auf dem abstrakten demokratischen Prinzip »ein Mann eine Stimme« (one man one vote) nichts anderes bedeuten als eine regelrechte Hegemonie. Wenn hingegen die partnerschaftliche Zusammenarbeit der verschiedenen Völker im Sinne der politischen Ziele der Zentraleuropäischen Föderation ernstgenommen werden soll, dann müssen neben den föderalistischen und regionalistischen Strukturen für alle zentrale Gesetzgebung differenzierte Willensbildungsverfahren entwickelt werden, die einerseits den Nachteil der geringeren Bevölkerungszahl je durch unterschiedlich gestaltete und anzuwendende Abstimmungsverfahren ausgleichen und die andererseits einen gesetzlichen Rahmen zu institutionalisieren suchen, der bestimmte, von den Zielen der Föderation als destruktiv zu benennende Ergebnisse ausschaltet.

Ein Beispiel für differenzierte Abstimmungsmodi unter dem Gesichtspunkt von Volksgruppen unterschiedlicher Kopfzahl bietet etwa die Tschechoslowakei: Bei bestimmten, zentral zu regelnden, das Ganze betreffenden Materien stimmen Tschechen und Slowaken getrennt ab – nur eine Mehrheit in beiden Gruppen läßt die Sache durchgehen. So sind eine Menge von Abstimmungsmodifikationen denkbar, die den zweifellos komplizierten Aufgaben der Bildung eines gemeinsamen politischen Willens angepaßt werden müssen. Selbstverständlich müssen nicht nur die Bereiche der gemeinsamen, der partikularen und der konkurrierenden Gesetzgebung so deutlich wie möglich bestimmt werden, sondern es muß auch klar sein, daß die vor allem in der Anlaufphase der gemeinsamen Zusammenarbeit zweifellos eine wichtige Rolle spielenden Schiedskommissionen ebenso paritätisch besetzt werden müssen wie das Organ, das schließlich die Stelle des »Hüters der Verfassung« einnimmt. Die dabei notwendig werdenden faktischen und personalpolitischen Überlegungen dürften auch nicht komplizierter werden als die parteiproportionalen und interessenbezogenen Eiertänze, die in unseren westlichen Systemen gang und gäbe sind. Die Schärfe, mit der sich am Anfang diese Probleme stellen werden, wird jedenfalls in der Entwicklung durch die sich ausbildenden Möglichkeiten überregionaler Korporativismen aufgrund objektiver Interessenlagen – z. B. der Landwirtschaft, des Mittelstandes, bestimmter Industriezweige sowie durch praktische Erfahrung – gemildert werden können.

Wenn auch im Westen meist übertriebene Vorstellungen über die Zahlen derjenigen bestehen, die herüberkommen würden, wenn die Mauer fiele, so muß doch auch gesehen werden, daß die Mauer oder der Eiserne Vorhang ein integrierender Bestandteil des Systems, etwa der DDR, ist. Dies System stellt den Mauerbau folgerichtig auch als positive Errungenschaft dar – *jedes* Regime stellt das, was es stabilisiert, in der Öffentlichkeit so dar.

Selbstverständlich ist es eines der Ziele der Zentraleuropäischen Föderation, alle Grenzen innerhalb ihres Gesamtterritoriums zu Ländergrenzen wie zwischen dem Freistaat Bayern und dem Land Baden-Württemberg zu machen, und ebenso selbstverständlich ist es, daß die Mauer, insofern sie einen reinen Gewaltcharakter hat, schon im Anfang der gemeinsamen politischen Existenz fallen muß. Dies bedeutet jedoch, daß die Mauer als Bauwerk, als Ding, als gewaltsames Hindernis für eine Übergangszeit durch rechtlich institutionelle Einrichtungen ersetzt werden muß. Dies bedeutet wiederum, daß die Folgen einer reinen Übertragung von Freizügigkeitsregelungen auf DDR und Tschechoslowakei wahrscheinlich zunächst nicht zumutbar sind. Ebensowenig ist aber die rein regionale Regelung der Freizügigkeit zumutbar. Es bleibt kein anderer Schluß übrig, als daß Freizügigkeit im gesamten Gebiet der Zentraleuropäischen Föderation zunächst relativ strikten Regelungen unterworfen sein muß. Dies betrifft naturgemäß nicht Kurz- oder Ferienreisen, aber Umsiedlungen, Wohnsitzveränderungen und Erwerb von Immobilien müssen im ganzen Bereich der Zentraleuropäischen Föderation zunächst gesetzlichen Restriktionen im Interesse des Zusammenwachsens der Regionen unterliegen. Die in diesem Zusammenhang notwendige Bürokratie, etwa ein »Siedlungsministerium«, muß in Kauf genommen werden. Ihre Aufgabe wird es nicht nur sein, Routineanträge zu entscheiden, sondern die Richtlinien dieser Entscheidungen aufgrund von regionalen Entwicklungsplänen, Strukturförderungsprogrammen usw. aufzustellen.

In Diskussionen, in denen dieser Gedanke gelegentlich geäußert wurde, hat sich gezeigt, daß eine solche oder ähnliche Einschränkung der Freizügigkeit gewöhnlich auf die stärksten Vorbehalte traf. Hier zeigt sich einerseits ein ganz ursprüngliches Verhältnis sozusagen zur Grundform der Freiheit: sich bewegen zu können, wohin man will – dies ist ja auch der Grund, weshalb die Mauer durch Europa nur mit stärkstem Propagandaaufwand nicht einmal plausibel, sondern höchstens äußerlich hinnehmbar gemacht werden kann. Ihre Auflösung in ein allgemein geltendes System von Gesetzen und Verordnungen, d. h. in ein System, das im gesamten Bereich der Zentraleuropäischen Föderation anerkannt wäre, ist die einzige Möglichkeit ihrer Beseitigung – jedenfalls für alle, die nicht doch heimlich noch auf eine »Politik der Stärke« setzen. Solidarität im Hinnehmen dieser Restriktionen, deren Regelungen ja auch die Probleme des ehemaligen sudetendeutschen Raumes umfassen müßten, muß von Deutschen ebenso wie von Tschechen und Slowaken erwartet werden.

Es ist bereits beim Problem des Regionalismus bzw. bei dem der föderativen Verfassung betont worden, daß mindestens im Anfangsstadium eine Qualifikation von Delegierten nach der Art ihrer Legitimation nicht in Frage kommen wird. Wird die Mobilität nun noch entsprechend eingeschränkt – was selbstverständlich nur für eine Übergangszeit der Fall sein kann –, so ist davon auszugehen, daß kommunistische Systeme oder zumindest Systeme mit einem hohen Anteil von Festhalten an sozialistischen Errungenschaften regional weiterhin bestehen bleiben. Insofern es sich hier im wesentlichen um wirtschaftliche Probleme handelt, kann hier auf den Abschnitt über die Wirtschaftsordnung verwiesen werden. Es ist aber keine Frage, daß auch sozialistisch geprägte gesellschaftliche Verhaltensweisen jedenfalls in die gesellschaftlich-politische Kultur als vorbildhafte und jedenfalls wertvolle und zu erhaltende Bestände aufzunehmen sind. Zu denken ist hier an das Zurückstellen rein individualistischen Liberalismus, an eine andere Arbeitsmoral, an die überlegenere Regelung der Verhältnisse von Gemeinwohl und Eigeninteresse oder auch an ein ausgeglicheneres Verhältnis von Privileg und Pflicht.

Während der französischen Revolution im Juni 1791 wurde auf Antrag des Abbé Le Chapelier ein dann nach diesem benanntes Gesetz eingebracht und erlassen, in dem es hieß: »Es gibt keine Korporationen mehr im Staat. Es gibt nur noch das Einzelinteresse jedes Individuums und das Allgemeininteresse. Niemandem ist es erlaubt, den Bürgern ein intermediäres Interesse einzuflößen und sie durch Korporationsgeist von den Angelegenheiten der Öffentlichkeit zu entfernen.«

Daß diese reine, an Rousseau geschulte und doktrinäre Gegenüberstellung von Individuum und Staat sich in der nachrevolutionären Entwicklung nicht durchgehalten hat, ist heute, da man im Verhältnis von Staat und Verbänden von einem neuen Korporativismus spricht, ganz offensichtlich. Nichtsdestoweniger ist diese revolutionäre Position von der größten Bedeutung gewesen. Um sich dies zu vergegenwärtigen, muß zunächst der Stellenwert einer solchen, sich als hochrevolutionären Akt verstehenden Gesetzesmaßnahme betrachtet werden. Die vorrevolutionäre Gesellschaft in Frankreich war – wie anderswo – aufs Vielfältigste gegliedert. Hier seien nur die großen »Stände« erwähnt, die in der Wirklichkeit dieser Zeit die beherrschende Rolle spielten. Da wurden einerseits die Aristokratie und die Geistlichkeit unterschieden. Diese beiden Stände waren so fest mit der Monarchie verbunden, daß sie sogar die zaghaften Reformbestrebungen des Königs angesichts des bevorstehenden Staatsbankrotts zu boykottieren in der Lage waren, was die Vorgänge, die zum revolutionären Ausbruch führten, nicht unbeträchtlich beschleunigte. Auch müssen hier die sog. Parlamente erwähnt werden, regionale Körperschaften, die wegen ihres Einflusses vor allem bei dem Erlaß von Steuern quasi einen horizontalen Kräfteausgleich bewirkten, der den königlichen Absolutismus – mindestens bis hin zu Ludwig XIV. – erheblich einschränkte.

In der vom König einzuberufenden Ständeversammlung wurde auch nach Ständen abgestimmt. Insofern nun in der vorrevolutionären Versammlung noch ein »dritter Stand« vertreten war, ergaben sich hier die eigentlich revolutionären Konstellationen. Denn der dritte Stand vereinigte vor allem das ökonomisch immer stärker gewordene Bürgertum, das mit den Bauern zusammen allein die gesamte Steuerlast aufzubringen hatte. Mit Recht wiesen die Delegierten des dritten Standes darauf hin, daß sie die überwältigende

Mehrheit des Volkes – oder der Nation – repräsentierten. Als Klerus und Aristokratie kein Entgegenkommen zeigten, erklärten sich die Delegierten des »dritten Standes« zur »Assemblée Nationale« – zur Nationalversammlung: Die Revolution war nicht mehr aufzuhalten.

Nun war aber das Prinzip des aufstrebenden Bürgertums gemäß der neuzeitlichen Ideenentwicklung jedenfalls individualistisch, und so kam es zu jener prinzipiellen Entscheidung, einerseits nur den Staat als den allgemeinen Willen, andererseits nur die Masse von Individuen als politische Struktur anzuerkennen.

In diesem Sinne waren die Menschen- und Bürgerrechte der Revolution konzipiert: es ging um die klassischen Abwehrrechte des einzelnen gegenüber dem Staat. Daß in dieser revolutionären Konzeption im übrigen auch der Staat selbst – unter dem rousseauistischen Schlagwort der »Souveränität des Volkes« – bis heute eine faktische Omnipotenz erhielt, die er im Absolutismus nie gehabt hatte, tritt häufig hinter den Errungenschaften der Verfassung und der Menschenrechte zurück. Der neue Souverän war jedenfalls zunächst rigoros in der Zerschlagung der überkommenen Strukturen der alten Gesellschaft, wie das oben angeführte Gesetz zeigte, er war auch ebenso radikal in der Beseitigung der dezentralen regionalen Selbständigkeit, was u. a. dazu führte, daß gegen die Bewohner der Vendée, die sich der Revolution nicht anschließen wollten, ein Krieg geführt wurde, der einem Völkermord bereits sehr nahe kam. Wesentlich für unseren Zusammenhang ist nun, daß sich im Siegeszug des liberalen bürgerlichen Geistes und seiner Politik der antikorporative Effekt durchhielt. Der Individualismus, der den einzelnen aus allen konkreten gesellschaftlichen Bindungen herausnahm, war in der Tat *das* Vehikel des Aufstiegs der bürgerlichen Gesellschaft gewesen, deren Prinzip ja eben individuelle Leistung war, die sich gegen die herkömmliche Privilegiengesellschaft durchsetzte. Nicht die Herkunft sollte mehr die Stellung des Bürgers bestimmen, sondern die individuelle Leistung. Diese Grundform, später bis hin zum Mythos vom einsamen Aufsteiger »aus eigener Kraft« stilisiert, ist immer noch die Grundform des Liberalismus. Sie prägt bis heute den westlichen Freiheitsbegriff, der auch unserem Demokratie- und Grundrechtsverständis zugrunde liegt. Freilich sind die Wandlungen des klassischen Liberalismus vom rein bürgerlich-kapitalistischen Nachtwächterstaat in der Entwicklung der Integration des vierten Standes zum Sozialstaat natürlich nicht zu übersehen. Es bleibt aber festzuhalten, daß das Prinzip der politischen Beteiligung der republikanischen Bürger zu dem Prinzip: »one man, one vote« führen mußte, und es ist kein Zweifel, daß dieses Prinzip, das konsequent zum allgemeinen Wahlrecht im heutigen Sinne führte, jedenfalls seine bedeutende historische Rolle gespielt hat. Die Frage ist, ob es unter den veränderten Umständen des 20. Jahrhunderts für die Zukunft noch in diesem Sinne aufrechterhalten werden muß, oder ob es sich nicht um ein Überbleibsel handelt, das aufrechtzuerhalten nunmehr ganz anderen Interessen zugute kommt als den damals revolutionär-bürgerlichen.

Es besteht ja kein Zweifel, daß das bürgerliche Individuum, wie es in der französischen Revolution entworfen wurde, eine außerordentliche Abstraktion war. Freilich eine, deren historische Bedeutung außer Zweifel steht. Denn die Bürger mußten von der bisherigen Privilegiengesellschaft absehen, sie mit Gewalt beseitigen, wenn sie »sich«, d. h. den Menschen als Individuum und eben nicht als Angehörigen einer privilegierten Schicht oder als Träger eines großen Namens zur Geltung bringen wollten. Natürlich mußte der so von Herkunftswelt und tradierten Ordnungen entblößte Mensch eine Abstraktion sein. Um ihn überhaupt zum Träger historischer Abläufe und zukunftsgerichteter Bewegungen zu machen, wurde ihm »die Vernunft« zugesprochen, die Vernunft wurde zur Ideologie des bürgerlichen Aufstiegswillens, dessen harter Kern das Individuum und seine reine Beziehung auf sich selbst, also der bürgerliche Egoist, wurde und bleiben sollte. Welch globaler Siegeszug mit diesem bürgerlichen Subjekt und seinem Leistungswillen verbunden war, ist an der Geschichte abzulesen, dieser Bürger ist wahrhaft eine geschichtliche Figur unerhörter Größe, sein Leistungswille entband ungeheure Kräfte, er baute die moderne Welt, kreativ, rücksichtslos und fest entschlossen, sich selbst zu behaupten und zu bereichern.

Die Frage ist, was aus den Prinzipien wird, wenn »diese Gestalt der Welt alt geworden ist«. (Hegel)

Die Abstraktheit des bürgerlichen Individuums wurde früh kritisiert. Seitdem der Engländer Edmund Burke – in seinem eigenen Land ein überaus fortschrittlicher Reformer – zuerst die Französische Revolution von ihren Prinzipien her kritisierte, ist diese Kritik nie mehr verstummt.

Aber der Siegeszug des bürgerlichen Prinzips war scheinbar unwiderstehlich. Eine Kritik, die etwa geltend machte, daß der Mensch nicht abstrakt auf einer aus dem Kopf geborenen Vernunft, sondern vor allem aufgrund geschichtlicher Bindungen, Prägungen, Traditionen und aufgrund geschichtlichen Ethos existierte, wurde früh als »konservativ« kritisiert. Und obwohl sich, wie wir wissen, die einfache Gegenüberstellung Individuum – Staat keineswegs durchhalten konnte, blieben alle Hinweise auf einen Staatsaufbau, der von historischen oder neu sich bildenden Korporationen ausging, schon früh als reaktionäres Ständedenken diffamiert. Zugelassen wurde nur die Vereinigung der Individuen mit gebündelten Interessen, d. h. also Verbände und Parteien, die dann auch von sich her – jedenfalls soweit sie keine anderen als Interessenverbände waren – kaum eine andere als eine negative Beziehung zum Staat entwickelten. Gerade an diesem Punkt aber setzte eine andere, vehemente Kritik an, die von Karl Marx. Er feierte einerseits, wie im kommunistischen Manifest nachzulesen ist, die Aufstiegs- und Aufbauleistungen der bürgerlichen Gesellschaft und ihres Kapitalismus in den höchsten Tönen. Andererseits aber kritisierte er die bürgerliche Revolution aufs heftigste. Sie habe bloß den egoistischen Menschen, den bloßen Bourgeois emanzipiert. Dies sei zwar ein Fortschritt gegenüber dem Zeitalter des Feudalismus mit seiner »heroischen Faulheit«, aber ein Fortschritt, der sich in sein Gegenteil verkehren müsse, wenn es nun bloß bei der Freiheit des egoistischen einzelnen bliebe. Nicht nur, weil aus dieser freigelassenen, sozusagen anarchistischen Bereicherungsenergie gleichzeitig die Verelendung weiter Schichten erfolge, sondern vor allem deshalb, weil der egoistische individualistische Mensch sein eigenes Wesen insofern verfehlen müsse: denn dieses Wesen sei notwendigerweise ein soziales Wesen. Der Emanzipation des Bürgers müsse die Emanzipation des Menschen folgen, sonst führe dieser Fortschritt nur zu schlimmeren Unterdrückungsverhältnissen als vorher.

Zum wirklich emanzipierten, ganzen Menschen gehöre die Sozialität. Wir erkennen hier unschwer die aristotelische Figur vom idealen Staat wieder, in dem die Bürger nicht nur durch vollendete bürgerliche Tüchtigkeit – in ihrer gesellschaftlichen Existenz –, sondern auch durch vollendete politische Tüchtigkeit oder Tugend ausgezeichnet sein müßten. Es ist kein Zweifel, daß bei Marx noch etwas von diesem »Ideal«, dieser Utopie zu finden ist – auch wenn er später Idealismus und Utopie weit von sich wies.

Was nun nicht nur Karl Marx, der schließlich ein autoritärer Sozialist wurde, sondern auch die »libertären Sozialisten« und Anarchisten beschäftigte, war der Gedanke, daß jene soziale Tugend oder politische Tüchtigkeit, die so Aristoteles wie Marx an der bloß egoistischen bürgerlichen Tüchtigkeit vermißten, nicht eine Frage des Lernens oder der individuellen Aneignung oder der Einsicht des einzelnen sei, sondern daß sie sich aus einer konkreten Eingebundenheit in konkrete Zusammenhänge ergeben sollte. Die Zusammenhänge aber, die für Sozialisten als einzige in Frage kamen, waren die Zusammenhänge der konkreten Produktion, die der Industrieorganisation.

Die Organisation der Gesellschaft und der Politik muß der Organisation der Produktion folgen: die Produzenten in den konkreten Produktionsstätten ernennen aus ihrem Kreis Sprecher oder Delegationen, die »Räte« (im Russischen »Sowjets«) genannt werden. Aus diesen gehen wieder übergeordnete Räte bis zu einem »Obersten Sowjet« hervor. Wir müssen nun weder die schweren und tragischen Differenzen zwischen Räte-Kommunisten und Partei-Kommunisten erwähnen, noch geht es darum, die Entwicklung dieser Gedanken zum System der Herrschaft in der UdSSR und anderswo zu charakterisieren und zu kritisieren. Es ist aber wichtig, auf ein zentrales Element auch dieser Theorie hinzuweisen, und das ist die Auffassung, daß dem einzelnen, der als bloßes Individuum nur ein entfremdeter Egoist bliebe, aus seiner konkreten Eingebundenheit in gesellschaftliche Zusammenhänge auch die konkreten Möglichkeiten politischer Tüchtigkeit zuwachsen würden. Hiermit ist aber nicht nur der Punkt gegriffen, an dem die »konservative« sich mit der »revolutionären« Kritik an der bloß bürgerlichen Revolution trifft. Wir können hier geradezu ein Moment des aristotelischen Idealstaates erkennen (vgl. oben S. 196). Konkrete Korporationen können mehr und anders sein als bloße Interessenverbände. Indem sie den einzelnen in der gesellschaftlichen Tüchtigkeit zur Bewährung bringen, sind sie Teile einer Gesamtordnung. Aus der weitsichtigen Standes- oder Berufs- oder Produktionskompetenz ergibt sich aber am ehesten die politische Tüchtigkeit. Jene besondere Tüchtigkeit in der gesellschaftlichen Korporation oder im Betrieb kann aber am ehesten von denjenigen anerkannt werden, die eben diesem Betrieb, dieser Korporation angehören. »Stände« und »Räte« sind vom Prinzip her einander verwandt – ein neuer Korporativismus, der dies berücksichtigt, wäre geeignet, den höchst abstrakten liberalistischen Freiheitsbegriff zu überholen.

Für die Gegenwart und die zukünftige Verfassungsordnung der Zentraleuropäischen Föderation ergeben sich drei Probleme:

Erstens hat sich das liberale Modell, das, wie wir sahen, auf Leistung setzte, im Wandel vom Sozial- zum Wohlfahrts-, zum Versorgungsstaat als bloß individualistisches schon selbst ad absurdum geführt. Vom heroischen bürgerlichen Subjekt ist nur der Egoismus geblieben, die Leistung hingegen wird teilweise sogar diffamiert. Leistung muß neu, und zwar sozialistisch-korporativ definiert werden.

Zweitens ist die Illusion der reinen Gegenüberstellung Staatsbürger – Staat längst in einen faktischen Korporativismus übergegangen: Verbände müssen aber gleichfalls neu definiert werden, und zwar nicht nur nach den akkumulierten Interessen, sondern nach ihrer Stellung und ihrem Beitrag zum Gemeinwohl.

Drittens aber muß jede solche Neuordnung sich auch nur des kleinsten Schimmers von bürgerlich-liberalem oder sozialistischem Optimismus enthalten. Man kann sich weder auf individuelle Einsicht, noch auf bloße veränderte Organisationsmuster, noch auf die Geschichte verlassen. Auch der dezentralisierte, föderalistische Aufbau eines Gemeinwesens, einer politischen Großformation muß ein Aufbau einer Folge von Autoritäten sein: individuellen Egoismus auszuschalten ist weder mach- noch wünschbar, aber kollektiver, partikularer Egoismus als solcher darf nicht institutionalisiert sein.

Der Interessenvertreter bloß als dieser ist eine inferiore Form des Politikers, ebenso wie der Parteimann, der nichts anderes ist als dieser.

Werkstücke zur Verfassung der Zentraleuropäischen Föderation

Es gibt keinen Automatismus, der – ähnlich der sakralen »Weihe« des alten Königtums – einen Parteimann, der zu höchsten Staatsämtern kommt, zum Staatsmann macht, aber es läßt sich doch denken, daß die Autorität des Staates erhöht wird, wenn das Staatsamt es gebietet, jede Parteitätigkeit/-zugehörigkeit und -propaganda mindestens ruhen zu lassen. Der Staatsmann hat sich aus der Parteiarbeit herauszuhalten – es ist demokratisch problematisch, wenn in der Bundesrepublik Deutschland der Bundeskanzler als Matador in einen Landtagswahlkampf zieht. Ein politischer Apparat bleibt aus Menschen zusammengesetzt, aber es ist ein Unterschied, ob ein politischer Apparat aus einer mehr oder weniger gelungenen Verschweißung von Parteiapparaten hervorgeht, ob Staat und Regierung schließlich als Beute für die Parteien da sind, oder ob dieser Apparat – wenn anders man ihn denn so nennen will – tatsächlich Ort des politischen Willens ist, an dessen Bildung die Parteien nur teilhaben sollen.

Die Wahrscheinlichkeit, daß ein hervorragender Bürger, der vom Vertrauen seiner Mitbürger getragen wird, ein besserer Staatsmann wird als der Parteikarrierist, der aus dieser Rolle wegen der konkreten Zwänge überhaupt nicht herausfinden kann, ist zweifellos größer.

Eine solche prinzipielle Überlegung bedeutet auch mehr Teilnahme des Volkes an der Regierung. Mit Recht erkennt die moderne Demokratietheorie im Begriff der Teilnahme – Partizipation – den zentralen Begriff der Demokratie. Und immer wieder wird von demokratischer Seite darauf aufmerksam gemacht, wie problematisch diese Teilnahme oder Teilhabe ist, wenn es im wesentlichen um Zustimmung zu von Apparaten – in Ost und West – aufgestellten Listen geht. In diesem Establishment von Apparaten, die den Schein lebendiger Demokratie durch Wahlkampfrhetorik aufrechtzuerhalten suchen, bilden sich – allerdings nicht im derzeitigen östlichen Machtbereich – Gegenbewegungen, außerparlamentarische Oppositionen, alternative Parteien usw. Daß diese Bewegungen in der Bundesrepublik Deutschland, wenn sie links vermutet werden, tolerierend diffamiert und, wenn man sie rechts vermutet, kriminalisiert werden, ist ein Spezifikum dieses Landes. Daß sie sich selber ins Unrecht setzen, weil sie nicht gegen die Scheindemokratie des Systems, sondern auch aus Mangel an politischem Unterscheidungsvermögen gegen den Rechtsstaat zu Felde ziehen, ist ihr eigenes Problem. Jedenfalls müßte in einer zentraleuropäischen Verfassung, soweit sie zentrale Organe ausbilden muß, die direkte Demokratie in viel höherem Maße zur Geltung gebracht werden als bisher.

Unter diesem Gesichtspunkt könnten die politischen Einheiten, aus denen sich die Zentraleuropäische Föderation zusammensetzt, insofern es sich um Länder mit vielen Millionen Einwohnern handelt, noch zu groß sein – regionales Wir-Bewußtsein aufgrund historischer und bewährter Integration sollte die Einheiten bestimmen. Ein zweiter Organisationsstrang zugunsten von mehr direkter Demokratie könnte die Einbindung der bürgerlichen Tüchtigkeit, also des berufsständischen Potentials, in das Staatswesen ausmachen. Zudem könnte und sollte unbedingt in institutionell strikt umschriebenen Bereichen das Instrument des Plebiszits einen höheren Stellenwert erhalten, als es ihn z. B. im Grundgesetz der Bundesrepublik Deutschland hat. Hinweise auf die Probleme von Weimar sind selten sachlich und historisch hinreichend begründet. Das sog. »Scheitern« der Weimarer Republik – das unter historischem und nationalem Gesichtspunkt eine höchst problematische Sache ist – ist kaum auf die plebiszitären Momente der Verfassung zurückzuführen.

Obwohl eine ganze Reihe neuer Aufgaben die Einrichtung neuer zentraler Ministerien notwendig machen dürfte, sollte in der Zentraleuropäischen Föderation strikt auf Verkleinerung der Bürokratien geachtet werden. Ein Weg dazu wäre das Zurückschneiden der in der Bundesrepublik absolut hypertrophen jeweiligen Landesverwaltung mit ihrem unangemessenen Aufwand an und für Ministerpräsidenten, Ministerien usw. »Landeshauptleute« mit bedeutend bescheidenerer Repräsentation und ministeriellem Gefolge sollten ausreichen.

Die oberste Staatsspitze der Föderation mit ihren zwei Repräsentanten muß immer paritätisch besetzt sein, d. h., wenn der Präsident ein Tscheche oder Slowake ist, muß der Kanzler (Ministerpräsident oder Premierminister) ein Deutscher oder ein Österreicher sein bzw. aus einer Region dieser Nationen stammen. Im umgekehrten Fall gilt natürlich sinngemäß das gleiche.

Unter Berücksichtigung dieser Überlegungen könnte man die Grundstruktur der Legislative als des zentralen Verfassungsorgans etwa folgendermaßen skizzieren. (Die Zusammensetzung der zentralen Versammlung, aus deren Beratungen die Verfassung hervorgehen soll, ist im Abschnitt über den Föderalismus bereits beschrieben.):

Das zentrale Verfassungsorgan aber sollte dreifach gegliedert sein:

Parlament
Senat
Wirtschaftskammer

Das *Parlament* rekrutiert sich zur Hälfte aus Kandidaten, die von Parteien aufgestellt und in reiner Persönlichkeitswahl gewählt werden. Listenwahl sollte ebenso ausgeschlossen werden wie die fatalen Fraktionszwänge. Die zweite Hälfte der Parlamentsabgeordneten wird von den Korporationen und Berufsständen in ihrer ganzen gesellschaftlichen Breite delegiert (»Räte«).

Der *Senat* ist (vgl. Bundesrat) im wesentlichen die Regionalvertretung, sein Rekrutierungsprinzip entspricht dem der Zentralen Versammlung.

Auf die Stellung und Bedeutung der *Wirtschaftskammern* geht Kapitel V ausführlich ein. Die Verfassungen der Länder könnten sich an der der Föderation orientieren – freilich wäre es, wie erwähnt, zu begrüßen, wenn es statt einer Inflation von Ministerpräsidenten mit entsprechender Bürokratie vielleich bei – schlichteren – »Landeshauptleuten« bleiben könnte.

Die Dreiteilung Parlament – Senat – Wirtschaftskammer wird von den Verfassern für essentiell gehalten; darüber hinaus sind aber auf der Grundlage der entwickelten Prinzipien viele Möglichkeiten denkbar, die der politischen Phantasie einfallen können. Nur eines sei noch erwähnt: Es ist keineswegs zwingend, daß die Betonung von direkten, rätedemokratischen Zügen auch notwendigerweise das »imperative Mandat« nach sich ziehen müsse. Kandidaten, die aufgrund engster Kontakte und beobachtbarer Bewährung einen immer höheren Delegiertenstatus annehmen – bis hin zum Kandidaten für Parlament oder Senat –, werden schließlich mit den Regierungs- und Gesetzgebungsaufgaben betraut, und zwar für möglichst längere Zeiträume. Bei periodischen Wahlen könnte etwa immer nur ein Drittel der Kandidaten zur Neu- oder Wiederwahl anstehen. Wiederwahl sollte höchstens zweimal möglich sein. Alle Möglichkeiten, in bloßen Parteienproporz abzugleiten, müssen institutionell unmöglich gemacht werden oder erschwert werden – die nationale Parität freilich muß jedenfalls institutionell genau festgelegt und kontrollierbar eingehalten werden.

Die Neuwahl nur je eines Drittels der Abgeordneten nimmt zwar den jeweiligen Wahlen den Charakter einer eindeutigen Entscheidung »des Wählers«, auf die sich z. B. die Parteien in der Bundesrepublik Deutschland so gerne als ihren fiktiven Auftraggeber berufen. Aber in der Realität sind die im Vierjahresrhythmus stattfindenden Wahlen in Westdeutschland kaum bewußte politische Entscheidungen eines zu konkreten Fragen Stellung nehmenden Volkssouveräns, sondern stellen maximal eine Option zwischen zwei oder drei nur diffus unterschiedenen allgemeinen Politikrichtungen dar – und wenn moderne Trendanalysen stimmen, daß Wahlen immer mehr durch Wähler entschieden werden, die sich aufgrund kurzfristig beeinflußbarer Stimmungen für die eine oder andere Partei entscheiden, ist selbst dies eine zu optimistische Sicht der Dinge. Aus der Entscheidung des »mündigen Bürgers« wäre endgültig ein werbetechnisch manipulierbarer Wunsch eines unverantwortlichen Politikkonsumenten geworden. Diesem Korruptionseffekt des alle vier Jahre in einer Wahlkabine »verschwindenden« Volkssouveräns kann nur vorgebaut werden, indem man nicht die Wahl von Parteien – oder in der ZEF (Zentraleuropäischen Föderation) vor allem Personen –

seines Vertrauens zur Erledigung der politischen Tagesgeschäfte zu einer »Entscheidung des Wählers« hochstilisiert, der danach aber nichts mehr zu entscheiden hat. Die Institutionalisierung plebiszitärer Möglichkeiten – sowohl auf Antrag bestimmter Gruppen und Einrichtungen als auch im Sinne eines vorgeschalteten Volksbegehrens oder in Kombination beider Verfahren, ja auch in dem Sinne, daß bestimmte Arten von Beschlüssen nur plebiszitär zustande kommen können, soweit nicht die Grundlagen der ZentraleuropäischeFörderation berührt sind –, diese Möglichkeit von direkten Appellen an den Volkssouverän gibt dem Volk nicht nur mehr reale Entscheidungsmöglichkeiten, sondern hebt auch insoweit den Korruptionseffekt des Vier-Jahres-Systems auf, als es den »mündigen Bürger« nun auch zu einer konkreten, sachbezogenen und bewußten politischen Entscheidung zwingt, deren eventuell negative Folgen er nun auch zu tragen hat, ohne sie »denen da oben« in die Schuhe schieben zu können.

Das oberste Verfassungsgericht der Zentraleuropäischen Föderation könnte oder sollte auch für die Verfassungsfragen der Länder zuständig sein. Seine Senate müssen entsprechend zusammengesetzt sein, wobei je nach Zuständigkeit die Paritäten bestimmt werden müßten.

Dieser Abschnitt soll mit einer Überlegung abgeschlossen werden, aus der hervorgeht, was die Verfasser für die Demokratie in der Zentraleuropäischen Föderation für wesentlich halten.

Es entspricht sowohl den Traditionen der Demokratietheorie wie auch gegenwärtigen Bemühungen, den Begriff der Partizipation als das Zentrum des Demokratieverständnisses zu sehen. Danach wäre also Demokratie die Teilnahme des Volkes an der Regierung. Da es um Demokratie als konkrete politische Form geht, verbieten sich selbstverständlich all jene Bedeutungen von »Volk«, die dies – wie in der klassischen Lehre – mit »unteren Schichten« gleichsetzen. Diese moderne Auffassung von Demokratie muß allerdings auch insofern greifen, als eine deutliche, quasi kastenmäßige Abgrenzung derer, die im Namen des Volkes das Volk regieren – etwa im Sinne einer privilegierten »Nomenklatura« –, keinesfalls demokratisch sein kann. Nicht das Privileg, sondern die Autorität des Amtes und das Ausmaß der öffentlichen Inpflichtnahme kennzeichnen den Kreis der Regierenden.

Andererseits verbietet sich aber auch eine Auffassung von Volk, die dies etwa mit Bevölkerung gleichsetzt. Die bloße Agglomeration von Millionen von Individuen gibt kein Volk. Volk aber ist die Bezeichnung eines Kollektivs, das durch ein gemeinsames historisches und politisches Schicksal sich in Zeit und Raum durchgehalten und gemeinsam selbst behauptet hat. Seine Gemeinsamkeiten sind also historisch, sein Zusammenleben ist als eine bestimmte Ordnung auszumachen. Die Elemente – die einzelnen – dieser Ordnung sind in ihrer Existenz aufeinander verwiesen und angewiesen. Ihr Zusammenhalt untereinander ist wesentlich höher als alle Kommunikation nach außen. Die Gemeinsamkeit entspricht zum Teil auch der subjektiven Erfahrung im Verwandtschafts- und Freundschaftsbereich, in unmittelbarer Gemeinsamkeit, zum Teil auch in dem Wissen um Abhängigkeiten von Klientelen, von Partnern, vom Funktionieren einer Gesamtordnung, alles in mehr oder weniger intensivem Bewußtsein objektiv vorhanden und subjektiv erfahrbar. Bloße Existenz des einzelnen als einzelner ist ebensowenig isoliert denkbar, wie Begriffe wie Lebensstandard oder Bildung oder Lebensqualität nur in bezug auf das isolierte Individuum gesehen werden könnten.

Die Zusammenhänge sind objektiv und konkret – niemand verdankt sein Leben oder seinen Lebensstandard, das, was er erreicht, nur sich selbst, aber ebensowenig der »Menschheit«. Selbst wenn der Anteil am individuellen Selbstbehauptungskampf im Einzelschicksal sehr groß war, muß doch eingesehen werden, daß alles Erreichte durch eine Umwelt vermittelt wurde, der dies Erreichte abgerungen werden konnte. Jede menschliche Leistung ist eine gesellschaftliche, folgerte Marx, und über eine Zeit hinaus, die mit guten revolutionären Gründen das Individuum betont hatte, entwickelte er aus dieser Selbstverständlichkeit seinen »Sozialismus«.

Damit blieb freilich, ebenso wie im bürgerlichen Liberalismus, die »Gesellschaft« im Mittelpunkt der Ideologie. Aber »Gesellschaften« können nur als verfaßte Völker auftreten, d. h. in politischen Formen, in Geschichte und im Raum – auch wenn man die jeweilige Art und Weise der politischen Verfaßtheit mit mehr oder weniger guten Gründen ablehnt. Aber ohne politische Verfaßtheit kein Volk. Es mußten schließlich Zeiten kommen, wo man die einfache und objektive Tatsache – »Volk« – gegen die Extreme des individualistischen bürgerlichen Egoismus ebenso in den Vordergrund heben mußte wie gegen den aufgetragenen Internationalismus der Marxisten. Es konnte dann sinnvoll sein, alles zu betonen, was »volkhaft«, »volkstümlich«, »völkisch« war.

Wie jeder Kampf gegen ein objektives gesellschaftlich-politisches Defizit hat sich auch der um das »Volk« in allen intellektuellen Lagen und Lagern und auch im mythischen Raunen zum Ausdruck gebracht. Gibt es ein Defizit an Bewußtsein individueller Freiheit, so wird das schöpferische Individuum, der große einzelne oder auch bloß die individuelle Existenz als solche herausgestellt. Fürchtet eine Schicht ihren Untergang durch die eigene Trivialität – wie das Bürgertum im 19. Jahrhundert –, so wird sie den Geniekult erfinden. Fürchtet sie den Ansturm der Masse, so wird sie den heroischen einzelnen hochstilisieren. Sollen große Aufgaben im allgemeinen durchgeführt werden, die es nötig machen, ein Überwuchern des bloß individuellen Egoismus zu beschneiden, so werden Staat, Volk und Volksgemeinschaft besonders ins Bewußtsein gehoben werden müssen. Alle diese Varianten der Betonung des einfachen Tatbestandes, daß ein einzelner jedenfalls ein »Teil« eines mehr oder weniger gelungenen Ganzen ist, sind je zu erklären aus der unendlichen Vielfalt von Möglichkeiten, die die einzelnen haben, sich zu dieser einfachen Tatsache zu verhalten. Denn zur Freiheit des Bürgers oder des Angehörigen eines Volkes gehört es, diese objektive Abhängigkeit als Anarchist etwa zu leugnen – abgesehen davon, daß er ihre jeweilige Form als diese bejahen, verneinen oder in vielfachem Sinne beeinflussen, unter ihr leiden oder stolz auf sie sein kann. Abgesehen vom Anarchisten und vom Kriminellen gibt es eine unendliche Vielfalt, diesen objektiven Tatbestand, daß jeder Teil eines Ganzen – hier Volk genannt – ist, subjektiv zu leben und zu erleben. Objektiv ein Teil zu sein und dies weder praktisch zu leugnen – etwa, indem bloßer Egoismus auf Kosten der Allgemeinheit verwirklicht wird –, noch theoretisch – also als Anarchist –, ist jedenfalls eine Art von Teilhabe – diejenige Art, die als objektive die Grundlage jeder Demokratie ist. Daß diese Objektivität auch die Seite hat, daß der einzelne als Teil in diesem Sinne auch Teil an dem Ganzen hat, insofern er als Bürger geschützt und respektiert wird, ist ebenfalls Grundlage jedes Staats- und Volkslebens. Das ist der objektive Zusammenhang von Gehorsam und Schutz, der das Zentrum der politischen Organisation ausmacht. Demokratie umfaßt also auch diese einfache, quasi vorpolitische Dimension von »Teilhabe« – der Demokrat fängt nicht erst beim Politiker oder beim Intellektuellen an.

So viel ist sicher, daß alle Probleme, die unsere westliche Gesellschaft umtreiben, an Brisanz verlieren, je mehr die Egoismen einer abstrakt individualistischen Leistungsgesellschaft von der Solidarität einer Gesellschaft kompensiert werden, die sich als Gemeinsamkeit von Völkern weiß und die sich selbst die Zukunft mit bedeutenden Aufgaben öffnet. Eine »Gesellschaft«, die alles »hat«, nur keine Zukunft, wird keines ihrer inneren Probleme lösen – von ihrer politischen Selbstbehauptung nach außen ganz zu schweigen.

In der zukunftsorientierten Zentraleuropäischen Föderation soll jeder seine »Stelle« und damit die eigentliche Form politischer Teilhabe finden. Diese allgemeine Form der »Partizipation« durch Identifikation begründet Demokratie.

Wie bereits gezeigt, ist die gegenwärtige Praxis der Wahlen als demokratische Legitimation schlechthin problematisch. Für die Zentraleuropäische Föderation wäre eine abgestufte Rätedemokratie denkbar, an deren Anfang der Schritt von der ausgewiesenen rein bürgerlich-gesellschaftlichen Tüchtigkeit zur politischen Tüchtigkeit steht. Politischer Aufstieg würde in Bewährungsstufen ohne imperatives Mandat zu autorisierten Zentralorganen führen – ergänzt durch die politische Einbindung der Wirtschaftsvertretung und durch den Senat, der als Organ der regionalen Vertretungen gilt. Ein solcherart gegliedertes Rekrutierungssystem für die politische Elite, das in inhaltlich festgelegten Fällen plebiszitär untermauert werden könnte, wäre als Grundlage einer Verfassung denkbar, die dem allgemeinen Wahlrecht von heute seine fiktiven und abstrakten Züge nehmen könnte. Damit, d.h. in einer lebendigen, das Volk in allen Teilen wie ein Sauerteig durchwirkenden politischen Mitbestimmung, könnte eine Dimension der politischen Demokratie als Partizipation, als Teilhabe oder Teilnahme wiederbelebt werden, deren Abwesenheit heute so oft beklagt wird.

Es ist die Teilnahme im Sinne einer persönlichen Identifikation, einer Identifikation, in der der einzelne sich mit seinem Volk, mit seinem Staat, mit seinem Europa identifiziert. Um diese Identität zu erreichen, ist mehr notwendig als Wahlgeschenke, volkstümliche, ja sogar mehr und mehr von Werbeagenturen gesteuerte »Primitivpropaganda« und mehr als ideologische Behauptungen. Die Zentraleuropäische Föderation, in diesem Geiste verfaßt, ist mehr als eine vorübergehende, mit mehr oder weniger Gewalt zustande gekommene Einheit, deren »Gemeinschaft« etwas Krampfhaftes behalten muß, weil ideologische Grenzen, die nicht im Interesse der Völker liegen können, künstlich aufrechterhalten werden.

Diese Art von Teilnahme, die »Herz zu Herzen schafft«, braucht geschichtliches Bewußtsein, nationale Besinnung, Entlassung der Völker aus ideologischen Gefängnissen und sinnvollen Bezug auf die Zukunft.

Die drei Hauptstädte und ihre Funktionen

Drei Hauptstädte sind für die Zentraleuropäische Föderation vorgesehen, weil dies der betont föderativen Grundstruktur dieses Staatsgebildes entspricht und der geschichtlichen Tradition der Teilstaaten Rechnung trägt. Diese drei Hauptstädte sind die alten Kaiserstädte Prag – Wien – Berlin. Diese drei Städte liegen in der Mitte Europas – fast auf einer Linie. Von Prag nach Wien sind es 250 km; von Prag nach Berlin knapp 300 km Luftlinie. Alle diese Städte haben ihre große, gewachsene Geschichte in und für Europa; sie sind nicht abstrakte Konstruktionen wie Bonn, welches als Provisorium gegründet wurde und eine provisorische Hauptstadt mit provinziellem Charakter geblieben ist. Bonn ist nicht nur in Europa, sondern weltweit eine »Hauptstadt« ohne Tradition und Geschichte.

Eine solche Regelung mit mehreren Hauptstädten ist nicht so ungewöhnlich, wie es auf den ersten Blick scheint. In vielen Ländern hat sich neben der Hauptstadt ein zweiter (manchmal auch ein dritter), oft wirtschaftlicher Schwerpunkt entwickelt, wenn er nicht schon bestand. Beispiele:

Bonn – Frankfurt, München, Hamburg
Moskau – Leningrad
Washington – New York, Chicago, Los Angeles
Bern – Zürich
Rom – Mailand
Brasilia – Rio de Janeiro, Sao Paulo
Tokio – Osaka (über 600 km; seit Mitte der sechziger Jahre mit einer Schnellbahn verbunden)
Den Haag – Amsterdam, Rotterdam

Diese Beispiele mögen genügen.

Jede der drei Städte Prag – Wien – Berlin ist repräsentativ für die Föderation, und jede hat von der Geschichte her Anspruch darauf, in der Führung Zentraleuropas vertreten zu sein. *Prag,* in der Mitte gelegen und die älteste der drei Städte, sollte den ersten Rang unter ihnen einnehmen. Damit wird auch der Tatsache Rechnung getragen, daß die Slawen ihren Anteil an der Entwicklung Europas haben, und die Tschechen im Herzen dieses Kontinents leben. Die Regierung würde – sinnvoll zugeordnet – auf die drei Hauptstädte verteilt, wozu weiter unten konkrete Vorschläge gemacht werden. Bei Beurteilung dieser Lösung muß man sich von herkömmlichen Vorstellungen freimachen, dann ist auch dieser Gedanke nicht mehr so phantastisch, wie er vielleicht zunächst erscheint. Es gilt auch, die moderne Entwicklung der Verkehrs- und Kommunikationstechnik in die Überlegungen einzubeziehen.

Schienengebundene Schnellbahnen fahren schon mit bis zu 300 km/h, d. h. eine knappe Stunde von Prag nach Wien und genau eine von Prag nach Berlin. Ein Regierungsbeamter, der früher in Zehlendorf wohnte und ins Regierungsviertel nach Berlin zum Dienst fuhr, brauchte mit S- und U-Bahn mindestens 1/2 bis 3/4 Stunde, bis er im Ministerium war; mit dem Auto dauerte es noch länger. Die schon heute einsatzbereite neue Magnetschnellbahn fährt bis 500 km/h, d. h., diese Bahn schafft theoretisch die Strecke Prag – Wien in wenig mehr als 1/2 Stunde, und von Prag nach Berlin gelangt man in vierzig Minuten. Wenn eine solche Schnellbahn – auf besonderer Trasse gebaut – zwischen den drei Hauptstädten im 15-Minuten-Rhythmus verkehrt und über für Regierungsmitglieder, Politiker und Wirtschaftler reservierte Wagen verfügt, ist der persönliche Kontakt im Bereich der Regierung wahrscheinlich besser gewährleistet als unter früheren Verhältnissen. Daneben gäbe es noch eine direkte Autobahn, die Prag mit Wien und Berlin verbindet. Schließlich bleibt noch das Flugzeug. Bezieht man in diese ganz realen Überlegungen auch die modernen Kommunikationssysteme wie Telefon, Telex, Bildschirm-Übertragung usw. ein, die noch dazu ständig vervollkommnet und ergänzt werden, so muß auch dem Skeptischsten klarwerden, daß es sich hier nicht um ein unlösbares Problem oder um Phantastereien handelt, sondern daß erst solche Pläne der Größe der Gesamtkonzeption gerecht werden und keineswegs utopisch sind. Angesichts solcher Möglichkeiten und Perspektiven mutet alles, was sich heute besonders im westeuropäischen Bereich Politik nennt, archaisch an.

Wir möchten diese Gedanken nicht abschließen, ohne auch mit Vorschlägen für die Verteilung der Regierungsaufgaben der Föderation auf die drei Hauptstädte aufzuwarten, wobei wir uns auf die klassischen Ministerien beschränken.

Prag als die älteste und zentral gelegene der drei Städte sollte der repräsentative Sitz des Präsidenten der Föderation auf dem Hradschin sein. Nach Prag gehörten dann noch das Verteidigungsministerium, der Bundesrat bzw. der Senat (zweite Kammer) der Föderation und das Justizministerium.

Wien wäre der Sitz des Bundeskanzlers (Premierminister, Ministerpräsident, je nach Wahl des Titels), des Außenministeriums, des Innenministeriums und des Kultusministeriums. Außerdem wäre Wien Sitz des Parlaments.

Berlin war immer ein wirtschaftlich-industrieller Schwerpunkt und ist es wieder; es war vor dem Zweiten Weltkrieg die größte »Fabrikstadt« der Welt. Hier wäre der Sitz des Wirtschafts- und des Finanzministeriums. Außerdem würde die zentrale Wirtschaftskammer der Föderation – als dritte Institution neben Parlament und Senat - hier ihren Sitz haben. Berlin würde so auch seiner traditionellen Rolle als wirtschaftlicher Drehscheibe zwischen Ost und West gerecht.

Der Vollständigkeit halber sei noch darauf hingewiesen, daß natürlich im Bereich der Gesetze und Steuern Angleichungen erfolgen müssen. Erfahrungsgemäß sollte man sich hier auf lange Zeiträume einrichten; diese Fragen drängen auch nicht. Manches regelt sich im Laufe der Zeit aus der Praxis des Alltags fast von selbst. Jedenfalls sind hier jegliches Drängen und jedes Streben nach Perfektion eher störend als hilfreich. Bleibt noch zu erwähnen, daß die Bundesbank – in kollegialer Zusammenarbeit mit den Zentralbanken der Mitglieder der Föderation – ihren Sitz in Frankfurt behalten sollte. München, die Hauptstadt des Freistaates Bayern, sollte der Sitz des dem Schutz der Verfassung und damit auch des Föderalismus dienenden Verfassungsgerichts der Föderation sein.

Wie an anderer Stelle ausgeführt, müßten im Zuge der Bildung der Föderation deren westliche Teile aus der NATO und deren östliche Glieder aus dem Warschauer Pakt ausscheiden – als Voraussetzung für die militärische eigene starke Verteidigungskräfte. Ebenso würden die Bundesrepublik die EG verlassen, die DDR und CSSR das Comecon. Die Föderation als Ganzes aber würde sich der EG und dem Comecon assoziieren, woraus alle Beteiligten nur Nutzen ziehen könnten.

Die Impulse, die von einer solchen Entwicklung und ihren Möglichkeiten für ganz Europa – ja für die Welt – ausgehen würden, sind kaum zu überschätzen. Durch die Wiedergeburt Europas als gemeinsam von Deutschen, Österreichern, Tschechen und Slowaken geschaffenes wirtschaftliches, kulturelles und politisches Zentrum würde der Friede für alle sicherer, weil ein latenter Spannungsherd – wahrscheinlich der gefährlichste – beseitigt wäre.

Probleme von Kultur und Sprache

Es ist früh erkannt worden, daß Zentraleuropa sowohl geographisch wie kulturell wie politisch bestimmt werden könne, ebenso, daß aber sowohl die geographischen wie die kulturellen Sichtweisen nicht zu eindeutigen Abgrenzungen führen können. Die geographischen Abgrenzungsversuche sind verhältnismäßig uninteressant; ihre Vielfalt und letzten Endes ihre Ergebnislosigkeit lassen aber gerade das Merkmal Zentraleuropas als eines geographischen oder, wie man früher sagte, »natürlichen«, eben nicht eindeutig bestimmbaren Raumes hervortreten. Eine Bestimmtheit kann nur unter der politischen Sichtweise erfolgen. Die kulturelle Bestimmung, wie sie Schlögel in seinem für die Wiederaufnahme der Mitteleuropa-Diskussion so überaus wichtigen Buch vornahm (»Die Mitte liegt ostwärts«), hat das große Verdienst, auf den Zusammenhang einer bestimmten Gestalt europäischer Kultur hingewiesen zu haben, die Prag, Wien und Budapest ebenso einschließt wie Krakau und Wilna.

Auch der polnische Autor Adam Krziminski nimmt diese Kulturdebatte auf. In einem bemerkenswerten Artikel (»Die Zeit« vom 27. 3. 87) antwortet er auf die Frage: »Warum Mitteleuropa mehr ist als nur ein politisches Phantom«. Dieses »mehr« wird hier wie bei Schlögel als historisch-kulturelle, aber auch aktuell-kulturelle Wirklichkeit gekennzeichnet. Bei den politischen Festlegungen von »Mitteleuropa«, die in der Vergangenheit immer wieder versucht wurden, sieht der polnische Autor eher Anklänge an »Richtlinien des deutschen Generalstabs« oder an das habsburgische »Völkergefängnis«. Dies sind freilich sehr unbestimmte Klischees; das kulturelle »mehr«, das hier herausgestellt werden soll, erscheint als Verdeckung eines politischen Defizits, das sich neue konkrete Möglichkeiten nicht denken will. Interessanterweise weist so gerade die kulturelle Aufgeschlossenheit des Autors auf politisches Status-quo-Denken hin.

Notwendigerweise kann die kulturelle Betrachtungsweise, die auf grenzüberschreitende Einflüsse, auf Durchdringungen gegensätzlicher kultureller Impulse und auf weiträumige und weitreichende Anregungen und gegenseitige Befruchtungen ausgeht, ebensowenig zu einer bestimmten Abgrenzung kommen wie die rein geographischen Bestimmungsversuche. Dies ist nun keineswegs eine Kritik an Schlögels ebenso eindringlicher wie liebevoller Darstellungsweise, aber eine politische Dimension erhält Mitteleuropa erst durch Grenzen. Für die so bestimmten Räume kann die Gemeinsamkeit der Kultur aufgezeigt werden, die als solche ja ebensowenig im Osten Europas eindeutig durch die politischen Grenzen festzulegen ist wie im Westen – dann schon eher durch Sprachgrenzen, insofern je für sich entwickelte Sprachen und Sprachräume auch unterschiedliche Akzentuierungen in einem Kontinuum europäischer Kultur bedeuten, ein Kontinuum, zu dessen Charakter es gehört, über Grenzen hinweg verbreitet zu sein.

Für den vornehmlich von polyglotter Bildung her geprägten Mitteleuropäer hatten die politischen Grenzen stets etwas »Künstliches« an sich, das er in seiner humanistisch-kulturellen Sichtweise oft nicht sehr ernst nahm. Dabei handelt es sich aber um ein entscheidendes politisches Defizit, das sich gerade in der typischen humanistischen Prägung des Bildungseuropäers des 19. Jahrhunderts zeigt, die von dem erwähnten Polen reproduziert wird, der dann ja auch vom eisernen Zeitalter der Weltkriege so schmerzhaft betroffen ist, daß er durchaus rat- und hilflos reagiert.

Konzentriert man sich auf kulturelle Fragen, so kann im übrigen die übergreifende Rolle des Katholischen nicht unbehandelt bleiben. In den Einrichtungen der Kirche liegen nicht nur von Aachen bis Prag übergreifende organisatorische und institutionelle Strukturen vor – als geistig-moralische Macht könnte gerade die katholische Kirche einen bedeutenden Anteil an der Vereinheitlichung Zentraleuropas nehmen und haben. Daß hier keine »gegenreformatorischen« Befürchtungen aufkommen können, versteht sich im 20. Jahrhundert von selbst – jedenfalls wäre es mehr als engstirnig, wenn die großen kirchenpolitischen Möglichkeiten von der einen Seite übersehen, von der anderen aber abgelehnt oder gar diffamiert würden.

So wesentlich es ist, für Mitteleuropa auf dessen »ostwärts« liegende kulturelle Gemeinsamkeiten hinzuweisen, so eindeutig ist, daß eine politische Konzeption Grenzen bestimmen muß. Die klassische Mitteleuropa-Diskussion etwa bei Konstantin Frantz war sich darüber im klaren, d. h., sie erkannte die Bestimmung politisch eindeutiger Grenzen als Aufgabe jeder Überlegung für ein politisches Europa.

Da diese Grenzen nicht vorgegeben waren und sich bei den Autoren traditionelle Motive mit aktuell-politischen durchdrangen, mußten sie die Grenzen ihres Mitteleuropa von sich aus bestimmen, was unausweichlicherweise den Eindruck einer gewissen Willkür machen mußte.

Dergleichen Willkür ist hier durchaus vermieden, insofern der hier gemachte Vorschlag von den bestehenden Grenzen ausgeht. Die äußeren Grenzen der Zentraleuropäischen Föderation werden von denen der Bundesrepublik Deutschland, der DDR, der Tschechoslowakei und Österreich in ihrer heutigen Lage gebildet. Die von den älteren Autoren ins Auge gefaßten, noch zu setzenden Grenzen mußten notwendig einen quasi imperialen oder wenigstens hegemonialen Charakter haben, was vor allem bei Friedrich Naumann hervortritt. Unser Vorschlag jedoch ist auf der Basis der Anerkennung bestehender Grenzen – einvernehmlich vorzusehende Korrekturen zulassend – streng assoziativ, lehnt sich also in der politischen Form eher an Frantz an.

Wichtiger ist die Korrespondenz der inneren Bestimmung mit den äußeren Grenzen. Die innere Bestimmung der Zentraleuropäischen Föderation ergibt sich aber aus ihren politischen Aufgaben: Überwindung der Teilung Deutschlands und Europas, Befriedung Mitteleuropas, Bildung einer politisch und wirtschaftlich-technisch existenzfähigen Alternative zu der jetzigen Abhängigkeit von den Supermächten, Schaffung einer politischen Einheit in wirtschaftlich leistungsfähiger Größe.

Daß die, vor allem bei den Bemerkungen über Prag und die Geschichte des böhmischen Raumes, so stark hervortretende kulturelle Westbeziehung der heutigen Tschechoslowakei einer der ganz wichtigen Aktivposten für die Bildung der Zentraleuropäischen Föderation ist, steht außer Frage. Ist aber die Gemeinsamkeit der anderen drei Staaten durch die gemeinsame Sprache leichter zu begründen, so muß trotz aller kulturellen und schließlich auch ökonomisch-funktionalen Gemeinsamkeit zwischen Deutschen und Tschechen der Unterschied der Sprache natürlich als Problem bewußt sein.

Der Veitsdom in Prag spricht zu jedem kulturell aufgeschlossenen Europäer ebenso unmittelbar wie das Aachener Münster oder der Stephansdom in Wien; »Mein Vaterland« von Smetana ebenso wie Beethovens Violinkonzert oder das Kaiserquartett von Haydn. *Aber jeder weiß, daß die Unmittelbarkeit einer Gemeinschaft erst im verstehenden Sprechen zur festen Grundlage werden kann.*

Da eine Gemeinsamkeit der Sprache in der Zentraleuropäischen Föderation nach unseren Vorstellungen nicht gegeben ist, muß sie hergestellt werden. Das ist auf der Ebene offizieller, politischer und wirtschaftlicher Kontakte zunächst bloß ein technisches Problem, das durch die entsprechenden technischen Anlagen zu lösen ist. Aber natürlich schafft dies, wie im internationalen Verkehr bis jetzt auch schon, zwar Verständigung und funktionale Handlungsmöglichkeiten, aber nicht jene Gemeinsamkeit, die die Zentraleuropäische Föderation auf die Dauer braucht. Es ist deshalb für die Zentraleuropäische Föderation ein Modell gestufter Zweisprachigkeit auf der Grundlage der Parität zunächst des Deutschen und des Tschechischen – das dem Tschechischen eng verwandte Slowakische ist hier aus Gründen der Einfachheit der modellhaften Darstellung nicht berücksichtigt – zu entwickeln. Diese Stufung hat eine horizontale, eine vertikale und eine zeitliche Dimension. Damit ist folgendes gemeint:

Horizontale Dimension

Die *horizontale Verteilung der Zweisprachigkeit* bedeutet, daß die jeweilige Region, das Land, den Bereich der Verdichtung der derzeitigen Sprache als Erstsprache darstellt. Je weiter man sich von diesem Zentrum entfernt, um so lockerer wird das Netz der einzuführenden Zweisprachigkeit. Es ist nicht einzusehen, daß ein Prager oder ein Kölner, die nicht die Absicht haben, Prag oder Köln jemals zu verlassen, nun unbedingt noch Deutsch oder Tschechisch lernen sollen – wenn sie es denn nicht schon von selber wollen. Wo zweisprachige Orts-, Straßen- oder Flurnamen historisch bestehen, sollen sie amtlich (wieder) eingeführt und benutzt werden. Es ist sinnvoll, sowohl Cèské Budejowice wie Budweis zu sagen, aber es scheint kaum sinnvoll, für Köln, Stuttgart oder Leipzig eine tschechische Bezeichnung einzuführen.

Jeder, der in einem Sprachraum aufwächst oder aufgewachsen ist, muß das Recht und die Möglichkeit haben, sich zeit seines Lebens innerhalb dieses Bereiches aufhalten zu können. Bei horizontaler Mobilität, d.h. bei dauerndem Aufenthalt im fremdsprachigen Bereich, ist elementare Zweisprachigkeit nachzuweisen. Der Entstehung von Sprachinseln ist entsprechend entgegenzuwirken. Jede Schule im Bereich der gesamten Zentraleuropäischen Föderation muß spätestens ab der 5. Klasse die Zweitsprache anbieten. Im Bereich der Wirtschaft wird sich die Zweisprachigkeit aus der Interessenwahrnehmung heraus von selbst ergeben, im Bereich aller staatlichen, auch der regionalen Verwaltungen muß in horizontaler Abstufung um die jeweiligen Verdichtungszentren und unter Vorsehung von Übergangszeiten die Zweisprachigkeit jedenfalls garantiert sein, wenn schon im Anfang nicht durch die generelle Zweisprachigkeit jedes Beamten, dann mindestens durch hinreichende Einrichtung behördlicher Dolmetscherstellen. Jeder Bürger der Zentraleuropäischen Föderation muß die Möglichkeit haben, im amtlichen Bereich an jedem Ort innerhalb der Zentraleuropäischen Föderation seine Angelegenheiten in seiner Muttersprache abwickeln zu können. Vorbild kann auch hier die Schweiz sein, wo z. B. sogar der rätoromanisch Sprechende behördliche Angelegenheiten überall in seiner Sprache führen kann.

Vertikale Dimension

Unter *vertikaler Abstufung* ist zu verstehen, daß weder jeder Bürger zur Zweisprachigkeit gezwungen werden soll, noch daß jeder öffentliche Bedienstete in Bad Segeberg, Gardelegen, Putim oder Leoben zwei Sprachen beherrschen muß. Es wird aber darauf zu bestehen sein, daß die Zweisprachigkeit von einer Ebene der Dienststellung, die etwa dem Rat entspricht, jedenfalls zur Pflicht gemacht wird, wobei eine horizontale Abstufung unter Umständen diese vertikale Rigorosität abmildern kann. Daß von der Verfassung bis zu Verordnungen *alle* amtlichen Verlautbarungen zweisprachig zu sein haben, versteht sich von selbst – obwohl auch hier an regionale Abstufungen gedacht werden kann, insofern es sich um nur regional wirksame Gesetze und Verordnungen handelt.

Zeitliche Dimension

Die *zeitliche Abstufung* bedeutet nichts anderes, als daß ein zeitlicher Stufenplan für die Erreichung der sprachlichen Ziele – auch regional variabel – entworfen werden muß.

Da die sprachliche Integration ein erstrangiges, übergeordnetes innenpolitisches Ziel ist, müssen solche Pläne zentral und verbindlich sein, um sprachlicher Abkapselung von eigenbrötlerischen Regionen entgegenzuwirken – ebenso wie private Vereinbarungen zur Pflege bestimmter Sprachen oder Dialekte zu fördern sind, solange sie keine chauvinistische Zielsetzung haben. Die zeitlichen Bestimmungen müssen sich an den Realitäten orientieren, also die Ausbildungszeit entsprechender Lehrer veranschlagen, die wiederum an die Einrichtungen entsprechender Fachbereiche oder Fakultäten, evtl. auch fachhochschulähnlichen Sprachseminaren gebunden sind. Daß jede Universität innerhalb der Zentraleuropäischen Föderation einen Fachbereich für die Sprache und Kultur der Partnerländer einzurichten hat, muß ebenso eine erste innenpolitische Maßnahme sein, wie der Austausch von Lehrern organisiert werden muß.

Für die innere Entwicklung der Zentraleuropäischen Föderation ist diese Gleichberechtigung der Sprachen wesentlich. Es ist aber auch darauf hinzuweisen, daß mit dem Tschechischen sich den Deutschsprachigen auch grundsätzlich der Bereich des slawischen Sprachraumes öffnet, insofern eine fundamentale Verwandtschaft der slawischen Sprachen etwa mindestens in dem Maße besteht, wie dies bei den lateinisch-romanischen der Fall ist.

Die fortschrittliche und auf absoluter Gleichberechtigung beruhende Sprachenpolitik der Zentraleuropäischen Föderation muß sich vor allem von den von überholten Nationalismen bestimmten Sprachkämpfen in der Europäischen Gemeinschaft abheben. Deutsch ist in Brüssel nicht offiziell, wird im Elsaß, in Südtirol und in Belgien restriktiv behandelt. Wie lange mußten die Flamen um ihre Sprachrechte kämpfen – ebenso wie die Regionalisten im Baskenland, die Bretonen, die Iren, die Korsen. Auch in dieser Hinsicht soll die Zentraleuropäische Föderation vorbildlich wirken.

Die Zentraleuropäische Föderation – ein System politischer Assoziationen

Im Jahre 1955 hat der Philosoph und Soziologe Arnold Gehlen innerhalb einer Vorlesungsreihe eine äußerst wesentliche Bemerkung über das Verhältnis Deutschlands zum Problem Polen gemacht. Gehlen führte damals, also bereits 1955, aus:

»Denn beispielsweise wäre im Falle der Wiedervereinigung Gesamtdeutschlands ziemlich genau angebbar, welches die Interessen der einzelnen Großorganisation sein werden. Aber keine davon wäre imstande, das dann anfallende Hauptproblem auch nur zu stellen, nämlich eine große Vorstellung von der dann akut werdenden Politik gegenüber Polen zu fassen – ein sicher sehr schwieriges

Problem, das in keinen Sonderaspekt aufgelöst werden kann.« (Jetzt in: Arnold Gehlen, Gesamtausgabe, Band 7, S. 123).

Es ist oben betont worden, daß die Zentraleuropäische Föderation bei allem Föderalismus jedenfalls auch als Ganzes verfaßt wird, daß sie einen »Staatscharakter« haben müsse. Daraus den Charakter eines abgeschlossenen Gebildes abzuleiten, wäre aber der Sache keineswegs angemessen. Staatscharakter besteht ja in diesem Fall in der institutionalisierten Fähigkeit, gegenüber den föderativen und regionalistischen Elementen das Ganze, das sich aus der Bestimmung der Ziele und Zwecke der Zentraleuropäischen Föderation ergibt, zur Geltung zu bringen, und zwar in dem Sinne, daß »große Vorstellungen«, d. h. eben der Gesamtrahmen dieser Ziele, innerhalb der Zentraleuropäischen Föderation realisiert werden können und daß das Ganze nicht in einem neuen, sich gegenseitig blockierenden Partikularismus der Regionen zerfällt.

Staat im Sinne des politisch aktiven »Pouvoir Neutre«, d. h. der politischen Kraft, die jenes Ganze des Entwurfs zur Geltung bringt, ist aber gleichzeitig und unausweichlich als die Kraft anzusehen, die gegenüber anderen politischen Kräften den zentralen Ort von Selbstbestimmung und Anerkennung ausmacht. In bezug auf die Supermächte, die Tschechoslowakei und Frankreich ist hier auf die weiter unten angestellten Überlegungen zu verweisen. Mit Recht wird der Leser aber ein Wort zur Politik gegenüber Polen erwarten, das weder von der geographischen noch von der politischen Situation her ausgespart werden kann.

Die Verfasser sind weder in der Lage, noch haben sie die Absicht, mit dieser Schrift dieses »sicher sehr schwierige Problem« anzugehen. Das polnische Problem wollen sie hier nicht zu ihrem Problem machen, es muß hier ausgeklammert bleiben. Aber angesichts der unausweichlich zu erwartenden Nachfrage und deren unzweifelhafter Berechtigung soll hier darauf hingewiesen werden, daß die Zentraleuropäische Föderation, so wie sie hier entworfen ist, selbstverständlich eine »große Vorstellung« im Sinne Arnold Gehlens ist, d. h., ein politisches Konzept, in dessen Rahmen eine »polnische Frage« ebenso auf einer neuen Ebene angegangen werden könnte, wie die Frage nach der deutschen Wiedervereinigung mit der Zentraleuropäischen Föderation erledigt ist. Die Verfassung der Zentraleuropäischen Föderation muß, bei aller Festigkeit ihrer föderalistischen und bei aller Eindeutigkeit ihrer demokratischen Prinzipien, von Beginn an so konstruiert sein, daß sie für weitere Assoziationen offen ist. Die

Zentraleuropäische Föderation in der hier angezielten Form stellt angesichts der Probleme, die eine Neuordnung Mitteleuropas von ihm selbst her aufwirft, die Kernlösung dar. So verdienstvoll es ist, wie Schlögel oder Krzeminski auf die weiträumigen kulturellen Verbindungen und Gemeinsamkeiten hinzuweisen, so unangemessen wäre der erste Schritt zu einer politischen Lösung, wenn er alles von den kulturellen Beziehungen und Verflechtungen her Denkbare bereits einbeziehen wollte.

Ohnehin wäre, wie schon angedeutet, die politische Festlegung, also die unausweichliche Bestimmung eines konkreten politischen Gebildes, eines Gebildes mit Staatscharakter, innerhalb dessen ein politischer Wille ausbildbar ist, immer »künstlich«, gemessen an den Möglichkeiten, die Kontinuitäten eines großen Kulturraumes aufzuzeigen. Aber die politischen Grenzen zu bestimmen, bedeutet keinerlei Einschränkung, auch nicht eine solche der kulturell weiträumigen Tatsächlichkeiten. Im Gegenteil: Erst die Existenz eines politischen Subjekts wie der Zentraleuropäischen Föderation kann eine systematische Pflege der kulturellen Beziehungen eröffnen. Aber diese Notwendigkeit der, wenn auch minimalen, Festlegung auf einen politischen Raum bedeutet eben gleichermaßen die Eröffnung weiterer Dimensionen von zentraleuropäischer Politik. Es ist denkbar, daß jene Züge, die die Zentraleuropäische Föderation im hier vorgestellten Sinne für die Völker der Tschechoslowakei nicht nur annehmbar, sondern anziehend machen sollen, sich auch in bezug auf eine freie Assoziation des heutigen Polens in diesem Sinne auswirken kann.

Die so stark an die Nationalismen des 19. Jahrhunderts erinnernde heutige Polonisierungspolitik in den Gebieten östlich der Oder-Neiße, die jetzt unter polnischer Verwaltung stehen, würde innerhalb der »großen Vorstellung« der Zentraleuropäischen Föderation ebenso überholt und hinfällig sein wie die herkömmliche Forderung nach Wiedervereinigung auf deutscher Seite. Erweitert man die Vorstellungen – entsprechend vielen Überlegungen der älteren und der neuen Mitteleuropa-Diskussion – auf die Assoziationsmöglichkeiten für Polen und Ungarn, so wäre damit insofern sogar ein zusätzlicher Stabilisierungsfaktor für die Zentraleuropäische Föderation denkbar geworden, als ein besseres Gleichgewicht zwischen den deutschen und den ostmitteleuropäischen Elementen aufgebaut werden könnte.

Ohne die Entwicklung in Polen geringachten zu wollen (vgl. »Kursbuch« Nr. 81), läßt sich feststellen, daß die lebhafteste, engagierteste und ernsthafteste Diskussion um »Mitteleuropa« heute in Budapest stattfindet. Hier sammeln sich in der Chiffre »Mitteleuropa« die vielfältigen Dimensionen von nationaler Identität, Selbstbestimmung und traditioneller Westorientierung. Dieses Buch hat sich bewußt auf die Probleme beschränkt, die eine Kernform »Zentraleuropäische Föderation« aufgeben würde. Auf längere Sicht sind natürlich weitere Assoziationen denkbar, deren Realisierung den Interesseneinschätzungen der beteiligten Völker überlassen werden muß. Und eine engere wirtschaftliche Beziehung zur UdSSR könnte die Zentraleuropäische Föderation, vorausgesetzt, sie bewährte sich in der Kernform, auch in den größeren Dimensionen für die Sowjetunion annehmbar, ja attraktiv erscheinen lassen.

Wesentlich sind die Voraussetzungen: also etwa die Amnestie, die Überwindung eines überständigen, *ver*schließenden und dessen Ersetzung durch einen *er*schließenden Nationalismus. Wesentlich würden auch bei einer Erweiterung Prinzipien wie Föderalismus, die Überwindung der Absolutsetzung gegenwärtig herrschender Formen von Demokratie und gesellschaftlichen bzw. wirtschaftlichen Verhältnissen zugunsten politisch tragfähiger Gemeinsamkeiten. Die Umrisse einer neuen politischen Ordnung und einer neuen Wirtschaftsordnung sollen auf eine Weise aufgefaßt und in der Zentraleuropäischen Föderation so vorbildhaft verwirklicht werden, daß alles auf eine mögliche neue, offene Perspektive europäischer Geschichte verweist. Keinesfalls darf man den zweiten oder überhaupt weitere Schritte vor dem ersten versuchen. Deutsche, Österreicher, Tschechen und Slowaken müssen zueinander finden, und die Föderation muß sich stabilisieren und bewähren. Die weitere Perspektive kann dann konkret ins Auge gefaßt werden.

V. Zur Wirtschaftsordnung

Marktwirtschaft und Planwirtschaft

Die Lösung der deutschen und europäischen Frage wird dort, wo sie überhaupt als Problem bewußt ist, meist von einseitigen Vorstellungen beherrscht. Im Westen stellt man sich – mit Ausnahme weniger besonnener Autoren – diese Lösung meist als einen »Anschluß« der DDR an die Bundesrepublik und – in europäischen Dimensionen – »des Ostens« an »den Westen« vor. Für Erich Honecker hingegen stellt sich die Frage erst dann und neu, wenn – was der Ideologie gemäß unausweichlich sein wird – »der Sozialismus« an die »Tür der Bundesrepublik klopfen« werde. Beide Vorstellungen dürften kaum geeignet sein, die Frage wirklich zu dynamisieren.

Generelle Charakterisierung der bestehenden Wirtschaftssysteme

Die marktwirtschaftliche Ordnung der Bundesrepublik hat sich, trotz mancher Mängel, im Prinzip als erfolgreich erwiesen; man wird sie also kaum zugunsten der Planwirtschaft östlicher Prägung aufgeben. Die letztere ist durch die Reformpolitik Gorbatschows in Bewegung geraten, »ins Gerede gekommen«, ohne daß heute schon eine genaue Richtung zu erkennen wäre. Auflockerung, mehr Demokratie, höhere Produktivität, Kooperation mit westlichen Unternehmen seien die Ziele, heißt es mehr allgemein. Dies alles bedeutet aber sicher nicht, daß im wirtschaftlichen Bereich des Ostblocks, also auch in der DDR oder der CSSR, die mehr oder weniger zentrale Planung oder z. B. das staatliche Eigentum an den Produktionsmitteln von heute auf morgen aufgegeben werden. Man muß also nach Wegen suchen, wie es trotzdem – außer zu einer politischen – auch zu einer wirtschaftlichen Symbiose in einer Zentraleuropäischen Föderation kommen kann. Wie immer steckt auch hier der Teufel im Detail. Die Wirtschaft ist die Basis des modernen Staates; ohne eine starke Wirtschaft sind z. B. hohe soziale Leistungen nicht denkbar. Eine kurze kritische Wertung der beiden Systeme – Marktwirtschaft, Planwirtschaft – soll die weiteren

Überlegungen einleiten. Die *Marktwirtschaft* ist grundsätzlich primär an den Bedürfnissen des Individuums orientiert, während die *Plan- oder Staatswirtschaft* den Interessen des Staates den Vorrang gibt. Daraus ergibt sich der einfache Schluß, daß die Planwirtschaft um so schlechter funktioniert, je näher sie dem Konsum kommt. Nun ist die Marktwirtschaft, besonders gekennzeichnet durch den Wettbewerb, nicht in jeder Beziehung so gut, wie sie erscheint, und die Planwirtschaft – z. B. in der DDR – nicht so schlecht, wie sie meist gemacht wird.

Nach dem Ende des Zweiten Weltkrieges kehrte – nach einer Übergangszeit – die neugegründete Bundesrepublik Deutschland zu der in der westlichen Welt üblich gebliebenen Marktwirtschaft zurück. Dieses Wirtschaftssystem gab es in Deutschland und in den übrigen am Welthandel beteiligten Staaten auch vor 1914, unbeschadet der in manchen Staaten – auch im Deutschen Reich – bestehenden Schutzzölle, z. B. im Interesse der Landwirtschaft oder des Aufbaues bestimmter Industrien (Protektionismus). In den beiden Weltkriegen 1914–1918 und 1939–1945 setzte die Kriegswirtschaft – nicht nur in Deutschland, sondern in allen am Krieg beteiligten Ländern und auch bei Neutralen – die marktwirtschaftlichen Regeln, je nach der Anspannung der einzelnen Nationalwirtschaften, mehr oder weniger außer Kraft. Die Zwischenkriegszeit der zwanziger und dreißiger Jahre erforderte besonders in Deutschland – als Folge des verlorenen Ersten Weltkrieges und des Versailler Vertrages – zeit- und situationsbedingte Einschränkungen der Marktwirtschaft. So z. B. durch eine außergewöhnlich hohe Inflation, gipfelnd 1923, bürgerkriegsartige Zustände allenthalben und bis 1924 die französische Ruhrbesetzung, eine hohe Verschuldung besonders gegenüber den USA, ab 1930 Devisenbewirtschaftung, ab 1933 staatliche Arbeitsbeschaffungsmaßnahmen großen Umfangs zur Bekämpfung einer mit bis zu 6 Millionen Erwerbslosen in dieser Höhe einmaligen Arbeitslosigkeit. Es gab in den zwanziger und dreißiger Jahren keinen multilateralen Welthandel, sondern man mußte sich auf bilaterale Handelsbeziehungen beschränken. Trotzdem aber blieb es auch in diesem Zeitraum prinzipiell bei der Marktwirtschaft mit Wettbewerb.

Bei der Rückkehr zur marktwirtschaftlichen Ordnung nach der Währungsreform 1948 handelte es sich in Deutschland also keineswegs um eine Wirtschaftsform, die man nach der vorangegangenen Periode neu hätte »erfinden« müssen. Die Marktwirtschaft war allen in der Wirtschaft an verantwortlicher Stelle Stehenden – Unternehmern und Managern – durchaus vertraut. Auch daraus erklärt sich der überraschend schnelle Wiederaufbau der wirtschaftlichen Basis in der Bundesrepublik und die Bewährung im schnell freier werdenden Welthandel auf den Märkten des Auslandes mit seinem komplexen Wettbewerb. Der Wiederaufbau selbst allerdings – eine bis dahin einmalige und vielseitige Aufgabe dieses Ausmaßes – stellte an alle Beteiligten – Unternehmer und Arbeiter – ungewöhnliche Anforderungen. Auch waren die zum Teil noch kriegsbedingten administrativen Hindernisse wie Devisenbewirtschaftung, Demontagen, Lebensmittelkarten, Bewirtschaftung des Materials, z. B. Stahl, usw. keineswegs mit einem Schlage beseitigt. Auch hier also gab es Aushilfen, Einschränkungen, staatliche Förderungen etc., wie sie in den folgenden Jahrzehnten in Deutschland und auch in anderen westlichen Ländern gelegentlich auf Zeit oder Dauer eingeführt wurden: so z. B. die Devisenbewirtschaftung in Frankreich, Importbeschränkungen in Japan und den USA, von den vielfältigen Subventionen ganz zu schweigen.

Mit dem Ende des Ersten Weltkrieges wurde in Rußland, der Sowjetunion, ein bis dahin in dieser Form nicht bekanntes und schon gar nicht übliches Wirtschaftssystem eingeführt – die Planwirtschaft. Die Planwirtschaft – durch Lenin initiiert – entstand primär aus der kommunistischen Ideologie der Abschaffung des Privateigentums und der »Ausbeutung des Menschen durch den Menschen«. Dann aber erhoffte man sich durch diese Wirtschaftsform eine schnellere Industrialisierung der Sowjetunion – bis dahin ein in vieler Hinsicht rückständiger Agrarstaat. Ein gravierender negativer Faktor zur Erreichung dieses Zieles war die Zahl von damals etwa 80 Prozent Analphabeten in Rußland. Schließlich dürften aber folgende Gesichtspunkte – neben der kommunistischen Ideologie – die entscheidende Rolle für die Einführung der Planwirtschaft gespielt haben:

Die Kommunisten – Bolschewiki – hatten sich nach der Oktoberrevolution nur mit letzter Kraft der ausländischen und der konterrevolutionären Interventionen sowie der zunächst erfolgreich nach Osten vorgestoßenen Polen erwehrt. Ausbau der Rüstungsindustrie mit allen Vor- und Nebenindustrien (besonders der Stahlindustrie) sowie der sogenannten Infrastruktur mußte ihnen also als die vordringliche wirtschaftliche Aufgabe der nächsten Jahrzehnte erscheinen. Sicherung des Staates, d. h. der Macht der Partei, und Disziplinierung der Massen waren ihnen nach Lage der Dinge das Wichtigste. Eine auf Individuen als Träger aufgebaute Marktwirtschaft – mit dem Streben nach persönlichem Erfolg und der Aufgabe der Befriedigung der individuellen Bedürfnisse der Menschen – war dem vorrangigen Ziel der kommunistischen Führer diametral entgegengesetzt. Es kam hinzu, daß infolge der Flucht oder der Liquidierung des Adels und der Bourgoisie gar nicht das Potential an Unternehmern oder Managern (darunter im zaristischen Rußland viele Deutsche) zur Verfügung stand, um unter den teilweise chaotischen Verhältnissen eine leistungsfähige und vielseitige Industrie auf- und auszubauen. So blieb es also bis heute in der Sowjetunion bei der Planwirtschaft, als Muster auch für alle dem sogenannten Ostblock angeschlossenen Staaten, welche unter der Vorherrschaft einer kommunistischen Partei stehen. Damit hatte sich auch die Macht der Partei und ihrer Funktionäre über die Wirtschaft etabliert.

Agrarordnung

Die Agrarwirtschaft bleibt hier und im folgenden wegen ihrer Sonderstellung ausgeklammert. Die in allen Ländern Europas – in West und Ost – bestehenden Agrarordnungen sind zwar unterschiedlich, können aber generell der *Planwirtschaft mit marktwirtschaftlichen Relikten* – besonders im Westen – zugeordnet werden. Das gilt sogar in mancher Hinsicht auch für die Farmbetriebe der USA. Prinzipielle Unterschiede zwischen West und Ost bestehen allerdings bezüglich des Eigentums an Grund und Boden. Die Effizienz der Agrarwirtschaft unterscheidet sich von Land zu Land – sowohl im Westen als auch im Osten. Hier scheinen die DDR und Ungarn besonders erfolgreich. Die Volksrepublik China hat unter den Kommunisten immerhin erreicht, daß die Ernährung des Volkes aus eigener Kraft gesichert ist und die verheerenden regionalen Hungersnöte in diesem Riesenland offenbar der Vergangenheit angehören. Einer der wichtigsten Gründe dürfte die Maßnahme sein, daß nach der Kulturrevolution die Bauern nur noch ein Viertel ihrer Erzeugnisse an den Staat abliefern müssen, aber drei Viertel zu beliebigen, d. h. zu Marktpreisen frei verkaufen können. Dies brachte eine Verdoppelung der landwirtschaftlichen Erzeugung und das Ende der Hungersnöte.

Die Überschußproduktion der westdeutschen Landwirtschaft führt gelegentlich zu der euphorischen Feststellung, dieser dichtbesiedelte deutsche Landesteil könne – im Gegensatz zum ehemaligen, viel größeren Deutschen Reich – notfalls seine 60 Millionen aus eigener Kraft selbst ernähren. Diese vermessene Prognose hat wahrscheinlich nicht bedacht, daß die heutigen Leistungen ohne Futtermittel- und Getreideimporte – um nur die wichtigsten Abhängigkeiten zu nennen – nicht möglich wären. Auch die ausreichende Produktion von Kunstdünger ist von Importen abhängig. *Im übrigen ist es müßig, sich gegen Ende des 20. Jahrhunderts im dichtbesiedelten West- und Mitteleuropa mit Autarkie-Überlegungen zu beschäftigen.*

Kennzeichen aller Agrarordnungen in Westeuropa sind hohe staatliche Zuschüsse – Subventionen – an die Landwirtschaft; in der Bundesrepublik liegen diese Agrar-Subventionen z. Z. bei ca. 25 Mrd. DM/Jahr. Ob die hiesige Agrarordnung wirtschaftlicher ist als die östliche Planwirtschaft, mag dahingestellt sein; auf jeden Fall ist sie effektiver, weil sie infolge staatlicher Preis- und Abnahmegarantie für wichtige Produkte an das Eigeninteresse der Bauern appelliert und diese so zu höchsten Produktionsleistungen veranlaßt. Allerdings sind u. a. die alljährlich zu Billigpreisen verschleuderten Butter- und andere Berge die Kehrseite der Medaille. Im übrigen ist die Agrarordnung nicht nur sehr teuer, sondern auch so kompliziert geworden, daß sich selbst Experten nur mit Mühe darin zurechtfinden.

Planwirtschaft – kritisch

Wer es unternimmt, sich Gedanken über Möglichkeiten einer gemeinsamen, Länder mit verschiedenen Wirtschaftssystemen übergreifenden Wirtschaftsordnung zu machen, der sollte zunächst die beiden Systeme – Planwirtschaft und Marktwirtschaft – einer kritischen Wertung unterziehen. Eine Zeitlang wurde mit Blick auf eine mögliche Wiedervereinigung die sogenannte »Konvergenztheorie« vertreten. D. h., es sei zu erwarten, daß die Systeme sich im Laufe der Zeit einander angleichen würden, sozusagen »von selbst«. Eine andere, neuere Version, die das Denken in dieser Frage ersparen soll, ist unter einem Schlagwort verbreitet: »Der Rote Stern verglüht« (so der Titel des Buches von W. Obst). D. h. mit anderen Worten: »die Russen sind am Ende, und dann verschwinden die Planwirtschaft und manches andere (auch die kommunistische Partei?) ebenfalls ›von selbst‹«. Dergleichen Prophezeiungen begleiten das Sowjetsystem seit der Oktoberrevolution.

Den Verfassern erscheint es sinnvoller, sich an das Wort des Apostels Paulus zu halten: «Prüfet alles, das Gute behaltet.» Die zum Teil völlig überraschenden Erfahrungen, die die Deutschen im Zweiten Weltkrieg mit der Leistungsfähigkeit der russischen Rüstungsindustrie nach Menge und Qualität der Waffen und Geräte machen mußten, sollten zu einem abgewogeneren Urteil über die Planwirtschaft statt zu einer generellen Verurteilung derselben führen, denn der obengenannte Schluß gilt auch umgekehrt: je weiter entfernt vom Konsum, d.h. von den Bedürfnissen des Individuums, desto leistungsfähiger ist die Planwirtschaft. Je näher der Konsum, desto größer ihr Versagen. Unter den Aspekten dieser These dürften auch die Reformbestrebungen Gorbatschows zu sehen sein. *Im übrigen sollte man nicht vergessen, daß die Sowjetunion im Zeichen der Planwirtschaft zur Weltmacht aufgestiegen ist.*

Es ist nicht von ungefähr, daß in den Staaten Osteuropas Planwirtschaft und Abschaffung des Eigentums keineswegs so rigoros und umfassend durchgeführt worden sind wie in der Sowjetunion. Für diese Länder stellte sich weder das Problem der Verteidigung der Revolution und eines Riesenlandes gegen leistungsfähige Industriestaaten, noch der Heranbildung einer Schicht von Industrie-Managern (wenigstens nicht für die DDR), noch der Überwindung des Analphabetismus von 80 Prozent der Bevölkerung. So kommt es, daß hier allenthalben Wirtschaftsmodelle entstanden sind oder erprobt werden, die vom Rigorismus der russischen Kommunisten mehr oder weniger abweichen. Das gilt auch für das blockfreie Jugoslawien.

Für die sowjetische Planwirtschaft mit dem Vorrang der Schwer- und Rüstungsindustrie gab es als diesbezügliche Ansatzpunkte aus dem zaristischen Rußland im wesentlichen dessen Stahlproduktion und die Putilow-Werke in Petersburg (Leningrad) für die Artillerie, die schon vor 1914 für die Qualität ihrer Kanonen bekannt waren (der »russische Krupp«). Dazu kamen noch Betriebe für Handfeuerwaffen und besonders in Leningrad und Moskau Werke der Elektroindustrie und für Kraftmaschinen. Schließlich verfügte schon das zaristische Rußland über gute Werften für den Bau von Kriegs- und Handelsschiffen.

Grundlage und Voraussetzung für diese Industrien war eine ausreichende Eigenversorgung mit Stahl. 1914 lag die Stahlkapazität von Rußland bei 4,5 Mio. t Jahr. Die Produktion sank während des Krieges, der Revolutionswirren und der folgenden Jahre erheblich ab und erreichte erst 1928 wieder den Stand von 1914. 1940/41, zu Beginn des deutsch-sowjetischen Krieges, lag die Stahlproduktion bei 19 Mio. t pro Jahr und wurde dann in der Nachkriegszeit bis 1985 auf ca. 160 Mio. t pro Jahr gesteigert. Zum Vergleich: Bundesrepublik – 40 Mio. t; England – 16 Mio. t; USA – 80–100 Mio. t; Japan – 105 Mio. t (bei

Kriegsbeginn 1940 – 5–7 Mio. t). Die Sowjetunion verfügt also inzwischen im Zeichen der Planwirtschaft über die höchste Stahlproduktion in der Welt und damit über die entsprechenden Möglichkeiten in der Rüstung, wozu besonders der riesige Mengen von Stahl verschlingende Kriegsschiffbau gehört.

Die Textilindustrie, vor 1914 wichtigster Teil der Konsumgüterindustrie, war zwar auch im damaligen Petersburg und in Moskau vertreten, mit Schwerpunkt aber in Lodz (damals Russisch-Polen) und dort mit sehr großen Betrieben konzentriert. Dieses Potential ging der Sowjetunion nach der Verselbständigung Polens verloren. In den baltischen Staaten, besonders bei Riga, gab und gibt es recht leistungsfähige Fabriken, besonders für Elektromaschinen. Dieser nur kurze und sehr summarische Überblick über die industrielle Situation am Beginn der sowjetischen Planwirtschaft mag genügen, wobei hier der Vollständigkeit halber noch der bedeutende Bergbau in Südrußland erwähnt sei.

Richtlinie für den industriellen Auf- und Ausbau der Sowjetunion war der Leitspruch von Lenin: »Kommunismus ist Sowjetmacht plus Elektrifizierung des ganzen Landes«. Lenin schuf auch die Grundlagen für das planwirtschaftliche System, das von Stalin dann 1929 zu einer weiteren drastischen Erhöhung des Tempos des »Aufbaus des Sozialismus in einem Land« benutzt wurde, der als Grundlage für die Durchsetzung dieses Zieles den *Fünfjahresplan* einführte. Diese Pläne, im Fünfjahresturnus entworfen, sind bis heute die Richtschnur für die sowjetische Planwirtschaft – auch im Agrarbereich – geblieben. Bezogen auf das oben dargelegte primäre Ziel der Sowjetregierung war diese Planwirtschaft durchaus erfolgreich. Ohne diese Erfolge in der Rüstungsproduktion – z. B. bei Artillerie, Panzern, Maschinenwaffen und schließlich auch Flugzeugen – wären die Russen nicht in der Lage gewesen, zwanzig Jahre nach den jahrelangen Wirren der Oktoberrevolution die schwerste Bedrohung ihrer neueren Geschichte – die deutsche Invasion von 1941 – erfolgreich abzuwehren. Damit relativiert sich auch die Bedeutung der amerikanischen Hilfslieferungen an die Sowjetunion während des Zweiten Weltkrieges. Die Sowjetunion erhielt von den USA Pacht- und Leihlieferungen im Wert von 10,7 Mrd. US-Dollar, das sind gut 20 Prozent aller Lieferungen aus diesem Programm. 80 Prozent erhielten die anderen Verbündeten, den Löwenanteil Großbritannien. Grundlage dieses wesentlichen Teils der ersten Fünfjahrespläne war die Steigerung der Stahlproduktion auf 19 Mio. t pro Jahr, womit die Sowjetunion bis

1940 mit der Produktion des alten Stahllandes England gleichzog. Besonders der Bergbau mußte zu diesem Ergebnis, wie auch sonst, seinen wesentlichen Beitrag leisten.

Neben der besonders hervorgehobenen Rüstungsindustrie entstanden in dem Zeitraum von zwanzig Jahren bis 1940 im Zeichen der Planwirtschaft z. B. zahlreiche Wasserkraftwerke größter Dimension zur Stromerzeugung (»Elektrifizierung«), einige wichtige Kanäle als Flußverbindungen. Die Transsibirische Bahn (8000 km) wurde doppelgleisig ausgebaut, die Turksib-Bahn über mehr als 1000 km (Verbindung Sibirien mit Turkestan/Baumwollanbau) neu gebaut. In der Arktis wurde nach vorangegangenen jahrelangen meteorologischen Studien und der Errichtung von Wetterstationen ein permanenter Geleitzugverkehr mit Eisbrechern durch die Nordpassage zwischen Nordmeer (Murmansk) und Pazifik (Wladiwostok) während des ganzen Jahres eröffnet. Auf weitere Beispiele wird weiter unten hingewiesen.

Den Verfassern sind natürlich die Opfer, welche eine solche einseitige und forcierte planwirtschaftliche Entwicklung gefordert hat, bekannt. Dazu gehört auch die Kenntnis über den »Archipel Gulag« und die verbreiteten Hungersnöte im Agrarbereich mit politischem Hintergrund (Ukraine), über Zwangsmaßnahmen zur besseren Erschließung Sibiriens und des unwirtlichen Nordens sowie manches andere. Dazu zwei Anmerkungen:

Erstens: Auch der Kapitalismus hat bei der Industrialisierung – z. B. in England und in den USA – hohe Opfer gefordert (vgl. etwa schon Friedrich Engels »Die Lage der arbeitenden Klassen in England«). Wer spricht heute noch von den Hekatomben an Opfern, welche z. B. der Bau des Suez- und des Panamakanals gefordert hat? Am wenigsten Opfer verlangte der Industrialisierungsprozeß in Deutschland, weil der extreme Kapitalismus schon relativ früh durch die Gesetze zur Sozialversicherung (Bismarck) gebremst wurde.

Zweitens: Hätte man mit marktwirtschaftlichen (kapitalistischen) Mitteln in der gleichen Zeit das gleiche erreicht? Wahrscheinlich nicht, weil die meisten der in diesem Zeitraum durchgeführten Projekte (z. B. Infrastruktur) einseitig ausgerichtet waren und also keine – und schon gar keine hohe und schnelle – Rendite versprachen. Der Anreiz im Frühkapitalismus aber lag in den meist ungewöhnlich hohen Gewinnchancen (andere Projekte wurden einfach nicht angegangen). Da kein privates Eigentum an Grund und Boden wie auch an den Produktionsmitteln bestand, entfielen für die staatliche Planung viele Hemmnisse, die anderenfalls nicht oder nur langwierig überwindbar gewesen wären.

Es ist keineswegs die Absicht der Verfasser, hier das Loblied der Planwirtschaft zu singen oder gar sich undifferenziert damit zu identifizieren. Die Notwendigkeit, sich eingehender mit dieser Wirtschaftsform zu beschäftigen, ergibt sich aus der Tatsache, daß im »Westen« – und speziell in der Bundesrepublik – das planwirtschaftliche Wirtschaftssystem der Sowjets meist nicht nur kritisiert, sondern geradezu abqualifiziert wird. Das führt dann gelegentlich zu fast erschreckter Überraschung, wenn wieder einmal besondere Erfolge der Sowjets bekannt werden. So war es 1957 beim ersten Sputnik oder heute bei den regelmäßig stattfindenden Hin- und Rückflügen zu im Raum stationierten und bemannten Labors, beim Erscheinen eines neuen Kreuzers oder Atom-U-Bootes, eines spektakulären Atom-Eisbrechers, oder neuerdings z. B. bei der Meldung über das neue sowjetische Jagdflugzeug MIG 29 »Fulcrum«, welches »den Luftwaffenstäben der Nato einige Sorgen bereitet«, wie berichtet wird. Die »Welt« meldete am 5. 10. 87, daß »nach Ansicht amerikanischer Wissenschaftler die Sowjets im Augenblick in der Laserforschung noch einen deutlichen Vorsprung vor den Amerikanern haben« (Ostseemanöver der Russen). Wir haben im übrigen ja selbst zu unserem größten Leidwesen erfahren, wohin es führt, wenn man den Gegner unterschätzt, und sollten nun nicht in den gleichen Fehler verfallen, wenn es darum geht, einen wirtschaftlichen oder besser ideologischen Konkurrenten zu beurteilen.

Deshalb sei nun hier noch einiges aus der Planwirtschaft der Kriegs- und Nachkriegszeit berichtet. Die Sowjetunion ist ein riesiges Land, dessen Dimensionen sich fast der Vorstellungskraft entziehen. Das gilt besonders für Europäer, die seit Jahrhunderten in sehr begrenzten Räumen aufwachsen, leben und vielfach auch denken. Das Klima der Sowjetunion reicht von der Arktis, vom Dauerfrostboden im Norden und Nordosten, bis zu subtropischen Gebieten im Süden. Um sich zur See zu schützen, muß sie vier Kriegsflotten unterhalten, die in Struktur und Größe den jeweiligen Verhältnissen angepaßt sind, und zwar in der Ostsee (Leningrad/Kronstadt), bei Murmansk für den Atlantik, bei Wladiwostok für den Pazifik und schließlich im Schwarzen Meer (Odessa).

Ein wenig beachteter Erfolg der Sowjets während des Zweiten Weltkrieges war die Verlagerung von kriegswichtigen Werken aus gefährdeten westrussischen Gebieten hinter den Ural. Nach diesem Krieg stellte sich – angesichts der Zerstörungen in den ausgedehnten Kampfgebieten – den Russen dann ebenfalls die große Aufgabe des Wiederaufbaues in der Industrie und im Wohnbereich. Der Generallinie und dem Grundsatz »nach dem Siege binde den Helm fester« entsprechend, galten Aufbau und Ausbau in erster Linie wieder der Schwerindustrie. So wurde die Kapazität der Stahlindustrie von 19 Mio. t/Jahr auf 160 Mio. t/Jahr erhöht.

Kriegsschiffe und Panzer verschlingen viel Stahl. Kein Wunder, daß die Sowjets auch im Zusammenhang mit ihren ehrgeizigen Flottenplänen eine gigantische Stahlindustrie aufbauten. Im Osten Sibiriens verwirklichten sie in ca. zehn Jahren das riesige Infrastruktur-Projekt der BAM (Baikal-Amur-Bahn, ca. 3 000 km). Diese Bahn verläuft ca. 400 km westlich der chinesischen Grenze und der Transsibirischen Bahn, um sicherer zu sein und den Nordosten Sibiriens zu erschließen. Dieser Bau ist technisch insofern besonders bemerkenswert, weil die Bahnlinie größtenteils in Gebieten mit Dauerfrost-Boden verlegt werden mußte, wofür bis dahin keine Erfahrungen vorlagen.

Diese Beispiele für die Leistungen der Russen im Zeichen der Planwirtschaft mögen genügen. Im Bereich der Infrastruktur, welche als Bahn, Straße oder Flußschiffahrt und Luftverkehr lebenswichtig für dieses riesige Land ist, wäre eine Realisierung notwendigen Ausbaues ohne staatliche Planung und Finanzierung unmöglich gewesen. Dazu gehört z. B. auch die u. a. durchgeführte Elektrifizierung der 8 000 km langen Transsibirischen Bahn.

Nun zur Kehrseite der Medaille. Wie schon gesagt, versagt die Planwirtschaft, je näher sie an den Konsum, also an die Bedürfnisse des Individuums, kommt. Das gilt nicht nur für die unmittelbar dem Konsum dienenden Güter wie Lebensmittel, Textilien, Papier etc., sondern z. B. auch für die Maschinen und Einrichtungen, die zu ihrer Produktion erforderlich sind. Ähnliches gilt für langfristige Konsumgüter wie Autos oder sogar individuelle Wohnungen und Häuser. Das hier für Maschinen Gesagte gilt auch für die Landwirtschaft und die von ihr benötigten Landmaschinen. Schließlich sei bei allem der Handel nicht vergessen. Und so wird es in diesem wirtschaftlichen Bereich immer komplizierter. Kein Wunder, daß da die zentrale Planung versagt. Soweit dies von außen beobachtet werden kann, hat sich im Laufe der Jahrzehnte vieles gebessert. Eine ausreichende Ernährung ist gesichert, die Menschen sind gut gekleidet und manches andere. Aber die Wahlmöglichkeiten des einzelnen für die Gestaltung der äußeren Umstände seines Lebens sind gering, gemessen an dem, was in der westlichen Welt allenthalben geboten wird und möglich ist. Ein erhebliches Defizit bleibt auch dann, wenn man die Möglichkeiten und Verhältnisse, in welchen der Mensch im Westen lebt, nicht in jeder Beziehung für unbedingt erstrebenswert hält.

Eines der Grundprinzipien des Kommunismus ist – bzw. war, muß man vielleicht sagen – die Abschaffung des Privateigentums an Grund und Boden, an Häusern, also Immobilien, und, ganz besonders, an den Produktionsmitteln. Wie immer in der Geschichte, so haben sich auch hier – sogar im Mutterland des Sozialismus – doch auch Lockerungen der ursprünglich unantastbaren Prinzipien ergeben, z. B. beim Hausbesitz für eigene Zwecke (man denke an die »Datscha«). Damit verbunden gibt es auch ein Erbrecht, welches den mobilen Besitz sowieso einschließt. Am Bodeneigentum ausschließlich durch den Staat wird im wesentlichen festgehalten. Bleiben die Produktionsmittel im engeren Sinne, also der industrielle Besitz. Diese Frage und die Planwirtschaft bedingen einander, besonders soweit die zentrale Lenkung der Wirtschaft in der obersten Führung des Staates, also bei den Ministerien, angesiedelt ist. Die daraus sich ergebenden Mängel wurden bereits beschrieben. Ein Wettbewerb unter den Staatsbetrieben findet hinsichtlich ihrer Erzeugnisse kaum statt, jedoch gibt es, wie überall, persönliche Konkurrenz zwischen den Managern/Direktoren der Betriebe um die bessere Führung und Leistung derselben – mit dem Ziel politischer Anerkennung und höherer Einkommen. Die Löhne werden vom Staat, von der obersten Planbehörde festgesetzt; eine Tarifautonomie im westlichen Sinne gibt es nicht. Natürlich gibt es Lohngruppen je nach der Wertigkeit der Arbeit und unterschiedliche Löhne in den verschiedenen Industrien und Regionen (z. B. erhebliche Zuschläge für Arbeit im östlichen Sibirien, um Arbeitskräfte dorthinzulocken, weil das im Staatsinteresse erwünscht ist). Hieraus ergibt sich schon, daß auch in dem relativ starren Wirtschaftssystem der Sowjetunion der Arbeiter (im weitesten Sinne, also auch Angestellte, Ingenieure etc.) eine gewisse Bewegungsfreiheit hinsichtlich seines Arbeitsplatzes hat.

Streik ist verboten, und die Frage nach Aussperrung stellt sich nicht, weil Arbeitgeber der allmächtige Staat ist, der dieser Abwehrwaffe nicht bedarf. Es gibt eine Gewerkschaft, die wie die Arbeiterräte der Betriebe durch ihre Beauftragten im Betrieb vertreten ist (Betriebsgewerkschaft). Die Gewerkschaft nimmt die Interessen der Arbeiter gegenüber den Direktoren wahr, spricht aber auch mit bei Aufstellung und Durchführung der betrieblichen Produktionspläne, bei den Löhnen, bei Prämien und Erfolgsbeteiligung sowie sozialen Fragen aller Art. Die Löhne werden – mit begrenztem Spielraum – zentral festgesetzt, und zwar in erster Linie nach den wirtschafts- und finanzpolitischen Interessen des Staates (z. B. Verhinderung inflatorischer Entwicklung mangels ausreichenden Güterangebots).

Der Außenhandel der UdSSR ist bei der Regierung zentralisiert. Das gilt für den Import und für den Export aller Güter, wobei der Export nicht nur hinsichtlich der Vielfalt der Produkte hinter den Import erheblich zurücktritt. Importiert werden vorwiegend Maschinen und Anlagen sowie ganze Systeme, dagegen kaum Rohstoffe, weil die Sowjetunion weitgehend autark ist, jedoch mit Lücken in der Agrarwirtschaft (Weizen-Importe). In den zwanziger und dreißiger Jahren verhandelte der ausländische Anbieter von Maschinen etc. z. B. als Deutscher so gut wie ausschließlich mit der sowjetischen Außenhandelsorganisation in Berlin. Verhandlungen in Moskau gehörten damals zu den Ausnahmen, und mit den Betrieben, welche die Anforderung für eine Beschaffung an die zentrale Organisation in Moskau gerichtet hatten, gab es überhaupt keinen Kontakt. Inzwischen hat sich dies Verfahren schon lange wesentlich geändert. Die Verhandlung in Moskau ist die Regel, und Reisen dorthin sind zur Routine geworden. Besuche in dem Betrieb, welcher die Maschinen oder Anlagen erhält, sind – abgesehen von den Monteuren – auch heute noch relativ selten, während die Direktoren und Ingenieure der betreffenden Betriebe bei den Verhandlungen in Moskau, wenn sich diese konkretisieren, anwesend sind. Diese Fachleute – als Delegation zusammengestellt und nie allein – kamen in Ausnahmefällen schon in den zwanziger und dreißiger Jahren zur Besichtigung des in Aussicht genommenen Lieferbetriebes und zur Verhandlung, heute ist dies fast die Regel, besonders bei hochwertigen und komplizierten Maschinen und Anlagen. Die kommerzielle Abwicklung jedes Geschäfts aber erfolgt unverändert über die zentrale Außenhandelsorganisation. Die Russen haben sich in all den Jahrzehnten seit den zwanziger Jahren immer als vollkommen vertragstreu und als prompte und sichere Zahler erwiesen, wenn die Lieferung in Ordnung war; ihre Bonität wird international hoch eingeschätzt.

Die kleineren Staaten Osteuropas, die seit 1945 zum Systemkomplex der Sowjetunion gehören, haben, wenn auch mit mancherlei Veränderungen, prinzipiell das planwirtschaftliche System der Sowjets übernommen. Daß das blockfreie Jugoslawien und die Volksrepublik China ebenfalls – neben einigen anderen kleinen Ländern, z. B. Kuba – ihre Wirtschaft mit gewissen Varianten, aber im Grundsatz planwirtschaftlich betreiben, sei der Vollständigkeit halber hier vermerkt. Im Zusammenhang mit dem Thema dieses Buches aber interessieren nur die europäischen Staaten und hier wiederum in erster Linie die DDR und die CSSR. So wie sich innerhalb der UdSSR das System der Planwirtschaft als das am meisten zentralisierte bis jetzt in manchen Bereichen verändert hat, so haben diese Staaten zwar das Prinzip übernommen, es aber im Laufe der Jahrzehnte in unterschiedlicher Weise gegenüber dem russischen Modell erheblich abgewandelt. Das gilt auch für den landwirtschaftlichen Bereich.

In der DDR sind die Kombinate oder die einzelnen Großbetriebe im Rahmen der staatlichen Großplanung relativ selbständig in ihren Dispositionen, z. B. bezüglich der Investitionen. Der Ex- und Import ist zwar bei den Außenhandelsorganisationen in Berlin zentralisiert, was auch für die kaufmännische Abwicklung gilt, aber die Verhandlungen mit potentiellen Lieferanten werden meist in den Kombinaten oder Betrieben geführt. Ähnliches gilt auch für die Kunden der DDR-Produkte, vor allem Maschinen, Schiffe, Optik (Zeiss) usw. Allerdings ist hier zu berücksichtigen, daß der bei weitem größte Dauerkunde der DDR die Sowjetunion ist. Über 50 Prozent der Produktion der DDR gehen in die UdSSR. Danach sind die Produktionspläne in erster Linie ausgerichtet. (Das bedeutet natürlich auch erhebliche Deviseneinbußen für die DDR, weil sie mangels genügend Ware den Großteil ihrer Produkte, die qualitativ durchaus einen Markt haben könnten, auf dem Weltmarkt kaum verkaufen kann. Die Russen zahlen in nicht konvertierbaren Rubeln oder in Verrechnungseinheiten mit Rohstoffen – und dies dann oft noch in ungünstigen Austauschrelationen.)

Im gesamten Osten, also einschließlich der UdSSR selbst, steht die DDR (17 Mio. Einwohner) mit ihrer Gesamtproduktion hinter der Sowjetunion an zweiter Stelle. Das ist nicht erstaunlich für den, der weiß, daß das Dreieck Berlin – Sachsen (Provinz Sachsen/Thüringen) – Brandenburg/Magdeburg im Deutschen Reich das neben dem Ruhrgebiet (für Kohle und Stahl) am stärksten industrialisierte Gebiet des ganzen Reiches war. Hier war – außer dem Leuna-Werk (Chemie) und dem Braunkohlen-Tagebau sowie den mitteldeutschen Stahlwerken – vorwiegend technisch hochwertige verarbeitende Industrie – z. B. Werkzeugmaschinenbau, Automobilindustrie, Flugzeugbau, Handwaffenfertigung – konzentriert. Dazu kam noch u. a. bedeutende Textil- und Papierindustrie. Alle diese Industrien finden sich auch in der Sachsen benachbarten CSSR in hoher Qualität. Berlin war bis 1945 die größte »Fabrikstadt« der Welt, d. h., die Weltstadt mit der größten Konzentration an hochwertiger Industrie. Durch die Teilung wird sich da einiges verändert haben, manches ist auch aus Sachsen in die Bundesrepublik abgewandert.

Hier sollen nun einige Vergleichszahlen die Entwicklung des Industriepotentials als Kern der Gesamtproduktion in den beiden Teilen Deutschlands (DDR – Bundesrepublik) verdeutlichen. Für den Vergleich ist die industrielle Produktion von Schlesien vor dem Zweiten Weltkrieg außer Betracht geblieben. Außerdem sind für die Bundesrepublik und die DDR die Zahlen um die Währungsverschiebungen gegenüber der Vorkriegszeit in etwa bereinigt. Trotz allem muß mit angenäherten Werten gearbeitet werden, weil es an exakten Vergleichsunterlagen beiderseits fehlt, und z. B. der Dienstleistungsbereich in der Bundesrepublik eine wachsende und ungleich größere Rolle spielt als z. Zt. noch in der DDR. Diese Einschränkungen vorausgesetzt, ergeben sich aber imponierende Entwicklungen nicht nur in der Bundesrepublik, sondern auch in der DDR.

Man muß dabei wissen, daß in der DDR (ursprünglich russisch besetzte Ost-Zone) zwar relativ weniger Industriepotential durch den Bombenkrieg zerstört wurde als im Westen, sich dafür aber die Gesamtverluste durch die Demontage ganzer Fabriken (mit auf Zeit nach Rußland »verlagerten« Belegschaften) auf 40–50 Prozent beliefen. In der Bundesrepublik (englisch, amerikanisch, französisch besetzte Westzonen) waren die Kriegszerstörungen am Industriepotential mit entsprechenden Menschenverlusten bedeutend, dafür aber die Verluste durch wirklich ausgeführte Demontagen relativ geringer. Gegenüber dem Vorkriegspotential lagen die Gesamtverluste hier bei etwa 30–35 Prozent.

Aus dieser Situation am Ende des Zweiten Weltkrieges hat sich nun bis etwa 1985 folgende Entwicklung der beiden Volkswirtschaften, verglichen mit dem Stand vor dem Zweiten Weltkrieg, ergeben:

Die DDR (Planwirtschaft) hat ihre Produktion gegenüber dem Vorkriegsstand um etwa das Fünf- bis Siebenfache vergrößert. Die Rohstahlerzeugung z. B. stieg von rd. 1,3 Mio. t/Jahr auf 7,8 Mio. t/

Jahr. Die DDR selbst beziffert die Steigerung ihrer Produktion auf das Zehnfache, verglichen mit dem Vorkriegsstand. Die Bundesrepublik (Marktwirtschaft) hat ihre industrielle Produktion gegenüber dem Vorkriegsstand im gleichen Zeitraum um etwa das Acht- bis Zehnfache gesteigert. Die privaten Einkommen (Löhne, Gehälter etc.) allerdings sind hier unverhältnismäßig stärker gestiegen als in der DDR.

Zu bedenken ist noch, daß es auf dem Gebiet der DDR am Ende des Zweiten Weltkrieges nur eine Technische Hochschule in Dresden gab, die zudem total zerstört war, während die Bundesrepublik auf ihrem Gebiet über acht, wenn auch teilzerstörte Technische Hochschulen verfügte. Bei den Universitäten war am Ende des Krieges das Verhältnis zwischen DDR und Bundesrepublik ausgeglichener. Die Wiederaufbauleistung der DDR ist also in jeder Beziehung derjenigen in der Bundesrepublik vergleichbar, wenn sie hier auch, nicht zuletzt wegen der laufenden hohen Entnahmen der Sowjetunion aus der Produktion, zu Lasten des Lebensstandards der Bevölkerung gegangen ist. Schließlich waren und sind die Leiter der Betriebe und Kombinate sowie die Arbeiter auch dort Deutsche – mit entsprechender fachlicher Tradition, Ausbildung und Arbeitsmoral.

Die Werften in Danzig und Elbing (Schichau) sind zwar verloren, dafür aber ist Rostock zu einem bedeutenden Seehafen mit leistungsfähigen Werften ausgebaut worden. Im Gegensatz zu denjenigen in der Bundesrepublik sind die Werften in Rostock ständig und auf Jahre mit Aufträgen voll eingedeckt – für die Sowjetunion.

Im ganzen hat sich die DDR eine starke wirtschaftliche Position geschaffen, und an Mangel leiden die Menschen nach ersten harten Jahren nicht mehr. Sie entbehren die Bewegungsfreiheit nach Westen, das ist bekannt. Durch viele Besuche – zwar mehr hin als her (aber immerhin) –, durch das Fernsehen und Berichte, durch intensive geschäftliche Kontakte – direkt und auf Messen in Leipzig und Berlin – gibt es eine ständige Konkurrenz der beiden Wirtschaftssysteme, die sicher auch zur Auflockerung der ursprünglich nach sowjetischem Muster starr und zentral geplanten Wirtschaft geführt hat. Dies mit entsprechenden Folgen, die auch den Menschen und dem äußeren Bild der DDR zugute kommen. An den kommunistischen Grundsätzen allerdings hat sich bisher – gewiß auch unter dem Druck der Sowjets – nur wenig geändert, obwohl das gewachsene Selbstbewußtsein der DDR-Führung unverkennbar ist.

Die zum Einflußbereich der Sowjetunion gehörenden und im *COME-*

CON (Rat für gegenseitige Wirtschaftshilfe) zusammengeschlossenen Länder haben – wie am Beispiel der DDR gezeigt, ausgerichtet an der UdSSR – das prinzipiell gleiche Wirtschaftssystem der Planwirtschaft. Unterschiede in Richtung einer Auflockerung der starren Grundsätze durch die kommunistische Führung ergeben sich – wie auch schon in der DDR – bei den Ländern, die bereits früher industriell entwickelt waren und über ein entsprechendes Potential fähiger Ingenieure und im Wirtschaftsleben erfahrener Manager verfügten. So ist es in der CSSR und Ungarn, mit Einschränkung in Polen. Rumänien fährt politisch und wirtschaftlich einen orthodox kommunistischen und planwirtschaftlichen Kurs. Dies ist nicht von ungefähr, denn dieses Land war in Osteuropa am rückständigsten. Das blockfreie Jugoslawien experimentiert im wirtschaftlichen Bereich mit mäßigem Erfolg, aber grundsätzlich unter sozialistischer Prämisse. Das Gefälle von den Bundesstaaten Slowenien und Kroatien im Norden, welche über einen langen Zeitraum zur k.u.k.-Monarchie der Habsburger gehörten, nach Süden ist beträchtlich. Die Spannungen im jugoslawischen Bundesstaat resultieren – abgesehen von Fragen unterschiedlicher religiöser Bekenntnisse – wohl vorwiegend aus der Tatsache, daß die vorgenannten beiden Bundesstaaten aufgrund ihrer industriellen Tradition und Leistungsfähigkeit die anderen Staaten finanzieren müssen. Die in Jugoslawien praktizierte Arbeiterselbstverwaltung der Betriebe ist, soweit bekannt, wenig erfolgreich.

Die CSSR (10 Millionen Tschechen, 4,8 Millionen Slowaken und mit einer halben Million eine starke ungarische Minderheit) ähnelt in ihrer wirtschaftlichen Struktur der DDR, aber mit einer breiteren landwirtschaftlichen Basis, so daß sich Ernährungsprobleme hier nie gestellt haben. Außerdem haben die Tschechen in ihrer langen Geschichte gelernt, mit wechselnden Herren, Doktrinen und Partnern umzugehen, so daß sie aus allen Schwierigkeiten für sich stets günstige Auswege fanden. Die Tschechen haben Weltnamen ihrer Industrie beibehalten, wie z. B. Skoda, Tatra, Bata und nicht zuletzt das »Pilsener«. Bata war im Europa der frühen zwanziger Jahre einer der ersten, der für seine Schuhfabrikation amerikanische Fließbandmethoden übernahm und damit Furore machte. Auf dem Weltmarkt sind tschechische Erzeugnisse kaum mehr vertreten, weil ihre Autos, Schuhe, Werkzeugmaschinen, Rüstungsgüter (Kanonen von Skoda) etc. weitgehend von der Sowjetunion abgenommen, zum geringeren Teil im eigenen Land oder anderen COMECON-Ländern abgesetzt werden. In dem Oberschlesien benachbarten Gebiet von Witkowitz/

Mährisch-Ostrau verfügt die CSSR über eine bedeutende Stahlindustrie. Planwirtschaftliche Methoden bestimmen im übrigen auch hier die Wirtschaft, mit eingeschränkter Selbständigkeit für die Betriebe. Mit deren Hilfe ist es der CSSR gelungen, die Slowakei – bis 1945 ein fast reines Agrarland – zu industrialisieren und ihre Wirtschaftsstruktur der tschechischen anzupassen. Der Außenhandel ist bei entsprechenden staatlichen Gesellschaften zentralisiert. Die Löhne werden vom Staat festgesetzt und den Betrieben je nach Branche und den tatsächlichen oder vermeintlichen staatlichen Interessen vorgeschrieben. Bezüglich der Vergabe von Leistungsprämien besteht ein gewisser, jedoch begrenzter Spielraum.

Die Phase kommunistischer Planwirtschaft, in welcher die Verstaatlichung und zentrale Gängelung der Wirtschaftsbetriebe sich über die Industrie und das Handwerk bis hin zum Friseurladen erstreckten und vieles lähmten, ist auch hier – wie in Ungarn – überwunden. Fertigprodukte der Investitionsgüterindustrie – z.B. Werkzeugmaschinen – hätten, wie auch die aus der DDR, durchaus eine Chance auf dem Weltmarkt. Aber der Hunger der Sowjetunion nach diesen Waren ist fast unersättlich, so daß außer für den Eigenbedarf nicht viel für weiteren Export übrigbleibt. Es fehlt außerdem der ständige Qualitätswettbewerb mit den westlichen Produzenten solcher Erzeugnisse, so daß der technische Standard, für den die ingenieurmäßigen und wissenschaftlichen Voraussetzungen durchaus gegeben wären, nicht sehr attraktiv ist. Hinzu kommen die komplizierte Geschäftsabwicklung mit den Staatshandelsländern, der mangelnde direkte Kontakt zwischen Käufer und Produzent sowie – als besonders wichtig – der unbefriedigende Service, d.h. Ersatzteillieferungen, die schnelle Gestellung von Monteuren bei Reklamationen, kurz – die Betreuung des Kunden. So beschränkt sich ein ganz wesentlicher Teil der Lieferungen aus diesen Ländern nach Westen auf Konsumgüter – insbesondere Textilien. Dazu kommen standardisierte Zulieferungen für westliche Großunternehmen. Zwischen der DDR und der Bundesrepublik ist das ausgetauschte Sortiment breiter.

Marktwirtschaft – kritisch

Wer den vorangegangenen Abschnitt gelesen hat, der könnte bei der Beschreibung der sowjetischen Wirtschaftsordnung auf den Gedanken kommen, es handle sich um eine Apologie der Planwirtschaft.

Nichts lag den Verfassern ferner, vielmehr kam es ihnen darauf an, die besonderen Verhältnisse deutlich zu machen, unter welchen die Planwirtschaft entstand. Im übrigen ist die Bezeichnung »Planwirtschaft« ohne Zusatz eigentlich irreführend. Jedes Großunternehmen im marktwirtschaftlichen Bereich plant nicht erst seit heute die wichtigsten Geschäftsbereiche wie Umsatz, Auftragseingang, Investitionen, Personal, viele Kosten, Finanzen, technische Entwicklung usw. für drei bis fünf Jahre im voraus. Die Revision der einen oder anderen Position wird, je nach der Entwicklung, natürlich vorbehalten. Auch mittelständische Unternehmen und selbst kleinere müssen planen, wenn sie leistungsfähig und erfolgreich sein wollen. Im Zweiten Weltkrieg mit den Zerstörungen durch den Bombenkrieg hatte die Improvisation in den Unternehmen im Rahmen der vorgegebenen Produktion allerdings Vorrang vor dem längerfristigen Planen. So war es auch in den ersten Aufbaujahren nach dem Krieg.

Bei unseren Betrachtungen interessiert die sowjetische Planwirtschaft als Ergebnis der kommunistischen Ideologie, der Verstaatlichung der Wirtschaft und der real zu bewältigenden Probleme weniger als solche, sondern mehr insofern, als diese Wirtschaftsform und die dahinterstehende Politik Einfluß auf die Wirtschaftssysteme der der Bundesrepublik benachbarten Staaten nimmt. Die Praxis zeigt, daß der Handel zwischen Ländern unterschiedlicher Systeme durchaus funktioniert. Anders allerdings muß die Lage sein, wenn Staaten unterschiedlicher – nicht nur politischer, sondern auch wirtschaftlicher – Systeme in einem wenn auch weitgehend föderalistisch organisierten Staatswesen vereinigt sind.

Im weiteren wird nun die Marktwirtschaft, wie sie in der Bundesrepublik nach dem Ende des Zweiten Weltkrieges und der Kriegswirtschaft wieder eingeführt wurde, kritisch und mit dem Blick auf die benachbarte DDR behandelt.

Die seit langem existierende und bekannte Marktwirtschaft wurde Ende der vierziger und in den fünfziger Jahren von Walter Eucken, Wilhelm Röpke und natürlich Ludwig Erhard interpretiert und gegen Kräfte, die z. B. die Vergesellschaftung der Grundstoffindustrie, Verstaatlichung von Grund und Boden und manche anderen, herkömmlich-sozialistischen Ziele anstrebten, politisch durchgesetzt. Aber auch nach der Währungsreform 1948 blieb es noch jahrelang bei zahlreichen Einschränkungen, z. B. im Bereich des Exports und Imports, des Reisens, der Bewirtschaftung des Stahls usw. Im übrigen behielt sich der Staat nach dem allmählichen Auslaufen der alliierten Kontrolle weiterhin als »Globalsteuerung« bezeichnete Eingriffsmöglichkeiten in die Wirtschaft über Steuern, Subventionen, formularmäßige Devisenkontrollen usw. vor. Ohne solche Möglichkeiten kommt ein moderner Industriestaat nicht aus. Mit dem »laisser faire, laisser aller« allein geht es heute nicht mehr. Die Unternehmer und Manager machten sich nun mit den Arbeitern, Ingenieuren und Kaufleuten an die Arbeit – nicht zum Aufbau einer neuen Wirtschaftsordnung, denn diese Marktwirtschaft war ihnen aus der Vorkriegszeit vertraut, sondern zum Wiederaufbau einer westdeutschen Wirtschaft und Industrie aus den Trümmern des Zweiten Weltkrieges. Ludwig Erhard schuf hierzu wichtige Voraussetzungen, indem er alsbald und zügig die administrativen Hemmungen der Kriegswirtschaft beseitigte und den Anschluß an den jetzt frei gewordenen Welthandel öffnete.

Zunächst war die Rede von einer »freien« Marktwirtschaft, später erhielt diese stattdessen das Attribut »sozial«, um damit der Entwicklung und der realen Akzentverlagerung Rechnung zu tragen.

Schauen wir uns nun die Marktwirtschaft in der Bundesrepublik einmal von oben nach unten an: die *Bundesbahn* ist ein Staatsunternehmen, welches alljährlich Milliarden vom Staat zur Deckung des Defizits erhält. Die *Bundespost* gehört dem Staat; sie trägt sich oder erzielt Überschüsse vorwiegend aus dem Telefonverkehr, womit Verluste an anderer Stelle gedeckt werden. Reichen diese Überschüsse nicht, werden Telefongebühren und/oder Porti erhöht. *Gas und Wasser* werden von der »öffentlichen Hand« produziert und verteilt, geht die Kostenrechnung nicht auf, werden die Gebühren erhöht. *Elektrische Energie* wird formell in »privaten« Aktiengesellschaften erzeugt; die Aktien sind meist maßgebend im Besitz der »öffentlichen Hand« – Bund, Länder oder Kommunen –, und entsprechend sind die Aufsichtsräte besetzt. Als Beispiele seien das RWE, die VEW, die süddeutschen Elektrizitätsgesellschaften, welche alle miteinander im Verbund arbeiten, genannt. Die Wasserkraftwerke und zugehörigen Talsperren sind überwiegend aus öffentlichen Mitteln gebaut. Der Strompreis unterliegt staatlicher Kontrolle; reicht der Erlös nicht aus, so wird mit Genehmigung der überwachenden Behörde der Strompreis erhöht. Der *Luftverkehr,* Träger: die Lufthansa, ist maßgebend im Besitz des Staates, der seinen Aufbau mit Milliardenbeträgen finanziert hat. Die Infrastruktur, die Flughäfen werden ohnehin aus öffentlichen Mitteln gebaut. Zur Unterhaltung tragen die Lande- und Benutzungsgebühren der Fluggesellschaften bei. Die Infrastruktur, welche den *Autoverkehr* erst ermöglicht, die Autobahnen und Bundesstraßen wurden und werden aus öffentlichen Mitteln gebaut und unterhalten; ihre Nutzung ist gebührenfrei.

Wir kommen zur sogenannten Privatwirtschaft: der gesamte Bergbau im Ruhrgebiet z. B. war überwiegend in Privatbesitz; das gleiche gilt für die Stahlindustrie, wobei vielfach ein Verbund zwischen beiden bestand, wenigstens bis zur Entflechtung nach dem Zweiten Weltkrieg. Die Rentabilität war auch in den Krisenjahren der Zwischenkriegszeit weitgehend gesichert durch Kartelle und Quoten beim Stahl, durch das Kohlensyndikat für die Kohle. Beide Grundstoffindustrien unterlagen mit wachsender weltwirtschaftlicher Verflechtung billigerer ausländischer Konkurrenz. Aus technischen Gründen (teurer Bergbau aus großer Tiefe und sehr hohe Personalkosten mit alten Privilegien) war die heimische Kohle nicht mehr wettbewerbsfähig mit Auswirkungen auch auf den Stahl (auch hier hohe Lohn- und vor allem Lohnnebenkosten). Als letztes großes Geschäft verkauften die Bergwerksbesitzer vor ca. zwanzig Jahren die Gruben an den Staat, der sie in eine AG einbrachte, die Ruhrkohle AG. Diese erhält zur Deckung der Verluste alljährlich Milliardenbeträge vom Staat. Damit kein Mißverständnis aufkommt – es ist richtig, trotz dieser aufwendigen Zuschüsse den nationalen Bergbau unbedingt zu erhalten, nur hat das mit Marktwirtschaft – wie vieles andere – nichts zu tun.

Die Stahlindustrie erhielt zu ihrem Aufbau nach dem Zweiten Weltkrieg erhebliche Subventionen vom Staat, weitgehende Abschreibungsvergünstigungen über viele Jahre, und die verarbeitende Industrie, z. B. der Maschinenbau, mußte, obwohl selbst in der Mehrzahl der Betriebe schwer angeschlagen, noch verlorene Zuschüsse an die Stahlindustrie leisten. Nur über eine relativ kurze Zeitspanne existierte die Stahlindustrie aus eigener Kraft; schon seit Jahren ist sie mit vielen Milliarden jährlicher Subventionen ein permanenter Kostgänger des Staates. Einzelne Werke, wie z. B. der Salzgitter-Konzern, sind ganz im Besitz des Staates, der die aus der Stahlsparte resultierenden Verluste deckt.

Die Bundesrepublik ist eines der führenden Länder im Bereich der Kernforschung und Kernkraft. Die Kernforschungszentren Jülich – unter Adenauer begonnen –, Karlsruhe, Garching seien hier nur erwähnt. Man mag zu dieser Entwicklung stehen wie man will: Hervorgehoben werden soll hier, wie bei den anderen Beispielen, daß sie ohne großes finanzielles Engagement des Staates jedenfalls nicht möglich geworden wäre – mit *Marktwirtschaft also nichts zu tun hat.*

Der Klarheit halber: Auch Abschreibungsvergünstigungen – z. B. sogenannte »Abschreibungsgesellschaften« mit entsprechenden steuerlichen Ersparnissen (Minderungen) im Wohnungsbauwesen – sind Subventionen. Alle obengenannten Zweige der Volkswirtschaft werden bei Licht besehen – planwirtschaftlich betrieben. Ein Wettbewerb findet nicht statt, und soweit er störend ist, wie z. B. beim Stahl, werden die Risiken vom Staat aus öffentlichen Mitteln gedeckt. Auch hier sei wieder, um Mißverständnissen vorzubeugen, angemerkt, daß es für einen Industriestaat von der Bedeutung des westdeutschen natürlich unverzichtbar ist, eine eigene Stahlbasis zu haben und zu erhalten. *Aber mit Marktwirtschaft hat das nichts oder nur sehr wenig zu tun.*

Es geht weiter: Die gesamten Aufträge für die bundesdeutsche Rüstungsindustrie, also für Rheinmetall, Diehl, MBB, Dornier, Mercedes-Benz, Krauss-Maffei, Werften für Kriegsschiffe, sind Ergebnisse der Planung im Verteidigungsministerium und werden vom Staat bezahlt. Hier findet nur ein sehr eingeschränkter Wettbewerb, wenn überhaupt, statt. Die Entwicklung des Baues von Großrechnern (vergleichbar IBM) bei Siemens war nur möglich durch Subventionen von weit über einer Milliarde an diese Firma. Der schon geschrumpfte deutsche Schiffbau (einst weltberühmt und führend) wird durch Subventionen am Leben und einigermaßen international wettbewerbsfähig erhalten. Das gleiche wie für die Werften gilt für die Reedereien und für die Handelsschiffahrt. Auch hier handelt es sich natürlich um ein nationales Interesse, aber die Ursachen für die Misere wurden durch die Subventionen auch hier nicht beseitigt. Der wünschenswerte Bau deutsch-europäischer ziviler Großflugzeuge und deren Weiterentwicklung (Airbus) wird durch Subventionen von vielen Milliarden ermöglicht. Die Agrarwirtschaft ist zwar im Rahmen der Überlegungen dieses Buches weitgehend ausgeklammert, sei aber hier als der wohl größte und regelmäßige Subventionsempfänger mit alljährlich mindestens um die 25 Milliarden erwähnt. Die Gesamthöhe an »Subventionen« im weiteren Sinne (inklusive Steuererleichterungen und EG-Marktordnungsausgaben etc.), soweit sie bekannt geworden sind, lag 1985/86 in der Bundesrepublik bei etwa 80 Milliarden DM – eine respektable Summe!

Diese Aufzeichnungen über einen Sektor, der auf etwa 40 Prozent des westdeutschen Sozialprodukts geschätzt wird, erheben keinen

Anspruch auf Vollständigkeit. Sie werden ergänzt durch die Erwähnung von Tausenden von Lieferanten oder Unterlieferanten der obigen Hauptempfänger von Subventionen, unter welchen (den Unterlieferanten) zwar ein Wettbewerb stattfindet, die aber indirekt von diesen Subventionen abhängig sind. Dazu kommen noch die zahlreichen vergleichsweise kleineren Vergünstigungen, wie die verbilligte Hergabe von Land für Industrieansiedlung, die überall bei Ländern und Kommunen Brauch ist, Steuererlasse quer durch alle Industrien, den Handel und das Handwerk usw. Auch diese Vergünstigungen (Subventionen) zusammengenommen stellen noch einen respektablen Posten dar. Da die Subventionen aus Steuermitteln vom Staat kommen, ergibt sich für diesen ein Mitsprache-, wenn nicht gar ein Weisungsrecht in wesentlichen Teilen der Wirtschaft. Auf gut bayerisch: »Wer zahlt, schafft an!« Sinngemäß Gleiches ergibt sich aus Bund- und Landesbürgschaften zur Überbrückung meist vorübergehender finanzieller Schwierigkeiten einzelner Unternehmungen. Der spektakulärste Fall war wohl die AEG, zu deren Sanierung auch noch die Banken und – zur Sicherung der Betriebspensionen – die gesamte übrige Industrie mit Beiträgen herangezogen wurden. Neuerdings reiht sich hier der Fall Maxhütte in Bayern an, ein Fall, der zeigt, daß die »soziale« Marktwirtschaft, gerade weil sie so ist, wie sie ist, zu Rücksichtslosigkeiten verführen kann, die denen des Frühkapitalismus durchaus entsprechen. Der an sich gesunde und leistungsfähige Klöckner-Konzern entledigte sich der Belastung dieser kranken Beteiligung durch Konkurs. Hier handelt es sich keinesfalls um einen Einzelfall; die Beispiele könnten vermehrt werden. Man muß sich dann nicht wundern, wenn es besonders von der Linken heißt: »die Profite werden eingesteckt, die Verluste aber sozialisiert« – woraus sich auf die Dauer politische Konsequenzen ergeben können.

Was soll nun die obige Übersicht über die reinen Staatsunternehmen sowie über den Umfang der Subventionen? Diese Übersicht soll dartun, daß in *weiten Bereichen der bundesdeutschen Volkswirtschaft eigentlich Planwirtschaft besteht*, und daß hier ein nennenswerter Wettbewerb nicht stattfindet bzw. daß dieser, soweit er vor allem international unumgänglich ist, durch Subventionen aufgefangen wird. Bisher gibt es, abgesehen von der Agrarwirtschaft, immer nur – wenn überhaupt – sporadisch Einzelinformationen über Subventionen. Es wäre zu fordern, daß Bund und Länder alljährlich mit dem Etat eine übersichtliche Liste über die einzelnen Subventionen und ihre Gesamthöhe veröffentlichen. Erst dann gewinnt man Klarheit darüber, in welchem Umfang die Wirtschaft schon direkt abhängig vom Staat ist. Das zu wissen aber ist wichtig für alle wirtschafts- und sozialpolitischen Überlegungen. Im übrigen kann man davon ausgehen, daß die Subventionen – entgegen entsprechender Regierungserklärungen (besonders vor Wahlen) – nach Art und Höhe mindestens bestehen bleiben oder sich verschieben. Eher werden sie sich noch erhöhen, der Staatsanteil an der Wirtschaft sich also vergrößern. *Ob direkter Staatsbeteiligung an der Industrie oder Subventionen der Vorzug zu geben ist, mag dahingestellt sein. Das zu entscheiden, sollte keine Frage politischer Ideologie sein, sondern eine solche der Zweckmäßigkeit.*

Das Gerede von der in der Bundesrepublik allgegenwärtigen Marktwirtschaft ist jedenfalls in vielen Bereichen ein Lippenbekenntnis ohne reale Grundlage. Die Marktwirtschaft findet weitgehend nur im Bereich der Konsumgüter und dem diesem Sektor nahestehenden oder vorgeschalteten Teil der Volkswirtschaft statt. Das sind – summarisch erwähnt und nicht unbedingt vollständig – der Groß- und Einzelhandel, die Autoindustrie, die Textil-, Papier-, Kunststoff- und Holzindustrie, das Baugewerbe, große Teile des Maschinen- und Anlagenbaues, große Teile der Chemie usw. Mit Ausnahme der Chemie und der Automobilindustrie sowie einzelner Handelsunternehmen bestehen die vorgenannten Industrien vorwiegend aus sogenannten mittelständischen Betrieben; das gilt auch für die Zulieferer der Automobilindustrie und der Chemie. Das Gros der für den Staat und die Volkswirtschaft so überaus wichtigen Devisen wird aus dem ganz überdurchschnittlich hohen Export des Maschinen- und Anlagenbaues, der Chemie und der Automobilindustrie hereingeholt. Dieser hohe Export ermöglicht neben der Beschaffung der für die Wirtschaft lebenswichtigen ausländischen Rohstoffe u.a. den fast unbegrenzten Import von exotischen Nahrungs- und Genußmitteln, vor denen an den Läden die Besucher besonders aus der DDR staunend stehen. Dabei würde, wie erwähnt, die DDR ebenso in der Lage sein, sich diese Grundlagen durch entsprechenden Export zu verschaffen, wenn nicht hier der große Bruder diesen Export in Anspruch nähme – wobei allerdings dessen Rohstofflieferungen nicht unerwähnt bleiben können. Ähnliches ließe sich auch von der CSSR sagen.

Im übrigen nimmt die – gefährliche – Exportabhängigkeit der Bundesrepublik unaufhörlich zu. *Im Schnitt ist inzwischen jeder dritte Arbeitsplatz vom Export abhängig!*

In der Bundesrepublik ist das private Eigentum ohne Einschränkung garantiert, also auch das »Eigentum an den Produktionsmitteln« oder z. B. an Grund und Boden. In beider Hinsicht gab es nach dem Zweiten Weltkrieg – ebenso wie nach dem verlorenen Ersten – Bestrebungen der Sozialdemokraten (der Kommunisten ebenso) zu einer Einschränkung des Eigentums. Im »Ahlener Programm« hat sich damals auch die CDU prinzipiell zu diesen Ideen bekannt. Die Grundstoffindustrien (Bergbau und Stahl besonders, aber auch die Chemie, welche eigentlich in weiten Teilen nicht zu den Grundstoffindustrien rechnet) sollten verstaatlicht oder »vergesellschaftet« werden, was immer das letztere heißen soll. Eine Bodenreform sollte die Besitzverhältnisse an Grund und Boden verändern, zum Teil als Siedlungsstellen für Ostvertriebene. Geworden ist aus all diesen Plänen nichts. Stattdessen gab es in der Industrie die Mitbestimmung und – alles Eigentum betreffend – den Lastenausgleich, eine überaus vernünftige, gerechte und nützliche Maßnahme. (Über den Lastenausgleich sind zugunsten insbesondere der Ostvertriebenen in erster Linie durch die westdeutsche Industrie – trotz ihrer eigenen Verluste durch Zerstörungen, Demontage und Enteignung im Ausland – insgesamt rd. DM 120 Mrd. aufgebracht und verteilt worden. Dazu kommen noch mit rd. DM 100 Mrd. Wiedergutmachungsleistungen – vorwiegend an Israel.)

Nun gibt es sicher verschiedene Arten oder auch eine unterschiedliche Wertigkeit von Eigentum. Das »Eigentum an den Produktionsmitteln« ist zweifellos mehr der Allgemeinheit, auf jeden Fall aber den in einem Betrieb Beschäftigten gegenüber verpflichtet als z. B. ein Bankkonto oder privater Besitz an einem Wohnhaus und seiner Einrichtung. Grund und Boden ist nicht vermehrbar, und er sollte in einem so dichtbesiedelten Raum wie Westdeutschland besonderen Bedingungen unterliegen. Die oben ausgesprochenen Vorbehalte gegenüber industriellem (wirtschaftlichem) Besitz und Landbesitz würden – zu Ende gedacht – die Schaffung von zweierlei Eigentum bedeuten. Das eine – wie Geld, Wohnhausbesitz, alles bewegliche Eigentum – wäre unbeschränkt hinsichtlich der Verfügungsmöglichkeit, das andere – wie industrieller (wirtschaftlicher) Besitz und Landbesitz – unterläge hinsichtlich der Verfügung darüber – wie Verkauf, Vererben – gewissen Einschränkungen. Manche Erfahrungen in der Bundesrepublik in den letzten Jahrzehnten und bis in die jüngste Zeit sprechen dafür, über diese Frage ernsthaft nachzudenken. Im Zusammenhang mit der Zentraleuropäischen Föderation und der notwendigen gemeinsamen wirtschaftlichen Ordnung stellt sie sich ohnehin. Obwohl dies ein heißes Eisen ist, wird darauf später noch einmal eingegangen.

Tarifautonomie – eine Heilige Kuh?

Zu Beginn dieses Abschnittes scheint es nicht unwichtig zu sein, mit allem Nachdruck zu betonen, daß sich die Überlegungen keineswegs einseitig gegen die Gewerkschaften richten. Es geht um die Kritik an einem System als solchem. Der Lohn im weitesten Sinne, also auch Gehalt und jede andere Vergütung für Arbeitsleistungen, ist ein volkswirtschaftlicher Faktor erster Ordnung. Demzufolge kommt der Lohnfindung, d. h. der Festsetzung oder dem Aushandeln der Vergütung für geleistete Arbeit, fundamentale Bedeutung zu. Die Suche nach dem »gerechten« Lohn ist so alt, wie es einen Lohn gibt. Wahrscheinlich wird man ihn nie finden, weil zu viele Faktoren letztendlich in der Lohnfrage eine Rolle spielen. Auch die Kommunisten haben den »gerechten« Lohn nicht gefunden. Seiner Bedeutung entsprechend sollte der Lohn allerdings nie bloß das Ergebnis jeweilig wechselnder wirtschaftlicher, politischer oder gesellschaftlicher Machtverhältnisse sein.

Diese Betrachtungen vorausgeschickt, kommen wir nun zur *Tarifautonomie,* deren Problematik in der jetzigen Form offenkundig ist. Unbeschadet dessen ist sie ein Fetisch der Marktwirtschaft. Manchmal hat man sogar den Eindruck, in Zeiten des Klassenkampfes vom vorigen Jahrhundert bis in die zwanziger Jahre des jetzigen versetzt zu sein. Da gibt es zwei riesige – und teure! – Organisationen; die Gewerkschaften auf der einen Seite, die Arbeitgeberverbände auf der anderen, welche seit Jahrzehnten alljährlich (warum eigentlich?) eine »Lohnrunde« veranstalten. Dazu gehören die neu erfundenen Punkt- und Warnstreiks, aber auch – wie vor einigen Jahren – ausgedehnte, sozusagen klassische Streikbewegungen, z. B. um die Arbeitszeitverkürzung »mit vollem Lohnausgleich« auf der einen Seite und – als Gegenwehr – Aussperrung auf der anderen Seite. Sowohl verbal als auch faktisch feiert der Klassenkampf fröhliche Urständ. Dies, obwohl es über das Einkommen (den Lohn) hinaus eine soziale Absicherung gibt wie in keinem anderen Land der Welt – schon gar nicht in den USA. Die sogenannten Lohnnebenkosten wie Urlaubs- und Weihnachtsgeld, Arbeitgeberanteile der Sozial- und Krankenversicherung usw. entsprechen addiert etwa der Höhe des Lohnes. D. h.

als Beispiel – auf DM 10,– Lohn kommen zu Lasten des Unternehmens (des Arbeitgebers, auch des sogenannten »öffentlichen« Arbeitgebers für öffentliche Dienste, Beamte) noch einmal rd. DM 10,– Lohnnebenkosten, so daß die Kosten insgesamt DM 20,– betragen.

Nun zu den in diesen Fragen zuständigen Organisationen und ihrem Funktionieren. Die so gepriesene Einheits-Gewerkschaft in der Bundesrepublik hat gewissermaßen ihren Ursprung in der Deutschen Arbeitsfront (DAF) der NS-Zeit, die wiederum das Ergebnis der Auflösung der damaligen Gewerkschaften und der Arbeitgeberverbände war. Beide wurden in der DAF zusammengefaßt. Die DAF war und blieb eine Gewerkschaft, in welche die Arbeitgeber (Unternehmer) – wenn auch vielleicht nur formell – eingegliedert waren. Dieser Gewerkschaft oblagen insbesondere die Überwachung der sozialen Verhältnisse in den Betrieben und der Kontakt mit den Betriebs-Vertrauensräten.

Der Klassenkampf war offiziell abgeschafft und scheinbar auch ideologisch – man denke an den 1. Mai als gesetzlichen Feiertag der Arbeit und andere soziale Maßnahmen – überwunden. Die Lohnfindung, Festsetzung der Tarife etc. lagen beim »Reichstreuhänder der Arbeit«. Die Arbeitsgerichte zur gerichtlichen Austragung von Arbeitskonflikten bestanden unverändert weiter. Dies als kurze historische Reminiszenz. Sicher waren nicht alle diese Maßnahmen als Dauereinrichtung gedacht, aber sie erwiesen sich als hilfreich zur Überwindung der katastrophalen wirtschaftlichen und damit sozialen Situation zu Beginn der dreißiger Jahre, welche in den USA – trotz der Anstrengungen u.a. mit dem Rooseveltschen New Deal – bekanntlich bis in den Zweiten Weltkrieg hinein andauerte.

Nach dem Ende des Zweiten Weltkrieges und der NS-Herrschaft wurde statt der Deutschen Arbeitsfront – nach Ausscheiden der Arbeitgeber – die Einheits-Gewerkschaft DGB (Deutscher Gewerkschaftsbund) gebildet. Als Formel: DAF minus Arbeitgeber gleich DGB – womit freilich keine einfache organisatorische Kontinuität gemeint sein kann. Die alten Gewerkschaften, deren wichtigste die Freien Gewerkschaften (SPD-nah) und die Christlichen Gewerkschaften (Zentrum-nah) waren, erstanden nicht wieder, sondern sie hatten sich zusammengeschlossen und bildeten – gewiß unter Mitwirkung mancher DAF-Funktionäre – die *Einheitsgewerkschaft*. Die Arbeitgeber (Unternehmer) dagegen schlossen sich wieder in den früheren Arbeitgeberverbänden mit alten und neuen Funktionären zusammen. Deren Spitze bildet die BDA (Bundesvereinigung der Arbeitgeberverbände). Dem DGB als Einheitsgewerkschaft stehen drei Verbände der Arbeitgeber gegenüber, und zwar – die BDA (siehe oben), der BDI (Bundesverband der deutschen Industrie) und der Deutsche Industrie- und Handelstag, der Spitzenverband der Industrie- und Handelskammern, die als einzige der genannten Organisationen öffentlich-rechtlich privilegiert sind, ein mehr deren Tradition als ihrer heutigen Bedeutung entsprechendes Relikt.

Lohn und Gehalt sind, wie schon gesagt, Faktoren, die nicht nur für den einzelnen, sondern volkswirtschaftlich von entscheidender Bedeutung sind. Der Konsum und die Preise – mit der Möglichkeit inflationärer, gelegentlich, aber seltener, auch deflationärer Auswirkungen – sind von größtem Einfluß auf die wirtschaftliche Lage des Staates. Das gilt natürlich auch für den Außenhandel, besonders für ein hiervon so abhängiges Land wie die Bundesrepublik. Inzwischen sind nun – nach zwei vernichtenden Inflationen und der großen Wirtschaftskrise um 1930, verbunden mit riesiger Arbeitslosigkeit – die Erkenntnisse der Volkswirtschaft erheblich fortgeschritten. Dem Staat, den Verbänden und Gewerkschaften stehen volkswirtschaftliche Daten und Analysen der Lage in einem Maße zur Verfügung wie nie zuvor. Dazu kommt die Möglichkeit, sich jeweils schnell und zuverlässig neueste Informationen mit Hilfe des modernen Rechnungswesens zu verschaffen. Das gilt für alle Bereiche der Wirtschaft, des Geldmarktes, der Außenwirtschaft (Export, Import) usw. Diese Unterlagen stehen allen Interessierten zur Verfügung. Obwohl das nun so ist, erfolgt die Lohnfindung zwischen zwei »Lagern« mit Methoden, wie sie vielleicht dem 19. und frühen 20. Jahrhundert entsprochen hätten! Drastische Urteile von sachverständigen Zeitgenossen sprechen von »Teppichhändler-Methoden«.

Ein praktisches Beispiel aus jüngster Zeit: 1987 im März fanden die Lohnverhandlungen zwischen der Bundesregierung (Innenminister Zimmermann, assistiert von Länderministern) als »Arbeitgeber« und der Gewerkschaft ÖTV (Öffentliche Dienste, Transport und Verkehr), vertreten durch Frau Wulff-Matthies, statt. Da dies termingemäß die erste in der »Lohnrunde« 1987 anstehende Verhandlung über einen neuen Tarif war, kam ihr und dem folgenden Abschluß nach dem merkwürdigen Brauch eine »Leitfunktion« für alle folgenden »Lohnrunden« in der sehr großen Metallindustrie, der Druckindustrie usw. zu. D. h., was für den öffentlichen Dienst an – natürlich – Lohnerhöhungen etc. vereinbart wird, ist dann Richtschnur für alle folgenden Lohnabschlüsse. Dies, obwohl der öffentliche Dienst und die Beamten mit dem Markt und der Marktwirtschaft nur bedingt – als Käufer und Konsumenten – zu tun haben und ihre Bezüge aus Steuern bezahlt werden, die die Wirtschaft und die in ihr Tätigen erst erarbeiten müssen. Die »Verhandlungen« waren dann auch entsprechend – die Gewerkschaft fordert 7 oder 8 Prozent Erhöhung, obwohl keine inflationäre Entwicklung erkennbar ist und die Preise stabil sind, und man einigte sich – nach über Wochen gehenden Schaukämpfen, wie es der Ritus verlangt – nach einer Nachtsitzung morgens um 4.00 Uhr auf eine Erhöhung von 3,4 Prozent.

Diese 3,4 Prozent Lohnerhöhung gelten nun – ohne daß es entsprechende Anlässe wie Preiserhöhungen, eine inflationäre Entwicklung etc. gäbe – bei allen kommenden Lohnverhandlungen in der Industrie als Marke, obwohl diese Lohnregelung im öffentlichen Dienst mit den verschiedenen Industriezweigen überhaupt nichts zu tun hat. Von regionalen Unterschieden hierbei ganz zu schweigen; diese wurden und werden nirgendwo berücksichtigt. D. h., wenn z. B. im Tarifbezirk Nordbaden-Nordwürttemberg nach langen Verhandlungen und gegenseitigen Drohungen eine Lohn- und Arbeitszeitvereinbarung für den Bereich Metall getroffen worden ist, dann gelten die gleichen Bedingungen nach kurzen Scheinverhandlungen in anderen Tarifbezirken auch für diese Bezirke und Betriebe von Kiel bis Passau. Da gibt es, um Extreme hinsichtlich der Leistungsfähigkeit und Betriebsstruktur zu nennen, keinen Unterschied zwischen Daimler-Benz und den Werften an der Küste. So wird in dem hochentwickelten und vom Export in alle Welt abhängigen Industriestaat Bundesrepublik am Ende des 20. Jahrhunderts der volkswirtschaftlich und kostenmäßig entscheidende Faktor Lohn ermittelt!

Den jährlichen »Lohnrunden« voranzugehen pflegt die feierliche Überreichung des Wirtschaftsgutachtens – eine Analyse und Prognose der »Weisen« – an die Bundesregierung. Hier spielt der Faktor »Wirtschaftswachstum« stets eine besondere Rolle, weil er Optimismus verbreiten soll und als ein wichtiger Gradmesser für den »Verteilungsspielraum« in den Lohnverhandlungen gilt. Es bleibt aber nicht bei dem Wirtschaftsgutachten der Bundesregierung, sondern alsbald melden sich private Wirtschaftsinstitute mit weiteren Gutachten zu Wort. Den Gewerkschaften nahestehende Institute errechnen höhere Wachstumsraten, um die Lohnforderungen zu unterstützen, die von Unternehmensverbänden geförderten Institute sehen die wirtschaftliche Zukunft begreiflicherweise pessimistischer. Im Laufe des Jahres müssen dann alle Fachleute ihre prognostizierten Zahlen revidieren, fast immer nach unten. Dabei wußten die Akteure an der Front der Wirtschaft, die Unternehmer und Manager, aufgrund ihrer Informationen von den Märkten aus aller Welt schon längst, wohin die Reise im Laufe des Jahres und der näheren Zukunft sehr wahrscheinlich gehen würde.

Es erschien hier angebracht, detaillierter und konkreter das Verfahren zu schildern, um das Groteske der Situation auch dem Fernerstehenden verständlich zu machen. Die seriöse Wirtschaftspresse glossiert alljährlich diese Verfahren zur Lohnfindung, allerdings bis jetzt ohne Erfolg.

Dies soll – wie wiederholt zu betonen ist – keine Schuldzuweisung speziell an die Gewerkschaften sein. Der Fehler liegt im System, dessen Unzulänglichkeiten sich beide Seiten zunutze machen.

Der Lohn und die mit ihm verbundenen ebenso hohen Lohnnebenkosten sind inzwischen fast zum Schicksalsfaktor der Wirtschaft in der Bundesrepublik geworden; sie steht bezüglich dieser Kosten an der Spitze unter den Industriestaaten. Die Hiobsbotschaften in der Presse häufen sich, wonach z. B. die Werften immer mehr schrumpfen (müssen), weil die Aufträge nach Südkorea oder Japan gehen, die Handelsschiffe müssen »ausflaggen«, weil sie angesichts der hohen hiesigen Heuer und der sozialen Auflagen nicht mehr wettbewerbsfähig sind, usw. Das Ende des westdeutschen Schiffsbaues und der Handelsschiffahrt, die beide einmal führend in der Welt waren, ist abzusehen. Der Stahl produziert nur noch Verluste, die Textilindustrie ist schon längst mindestens halbiert zugunsten von Importen aus Ostblockländern, Nordafrika und Fernost. Diese Liste, schon eindrucksvoll genug, ließe sich fortsetzen.

Nun gibt es durchaus einzelne Firmen und auch ganze Industriezweige (z. B. die Automobilindustrie oder Elektronik- und Computerfirmen), welche die anscheinend unaufhaltbar steigenden Personalkosten – noch – verkraften. Das ist eine Frage des Anteils derselben an den Gesamtkosten und inwieweit sie durch Rationalisierung noch aufgefangen oder gar reduziert werden können. Eine Folge dieser Entwicklung sollte für jeden Einsichtigen klar sein – ein nennenswerter Abbau der Arbeitslosigkeit ist unter diesen Umständen nicht zu erwarten, im Gegenteil, bestenfalls stagniert sie, wahrscheinlich wird sie auf Dauer steigen. Das sind übrigens Erkenntnisse, die Einsichtigen und Erfahrenen längst klar waren und die nur mit Kopfschütteln die monatlichen sogenannten Prognosen des Leiters der Anstalt für Arbeit, Nürnberg, zur Kenntnis nehmen. Vor Wahlen sind diese

Aussagen besonders optimistisch; das hängt allerdings von der Parteizugehörigkeit des Leiters des genannten Amtes ab. Die neueste »Erkenntnis« der Leute in Nürnberg ist, daß die Arbeitslosenzahl zunächst so bleibe wie bisher, aber mit dem Wirksamwerden des Geburtenrückgangs am Arbeitsmarkt allmählich fallen werde. Wir könnten also für viele Jahre auf die monatlichen Berichte aus Nürnberg verzichten.

Prohibitiv in Richtung Abbau der Arbeitslosigkeit wirken auch die überzogenen Anstellungs-Schutzbestimmungen, die das Sich-Trennen von einem Mitarbeiter für den Arbeitgeber fast unmöglich machen. Also wird man allenthalben jede Neueinstellung, da sie praktisch eine Dauerbindung bedeutet, sehr überlegen. Natürlich kann kein vernünftiger Mensch an eine Übertragung des amerikanischen »hire and fire« auf deutsche bzw. europäische Verhältnisse denken. Dieser rigorose Brauch ist eigentlich schon in den USA überständig, seitdem Amerika auch nicht mehr das Land der unbegrenzten Möglichkeiten ist.

Das stärkste Argument gegen die hierzulande im Zeichen der Tarifautonomie – als angeblich unverzichtbarer Bestandteil der Marktwirtschaft – praktizierten Methoden der Lohnfindung ist die Tatsache, daß für den westdeutschen Industriestaat mit einem Exportanteil von 35–40 Prozent an der Gesamtproduktion der Export seiner Industriegüter geradezu eine Lebensfrage ist, von dem auch der Lebensstandard aller entscheidend abhängt. Zum Vergleich: Der Exportanteil an der nordamerikanischen Produktion lag bis November 1987 bei 10–15 Prozent! Diese Zahlen erklären auch manches im finanzpolitischen Bereich der Amerikaner und manches Unverständnis der USA für europäische, speziell deutsche wirtschaftliche Verhältnisse. Schließlich muß man noch wissen, daß der größte Exportträger Westdeutschlands der Maschinenbau und in dieser Sparte der Lohnanteil am Produkt am höchsten ist. 80 Prozent der Firmen des Maschinenbaus beschäftigen 200 und weniger Mitarbeiter; es sind also ausgesprochene Mittelbetriebe, die vorwiegend diese Exportleistung vollbringen und auf dem Weltmarkt wettbewerbsfähig sein und bleiben müssen. Nun werden ausgerechnet in diesem Bereich – »Metall« – die rigorosesten Lohnforderungen und dazu seit Jahren die Forderung nach Verkürzung der Arbeitszeit und andere kostentreibende Forderungen gestellt. Dies alles natürlich mit Auswirkungen auch auf andere Industrien der Bundesrepublik.

In einem so dichtbesiedelten rohstoffarmen Land wie der Bundesrepublik hängen, wie schon gesagt, der Lebensstandard und die Leistungsfähigkeit des Staates im sozialen Bereich entscheidend ab von der Exportfähigkeit der Industrie. Der bei weitem überwiegende Teil des Exportes aber wird erbracht von der Investitionsgüterindustrie, von der Chemie und der Automobilindustrie, jedenfalls und das ist das Wesentliche – nicht von der Konsumgüterindustrie oder gar dem Dienstleistungsbereich. Eine durch überdurchschnittliche Lohnerhöhungen verstärkte Massenkaufkraft geht erfahrungsgemäß überwiegend in den Konsum und treibt dort die Preise. Die Kosten der lebenswichtigen Exportindustrie werden unverhältnismäßig verteuert und damit die internationale Wettbewerbsfähigkeit gefährdet. Arbeitsplätze werden auf diese Weise, ebenso wie durch schematische Arbeitszeitverkürzung, kaum geschaffen, wie die Erfahrung längst erwiesen hat. Wie hohl und steril dieses ganze System der Tarifautonomie inzwischen geworden ist, wird daraus ersichtlich, daß sowohl bei sogenannten Warnstreiks, die zumeist wenig Anklang bei den Belegschaften finden, als besonders auch beim »richtigen« Streik die Mehrzahl der Teilnehmer, wie bei den »Berufs-Demonstranten«, oft aus »Berufs-Streikenden« bestehen. Da werden Demonstranten und Streikende, zum großen Teil aus Arbeitslosen bestehend, mit Bussen von einem Streikplatz zum anderen gefahren, um zu demonstrieren. Es gibt ja längst keine Proletarier mehr, die mit dem Streik als letztem Mittel verzweifelt um ihre Existenz kämpfen müssen. Der Arbeiter, der hochwertige deutsche Facharbeiter, welcher entscheidend die deutsche Weltgeltung im Export trägt, gehört zum Mittelstand des Landes. Wenn er sich widerwillig und kopfschüttelnd an den im Streik gipfelnden Auseinandersetzungen überhaupt beteiligt, dann oft aus einem aus der Vergangenheit überkommenen Solidaritätsgefühl, dem er sich noch verpflichtet glaubt. Wirkliche Existenzkämpfe bei großen Betriebsschließungen geben diesem Gefühl natürlich neue Nahrung. Aber interessant ist, daß auch für den SPD-Politiker Oskar Lafontaine die momentane Form der Tarifautonomie unbefriedigend zu sein scheint.

Hierzu sei noch ein anderer wesentlicher Gesichtspunkt erwähnt: Bei den alljährlichen Auseinandersetzungen in dem Hochlohnland Bundesrepublik mit den umfangreichsten sozialen Sicherungen geht es gar nicht mehr darum, mit Hilfe von Streik und Aussperrung die Interessen der Mitglieder von Gewerkschaften und Arbeitgeberverbänden, also der Arbeiter und Unternehmer, zu verteidigen oder zu fördern. Vielmehr gilt dies Klassenkampfgetöse mindestens ebenso sehr dem Nachweis der Existenzberechtigung der veranstaltenden Organisationen als auch dem Profilierungsbedürfnis ihrer leitenden Funktionäre, was ungefähr auf dasselbe hinauskommt.

Noch einmal: Manches oben Gesagte könnte so gedeutet werden, als richte sich der ganze Unmut oder die Kritik in erster Linie gegen die Gewerkschaften. Das ist mitnichten der Fall und die Absicht. Es gab alsbald nach dem Zweiten Weltkrieg in den frühen fünfziger Jahren durchaus Chancen zu einem Neubeginn auch im sozialpolitischen Bereich. *Sie wurden vertan durch Gleichgültigkeit und Unverständnis bis hin zur krassen, diskussionslosen Ablehnung von Unternehmerseite. Die Gewerkschaften wären durchaus bereit gewesen, neue Wege mitzugehen.* Im Sinne der Absicht, Vorstellungen zu entwickeln, die auch für vorwiegend planwirtschaftlich orientierte Volkswirtschaften gangbar sein sollten, werden im folgenden eine Reihe konkreter Vorschläge entwickelt.

Wirtschafts- und sozialpolitische Aufgabe der Kammern

Ausgangspunkt aller Überlegungen war und ist, daß das Schicksal des einzelnen Betriebes als Teil des Ganzen, der Volkswirtschaft, für die Arbeiter wie auch für den Arbeitgeber, Unternehmer, Manager oder Direktor gleich bedeutsam ist. An seinem Wohlergehen müssen alle gleichermaßen interessiert sein. Diesem Ziel dient auch das *Betriebsverfassungsgesetz,* also die betriebliche Mitbestimmung. Selbst in unserem kleinen Land gibt es erhebliche regionale Unterschiede, z. B. auch bezüglich der Lebenshaltungskosten, es gibt Standortvor- und -nachteile usw. Dazu kommen die Unterschiede zwischen den verschiedenen Industrien selbst. Regionale Unterschiede werden in der heutigen Tarifautonomie bei der Lohnfindung und bei arbeits- und sozialpolitischen Fragen ebenso wie Branchenunterschiede kaum berücksichtigt. Alles wird – dem jeweiligen »Vorreiter« folgend – über einen Leisten geschlagen. Der einzelne Betrieb ist dem hilflos ausgeliefert. Er kann nur zustimmen, oder er muß aus seinem Verband austreten. So weit sind wir schon kollektiviert, ohne es zu merken. *Das Sozialsystem, die Tarifautonomie und das Drumherum sind erstarrt, zu sterilen Riten geworden.* Die schwerfälligen Funktionärsapparate treffen sich einmal im Jahr, um dann wieder in ihren Bürohäusern zu verschwinden und für das nächste Jahr neue Möglichkeiten für Schaukämpfe auszubrüten. Dabei wären ständiger Kontakt, Beweglichkeit in der Behandlung aller Fragen, die Möglichkeit schneller Revision, wenn sich die Verhältnisse im Land oder in der Welt ändern, für kein Land wichtiger als für die kleine Bundesrepublik mit dem großen Industriepotential. Nur so können wir auf die Dauer im Wettbewerb mit den Giganten der Weltwirtschaft bestehen. Gegen Ende des 20. Jahrhunderts geht es insbesondere darum, *die Gewerkschaften – als Vertreter der Arbeitnehmer – in den gesamtwirtschaftlichen Prozeß mit einzubinden und an den zu seinem Funktionieren notwendigen Entscheidungen zu beteiligen.*

Die Chance zu einer solchen Entwicklung bot sich in den fünfziger Jahren, als die Gewerkschaften paritätisch Sitz und Stimme in den Industrie- und Handelskammern und damit die überbetriebliche Mitbestimmung forderten. Dieser Wunsch der Gewerkschaften wurde auf der Unternehmerseite mehr von den Funktionären der Arbeitgeberseite als von Unternehmern selbst abgelehnt. Wäre es damals zu einer Zusammenführung von Kapital und Arbeit in den Kammern und dort zu einem ständigen Ausgleich der Interessen gekommen, so wäre manche Fehlentwicklung vermieden worden. Wir wären heute im wirtschafts- und sozialpolitischen Bereich weiter, und die Bundesrepublik könnte als Modellfall hierfür anziehend wirken. Stattdessen wird dem kopfschüttelnden Bürger wie eh und je mit antiquierten Methoden der sogenannte »Verteilungskampf« vorgeführt. (Zum Folgenden vgl. auch Paul Kleinewefers, »Unternehmerinitiative und Mitbestimmung«, Westdeutsche Rundschau, August 1951 (!) und »Jahrgang 1905«, 1977, 4. Aufl. 1984.)

Welche Organisation könnte für diese Neubestimmung des wirtschaftlich- und sozialpolitischen Bereichs in Frage kommen? Euphemistisch nennen sich die Industrie- und Handelskammern das »Parlament der Kaufleute«, obwohl sie sich in *dieser* Form längst überlebt haben und überhaupt als dritte Organisation der Arbeitgeber neben den Wirtschafts- und Arbeitgeberverbänden überflüssig sind. Sie stammen aus einer Zeit, als es vor 160 und 170 Jahren andere Organisationen der Wirtschaft für diese und als Gesprächspartner des Staates noch nicht gab. Warum also nicht diesen Kammern durch paritätische Besetzung mit Gewerkschaften und alternierendem Vorsitz eine neue und für die Wirtschafts- und Sozialpolitik wichtige Aufgabe zuweisen? Die wichtige duale Berufsausbildung z. B., über welche immer wieder Streit mit den Gewerkschaften entsteht, würde dann von beiden Sozialpartnern getragen und gefördert. Durch den ständigen Austausch von Meinungen und Argumenten würde das Verständnis füreinander gestärkt und eine Vertrauensatmosphäre geschaffen, die es ermöglicht, die Probleme sachlich anzugehen und im Interesse der Gesamtheit zu lösen. Den Gewerkschaften erwüchse aus dieser Mitbestimmung eine neue Dimension der Verantwortung für die gesamte Wirtschaft!

Die Kammern sind ihrer Struktur nach regional orientiert. Siedelt man Tarifverhandlungen in entsprechenden Kommissionen bei den Kammern an und löst sich von den jetzigen starren Formen (auch bezüglich der Laufzeit der Verträge) sowie der »Leitfunktion« eines Tarifabschlusses für alle anderen Bezirke und Industrien, so käme man zu Regelungen, die den Gegebenheiten viel mehr Rechnung tragen. Das wäre dann an entscheidender Stelle Föderalismus – auf die Wirtschaft übertragen. Der Begriff Tarif-»Autonomie«, jetzt mit Bezug auf das Verhältnis Staat/Wirtschaft gemeint, erhielte einen erweiterten Sinn. Alles, was zwischen den Sozialpartnern in der Wirtschaft zu regeln ist, geschähe – autonom – in kleineren, überschaubaren Bezirken, eben den Kammerbezirken. Das würde gelten für die Löhne selbst, für die Arbeitszeit, die Überstunden, die Laufzeit der Tarifverträge, in denen all diese und andere Fragen geregelt sind. Man verhandelt nicht nur einmal in ein oder zwei Jahren miteinander – deutlich als gegnerische Parteien gekennzeichnet und mit Begleitmusik der Medien, welche hemmende Prestigeprobleme schaffen –, sondern man ist in der Kammer ständig »im Gespräch«. Dem die heutigen Verhandlungen vielfach erschwerenden Prestigebedürfnis der Gewerkschaften als Vertreter der Millionen Arbeitnehmer wäre sinnvoll Rechnung getragen. So würden dann z. B. auch vergleichsweise kleine Probleme, wie die Ladenschlußzeiten, welche periodisch die Gemüter erhitzen und sogar den Bundestag beschäftigen, im regionalen Bereich nach Vernunft und Möglichkeit geregelt. Der gegängelte »mündige Bürger« hätte auch in einer solchen Frage das Gefühl, mit seinen Interessen beachtet zu werden.

Die rasch fortschreitende Technik im weitesten Sinne erzeugt für Büro und Betrieb, für das Zusammenleben und -arbeiten der Menschen und für deren Umwelt immer neue Probleme, an die man gestern noch nicht dachte. Die gestellten Aufgaben zu lösen, sind alle Bürger des Staates aufgerufen. Sie sollten mit Ideen dazu beitragen, neue Wege zu gehen, Kompromisse ersinnen. Das geht aber nicht mit den Methoden von vorgestern, mit starren, fast feindseligen Fronten, sondern nur in der Verhandlung und im permanenten Gespräch miteinander, um zu zeitgerechten und guten Lösungen für alle zu kommen. Dem Föderalismus in der Politik müssen föderalistische

Strukturen in der Wirtschaft entsprechen, um beweglich und schnell auf die unaufhaltbaren Veränderungen zu reagieren, welche die Technik und die Weltpolitik (z. B. Protektionismus) mit sich bringen. Mancher Arbeitsplatz könnte so gerettet oder neu geschaffen werden.

Seitdem diese Gedanken in den fünfziger Jahren zum ersten Mal geäußert und diskutiert wurden, hat sich in der Wirtschaftsorganisation und bei den Gewerkschaften nichts geändert, aber das Klima zwischen den Sozialpartnern ist nicht besser, sondern schlechter geworden. Der der Marktwirtschaft immanente Wettbewerb hat sich nun auch auf die Menschen, vor allem auf die Arbeitsplätze ausgedehnt. Die Arbeitsplatzbesitzer werden – um ein beliebtes demagogisches Wort aus sozialistischen Kreisen abgewandelt zu zitieren – immer reicher und die Arbeitslosen immer ärmer. Das ist die Wirklichkeit auf dem Arbeitsmarkt. Das Arbeitslosenproblem ist komplex und nur mit vielfältigen Maßnahmen, die vor allem ein permanentes Zusammenarbeiten der den Wirtschaftsprozeß bestimmenden Faktoren Kapital und Arbeit durch ihre Repräsentanten erfordern, erfolgreich zu lösen. Staatliche Programme können höchstens einmal in einem langen Zeitraum als Initialzündung wirken; eine Dauerwirkung ist davon erfahrungsgemäß nicht zu erwarten, von den Problemen der Finanzierung ganz abgesehen.

Die Industrie- und Handelskammern befinden sich heute im Windschatten der Wirtschafts- und Sozialprobleme. Sie waren und sind das geruhsame Betätigungsfeld der regionalen Honoratioren und von Funktionären, bei denen die Erhaltung des Status quo im Wirtschafts- und Sozialbereich Vorrang vor aufregenden Veränderungen hat, auch wenn hiermit endlich dem Fortschritt auf diesem für die Gesamtwirtschaft und den arbeitenden Menschen wichtigsten Gebiet eine Gasse gebahnt werden könnte. Solche Gedanken in die Tat umzusetzen, dazu bedarf es nicht eines revolutionären Aktes; Vernunft und Einsicht in die gewandelten Verhältnisse sollten die Verantwortlichen zu entsprechendem Verhandeln und dann Handeln veranlassen. Durch die paritätische Besetzung würde sich eine neue und großartige Aufgabe für die Kammern ergeben, sie würden recht eigentlich erst dann wieder einen sinnvollen und nützlichen Platz unter den Organisationen der Wirtschaft einnehmen. Der Staat bedarf zu seiner Stabilisierung korporativer Organe in dem so eminent wichtigen wirtschaftlichen Bereich, der schließlich seine Grundlage ist. Mit der unverbindlichen »Konzertierten Aktion«, die nur –

wenn überhaupt – ein sporadisches Zusammentreffen der Partner bedeutete, ist es nicht getan; sie hat allzuoft ihre Unzulänglichkeiten bewiesen und sich letztlich selbst ausgeschaltet. Sie hat nicht verhindert, daß die Gewerkschaften sich weiter als rigorose »Lohnerhöhungsmaschinen« und »Arbeitszeitverkürzer« – ohne jede Rücksicht auf regionale, branchenmäßige oder gar betriebliche Differenzierung – betätigen. Die Arbeitgeberverbände sind ebenso sture und phantasielose »Abwehrkanonen« und erfreuen sich morgens um 4,00 Uhr – nach langer Verhandlungsnacht, wie es der Ritus vorschreibt – am Ergebnis des vermeintlich kleineren Übels.

Mit Vernunft, wirtschaftlicher Sachkenntnis, Einbeziehung weltwirtschaftlicher (35 bis 40 Prozent bundesdeutscher Export!) und finanzpolitischer Überlegungen haben diese »Lohnrunden« und ihre Ergebnisse nichts zu tun. Der weite Bereich der Soziallasten, unter welchen Staat und Wirtschaft ächzen, bleibt ausgeklammert. Am Ende wird dann weiter rationalisiert, ganze Betriebe werden geschlossen, Arbeiter werden »freigesetzt« oder Belegschaften werden »abgeschmolzen«, wie es verschämt heißt. Mit Sozialplänen bestochen, werden gesunde und noch lange arbeitsfähige Menschen dem Nichtstun überantwortet, mit allen Folgen, die das auch psychisch für diese und die Familien nach sich zieht. Dies geschieht im Zeichen der Marktwirtschaft und des gnadenlosen Wettbewerbs nicht nur im Inland, sondern auch auf den Auslandsmärkten. Die Konzentration des Kapitals nimmt immer mehr zu. Hier liegen und entwickeln sich Gefahren, die nur durch institutionalisierte Kooperation der wichtigsten gesellschaftlichen Gruppen gebannt werden können.

Paritätisch besetzte Kammern könnten mit Berechtigung den Anspruch erheben, daß eine aus ihrer Mitte als Spitzenorganisation hervorgehende Bundes- bzw. ZEF-Wirtschaftskammer gleichberechtigt neben Parlament und zweiter Kammer (Senat/Bundesrat) als drittes Organ die Gesetze des Staates mitgestaltet und genehmigt. Alle Pläne solcher Art, die es schon in der Weimarer Republik gab, sind letztlich mit Recht am Einspruch der Sozialisten, der Gewerkschaften gescheitert, weil eine solche, nur herkömmlich besetzte Kammer eine reine Interessenvertretung der Unternehmer in der Regierung gewesen wäre. Mit einer paritätisch besetzten Wirtschaftskammer als Verfassungsorgan und gestützt auf die Basis der regionalen Kammern aber würde der Wirtschaft, repräsentiert durch alle in ihr Tätigen, der ihr gebührende Platz in der Staatsspitze eingeräumt.

Das mit wenig wirtschaftlichem Sachverstand besetzte Parlament jedenfalls kann dem hier geäußerten Anspruch nicht genügen.

Mit einer solchen Entwicklung stellt sich die Frage nach dem Schicksal der Arbeitgeberverbände. Die Verbände könnten sich auflösen und damit einen wünschenswerten Beitrag zum Abbau des Dickichts der wuchernden Verbandsbürokratie leisten. Vieles in diesem Bereich würde einfacher, übersichtlicher und – billiger. Die freiwerdenden Funktionäre ließen sich als sachkundig – wenigstens zum Teil – eingliedern in die Kammern, in welchen sich, wie oben dargelegt, in den Kommissionen die Tarifgestaltung zur Lohnfindung zukünftig sehr viel differenzierter als bisher abspielen soll (z. B. auch ohne starre Zeitperiode). Die Wirtschaftsverbände, aufgrund fachlicher Kompetenz ein wichtiger Gesprächspartner, wären ebenfalls zur Aufnahme freiwerdender Kräfte geeignet. Jedenfalls erscheint die Interessenvertretung der Arbeitgeber gegenüber den Gewerkschaften auch nach einer solchen Neuregelung in den Wirtschaftskammern und durch die Wirtschaftsverbände in ausreichender Weise gesichert. Abgesehen davon, daß diese Neuregelung zu mehr Kooperation anstelle von Konfrontation führen soll und – richtig verstanden – auch wird.

Schon früher und neuerdings wieder wird gelegentlich der Ruf nach Bildung von »Arbeiter(oder Arbeitnehmer-)Kammern« laut. Die Verwirklichung dieser Ideen wäre ein Rückschritt und würde das Durch- und Gegeneinander wirtschaftlicher Organisationen nur vermehren, ohne Nutzen zu bringen. »Perestroika« – ist man versucht, mit Gorbatschow zu rufen. Die Interessen aller Arbeitnehmer sind bei den mächtigen Gewerkschaften in besten Händen. Deren berechtigtem Prestigebedürfnis würde durch die paritätische Besetzung der »Wirtschaftskammern« Rechnung getragen. Hier besteht die Möglichkeit, abgesehen von der speziellen Aufgabe der Lohnfindung, ständig an allen Fragen der Wirtschafts- und Sozialpolitik – auch über den regionalen Bereich hinaus – mitzuarbeiten.

Zum 1. Mai 1987 schrieb am 30. 04. 1987 im Leitartikel der FAZ Ernst Günter Vetter unter dem Titel »Erinnerung und Vision« u. a.: »... Kundgebungen, ganz gleich aus welchem Anlaß, haben von dieser neuen Zeit, von den großen Veränderungen und deren Bewältigung bisher kaum ein Bild vermittelt. Funktionäre reden wenig davon, daß eine sich verändernde Gesellschaft vielleicht auch andere Mittel und andere Formen der sozialen Auseinandersetzung braucht. Viele vergessen, daß gewerkschaftliche Organisationen, die in einer freiheitlichen Ordnung leben wollen, Helfer auch bei der Gesellschaft dieses neuen Zeitalters sein müssen.

Doch wenn die Köpfe in der Vergangenheit steckenbleiben, wenn Legitimation durch radikale Parolen und die Drohung mit den zur Verfügung stehenden Machtmitteln gesucht wird, kann die Zukunft nicht gewonnen werden...«

Hier ist eine Antwort. In dem Artikel von Vetter sind zwar in erster Linie die mächtigen Gewerkschaften, aber auch die Funktionäre der Unternehmensverbände gemeint. Eine Entwicklung der Tarifautonomie zur Lohnfindung in der oben dargelegten Weise zu neuen Formen gemeinsamen Handelns wäre nicht nur ein Segen für die Wirtschaft der alten Industriestaaten und der hier arbeitenden Menschen, sondern sie könnte auch die Lösung von Problemen bedeuten, welche sich aus einer Aufhebung der starren, staatlich verordneten Lohnregelung in Staaten des sogenannten Ostblocks wie der DDR und der CSSR ergeben.

Vorschläge zur Wirtschaftsordnung der Zentraleuropäischen Föderation

In einer Zentraleuropäischen Föderation kämen mit Bundesrepublik, DDR, CSSR und Österreich Länder mit verschiedener Wirtschaftsordnung zusammen. Über die künftige Gestaltung derselben in einem gemeinsamen Staatsgebilde gilt es, sich – über Allgemeinheiten hinaus – Gedanken zu machen. Manches Diesbezügliche ergibt sich schon aus den früheren kritischen Betrachtungen zur Plan- bzw. Staatswirtschaft sowie zur Marktwirtschaft. Klärende Vorschläge und Ideen zu diesem Thema sind nach Meinung der Verfasser wesentlich dafür, daß überhaupt mit Aussicht auf Erfolg eine Diskussion um die Bildung einer solchen Zentraleuropäischen Föderation, d. h. über das Zusammengehen von Ländern mit unterschiedlicher Wirtschafts- und Gesellschaftsordnung, beginnen kann.

Generalsekretär Gorbatschow hat nicht nur im Bereich der Abrüstung, sondern auch mit seinen Äußerungen zu mehr Demokratie und zu Reformen in der Wirtschaft seines Landes für großes Aufsehen gesorgt. Gorbatschow wird nicht müde, seine Gedanken und Pläne zu diesen Fragen nicht nur in der UdSSR vorzutragen, sondern er versucht, sie auch den Verbündeten im COMECON nahezubringen. Den hier nachstehend geäußerten Überlegungen können die

Pläne Gorbatschows nur günstig sein, scheinen sie doch geeignet, erstarrte Formen aufzulockern.

Ein objektiver Vergleich der beiden einander gegenüberstehenden Wirtschaftsordnungen hinsichtlich Erfolg und Effizienz muß zu dem Schluß einer Überlegenheit der grundsätzlich marktwirtschaftlich orientierten Wirtschaftsordnung führen. Skepsis in mancher Hinsicht ist allerdings auch hier – wie bereits dargelegt – angebracht. Im nachstehenden sollen nun mit konkreten Vorschlägen Möglichkeiten für eine solche gemeinsame Wirtschaftsordnung zur Diskussion gestellt werden. Dabei wird es sich bei manchen Überlegungen um Übergangsregelungen, bei anderen um anzustrebende Dauerregelungen handeln. Die Verfasser sind sich bewußt, daß es sich bei diesen Fragen um Probleme handelt, die – wie die gesamte Wirtschaft – immer im Fluß sind und im Laufe der Zeit Wandlungen unterliegen. Dies um so mehr, je mehr die Wirtschaften aller Länder der Zentraleuropäischen Föderation auch am weltwirtschaftlichen Geschehen teilnehmen würden.

Hinsichtlich der *Terminologie* wird der Einfachheit halber normalerweise die in der Bundesrepublik im wirtschaftspolitischen Bereich übliche verwendet, ohne damit einer Gesamtregelung vorgreifen zu wollen. Bei einer Vereinigung sollte man in diesen und ähnlichen Fragen weitgehend auf bestehende Werte und Bräuche Rücksicht nehmen, wie es dem Charakter der Zentraleuropäischen Föderation entspricht. Dies natürlich nur so weit, wie es sich nicht um in Wissenschaft und Praxis international gebräuchliche Ausdrucksweisen handelt. Bei der Behandlung dieser Probleme muß man sich darüber klar sein, daß der politische Wille zu einer Vereinigung das Entscheidende ist. Ist dieser Wille vorhanden, so regeln sich manche Fragen zwar nicht von selbst, aber Lösungen ergeben sich von Fall zu Fall aus den Notwendigkeiten der Tagesgeschäfte, weil sich nicht alles vorhersehen läßt. Es kommt darauf an, für die wichtigsten Fragen Leitlinien zu erarbeiten und neuralgische Punkte zu entschärfen.

Bei alledem ist gerade im so verzweigten und vielseitigen wirtschaftlichen Bereich entscheidend die Mitwirkung der sogenannten Machteliten. Ohne die Mitarbeit der auch in der Wirtschaft und ihren Organisationen tätigen und sachkundigen Eliten ist nichts zu erreichen. Eine positive politische Einstellung gegenüber den Zielen ist neben dem Sachverstand entscheidend für den Erfolg notwendiger

Veränderungen und Anpassungen, für die Abschaffung überflüssiger Organisationen und Schaffung neuer usw. Mit der »Brechstange« ist hier nichts – es sei denn zusätzlicher Widerstand – zu erreichen. Es gilt zu reden, zu verhandeln, zu überzeugen und Kompromisse da zu schließen, wo schnelle Veränderungen nicht zu verwirklichen sind. Geduld, Zähigkeit und Sachverstand werden die wichtigsten Tugenden auch derjenigen sein müssen, die sich im wirtschaftlichen Bereich der Schaffung einer neuen gemeinsamen Ordnung widmen. An der Wirtschaft hängt das Schicksal des Staates und seiner Menschen; deshalb gilt es so vorzugehen, daß Stillstände und Rückschläge vermieden werden. Man wird sich auch mit Übergangsregelungen abfinden müssen.

Im nachstehenden seien zunächst ein paar *Grundsätze* verzeichnet, über welche – nach Auffassung der Verfasser – bei einem Zusammenschluß der vier Länder zur Zentraleuropäischen Föderation für den wirtschaftlichen und finanziellen Bereich Einigkeit bestehen sollte. Später folgen dann mehr in die Einzelheiten gehende Betrachtungen, die der Annäherung der Wirtschaftssysteme in der Zentraleuropäischen Föderation dienen. Hier sollte weniger von Weltanschauung und Ideologie die Rede sein, als von Zweckmäßigkeit und der Überlegung, was am besten den Menschen dient, ohne die Führungsverantwortung des Staates außer acht zu lassen. Auch hier sei angemerkt, daß wir nicht den Anspruch auf vollständige Antworten auf gerade bei diesen Problemen sehr komplexe Fragen erheben. Aber es gilt, von der Theorie zur Praxis, von Wunschvorstellungen zum konkreten Durchdenken der sich stellenden Aufgaben zu kommen. Nur auf diese Weise können im so eminent wichtigen wirtschaftlichen Bereich Ideen Gestalt gewinnen und zur Diskussion gestellt werden. Eine kritische Vervollständigung des Angeschnittenen wird unumgänglich sein; hierzu sollen nachstehende Vorschläge als Anregungen dienen.

Der *Reise-, Post- und Telefonverkehr* zwischen den vier Ländern ist frei. (Zum Problem der Freizügigkeit allgemein vgl. S. 212f.) Für eine Übergangszeit von etwa drei Jahren bleiben in der Zentraleuropäischen Förderation innerstaatliche Grenzkontrollen für Menschen und Waren bestehen. Jetzt bestehende zwischenstaatliche Zoll- und Steuerabgaben entfallen nach drei bis fünf Jahren.

Es werden sofort *feste Währungsrelationen* vereinbart, und alle Zahlungsmittel der vier Staaten gelten auch im jeweils anderen Land. Man einigt sich auf eine Währung als Ziel; die anderen Währungen werden allmählich aus dem Verkehr gezogen, so daß nach etwa drei bis vier Jahren nur noch eine Währung im ganzen Gebiet der Zentraleuropäischen Föderation gültig ist. Die vier Bundes(Zentral-)banken übernehmen mit einer gemeinsamen, paritätisch besetzten Kommission die Verantwortung für alle Währungsfragen nach innen und außen.

Bestehende *Lieferverträge und Abnahmeverträge,* z. B. der DDR und der CSSR gegenüber der Sowjetunion, werden von der Zentraleuropäischen Föderation übernommen. Ebenso wie Staatsverträge der vier Einzelstaaten, die sich zur Föderation zusammenschließen, sinnvoll auf diese übergeleitet werden müssen, soweit sie den gemeinsamen Zielen nicht zuwiderlaufen, so muß auch für die bestehenden wirtschaftlichen Bindungen ein Übergang auf die Föderation gefunden werden. Dies gilt insbesondere für die EG (Europäische Gemeinschaft) im Westen und das COMECON (Rat für gegenseitige Wirtschaftshilfe) im Osten. Sowohl die Bundesrepublik würde aus der EG wie die DDR und CSSR aus dem COMECON ausscheiden. Die Zentraleuropäische Föderation würde beiden Vereinigungen assoziiert bleiben und so eine wirtschaftliche Brücke bilden. Ohnehin werden sowohl bei der EG als auch beim COMECON Möglichkeiten zur vertraglichen Gestaltung einer gewissen Zusammenarbeit überlegt.

In den Ländern mit planwirtschaftlicher Ordnung – also der DDR und CSSR – sollte eine allmähliche Auflockerung zu starrer Planung mit dem Ziel einer besseren Versorgung der Menschen und größerer wirtschaftlicher Effizienz erfolgen. Ohne abrupten Übergang wird über Teilbereiche die Planwirtschaft zugunsten von mehr Marktwirtschaft allmählich aufgelockert. Man sollte »unten« beginnen und zunächst das Handwerk sowie den kleinen Einzelhandel verselbständigen, privatisieren. Tüchtigen Handwerksmeistern und Einzelhändlern muß die Möglichkeit eröffnet werden, mit Hilfe langfristiger, billiger Kredite verstaatlichte Handwerks- oder Einzelhandelsbetriebe mit z. B. bis zu 20 oder 30 Mitarbeitern zu erwerben. In gleicher Weise sollte in der Landwirtschaft die Möglichkeit geschaffen werden, einen bäuerlichen Familienbetrieb bis zu etwa 20 ha zu erwerben. Damit wäre den unmittelbaren Bedürfnissen der Bürger in den Staatshandelsländern DDR und CSSR am besten und schnellsten gedient.

Hier – wie auch später in anderen Fragen – bleibt die Möglichkeit solchen Erwerbs beschränkt *ausschließlich* auf solche Bürger der DDR bzw. der CSSR, die es schon vor dem Zusammenschluß der Zentraleuropäischen Föderation waren. Mit diesen Maßnahmen ist ein Anfang zur Auflockerung des planwirtschaftlichen Systems gemacht, wobei in diesem Bereich auch die Preise stufenweise freizugeben sind, um sich dem Markt anzupassen. Vorübergehend wird man wahrscheinlich mit kontrollierten Höchstpreisen in diesem lebenswichtigen Bereich operieren müssen, um nicht mit den noch fixierten Löhnen und anderen persönlichen Einkommen in Konflikte zu kommen.

Die *Schwer- und Grundstoffindustrie* wie Stahl, Bergbau, Schwerchemie – ebenso die *Rüstungsindustrie* – bleiben in Staatsbesitz. Das gleiche gilt für die *Eisenbahn, Post* und die *Energiewirtschaft*. Die Unternehmen sollten die Rechtsform einer Aktiengesellschaft annehmen, und den Arbeitnehmern wäre die Möglichkeit zu einer Beteiligung am Kapital zu geben. Die Mehrheit des Kapitals aber bleibt bei der Föderation oder dem jeweiligen Land. Die Betriebe unterliegen der Mitbestimmung. Diese Unternehmen erhalten wie in der Bundesrepublik und Österreich Subventionen vom Staat, sofern der nationale und internationale Wettbewerb oder sogenannte Sozialtarife (z. B. Bahn) keine ausreichenden Gewinnchancen ermöglichen. Es ist besser, solchen Unternehmen Subventionen zu zahlen, als die Geschäftsgebarung derselben dadurch zu verschleiern, daß sie in Staatsbesitz sind und die Defizite ständig über die Etats – nach außen unsichtbar – zu decken.

Diese Feststellung gilt selbstverständlich für die gesamte Zentraleuropäische Föderation, also auch für die Bundesrepublik und Österreich. Alljährlich muß der Bund, die Föderation, nach Branchen aufgeteilt, eine Liste mit den im abgelaufenen Jahr gezahlten Subventionen veröffentlichen; das gilt natürlich auch für die Landwirtschaft. (In der marktwirtschaftlichen Bundesrepublik waren es 1986, wie erwähnt, insgesamt etwa DM 80 Mrd. an Subventionen, ohne die über den Etat »unsichtbar« gedeckten Defizite. Daran wird deutlich, wie sehr wir uns in der Bundesrepublik schon von der immer wieder beschworenen Marktwirtschaft entfernt haben.) Eine Angleichung der Systeme innerhalb der Föderation in dem oben behandelten industriellen und Verkehrs-Sektor dürfte also nicht allzu schwierig sein, weil schon jetzt in diesem Bereich bemerkenswerte Analogien zwischen den Gründerstaaten bestehen.

Nach Handwerk und Schwerindustrie, Verkehr und Energiewirtschaft bleibt zur Regelung der größte industrielle Sektor, die vielseitige *verarbeitende Industrie* – inzwischen in der DDR und der CSSR vielfach branchenmäßig in Kombinaten, die den Wettbewerb untereinander ausschließen zusammengefaßt. In der Bundesrepublik wird in diesem Industriebereich die überwiegende Zahl der Arbeitnehmer beschäftigt (ca. 60 Prozent), er ist vorwiegend mittelständisch strukturiert (80 Prozent der Betriebe bzw. Firmen beschäftigen 200 und weniger Mitarbeiter), schließlich erwirtschaftet dieser Industriesektor mehr als die Häfte des gesamten Exportes. Viele Erzeugnisse dieses industriellen Sektors dienen indirekt der Konsumgüterindustrie, also den individuellen Bedürfnissen der Menschen. Es ist also verständlich, daß hier die zentrale Planwirtschaft, die auch den freien Export erschwert, mehr hindert als fördert. Sowohl die DDR als auch die CSSR waren vor dem Zweiten Weltkrieg traditionell weltweit führend im Bereich der verarbeitenden Industrie. Befreit aus den Fesseln zentraler Planung, könnten diese Gebiete schon morgen auf dem Weltmarkt mit wettbewerbsfähigen Erzeugnissen auftreten und die für diese Länder zur Finanzierung des Importes so notwendigen Devisen hereinholen. Eine Regelung der Probleme in diesem Bereich könnte im Rahmen der Zentraleuropäischen Föderation in folgender Weise erfolgen:

Alle *Betriebe und Kombinate werden in selbständige Aktiengesellschaften umgewandelt,* deren Vorstände von der jetzigen Leitung gestellt werden. Das oder die zuständigen Planministerien werden aufgelöst. Deren leitende Beamte besetzen die Aufsichtsräte der neuen Aktiengesellschaften. Auf diese Weise bleibt die über lange Jahre eingefahrene personelle Zusammenarbeit erhalten. Alle so entstandenen neuen Firmen unterliegen sämtlich der Mitbestimmung, etwa nach dem Muster der Bundesrepublik mit entsprechender Vertretung der Arbeitnehmer und Gewerkschaften in den Aufsichtsräten. Die Aktien verbleiben zunächst im Besitz des Staates, der Länder oder – je nachdem – bei kleinen Betrieben auch der Gemeinden. Transaktionen innerhalb der Industrie sind möglich, bedürfen aber der Zustimmung des jeweiligen Aktionärs, ganz abgesehen von der Mitwirkung der Organe der Gesellschaft. Auf diese Weise besteht auch die Möglichkeit zu »joint ventures« mit Unternehmen der der Zentraleuropäischen Föderation angehörigen Gebiete der Bundesrepublik und Österreichs oder des Auslandes. Die Kontrolle über solche Kombinationen verbleibt aber bei den Besitzern der Aktien, also beim Staat, dem jeweiligen Land oder der Gemeinde. Ein Anspruch auf Restitution, d. h. Wiedergutmachung, Entschädigung oder Vorzugs-Aktienkäufe von ehemaligen Besitzern von Unternehmen in der DDR oder der CSSR wird ausgeschlossen. Eine diesbezügliche Teilentschädigung hat seitens der Bundesrepublik im Zuge des Lastenausgleichs aus dessen Mitteln stattgefunden. Bekanntlich erfolgten im Bereich der Bundesrepublik nach dem Zweiten Weltkrieg Demontagen entschädigungslos; das gleiche gilt in der Industrie im Prinzip für Zerstörungen durch den Bombenkrieg, für die Enteignung ausländischer Niederlassungen und Firmenbeteiligungen sowie für den Verlust sämtlicher Handelsschiffe.

Sofern sich irgendwann in der Zukunft der Aktienbesitzer (Staat, Land, Gemeinde) entschließt, alle oder Teile der Aktien eines Unternehmens zu verkaufen, haben die Vorstandsmitglieder und Aufsichtsräte desselben ein Vorkaufsrecht, welches durch verbilligte und langfristige Kredite zu fördern ist. Gleichzeitig muß allen Arbeitnehmern dieser Betriebe der Erwerb eines angemessenen Anteils am Kapital zu Vorzugsbedingungen sofort oder nach und nach ermöglicht werden.

Die neu entstandenen Aktiengesellschaften wirtschaften – nach vielleicht notwendigen und evtl. unterschiedlichen Übergangsperioden – als selbständige Unternehmen auf dem Markt. Banken und Versicherungen z. B. stehen ihnen im üblichen Rahmen zur Verfügung, wobei es zunächst ohne Belang ist, ob diese staatlich bleiben oder ihre Struktur ganz oder teilweise ändern. Schließlich gibt es in der Bundesrepublik z. B. die West-LB (Westdeutsche Landesbank) oder die Helaba (Hessische Landesbank), welche übliche Bankgeschäfte betreiben, obwohl der Besitzer ein Land ist. Daneben gibt es Genossenschaftsbanken oder staatliche Versicherungsgesellschaften, wie z. B. die »Provinzial« in Düsseldorf, in großer Zahl. Ähnliches gilt für Österreich.

Die *Lieferverträge,* welche mit der Sowjetunion und Ländern des COMECON bestehen, könnten die Kapazität der nun selbständigen Unternehmen über Gebühr einschränken und die Lieferfähigkeit für andere Lieferungen insbesondere Exporte auf dem freien Weltmarkt blockieren. Die jetzt seitens der DDR und der CSSR bestehenden Lieferverträge werden infolgedessen von der Zentraleuropäischen Föderation übernommen, so daß nun die industrielle Kapazität der gesamten Föderation für die Erfüllung der Lieferverpflichtungen zur Verfügung steht. Entweder werden die entsprechenden Aufträge durch direkte Verhandlungen zwischen dem interessierten Land und der jeweiligen Firma plaziert und abgewickelt, oder die Föderation übernimmt es, das Gesamtgeschäft abzuwickeln und die Aufträge auf einzelne Firmen – evtl. unter Mitwirkung der Industrieverbände oder der Wirtschaftskammern – zu verteilen. Jedenfalls werden die bestehenden Lieferverträge unter Garantie der Föderationsregierung voll erfüllt und nach Wunsch der Kundenländer neue Verträge geschlossen. Das gleiche gilt sinngemäß für Importverträge z. B. für Rohstoffe.

Bisher werden *Löhne und Preise* in der DDR und der CSSR staatlich festgesetzt. Die Preisgestaltung wird in der Föderation stufenweise dem Markt überlassen, zunächst im Bereich der Grundnahrungsmittel (bäuerliche Familienbetriebe) und des Handwerks. Bei der Schwer- und Grundstoffindustrie sowie der Energiewirtschaft, Verkehr und Post bleibt es bei staatlich kontrollierten Preisen. Die einzelnen Unternehmen der verarbeitenden Industrie müssen sich allmählich an Marktpreise für ihre Erzeugnisse herantasten, wobei sie zunächst gegenüber ausländischem Wettbewerb und innerhalb der Föderation gegenüber der Bundesrepublik und Österreich abgeschirmt bleiben, bis eine angemessene Leistungsfähigkeit und Erfahrung erreicht ist. Im Grunde geht es hier um ähnliche Probleme, wie sie in der Bundesrepublik nach Beendigung der Kriegswirtschaft – nach Demontage und Zerstörung – als Zusatzbelastungen zu meistern waren. Damals galt es auch hier, hinsichtlich der Preisgestaltung nicht nur aus den Kosten, sondern am Markt, bald schon am Weltmarkt und seinem Wettbewerb, Erfahrung zu gewinnen und danach zu arbeiten. Nun handelte es sich in der Bundesrepublik und Österreich um aus der Vorkriegszeit marktwirtschaftlich erfahrene Unternehmer, welche auch die Absatzgebiete in Europa und Übersee bereist hatten und demzufolge kannten. Das diesbezügliche Defizit bei den Vorständen und Aufsichtsräten der Aktiengesellschaften in der DDR und der CSSR auszugleichen, können Seminare und Kurse, die von den Wirtschaftsorganisationen der anderen Länder aus der Föderation eingerichtet werden, übernehmen.

Es gilt, die Löhne aus der staatlich verordneten Starre zu lösen. Das wird um so notwendiger, wenn die Preise in Bewegung geraten, z. B. für die Grundnahrungsmittel, für andere Konsumgüter, Handwerksarbeiten usw. Hier sollte man nach dem im Abschnitt über die Kammern ausführlich beschriebenen Modell der Lohnfindung vorgehen und entsprechende, paritätisch besetzte Wirtschaftskammern in den Wirtschaftsbezirken von DDR und CSSR einrichten. Eine solche Form der Lohnfindung gewährleistet – besonders in einer Periode des Übergangs – eine flexible, eine der Region, den Branchen, und in

Sonderfällen sogar dem einzelnen Betrieb gerecht werdende Regelung im Interesse der arbeitenden Menschen und der volkswirtschaftlichen Erfordernisse.

Als »Gemeineigentum« wird euphemistisch umschrieben, was tatsächlich Staats- oder Kommunalbesitz an allem Grund und Boden ist und was als Voraussetzung zur Erfüllung des sozialistischen Traums gepriesen wurde, zusammen mit der Beseitigung jeglichen Eigentums an den Produktionsmitteln bis hin zum Handwerk, zur Verhinderung der »Ausbeutung des Menschen durch den Menschen«. Mit diesen Maßnahmen sollten alle Probleme gelöst und das Glück aller für alle Zeiten begründet sein. Diese Erwartung erwies sich als ebenso trügerisch, wie auch das andere Extrem der fast schrankenlosen Freiheit und kaum begrenzter wirtschaftlicher und gewerkschaftlicher Macht mit einer Enttäuschung geendet hat. Hier ist der Preis die Dauerarbeitslosigkeit, der Ausstieg einzelner aus dem Wirtschaftsprozeß, oft unter Zurücklassung ratloser Arbeiter, unbewohnbar gewordene und zubetonierte Stadtteile und Bezirke als Opfer ungehemmter Bauwut zugunsten einzelner Glücksritter; dort sind das Ergebnis verkommene Häuserzeilen und gar ganze Städte und Dörfer sowie die Erstarrung des Wirtschaftsprozesses in den Fesseln einer wuchernden und allmächtigen Bürokratie. Die Weisheit zur Lösung dieser Probleme in der ganzen Föderation liegt in einem Kompromiß zwischen extremer Freiheit und allmächtiger Bürokratie, für welche Eigentum die nicht erwünschte Unabhängigkeit des einzelnen vom Staat und seiner Verwaltung fördert.

Grund und Boden ist ein nicht vermehrbares Gut, welches besonders wertvoll ist und ohne Verdienst und Leistung des Eigentümers da immer wertvoller wird, wo dichte Besiedlung vorherrscht oder zu erwarten ist. Das ist in allen Ländern der Föderation der Fall. Am dichtesten besiedelt ist die Bundesrepublik, es folgen die DDR, die Tschechoslowakei und Österreich. Überall muß die Bodenspekulation verhindert werden; sie ist oft genug Ursache von Korruption, besonders im kommunalen Bereich. Deshalb sollten Staat und Gemeinden in der DDR und der CSSR Land für Bauzwecke behutsam abgeben – nur für den eigenen Bau- und Wohnbedarf. Zunächst sollte aber jeder Bürger mit Hilfe billiger und langfristiger Darlehen, jedoch nur für eigene Wohnzwecke, ein Haus aus Staats- und Kommunalbesitz erwerben und natürlich auch vererben können. So könnte man den Wohnungsmarkt allmählich auflockern. Landkauf, der Hauskauf und das Bauen im Gebiet der DDR und der CSSR werden Bürgern der

Bundesrepublik, Österreich und Ausländern für etwa fünfzehn Jahre nach Gründung der Zentraleuropäischen Föderation untersagt; das gleiche gilt auch für Strohmänner, um jegliche Spekulation von Beginn an zu unterbinden. Begründete Ausnahmen, vor allem auch in der Frage der Industrieansiedlung, wären im Gesetz zu definieren. Die diesbezügliche Gesetzgebung in der Schweiz kann evtl. als Vorbild dienen. Auch die Erbpacht bietet Möglichkeiten, über einen langen Zeitraum öffentlichen Einfluß auf die Nutzung des Grund und Bodens zu behalten, die Interessen der Allgemeinheit zu wahren und Umweltprobleme zu berücksichtigen.

Aus der Sicht der Bundesrepublik noch ein Wort zur Sozialversicherung, besonders dem immer teurer werdenden Sektor der *Krankenversicherung*. Auch hier würden wir uns bei einem Zusammenschluß zu einer Föderation in Zentraleuropa zwei Extremen gegenübersehen. Auf der einen Seite (Bundesrepublik) die sehr großzügige Übernahme von Arzt-, Apotheken-, Krankenhaus- und Kurkosten durch die Versicherungen mit der Folge einer Ausnutzung dieser Einrichtungen zu Lasten aller und mit ständig steigenden Kosten, deren Deckung immer problematischer wird. Auf der anderen Seite (DDR-CSSR) begrenzte Versorgung der Kranken zu niedrigen Kosten und mit einer wenig gebefreudigen Bürokratie. Die keineswegs neue und oft diskutierte einzige Möglichkeit, der Verschwendung auf der einen Seite zu steuern und bei der anderen Seite zu besseren Verhältnissen zu kommen, ist, statt rigoroser bürokratischer Maßnahmen zur Kontrolle und Beschneidung der Kosten, dem vielzitierten »mündigen Bürger« mehr Freiheit zu geben, über sein Wohl und Wehe selbst maßgebend mitzuentscheiden! D. h., der einzelne Versicherte muß die Kosten kennen, die er verursacht, also er muß Kopien der Rechnungen über die Arzt-, Krankenhaus- und Kurkosten sowie die Kosten der Medikamente erhalten. Einen fühlbaren Anteil (Prozentsatz, evtl. nach dem Einkommen gestaffelt) müßte der Versicherte jeweils selbst übernehmen, um so entscheiden zu können, was nötig und was überflüssig ist. Hier wäre mehr Freiheit des einzelnen dringend geboten, verbunden mit einem Appell an seinen Sparsinn, der durch die Selbstbeteiligung an den Kosten und deren Kenntnis gefördert würde.

Die generellen Mißstände in der Sozialpolitik drückte der bereits zitierte Ernst Günter Vetter in der FAZ vom 2. 11. 1987 im wirtschaftspolitischen Leitartikel folgendermaßen aus: »Sozialpolitik entartet also zu einer sozialen Variante der Subventionswirtschaft.«

Die Verfasser erheben nicht den Anspruch, die Fragen einer möglichen Wirtschafts- und Sozialordnung der Zentraleuropäischen Föderation erschöpfend behandelt zu haben. Dieses wichtige Thema auszuklammern aber hätte nicht der Bedeutung und dem Sinn dieses Buches entsprochen. Soweit Publikationen sich mit Mitteleuropa beschäftigen, wobei es dann zwangsläufig um die Beziehung zwischen verschiedenen Wirtschaftssystemen gehen müßte, wird dieser Bereich entweder negiert, oder es wird offen oder stillschweigend unterstellt, daß es in dieser Frage dann »wie hier« wird oder werden müßte. Als Voraussetzung für Vorschläge oder Denkanstöße zu einer Zusammenführung zweier unterschiedlicher Wirtschaftsordnungen erschien uns eine Kritik sowohl am planwirtschaftlichen System als auch an der Marktwirtschaft, wie sie inzwischen geworden ist, notwendig. Das Ergebnis zeigt, daß es durchaus Gemeinsamkeiten geben kann, und daß keineswegs alles weder in der einen noch in der anderen Richtung »gleichgeschaltet« werden muß. Grundsätzlich muß auf beiden Seiten die Bereitschaft zu Übergangsregelungen und zur Geduld bestehen. Gemischte Kommissionen müssen über einen mehr oder weniger langen Zeitraum pragmatisch an Lösungen zur Behebung von Schwierigkeiten, die sich aus der täglichen Praxis ergeben, arbeiten.

Manches wird lange Zeit nebeneinander bestehen – und es wird funktionieren. In der napoleonischen Zeit wurde das Rheinland französisches Staatsgebiet und unterlag jahrzehntelang den französischen Gesetzen. Ähnlich war es in Hamburg. Noch heute, nach fast 200 Jahren, gibt es im rheinischen Bereich und in Hamburg Rechts- und Verwaltungsvorgänge, die sich nach den Bestimmungen des Code Napoléon richten. Das hindert nicht und stört keinen Menschen. Das Trachten nach Perfektionismus ist bezüglich einer Wirtschaftsordnung der Zentraleuropäischen Föderation nicht angebracht, und Prestige sollte bei Verhandlungen möglichst »in der Garderobe« abgegeben werden. Schließlich sollte man an Friedrich List, den Vordenker des Deutschen Zollvereins, und dessen Realisierung in der ersten Hälfte und Mitte des vorigen Jahrhunderts denken. Die Verwirklichung dieser Pläne zog sich über Jahrzehnte hin, wobei es interessanterweise während einer Übergangszeit ein »Zollparlament« gab, um mit Mehrheitsbeschlüssen die Entwicklung des Zollvereins zu fördern. Eine ähnliche Funktion, allerdings mit umfassenderen Aufgaben, könnte die oberste Wirtschaftskammer der Föderation übernehmen. Hierin gehörte z. B. auch die gegenseitige Abstimmung der Steuergesetze. Jedenfalls zeigt dieses historische Beispiel, daß verschiedene Systeme durchaus über relativ lange Zeit nebeneinander und miteinander bestehen können, ohne daß die Wirtschaft stagniert; diese paßte sich im Gegenteil beweglich den Veränderungen an und entwickelte sich kräftig.

Verständlich sollte sein, daß die kritische Wertung der Marktwirtschaft, welche den Verfassern vertrauter ist, konkreter und vielleicht detaillierter ausgefallen ist als die der Planwirtschaft, welche ohnehin meist pauschaler Verurteilung anheimfällt. Wenn aber im Grundsätzlichen in der Zentraleuropäischen Föderation marktwirtschaftlich als mit dem effizienteren System gearbeitet werden soll, besteht um so mehr Veranlassung, aus der Erfahrung dieses System kritisch zu beleuchten. Dazu gehört es auch, die internationale Abhängigkeit vom Dollar zu bedenken und damit indirekt von den USA und ihren wirtschaftlich/finanziellen Problemen. Die Schwankungen des Dollar-Kurses bereiten aller Welt mehr Sorgen als den Amerikanern selbst, die, kaum exportabhängig, über einen riesigen Binnenmarkt verfügen. Zu allem Überfluß machen sich in den USA in wachsendem Maße protektionistische und isolationistische Bestrebungen bemerkbar, hierzulande mit ihren Auswirkungen noch bestens bekannt aus der Zeit zu Beginn der zwanziger Jahre und um 1930.

Diese Unsicherheiten und Abhängigkeiten verlangen im Interesse der hier in verschiedenen Staaten dicht wohnenden Menschen mit einem großen, leistungsfähigen Industriepotential die Schaffung eines föderativ aufgebauten Großraumes. Alle weltwirtschaftlichen Probleme sind damit auch für ein solches größeres Wirtschaftsgebiet nicht gelöst, aber die Probleme sind gemildert und die Abhängigkeiten verkleinert. Dies um so mehr, wenn der Staats- und Wirtschaftsaufbau in dieser Föderation flexibel und mit der Achtung vor gewachsenen Strukturen bei Anerkennung gemeinsamer Grundsätze erfolgt. Wir sind überzeugt, daß von einem solchen Zusammenschluß – unter gegenseitiger Achtung und aus Überzeugung von der Nützlichkeit eines solchen Beginnens – Impulse ausgehen, welche alle Schwierigkeiten meistern werden und welche den Staaten der Föderation und ihren Menschen eine Zukunft der Prosperität und des Friedens eröffnen.

Die Teilung Deutschlands und Europas ist auch im wirtschaftlichen Bereich nicht durch doktrinäre Forderungen, sondern nur durch große Bereitschaft zum Kompromiß und durch Achtung auch vor der Leistung des anderen zu überwinden. Da diese Fragen nicht ohne wohlwollende Duldung – vielleicht auch Mitwirkung – der Supermächte zu lösen sind und die benachbarten Sowjets hierbei eine besondere Rolle spielen werden, mögen die Beteiligten eine Feststellung Bismarcks, eines profunden Kenners unseres östlichen Nachbarn, den er respektierte, bedenken: »Die Russen spannen langsam an und fahren schnell.« Ein Bild aus der Kutschen-Zeit, dem unter Hinweis auf die von Bismarck hoch eingeschätzten Imponderabilien hinzuzufügen wäre: Wer den Status quo in Politik und Wirtschaft als unabänderlich hinnimmt, hört auf, Möglichkeiten der Zukunft zu erspähen.

Wenn es den Russen unter Gorbatschow gelingt, ihre Wirtschaft elastischer umzugestalten, dann wird es höchste Zeit, daß die Deutschen sich vom bequemen Denken auch in wirtschaftlichen Status-quo-Bahnen lösen, um den Anschluß an Entwicklungen, welche auch die europäische Zukunft bestimmen werden, nicht zu verpassen. Und hinter Rußland (der Sowjetunion) kommt China; Japan ist schon überall präsent. Wir stehen vor – und wahrscheinlich schon in sehr großen – nicht nur technisch bedingten wirtschaftlichen Veränderungen, und Westeuropas Staatsmänner streiten sich immer noch auf sogenannten Gipfelkonferenzen um Agrarpreise!

VI. Lage und Bewußtsein der vier Kernstaaten

Politische Überlegungen zum Status quo und seiner Überwindung

Die Einrichtung der Zentraleuropäischen Föderation wäre die größte Herausforderung für den Status quo in Europa. Jeder politische Status quo bedeutet innenpolitisch die Privilegierung bestimmter Klassen und Gruppen, außenpolitisch eine bestimmte Machtkonstellation. Die Verteidigung einer Politik des Status quo ist immer auch die Verteidigung von Privilegien. Denn jede politische Situation ist eine höchst dynamische Angelegenheit, die diejenigen, auf die sie sich bezieht, immer mehr oder weniger in zwei gegensätzliche Gruppen, Klassen oder Lager teilt: in die, die der jeweilige Status quo begünstigt, und in die, die er benachteiligt.

Als Don Quixote und Sancho Pansa einmal in der Dunkelheit eines Waldes von Fremden überrascht wurden, fragten diese sie als erstes, ob sie zu der Partei der »Wohlgesinnten« oder der der »Mißvergnügten« gehörten (buenintencionatos oder malcontentos). Die Unterscheidung ist ebenso vorläufig wie fundamental. Die »Wohlgesinnten«, später auch »die Etablierten« oder auch »das Establishment« genannt, sind die Vertreter des Status quo, der bestehenden Verhältnisse, an denen sie entweder als bestimmende Mächte, als Privilegierte oder einfach als mitlaufende Nutznießer oder als im ganzen nicht unzufriedene breite Schicht der »Dazugehörigen« festhalten möchten. Der »Malcontente« steht im anderen Lager, er ist der entweder direkt Benachteiligte, der Depossedierte oder auch der Außenstehende, der sich u. U. mit den Etablierten anlegt. Es ist klar, daß es sich nicht um eine moralische Unterscheidung handelt. Schiller zeigt in den »Räubern«, daß Karl Moor ebenso auf der Seite der Malcontenten zu finden ist wie Schufterle. Daß von der Seite der Etablierten Ungerechtigkeit und Unterdrückung ebenso zu erwarten ist wie etwa weise und klug aufrechterhaltene Ordnung und ausübende Gerechtigkeit, ist jedermann deutlich. Daß die Moralisierung dieses unausweichlichen Gegensatzes jeweils von der einen Seite gegenüber der anderen betrieben wird, und zwar meist recht erfolgreich, ist freilich auch bekannt: Der »gute« Untertan war auch immer der brave.

Im Zuge der Entwicklung der Aufklärungsideologie und vor allem der damit verbundenen Entwicklung der Intellektuellenkultur wurde in Deutschland recht erfolgreich der Satz propagiert, daß »der Geist links stehe«. Dies war ein scheinbarer Sieg der »Mißvergnügten« in der dauernden Auseinandersetzung mit den »Wohlgesinnten«, nichtsdestoweniger ein handgreiflicher Unsinn. Abgesehen von einer sehr unterentwickelten Auffassung von »Geist« kam aber dieser Unsinn den spezifischen Interessen sowohl der großen Zahl der Nichtetablierten oder nicht etablierbaren Intellektuellen entgegen. Damit aber natürlich auch einer politischen »Linken«, die jene Intellektuellen an sich zog, um so den angeblichen »Geist« für sich zu vereinnahmen. Wenn sich der Unsinn vom Geist, der angeblich »links« stehen soll, in den Köpfen festsetzt, dann bleibt für das, was man rechts stehen sieht oder hinstellt, gemäß einer alten Antithese nur die »Macht« – was eine genauso törichte Simplifikation wäre!

Konsequent werden all jene, die sich mit realer Politik im Sinne von Macht und Gewalt und deren Unausweichlichkeit für die Ordnung der Freiheit befassen, als so etwas wie »Verräter am Geist« behandelt. Hingegen werden Prämien auf alles bloß diskursive, mehr oder weniger utopisierte Reden über Politik gesetzt, denn ein solcher intellektueller Umgang mit Politik entspricht den Standesinteressen des geisteswissenschaftlich-intellektuellen Wasserkopfes, der sich z. B. in der Wohlstandsgesellschaft der Bundesrepublik Deutschland entwickelt und der für den Ruhm seiner Propheten – wie etwa Jürgen Habermas – sorgt.

Insofern dessen »Kritische Theorie« längst ein fester Bestandteil des Status quo geworden ist, obwohl sie sich erfolgreich als »links« ausgibt, wird deutlich, daß die »Malcontenten«, die den Status quo verändern wollen, es in dieser intellektuellen Landschaft schwer haben müssen. Von den herrschenden Verteidigern des Status quo aus gesehen, die ja auf dem Umweg etwa der Kritischen Theorie den »Geist« für sich in Anspruch nehmen, erscheinen sie diesen notwendigerweise als »Rechte«. Diese Charakterisierung ist zwar, da sie als Waffe unausweichlich abstumpft, nicht so schwer zu ertragen. Aber man muß auch damit rechnen, daß bei dieser Allianz von Status quo und Intellektualität jeder ganz allgemein als

Störer und als eine Art von bösartigem Malcontenten angesehen wird, der den Status quo irgendwie in Frage stellt.

Was den Zustand der Bundesrepublik Deutschland angeht, so trifft das Gesagte innen- wie außenpolitisch zu. Der soziale Friede im Innern ist praktisch in einem Grade hergestellt, der als ganz unvergleichlicher Fortschritt hingestellt werden kann: »Noch nie ging es uns so gut.« Die Rollenverteilung zwischen Opposition und Regierung läßt, insbesondere zu Wahlkampfzeiten, beiden Seiten viel Spielraum für phantasievolle Diffamierung der Gegenseite, was freilich über das faktische Einverständnis kaum hinwegtäuschen kann. Die absolute Dominanz des Parteiwesens oder der Parteiapparate in der Politik gibt, unter der Voraussetzung jener Rollenverteilung zwischen Regierung und Opposition, so viel Möglichkeit, kritische Intelligenz zu absorbieren, daß von dieser kaum etwas übrigbleibt, was den Status quo in Frage stellen könnte.

Dabei können diesem Status quo objektive Errungenschaften keineswegs abgesprochen werden. Problematisch ist, daß sie zuweilen als demokratische und freiheitliche in eine Höhe gehoben werden, als habe man die letzten göttlichen Offenbarungen politischer Weisheit erreicht.

Ein Standpunkt, der den Status quo wirklich in Frage stellt, wäre allerdings etwas sehr anderes als nur eine in dem Spielchen von Regierung und Opposition stattfindende profitable Parteilichkeit. Es wäre ein Standpunkt, der aufs Ganze geht, was der philosophischen Tradition der Deutschen ebenso entspräche wie einem politischen Bewußtsein, das sie immerhin in ihrer Geschichte einmal entwickelt hatten. Es wäre eine politische Position, die sich auf Deutschland bezieht, das bekanntlich größer ist als die Bundesrepublik. *Kurz, dieser Standpunkt wäre im Gegensatz zu dem bloßer partikularer Interessen – »Uns geht's ja noch gold« (Mutter Kempowski) – der Standpunkt des Nationalbewußtseins.*

Da dieser der einzige ist, der droht, die Selbstzufriedenheit der Status-quo-Anhänger empfindlich zu stören, wird er von diesen konsequent lächerlich gemacht, für überholt und für überflüssig erklärt. Hier liegt haargenau die gleiche Struktur vor, in der die Etablierten vor, in und nach der Geschichte diejenigen, die die Verhältnisse in Frage stellten, zu »Ketzern«, zu »Revoluzzern«, zu »Unruhestiftern«, zu »Klassenfeinden« oder »Artfremden« gemacht haben. Diese Struktur wird keinesfalls durch die Tatsache verändert, daß sich die Verteidiger des Status quo heute im Besitz von Werten wie Freiheit und Demokratie wissen. Diese Überzeugung von der auserwählten Wahrhaftigkeit ihrer jeweiligen Ideologie hatten die Etablierten aller Zeiten und aller Kontinente.

Die Lage ist ernst, aber nicht hoffnungslos. Denn noch gibt es die Möglichkeit, wie Marx sagte, »die versteinerten Verhältnisse dadurch zum Tanzen zu bringen, daß man ihnen ihre eigene Melodie vorspielt«. Die Töne, die hier angeschlagen werden sollen, sind in der Tat die der Freiheit, der Freiheit des Denkens, der Überwindung des Partikularen, der inneren Widersprüche des Status quo, und, nicht zuletzt, die des Grundgesetzes der Bundesrepublik Deutschland, insofern dies eine auf Wiedervereinigung gerichtete Politik vorschreibt und durch Verfassungsgerichtsurteile verbindlich macht. Außerdem wird hier die oft gehörte Überzeugung unserer Politiker, die deutsche Frage könne nur in einem europäischen Rahmen gelöst werden, ernstgenommen.

Damit sind aber nicht nur europäische, sondern durch die europäische Konfrontation der Supermächte globale außenpolitische Beziehungen angesprochen – und auch hier muß damit gerechnet werden, daß im Grunde keine Macht an einer Änderung des Status quo interessiert ist, weder in Europa noch sonstwo. Dies wird hier als ein weiterer Beweis für die Schwergewichtigkeit und Trägheit des Status quo angesehen sowie für die Unbeweglichkeit gerade der Supermächte in der Erkenntnis jener Tendenzen, die sie zwangsläufig über den Status quo hinausweisen. Diesem Beharrungsvermögen kann nur mit dem Nachweis der zunehmenden Unhaltbarkeit des Status quo begegnet werden, so wie mit den Möglichkeiten einer neuen europäischen Zukunft.

Die Deutschen: Keine Angst vor »Finnlandisierung«

Deutschland: Die Lage als Niederlage

»Deutschland wird nicht besetzt zum Zwecke seiner Befreiung, sondern als ein besiegter Feindstaat.«

»Von nun an wird das große Banner der Völkerfreiheit und des Völkerfriedens über Europa wehen.«

Der erste Satz stammt aus der Direktive JCS-1067 des US-Präsidenten Truman an General Eisenhower vom 26. April 1945. Der zweite findet sich in Stalins »Ansprache an das Volk« vom 9. Mai 1945.

Sicher wäre es lohnend, über den Stellenwert beider Zitate in ihrem politisch-ideologischen Kontext nachzudenken. Hier ist aber allein von Bedeutung – und die Nachkriegszeit hat es bewiesen –, daß schließlich beide Seiten daran interessiert sein mußten, darauf zu bestehen, Deutschland sei befreit worden. Insofern derselbe US-Präsident Truman noch kurz vor seinem Tod die realistische Erkenntnis wiederholte, daß »die Geschichte immer von den Siegern geschrieben werde«, hat sich bei uns als herrschende Meinung durchgesetzt, daß Deutschland mit dem Ende des Zweiten Weltkrieges doch wohl eher befreit worden sei. Aber diese aus eindeutigen politischem Interesse verbreitete Geschichtsdeutung war ursprünglich keineswegs so leicht plausibel zu machen. Auch gut gemeinte Hilfssendungen im Westen konnten die objektiven Realitäten nicht verschleiern – schon gar nicht die Besetzung, die Vertreibung, den millionenfachen Mord, die Ausplünderung und das nackte graue Elend der Gewaltherrschaft im Osten. Und so mancher erkannte das unerhörte Ausmaß einer Niederlage, schlimmer als die nach dem Dreißigjährigen Krieg, an dessen Ende Andreas Gryphius in dem Sonett »Tränen des Vaterlandes« schrieb: »Wir sind doch nunmehr ganz, ja mehr denn ganz verheeret«.

Diese Niederlage als Befreiung darzustellen, und zwar so, daß die Besiegten schließlich auch selbst daran glaubten, daß zwei und zwei gleich fünf sei, und daß sie dazu gebracht wurden, die großen Brüder »zu lieben«, konnte nur unter ihrer eigenen Mithilfe erfolgreich sein. Um eine Niederlage dieses Ausmaßes als Befreiung anzunehmen, konnte man sich nicht darauf verlassen, daß »dem Nackten alles paßt«, und daß der Verhungernde – jedenfalls im Durchschnitt – sein Brot ebenso aus der Hand der Sieger nimmt wie seine Auffassung darüber, wieviel zwei und zwei ist. Um die Niederlage als Befreiung auszugeben, mußte der vorhergehende Zustand als Hölle ausgegeben werden.

Und die war ja ebenfalls keineswegs unrealistisch. Denn die Erinnerung an so manche Hölle war gegenwärtig, sei es die in einem Lager oder die in einer nach Bombenangriffen brennenden Stadt oder auch die im Feuer vorderster Linien. An viele individuelle Erlebnisse der Befreiung, an Gefühle der Erleichterung und des Aufatmens konnte die politische Legende der Befreiung anknüpfen. Aber die

Erkenntnis der objektiven Ereignisse, die dann eben doch eigentlich eher wie Zerstörung und Niederlage aussahen als wie »das Banner der Völkerfreiheit«, konnte nicht allein durch individuelle Erlebnisse und persönliche Gefühle verdeckt werden. Die Niederlage konnte nur als allgemeine Befreiung ausgegeben werden, indem eine Strategie der Fortführung des Krieges mit anderen Mitteln eingeschlagen wurde.

Auf welche Weise dieses Vorgehen sich der Mitarbeit der Deutschen versicherte, ohne die diese Strategie nicht hätte gelingen können, muß nicht mehr dargestellt werden. Aber es muß deutlich werden, daß Befreiung und damit auch die jeweilige Auffassung und Praxis von politischer Freiheit nichts anderes war und ist als die Kehrseite der Anerkennung einer geschichtlich überdimensionalen und ganz einmaligen, mit nichts zu vergleichenden Schuld. Es hatte also durchaus Methode, und zwar die Methode der Anpassung an fremddiktierte Realitäten, wenn führende politische Denker bei uns darauf bestanden und bestehen, daß die Anerkennung der Alleinschuld am Zweiten Weltkrieg und allen seinen Folgen die Grundlage der Legitimation der Bundesrepublik Deutschland sei. Der Realitätsgrad dieser merkwürdigen politischen Ideologie entspricht ihrem Opportunismus. Ihr Rationalitätsgrad entspricht bestenfalls der Dumpfheit, mit der sich archaische Stämme einem mythischen Fluch unterwarfen.

Der Politik der Sieger kam sie entgegen. Als Maxime politischer Selbstbestimmung, d. h. also unter nationalem Gesichtspunkt, ist sie tödlich – d. h., sie verwirklicht das Ziel, Deutschland so zu besiegen, daß es als selbständige Größe, als ein Selbst, als eine Nation für immer von der politischen Karte getilgt werden sollte.

Wäre diese Ideologie tatsächlich zur alleinherrschenden geworden, so träfe hier und heute zu, was Hegel am Ende des Heiligen Römischen Reiches Deutscher Nation diesem in den Nachruf schrieb, daß nämlich die Deutschen deswegen als Reich untergehen müßten, weil sie ihren eigenen Geist aufgegeben hätten.

Dies Buch vertritt die Auffassung, daß der Geist mitteleuropäischer Ideen immer noch Lebenskraft genug hat, um politische Zukunft zu erschließen.

Hier soll zunächst, und zwar unter dem Gesichtspunkt der Wiederherstellung der Nation im Rahmen eines größeren Ganzen, von deren gegenwärtiger Lage die Rede sein. Der Zusammenhang von objektiver Niederlage 1945 und ideologischem Befreiungsgebot danach kann uns um so mehr zum Aufschluß dienen, als wir Deutschen im Westen immerhin die Möglichkeit haben, die uns auferlegte Freiheit als Freiheit des Denkens auch tatsächlich anzuwenden, d. h., wir können sie zum Aufbrechen ideologischer Gefängnisse und zur Schleifung der Bastionen eines herrschenden Zeitgeistes benutzen.

Die Lage Deutschlands ist, unter dem Gesichtspunkt der gemeinsamen europäischen Zukunft, immer noch von der Niederlage her bestimmt. Die Niederlage wird von vielen als Befreiung empfunden, und auch diese Tatsache ist Bestandteil der gegenwärtigen Lage. Dieser Zusammenhang einer Niederlage, die als Befreiung dargestellt und teilweise anerkannt wird, muß also der Ausgangspunkt für die eigene Lagebestimmung sein.

Es waren drei Grundprinzipien, die den paradoxen Befund und seine Durchsetzung ermöglichten:

Erstens, die Geschichte Deutschlands vor 1945 wurde großenteils so dargestellt, daß sie auf eine welthistorisch einmalig dastehende Schuld hinauslief.

Zweitens, die Freundschaft der jeweiligen Sieger, die auf bedingungsloser Kapitulation bestanden hatten, war nur um den Preis der Anerkennung der Schuld zu haben.

Drittens, die Härte des Gegensatzes von objektiver Niederlage und Befreiungsideologie wurde dadurch scheinbar annehmbar gemacht, daß immer wieder Zerstückelungspläne dementiert wurden und eine Wiederherstellung Deutschlands beiderseits mehr oder weniger betont in Aussicht gestellt wurde.

Sind diese drei fundamentalen Bedingungen unserer politischen und geistigen Lage schon in sich widersprüchlich genug, so mußte sich diese Widersprüchlichkeit um so mehr steigern, je eindeutiger die Teilung Deutschlands zur Systemgrenze wurde, zur Teilung Europas und der Welt.

Die Politik der Westdeutschen unter Adenauer unterlag der Illusion, Westbindung könne nationale Politik sein, aus der Stärke des Westens heraus könnte eine Wiederherstellung Deutschlands in allen drei Teilen erreicht werden. Unter dieser Illusion wurde in Westdeutschland die Bevölkerung beruhigt und wurden mehr als 12 Millionen (von insgesamt 16 Millionen) Vertriebene, wie man sagt, im Westen integriert. Aber beachten wir, daß jener dritte Punkt, nämlich die Wiederherstellung der Nation in Aussicht zu stellen, auch den

Sinn hatte, Niederlage in Errungenschaft umzutaufen. Natürlich soll keineswegs vergessen werden, daß es partikulare objektive Errungenschaften, freiheitliche im Westen, sozialistische im Osten und neutralistische in Österreich, gab. Aber jede dieser Errungenschaften, wenn man sie denn als solche ansehen will, ist objektiv auch eine Folge der Niederlage, weil sie die Teilung Deutschlands und Europas vertiefte – mit allen negativen Folgen für Europa und den Frieden der Welt.

Die besondere Ironie der Geschichte ist es, daß, weltweit gesehen, in den internationalen Beziehungen ein Prinzip Karriere machte, das welthistorische Qualität hat, wenn man an die Periode der Entkolonialisierung denkt, die mit dem Zweiten Weltkrieg eingeleitet wurde. Es ist das Prinzip des Selbstbestimmungsrechts der Völker, das, schon nach dem Ersten Weltkrieg feierlich zum Weltprinzip erhoben, mithalf, den Deutschen die Annahme jener Illusion einer Wiedervereinigung zu erleichtern. Aber nach diesem schon 1918 geforderten Selbstbestimmungsrecht der Völker, das sich völkerrechtlich zunehmend durchgesetzt hat, hätte der Anschluß Deutsch-Österreichs an das Reich eben bereits 1918 erfolgen müssen. Dies wurde aber damals ebenso gewaltsam verhindert wie die Wiederherstellung Deutschlands, nach Einsicht führender Historiker 1945 der Wunsch der überwältigenden Mehrheit der Deutschen, mit einfacher Siegerwillkür verhindert worden ist. Daß trotz der Erfahrungen aus der Zeit nach dem Ersten Weltkrieg jenes erhabene Prinzip wieder seinen Teil dazu beitragen konnte, den Deutschen Sand in die Augen zu streuen, ist wohl ihrer furchtbaren Niederlage und zum allergrößten Teil folgender Tatsache zuzuschreiben: Wer immer tiefer nachdachte, an alte Erfahrungen erinnerte und auf Rechten mehr als nur mit Wahlfangparolen wie »Verzicht ist Verrat« bestand, erfuhr die eigentliche Realität der alten Bürgerkriegsparole: »Und willst du nicht mein Bruder sein, so schlag ich dir den Schädel ein«, d. h. das Abweichungen von der Ideologie und der Sichtweise der Geschichte, die die jeweiligen »großen Brüder« verordnet hatten, in allen Bereichen mit mehr oder weniger schweren Sanktionen rechnen mußten.

Die geistige Lage der Deutschen – und hier sind namentlich die im Westen gemeint – soll in drei Punkten angesprochen werden, die mit dem Verhältnis von Niederlagenrealität, Befreiungsideologie und Schuldzuweisung zusammenhängen:

Diese drei Punkte sind: die *Geschichtsvergessenheit*, die *Politikvergessenheit*, die *Nationvergessenheit*.

Eine Geschichte, die von den Siegern geschrieben wird, muß als erstes bestimmte historische Zusammenhänge vergessen machen. Sie muß zweitens keine objektive Beurteilung dessen zulassen, was sie historisch gelten läßt, sie muß drittens aber auch so weit an der Realität bleiben, daß ihre Anknüpfungspunkte deutlich bleiben und sie sich weiterhin als Wissenschaft ausgeben kann.

Nun besteht am folgenden kein Zweifel: Derjenige, dem etwa Schuld als Prinzip nationaler Legitimation nicht einleuchten will, weil er erkennt, daß damit die Nation niemals mehr ihr Haupt erheben, und daß auf diese Weise kein Deutscher jemals wieder zu einem aufrechten Gang finden kann – ein solcher Zweifler kann mit genügend historischen Nachweisen von deutscher Schuld konfrontiert werden. Die Dokumentationen des Grauens sind in der unmittelbaren Konfrontation überwältigend, und wo die Dokumentationen nicht ausreichen, können herzzerreißende Fernsehserien und mit allen Techniken in Szene gesetzte Filme eingesetzt werden. Selbstverständlich könnte man dergleichen, sowohl was Dokumentation wie was sentimentale Darstellungen angeht, ebenso aus den Geschichten der Sieger rekonstruieren. Erfolgversprechende Gegenstände wären etwa die Landnahme der USA, der Imperialismus Großbritanniens in Indien, die Geschichte des Verhältnisses England zu Irland oder der Burenkrieg. Schweigen wir von der russischen Revolution, von der Vernichtung der Kulaken, von den Stalinschen »Säuberungen«, vom Bau des Eismeerkanals. Schweigen wir von Archipel Gulag – wer spricht bei uns noch von Solschenizyn? – Bei der Vertreibung der sechzehn Millionen Deutschen am Ende des Zweiten Weltkrieges starb jeder sechste eines meist gewaltsamen Todes.

Dies alles zu erwähnen, wird als unzulässiges Aufrechnen bezeichnet, und zwar mit völligem Recht. In der Tat ist das Aufrechnen als Aufrechnen sinnlos. Lehnt man also das sog. Aufrechnen mit guten Gründen ab, so darf dies nicht die Konsequenz haben, daß für das Geschichtsbewußtsein schließlich nur die Schuld der Deutschen allein übrigbleibt. Schuld ist überhaupt keine politische Kategorie, sondern ein personaler Vorgang. Schuldzuweisungen dienen lediglich der Fortsetzung des Krieges mit anderen Mitteln, d. h., Schuldzuweisungen können zur politischen Disziplinierung benutzt werden – freilich nur, solange die Betroffenen sich tangiert fühlen. Und dies ist eben eine Frage des geschichtlichen Bewußtseins und eine Frage des Geschichtsgedächtnisses.

Um den *Nationalsozialismus* und den *Zweiten Weltkrieg* zu erkären, d. h., ihn jeweils an seinen rechten geschichtlichen Ort zu verweisen, braucht man einen längeren geschichtlichen Atem. Die Deutschen und mit ihnen die Mitte Europas wurden erst stark, nachdem ihre »nationale Revolution« nach den Anläufen von 1813 und 1848 schließlich im Krieg von 1870/71 – ein Krieg, an dessen Auslösung Frankreich jedenfalls stärker beteiligt war als Preußen – wenigsten zur kleindeutschen Lösung des nationalen Problems geführt hatte. Aber diese Lösung führte bald dazu, daß das »Zweite Reich« wirtschaftlich zur größten Kontinentalmacht wurde, eine »verspätete Nation«, die mit ungeheurem Elan nach Übersee und auf die Weltmärkte drängte. Dieser Aufstieg in Verbindung mit ungeschickter, oft großsprecherischer Politik nach Bismarcks Entlassung wurde u. a. zu einer wichtigen Ursache für den Ersten Weltkrieg. Und schon diese Phase wurde besonders von den Angelsachsen als Kreuzzug empfunden, als Kreuzzug des größeren, besseren Teiles der Menschheit gegen die barbarischen Hunnen und ihren monströsen Kaiser. Und am Ende dieses Krieges wurde den Deutschen deutlich gemacht, daß sie nicht mehr damit rechnen konnten, als normale Nation wie alle anderen anerkannt zu werden. So wurden sie als Nation auf sich selbst verwiesen; kein Wunder, daß sich ihr Nationalismus unter diesen Bedingungen radikalisierte. Es bedurfte dann, wie Hellmut Diwald herausstellte, zum zweiten Mal in einem Jahrhundert der Kraft der ganzen Welt, um auch Hitlers Kriegsmaschine zu besiegen. Und diesmal sollte die Niederlage so gründlich sein, daß Deutschland für immer aus dem Kreise der politisch bestimmenden Kräfte ausscheiden sollte. Die Sieger schrieben die Geschichte, und wir vergaßen die unsere – auch wenn wir uns noch so sehr an ihren musealen Zügen delektieren.

Aber noch zerteilt, entfalteten die Deutschen eine Wirtschaftskraft, die die Welt einmal mehr in Erstaunen setzte. Damit ein wirtschaftlicher Riese aber ein politischer Zwerg blieb, mußte ein Abbau politischen Bewußtseins erfolgen, mußte die »Politikvergessenheit wirksam werden. Indem die Teile Deutschlands ihre Weiterexistenz jeweils den Siegermächten verdankten, hingen ihre außenpolitischen Grundentscheidungen auch von diesen ab. Zudem: Bei den Notwendigkeiten des Wiederaufbaues und nach jener Betäubung durch die Niederlage orientierten die Deutschen sich wesentlich nach innen. Politik aber geht ihrem Wesen nach immer aufs Ganze. Ihre Basis ist staatliche Autonomie und nationale Selbstbestimmung. Zu ihrer Souveränität gehört vor allem, wie Carl Schmitt in einem Jahrhundertbeitrag zur politischen Theorie gezeigt hat, »die Unterscheidung von Freund und Feind«, eine Unterscheidung, die jeder Staat nur von sich selbst her treffen kann. Aber eine solche selbstbestimmte Politik mußte vergessen gemacht werden. So mußte auch Innenpolitik zur reinen Partei- und Verteilungspolitik entarten, und für Außenpolitik entwickelten wir so erhabene Kategorien wie allgemeinen Frieden und Entspannung oder so lächerliche wie die der »gutnachbarlichen Beziehungen«, Kategorien, die das Wesentliche in der Politik vergessen ließen.

Dafür wurde aber das Erbe jener Schuld voll auf die Politik ausgedehnt, was, um mit Nietzsche zu reden, deren fast völlige »Vermoralisierung« zur Folge hatte. Jedes fundamentalistische sog. Engagement konnte sich ebenso als Politik ausgeben wie das bloße Durchsetzen von Gruppeninteressen – Hauptsache, daß das entgegenstehende Interesse moralisch diffamiert werden konnte. Abrüstung, Entspannung, Frieden, Umweltschutz werden weitgehend nicht wie politische Probleme traktiert, sondern bis hin zum Fanatismus fundamentalisiert. Der Gegner wird dann häufig zum Monstrum, das politische System, das mit dem eigenen Engagement nicht hundertprozentig übereinstimmt, zum Menschheitsfeind. Dieser Entwicklung der »moralischen« Politikauffassung bei uns im Westen entspricht im Osten die Politik der Sowjetunion, die die Selbstverständlichkeit ihres Machtkalküls, die Sicherheit ihrer Freund-Feind-Unterscheidung und die Eindeutigkeit des Bezuges auf Selbstbehauptung ja von Beginn an mit einer Ideologisierung versehen hat, die die eine große Front des gegenwärtigen Weltbürgerkrieges bildet, und zu der eine politische Alternative zu bilden Zentraleuropa aufgerufen ist.

Die im Zuge dieser Entwicklung eingetretene *Nationvergessenheit* namentlich der Westdeutschen kann an mannigfaltigen Beispielen belegt werden. Sie beginnt natürlich mit der »Betäubung durch die Niederlage«, mit dem Bedürfnis, der aufgetürmten Schuld zu entkommen und zu etwas Höherem – Europa, dem freien Westen oder dem Sozialismus – zu gelangen. Sie zeigt sich an vielfältiger Korruption in Politik und Gesellschaft, an einem Erziehungssystem, das seinen politischen Auftrag darin sehen konnte, dem einzelnen beizubringen, wie er seine Interessen besser durchsetzt, am Westentaschen-Machiavellismus unserer Parteipolitiker und an der stets bereitliegenden denunziatorischen Verbindungskette von Nation – Nationalismus – Nationalsozialismus – Auschwitz. Historiker fragen mit ironischer Arroganz, was denn das überhaupt sei, ein Nationalbewußtsein, und wieso gerade die Deutschen so etwas haben sollten. Die Idee der Nation wird als ein Relikt vergangener Zeiten dargestellt, von der Idee des Reiches einmal ganz abgesehen, beliebt ist jene Zusammensetzung »Nationalstaat Bismarckscher Prägung«, den ja doch wohl niemand wieder haben wolle – bekanntlich hat ja auch mit diesem das deutsche Unglück angefangen!

Dagegen ist von den Ausführungen des Kapitels II hier noch einmal folgendes zu erinnern. Die Nation ist ein Volk, das in bezug auf einen bestimmten Raum durch die Geschichte hindurch das Bewußtsein eines Wir, eines Ganzen, eines Selbst entwickelt hat. Das als dieses Selbst einen gemeinsamen politischen Willen, d.h. einen Staat, ausbilden will, und das in unablässiger Bemühung seine Selbstbestimmung und seine Selbstbehauptung politisch geltend macht und geschichtlich durchhält. Dies ist die Idee, gemäß der Völker in Geschichte, in Gegenwart und in Zukunft existieren.

Dies ist die Idee der Nation, wie sie in Fortsetzung des bedeutendsten politischen Denkens der Menschheit vom deutschen Idealismus zu Beginn des 19. Jahrhunderts aus dem Geiste Arndts, Görres, Fichtes, Humboldts, Hegels entwickelt wurde – nicht für den Tag, sondern für die Zukunft aller freien Völker. Und lautete die Parole der Französischen Nationalrevolution »Freiheit – Gleichheit Brüderlichkeit«, so die der Deutschen »Einheit und Freiheit«. Wollte die Französische Nationale Revolution schließlich nichts Geringeres als ideologische und politische Beherrschung mindestens von ganz Europa, so wollten die deutschen nationalen und demokratischen Revolutionäre von damals nichts anderes als die Beseitigung der Fremdherrschaft und die Einheit Deutschlands, was ihr Denken im übrigen so aktuell macht wie nur möglich. Denn nur auf der Grundlage des Selbstbewußtseins der Nationen ebenso wie der Anerkennung der anderen Nationen wird die Einheit und die Selbständigkeit Zentraleuropas möglich sein.

Die Bundesrepublik Deutschland: Zeit zum Aufwachen

In der Präambel des Grundgesetzes hatten die »Väter des Grundgesetzes« es noch für sich in Anspruch genommen, auch für jene Deutschen zu sprechen bzw. sogar gehandelt zu haben, »denen mitzuwirken versagt war«. Gleichzeitig schließt dann die Präambel

Menge	Titel-Nr.	Titel	DM
		WOHNKULTUR + ORIENTTEPPICHE	
	885	Béhar, Orientteppiche pflegen und restaurieren	68,—
	876	Bronnold-Irouschek, Die Sprache der Orientteppiche	48,—
	878	Gans-Ruedin, Der indische Teppich	168,—
	112	Güßbacher, Fensterdekorationen	68,—
	879	Housego, Nomaden-Teppiche	48,—
	877	Hollatz, Auf den Spuren teppichknüpfender Nomaden	98,—
	872	Iten-Maritz, Enzyklopädie des Orientteppichs	225,—
	776	Parrey, William Morris	148,—
	855	Ruß, Der Knüpfteppich	48,—
	737	Tanavoli, Shahsavan	178,—
	728	Thornton, Innenarchitektur in drei Jahrhunderten	240,—

Kunden-Nummer

Vor- und Zuname des Bestellers

Straße, Hausnummer

Postleitzahl, Wohnort

Datum Unterschrift

POSTKARTE

Porto

BESTELLKARTE Bitte liefern Sie gegen Rechnung zuzüglich Versandkosten

Menge	Titel-Nr.	Titel	DM
		NEUERSCHEINUNGEN	
	827	**Carretier/Whitacker, Lady Di**	**39,80**
	816	**Franke, Arbeit für alle**	**38,—**
	826	**Friedmann, Einheit statt Raketen**	**32,—**
	821	**Gale/Irvine, Der Laura-Ashley-Stil**	**68,—**
	798	**Hamel, Lanzarote**	**19,80**
	809	**Heintzeler, Was war mit IG Farben?**	**14,80**
	407	**Kinsky, Russisches Tagebuch**	**36,—**
	812	**Kohlberg, Soforthilfe auf dem Wasser**	**14,80**
	823	**Peetz, Energie zum Leben**	**32,—**
	819	**Pflanz, Auf südfranzösischen Wildflüssen**	**14,80**
	822	**Piening, Reisemobil-Selbstausbau**	**24,80**
	810	**Steinbuch, Der Zeitgeist in der Hexenschaukel**	**32,—**
	817	**Tazieff, Ätna**	**78,—**
	825	**Willms/Kleinewefers, Europa selbst**	**39,80**
		POLITIK + ZEITGESCHICHTE / GESCHICHTE	
	756	Binder, Spione – Verräter – Patrioten	48,—
	777	Buddenberg (Hrsg.) Umbrüche	36,—
	760	Hubatschek, Strategie für den Frieden	38,—
	759	Huntemann, Himmel auf Erden	24,—
	742	Jastrow, SDI	36,—
	758	Schnuer, Bildungskatastrophe	28,—
	723	Steinbuch, Unsere manipulierte Demokratie	42,—
	761	Steinbuch, Schluß mit der ideologischen Verwüstung	34,—
	684	Wapshott/Brock, Margaret Thatcher	38,—
	773	Weisser, Strategie im Umbruch	32,—
	636	Vossen, Maria von Burgund	25,—
	708	Zanetti, Der Friedenskaiser – Friedrich III.	49,80
		WIRTSCHAFT	
	649	Denckler, Reichwerden kann man lernen	29,80
	740	Hasenclever, Erfolg kann man lernen	28,—
	787	Hasenclever, Erfolg per Du	28,—

Menge	Titel-Nr.	Titel	DM
		WIRTSCHAFT	
	753	Jobst, Aktien	34,—
	791	Jobst, Zukunftssicherung mit Pfiff	36,—
	674	Kostolany, Kostolany's Notizbuch	29,80
	639	Kostolany, Wunderland von Geld und Börse	48,—
	750	Leysen, Krisen	28,—
	699	Zimmerer, Hammer sein – nicht Amboß	38,—
	789	Zimmerer, Wir Wirtschaftswunderknaben . . .	38,—
		REISEN / WANDERN / NATUR / SPORT / WEIN	
	755	Dohna, Schönborn, Sayn-Wittgenstein-Sayn Private Gartenkunst in Deutschland	148,—
	763	Maclean, Schottland	42,—
	682	Lorenz/Mündl, Noah würde Segel setzen	39,80
	733	Priewe, Italiens Weine	98,—
	814	Sherwood, Orient-Express	68,—
	702	Irwin, Besser Golf spielen mit Hale Irwin	58,—
	820	Linke, Orientierung mit Karte und Kompaß	28,—
	738	Knopp, Astronomische Navigation	48,—
	765	Varigas, Durch die weiße Hölle	32,—
		BÜHNE + FILM / KLEINE BÜCHEREI	
	815	Buckle, Diaghilew	98,—
	788	Buckle, Nijinsky	98,—
	796	(Kombipreis für Nijinsky und Diaghilew)	168,—
	766	Hebbel, Paris	20,—
	779	Green, Meine entflohenen Tage	38,—
	727	Heinzlmeier/Menningen/Schulz, Die großen Stars des deutschen Kinos	39,80
	813	Spada/Zeno, Marilyn Monroe	68,—
	747	Sagan, Botero	16,80
	050	Mörike, Gedichte	12,80
	051	Platen, Gedichte	12,80
	052	Ridinger, Die kleine Reitschule	12,80
	056	Eichendorff, Gedichte	[illegible]

mit dem Satz: »Das gesamte deutsche Volk bleibt aufgefordert, in freier Selbstbestimmung die Einheit und Freiheit Deutschlands zu vollenden.«

Die Geschichte des Verhältnisses von Bundesrepublik Deutschland zur DDR soll hier nicht rekonstruiert werden. Der Anspruch, auch für die Deutschen der damaligen SBZ (Sowjetische Besatzungszone) gehandelt zu haben, war von Beginn an problematisch: Er mußte in Wirklichkeit die beginnende Spaltung vertiefen. Ohnehin entwikkelte sie sich in Wirklichkeit durch jene organisierten Zufälligkeiten, Verwaltungsnotwendigkeiten und Spielräume, die die westlichen Besatzungsmächte ihren Deutschen einzuräumen bereit waren: Die Freiheitlichkeit, in der freie Wahlen zur eigentlichen Legitimation erklärt wurden, wurde der einzige Grund für diesen Anspruch. Dieser wurde dann von der im Sinne ihrer Besatzungsmacht stabilisierten SBZ schließlich die »Alleinvertretungsanmaßung« der Westdeutschen genannt.

Dieser Alleinvertretungsanspruch aus der formal-freiheitlichen Begründung »freie Wahlen« ist von Beginn an politisch und ideologisch keineswegs unproblematisch gewesen. Die Unterscheidung zwischen westlicher Freiheit und östlicher Diktatur soll keineswegs verharmlost werden, aber unter den konkreten Bedingungen der Besatzungsherrschaft taten die Deutschen im Westen schließlich genauso das, was von ihnen verlangt und erwartet wurde, wie den Deutschen im Osten auch gar nichts anderes übrigblieb.

Daß auf beiden Seiten auch an eigene Traditionsbestände angeschlossen werden konnte, ist klar. So konnte im Westen der Spielraum, den die Besatzungsmächte ließen, durchaus als Fortsetzung und sogar Vollendung von vornational-liberal republikanischer Tradition – also als Verwirklichung der eigenen freiheitlichen historischen Möglichkeiten – angesehen werden. In Mitteldeutschland konnte natürlich die Tradition der revolutionären Arbeiterbewegung auch als eigene aktiviert werden – wobei freilich die Eroberung durch die Rote Armee funktional an die Stelle der Revolution trat. Dies führte notwendigerweise zu einer geringen Anerkennungsbereitschaft seitens der Bevölkerung: Die DDR war zunächst auf Parteidiktatur stalinistischer Provenienz festgelegt.

Im Westen war die eigentliche Legitimation, also das, was den Regierenden, vor allem der Adenauer-Zeit, neben der Furcht vor dem Kommunismus Rückhalt bei den Regierten verschaffte, natürlich der schnelle wirtschaftliche Aufstieg, der Wiederaufbau, die Integration der Flüchtlinge und Vertriebenen und schließlich der Sozialstaat, der sich zum Wohlstands-Versorgungsstaat entwickelte.

Hin und wieder wurde von intellektuellen Vertretern der reinen Freiheitslehre und demokratischen Fundamentalisten bedauert, daß die Deutschen im Westen die Demokratie an sich etwa keineswegs schon enttäuschungs- und krisenfest internalisiert hätten. Aber abgesehen davon, daß »das Fressen vor der Moral« kommt, jedenfalls in Situationen wie der der Deutschen nach 1945, mußte es auch ein nur langsam abbaubarer Widerstand für die Entwicklung einer von vielen gläubig erfahrenen Demokratie sein, wenn man einsehen mußte, daß jede demokratische Errungenschaft im Sinne des Westens zwangsläufig die Teilung Deutschlands vertiefte. Zudem konnte eine generelle Skepsis gegenüber Politik im allgemeinen und der verordneten Demokratie im besonderen auch nicht übersehen werden. Den bitteren Beigeschmack, den der politische, ideologisch-seelische Wiederaufbau unausweichlich auch haben mußte, wurde eben ständig durch die materiellen Aspekte des Wohlstands überdeckt, die Bedenken übertönt und aufgefangen. Bis sich schließlich herausstellte, daß eine Wiedervereinigung in dem Sinne eines Neuanfangs bei Verhältnissen wie etwa 1945, als der Zusammenbruch mit den politischen Strukturen scheinbar tabula rasa gemacht hatte, gar nicht mehr möglich war.

Vom Westen her wurden die Widersprüche zwischen der Wiedervereinigungshoffnung aus einer »Position der Stärke« und faktischer Nichtanerkennung des »Gebildes« jenseits des »Eisernen Vorhanges« immer untragbarer. In Mitteldeutschland stabilisierte sich ein System, dessen Wirklichkeit längst nicht mehr vom Westen her nur mit der fundamentalen Charakterisierung der Unterscheidung von hie »Freiheit« und dort »Diktatur« getroffen werden konnte bzw. kann. Daß die demokratische Legitimation der Herrschenden in der DDR fragwürdig sein mag, kann nicht darüber hinwegsehen lassen, daß auch die Existenz der Bundesrepublik Deutschland von Anfang an von Fragwürdigkeiten begleitet war. Und es sind keineswegs die »konservativen« Traditionsbestände, die in der Geschichte der Bundesrepublik Deutschland diese so fragwürdig gemacht haben. Der Anknüpfung an Weimar, die, was den Personalbestand, die politischen Erfahrungen und die ausgeübten Zwänge der Besatzungsmächte anging, vermutlich Notwendigkeit gewesen ist, kann auch ein gewisser restaurativer Charakter nicht abgesprochen werden. Kritiker der westdeutschen Entwicklung haben dies auch von Anfang an gesehen. Freilich bezog sich die Kritik dann weniger auf die politischen Formen als auf die eindeutige Kapitalismuskonzeption und die durch die Adenauer-Zeit stark begünstigte gesellschafts- und familienpolitische Anknüpfung an klassisch-bürgerliche Muster. Die politischen Formen an sich blieben schon allein deswegen der Kritik relativ entzogen, weil man die Eindeutigkeit einer westlichen Freiheitsauffassung brauchte, um sich vom »Osten« abzugrenzen und so realiter konsequent die Wiedervereinigungspolitik zu erschweren.

Dies wiederum paßte der Besatzungsmacht in Mitteldeutschland durchaus ins Konzept, ein Umstand, der ideenpolitisch zur Verfestigung der westlichen liberaldemokratischen Ideen in Westdeutschland nicht unerheblich beitrug. Beliebt waren im Westen Kritiker, die etwa bemängelten, daß die Demokratie noch nicht »radikal« genug sei, wobei mit »radikal« hier »liberal« gemeint war. Auch Kritik im Sinne marxistischen Fundamentalismus hatte eine Zeitlang einen erheblichen Kurswert im Westen.

Das eigentlich Fatale an der Entwicklung in Westdeutschland ist die Quasi-Verabsolutierung des liberal-demokratisch Erreichten zu einer Art Ziel der Geschichte und zur politischen Weisheit letzter Schluß. Dabei müßte es doch zu denken geben, daß die westlichen Besatzungsmächte in ihrer Politik des Status quo in Europa zum Beispiel in den weiterbestehenden Besatzungsvorbehalten darauf bestanden haben, das wiedervereinigte Deutschland müsse eine Verfassung haben, die dem Grundgesetz jedenfalls »ähnlich« sein müsse, und ein zukünftiges ganzes Deutschland müsse den Verpflichtungen aus den Westverträgen entsprechen. Denn dergleichen Festschreibungen verhindern natürlich eine Annäherung. Welcher Art die Verfassung gewesen wäre, hätte man den Deutschen – allen zusammen - nach der totalen Niederlage von 1945 eine Atempause gegönnt, die zu gesamtdeutschen Verfassungsbeschlüssen oder auch nur zu selbständig gefundenen Übergangsregelungen geführt hätte, bleibt eine recht müßige Überlegung. Aber wenn diese Überlegung schon nicht sinnvoll beantwortet werden kann, dann ist es auch nicht sinnvoll, es für sicher oder auch nur für höchstwahrscheinlich zu halten, daß es schließlich auf eine Verfassung »ähnlich der des Grundgesetzes« hätte hinauslaufen müssen. Dies ist eine reine nachträgliche Konstruktion zur rückwärtigen Legitimation dieser bestimmten Auffassung von Demokratie, und die Tatsache, daß »der Kommunismus« in der Form des seinerzeit allein zur Diskussion stehenden Stalinismus bei realer Selbstbestimmug ganz Deutschlands sicher keine Chance gehabt hätte, ist überhaupt noch keine

Option für einen ganz bestimmten freien Westen. Das Dilemma – und es ist das Dilemma von Wiedervereinigungspolitik und dem Bestehen auf Verwestlichung als Errungenschaft schlechthin – ist vor allem dadurch gekennzeichnet, daß wir politisch und ideologisch und ideenpolitisch die Welt – jedenfalls in Europa – von einem großen Gegensatz beherrscht sehen. Diese Verarmung und Lähmung des politischen Denkens durch die Bedingungen des Ost-West-Gegensatzes, die allen Ernstes so tut, als gäbe es keine dritten Wege oder als dürfe es keine »Sonderwege« geben, ist auch das entscheidende Problem, wenn es für uns darum geht, bei der Bestimmung der Lage und der Interessenkonstellation in bezug auf die Zentraleuropäische Föderation auf die Deutschen in der DDR zu sprechen zu kommen.

Bei uns im Westen hat man sich zwar angewöhnt, den andern verbal zu schonen und sogar mit Stolz darauf zu verweisen, daß man »keine Feindbilder« hat. Aber die eigene Freiheit wird trotzdem so penetrant für die absolute Errungenschaft schlechthin gehalten, daß andere Vorstellungen in dieser Hinsicht überhaupt nicht mehr diskutabel sind. Beide ideenpolitischen Haltungen sind – was mögliche zukünftige Gemeinsamkeit angeht – jedenfalls gleichermaßen hinderlich und müssen überwunden werden.

Natürlich sind wir uns bewußt, daß – wie das Erscheinen dieses Buches beweist – das freie Denken in der Bundesrepublik Deutschland einen gesicherten Platz hat. Aber solange wir diese Freiheit nur dazu benutzen, die Ost-West-Konstellation auf allen Ebenen des Politischen ständig zu reproduzieren, solange wird diese jedenfalls in ihrer Faktizität auch immer wieder produziert und stabilisiert. Es kommt darauf an zu sehen, daß die Bundesrepublik Deutschland als diese – also so, wie sie jetzt ist – ebenso gedanklich auflösbar sein muß wie die DDR auch, und zwar in der Erkenntnis und dem Interesse, daß es für Europa noch etwas anderes, eigenes gibt und geben soll und muß als die Ost-West-Festlegung. Erst dann können sich die unauflösbaren Elemente, nämlich die Völker, die Menschen, die Regionen mit ihrem Willen zum Ganzen, zum Neuen und zur Zukunft von sich her – das heißt, von ihren faktischen Gemeinsamkeiten her – neu assoziieren, und zwar in einer neuen Qualität der Assoziation, die ein nationales Bewußtsein ebenso voraussetzt wie sie einsieht, daß man damit etwas konstruktiv Neues anfangen muß und kann.

Die Unterscheidung von Herrschenden und Beherrschten entspricht insbesondere der Realität des Status quo in der DDR. Dies bedeutet freilich nur, daß das neue Europa zunächst wohl nicht mit denjenigen rechnen kann, die ihre Herrschaftsposition dadurch gefährdet sehen. Es bedeutet aber nicht, daß sozusagen eine quasi revolutionäre Auswechslung der Eliten stattzufinden habe – denn gerade, wenn es um die Erhaltung von Machtpositionen geht, sind Eliten – insbesondere in den mittleren Rängen – erstaunlich lernfähig.

Voraussetzung ist natürlich, daß es keine Berührungsängste gibt, weder bei Themen, bei Ideen noch bei Individuen und Gruppen. Es gibt keinen Gegensatz, der nicht unter Bezug auf die gemeinsame europäische Zukunft abbaubar wäre. Und man sollte nicht von vornherein über die Tabus der anderen Seite nachdenken oder vorgeben, sie besser zu kennen als diese selbst. Man soll vor allem sich selber prüfen, wie weit die eigenen Tabus hier Hemmnisse sind. Einfach gesprochen: Wenn der Funktionär in der DDR heute nur das denkt, *was* er darf – was alles wird er dann denken können, wenn er erst einmal *darf*.

Von dieser Einsicht aus kann es nicht die Aufgabe dieses Buches sein, für die DDR zu denken und ihr die Richtung ihres Beitrages zur europäischen Gemeinsamkeit vorzuschreiben. Die Idee der Zentraleuropäischen Föderation und die damit verbundenen politischen, gesellschaftlichen und eben auch technologisch-ökonomischen Zukunftsperspektiven müssen hier für sich sprechen.

Eines muß freilich erwähnt werden, und das ist der gemeinsame Bezug auf die Deutschen als Nation. Es ist bereits auf die Geschichtsvergessenheit der Westdeutschen hingewiesen worden, und es ist seit einer Reihe von Jahren deutlich, daß die DDR ein Nationalbewußtsein pflegt, das in weit höherem Maße die Identifikation mit der Geschichte im Auge hat. Es besteht nun kein Zweifel daran, daß dies immer noch unter dem Gesichtspunkt der gegenwärtigen Teilung Europas und Deutschlands geschieht – das sozialistische Deutschland wird als der wahre Erbe aller nationalen Traditionen hingestellt. Das auf diese Weise möglicherweise gesteigerte Nationalbewußtsein und damit auch politische Selbstbewußtsein muß bei einer künftigen Gemeinschaft veranschlagt werden. Es muß gesehen werden, daß dies Nationalbewußtsein, wenn es sich denn ideenpolitisch langfristig etablieren läßt, in der Rivalität der DDR und Westdeutschlands ein durchaus offensiv einzusetzender Pluspunkt für den Osten sein könnte. Und zwar nicht bloß in dem kleinen Rahmen der »Wiedervereinigung«, sondern auch im Rahmen der Zentraleuropäischen Föderation. Marschiert die DDR, wo der Westen schläft?

Die Bürger der Bundesrepublik Deutschland könnten, wenn es sich herausstellte, daß National- und Geschichtsbewußtsein tatsächlich bei den DDR-Deutschen stärker sind als bei ihnen, von ihren Brüdern und Schwestern in der neuen europäischen Gemeinschaft jedenfalls einiges lernen. Solange man in der DDR dies geschilderte geschichtliche Nationalbewußtsein pflegt, stabilisiert sich oberflächlich die Position der gegenwärtig herrschenden Eliten. Aber es muß auch gesehen werden, daß man sich auf alles, was vor 1945 war, jedenfalls nur als Gemeinsames beziehen kann. Das gilt für die Idee der Nation wie für die vom Reich. Wenn es gelingt, das Nationalbewußtsein der Deutschen – das heute in der DDR zu sein scheint – im Sinne des Ziels der europäischen Gemeinsamkeit vor den altmodischen Aggressivitäten und Abgrenzungen aus der Kinderzeit des europäischen Nationalismus zu bewahren, so steht außer Zweifel, daß ideenpolitisch die DDR ebenso für die Zukunft Europas mobilisierbar sein könnte wie die anderen Länder auch. Von den Besonderheiten sozialistischer Gesellschafts- und Wirtschaftsauffassung soll hier nicht noch einmal gesprochen werden. Sie werden als kreative Elemente in die Zukunft Europas eingehen müssen, insofern sie sich als anpassungsfähig an die zukünftigen politischen und technologischen Notwendigkeiten erweisen. Und es muß noch einmal darauf hingewiesen werden, daß dies zwar eine Alternative zum Denken der Sowjetunion beinhaltet, was aber eben keineswegs bedeuten kann, daß dies nun notwendig eine »Hinwendung zum Westen« sein müsse.

Jüngst hat Wolfgang Seiffert, zweifellos einer der besten Kenner der DDR, sehr nachdrücklich auf die Position und ideologische Ausrichtung der DDR-Eliten hingewiesen. Diese Position ist um so stärker, als die DDR-Elite über ihren Status quo hinausdrängt und nach wie vor gesamtdeutsch orientiert ist.

»Das anationale Bewußtsein oder doch sehr schwache eigene Nationalbewußtsein der politischen Führungskräfte der Bundesrepublik nimmt den nationalen Machtanspruch der SED-Elite, wenn überhaupt, dann nur als ideologische Fata Morgana, als ein ›Sich-Übernehmen‹, und nicht als realen politischen Faktor wahr. Stark in der Beobachtung von Einzelheiten und Oberflächenerscheinungen übersieht man das Wesentliche: daß nämlich die dort entstandene Elite, die vor allem eine solche der SED ist, eine ausgesprochene politische Machtelite ist, die sich in allen grundlegenden Entscheidungen nur von einer einzigen Maxime leiten läßt, nämlich davon, daß ihre Macht in Deutschland gefestigt und erweitert werden muß. Und diese Macht *in Deutschland* ist stärker, als die meisten ahnen.« (S. 94) – Die erwähnte Aneigung der nationalen Geschichte durch die SED muß also auch in diesem Zusammenhang gesehen werden. Sie ist gesamtdeutsch-offensiv: »Denn die äußere Lage wie die innere Dynamik des DDR-Systems läßt der politischen Führung der SED keine andere Wahl, als an dem Ziel eines kommunistischen Gesamtdeutschland festzuhalten.« (Seiffert, Das ganze Deutschland, 1986, S. 102).

Seiffert hat zweifellos das Verdienst, auf diese, in der Bundesrepublik Deutschland gewöhnlich verharmloste Konstellation energisch hingewiesen zu haben, und er scheint auch keinen Zweifel darüber lassen zu wollen, daß er die Dynamik und das Selbstbehauptungs- und Durchsetzungsvermögen der SED-Elite in einer direkten Konfrontation mit den Eliten in der Bundesrepublik Deutschland höher einschätzt. In bezug auf die »Wiedervereinigung«, die ja ein eindeutiges Ziel der DDR-Elite sei, sieht er jedoch keinerlei Annäherungsmöglichkeiten, da für die DDR-Eliten nur ein kommunistisches Gesamtdeutschland in Frage komme.

»Wer übersehen wollte, daß es nach marxistisch-leninistischem Selbstverständnis innerhalb einer Nation auf Dauer keine Koexistenz zwischen den politischen Hauptkräften geben kann, sondern nur den Kampf um die Macht, erläge einer gefährlichen Illusion. Wer aber meinte, dies sei doch ›normal‹, gewissermaßen ›legitim‹ – solchen Auffassungen in bezug auf die Haltung der DDR-Führung begegnet man innerhalb der politischen Elite der Bundesrepublik unablässig –, begibt sich auf eine Abstraktionshöhe, auf der auch Friedrich der Große und Maria Theresia ›das gleiche‹ wollten, nämlich Schlesien.« (S. 102)

Seiffert verbleibt freilich auf dem Boden des Ost-West-Denkens. Die Voraussetzungen, die hier expliziert werden, also die Voraussetzungen für die Zentraleuropäische Föderation, sind im Sinne einer ideenpolitischen Alternative sehr viel weitgehender. Um so wichtiger ist es, seine realistischen Warnungen zur Kenntnis zu nehmen. Zustimmen muß man ihm jedenfalls, wenn er deutlich macht, daß die DDR und ihre Elite auch bei einer Wiedervereinigung – also auch in der Zentraleuropäischen Föderation – jedenfalls sehr viel mehr Spuren hinterlassen wird, als man sich dies im Westen vorstellen mag, und es ist wahrscheinlich, daß solche Spuren im Sinne des Denkens der Zentraleuropäischen Föderation sogar noch weit stärker ins Gewicht fallen, daß also Umsicht und Vorsicht in der deutsch-deutschen Politik aufs höchste gefordert werden. Vor allem aber muß auch hier, wie bei Seiffert, die Interessenlage der Supermacht UdSSR veranschlagt werden; dies wird hier im Kapitel VIII versucht.

Die völkerrechtliche Lage Deutschlands und die Zukunft Mitteleuropas

Zur Beschreibung der Lage Deutschlands gehört auch ein Blick auf seine völkerrechtliche Position. Wenn diese hier kurz erinnert wird, so hat dies allerdings nicht nur den Grund, diesen Befund zu vergegenwärtigen, sondern auch den, ihn für das politische Bewußtsein zu relativieren.

Die Kapitulation der deutschen Wehrmacht am 8. Mai 1945 war keine politische Kapitulation – diese war von den Siegern durch die Verhaftung der Regierung Dönitz verhindert worden. Das Deutsche Reich als Völkerrechtssubjekt hörte nicht auf zu bestehen. Erstens blieb das *Staatsvolk* erhalten. Das *Staatsgebiet* blieb gleichfalls erhalten, obzwar seinem Umfang nach beeinträchtigt und als der Besetzung unterworfenes, aber doch als Gebiet auch mit einer Rechtsqualität. Die Siegermächte übernahmen die Oberhoheit, aber sie betonten, keine weiteren Annexionen vornehmen zu wollen, folglich gab es wenigstens westlich der Oder-Neiße-Grenze immer noch das Staatsgebiet. Selbst die *Staatsgewalt* war nicht vollständig aufgehoben. Sie bestand auf den untersten Ebenen von Regierungen und Verwaltungen fort; die eigentliche Regierungsgewalt lag freilich in den Händen der Befehlshaber der Besatzungszonen. Die Staatenpraxis, vor allem im Westen, veranschlagt die Weiterexistenz des Deutschen Reiches als Völkerrechtssubjekt und bestätigte so diesen rechtlichen Zustand.

Nachdem Bundesrepublik Deutschland und DDR gegründet waren, gab es im wesentlichen drei völkerrechtliche Theorien, und die Situation wurde alles andere als übersichtlich. Die sog. *Identitätstheorie* vertritt die Ansicht, daß das Deutsche Reich entweder in einem der beiden Teilstaaten oder in beiden seine völkerrechtliche Fortsetzung findet. Die sog. *Dachtheorie* behauptet, daß die völkerrechtlichen Befunde der Bundesrepublik Deutschland, der DDR und Berlins jeweils unter dem Dach des fortbestehenden Deutschen Reiches existierende Teile seien. Die *Dismembrationstheorie* dagegen vertritt die

Ansicht, daß das Deutsche Reich mit der Gründung von Bundesrepublik Deutschland und DDR untergegangen sei.

Die DDR hatte ursprünglich ihrer Fassung die Identitätstheorie zugrunde gelegt. Seit 1952 jedoch vertritt sie strikt die Dismembrationstheorie, wobei sie im Einklang mit den Ostblockstaaten argumentiert. Die Bundesrepublik Deutschland vertrat ursprünglich gleichfalls die Identitätstheorie und untermauerte damit ihren Alleinvertretungsanspruch. Aber dieser politischen Auffassung entsprach keinesfalls immer ihre höchstrichterliche Rechtsprechung. Die völkerrechtlichen Auffassungen in West und Ost mußten unvermeidlicherweise immer weiter auseinanderlaufen. So sprach die DDR schon in der Warschauer Deklaration von 1950 den einseitigen Verzicht auf die Gebiete aus, die eigentlich nur »unter polnischer Verwaltung« standen, während die Bundesrepublik Deutschland stets formal darauf bestand, daß nur Gesamtdeutschland eine Kompetenz namentlich in dieser Frage habe. Im Deutschland-Vertrag vom 5. Mai 1955 wurde für Westdeutschland das Besatzungsstatut beseitigt, dies gilt gemeinhin als Wiedererlangen der Souveränität für diesen Teil Deutschlands. Aber es blieb eine Reihe von Alliierten-Vorbehaltsrechten bis heute bestehen, die im ganzen die These von Rumpf bestätigen, daß es sich auch bei der Bundesrepublik Deutschland um ein »Land ohne Souveränität« handele. Andere Völkerrechtler gehen vielleicht noch etwas weiter und versuchen nachzuweisen, daß der rechtliche Status der Bundesrepublik Deutschland nach wie vor als »occupatio bellica«, also als kriegerische Besetzung, anzusehen sei.

Die Sowjetunion hat der DDR 1954 die formelle Souveränität zuerkannt. Bei den Prinzipien der sog. Breschnew-Doktrin, der beschränkten Souveränität sozialistischer Staaten, des »proletarischen Internationalismus« und der »brüderlichen Hilfeleistung«, wie sie etwa 1968 die Tschechoslowakei kennengelernt hat, dürfte dies freilich auch völkerrechtlich eher fragwürdig sein. Auch nachdem die Bundesrepublik Deutschland im deutsch-sowjetischen Vertrag die Existenz zweier deutscher Staaten anerkannt hat, bleibt der völkerrechtliche Status der DDR problematisch. Innerhalb der Staatengemeinschaft des Ostblocks wird der DDR zwar der Status eines eigenen Völkerrechtssubjekts zuerkannt, aber sowohl die Bundesrepublik Deutschland wie zahlreiche andere Staaten der Völkerrechtsgemeinschaft haben die DDR de jure völkerrechtlich eben nicht voll anerkannt. Je mehr die Entwicklung auf eine de-facto-Anerkennung hinausläuft, um so mehr ist dieser völkerrechtliche Vorbehalt hervorzuheben.

Verfolgt man die jüngeren Diskussionen der Völkerrechtler bei uns, so ist man im ganzen davon überrascht, wie relativ stark die völkerrechtliche Position der Deutschen in bezug auf die Ostgebiete und auf die Wiederherstellung des Deutschen Reiches in den Grenzen von 1937 immer noch ist. Selten hat man infolgedessen in deutschlandpolitischen Diskussionen einen so positiven und scheinbar hoffnungsvollen Eindruck wie bei solchen über die völkerrechtliche Situation. Das Gefühl, daß in völkerrechtlicher Rekonstruktion der Lage Deutschlands »noch nichts verloren« ist, kann sogar die berechtigte negative Einschätzung der sog. neuen Ostpolitik unter der Regierung Brandt-Scheel und das auch von CDU-CSU-Politikern oft wiederholte »pacta sunt servanda« (Verträge müssen gehalten werden, eine Art oberstes Prinzip des Völkerrechts), insofern es sich auf die Ostverträge bezieht, übertönen. Nimmt man noch das Selbstbestimmungsrecht der Völker hinzu, so läßt sich die Enttäuschung und Empörung derjenigen Deutschen durchaus vertreten, die den Regierenden namentlich in der Bundesrepublik Deutschland vorwerfen, von einer solch günstigen Position her im Sinne der Überwindung der deutschen und europäischen Teilung nicht mehr erreichen zu können oder zu wollen.

Jener Tröstungseffekt aus der völkerrechtlichen Situation Deutschlands ist aber problematisch. Er wird durch die politische Unzufriedenheit, daß aus der rechtlichen Position nicht mehr gemacht wird, nur teilweise aufgefangen. Diese Unzufriedenheit verläuft sich ja meist nur in ein allgemeines Grollen, das die Politiker an den Rand ihres Bewußtseins drängen können. Denn diese Unzufriedenheit geht in einem äußerst schwachen Interesse der Westdeutschen an einer Politik aktiver Überwindung der Teilung Europas unter. Ist also die Darlegung der völkerrechtlichen Lage der Deutschen problematisch, solange es bei jenem Tröstungseffekt bleibt, so ist es doch immerhin auch wesentlich, diese Rechte zu betonen, wenn man denn auch schon nichts für ihr aktives Geltendmachen oder gar ihre Durchsetzung erreichen kann oder will. Denn auch im Völkerrecht gibt es so etwas wie den Begriff des »Ersitzens«. Wenn ein territorialer Anspruch längere Zeit faktisch durchgesetzt ist, ohne daß von der anderen Seite deutlich protestiert wird, so neigt das Völkerrecht je nach Umständen und Dauer dazu, den Anspruch als quasi legitimiert anzuerkennen.

Der Hinweis auf die Einforderbarkeit von Rechten ist also für späteres Geltendmachen oder Durchsetzen durchaus notwendig. Es wäre aber verhängnisvoll, diese Zweiteilung von verbalem Geltendmachen und vorbehaltener späterer Durchsetzung bloß unter dem Gesichtspunkt der trivialen Erfahrung des Völkerrechts zu sehen, daß Verträge nur so lange gehalten werden, bis einer, der sich durch den Vertrag benachteiligt dünkt, stark genug ist, den Vertrag als Fetzen Papier zu behandeln. Beim Völkerrecht gilt immer der zu veranschlagende innere Vorbehalt, daß die Verhältnisse, die bei Vertragsabschluß herrschten, sich nicht wesentlich verändern (clausula rebus sic stantibus). Ein Beispiel ist die Politik der Revision von Versailles, die von der Weimarer Republik begonnen und von den Nationalsozialisten weitergeführt wurde, und die ihnen national und international bekanntlich so viel Anfangsrenommée eingetragen hat. Aber die einfach revisionistische Position ist für die Zukunft Mitteleuropas ebensowenig anwendbar wie die alte Adenauersche, die die Revision aus einer im Anschluß an den Westen zu gewinnenden »Position der Stärke« heraus anvisierte. Diese beiden Positionen sind gegenüber einem vertraglich, wenn auch nur provisorisch begründeten Status quo in Mitteleuropa nicht anwendbar. Sie sind ja auch, auf den Kern gebracht, ziemlich atavistisch: »Wartet nur, bis mein großer Bruder euch verhaut« oder »Wehe euch, wenn ich selber groß bin«. Kindliche Muster, und die Europäer können es sich nicht leisten, dergleichen Atavismen für politische Alternativen zu halten.

Der Umkehrschluß, daß der immer wieder verkündete Gewaltverzicht nun aber notwendigerweise das bloße Weiterbestehen des Status quo bedeuten müsse, ist freilich ebenso sinnlos. Wenn schon die Rechtslage den Status quo nicht im Hinblick auf seine Überwindung dynamisiert, so müßte es doch das Bewußtsein für die real sich verändernden Interessenlagen und für die Erschließbarkeit von funktionalen Verflechtungen und politischen Selbstbehauptungswillen in offensiver Diplomatie tun. Wer eine auf Überwindung des Status quo in Europa zielende Politik für nicht »operativ« hält, wie eine wissenschaftlich sein sollende Formel lautet, der setzt sich dem Verdacht aus, für politische Durchsetzung doch im Grunde bloß Gewaltmuster zur Verfügung zu haben – ein Denken, das für Europa tödlich ist.

Ebenso wie der Hinweis auf die relativ günstige völkerrechtliche Position folgenlos bleiben kann, so kann die bloße Wiederholung der Forderung nach Wiedervereinigung steril wirken. Insbesondere dann, wenn sie sich im wesentlichen auf jenes »Recht« beruft. Die

Formel »Ceterum censeo, germaniam esse restituendam« (Im übrigen bin ich der Meinung, daß Deutschland wiederhergestellt werden muß), deren Überzeugungswert für die Verfasser ungebrochen ist, muß im erschließenden Sinne verstanden werden, sie drückt ja auch weniger einen Wunsch als die Überzeugung einer politischen Notwendigkeit aus. Worin sie übrigens ihrem Vorbild gleichkommt, nämlich jenem »Ceterum censeo, Carthaginem esse delendam« (Im übrigen bin ich der Meinung, daß Karthago zerstört werden muß), das der ältere Cato ca. 150 v. Chr. seinen römischen Mitbürgern ständig zu wiederholen pflegte – und womit er ihnen auf die Dauer auch wohl etwas auf die Nerven ging.

Nun ist »Wiederherstellung« etwas ganz anderes als Zerstörung, und historisch muß leider festgestellt werden, daß letzteres offenbar leichter zu erreichen ist als ersteres. Schließlich wurde Karthago 146 v. Chr. tatsächlich zerstört, und zwar mit römischer Gründlichkeit. Daß man mit der Forderung nach Wiedervereinigung heute in Deutschland seinen Landsleuten noch mehr auf die Nerven gehen kann als der alte Cato mit der Forderung nach der Zerstörung von Karthago, obwohl die Rechtsgrundlage unbestreitbar und das konstruktive Ziel eindeutig ist, ist Teil der deutschen Misere. Neben vielem anderen gehört zu dieser auch jene politische Phantasielosigkeit, die, da sie Gewaltpolitik ablehnt – zum Teil aus schlechter Erfahrung mit derselben, zum Teil aus moralischen, zum Teil aber auch aus realpolitischer Einsicht in die Veränderungen, die die technologischen und die politischen Zukunftsperspektiven eröffnen –, jetzt glaubt, auf Selbstbehauptungspolitik überhaupt verzichten zu müssen. Aber Selbstbehauptungspolitik ist auch aus einer Position der Schwäche heraus möglich, wenn die Aufgeschlossenheit für die realen Verschiebungen aus Schwächen Stärken zu machen in der Lage ist, was eben jene politische Phantasie voraussetzt.

Kann also die bloß wiederholte Forderung nach Wiedervereinigung, so berechtigt sie ist, zu politischer Sterilität führen, so wirkt die Formulierung, eine Lösung der deutschen Frage sei »nur in einem europäischen Rahmen« möglich, die ja auch des öfteren vernommen wird, schon erschließender – wenn sie ernstgenommen würde! Voraussetzung für die Erschließung politischer Zukunft durch eine »Lösung im europäischen Rahmen« ist freilich, daß dieser europäische Rahmen west-ost-übergreifend gesehen wird. Faßt man, wie hier versucht, die Lösung eines Kerneuropa im Sinne der Zentraleuropäischen Föderation ins Auge, so müßte deutlich werden, daß die

Forderung nach Wiedervereinigung durchaus auch dadurch einen neuen Sinn gewinnen könnte, daß sie in den Hintergrund tritt.

Niemand ist so töricht anzunehmen, daß eine blauäugige Versicherung, es gehe um Europa, irgend jemanden darüber hinwegtäuschen könne, daß es auch und immer noch um Deutschland geht. Aber die Europäer täuschen sich sicher, wenn sie die Lösung in einem europäischen Rahmen nur deshalb ablehnen, weil sie auch die Überwindung der Teilung Deutschlands mit sich bringt, wenigstens zum Teil und wenigstens in Anfängen. Daß dieses deutschlandpolitische Motiv auch diesem Buch zugrunde liegt, ist offensichtlich. Aber dazu gehört die Einsicht, daß die »deutsche Frage« eine »europäische Frage« ist und umgekehrt. Es ist eine Sache, in ebenso direkter wie simpler Weise auf Wiederherstellung Deutschlands – etwa in den Grenzen von 1937 – zu bestehen. Ein solches Bestehen kann völkerrechtlich ebenso abgesichert sein, wie es politisch steril bleiben kann. Es ist eine durchaus andere Sache, eine Lösung im europäischen Rahmen vorzuschlagen. Denn die Lösung der europäischen würde die der deutschen Frage insofern mit sich bringen, als sie deren scheinbare oder wirkliche Brisanzen, also vor allem Grenz-, Territorialitäts- und Gefährlichkeitsfragen, dadurch aufhebt, daß sie sie aus dem Wege räumt. Zwar nicht schlicht und einfach, wohl aber in komplexen politischen Formen und Lösungsmustern, deren Stabilität in ihrer Anpassungsfähigkeit besteht, deren Funktionalität den modernen Notwendigkeiten entspricht und deren Gesamtbedeutung für Europa und die Welt auch dem Mißtrauischsten deutlich gemacht werden kann.

Die Österreicher: Perspektive einer neuen Größe

Die Zentraleuropäische Föderation kann nicht ohne Österreich zustande kommen. Ebensowenig, wie man das neue Mitteleuropa als mehr oder weniger nostalgische Neuauflage der k.u.k.-Monarchie auffassen kann, ebenso deutlich muß sein, daß Österreich in den Rahmen der Föderation hineingehört. Dafür sprechen nicht nur die Geschichte der Reichsidee und die besondere historische Prägung, die Österreich durch seine geographische Lage und seine lange Verbindung mit den Völkern Osteuropas gewonnen hat. Dafür spricht auch der unzweifelhaft deutsche Charakter Österreichs und nicht zuletzt die politische Erfahrung, die etwa Österreich dazu befähigte, trotz Besatzungsherrschaft aus West und Ost sich 1955 in einem Staatsvertrag von dieser Besatzung zu befreien, ohne selbst wieder geteilt zu werden.

Man vergegenwärtige sich diesen Vorgang. Er ist, wenn man ihn auch nicht, was gelegentlich geschieht, als Vorbild für eine neutralisierte Lösung der Deutschland-Frage ansieht, doch jedenfalls ein Beispiel dafür, wie man auch aus einer Position der Schwäche heraus erfolgreich operieren kann.

Österreichs Vorteile nach dem Ende des Krieges lagen zweifellos darin, daß es einerseits ein relativ kleines Land war, daß, anders als 1918, Anschlußbestrebungen an Deutschland – die natürlich die Sieger auch nicht zugelassen hätten – ganz ausgeklammert blieben, und daß vor allem die Sowjetunion nicht ganz eindeutig in ihrer Behandlung des Landes war. Einerseits bestand ein Interesse, Österreich als Teil des »faschistischen Reiches« zu betrachten, was Reparationsforderungen legitimiert hätte, andererseits konnte Österreich auch als erstes »Opfer der faschistischen Aggression« angesehen werden – womit man sich opportunistisch Sympathien hätte verschaffen können. Vor allem gab es von Beginn an keine getrennten Regierungen, vielmehr wurde die von der ersten, der sowjetischen, Besatzungsmacht eingesetzte Regierung auch von den anderen anerkannt. Infolge der unentschiedenen Politik gab es kaum Eroberungsexzesse der sowjetischen Besatzer, und der Sozialdemokrat Dr. Karl Renner, den sie als Führer einer provisorischen Regierung einsetzten, war ein profilierter Vertreter österreichischer Interessen – er hatte allerdings, als überzeugter »Mitteleuropäer«, 1938 den Anschluß Österreichs an das Dritte Reich begrüßt. Unter Renner bildete sich das – noch heute bestehende – Parteiensystem heraus, aber obwohl die kommunistische Partei alle Unterstützung der sowjetischen Besatzungsmacht genoß, mußte sie in den ersten gesamt-österreichischen Wahlen eine schwere Niederlage einstecken – was die Politik der sowjetischen Besatzung in Deutschland nicht unerheblich beeinflußte.

Schon 1946 gab es einen Entwurf für einen Staatsvertrag, der die Situation für ganz Österreich bereinigen sollte. Damals waren es aber vor allem die Amerikaner, die den Abschluß dieses Vertrages, der den Abzug auch ihrer Truppen aus Österreich bedeutet hätte, verhinderten. Der österreichische Außenminister Gruber erkannte die Gefahr einer Auseinanderentwicklung seines Landes, denn in den westlich besetzten Teilen verstärkten sich nun doch Anschlußbestrebungen, während zu fürchten war, daß der sowjetisch besetzte Teil den

Volksdemokratien angenähert werden könnte. Gruber zögerte nicht, eine österreichische Linie zwischen der russischen und der amerikanischen Position zu verfolgen, und mehrfach warf er der amerikanischen Besatzungsmacht eine bewußte Verzögerung des Staatsvertrages vor. Andererseits war nach den Wahlniederlagen der KPÖ die politische und wirtschaftliche Hinneigung zum Westen in Österreich offensichtlich – und natürlich auch der Sowjetunion bekannt. In den immer wieder eingefrorenen und wiederaufgenommenen Verhandlungen erklärte der damalige Staatssekretär im Außenministerium und spätere Kanzler, Bruno Kreisky, mehr als einmal, daß der wesentliche Grundsatz der österreichischen Politik die Bewahrung der Einheit des Landes sei, und daß ein Anschluß an eines der Bündnissysteme unausweichlich die Teilung des Landes zur Folge haben müsse.

Dies gegenüber den Alliierten durchzuhalten, zeigte ein Stehvermögen, das durch jene bessere moralische Ausgangsposition, die Österreich als erstes »Opfer« der faschistischen Aggression hatte, zweifellos begünstigt wurde. Ebenso günstig wurde dieser österreichische Eigenwille akzentuiert durch Personen wie Bruno Kreisky, der selbst Jude war. Jedenfalls zeigte sich hier ein nationales Stehvermögen, an dem sich die Adenauer-Regierung ein Beispiel hätte nehmen können. 1955 wurde der österreichische Staatsvertrag abgeschlossen; er verbot Österreich den Anschluß an Deutschland und legte ihm »immerwährende Neutralität« auf. Das letztere bezog sich natürlich vollständig auf die Ost-West-Konstellation, die ohnehin den Gedanken der Neutralität in Europa vollständig beherrschte. Löser und Schilling schreiben dazu: »In Bonn wendete sich die deutsche Bundesregierung verlegen ab. Die Devise lautete: nur keine Vergleiche in der Öffentlichkeit, nur nicht in den Fehler verfallen zu prüfen, welche Lehren für die eigene Außenpolitik daraus zu ziehen waren, auf altem Kurs treu zum Westen. Sollte jemand kritisch fragen, was aus dem österreichischen Beispiel zu lernen sei, sofort beschwichtigend abwiegeln, die Lage in Deutschland sei gänzlich andersartig, Deutschlands strategische Bedeutung unvergleichlich größer als die Österreichs, die Sowjetunion in Deutschland unvergleichlich gefährlicher als an den Grenzen Österreichs, die ideologische Feindschaft des Kommunismus gegenüber den Deutschen unvergleichlich tiefer als gegenüber dem österreichischen Großbürgertum, und so weiter und so fort. ›Nur nicht nachdenken, weiter tumb glauben dürfen.‹« (Vgl. I. Löser und U. Schilling, Neutralität für

Mitteleuropa, München 1984, S. 38). Löser und Schilling halten am Vorbildcharakter der österreichischen Neutralitätslösung fest – nicht nur rückwirkend und als Vorwurf gegen die Adenauer-Politik, sondern auch aktuell für die Suche nach einer Neutralisierung Mitteleuropas. (Zum Problem der Neutralität vgl. hier Kapitel VII).

Für die Konzeption der Zentraleuropäischen Föderation müßte Österreich eines der wichtigsten Mitglieder werden. Die ideologische Irritation, die durch die problematischen Versuche entsteht, eine »österreichische Nation« zu propagieren, würde vermutlich in der aufgenommenen Reichstradition zugunsten der deutschen Nation als Grundlage auch des österreichischen politischen Bewußtseins aufgehoben. Nur in der Wiederaufnahme dieser Tradition könnte Österreich die Rolle spielen, die ihm von der Geschichte zugeschrieben worden ist. Die Eindeutigkeit seiner selbst in schwierigsten Situationen bewahrten Selbständigkeit sichert ihm die Autorität einer Autonomie und eines Autonomiebewußtseins, das geradezu zum Vorbild der Zentraleuropäischen Föderation werden könnte. Denn hier wird ja die freie Kooperation starker Nationen in selbstbewußten Regionen angestrebt.

Die ohnehin schon bedeutende wirtschaftliche Verflechtung Österreichs mit der Bundesrepublik Deutschland wird ein wesentlicher Faktor in der Zentraleuropäischen Föderation sein – und für die Wiederaufnahme der Zusammenarbeit mit der Tschechoslowakei ist Österreich der von der realen Geschichte her gesehen absolut notwendige Partner. Die politische Aussöhnung von Deutschen und Tschechen als Beispiel für die in der Mitte Europas notwendige und zukunftsträchtige Aussöhnung von Deutschen und Slawen kann nur unter Teilnahme Österreichs vor sich gehen. Anschlußverbot und Neutralität des Staatsvertrages können auf diesem Wege ebensowenig als Hindernisse angesehen werden, wie Völkerrechtsexperten im österreichischen Staatsvertrag auch kein Hindernis für Österreichs Beitritt zur Europäischen Gemeinschaft sehen. (Vgl. FAZ vom 23. 3. 1987, S. 6). Wenn der Weg der Zentraleuropäischen Föderation beschritten wird, dann entfallen alle Voraussetzungen, die Zusammenfassung von Deutschen, Österreichern, Tschechen und Slowaken noch als »Anschluß« oder Neuauflage des Großdeutschen Reichs zu interpretieren – obzwar die Gegner der zentraleuropäischen Lösung zweifellos nicht auf diesen reaktionären Vorwurf verzichten werden.

Situation und Interessen der Tschechoslowakei

»Wir wissen seit langem, daß wir nicht in der Lage sind, als unabhängiges Land zu überleben.« (Ladislav Hejdanek, tschechischer Philosoph)

Es wäre zweifellos naiv, einfach vorauszusetzen, daß die Tschechoslowakei ohne weiteres ein Interesse daran hätte, der Zentraleuropäischen Föderation beizutreten. 1945 hatte die Bevölkerung der Tschechoslowakei der Sowjetunion noch durchaus Sympathien entgegengebracht. Aber jene Sympathien wurden der Sowjetunion ja deshalb entgegengebracht, weil die Bevölkerung zunächst die Befreiung von der deutschen Besetzung erwartete. Der Preis war freilich hoch – nicht nur, wie die Geschichte gezeigt hat, für die Deutschen, die ihre Politik gegenüber der «Rest-Tschechei» mit der gewaltsamen Erledigung der Frage der Deutschen in Böhmen bezahlten.

Es soll nicht darüber spekuliert werden, ob und inwiefern angesichts der gemeinsamen Geschichte, so wie sie hier vergegenwärtigt worden ist, den Tschechen und Slowaken von heute diese Radikallösung der Vertreibung noch politisch sinnvoll erscheint. Es spricht schon einiges dafür, daß die Tschechen und die Slowaken ihre vorübergehenden Sympathien für die Sowjetunion in zwanzigjähriger Erfahrung 1968 revidiert haben. Denken wir an die lange gemeinsame Geschichte von Deutschem Reich und Böhmen ebenso wie an die Vorstellungen über die innere Struktur der Zentraleuropäischen Föderation, so sollte deutlich werden, daß ein regionaler Autonomiestatus innerhalb der mitteleuropäischen Lösung der Logik der Geschichte des Volkes eher entspricht als der jetzige, offensichtlich von niemandem außer der Sowjetunion beförderte Zustand. Aufgrund des Regionalprinzips würde sich auch ein zentrales Problem der Tschechoslowakei, eben das des Verhältnisses von Tschechen und Slowaken, innerhalb der Zentraleuropäischen Förderation politisch vielleicht sinnvoller lösen lassen, als es die gegenwärtige Lösung nahelegt.

Die Politik der deutschen Besatzung war auch bei den Tschechen selbst nicht ohne vernünftige und kooperative, sogar erfolgreiche Ansätze, Ansätze, die freilich vor allem nach Heydrichs Tod der reinen Gewaltherrschaft zum Opfer fielen. Ansätze zur Kooperation zwischen Deutschen und Slowaken gab es u. a. auch, weil der Gegensatz zwischen Tschechen und Slowaken zum Teil so ausgeprägt war, daß die Kooperation mit den Deutschen manchem Slowaken annehmbarer schien als die Zurücksetzung durch ihre tschechischen Landsleute.

Die Probleme sind vielfältig, und es wäre sinnlos anzunehmen, daß sie sich mit der Errichtung der Zentraleuropäischen Föderation von selbst erledigen könnten. Es muß aber gesehen werden, daß die Zentraleuropäische Föderation eine Verfassung annehmen würde, die gerade auch den spezifischen regionalen Differenzen angemessen wäre – jedenfalls wird sie, in der Absicht, eine Alternative zur Ost-West-Konfrontation von heute ebenso zu bieten wie eine Lösung des alten deutsch-slawischen Gegensatzes, versuchen, sowohl den Tschechen wie auch den Slowaken einen politischen Platz einzuräumen, der ihrem Wunsch nach Autonomie ebenso entspricht wie der Logik ihrer Geschichte und der Differenzierung zwischen den Völkern und Regionen. Zudem muß auch vergegenwärtigt werden, daß es in der Tschechoslowakei ein bedeutendes Potential in bezug auf die Möglichkeiten des Entwurfs eines »Dritten Weges« gab. Der »Prager Frühling« hat nach den Intentionen der bedachtsamen Politiker jedenfalls schon damals bedeutet, daß sie ihr Denken nicht vom Ost-West-Schema beherrscht sein lassen wollten. Und es ist durchaus sinnlos, das Scheitern des »Prager Frühlings« als Beweis dafür anzusehen, daß es einen »Dritten Weg« jenseits von Kapitalismus und Sozialismus nicht geben könne.

Natürlich ergeben sich hier vergleichbare Probleme wie bei der DDR. *Vor allem muß das der Differenz zwischen den Interessen des Volkes und der Eliten veranschlagt werden und natürlich die Tatsache, daß auch hier der »Schlüssel in Moskau« liegt.* Nun wäre die Zentraleuropäische Föderation zwar eine ziemlich revolutionäre Neuordnung Europas, aber dies bedeutet nicht, daß ein revolutionärer Elitenwechsel in den beteiligten Ländern je vorausgesetzt werden müßte. Selbstverständlich könnten jene, die jedenfalls nichts anderes denken können als die Aufrechterhaltung des Status quo, nicht mit unangefochtenen Machtpositionen rechnen, aber die Lernfähigkeit der jeweiligen Eliten – oder, weniger schmeichelhaft ausgedrückt, der Anpassungsdruck eines Umschwungs mit völlig neuer Perspektive – darf ebensowenig unterschätzt werden wie die Bereitschaft mindestens eines Teiles der herrschenden Eliten, eine Politik des nationalen Interesses mitzumachen. *Daß das nationale Interesse der Tschechoslowakei jedoch in einem mitteleuropäischen Verbund besser zur Geltung käme als in dem jetzigen Zustand, ist allerdings die Überzeugung der Verfasser.*

Natürlich wäre ein völlig reibungsloser Gesinnungswandel der Herrschaftseliten in der Tschechoslowakei nicht ohne weiteres zu erwarten. Hier jedoch muß veranschlagt werden, daß das zweite Problem, nämlich der »Schlüssel in Moskau«, auch seine positiven Seiten hat. Daß die politischen Umbildungen, die die Zentraleuropäische Föderation ermöglichen sollen, ohne Kontrolle der Sowjetunion vor sich gehen sollten, ist weder denk- noch wünschbar: Die Zentraleuropäische Föderation rechnet ja gerade mit dem Interesse der Sowjetunion und bietet sich als deren Partner an. Die »Pax Sovietica« müßte demnach ihr Teil dazu beitragen, die Veränderungen zu stabilisieren. Diese Kalkulation erscheint nur dann als unmöglich oder als zu gefährlich, wenn man die gegenwärtig noch herrschenden Denkmuster von der Ost-West-Alternative beibehält, die der realen Entwicklung jedoch keineswegs mehr entsprechen.

Es gilt, sich von dem Gedanken freizumachen, das Verhältnis der Länder Ostmitteleuropas, namentlich aber der Tschechoslowakei, zur Sowjetunion im Sinne eines bloß statischen »Besitzes« zu sehen. Dies wäre jedenfalls eine sowohl unhistorische wie unpolitische Betrachtungsweise. Es gilt folglich auch, sich von der fixen Idee freizumachen, »die Sowjetunion wird niemals freiwillig herausgeben, was sie einmal hat«. Nimmt man stattdessen einen vernünftigen Zusammenhang von Geben und Nehmen an, so kann die Perspektive einer europäischen Neuordnung, die dem Zentrum Europas nicht nur wieder die heutige DDR, sondern auch die Tschechoslowakei einfügt, auch im Sinne der Interessen der Sowjetunion durchaus vielversprechender sein als eine bloße Wiedervereinigung Deutschlands. Denn erstens würde das Gewicht der Tschechoslowakei eine echte Verschiebung des Zentrums vom Westen weg bedeuten. Das Hereinnehmen dieses slawischen Landes und Volkes unter völliger Veranschlagung dessen, was hier an Eigengewicht, Eigeninteresse und Alternativvorstellungen vorliegt, müßte einleuchtend machen, daß es sich bei der Neuordnung nicht nur um eine Verschiebung des Westens in das sowjetische Herrschaftsgebiet hinein handeln würde. Dies wird ja gegenwärtig von reaktionären Funktionären auf beiden Seiten gerne so aufgefaßt.

Wir nehmen aber an, daß die Zentraleuropäische Föderation eine selbständige Politik verwirklichen kann, und daß sie damit zu einem eigenständigen, gegenüber der bloßen Ost-West-Alternative resistenten Faktor werden könnte. Der Effekt für die Sowjetunion, nämlich die Truppen der USA in Europa loszuwerden, wäre jedenfalls um so deutlicher, je bedeutender der geopolitische Raum zwischen »West« und »Ost« ist. Voraussetzung wäre es freilich, daß dieser Raum kein »Machtvakuum« darstellt, und daß er sich keinesfalls zu einer neuen Bedrohung der Sowjetunion entwickeln wird. Daß die Tschechoslowakei – wie ganz Europa – mit der Supermacht Sowjetunion weiterhin leben und rechnen muß, ist klar. Daß sie in der Zentraleuropäischen Föderation mit deren Eigenständigkeit, die im wohlverstandenen Interesse auch der Sowjetunion liegen würde, stärker werden könnte, sollte ebenso deutlich geworden sein. Daß sie diese ihre Rolle nur spielen kann, wenn ihr wirkliche Autonomie, d. h. Selbständigkeit in Kultur, Sprache, Wirtschaft, garantiert wird, ist ebenso deutlich. Aber nach unseren Vorstellungen werden Tschechen und Slowaken genau so existieren können. Sie werden, was betont werden muß, innerhalb der Zentraleuropäischen Föderation eben nicht von den Deutschen dominiert werden können.

Eine nicht unwesentliche Frage im Zusammenhang mit dem Beitritt der Tschechoslowakei zur Zentraleuropäischen Föderation ist die oft geäußerte Befürchtung, die Sowjetunion könne allein schon deshalb keinen »Satelliten« aus ihrem Machtbereich entlassen, weil dies unausweichlich negativ auf den Gesamtzusammenhalt des Warschauer Paktes wirken müsse. Ungarn etwa würde für sich selbst für billig halten, was der CSSR recht wäre. Es dürfte kein Zweifel bestehen, daß im Jahre 1968 bei Kommunisten wie Ulbricht oder Gomulka, sicher auch bei der Sowjetunion selbst, dergleichen Auffassungen einer »Domino-Theorie« bestimmend gewesen sind, und es gibt sicher mehr Gründe, eine solche »Theorie« – wenn ein Stein fällt, fallen alle – im Falle des »Prager Frühlings« für angemessener zu halten als die »Domino-Theorie« der USA im Falle Vietnams. Aber ihre Festschreibung für alle Zeiten macht nur blind für tatsächlich vorgehende Veränderungen im »Block«, von den Problemen der Sowjetunion und ihren Nationalitäten noch zu schweigen.

Hier zeigt sich ein grundsätzliches Problem außenpolitischer Analysen. Wenn man möchte, daß ein Teil eines »Systems« sich längerfristig der Integration in der bisherigen Form entziehen und zu neuen Zusammenschlüssen finden soll, dann muß auch schon im Denkansatz alles vermieden werden, was wie ein »Herausbrechen« eines Teils aus einem »Block« aussehen kann, der ansonsten das bleibt, was er ist. Der Block wird dann eben mit primitiven Vorstellungen von der Art der »Domino-Theorie« reagieren. Die Umorientierung der Tschechoslowakei, auch wenn sie, wie hier versucht, noch so sehr als

Wiederaufnahme historischer Befunde angesehen wird, kann nur erfolgen in einer Gesamtbewegung der europäischen Verhältnisse, deren Anfänge realistischerweise schon zu beobachten ist und deren Dynamik vorweggenommen wird, wobei eine möglicherweise risikobeladene Fehlbeurteilung der zukünftigen Verschiebungsrichtung weniger realitätsfern sein mag als ein Leugnen der tatsächlichen Veränderungen, das einen dann auf dem Status quo bestehen läßt.

Setzt man voraus, daß der »Ostblock« außenpolitisch so stalinistisch bleibt, wie er, eben von Stalin, angelegt und begründet wurde, so muß das Bemühen um die Tschechoslowakei in der Tat wie der Versuch eines »Herausbrechens« wirken. Es geht aber darum, die sich abzeichnenden Verschiebungen – die Veränderungen der Lage auch im Verhältnis *»des Westens«* zu seiner Führungsmacht – zu erkennen und sie in vorentwerfender Weise für eine neue Konstellation, in der auch das eigene nationale Interesse in ein neues Licht gerät, nützlich zu machen.

Diese Haltung angesichts einer Verschiebung von Kräften und Interessen und angesichts der Möglichkeiten, diese aktiv im eigenen Interesse zu nutzen und Veränderungen bei allen Beteiligten zu konstatieren, wäre aber völlig unangemessen, wenn man für sich selbst Veränderungen weder zugeben noch zulassen will. Eine solche Haltung zu Veränderungen der Gesamtlage wäre kurzsichtig und im System weder durchzusetzen noch durchzuhalten. Sie entspräche überhaupt keiner irgend politischen Sicht der Dinge. Politische Selbstbehauptung ist die Kunst des Sich-Durchhaltens in sich permanent verändernden Lagen. Wem die Form der einmal erreichten Anpassung an eine bestimmte historische Lage – z. B. die der Besiegten von 1945 – wichtiger ist als das Sich-Durchhalten des politischen »Selbst«, der wird dies »Selbst« in den zunehmend sich veräußerlichenden Formen dieser einmal erfolgten Anpassung verlieren. Auffassungen von Charakter oder Treue, die aus dem Bereich des Privaten stammen, sind hier durchaus und ebenso unangebracht wie die Weigerung, die Form zu ändern, weil die Errungenschaft – z. B. der Anschluß an die Ideen des »Westens« – tatsächlich die höchste erreichbare Form für die Existenz der Nation sei.

Wird diese Haltung beibehalten, so bedeutet dies im konkreten Fall Deutschlands nicht nur das Aufgeben der Nation, deren Teilung damit festgeschrieben wird. Es bedeutet auch die Unmöglichkeit, politisch ernstgenommen zu werden. Denn alle Wiederherstellungsrhetorik wird dann von der anderen Seite nur als »Imperialismus«, d.h. hier als die Zumutung: »Werdet wie wir«, erscheinen. Beim Bestehen auf einem starren »Systemantagonismus« gibt es keine Möglichkeit, der damit verbundenen Dialektik – also dem notwendigen Zusammenhang von Annäherung und Abgrenzung – zu entsprechen.

Die »Perspektive Mitteleuropas« ist die eines Zentrums, das sich diesem Antagonismus entzieht in dem Willen, es »selbst« zu sein, zu bleiben oder zu werden. Damit soll nicht nur eine nationale Sehnsucht nach Einheit zum Zuge kommen, quasi wie ein eigentlich aus dem 19. Jahrhundert stammender, überholter Luxus. Damit soll vor allem ein Beitrag für eine Politik geleistet werden, die der tödlichen Bedrohung und dem Antagonismus der Blöcke jedenfalls in Europa den Gedanken einer Neuordnung entgegenstellt. Daß sich damit neue Probleme, sicher auch neue Zwangsläufigkeiten ergeben, ist sicher. Aber ebenso sicher ist, daß den Problemen der Zukunft, die auf jeden Fall anders sein werden als das, was jetzt ist, nur politische Subjekte, politische Kräfte zu begegnen in der Lage sein werden, die gelernt haben, sich selbst in den schwierigsten Lagen und Niederlagen durchzuhalten und zu behaupten. Wobei immer festzuhalten ist, daß »Selbstbehauptung und Anerkennung« politische Kategorien sind und keinesfalls in erster Linie militärische oder rüstungstechnische. Die Zentraleuropäische Föderation setzt nicht auf Gewalt, sondern auf eine Politik, für die der Krieg keinesfalls eine sinnvolle »Fortsetzung« sein kann.

VII. Selbständigkeit oder Neutralismus?

Warum eine größere politische Einheit in Mitteleuropa?

Grundlage des Bisherigen ist die Überzeugung von der Notwendigkeit einer Selbstbehauptung Europas. Diese Selbstbehauptung ist für Europa eine Überlebensfrage. Und es gehört zu einer substantiellen Auffassung einer wirklich europäischen politischen Zukunft, daß die andauernde Teilung in ein Westeuropa unter us-amerikanischer und ein Osteuropa unter sowjetrussischer Hegemonie nicht für eine europäische Lösung gehalten werden kann. Dies ergibt sich nun keineswegs nur aus Überlegungen europäischer Würde und der Ablehnung von kultureller Überfremdung durch raumfremde Mächte. Wichtig ist die Argumentation aus den Erfordernissen der allgemeinen Entwicklung. Die Supermächte sind Ergebnisse der industriellen und technologischen Revolution, die auf der Verwendung fossiler Brennstoffe, auf großindustrieller Massenproduktion, auf schwerindustriellen Riesenkombinaten sowie auf einer Ausbeutung von Ressourcen, die zunehmend umweltzerstörender wirkt, gegründet ist. Im Verhältnis des Energieaufwands zur Produktivität wird diese Phase der technologischen Entwicklung immer ineffektiver. Die relativ großen Räume, die Vielzahl der eigenen Rohstoffressourcen, die gigantische Produktion und ein mehr oder weniger ideologisch verbrämter Anspruch auf wirtschaftliches und politisches Eingreifen auf dem ganzen Erdball verlängert für die Supermächte die Denk- und Handlungsmuster dieser industriellen Epoche. Damit werden im aufkommenden Zeitalter der Mikroprozessoren, der revolutionären Informationstechnik und der Biotechnologie zunehmend überholte Denkweisen festgeschrieben. Sie führen in den verschiedensten Sektoren – der Industrie, der Forschung, der Sozialorganisation – zu klotzigen Strukturen, deren Lernfähigkeit und d.h. deren Anpassung an die Zukunftsaufgaben gering ist.

Das drastischste Beispiel ergibt sich natürlich aus der Einstellung, Selbstbehauptung sei nur mit dem schweren Knüppel der Superrüstung aufrechtzuerhalten – auch dies in den Entwicklungen der nuklearen Vernichtungsmittel ein offenbarer Denkhemmungseffekt, der sogar auch die Absurdität der Möglichkeit der Selbstauslöschung der Menschheit einbezieht.

Natürlich werden die Supermächte nicht in absehbarer Zeit einfach an ihrer eigenen Klotzigkeit zugrunde gehen. Aber die Schwerfälligkeit der Großen, die an der Planungsineffizienz der Sowjetunion sicher deutlicher wird als an den gesellschaftlichen Strukturen und politischen Problemen der USA, muß doch dazu führen, für Europa, insofern es sich selbst will, andere Möglichkeiten ins Auge zu fassen. Nicht nur Möglichkeiten einer anderen, besser angepaßten – also zukunftsträchtigen – Entwicklung, sondern sich selbst anders zu organisieren. Diese andere Organisation wäre politisch auf hoher Autonomie kleinerer regionaler Einheiten zu erreichen. Gesellschaftlich müßte auf Mobilität gesetzt werden, industriell auf den leistungsfähigen, innovativen Mittelbetrieb. Diese Neuorganisation müßte, zusammenfassend und abstrakt ausgedrückt, generell auf der Multifunktionalität verschiedenster Systemebenen, auf jener hochkomplexen Verflechtung von autonomen, flexiblen, anpassungs- und lernfähigen Mittelstrukturen und relativ autonomen Einheiten, die durch die moderne Technologie in dieser Phase der Entwicklung so ermöglicht wie gefordert werden, aufgebaut sein. (Man vgl. dazu und zum folgenden generell Walter L. Bühl, Eine Zukunft für Deutschland, München 1985).

Mit Recht wird darauf hingewiesen, daß die herkömmliche nationale Struktur diesen Anforderungen der Zukunft nicht gewachsen sein könnte. Meist wird dann freilich ein Abstraktum von »Nation« unterstellt, das in dieser fingierten Abgeschlossenheit ohnehin nie existiert hat. Politiker namentlich in der Bundesrepublik Deutschland halten es für fortschrittlich zu betonen, daß es kein »Zurück zum Nationalstaat Bismarckscher Prägung« geben könne – was aber ohnehin niemand behauptet. Diese scheinfortschrittliche Ablehnung des Nationalstaates (»Bismarckscher Prägung«) ist vom politischen Denken her eher reaktionär, insofern es sich seine Scheinkonsequenzen von der Vergangenheit des so unheilvollen deutschen »Sonderweges« diktieren läßt, nicht aber von den Notwendigkeiten der Zukunft.

Wird nun im Blick auf die Zukunft argumentiert, eine rein nationale Organisation sei der notwendig nationübergreifenden funktionalen Verflechtung nicht mehr gewachsen, so kann dies doch keinesfalls bedeuten, daß man auf Begriff und Idee der Nation verzichten könne – und ebensowenig können dies die realen Möglichkeiten einer

Gestaltung von Kerneuropa, die hier ins Auge gefaßt werden. Denn auch die einseitig-technische Überlegung zur zukünftigen Gestalt eines Europas als Alternative zu den Supermächten kann heute nicht mehr dem materialistischen Glauben einer zwangsläufig oder gesetzmäßigen Entwicklung »der Produktivkräfte«, die sich dann den entsprechenden gesellschaftlichen Überbau schaffen würden, anhängen. Vielmehr muß deutlich erkannt werden, daß die langwierigen Investitions-, Umorganisations- und Anpassungsprozesse vor allem im unpopulären Bereich etwa der Neustrukturierung der Arbeitswelt auf jeden Fall ein entsprechendes Handlungsbewußtsein und politische Umsetzungsenergien erfordern. Dies aber kann wiederum nicht – nach dem kaum ermutigenden Vorbild der UdSSR – im Sinne eines autoritären zentralisierten Planungssystems erfolgen. Vielmehr setzt die Gesellschaft der Zukunft, wenn sie nicht fellachisieren will, jedenfalls hochmotivierte Eliten ebenso voraus wie ein hohes Maß an Partizipation. Diese Motivation – eventuell auch Opferbereitschaft beim Anpacken der unpopulären Umorganisation – kann nicht mehr von den klassischen bürgerlichen Individuen mit Verzichts- und Investitionsethik erwartet werden, weil wir diese Individuen nicht mehr haben.

Die für das System der Zukunft notwendige Ethik muß institutionell im politischen und gesellschaftlichen System eingebaut sein, und die Motivation für die einzelnen muß über das Bewußtsein seiner Stelle in einem erfolgreich sich behauptenden Ganzen laufen. Genau dies wird hier unter modernem Nationalbewußtsein verstanden, und zwar im Sinne eines politisch geschärften Wirklichkeitsbewußtseins, das übrigens auch der Kern des klassischen Nationalbewußtseins gewesen ist. Zudem braucht die enge Verflechtung der modernen technologischen Kooperation zwischen Nationen, insofern man diese nicht als Mechanismen, sondern als bewußte Handlungsvollzüge ansieht, jedenfalls auch Subjekte dieses Handelns. Dies bedeutet aber selbstbewußte Nationen, die handlungsfähig sind, weil ihre Regierenden von nationaler Solidarität getragen werden.

Wir brauchen einen kooperativen Nationalismus, dessen negative Seiten in Konkurrenzen innerhalb der Gesamtkooperation aufgehoben werden können und dessen destruktive Seiten institutionell – d. h. gesetzlich und in internationalen Verträgen – aufgefangen werden müssen. Inwiefern dieser dann durch ein neues (kern-)europäisches Wir-Bewußtsein abgelöst werden kann, muß der Zukunft überlassen bleiben. Dessen Selbstbewußtsein müßte sich aus Selbständigkeit, aus seinem Alternativcharakter zu dem Verharren im Blockdenken und nicht zuletzt aus seiner Offenheit und seiner Vorbildbedeutung für die »Dritte Welt« ebenso ergeben wie aus der erfolgreichen Meisterung der modernen Technologie, des Ausgleichs von Energieerzeugung und Umwelt und der sinnstiftenden Identität der in einem neuen Ganzen aufgehobenen Regionen, Nationen und einzelnen. Jedenfalls wird es eine solche Zukunft in keinem Sinne geben, wenn nicht die Rekonstruktion des nationalen Bewußtseins, hier vor allem der Deutschen und der Tschechen/Slowaken, als Bestand in diese Zukunftsaufgabe eingebracht werden kann. Das Bewußtsein einer solchen Zukunftsaufgabe oder die Idee Zentraleuropas dürfte kein geringer Anstoß zur Neuerwerbung des Selbstbewußtseins – nicht des Egoismus – der beteiligten Nationen sein.

»Neutralismus« – die falsche Alternative

Wenn man ein Drittes zu zwei bestehenden Fronten sucht, so gerät man notwendig und fast unmittelbar an die Kategorie der »Neutralität«. Die Befassung mit der Sache und ihre Anwendung auf die Situation Mitteleuropas ist unausweichlich. Die Neutralitäts- oder Neutralisierungs-Diskussion hat viele Seiten, die beachtet werden müssen.

Die Diskussion wird von denjenigen Status-quo-Anhängern, die vor dem Gedanken, sie müßten in Zukunft ohne den großen Bruder auskommen, zurückschrecken, gerne auch »Neutralismus-Debatte« genannt. Angesichts eines »Ismus« läßt sich meist leichter eine Gegenposition aufbauen – ein Beispiel ist die Diskussion um die Idee der Nation. Es ist einfacher zu sagen: »Wir sind gegen Nationalismus« als: »Wir sind gegen Nationalbewußtsein oder gegen die Nation«. Mit dem Anhängen von Ismus hat man in diesem Falle – wie in dem des Neutralismus – schon von Beginn an die Vertreter einer Neutralitätsforderung wie die eines Nationalbewußtseins anrüchig gemacht – alle möglichen Übertreibungen und Verzerrungen werden dann leicht assoziiert, und der Gegner muß von Beginn an in die Defensive.

Da dieses ganze Buch eine Herausforderung derjenigen ist, die nichts anderes denken können oder wollen als den Status quo, muß auf diese Art der Gegner der Neutralitätsdebatte nicht eingegangen werden. Bei den anderen Vertretern einer Neutralitäts- oder Neutralisierungs-These lassen sich drei Richtungen unterscheiden. Wir nennen sie die »Reflex-Neutralen«, die »National-Neutralen« und die »Politisch-Neutralen«.

Die *»Reflex-Neutralen«* sind diejenigen, die Reflexion im Sinne von Nachdenken eben nicht zu ihrer stärksten Seite zählen. Politik wird hier eher »mit dem Bauch« gemacht, wie man sich in diesem Lager gerne ausdrückt, d. h. aus un-, vor- oder unterbewußten Reflexreaktionen heraus, die den Weg durch den Kopf oder durch die »Anstrengung des Begriffs« schon deshalb oft scheuen, weil es sich dabei eben um eine Anstrengung handelt. Die Neutralitätsforderung wird also als Reaktion auf diffuse Ängste, Unbehagen und Protestreflexe gegründet, was sich generell und in den meisten Fällen als Atomangst artikuliert. Zum Reflex-Neutralen gehört auch, daß er den Kopf, den er ja ohnehin für seine politische Position nicht zu benötigen glaubt, in den Sand steckt. Politisches Realitätsbewußtsein wird hier durch die Hochstilisierung der diffusen Ängste zu kollektiver Gesinnung oder sogar einer neuen Moral ersetzt. Da politische Erfahrung einerseits durch den Kopf geht – keine Erfahrung, die den Namen verdient, ist von Menschen bloß »mit dem Bauch« zu machen –, andererseits Zeit braucht, ist die Reflex-Neutralität gesellschaftlich vor allem bei Bewegungen der Jugendlichkeit zu finden. Solche Bewegungen werden gern von alternden Intellektuellen, die entweder jung geblieben sind oder hier ein Publikum suchen und finden, das sie anderwärts verloren haben, mit Angst schürenden, Reflexe bestätigenden, den »Bauch« irgendwie ansprechenden und hochmoralischen Rechtfertigungen der Kopflosigkeit ideologisch bedient. Beliebte Vertreter dieser hochproblematischen Vaterfiguren sind in der Bundesrepublik Deutschland Walter Jens, Robert Jungk oder – scheinbar reflektierter – jemand wie der Philosoph Ernst Tugendhat. Hier greifen häufig Mechanismen der Radikalisierung. Wer sich um jeden Preis immer wieder Gehör verschaffen will, muß, wenn ihm nichts Neues einfällt, wofür er ja seinen Kopf benötigen würde, seine »Position« radikalisieren. (Ein groteskes Beispiel dafür, wie sich auf diesem Wege Positionen ad absurdum führen, ist es, wenn jemand wie Robert Jungk im Bundestagswahlkampf '87 zum »Sturz der Tyrannei« aufrief und damit neben Strauß auch solche nun wirklich harmlosen Status-quo-Politiker wie Kohl und Genscher meinte.)

Die Mischung von Angst um die Umwelt und Angst vor der Atombedrohung, namentlich in der Form von militärischer Rüstung, müßte, insofern sie faktisch vorhanden ist, auf jeden Fall ein Ansatzpunkt für politische Überlegungen sein. Freilich müßte dabei mehr herauskommen als eine Mischung von Pazifismus, Abrüstungsforderung um jeden Preis und einer hochgeputschten Moral, die sich fundamentaler im Recht glaubt als alles Recht, alle Institutionen und alle Parteien. Um so einem zu einem abstrakten Ideal verkommenden Frieden zu dienen, werden hier sinnlos innenpolitische Bürgerkriegsfronten aufgebaut, die der politischen kollektiven Selbstbehauptung und realen Friedenswahrung abträglich sind.

Die Übergänge von den Reflex-Neutralen zu den National-Neutralen sind notwendigerweise fließend. Unter *National-Neutralen* seien hier jene verstanden, die aus der Ausgangs-Bauchlage der Reflexneutralität eine allgemeinere Position zu machen suchen. Kann man jenen Reflex etwa so formulieren: »Ich will nicht an Euren Atombomben krepieren«, so wäre die Verallgemeinerung eben der Satz: »Wir wollen nicht an Euren Atombomben krepieren«. Die unausweichliche Kollektivität und der Umfang der Vernichtungsdrohung sowie die Reflexion auf die politische Dimension dieses »wir« führen auf die Frage »Wer sind wir?« Damit kann der Weg zu einer wirklichen Politisierung beschritten sein. Denn das Nachdenken über eine politische Fassung des Protests muß zwangsläufig auf »Wir Deutsche« stoßen – und darauf, daß nicht »wir« es sind, die über die »Bombe« verfügen.

So kommt auf dem Umweg über die reflektierte Reflexneutralität die Nationalneutralität ins Gespräch und – versteht sich – auch gleich in Verruf. Denn dieser »Nationalneutralismus« oder »Neutralnationalismus« stammt aus dem nachdenklichen Teil der Friedensbewegung, und die Friedensbewegung hat inhaltliche und sachliche Verbindungen mit der älteren Studentenrevolte der siebziger Jahre, und die rechnete sich jedenfalls zur »Linken« – was immer für verschiedene Dinge darunter verstanden wurden und werden.

Für viele »Linke« in Westdeutschland ist die Tatsache, daß sie außer »Linken« doch auch Deutsche sind, also schwer unter der Last einer selbst oder von anderen verordneten Schuld ächzen, nur durch einen mehr oder weniger militanten und mehr oder weniger inhaltlichen »Antifaschismus« zu ertragen. Dieser »Antifaschismus« wird bei abnehmender Direkterfahrung und zunehmender Vermittlung durch entsprechende Medien unausweichlicherweise immer abstrakter. Die Unterscheidung von faschistisch, konservativ, reaktionär, national usw. fällt immer schwerer, schließlich wird alles, was man nicht selbst vertritt, als »rechts« eingestuft. Dieser Vorgang wird von geschickten Liedermachern, Kabarettisten, aber auch von ganz gewöhnlichen Menschen kommerziell ausgenutzt.

Irgendwie erkennen nun besorgte Ideologen von »links«, daß es sich bei Nation, Nationalbewußtsein oder gar Nationalismus doch wohl eher um etwas »Rechtes« handelt, was historisch – für Deutschland – vielleicht vordergründig naheliegend, grundsätzlich aber Unsinn ist. Also sehen sie die Felle ihres »Antifaschismus« wegschwimmen, und weil dieser meist das einzige ist, was man aufzuweisen hat, werden dann die zum Nationalneutralismus Neigenden innerhalb der Linken mit lamentierend erhobenem Zeigefinger vor dieser Nation gewarnt – was auch nicht ohne Folgen geblieben ist. Der Nationalneutralismus bildet sich dann quasi zur Reflexneutralität zurück – oder das »Linke« an der »Linken« wird mehr in den Vordergrund gerückt. Dann erhält der Rüstungsprotest die bekannte Einäugigkeit eines Antiamerikanismus, der dem Status-quo-Politiker die mit Freuden ergriffene Möglichkeit bietet, die »Neutralisten« nur als nützliche Idioten Moskaus politisch ernstzunehmen. Wenn hier festgestellt wird, daß dies dann unter Umständen sogar einleuchtet, dann soll damit natürlich keineswegs die Position des Status-quo-Politikers bestätigt werden.

Die *beiden* hier besprochenen Neutralitätspositionen sind bekanntlich ein Ferment der Partei der »Grünen«. Hinzu kommt natürlich noch eine etwa gleich große Menge an Ökologie-Bewußtsein, antiautoritärer – d. h. antigouvernementaler – Gesinnung und natürlich auch ein Schuß Anarchie. Daraus leuchtet einerseits ein, daß an der Basis dieser Partei eine gewisse Chaotik herrschen muß. Es muß aber auch deutlich werden, daß es in Sachen Rüstungsprotest und Neutralitätsvorstellungen einen Kern gibt, den man, aufgrund der anderen Ingredienzen grüner Politik, nicht so leicht diffamieren kann, wie es unsere Status-quo Politiker gerne tun.

Daß es aber in bezug auf jenen Kern des Rüstungsprotestes und nicht nur in bezug darauf sehr ernsthafte Überlegungen zur Neutralisierung gibt, das zeigen so seriöse Neutralitätskonzepte wie z. B. das von Löser und Schilling. (J. Löser und U. Schilling: Neutralität für Mitteleuropa. Das Ende der Blöcke. München 1984). Auf dieses Buch soll ausführlich eingegangen werden: weil es in der Bundesrepublik Deutschland viel zu wenig beachtet wurde, weil es den Neutralitätsstandpunkt am konsequentesten und zusammenfassend vorträgt, so daß es exemplarischen Charakter hat, und weil es in vielen Punkten mit den Ansichten und Ergebnissen der Verfasser übereinstimmt, was schon eine Reihe von Abschnittsüberschriften deutlich macht: »Die westeuropäische Chimäre« – »Die Weltrevolution findet nicht statt« – »Sind die Sowjets lernfähig?« - »Das Gespenst der Abkoppelung« – »Die Angst vor der Finnlandisierung« – »Strategie statt Menschenrechtspolitik« – »Selbstverteidigung in Mitteleuropa« – »Blockfrei, aber nicht neutralistisch«.

Mitteleuropa wird von Löser und Schilling wie folgt bestimmt:

»Um Mitteleuropa einzugrenzen, muß der alte Kontinent von der Peripherie aus betrachtet werden. Das Gebiet, das als Mitte stabilisiert werden soll, ergibt sich, wenn von allen traditionell zentrifugalen Elementen abgesehen wird. Mitteleuropa umfaßt somit folgende Länder: die Benelux-Staaten, die Bundesrepublik Deutschland, die DDR, die CSSR, Östereich, Polen, Ungarn, Rumänien und Jugoslawien.

Auf absehbare Zukunft, bis vielleicht einmal de Gaulle's Traum von einem vereinigten Europa vom Atlantik bis zum Ural sich erfüllt, müssen von Mitteleuropa unterschieden werden: Nordeuropa mit den skandinavischen Ländern einschließlich Finnland, Grönland und Island; Osteuropa zwischen Memel und Bug und dem Ural, d.h. Westrußland; Westeuropa mit Spanien, Portugal, Frankreich, Großbritannien und Irland; Südeuropa mit Italien, Albanien, Griechenland und der Türkei.«

Der Vorschlag von Löser und Schilling ist es nun, für dieses so bezeichnete Mitteleuropa »eine Friedenszone bzw. eine Konföderation Mitteleuropa zu bilden«. Dabei sei natürlich nur schrittweise vorzugehen, wobei Löser und Schilling besonders Wert auf die strategischen Aspekte und die militärische Entflechtung legen. (Auf diesen Verteidigungskomplex wird später eingegangen.) Die Friedenszone ist vor allem ein Sicherheitssystem, das die für Löser und Schilling unerträgliche und bedrohliche Konfrontation der Supermächte in Europa durch die Schaffung einer Zwischenzone beenden soll.

»Die Grundzüge eines solchen Planes zur Errichtung einer Friedenszone Mitteleuropa wären:

- gegenseitiger Gewaltverzicht und Verbot des Ersteinsatzes militärischer Mittel;
- gleichzeitiger und kontrollierter Rückzug der amerikanischen und sowjetischen Truppen aus Mitteleuropa;
- Umstellung der Truppen der Länder Mitteleuropas auf defensive

Verteidigungssysteme; – Beseitigung aller ABC-Waffen aus Mitteleuropa;
- Bildung eines gemeinsamen Krisen- und Informationssystems;
- Vereinbarungen über die Prinzipien der Verteidigung für die Länder Mitteleuropas, über ihre Höchststärken und ihre Bewaffnung;
- Einstellung aller Entflechtungsmaßnahmen für den Fall, daß eine Partei die Vereinbarungen verletzt;
- Bildung einer gemeinsamen Kontrollkommission in Berlin als Nachfolgerin der Entflechtungskommission.«

»Die Zeit ist reif für neue Denkansätze, Denkansätze für eine Strategie der Ausgewogenheit der Interessen und Kräfte. Es ist eine Überlebens- und Erhaltungs-, statt Überwindungs- und Abschrekkungsstrategie. Es ist eine Strategie, welche die Selbstbestimmung, die Freiheit, das Recht auf Notwehr und damit die politische Stabilität in einer Friedenszone Mitteleuropa sichern soll.

Wir vertrauen darauf, daß auch der orthodoxeste Atlantiker erkannt hat, daß wir nicht antiamerikanisch eingestellt sind, sondern die unverzichtbare Rolle der USA für die Sicherheit eines wie auch immer verfaßten Europas würdigen. Freundschaft über den Ozean hinweg war und bleibt möglich, ohne daß sie durch Truppenpräsenz unterstrichen werden müßte. Wirkliche Partnerschaft statt der würdelosen Rolle als Junior-Partner mit geliehener Sicherheit – welcher amerikanische Senator verstünde nicht, daß sich nur Selbstverständliches vollzieht, wenn sich die Bundesrepublik Deutschland dazu bekennt, ihr geopolitisches Schicksal anzunehmen.

Die sowjetischen Führer hätten die Aussagen dieses Buches gänzlich mißverstanden, wenn sie darin einen neuerlichen Beweis für ihre irrige These erblickten, ein weiteres Zuwarten ohne konkrete Angebote zahle sich aus. Für nur atmosphärische Entspannung und das politische Kleingeld humanitärer Gesten wird der Kreml die kalte Schulter sehen. Mit Friedenssprüchen allein lockt man die Deutschen nicht aus der NATO. Es müssen schon Angebote sein, die allen Mitteleuropäern eine österreichische Perspektive eröffnen.«

In einer Fernsehdiskussion aus Anlaß des Erscheinens des Buches von Löser und Schilling wurde dem Autor Generalmajor a.D. Jochen Löser nicht ohne unterschwellig erhobenen Zeigefinger anhand von stilisierten Karten demonstriert, daß »sein« Mitteleuropa doch fatale Ähnlichkeit mit dem Großdeutschen Reich habe. Die argumentative Primitivität einer solchen – leicht vorwurfsvollen – Demonstration ist kaum zu unterbieten. Jede mitteleuropäische Lösung, die über die konfrontative Zersplitterung Mitteleuropas, wie sie gegenwärtig vorliegt, hinausgeht, muß im Kartenbild selbstverständlich eine »Ähnlichkeit« mit dem Kartenbild des »Großdeutschen Reiches« haben, und zwar einzig und allein deshalb, weil es sich um die gleichen geographischen Räume handelt. Da dies selbstverständlich auch für die hier vorgeschlagene Zentraleuropäische Föderation gilt, sei hier jedes in diese Richtung gehende »Argument« schon vorweg energisch als reine Diffamierung zurückgewiesen.

Wenn im folgenden unsererseits einige Bemerkungen zum Buch von Löser und Schilling gemacht werden, dann nicht um einer Kritik von Autoren zu Autoren willen. Es geht vielmehr darum, deutlich zu machen, worin sich das hier vorgelegte Werk von einem Buch unterscheidet, mit dessen Strategie die Verfasser weitgehend und mit dessen Voraussetzungen sie doch teilweise übereinstimmen.

Strategie ist hier allerdings das Stichwort. Löser und Schilling schlagen eine alternative Strategie vor, und selbstverständlich ist dieser Begriff hier nicht bloß militärisch- und rüstungsstrategisch gemeint. Ihre Strategie ist eine politische Konzeption: Die Verhältnisse in Europa sollen von einer festgefahrenen Konfrontation zu einer umfassenden Kooperation umgestaltet werden, und zwar unter der Voraussetzung eines Auseinanderschiebens der Blöcke. Dabei ist es nun vielleicht nicht einmal so wichtig zu fragen, wieso die Verfasser annehmen, daß eine mitteleuropäische Integration in dieser Hinsicht besser funktionieren soll als die nach ihrer Meinung ja gescheiterte westeuropäische – obwohl dort die entscheidende Interessendivergenz der Ost-West-Konstellation fehlt. Wesentlich ist es, darauf hinzuweisen, daß der Vorschlag einer alternativen Strategie auf der Annahme beruht, diese Lösung könne – aufgrund der Rationalität ihres friedenspolitischen Charakters und der Neutralität dieses zukünftigen Mitteleuropas – möglicherweise plausibler und pragmatisch eher in »operative« Politik umgesetzt werden als ideologisch fundierte, weiterreichende, in den Augen der Verfasser aber utopische Vorstellungen der von ihnen zu Recht abschätzig sogenannten »Menschenrechtspolitiker«.

Die Pragmatik dieser durchaus vernünftigen Vorschläge ist jedoch unseres Erachtens nur scheinbar, und zwar weil die vorgeschlagene Strategie an der sicherheitspolitischen Oberfläche verbleibt. Natürlich kann es sinnvoll sein, eine ideologieneutrale, sicherheitstechnische Lösung vorzuschlagen. Aber damit bleibt das Denken notwendigerweise auf dieser Ebene, nämlich der, die durch die ideologische Konfrontation geprägt wird, die sich auch innerhalb der »mitteleuropäischen Konföderation« reproduziert. Dieses rationalneutrale Ausklammern der ideologischen Gegensätze macht die Perspektiven bei aller Pragmatik so problematisch. Die Aufforderung, von den ideologischen Konfrontationen abzusehen, um sich aus Sicherheits- und Überlebenspragmatik auf eine alternative Strategie zu einigen, ist ehrenwert, aber unzureichend. Vor allem, weil sie dem ideologischen Aufforderungscharakter des Ost-West-Gegensatzes insofern nicht entspricht, als dieser von sich aus die Möglichkeiten der Neutralität leugnet, weil man sich in dieser Konfrontation für eine Seite zu entscheiden habe.

Auch die politische Neutralität, die Löser und Schilling exemplarisch vertreten, verbleibt noch zu sehr auf der Ebene dieses Ost-West-Denkens. Neutralität macht hier den Eindruck, als müsse man sich bloß negativ gegen den Osten wie den Westen verhalten – noch dazu nur auf der strategischen Ebene –, um einen eigenen Status für eine Alternative, für ein »Dazwischen« zu gewinnen. Aber es kommt darauf an, dies »Dazwischen« positiv auszufüllen, ein Selbstverständnis in Europa politisch zu etablieren, das mehr und anderes ist als bloß die Ablehnung der Ost-West-Strategien. Eine Theorie, die geeignet ist, das ideologische Vakuum auszufüllen, müßte – nach Meinung der Verfasser – mehr sein als nur der Nachweis, daß Mitteleuropa in der Lage ist, sich ohne ABC-Waffen allein zu verteidigen. Es kann deshalb nicht genügen, Neutralität als selbstverständlich erstrebenswertes und zu erreichendes, sogar auch erreichbares Ziel vorauszusetzen oder sie selbst schon zur Ideologie eines politischen Weges zu machen. Einige grundlegende Gedanken zur Neutralität werden unumgänglich.

Zu Recht schreiben Löser und Schilling in ihrem Abschnitt »Blockfrei, aber nicht neutralistisch«:

»Jeder Vorschlag, aus der Blockkonfrontation auszuscheren, erleidet das Schicksal Rigolettos: Er verfällt dem ›Fluch des Alten‹, sprich Konrad Adenauer. Nur Neutralisten, so will es das Atlantische Dogma, kommen auf solche gefährlichen Ideen; Menschen also, die Ost und West aus der sogenannten ›Äquidistanz‹ betrachten und angeblich nicht zwischen den Grundwerten des Westens und der kommunistischen Ideologie unterscheiden können. Ein vernichtendes Urteil, wenn es stimmen würde, doch es trifft nicht den Sachverhalt.«

Unter »Neutralismus« verstehen Löser und Schilling die bloß propagandistische Verwendung des im Zitat genannten politischen Vorwurfs. Dabei ist »Äquidistanz« eine absolut angemessene Kategorie, wenn sie *nicht* total verstanden wird. Allerdings müßte auch die Zentraleuropäische Föderation gleichermaßen zum Westen wie zum Osten auf strategische Distanz gehen. Dies ist geradezu eine Voraussetzung dafür, in politischer Kooperation, in den mannigfaltigsten Beziehungen und, wenn man will, in »Freundschaft« wiederum Distanzen zu überwinden. Nimmt man »Äquidistanz« hingegen geopolitisch, so dreht sich die Sache sogar um: Wir können dann in Mitteleuropa nicht auf Äquidistanz zu den Supermächten gehen, weil die Sowjetunion unter anderem auch eine Supermacht in Europa ist und eben dort liegt, wo sie liegt. »Äquidistanz« als propagandistischer Vorwurf meint hingegen, wie Löser und Schilling auch zeigen, eine gleichmäßige Distanz vor allem in ideologischer Hinsicht, was dann je nachdem entweder als moralisch verwerflich oder als Zeichen von bedauernswerter Blindheit oder politisch als geradezu verbrecherisch gilt.

Darin zeigt sich nun freilich nur jenes Bestehen auf Unmündigkeit, das sich vom Ost-West-Gegensatz seine Denkhorizonte einschränken läßt. *Selbstverständlich ist »Äquidistanz« notwendig*, und zwar gerade, weil sie von jeder der beiden Seiten als verwerflich angesehen oder ausgegeben wird. Selbstverständlich muß man zu den Alleinvertretungsansprüchen jeder Seite auf das, was Mensch, Freiheit und Frieden sein soll, gleichermaßen auf Distanz gehen. Denn dieser ideologische Alleinvertretungsanspruch meint ja doch nicht nur, daß die andere Ideologie in der globalen Konfrontation nur negativ verstanden werden könne, sondern auch, daß es keine dritte Möglichkeit geben dürfe. Damit wird aber eine Struktur reproduziert, die im Bereich des religiösen Absolutismus oder des Fundamentalismus zu Hause ist. Allerdings steht geschrieben: »Ihr könnt nicht Gott dienen und dem Mammon« und »Wer nicht für mich ist, der ist gegen mich« und »Wer nicht mit mir sammelt, der zerstreut«. Diese aus Gründen individueller Heilsgewißheit und als Antwort auf das Bedürfnis nach transzendenter Sicherheit geprägten Formeln aus dem Bereich des Religiösen können aber nicht auf den Bereich des Politischen übertragen werden – konnten es im übrigen nie. Sie leben davon, daß sie das, »was des Kaisers ist«, also die Politik, gerade von ihrer Absolutheit ausklammern. Es entspricht dem Heilsbotschafts-, kurz, dem ideologischen Charakter der in Ost und West herrschenden Ideologien, daß sie in der Manier echter Herrschaftsinstrumente jene Ausschließlichkeitsansprüche aufrichten. Daraus resultiert dann vor allem auch das Mißtrauen, ja die Ablehnung des Neutralen überhaupt – ein typisches Produkt der totalitären Ideologie wie des supermachtgestützten Liberalismus.

Gerade der letztere trägt in der Gegenwart dazu bei, die völkerrechtliche Neutralität in der Praxis grundsätzlich zu zerstören – wie allerdings unter dem Einfluß des Ost-West-Gegensatzes überhaupt eine Aushöhlung völkerrechtlich verpflichteter Politik festzustellen ist. Der Staats- und Völkerrechtler Carl Schmitt stellte bereits in den dreißiger Jahren eine »Wendung zum diskriminierenden Kriegsbegriff« fest. Dies bedeutet, daß unter dem Gesichtspunkt herrschender Globalideologien eine der bedeutendsten politischen Errungenschaften Europas zersetzt wird: das »ius publicum europaeum« – das europäische Völkerrecht –, eine »Hegung des Krieges«, die für die Geschichte der Menschen und des Friedens von größter Bedeutung war. Der Kern des alten Völkerrechts war die an Regelung gebundene Kriegseröffnung und -führung, vor allem aber auch eine Anerkennung des Feindes als Menschen, als prinzipiell gleichrangig – der Feind war nur im gleichsam technischen Sinne Feind –, immer konnte der Feind von heute zum Freund von morgen werden. Dies eben geht mit der »Wendung zum diskriminierenden Kriegsbegriff« verloren. Moderne Republiken und demokratische Massengesellschaften sind offenbar für Kriegseinsätze nur zu mobilisieren, wenn man einen Feind aufbaut, der nicht nur Kriegsgegner, sondern eigentlich eine Art Menschheitsfeind ist. Der Menschheitsfeind muß dann als solcher vernichtet werden, weil er als das letzte Hindernis auf dem Weg der Menschheit zu Fortschritt und Frieden angesehen wird.

Es ist klar, daß die weltrevolutionäre Theorie des Kommunismus, die davon ausgeht, daß die Auseinandersetzung im Weltmaßstab zwischen Proletariat und Kapitalismus ebenso zwangsläufig ist, wie sie schließlich – »im letzten Gefecht« – durch einen Vernichtungskrieg beendet werden muß, schon einen eigentlich atavistischen Rückfall hinter jene Einigung des europäischen Völkerrechts war, in bezug auf die es wirklich angebracht ist, von »Errungenschaften der Menschheit« zu sprechen. Aber auch die Kreuzzugsmentalität, mit der die USA die beiden Weltkriege gegen den Weltfriedensstörer Deutschland führten, zusammen *ein* Krieg in zwei Phasen, ein Krieg, der typischerweise mit »unconditional surrender« und absoluter Diskriminierung eines ganzen Volkes endete, muß für diese Entwicklung verantwortlich gemacht werden.

Die USA, die aufgrund der Umstände ihrer Entstehung eine lange Geschichte in der Vertretung des Prinzips der Neutralität (Monroe-Doktrin) hatten, führen seit dem Ersten Weltkrieg – aus guten Absichten zwar – ideologisch motivierte Angriffe gegen das Völkerrecht. Schon 1917 hatte USA-Präsident Wilson erklärt:

»Die Neutralität ist nicht mehr möglich oder wünschenswert, wenn es sich um den Frieden der Welt und die Freiheit der Völker handelt.«

Ein klassisches Beispiel für die Möglichkeiten, mit denen man rechnen muß, wenn die Politik in die Hand von Menschen mit guten Absichten gerät. *Der Kriegsgegner wird zum Menschheitsfeind,* der um des Friedens willen geführte Krieg »eskaliert« – die letzten Taten dieser Menschheit werden schlimmer als die ersten. Die Supermacht USA kann, und das charakterisiert ihren weltumfassenden Anspruch, an Neutralität nicht mehr interessiert sein, weil sie sie im Antagonismus der Supermächte und in der Vorstellung eines Eingriffsrechts allüberall in der Welt für sich selber natürlich nicht in Anspruch nehmen kann. Konsequent wird daher Neutralität als solche abgelehnt. US-Außenminister Dulles »erklärte noch 1956, daß die USA nicht an die Neutralität glauben und daß diese, von Ausnahmefällen abgesehen, ein veralteter und überholter Begriff sei« (vgl. Berber, Lehrbuch des Völkerrechts, München 1960, Bd. II, S. 214).

Die Supermachtkonstellation schließt ideologisch jedenfalls die »klassische« Neutralität aus, und die Einigung über Österreich ist die Ausnahme. Eben darum ist ja der Vorwurf des »Neutralismus« bei den Verteidigern der »atlantischen Wertegemeinschaft« so schnell zur Hand und so diffamierend gemeint. Nun hat aber andererseits, wie das Völkerrechtslehrbuch von Berber anführt, das Prinzip der Neutralität immer noch einen hohen Stellenwert in der Weltpolitik:

»Aber dem steht ein beachtliches Festhalten an Begriff und Idee der Neutralität in der Staatenpraxis gegenüber.

Man kann folgende fünf Argumente für den positiven Wert der Neutralität aufstellen:

1. Durch die Existenz neutraler Staaten wird der Krieg lokalisiert, weniger umfänglich; die Summe menschlichen Elends, Leidens und Hasses, die der Krieg mit sich bringt, bleibt also kleiner.

2. Durch die Existenz neutraler Staaten sind die Kriegführenden gezwungen, Schranken einzuhalten, und bemühen sich um Rechtfer-

tigung ihrer Akte; es wird also ein Abgleiten in den schrankenlosen Krieg erschwert.

3. Die neutralen Staaten ermöglichen die Durchführung humanitärer Aufgaben im Kriege.

4. Die Existenz neutraler Staaten wirkt schon im Frieden gegen die Blockbildung, also friedenserhaltend; im Krieg können sie vermittelnd zwischen den Gegnern wirken, also Frieden stiften – s. Artikel 3, II und III der Ersten Haager Konvention von 1907: ›Das Recht, gute Dienste oder Vermittlung anzubieten, steht den am Streite nicht beteiligten Staaten auch während des Gangs der Feindseligkeiten zu. Die Ausübung dieses Rechtes kann niemals von einem der streitenden Teile als unfreundliche Haltung angesehen werden‹.

5. Neutrale Staaten haben Interesse an der strikten Einhaltung des Völkerrechts; sie wirken also in einer Krise des Rechts rechtsfördernd und zugleich objektivierend, da sie von den die Gegner trennenden Ideologien frei sind.«

Wir haben also einerseits die Situation, daß man generell zwar von einem »Niedergang des Prinzips der Neutralität« – seit dem Ende des »ius publicum europaeum« – sprechen kann, daß aber die Neutralität, sozusagen abstrakt, noch immer relativ hoch im Kurs steht.

Zu dieser Situation gehört es eben auch, daß, gehen wir von unserem Teil Deutschlands aus, der Gedanke an Neutralität, insofern er die Distanz zu den USA einschließt, schon als Abfall von der Wahrheit angesehen und entsprechend behandelt, man kann auch sagen: verfolgt wird. Und dazu gehört jene verlogene Propagandaformel von der »Äquidistanz«.

Ist es also einerseits einleuchtend, daß Neutralitätskonzepte sich quasi aufdrängen, wenn man in Europa aus der Konfrontation der Supermächte heraus will, so muß man allerdings auch sehen, daß Neutralität als Grundlage einer Gegenkonzeption nicht ausreicht: Sie ist zwar im Sinne des Friedens plausibel zu machen, aber das ist die Abschreckung auch. Wenn Neutralität an der Oberfläche des strategischen Auseinanderrückens bleibt, werden diejenigen einen schweren Stand haben, die, wie etwa Löser und Schilling, die ideologische Äquidistanz weit von sich weisen müssen und sich der westlichen Wertewelt weiter zurechnen. Denn dann sind sie notwendig dem Vorwurf ausgesetzt, zwar die Werte zu wollen, aber aus der Front ihrer Verteidiger auszuscheren.

Die Voraussetzung für eine alternative Konzeption, die mehr sein muß als der relativ schwache Begriff der Neutralität, ist es zunächst, eine ideologische Äquidistanz insofern zu entwickeln, als man deutlich erkennen muß, daß es bei der Konfrontation der Supermächte um genau dies, nämlich um die Konfrontation der Supermächte, geht, und daß hier primär deren Interessen gegenseitig vertreten werden. Der jeweils ausgeübte moralisch-ideologische Zwang, diese Konfrontation als eine Auseinandersetzung zwischen Wahr und Falsch, Gut und Böse anzusehen, ist zunächst nichts anderes als eine Propaganda, mit der man ein »Lager« um sich schart. Es geht nicht um das Reich der Freiheit im Kampf mit dem Reich der Unfreiheit – diese Ebene muß unbedingt verlassen werden. Es geht um die Interessen der Supermächte, und diese Interessen sind nicht immer und überall die der Europäer. Die »Wertegemeinschaft« macht die Konfrontation in Europa weder sicherer, noch dürfte sie auf die Dauer die Stabilität des atlantischen Bündnisses garantieren.

Wer meint, man dürfe nicht auf Äquidistanz zu den beiden Supermächten gehen, insofern wir dem gleichen Wertsystem wie die eine angehören, der ist dem Propagandainteresse der einen Seite mindestens ebenso verfallen wie jemand, dem auch heute noch Stalins Anspruch einleuchtet, daß die Interessen der Sowjetunion identisch seien mit den Interessen jedes anständigen internationalistischen Sozialisten. Geopolitisch aber ist festzuhalten, daß die Distanz zur Sowjetunion jedenfalls real geringer ist als die zu den USA – mit der Sowjetunion *müssen* wir in Mitteleuropa rechnen, mit den USA *können* wir bloß rechnen, und niemand kann sagen, wie lange noch. Die USA sind nicht primär um der gemeinsamen Werte willen in Europa, sondern in Wahrnehmung ihrer Interessen. Und ihre Interessen sind nicht objektiv an einen Raum gebunden, sondern werden von den USA einzig und allein selbst definiert.

Wer nur »Neutralität« anstrebt, der verbleibt letztlich auf der politischen und der Denkebene der Ost-West-Konfrontation. Aber die Tatsache, daß Kerneuropa keine Supermacht ist und auch keine werden wird, kann nicht bedeuten, daß es sich eine zukünftige weltpolitische Stellung nur *von den jetzt herrschenden Supermacht-Interessen* vorschreiben lassen kann – und der neutrale Bezug allein führt von dieser Ebene nicht weg. Wesentlich ist, daß Europa von sich selbst her eine politische Substanz, eine Idee zur Geltung bringt, die etwas anderes, etwas Eigenes ist, etwas Besonderes, wenn man will. Dabei geht es weder darum, sich aus Ost und West etwas zusammenzumischen oder um die abstrakte Identifikation mit irgendeinem Menschheits-Ismus. Kein Mensch nimmt uns eine Moral als Politik ab. *Europa hat eigene Ideen und eigene politische Gestaltungsmöglichkeiten, und das mitteleuropäische Potential an beidem kann nur zum Schaden der Menschheit vernachlässigt werden.* Wir müssen nur selber einsehen, daß wir mit unseren Ideen, mit unserer historischen Prägung ebenso visionär umgehen könnten, wie wir einsehen müssen, daß die Interessen der Supermächte nicht unsere Interessen sind und daß es eine Alternative zu der Fremdbestimmtheit in Europa gibt. Selbständigkeit in dem substantiellen Sinne der Ausprägung und Behauptung des eigenen »Selbst«, Selbständigkeit einer zentraleuropäischen Ordnung ist das Ziel, und die Ideen sind hier entwickelt: Reich – als Reich des Friedens und der Einheit von Unterschieden, Staat – als Souveränität, nicht bloß als »Neutralität«, und Nation als lebendiges Bewußtsein der frei sich zusammenschließenden Völker.

Bewaffnung und Verteidigung der Zentraleuropäischen Föderation

Zu Beginn der fünfziger Jahre, als die Frage der Wiederbewaffnung Westdeutschlands verhandelt wurde, fiel die scherzhafte, aber treffende Bemerkung, Frankreich wünsche sich eine deutsche Militärmacht, die deutlich schwächer sei als die eigene – freilich sollte sie möglichst stärker sein als die der Sowjetunion. Die französischen Probleme wurden durch die eigene Atombewaffnung einerseits und durch die doch strikte Einbindung der Westdeutschen in das NATO-Bündnis gelöst. Eine selbständige politische Formation in der Mitte Europas könnte die traditionellen Befürchtungen Frankreichs aufleben lassen. Aber die hier vorgelegte Konzeption verfolgt ja methodisch zwei Wege. Der eine ist die Zielprojektion einer ost-westübergreifenden mitteleuropäischen Lösung und das Nachdenken darüber, wie diese in sich beschaffen sein könne.

Der zweite Weg, der hier eingeschlagen wird, ist der einer Bestandsaufnahme von wahrnehmbaren Verschiebungen in der weltpolitischen Situation und von Zukunftsperspektiven, friedenspolitischen, sicherheitspolitischen und ökonomisch-technologischen, die deutlich machen, daß eine umfassende Neuordnung Europas mit einer Stärkung seines Zentrums eine existentielle Notwendigkeit für die Revitalisierung unseres Kontinents ist. In diesem letzteren Sinne geht dieser Abschnitt davon aus, daß sich die Situation, die jene Einschätzung der deutschen Wiederbewaffnung, an die eingangs erinnert wurde, hervorgerufen hatte, in der Tat verschoben hat. Frankreich ist seiner Sache sicher, es ist der enge Interessenverbündete in bezug auf die Erneuerung eines selbstbewußten Europas. Es erkennt, daß eine kontinentale Hegemonie bzw. eine Neuordnung Europas nicht mehr mit Waffengewalt zu erzwingen ist. Europas Chancen liegen in den Anstrengungen zur Selbstbehauptung und in den Bemühungen, sich objektiv unentbehrlich zu machen und dies als Politik der Alternative zu den Supermächten weltweit plausibel zu machen.

Nun wird freilich diese Einschätzung der europäischen Situation bestimmte politische Befürchtungen ebensowenig außer Kraft setzen wie bestimmte Gesetze der politischen Selbstbehauptung. Dies ist in Frankreich bekannt, und seine konventionelle Rüstung, insbesondere deren technische Weiterentwicklung, bildet zusammen mit der einsatzfähig gehaltenen Atombewaffnung genügend Rückhalt, politisches Selbstbewußtsein zu entwickeln. Andererseits beruht die mögliche Verschiebung der öffentlichen wie der offiziellen Meinung Frankreichs gegenüber der Neuordnung Mitteleuropas heute und in naher Zukunft zweifellos noch auf der Bedingung, daß die Zentraleuropäische Föderation auf atomare Bewaffnung oder überhaupt auf ABC-Waffen verzichtet.

Soll dieser Verzicht einen politischen Sinn haben, so muß selbstverständlich die Voraussetzung sein, daß auf dem Territorium der souveränen Zentraleuropäischen Föderation auch keine entsprechenden Waffen anderer Mächte mehr stationiert sind. Wer dagegen einwendet, die Zentraleuropäische Föderation verurteile sich damit von vornherein zu einer politischen Drittrangigkeit, die ihrer wirtschaftlichen Potenz nun schon gar nicht mehr entspräche, zeigt nur, daß er nach wie vor in den gestrigen Kategorien der quasi mechanischen Aufrüstungskonkurrenz der Supermächte befangen ist; er ist im politischen Denken bereits unheilvoll festgelegt. *Mit der Perspektive einer dritten europäischen Supermacht provoziert man immer die präventive Absurdität der bisherigen Supermacht-Konstellation.* Die Stärke Zentraleuropas liegt in seiner Selbständigkeit, aber auch in dem Verzicht auf Hegemonie, in dem Respekt vor Kultur, Sprache und Eigengewicht aller beteiligten Länder und Völker. Die Voraussetzung der Möglichkeit, diese Konzeption zu entwickeln, ist es, keine ABC-Waffen zu wollen. Wenn anders es denn das vordringliche – wenn auch einseitig strategisch fixierte – Interesse der Sowjetunion ist, die amerikanische Atombedrohung von Europa aus loszuwerden, dann würde sich die antagonistische Konstellation – mit aller Absurdität – wiederholen, wenn die Zentraleuropäische Föderation ihrerseits zur Atommacht würde. Die absolute Notwendigkeit, nach Westen wie nach Osten hin auf diese Superbewaffnung zu verzichten, kann nun von den Mitteleuropäern selbst keineswegs nur negativ gesehen werden. Es ist ja eine namentlich in Westdeutschland dogmatisierte These, daß ohne den amerikanischen Atomschild Europa hoffnungslos der sowjetrussischen »Dampfwalze« (gemeint: seiner konventionellen Überlegenheit) ausgeliefert sei, die so spektakulär gefeierten Abrüstungsvereinbarungen ändern nichts an dieser Konstellation.

Eine erste Unbefangenheit gegenüber der Angst vor der »russischen Dampfwalze« gewinnt man, wenn man sich klarmacht, daß diese Angst der Europäer sowohl im politischen Interesse der USA als auch der Sowjetunion liegt. Für die UdSSR ist die Drohung mit einem schnellen Überrollen Westeuropas ein Mittel einer impliziten Droh- und Abschreckungspolitik, die USA machen den Europäern so ihre Anwesenheit in Europa und ihre totale weltpolitische Abhängigkeit vom großen Bruder jenseits des Atlantiks deutlich.

Aber wie auch immer, einer der Hauptgründe für den massiven sowjetischen Aufmarsch gegen Westeuropa, der hier nicht geleugnet oder verharmlost werden soll, liegt im Ost-West-Antagonismus: Im Falle des großen kriegerischen Endkampfes mit den USA würde ein schneller Erfolg alle Basen der gegnerischen Supermacht auf dem eurasischen Kontinent beseitigen und die Sowjetunion somit konventionell unangreifbar machen. Zugleich wäre ein überranntes Westeuropa Faustpfand und gegebenenfalls auch industriell-technologischer Ergänzungsraum, um einen anhaltenden, nicht eskalierenden Konflikt mit den Vereinigten Staaten ökonomisch durchstehen zu können. Falls sich jedoch die USA mit ihren Truppen und Atomwaffen aus diesem Europa entfernen würden, entfiele zumindest *ein* Motiv für die Aufrechterhaltung der »Dampfwalze«. Wenn sich Zentraleuropa dem Ost-West-Antagonismus generell entziehen und folglich mit beiden Supermächten auf gleicher Ebene technologisch kooperieren würde, entfielen nicht nur die anderen Gründe, sondern die gesamte Voraussetzung einer sowjetischen Drohpolitik. Denn diese ist gemäß der obigen Interpretation ja primär gar nicht eine Politik gegenüber dem nichtsowjetischen Europa, sondern gegen die andere Supermacht und die westeuropäischen Instrumente ihrer Politik.

Die technologische Zusammenarbeit mit dem so potenten mitteleuropäischen Raum, deren möglicherweise destabilisierende Effekte auf das sowjetische System von dem sich abzeichnenden Gorbatschow-Kurs aufgefangen werden könnten, muß eine der Hauptrichtungen des Interesses der Sowjetunion an einer Dynamisierung dieses Raumes sein. Wenn Handel und Technologietransfer des vereinten ökonomischen und technologischen Potentials von Bundesrepublik, Österreich, der DDR und der CSSR – die letzten beiden zudem von ökonomischen Systemzwängen freier als bislang – sich auf die Sowjetunion konzentrieren würden, *ohne den Zusammenhang mit dem weiteren Europa und den USA zu verlieren*, wäre das für die UdSSR u. U. eine Chance, auch ökonomisch mit den USA gleichzuziehen.

Einem »Atlantiker«, der bis hierhin weitergelesen hat, sei nun auch eingeräumt, daß alle diese Überlegungen zur gegenwärtigen und zukünftigen sowjetischen Strategie auf – wenn auch nicht völlig unbegründeten – Spekulationen beruhen. Aber auch die Unterstellung, daß die Sowjetunion im Sinne der Weltrevolution jede Gelegenheit ausnützen würde, das »Lager« des Sozialismus zu erweitern – konkret: nach Abzug der Amerikaner aus Europa die Panzer rollen zu lassen –, ist zunächst auch nichts anderes als eine Spekulation. Aber abgesehen davon, daß die vorherigen Abschnitte zunächst nur auf Möglichkeiten und sich daraus für uns ergebende Chancen hinweisen wollten: Militärs rechnen immer – und als Militärs völlig zu Recht – mit dem schlimmstmöglichen Fall: d. h. einem bestausgerüsteten, hochmotivierten und ständig schlagbereiten Feind, bei dem im Ernstfall alles klappen wird. Hier soll nun gar nicht versucht werden, durch Hinweise und Spekulationen bezüglich von Defiziten der Sowjetarmee hinsichtlich Ausbildung, technischen Bereitschaftsgrads und realer Waffenqualität dieses Argument zu widerlegen. Auch ist klar, daß Militärs den Feind nicht nur hinsichtlich der Perfektion seines Militärapparats nicht nur nicht unterschätzen dürfen, sondern auch, daß sie immer mit dem Fall rechnen müssen, daß dieser Apparat voll zum Einsatz kommt – ihnen sind Spekulationen, ob der Gegner dies überhaupt will oder politisch vernünftigerweise überhaupt wollen kann, nicht erlaubt. Aber diese Gleichsetzung von militärischem Potential und aktueller Absicht ist eben eine bloß militärische.

Das heißt natürlich nicht, daß Politiker nicht die Argumente der Generäle ernst nehmen sollten, aber es heißt, daß sie sich der Eigenständigkeit des Politischen bewußt sein müssen. Konkret ist hier etwas gemeint, das man als – politisch in eine Sackgasse führende – Idee der absoluten Sicherheit bezeichnen könnte.

Der Vorgang ist einfach und zunächst einmal recht abstrakt zu beschreiben. Es geht um die »Verteidigungsfähigkeit« einer nur mittelgroßen Macht in einer Welt, in der es zur Zeit zwei Supermächte gibt. Als Einzelland und auch im Bündnis mit anderen kleineren Mächten ist eine solche Verteidigungsbereitschaft gegen eine Supermacht nur aufrechterhaltbar, wenn man über das ganze Spektrum von Waffen einer Supermacht verfügt, d. h. selbst Supermacht wird, um sich maximal zur Wehr setzen zu können. Ist dies nicht möglich oder wünschbar, beginnt das Dilemma. Denn auch wenn die betreffende Macht über eine eigene und gute Armee verfügt, kann diese allein niemals erfolgreich einen Konflikt gegen eine Supermacht durchstehen, denn diese hat quantitativ und qualitativ mehr Mittel, um der kleineren Macht ihren Willen aufzuzwingen. Also müßte man sich des Schutzes der anderen Supermacht versichern. Und schon hier wird die erste Absurdität sichtbar: Denn hat man sich entschieden, gehört man selbst nun zum Lager und militärisch gesehen zum Potential der nun »befreundeten« Supermacht, das aber nun gegen das Potential der anderen Supermacht gerichtet ist. Anders ausgedrückt: Man ist selbst nur noch Rädchen im Supermachtantagonismus. Führt der Wille zur absoluten Sicherheit bzw. Verteidigungsbereitschaft so schon zur Konsequenz der politischen Selbstentmündigung, so sind die Folgen für die eigene Sicherheit noch viel absurder. Denn begibt man sich unter den »nuklearen Schutzschirm« einer Supermacht gegen die andere, bedeutet das auch, daß man sich selbst in das volle Potential an Destruktivität des »Freundes« einbindet – denn eine Supermacht ist nur dann Supermacht, wenn sie über ein volles Spektrum an Destruktionsmitteln verfügt, und die absolute Sicherheit ist nur erreichbar durch die Möglichkeit der vollständigen Anwendung dieses Spektrums, in das die kleinere Macht sich bedingungslos einordnen muß. Im Konfliktfall bedeutet dies aber, daß dies volle Destruktionsspektrum eskalierend zum Einsatz kommen kann. Zwar nur »kann«, aber das nützt dem »kleinen Bruder« nichts, denn über die Eskalation über das volle Spektrum an Destruktionsmitteln verfügt begriffsnotwendig allein die Supermacht.

Damit führt die Suche nach absoluter Sicherheit im Ernstfall zur ebenso absoluten Selbstauslieferung an die Selbsterhaltungsinteressen der verbündeten Supermacht, die ganz allein von sich her darüber entscheiden kann, ob, wo und mit welchen Mitteln sie den Konflikt mit der anderen austrägt, d. h. auch, welche »Freunde« gegebenenfalls den feindlichen Armeen oder auch der eigenen

Nuklearstrategie zu opfern sind. Für den betroffenen »Freund« aber endet die Suche nach der absoluten Sicherheit gegebenenfalls in der absoluten Vernichtung, und vor allem hat die betreffende kleine Macht noch nicht einmal mehr die Entscheidung in der Hand, ob sie nun tatsächlich heroisch-trotzig bis zum letzten Mann (und Frau) kämpft oder sich in das Unvermeidliche fügt und sich unterwirft. Etwas konkreter ausgedrückt: Falls jemals »Freiheit« und »Sozialismus« ihren letzten Kampf kämpfen werden, kann am Ende durchaus »die Freiheit« oder »der Sozialismus« als Sieger dastehen, übrigbleiben werden aber nur Amerikaner und/oder Russen, aber keine Deutschen oder andere Mitteleuropäer – egal, ob sie zuvor zum Lager der Freiheit oder des Sozialismus gehört haben.

Die obige Argumentation ist gewählt worden, um deutlich zu machen, daß hier nicht primitiver Antiamerikanismus oder Antisowjetismus gefördert werden soll, der den USA und der UdSSR eine die Vernichtung Europas zynisch kalkulierende Weltherrschaftspolitik unterstellt. Sondern es soll klargemacht werden, daß ein absolutes Sicherheitsdenken unter der Voraussetzung der Existenz zweier Supermächte strukturell gar nichts anderes erzeugen kann als ein absurdes Selbstvernichtungsrisiko – absurd, weil man sich sogar der Entscheidung darüber beraubt, ob man, mit Hegel gesprochen, im Kampf auf Leben oder Tod Herr oder Knecht sein will (Knecht ist, wer das Leben wählt). Zu den Absurditäten dieser vom Supermachtsantagonismus geprägten Situation gehört notwendigerweise auch ein pervertiertes »Gleichgewichtsdenken«, das die primitive Form der Waagschalen für die Grundlage eines politischen Arguments hält. Diese primitive, archaische Form oder dies Symbol ist zwar in der Tat die Grundlage des Wettrüstens, aber das macht ja diesen Gleichgewichtsgedanken nicht weniger primitiv. Der Gedanke des »Gleichgewichts« ist aber seiner Tradition nach differenzierter. Der Gleichgewichtsgedanke ist im Italien des 15. Jahrhunderts entstanden. Schon damals war er im Sinne eines Systemgleichgewichts »moderner« als die primitive Vorstellung von Waagschalen, wobei die eine Seite immer noch Gewicht zulegen muß, wenn die andere ihrerseits zugelegt hat. Bei dem Gedanken des politischen Gleichgewichts handelte es sich um eine komplizierte Vorstellung einer dynamischen Ordnung von fünf politischen Kräften, wobei die Vorherrschaft eines Elementes in dem betreffenden Raum verhindert werden sollte. (Die Kräfte waren Florenz, Neapel, Kirchenstaat, Venedig und Mailand.)

Die moderne Waffentechnik sowie die Absurditäten des »Overkill«

und die kritischen Grenzen der Beweglichkeit und Einsatzmöglichkeiten für Nuklearbewaffnung machen völlig andere politische Sicherheitskalküle möglich und notwendig als bloß den Vergleich von Zahlen und Massen. Den Europäern vorzustellen, sie müßten aus eigener Kraft all das ersetzen, was sie verlieren, wenn die USA sich vom Kontinent zurückziehen, ist reine Befangenheit im Ost-West-Schema und in der mechanischen Gleichgewichtskonzeption.

Vom französischen Standpunkt aus führt der Franzose Régis Debray (Die Weltmächte gegen Europa, Reinbeck 1986) eine detaillierte Kritik der bisherigen euro-strategischen Konzeption aus. Auf sie kann hier verwiesen werden, weil in diesem Punkt die vom französischen Standpunkt vorgetragenen Argumente auch für Zentraleuropa gelten. Sein Plädoyer für die unabhängige Selbstbehauptung Europas umfaßt zentral folgende Argumentation:

»Die alliierten Interessen sind durch den Atlantik voneinander getrennt. Das ist nichts Neues. Die Zusammenführung in ein und demselben Sicherheitssystem einer atomaren Supermacht und mehrerer mittlerer und kleinerer Nicht-Atommächte, die durch einen Ozean voneinander getrennt sind, war von Anfang an problematisch, weil Risiken und Mittel sich nicht entsprechen.

Für die Alliierten an der atlantischen Front ist die Allianz das System, Gesamtrahmen und wesentlicher Bezugspunkt; für den Leader ist sie nur ein Teil. Was für uns strategisch ist (die Langstreckenraketen, aber auch die Raketen mit nur kurzer Reichweite), ist für ihn taktisch. Für die Vereinigten Staaten würde der Verlust des europäischen Vorpostens bedeuten, daß sie eine Schlacht verloren hätten, für uns aber würde es Krieg bedeuten mit dem höchstwahrscheinlichen Ausgang eines gänzlichen Endes. Aus dieser Asymmetrie entwickelt sich eine Interessendivergenz von höchster Tragweite, die auch das Umgehen mit der nuklearen Abschreckung bestimmt.

Es liegt im Interesse der Europäer, alles zu tun, um die UdSSR davon zu überzeugen, daß der Konflikt nicht auf Europa begrenzt bliebe; die Vereinigten Staaten haben ein Interesse daran, die Möglichkeit einer Begrenzung auf und innerhalb Europas für möglich zu halten. Der bestmögliche Ausgang für die Vereinigten Staaten wäre der begrenzte Konflikt; für uns wäre er das schlimmste, was passieren kann.

Diese hypothetische Widersprüchlichkeit ... ist euro-amerikanisch, nicht französisch-amerikanisch ...

Die Vereinigten Staaten werden auf Dauer die beiden Seiten des

Atlantiks strategisch voneinander abkoppeln, da es immer unwahrscheinlicher wird, daß ein konventioneller Krieg in Europa die heiligen Refugien der beiden Supermächte zerstören kann...«

In bezug auf das SDI(Weltraumraketenabwehr)-Projekt sagt Debray:

»Mit diesem Projekt wird der technologische Wettlauf für die Entwicklung von Gegenmaßnahmen, die den Schutzschirm von unten her umkreisen sollen, wieder in Gang gesetzt. Es ist ein widersprüchlicher Plan, denn man kann nicht im eigenen Land der Verteidigung Priorität geben und von seinen Verbündeten verlangen, daß sie auf ihrem Boden Offensivwaffen mittlerer Reichweite stationieren. Die Durchsetzung dieser Strategie kennzeichnet eine neue Etappe in der Zerstörung der Grundlagen des atlantischen Systems. Die Zeit ist vorbei, in der man von einer rückständigen Militärstrategie der Vereinigten Staaten in bezug auf die Abschreckungsstrategie in Europa sprechen konnte: Von nun an ist diese antinomisch. Gestern sicherte das Pentagon nur unzureichend die Sicherheit Europas; morgen wird es seine Verletzbarkeit noch erhöhen. Die erste Behauptung wurde so lange für eine Übertreibung gehalten, bis sie offiziell bestätigt wurde. Der zweiten Behauptung ergeht es heute genauso – wir wollen übermorgen abwarten.«

Es bleibt also festzuhalten, daß eine Selbstbehauptungs- und Sicherheitspolitik für Mitteleuropa sich der Versuchung entziehen muß, eine absolute Sicherheit und Verteidigungsfähigkeit anzustreben. Aber es darf auch nicht der Umkehrschluß gezogen werden, daß alle Versuche zur militärischen Verteidigung völlig sinnlos sind und man deshalb in der Zentraleuropäischen Föderation einem unverbindlichen Pazifismus frönen könnte. Denn sowohl die »psychologische Abrüstung«, die der Sowjetunion durch eine geringere amerikanische Präsenz in Europa möglich wäre, als auch ihr materielles Interesse an der Zentraleuropäischen Föderation (ZEF) als Wirtschaftspartner dürfen nicht darüber hinwegtäuschen, daß damit nur *Möglichkeiten* sowjetischer Politik umrissen sind. Ein völlig wehrloses Mitteleuropa wäre dann auch jeder politischen Pression einer Supermacht hilflos ausgeliefert und hätte dadurch ebenfalls keine Möglichkeit mehr, im Ernstfall noch eine eigene Entscheidung über Leben und Tod zu treffen.

Die Möglichkeit, in Zentraleuropa politische Selbständigkeit zu entfalten, bleibt an militärische Stärke gebunden und kann – um niemanden darüber im unklaren zu lassen – nicht durch die ständige Fortschreibung permissiver Laxheiten und Verweigerungshaltungen erreicht wurden. Der Zentraleuropäischen Förderation muß vielleicht gerade auch die bundesdeutsche Gesellschaft manche liberalen »Errungenschaften« in dieser Hinsicht opfern.

Eine erhebliche, wenn auch möglichst defensiv ausgerichtete militärische Stärke hat aber nun eben nicht den Zweck, jeder denkbaren militärischen Option der Supermächte Paroli bieten zu können. Aber sie muß in der Lage sein, auf bestimmten Ebenen einer denkbaren militärischen Kriegführung auch für eine angreifende Sowjetunion ein erhebliches Risiko zu bedeuten – und zwar auf jenen Ebenen, auf der eine Kriegführung noch nicht strategisch erfolgt. Gegen einen Einsatz von Nuklearsprengköpfen (gleich welcher Art) wäre allerdings die Zentraleuropäische Förderation letztendlich hilflos. Aber es geht ja eben nicht um eine maximale Sicherheit. Und dafür muß der Sowjetunion zwar nicht unbedingt eine bedingungslose Friedensliebe unterstellt werden, aber es bleibt gar nichts anderes übrig, als auch ihr eine politische Vernunft zu unterstellen, die nicht für periphere Ziele zur ultima ratio greift. Natürlich können wir nicht wissen, und niemand kann garantieren, daß die Kreml-Mannschaft – oder auch die amerikanische Administration – irgendwann einmal va banque spielt. Aber falls das jemals der Fall sein sollte, würde auch die Mitgliedschaft in der NATO oder im Warschauer Pakt nichts mehr nutzen – die »Letzten Tage der Menschheit« wären so oder so gekommen.

Unterstellt man der Sowjetunion aber politische Vernunft und nicht nur ideologischen Fanatismus, muß man ihr auch unterstellen, daß sie nicht wahllos und ohne Berücksichtigung möglicher Gegenwirkung zuschlägt. Insoweit können auch Szenarien eines möglichen Ernstfalls nach politischer Wahrscheinlichkeits- und nicht nur nach militärischer Eskalationslogik durchgespielt werden.

Wie schon gesagt, gegen nukleare Angriffe wäre Zentraleuropa hilflos, aber gerade das vermindert die Wahrscheinlichkeit solcher Angriffe zunächst einmal. Denn ein großer allumfassender Nuklearschlag würde mit einiger Sicherheit seitens der Sowjetunion durchgeführt werden, wenn sie ihrerseits durch die Zentraleuropäische Föderation in ihrer physischen Existenz unmittelbar bedroht würde. Wenn diese aber keine Nuklearwaffen besitzt und auf offensive Waffen weitgehend verzichtet, ist dieser Fall extremer Notwehr ausgeschlossen. Ansonsten bedeutete allerdings der Einsatz *strategischer* Nuklearwaffen – d.h. im Gegensatz zu taktischen Nuklearwaffen solcher Waffen, die nicht unmittelbar zur Bekämpfung der Truppen des Feindes und ihres Nachschubes, sondern gegen dessen Industrien und Städte, seine Kraftquellen eingesetzt werden und ein Vielfaches an Vernichtungskraft besitzen – für die Sowjetunion eine doppelte Gefährdung. Einmal würde die nukleare Verseuchung Mitteleuropas als eines Nachbargebiets der UdSSR auch diese nicht unberührt lassen – man denke an Tschernobyl und den meist vorherrschenden Westwind. Und zum anderen müßte sie zu einem solchen Schlag ihr strategisches Potential angreifen. Gegen einen Einsatz von Bombern oder auch Marschflugkörpern könnte und muß deshalb auch eine zentraleuropäische konventionelle Flugabwehr aufgebaut werden. Da die Abschaffung von Mittelstreckenraketen von den USA und der SU am 8. 12. 1987 beschlossen wurde, bedeutet dies, daß die Sowjetunion für einen solchen Schlag land- oder seegestützte Interkontinentalraketen einsetzen müßte – d.h. Waffen aus dem gegen die andere Supermacht gerichteten Arsenal. Und da die Logik der Supermachtkonkurrenz ja fortdauern wird, bedeutet der massive Einsatz strategischer Nuklearwaffen für die Sowjetunion eine unter Umständen sehr riskante Selbstschwächung gegenüber dem eigentlichen Konkurrenten, nämlich den USA.

Man kann also durchaus davon ausgehen, daß eine strategische Nuklearkriegführung gegen Zentraleuropa ein politisch unwahrscheinliches Szenario darstellt. Immerhin würde für die Supermächte immer noch die Möglichkeit bestehen, mit ihren nuklearen Machtmitteln politische Erpressung zu betreiben. Doch hängt jede Erpressung von der realen Möglichkeit ab, so daß auch die Drohung mit einem strategischen Nuklearkrieg gegen Zentraleuropa sehr unwahrscheinlich ist. Weiterhin besteht die Möglichkeit, daß durch den Einsatz einer einzelnen Rakete und die angedrohte Vernichtung nur einiger ausgewählter Ziele politische Erpressung versucht wird. Dieses Risiko ist nicht ausschaltbar. Ein zweites Desiderat zentraleuropäischer Verteidigungsanstrengungen nach dem Aufbau einer Flugabwehr wäre so ein umfassendes Zivilschutzprogramm. Zivilschutzanstrengungen werden zwar derzeit in der Bundesrepublik als Kriegsvorbereitung denunziert, aber die große Indifferenz der Westdeutschen in dieser Hinsicht liegt eher darin begründet, daß man nicht zu Unrecht annimmt, daß Zivilschutz gegen einen großen Nuklearkrieg sinnlos ist. Aber das kann auch nicht das Ziel sein. Zivilschutz inklusive Bunkerbau kann natürlich im nuklearen Holocaust nichts mehr retten. Gegen singuläre nukleare Erpressungsversuche und gegen den noch zu behandelnden taktischen Nuklearwaffeneinsatz können solche Maßnahmen zwar keinen absoluten Schutz gewähren, aber den Schaden doch erheblich mindern und unzählige Menschenleben retten. Da also singuläre nukleare Erpressungsversuche zwar die verantwortlichen Politiker in hohe Gewissensnot, aber nicht garantiert zur Kapitulation bringen können, und der Versuch auch nicht beliebig wiederholbar ist, dürften sie wenig wahrscheinlich sein. Daß die Sowjetunion – und auch die USA – dazu äußerstenfalls die Macht haben, muß allerdings einkalkuliert bleiben und politisch ausgehalten werden.

Bleibt nun noch das weite Feld der normalen Kriegführung. Was passiert, wenn die Sowjetunion ihre ja durchaus vorhandene »Dampfwalze« aus Panzern, gepanzerten und motorisierten Schützen und auch taktischen Nuklearwaffen, die sie ja nicht unbedingt sofort einsetzen muß, losschickt. Nun, da stellt sich zunächst einmal die Frage der Einsatzräume. Denn alle momentan durchaus vorhandenen Landkriegsoptionen, die die jetzige Realität einer sowjetischen Dampfwalze ausmachen, beruhen auf der Anwesenheit starker sowjetischer Truppenverbände in Mitteleuropa. In der DDR stehen derzeit neunzehn sowjetische Divisionen – meist sogar Elite-(»Garde«)-verbände – und in der CSSR nochmals fünf, und zwar die am besten ausgerüsteten und den höchsten Bereitschaftsgrad besitzenden Truppen der UdSSR, zusammen gut eine halbe Millionen Mann. Diese müßten natürlich bei Gründung der Zentraleuropäischen Föderation abgezogen werden – und zwar auf sowjetisches Territorium, denn nur das würde die Amerikaner zu gleichwertigem Verhalten zwingen. Dann aber verblieben in den östlichen Nachbarländern Zentraleuropas noch zwei sowjetische Divisonen in Polen und vier in Ungarn, zusammen rund 120 000 Mann. Selbst wenn man annimmt, daß nicht erreicht werden kann, daß sich alle sowjetischen Truppen aus der CSSR und der DDR in sowjetisches Gebiet zurückziehen – eine Stationierung der bislang in der DDR stationierten Sowjets in Polen dürfte allerdings das polnisch-sowjetische Verhältnis so sehr belasten, daß auch das unwahrscheinlich ist –, ist ein Großteil der Brisanz durch den Truppenrückzug bereits entfallen.

Natürlich hat im Zweifelsfalle die Sowjetunion das auch quantitativ weitaus größere Militärpotential zur Verfügung. Allerdings sollte berücksichtigt werden, daß, rein rechnerisch kombiniert, die vier in der Zentraleuropäischen Föderation zu vereinigenden Staaten eine beachtliche Streitkraft präsent halten: gut 900 000 Mann (Bundesrepublik 495 000, Österreich 50 000, DDR 183 000, CSSR 204 000). Bei gleichmäßiger intensiver Ausnutzung des Wehrkraftpotentials könnten rund 1 Million Soldaten ständig bereitgehalten werden. *Es kann hier natürlich nicht präjudiziert werden, wie die jetzt noch in feindlichen Lagern stehenden Armeen dieser vier Länder auf eine gemeinsame Aufgabe umgestellt werden können, noch wie eine gemeinsame organisierte Verteidigung schließlich aussehen wird.* Nur einige wichtige Desiderate können als Zielvorgaben aufgestellt werden: Verzicht auf Nuklearwaffen, defensive Einsatzkonzeption in Verbindung mit ausreichender, aber eben begrenzter Beweglichkeit der Streitkräfte, starke Flug- und Panzerabwehr und Zivilschutz. Ein qualitatives Problem bleibt zwar auch auf der Ebene der Landkriegsführung bestehen: Die Sowjetunion wird über taktische Nuklearwaffen verfügen können, die Zentraleuropäer nicht. Und da taktische Nuklearwaffen über ein breites Spektrum eingesetzt werden können, und da besonders bei der berüchtigten Neutronenbombe keine weitreichende Verseuchungsgefahr á la Tschernobyl sowjetischerseits zu befürchten ist, besteht hier eine gewisse Sicherheitslücke. Allerdings kann hier mit Zivilschutz zumindest ein Teil der Folgewirkungen abgewehrt werden, und auf der anderen Seite schließt die Entwicklung moderner nicht-atomarer Gefechtsfeldwaffen hier viele Lücken, in denen bislang atomar bewaffnete Landstreitkräfte ihre taktischen Vorteile finden konnten. Ein weiteres Desiderat der zukünftigen Sicherheitspolitik der Zentraleuropäischen Förderation wäre also einmal das Bemühen, möglichst auch in den angrenzenden Ländern (Polen, Ungarn, Jugoslawien, Italien, Schweiz, Frankreich, Benelux-Länder und Dänemark) zumindest einen Stationierungsverzicht auf taktisch-nukleare Waffen zu erreichen, auf der anderen Seite eine auch gegen eine taktisch-nukleare Kriegführung hinreichend immune militärische Verteidigung mit modernsten technischen Mitteln aufzubauen.

Bliebe also letztendlich das Problem der schieren quantitativen Überlegenheit der Sowjetunion im nicht-nuklearen Bereich. Es bestehen begründete Aussichten, daß man der quantitativen Überlegenheit der Sowjetunion in konventioneller (= nicht nuklearer) und etwas begrenzter auch in taktisch-nuklearer Hinsicht mit einer hochtechnisierten modernen Verteidigung, die politisch und technisch nichts anderes als eben Verteidigung sein will, begegnen kann – auch hier vielleicht nicht mit hundertprozentiger Sicherheit, aber eben doch so weit, daß auch die russische »Dampfwalze« nicht sicher sein könnte, daß sie nicht doch scheitern wird.

Man wird nun mit dem Einwand rechnen müssen, daß der Ausbau einer derart modernisierten Verteidigungstechnologie für die Europäer zu teuer sein würde oder die sozialen Konsequenzen – längere Wehrpflicht oder Milizsystem mit ständigen Wehrübungen oder gar eine Einschränkung des Rechts auf Wehrdienstverweigerung, Bunkerbauzwang für alle Neubauten und regelmäßige Zivilschutzübungen – zu hart seien, d.h., »politisch als nicht durchsetzbar« gelten. Abgesehen davon, daß die Frage, wieviel den Europäern in Geld und Erdulden von Unbequemlichkeiten ihre Selbständigkeit wert ist, nur von ihnen selbst und der Zukunft beantwortet werden kann, gibt es natürlich auch Entlastungen, wozu in der Bundesrepublik auch der finanziell nicht unerheblich entlastende Abzug der rund 400000 amerikanischen, britischen, französischen, belgischen, niederländischen und kanadischen Soldaten gehören würde, und dergleichen der Abzug der 500000 Sowjetsoldaten aus der DDR und der CSSR, die zusammen maßgeblich dazu beitragen, daß Mitteleuropa heutzutage so stark militarisiert ist wie nie zuvor in der Geschichte. Auch könnten innerhalb der bestehenden militärischen Apparate Kräfte so weit umgeschichtet werden – z.B. durch Verzicht auf Teile der Seestreitkräfte –, daß die Perspektive einer durchgehenden vollständigen Militarisierung einer zu gründenden Zentraleuropäischen Föderation eigentlich nur als Versuch der Nutznießer des Status quo gewertet werden kann, zu dessen Verteidigung die Bequemlichkeit und ideologische Borniertheiten breiterer Bevölkerungsteile zu benutzen. Aber wer Freiheit nur möglichst bequem konsumieren will oder jede Verteidigung überhaupt ablehnt, ist nichts anderes als ein parasitärer Nutznießer des realen Gleichgewichts des absoluten nuklearen Schreckens – und gegebenenfalls dessen Opfer.

Was die taktischen und in einer flexiblen militärischen Organisation liegenden Möglichkeiten einer technisch hochqualifizierten Verteidigung angeht, so existieren darüber weitergehende Überlegungen, als unter dem Banne der primitiven Vorstellung vom atomaren Gleichgewicht meist wahrgenommen wird.

In Zusammenfassung dieser Diskussion um taktisch-strategische Überlegungen ist etwa bei Löser und Schilling ein Verteidigungskonzept entwickelt, auf das hier verwiesen werden kann. Ohne daß die – zweifellos auch kritisierbaren – Einzelheiten aufgeführt werden sollen, sei hier nur die zusammenfassende Konsequenz zitiert:

»Die modernen flächendeckenden Feuersysteme führen zu revolutionären Veränderungen auf dem Gefechtsfeld. Mit ihnen kann sich der Verteidiger entscheidende Vorteile gegenüber den Panzerarmeen eines Aggressors verschaffen. Sie machen atomare Gefechtsfeldwaffen überflüssig und eröffnen so die Chance, die Schwelle zum Atomkrieg zu heben. Sie erleichtern es darüber hinaus, die Soldaten zu motivieren, weil der Verteidigungauftrag erfüllbar ist und nicht mehr fast automatisch die Auslösung des atomaren Holocaust beinhaltet. Sie sind einfach zu handhaben, so daß Reservisten keine Bedienungsprobleme haben und die aktive Präsenz der Streitkräfte verringert werden kann.

Da diese Technologie auch höchst wirksam und relativ billig ist, wäre es möglich, die Rüstungsausgaben zu drosseln. Alle genannten Faktoren trügen dazu bei, die Verteidigungsbereitschaft der Bevölkerung zu stärken – Verteidigung erhielte wieder einen Sinn, weil es selbst im Kriegsfall wieder eine Aussicht gibt zu überleben.« (Löser und Schilling, S. 161).

Auch wenn man sich dem Optimismus bzw. der Beurteilung von Löser und Schilling, die konventionelle Verteidigung würde verhältnismäßig billig zu haben sein, nicht anschließen kann und die Motivation mehr in den politischen Bereich hinein verlegt, ist ihre Konzeption der nichtatomaren Verteidigung auf jeden Fall nachdenkenswert. Freilich ist sie im Zusammenhang ihrer Vorstellungen von einem neutralisierten Mitteleuropa entwickelt, das neben den deutschen Staaten und der Tschechoslowakei auch noch Polen, Ungarn und die Benelux-Staaten umfaßt. Aber selbstverständlich würde die Zentraleuropäische Föderation in der hier vorgelegten Konzeption vor den gleichen Problemen einer glaubwürdigen, nicht-nuklearen Verteidigung stehen, und diese ist ohne Zweifel bis zu einem solchen Grade möglich, daß die Föderation sicherheitspolitisch hinreichend stabilisiert wäre. Die innen- und außenpolitischen Probleme wären jedenfalls komplizierter als die technischen – politische Probleme sind immer komplizierter als technische, auf den Menschen als erfinderisches ist stets mehr Verlaß als auf den Menschen als politisches Wesen. Jedenfalls muß die Ausgangslage unserer Konzeption – zunehmendes Auseinanderdriften der Interessen innerhalb der europäischen NATO-Partner und auch zwischen den USA und Europa und unausweichliche Anwesenheit der Sowjetunion in Europa – die Folge haben, daß eine enge gegenseitige Interessenbindung nur durch schwierig auszuhandelnde bilaterale Verträge, komplizierte Abkommen und ein ganzes Netz von völkerrechtlichen Balancen erreicht werden kann. Wer dies für unmöglich hält, der erklärt zunächst nur seine eigene politische Unfähigkeit.

Freilich wird weder die motivierte und hochtechnisierte Verteidigungskapazität noch die geschickteste Diplomatie über den Grundbestand der absehbaren europäischen Zukunft hinwegsehen können: Das ist die hegemoniale Stellung der Sowjetunion in Europa. Es ist möglich, und viele sehen Anzeichen dafür, daß es mit der Supermachtqualität der Sowjetunion zu Ende gehen könnte. Aber für die Europäer sollte dies ein Grund mehr sein, sich auf eigene Füße zu stellen. In kooperativer Distanz zur Sowjetunion könnte ein neues Ordnungssystem in Europa gebaut werden. Aber auch, wenn der mögliche oder auch nur gewünschte Machtverfall der Sowjetunion ausbliebe – und ihre Regenerationsfähigkeit darf ja keinesfalls unterschätzt werden –, und auch, wenn man ihn bloß als Prozeß im Sinne eines inneren Wandels ansetzt, bleiben die Verhältnisse in Europa grundsätzlich und epochal unverändert.

Von einem »Gleichgewicht« kann vorläufig nicht die Rede sein, und folglich wird einer Argumentation wie dieser gegenüber unausweichlich das Gespenst der »Finnlandisierung« »beschworen«, wie es auch schon bei Löser und Schilling heißt. Dieser Ausdruck wird häufig so benutzt wie »Fellachisierung« von Oswald Spengler. Aber die Frage, ob einer Fellachisierung der Bundesrepublik Deutschland unter amerikanischer Hegemonie, deren Anzeichen ja schon beobachtbar sind, eine »Finnlandisierung«, der auch eine Größe wie die Zentraleuropäische Föderation zunächst vielleicht nicht entgehen könnte, vorzuziehen wäre, soll hier nur gestellt werden. »Fellachisierung«, wenn anders denn davon gesprochen werden kann, beruht vor allem auf einer politischen Energielosigkeit, die den Prozeß unumkehrbar macht. »Finnlandisierung« meint aber jedenfalls einen rein politischen Zustand, der eher eine Herausforderung der politischen Kräfte der nichtmilitärischen Selbstbehauptung bedeutet als die Beförderung von gesellschaftlich-politischer Lethargie. Debray führt dazu folgendes an:

»– Die Stärke des Westens liegt nicht in seiner Homogenität (›dem Warschauer Pakt vereint gegenüberstehen!‹). Diese strategische Nachäfferei ist verhängnisvoll. Der Versuch, den Monolithismus des

Gegners zu kopieren, ohne über die gleichen Möglichkeiten zu verfügen (militärische Disziplin und ihr Einsatz unter Zwang), ist nicht der beste Weg, ihn zu besiegen. Was wäre, wenn unsere Einheit auch unsere Schwäche wäre?...

– Es ist falsch zu glauben, eine Emanzipation des Systems sei nur durch ein geringeres und nicht durch ein verstärktes Engagement nach außen, nur durch geringere militärische Rüstung und weniger moralische Entschiedenheit möglich. Ein völlig entnuklearisiertes Europa, aus dem sich auch das amerikanische Militär zurückgezogen hätte, käme den sowjetischen Wünschen nach ›Neutralisierung‹ voll und ganz entgegen. Doch woraus schließt man, daß ein integriertes Europa automatisch und notwendig ein neutrales Europa bedeutet, zudem noch ohne Verteidigung? Im Augenblick erweist sich das Gegenteil: Je mehr sich die Regierungen dem System unterordnen, um so neutralistischer wird die Bevölkerung. Für Westeuropa einschließlich Frankreich führt der Weg zur Finnlandisierung über die Panamisierung«. (Debray, S. 89).

Diese Ausführungen treffen an sich auch für ein verselbständigtes zentrales Europa zu, nur daß weniger eine »Finnlandisierung« – als rein negativ gemeinter Ausdruck eine Beleidigung des finnisches Volkes, das ja unter gegebenen Bedingungen optimale und effektive Selbstbehauptungspolitik betreibt – als eine »Panamisierung« Zentraleuropas durch Festhalten am Status quo zu fürchten ist. Die Initialzündung durch die Errichtung der Zentraleuropäischen Föderation soll aber gerade eine »Panamisierung« Europas durch die Reaktivierung der kulturellen, intellektuellen, technologischen und ökonomischen Potenzen des Kontinents verhindern. »Finnlandisierung« würde eine ganz andere, positive Bedeutung bekommen können, wenn sie nicht von einer zunehmenden Schwäche, sondern von einer neuen Stärke Mitteleuropas ausgehen würde.

Die Initialzündung zur europäischen Neuordnung auf friedlichem Wege ist, wie die Dinge liegen, im Westen Deutschlands vor allem eine Frage der politischen Einstellung, die heute noch im wesentlichen von »Entspannung« geprägt wird. Abgesehen davon, daß eine Neuordnung Europas im Sinne der hier vorgelegten Konzeption einen Zustand bedeuten würde, mit dem verglichen »Entspannung« im Sinne gegenwärtiger westdeutscher Ostpolitik eine blasse, verdrückte und »fellachisierende« Erscheinung wäre, ist zu Entspannung als außen-, genauer ostpolitischer Konzeption im ganzen überhaupt folgendes auszuführen:

In den Augen der Entspannungspolitiker ist Entspannung zunehmend von einem Mittel politischer Selbstbehauptung zu einer Art politischem Selbstzweck geworden. Unter dem Einfluß der emotionalen Vernebelungen und der immer eindeutiger werdenden Unfähigkeit zur politischen Selbstbehauptung ist Entspannung so etwas wie die Generallinie der Außenpolitik im Rahmen des Ost-West-Verhältnisses geworden und wird insbesondere von der deutschen Ostpolitik so gesehen.

Diese Auffassung von Entspannung verbietet sich jedoch aus der Logik der Sache heraus. Entspannung gehört zu jenen Beziehungsbegriffen, die nur von beiden an der Beziehung beteiligten Seiten her bestimmt werden können. Entspannung kann nicht von einer Seite her definiert oder behauptet werden. Wenn die andere Seite das, was die eine als Politik der Entspannung ansieht, vorschlägt und durchführt, in ihren Reaktionen darauf als »entspannungsfeindlich« bezeichnet, so genügt eben diese Reaktion, um Entspannung als Illusion zu entlarven. Die Bestimmung irgendeines Vorganges oder einer Maßnahme als »entspannungsfeindlich« ist deshalb ein Instrument, das – grundsätzlich jederzeit anwendbar – die politische Beziehung als ganze eindeutig an die Seite ausliefert, der dies Instrument politisch ständig deshalb zu Gebote steht, weil sie die andere Seite mit dem Vorwurf der Entspannungsfeindlichkeit schwer treffen kann. Entspannung als das Prinzip der eigenen Politik, zu dem es keine Alternative gibt, aufzustellen, bedeutet, auf eigene Politik zu verzichten. Lediglich mit Konzepten wie Entspannung kann die Zentraleuropäische Föderation niemals eine Politik der wirklichen Selbständigkeit betreiben. Dazu ist es jedenfalls notwendig, eine andere Qualität politischen Bewußtseins zu entwickeln, als es in der Bundesrepublik Deutschland gepflegt wird.

Die objektiven Veränderungen dieser Welt, z. B. in dem, was Frieden überhaupt sein kann, spielen für die Erklärung der Irrwege unseres politischen Bewußtseins allerdings eine Rolle. Das Alibi all jener, die bei uns wenn schon nicht »Frieden um jeden Preis« fordern, dann sich doch wenigstens an »Entspannung« um fast jeden Preis festhalten, ist aber zweifach, und es liegt in objektiven Gegebenheiten. Diese sind einerseits in globalen Entwicklungen, andererseits im deutschen Schicksal zu suchen.

Die scheinbare Selbstverständlichkeit, die die Berufung auf den Frieden als eigentliches Ziel der Politik gegenwärtig hat, beruht nicht darauf, daß wir in der Gegenwart humaner denken, politisch weiser oder einfach friedlicher geworden sind. Sie beruht auf der neuen Qualität der Möglichkeiten der Kriegführung, die die Erhaltung des Friedens mindestens für Mitteleuropäer mit Selbsterhaltung zusammenschließt.

Das spezifisch deutsche Problem aber ist es, in diesem Zusammenhang damit zu leben, daß man das Mittel kriegerischer Selbstbehauptung zweimal in diesem Jahrhundert erfolglos eingesetzt hat und jedesmal, 1945 total, besiegt worden ist. Außerdem wird die Situation der Westdeutschen davon beherrscht, daß man sich nach der »Erziehung« durch die Sieger nicht einmal zu einer Eindeutigkeit jenes »wir selbst« entschließen kann, die für eine wirklich selbstbehauptende Politik auch eines größeren Zentraleuropas die Voraussetzung ist.

Wir müssen uns mit der Entwicklung befassen, die dem Frieden heute einen so unvergleichlichen Stellenwert in jeder politischen Argumentation verleiht: Die neue Qualität der Vernichtungstechnik und damit die neue Bedeutung von Frieden für uns verändert nicht die grundsätzlichen Bedingungen menschlicher Existenz, zu denen die konkrete politische Organisation – d. h. die Pluralität von Mächten und damit die Notwendigkeit politischer Selbstbehauptung und die Bestimmung von Freund und Feind – gehört. Wenn die politische Arbeit sich nicht mehr auf den Krieg als die letzte und ernsteste Möglichkeit politischer Selbstbehauptung beziehen kann, wird sie nicht leichter, sondern schwieriger. Sie müßte jene Energien, die früher der Krieg den Völkern und ihren Staaten abforderte, schon in der »normalen« Politik aktualisieren: Die gesellschaftlichen Folgen der neuen Qualität des Friedens müßten das Gegenteil dessen sein, als was sie sich in der Wirklichkeit erweisen: Absterben des Sinnes für das Allgemeine, privatistische Permissivität, die höchstens bis zu einer allgemeinen Moralisierung des Politischen gelangt und die folglich immer weniger einsieht, warum man sich zugunsten so exorbitanter Rüstungskosten einschränken soll, vom Wehrdienst ganz zu schweigen. Dabei erweist sich der Glaube, daß jene Energien, die vormals durch den kriegerischen Ernstfall der politischen Selbstbehauptung mobilisiert werden konnten und mußten, durch das Aufbringen von finanziellen Mitteln für Rüstung funktional ersetzt werden könnten, als trügerisch, was sich spätestens dann zeigen würde, wenn diese Mittel zu Opfern werden müssen, deren Notwendigkeit für nicht zumutbar gehalten wird.

Hier ist in der Tat eine Änderung des politischen Bewußtseins notwendig. Die neue Qualität der technischen Kriegführung und damit der neue Stellenwert des Friedens müßte die Gesellschaften der Zentraleuropäischen Föderation im ganzen zu einer energischeren »Militanz« in der Selbstbehauptung bringen, deren *politische* Mittel um so entschiedener entwickelt werden müßten, je eindeutiger der Krieg vermieden werden soll und je eindeutiger man sich auf die Verteidigung konzentriert. Die Angst vor politischer Militanz und deren folglich entwickelte Diffamierung, die Moralisierung, die individualistische Interpretation von Freiheit, die zur selbstverständlichen Tugend gemachte Aversion gegen die überforderten Bereiche des Militärischen, alles ins scheinbar Unanfechtbare gehoben durch jene Friedensliebe, die meist nur sehr verschwommene Angstgefühle zusammenfaßt, zeigen nur, daß politisches Denken immer noch in jenen Gleisen sich bewegt, die durch Krieg und Frieden jahrtausendelang ausgefahren worden sind und die heute den katastrophalen Ost-West-Gegensatz hervorgetrieben haben. Da man den Krieg nicht wollen kann, meint man, die Gesellschaft müßte eben friedlich oder friedliebend sein. Sie müßte demnach zur extensiven Ausbreitung all jener Tugenden, Zustände und Weichheiten gebracht werden, die das Gegenteil von jenen Härten sind, die vormals Krieg und Kriegführung erforderten. Jedenfalls ist dies das erklärte Erziehungsziel zahlreicher unpolitischer und deshalb nur scheinbarer Friedensfreunde.

Dies ist aber eine Perversion der Logik aus der neuen Qualität von Krieg und Frieden. Die Konsequenz aus dieser neuen welthistorischen Qualität liegt nicht in dem weiten Bogen, den man um alles macht, was herkömmlicherweise in den Ernstfall der kriegerischen Selbstbehauptung kumulierte und darauf ausgerichtet war. Die Konsequenz läge darin, daß die Energie, die in der kriegerischen Selbstbehauptung gipfelte, nunmehr, da man diese Form ausschließen und sich lediglich auf Selbstverteidigung verlassen will, viel stärker in dem gesellschaftlichen Ganzen als allgemeine Tugenden – gemeint sind Opferbereitschaft, Disziplin und Pflichtbewußtsein – ausgebildet werden muß. Was die Zentraleuropäische Föderation braucht, ist nicht ein politisches Bewußtsein, das darin besteht, die eigene Friedlichkeit ständig zu beteuern und zu kultivieren und im übrigen Entspannungspolitik zu betreiben, sondern es ist eine allgemeine Habitualisierung jener Tugenden der Selbstbehauptung, die allein eine glaubwürdige Verteidigung tragen können.

VIII. Die »großen Brüder« und der westliche Nachbar

Die USA und die Zentraleuropäische Föderation: Neue Möglichkeiten der Gemeinsamkeit

Da die Atlantische Verteidigungsgemeinschaft als politische Interessengemeinschaft und als Sicherheitssystem kaum halten kann, was sie verspricht, erfand man die Atlantische »Wertegemeinschaft«, um dieses Defizit zu kaschieren. Die Folge ist, daß jene »Werte« jetzt festgeschrieben und daß sie zu einem integrierten Teil des Sicherheitssystems werden mußten. Wer sie zur Diskussion stellt, gefährdet in den Augen der Anhänger des Status quo die Sicherheit – im Kern sogar noch mehr als Pazifisten oder Abrüster, mit denen die Gesellschaft der Bundesrepublik noch allemal fertiggeworden ist. Wirklich subversive Kraft entwickeln erst die Gedanken, die die »Wertegemeinschaft« in Frage stellen. Solange »Systemgegner« bloß den technischen Fortschritt in Frage stellen, werden sie ebensoleicht recht behalten, wie man sie faktisch ins Unrecht setzen kann. Antiamerikanismus ist ein emotionales Politiksurrogat auf einer grünen Spielwiese. Die eigene Position wird nicht zu einer politischen, indem sie sich an einer Supermacht reibt: Das gilt für Antikommunismus sowohl wie für Antiamerikanismus. Politisch wird die Position erst durch die reale Analyse der Möglichkeiten für den Aufbau einer Gegenkraft.

Zum Aufbau der Zentraleuropäischen Föderation als Gegenkraft im Sinne der Neuordnung Europas von diesem selbst her ist der Abzug der USA *und* der UdSSR in ihrer militärischen Präsenz aus dem territorialen Bereich der Zentraleuropäischen Föderation unerläßlich. Die Analyse der Situation der UdSSR in bezug auf diese Zukunft Europas macht nur Sinn unter dieser Voraussetzung. Der Hinweis auf die strukturelle Unzuverlässigkeit des amerikanischen Verbündeten aufgrund einer nur von ihm selbst zu bewertenden Interessenlage ist zwar eine politische Voraussetzung für den Entwurf dieses Buches, aber keine hinreichende Voraussetzung. Die USA verteidigen auch in Europa, ihrer atlantischen Gegenküste, in erster Linie sich selbst. Eine Interessenverlagerung ist aber möglich. Politik muß aber mit den schlimmen Möglichkeiten rechnen – sie wird macht- und sinnlos, wenn sie keine Alternativen zu einer jederzeit drohenden Möglichkeit zu entwickeln in der Lage ist. Es mag sein, daß auf den Abzug der Amerikaner zu warten eventuell weniger historische Geduld erfordert, als auf den Zerfall des sowjetischen Weltreichs zu warten – aber es wäre geradezu absurd, wenn man, ausgehend von der gegenwärtigen Konstellation, auf beide Ereignisse zugleich warten würde. Denn sobald eines eingetreten sein würde, würde die Supermachtlogik des Weltsystems über Europa hinweggehen!

Von weltpolitischen Veränderungen kann nur profitieren, wer sie herbeiführt oder wenigstens ihre Chancen ergreift, aber zugreifen kann man nur bei ständiger Wachsamkeit. Diese wäre zweifellos auch eine der Vorbedingungen für die zunehmende Selbstbehauptung Zentraleuropas. Dazu gehört aber, daß ein Abzug der USA und ihrer Rüstung aus dessen Territorium – ebenso wie der entsprechende Abzug der Sowjetunion – nicht bloß befürchtet werden kann. Man muß für diesen Fall eine praktikable Konzeption haben.

Gegenwärtig denken offenbar beide Supermächte noch, daß ihre jeweilige Präsenz in Mitteleuropa auch ihrem Interesse entspreche. Unsere Analyse hingegen setzt voraus, daß diese gegenseitige Überzeugung den Interessen der Mitteleuropäer keineswegs entspricht. Eine angemessene Veranschlagung unserer Interessen, von uns selbst und durch uns selbst definiert, könnte längerfristig eine Stabilisierung der Lage in Europa herbeiführen, die dann eben den Interessen der Supermächte auch besser entsprechen würde als die heutige Konfrontation. Es wäre jedenfalls nichts anderes als eine Übernahme der scheinbaren Denkzwänge der Supermachtkonfrontation, wenn man daran denken würde, daß nur eine Super-Supermacht die Supermächte zwingen könnte, auseinanderzurücken. Aber selbst wenn man, wie gesagt, ein Auseinanderrücken von der »Geschichte« abwarten wollte, müßte man für den Tag X ein Konzept für die Selbständigkeit des Zwischenterritoriums haben. Die bloß passive Position des Abwartens ist keine Voraussetzung für eine plötzlich zu entwickelnde Politik der Selbständigkeit. Es bleibt nur die aktive Vorbereitung dieses Auseinanderrückens als eine sinnvolle politische Perspektive – sofern man sich nicht bloß dem Status quo überlassen will. Und auch hier müßte sich zeigen, daß eine Politik aus einer Verfassung der Schwäche mindestens dann eine oder sogar die einzige Chance ist, wenn man es mit einer Alternative zu der Konfrontation zweier Supermächte zu tun hat, deren gegenseitige Bindung an die Politik eines ideologischen Antagonismus mit entsprechendem Wettrüsten – oder auch mit einer ablenkenden Abrüstungspolitik der beiden Supermächte – ihnen den Blick für Alternativen verstellt.

Für eine mögliche Ausgangsposition des »Dritten« ist es aber nicht nur notwendig, eine alternative Konzeption zu entwickeln. Es ist vielmehr geradezu die Voraussetzung seiner möglichen Stärke, daß das, was er und nur er kann, nämlich die Welt in einer vernünftigen politischen Konstellation darzustellen, sich ideologisch – politisch sowieso – weder mit der einen noch mit der anderen Supermacht identifiziert. Daß wir uns nicht mit der Ideologie der Sowjetunion identifizieren könnten, leuchtet wohl nur einigen total korrupten Parteigängern oder wirklichen nützlichen Idioten nicht ein. Daß wir uns mit der Ideologie der USA weder identifizieren müssen noch sollten, ist hier schon bemerkt.

Aber was ist mit den USA? Solange nicht die Weltkonstellation, insbesondere die Entwicklung im pazifischen Raum und in »ihrer« Hemisphäre, den Amerikanern den Rückzug aus Europa von selbst nahelegt, können sie an der Veränderung des Status quo, den eine Neuordnung Europas bewirken würde, nicht interessiert sein. Die zunehmende Bedeutung des Pazifik und die zunehmende Hinwendung der USA zu dieser Region könnte jedoch das Interesse bald verlagern.

Die Ausgangslage der USA für ihre heutige Situation war die durch den gewonnenen Krieg erreichte ideologische Selbstbestätigung, die durch Siege an allen Fronten bewiesene technische Überlegenheit und der (zunächst) unerschütterliche Glaube an sich selbst, ihre Werte und ihre Technik. Alle Welt war bei den USA durch die Lend-Leasing-Politik verschuldet, man verfügte über die Atombombe und war unbestritten die Nummer eins. Die Vision des liberalen Kapitalismus, sich von einem Punkte her die ganze Welt als einen einzigen Markt zu unterwerfen, war der Inhalt der »one-world«-Ideologie, die Roosevelt und Wendell Wilkie prophezeiten und selbst glaubten.

Eine Supermacht nimmt offenbar nur schwer Abschied von ihren Illusionen. Die Sowjetunion stellte sich jedoch dieser menschenfreundlichen Umarmungs- und globalen Aneignungsstrategie, die den USA so selbstverständlich schien, entgegen. Zudem entwickelte sie eine eigene, in deutschen Hirnen ausgebrütete Menschheitsideologie sowie ein inneres Zwangssystem, das schwer zu verstehen war, und mit dem zu kooperieren nur einer militärischen Fixierung auf das »Dritte Reich« als den gemeinsamen Feind gelang. Mit der Kooperation mußte es jedoch vorbei sein, als die Sowjetunion sich als die zweite Supermacht etablierte und sich den USA und ihren globalen Intentionen in den Weg stellte – stellen konnte.

Es ist wahrscheinlich, daß die meisten Menschen, wenn sie wählen könnten, ein gesellschaftliches System wie das der USA vorziehen würden. Aber Europa ist kein Land der Dritten Welt, das scheinbar zwischen den beiden bereits entwickelten Systemen wählen könnte oder müßte – was im übrigen selbst für die Dritte-Welt-Länder eine Illusion ist. Außerdem setzt die Illusion der »freien Wahl« eines »freien Systems« bereits voraus, was gewählt werden soll. *Jedenfalls gibt es für Europäer keinen Grund, sich vom gesellschaftlich-ökonomischen System her an eine der beiden Supermächte mehr oder weniger bedingungslos anzuschließen, und es gibt keinen Grund zu einer Kooperation mit den Supermächten, außer aufgrund der Veranschlagung der eigenen Interessen oder – aus schierem Zwang*. Insofern letzteres schwer zumutbar ist, wird sowohl von seiten der USA wie von seiten der Herrschenden in der Bundesrepublik Deutschland größter Wert darauf gelegt klarzumachen, daß alles auf freiwilliger Wertegemeinschaft beruhe. Aber selbst für das scheinbar weit unabhängigere Frankreich hat Debray die Asymmetrien im Verhältnis und die zuweilen problematische Form amerikanischer Machtausübung dargestellt. Es muß für Europa eine Möglichkeit geben, seine Selbständigkeit und weltpolitische Handlungsfreiheit wiederzuerringen. Ausgehend von den deutschen Interessen können sich solche Anstrengungen nicht allein auf die bisher sog. (west-)europäische Integration erstrecken, sondern müssen sich auf eine Alternative zur Ost-West-Konstellation beziehen, die die Wiederherstellung einer starken Mitte Europas einbezieht. Dazu müssen vor allem ideenpolitische Voraussetzungen geschaffen werden, d. h. eine Konzeption, die auch den USA jedenfalls deutlich macht, daß ein Abzug aus Mitteleuropa nicht bedeutet, dies nunmehr »den Russen zu überlassen«.

Ideenpolitische Voraussetzung ist jedenfalls die Einsicht, daß jene vielbeschworene Atlantische Wertegemeinschaft die Ideologie des amerikanischen Globalanspruchs ist und nichts anderes. Selbst wenn man bei den gleichen Werten bleiben will – woraus nicht einmal folgen würde, daß man auch das gleiche liberal-demokratische System behalten müßte –, muß dies nicht diese Art von Gemeinsamkeit – sprich Abhängigkeit – beinhalten. Wenn die Abhängigkeitszwänge wegfallen, wäre die Bezeichnung einer »Freundschaft« für das Verhältnis sogar angemessener.

Es geht also vor allem um die Unabhängigkeit. Die ideenpolitisch nach innen wirkenden Grundwerte sind für Abhängigkeit und Unabhängigkeit, für Selbständigkeit und Kooperation zweitrangig, die Beschwörung ihrer Gemeinsamkeit dient vor allem der Verschleierung der Machtverhältnisse. *Wirkliche Freiheit setzt Unabhängigkeit voraus.* Wer ewig nur wiederholt, Selbständigkeit und Unabhängigkeit Zentraleuropas könne es angesichts der Supermachtkonstellation nicht geben, der zeigt nichts anderes als die völlige Abhängigkeit seines Denkens von jenen kontingenten Machtkonstellationen der Gegenwart, die in ihrer Faktizität nur eine Konstellation der Vergangenheit reproduzieren. Die Welt ist längst eine andere als in den vierziger Jahren, und die Festschreibung der Konstellation des »one-world«-Supermacht-Anspruchs der USA ist anachronistisch, so anachronistisch wie der gleiche Anspruch von Supermacht Nr. 2 als Führer der »sozialistischen Weltrevolution« wäre.

Die »Sicherheitsgarantie« der USA, ohnehin nichts anderes als eine Garantie des Status quo, hat zur Voraussetzung den Glauben an ihre Notwendigkeit und ihre Funktionsfähigkeit. Aber diese »Sicherheitsgarantie« ist keineswegs zwingend. Voraussetzung, dies zu erkennen, ist die radikale Beseitigung des Dogmas von der Identität der Interessen des westlichen Europa mit denen der USA. Wenn die USA im Konfliktfall ihre Interessen in Europa erfolgreich verteidigen, dann *kann* dies das Ende Europas bedeuten. Aufgrund ihrer Lage und Situation könnte die Sowjetunion mehr an der Erhaltung Europas interessiert sein. Natürlich ergibt sich daraus keineswegs eine Identität der Interessen der mittel- und ostmitteleuropäischen Völker mit denen der Sowjetunion. Die reale Bedrohung, die die Situation der Konfrontation der beiden Mächte auf deutschem und europäischem Boden darstellt, kann ebenso weder durch eine einfache gedankliche Bestreitung jener Identität von Interessen weggewischt werden wie die auf beiden Seiten bestehenden Abhängigkeiten, aber die ideenpolitische Voraussetzung ist dies Bestreiten von sicherheitspolitischen Dogmen allemal!

Die »Sicherheitsgarantie« ist also unzuverlässig und unsinnig geworden und damit überflüssig. Sie lebt von der Voraussetzung, es gäbe nichts, was außer den Supermächten zähle, und sie allein könnten jeweils »Sicherheit« garantieren. Diese Voraussetzung ist aber nur der Reflex der Interessen der Supermächte selbst.

Im Sinne dieser Ausführungen müßte Zentraleuropa in der Lage sein, gemeinsam mit Frankreich eine Strategie des stufenweisen Abzugs der USA vom europäischen Kontinent zu entwickeln. Dies wäre die Voraussetzung für die Möglichkeiten, dem zentralen Interesse der Sowjetunion entgegenzukommen. Sollten die USA noch ein Interesse an europäischer Präsenz im Sinne ihres Interesses an einem weltweiten System von Stützpunkten haben, so könnten sie England ebenso als Stützpunkt behalten wie Island. England wäre wahrscheinlich ohnehin für eine Politik der Selbständigkeit Europas nicht zu haben. England ist die europäische Macht, die insofern maßgebend an dem Untergang des alten Europa und seiner Weltgeltung beteiligt war, als es zweimal – in beiden Weltkriegen – die raumfremde Macht USA in die europäische Auseinandersetzung hineingezogen hat. Dies führte zum Ende dieser Weltgeltung, und auf längere Sicht gesehen war der Sturz Englands – berücksichtigt man die historische Fallhöhe – tiefer als der Deutschlands oder der Frankreichs. England tröstet oder täuscht sich über diesen Sturz hinweg durch die praktizierte Konstruktion der »special relationship« einerseits und die Vorteile seiner kontinentalen Randlage andererseits. Beides macht England geeignet, dem wahrscheinlich ohnehin nur noch temporären Interesse der USA nach strategischer Europräsenz zu entsprechen. Von England selbst her scheint eine politische Alternative dazu kaum zu entwickeln zu sein.

Die Sowjetunion und die Zentraleuropäische Föderation: Kooperation durch Anerkennung

Die Amerikaner sind weit – ihre Kenntnis von Europa ist gering. Die Russen sind da – sie rechnen sich selbst Europa zu und wissen mehr über Europa.

Es geht in diesem Abschnitt darum, das Verhältnis der Mitteleuropäer zu der Supermacht Sowjetunion auf der Folie des Verhältnisses zu den USA zu klären. Und da handelt es sich freilich um ganz andere geopolitische Qualitäten.

Wir leben in Mitteleuropa im unmittelbaren Schwerefeld der Supermacht Sowjetunion und haben allen Grund, uns mit ihr intensiv zu befassen. Auch dies ist zunächst eine objektive Feststellung, und man muß hier weder Tauroggen noch Rapallo beschwören. Gehen wir von dem Begriff der Sicherheit aus, wie er in der außenpolitischen Situation gegenwärtig im Schwange ist. Unser derzeitiger Begriff von Sicherheit beruht ganz eindeutig darauf, daß wir die aggressive gewaltpolitische Expansion der Sowjetunion auf Westeuropa als sicher voraussetzen. Dieser als sicher geltenden Befürchtung setzen wir die von den USA gebotene Sicherheit entgegen – und nehmen die Konsequenz der kalkulierten Konfrontation der Supermächte auf dem Territorium Mitteleuropas in Kauf. Nun ist aber, wie gezeigt, die US-Sicherheit unsicher geworden. Die Lage wird so wirklich prekär, und dieser Feststellung ist nicht mit Überzeugung zu begegnen. Notwendig ist jedoch der Versuch, mögliche Motivationen der Supermacht Sowjetunion, ihre objektive Interessenlage sowie deren möglichen Veränderungen zu analysieren.

Veranschlagen wir die jederzeit denkbare Möglichkeit der USA, sich aus der direkten Konfrontation mit der Sowjetunion in Europa herausziehen zu können, so ist ein erster Schritt getan: Die Konfrontation in Europa ist offenbar keine objektive Notwendigkeit. Danach stellt sich die Frage, ob mit Sicherheit angenommen werden muß, daß der Fortfall des amerikanischen »Schutzschildes« notwendigerweise und unausweichlich ein entsprechendes Nachstoßen der Sowjetunion zur Folge hätte, wobei es dann relativ gleichgültig wäre, ob man sich die Sowjetunion am nächsten Tag am Rhein oder am Atlantik vorstellt. Ist die Folgerung eines *umgehenden* militärischen Angriffs der Sowjetunion auf Resteuropa nicht zwingend, dann kann eine »Bedrohung« nur etwa bedeuten, daß die Sowjetunion auf lange Sicht ganz Europa unter ihren Einfluß bringen würde. Damit ist wiederum ein sehr wesentlicher Gedankenschritt getan: Einflußnahme, *sofern sie nicht als einfache Gewaltpolitik zu denken ist,* ist Politik. Und handelt es sich um Politik, ist man nur so hilflos, wie man sich fühlt – man hat jedenfalls ein Wörtchen mitzureden.

Die Sowjetunion ist die »verspätete« Supermacht, so wie das »Zweite Reich« als die »verspätete Nation« bezeichnet wurde. Selbstverständlich ist der Zeitpunkt des historischen Auftritts keine Wertung, aber die Geschichte ist unerbittlich: Mit dem Zeitpunkt des Auftritts bestimmt sie das politische Schicksal der Völker und Nationen. Die Platzhirsche des eurozentrischen Großmachtsystems mußten eine neue, dynamische, nach gleichem Rang strebende Nation wie die deutsche nach 1871 als aggressive Bedrohung empfinden. Dies provozierte Übersteigerung des Selbstbehauptungswillens ebenso wie die Tatsache, daß die historisch älteren, »früheren« Nationen, die um Deutschland herum vorgefunden wurden, von diesem als Bedrohung aufgefaßt werden mußten – als »Einkreisung«. Es kann problemlos gezeigt werden, daß die Sowjetunion gegenwärtig in der Lage ist, sich als verspätete, d. h. jüngere, d. h. zweite Supermacht in ähnlicher Weise einer Einkreisung durch die Politik der ersten Supermacht ausgesetzt zu sehen. Wobei hinzukommt, daß auch zweitrangige Mächte wie Japan usw., die von der Sowjetunion als »kapitalistisch« bezeichnet werden, aufgrund ihrer ideologischen Präokkupation als feindlich und an der Einkreisung Beteiligte angesehen werden können bzw. müssen. Solange die Sowjetunion nicht einsehen kann, daß es auch für entwickelte Mächte politische Möglichkeiten gibt, sich selbst weder dem einen noch dem anderen Lager zuzuzählen, daß also Blockfreiheit nicht bedeuten muß, daß die ideologisch-welthistorische Zugehörigkeit zu einem der beiden Lager nur noch nicht entschieden ist, so lange wird sie entsprechend ihrer Einkreisungsangst reagieren.

Die Möglichkeit einer starken selbständigen Macht an ihrer Westflanke, deren Selbständigkeit plausiblerweise Teile aus der bisherigen Abhängigkeit von den USA herausführt, deren Machtpotential durch ihre stark föderalistische Verfassung gebremst wird, und die die Kooperation zur Sowjetunion suchen könnte und müßte, müßte für diese sicherheitspolitisch ein Gewinn sein:

Die »zweite« – spätere – Supermacht wird zwar von der ersten her als aggressiv bezeichnet und behandelt, das entspricht der Situation. Und die Sowjetunion wird in absehbarer Zeit »zweite« Supermacht bleiben, und es gibt genug Anzeichen dafür, daß ihr ideologisches und gesellschaftlich-ökonomisches System ihr ein technologisch-strategisches Gleichziehen mit den USA – von der sonstigen kapitalistischen Welt abgesehen – in absehbarer Zeit nicht gestatten wird. Aber gerade unter dem Gesichtspunkt der Supermachtkonstellation und dem Bedürfnis nach Unabhängigkeit sowie des systematischen und positionalen Rückstandes der Sowjetunion wäre das nach allseitiger Unabhängigkeit strebende Europa der Partner einer historischen Kooperation mit der Sowjetunion. Nur die Bedrohlichkeit des sowjetischen politischen Zwangssystems zusammen mit der beständigen Drohung der expansiven Ideologie muß die Europäer abhalten, zu jenen Partnern der Sowjetunion zu werden, die sie aufgrund der historischen und geopolitischen Situation eigentlich sein müßten. Dies trifft natürlich insbesondere für Zentraleuropa, für Deutsche,

Österreicher, Tschechen und eventuell andere Länder wie Ungarn und Polen zu. Eine von Gorbatschow konsequent auf neuen Kurs geführte Sowjetunion müßte dies einsehen können. Freilich wird der Sowjetunion die Lernfähigkeit zugemutet, in einem selbständigen europäischen Zentrum nicht die große bzw. eine neue »Bedrohung« zu sehen, sondern die Möglichkeit einer friedlichen Kooperation zu erkennen, die für alle Beteiligten von Nutzen wäre.

In diesem Zusammenhang wird vom Westen her auf einen ideologischen und einen Erfahrungstatbestand hingewiesen. Der *ideologische Tatbestand* ist der der immer wieder von der UdSSR *und* ihren ideologischen Ablegern in den Staaten des Westens propagierten kommunistischen Weltrevolution. Ist diese Vorstellung als klassische – wie sie noch Lenin glaubte – sicher desolat, so ist sie doch noch gegenwärtig im Alleinvertretungsanspruch der sowjetischen Ideologie. Das würde bedeuten, daß die Sowjetunion sich aus ideologischen Gründen überall dort ausbreiten wird, wo sie den bereits erreichten Besitzstand nicht wesentlich gefährdet sieht. Und von einer wesentlichen Gefährdung kann dann nicht mehr die Rede sein, wenn die USA ihre Hand von Europa abziehen: also . . .

Nun weiß man, spätestens seit Stalin die Kommunisten im spanischen Bürgerkrieg im Stich gelassen hat, daß die Interessen der Weltrevolution und des Internationalismus schlechthin als identisch mit den Interessen der Sowjetunion erklärt werden. Das würde den ideologischen Faktor relativieren, die Sowjetunion erschiene als »normale Supermacht«. Jedoch muß man sich klarmachen, daß die Sowjetunion aus Gründen binnenideologischer Stabilisierung ihrer Herrschaftselite auf der exklusiven Indoktrinierung der Menschen, namentlich aber der Nomenklatura, im Sinne eben jener Ideologie mitsamt ihrem welthistorischen Alleinvertretungsanspruch besteht: Der Sowjetmensch wächst quasi in dem Bewußtsein auf, im objektiven Prozeß der Vorbereitung des Endsieges des Kommunismus zu leben, Einschränkungen dieser expansiven Konzeption müssen in der Ideologie taktisch motiviert werden.

Dieses Zusammenspiel von Ideologie und Machtkalkül läßt also die Bedeutung der Ideologie nicht völlig verschwinden, wie manch einer glaubt, aber sie relativiert sie doch zugunsten des Machtkalküls. Machtinteressen aber haben den Vorteil, auch für andere kalkulierbar zu sein – sobald es um die Selbsterhaltung, auch die Selbsterhaltung von Macht, geht, wird die Sache menschlich, nämlich allgemeinen Überlegungen und pragmatischer Vernunft zugänglich. Natürlich kommt es vor, daß Machtsysteme sklerotisieren, was bedeutet, daß sie auch im Sinne ihres eigenen Selbsterhaltungsinteresses nicht mehr hinreichend lern- und anpassungsfähig sind. Es ist auch keine Frage, daß die Supermächte heute beide dergleichen Ausfallerscheinungen zeigen. Aber diese Erstarrung ist nicht im Sinne der Machterhaltung, die Macht eines Systems liegt sicher in der Vielzahl der Möglichkeiten, auf Veränderungen zu reagieren. Hat man nur eine – etwa die der Schwerrüstung –, so bleibt man furchtbar, verliert aber an Macht.

Auf die Sowjetunion bezogen, wären beide Möglichkeiten, salopp gesprochen, für Mitteleuropäer von Vorteil. Jedenfalls dann, wenn man selbst die Möglichkeit hätte, auf veränderte Situationen im Sinne der Selbstbehauptung zu reagieren. Die Sklerotisierung bedeutet eine Schwächung. Bleibt das System jedoch lebendig, so bedeutet es, daß es auch lern- und anpassungsfähig bleibt – und zwar durchaus im Sinne des Eigeninteresses der Macht. Die Gefahr der sklerotischen Machtstruktur, die nur noch den einen Ausweg sieht, ihrem eigenen Verfall mit einem Präventivschlag zu begegnen, soll nicht unerwähnt bleiben, sie spielt ja auch in westlichen Sicherheitsüberlegungen gelegentlich eine Rolle. Tatsächlich wird dieser Gefahr gegenwärtig noch mit der nuklearen Gegendrohung der USA begegnet, aber eine solche Möglichkeit wäre an eine bestimmte kritische Zeitspanne gebunden, die, wenn sie nicht schon vorüber ist, doch durch den Status quo noch aufgefangen wird. Je mehr aber der kritische Zeitpunkt verstreicht, um so mehr wird diese Gefahr des letzten Umsichschlagens zu einem zu vernachlässigenden Restrisiko. Es ist aber zweifellos realistischer, die Selbsterhaltung, d. h. die Anpassungs- und Lernfähigkeit des sowjetischen Machtsystems nicht zu unterschätzen. Auch Kalkulationen auf baldigen inneren Zerfall, die gerne angestellt werden (»Der Rote Stern verglüht«), müssen hinter dem Machtkalkül zurücktreten.

Unter der Voraussetzung der Möglichkeit flexibler Reaktionen auf sich wandelnde Rahmenbedingungen – was nichts mit Optimismus, sondern mit politischen Überlegungen zu tun hat – stellt Wolfgang Seiffert (Das ganze Deutschland, München 1986) für die Sowjetunion folgendes fest:

»In dieser Lage muß die Sowjetunion, was ihre politische Strategie gegenüber der Deutschen Frage betrifft, unverändert drei Faktoren, und vor allem deren Kombination mit besonderer Aufmerksamkeit und Sorge betrachten. Dies ist *erstens* die amerikanische Präsenz in Deutschland; *zweitens* die Integration des westdeutschen Potentials in die westliche Allianz und *drittens* die Entstehung einer neuen nationalen Bewegung der Deutschen für die Wiedervereinigung ihres Landes. Bisher greift die sowjetische Deutschlandpolitik unverkennbar alle drei Faktoren an, nennt letztere einen Ausdruck des ›wiedererwachenden Revanchismus‹ und sieht in ihr einen besonders typischen und ›gefährlichen‹ Ausdruck des allseitigen Kampfes der Vereinigten Staaten, der die Macht der Sowjetunion zurückdrängen und sie auf den Status einer europäisch-asiatischen Mittelmacht reduzieren soll. Die daraus resultierende sowjetische Kampagne gegen den ›Revanchismus‹ in der Bundesrepublik ist allerdings eher das Eingeständnis, daß die Deutsche Frage nicht gelöst ist, als ein wirksames Instrument zur Eindämmung der die Sowjetunion – tatsächlich oder vermeintlich – bedrohenden Gefahren. Daher liegt auf der Hand, daß man vom Standpunkt des sowjetischen Machtinteresses aus eines Tages auch erwägen könnte, durch eine politische Lösung des dritten Faktors die beiden ersten zu beseitigen und damit die Möglichkeit auszuschließen, daß sich alle drei Faktoren zu einer unwiderstehlichen Kraft *gegen* die Sowjetunion integrieren.

Eine solche Möglichkeit liegt um so näher, als für die Sowjetunion stets ihre sicherheitspolitischen und allgemeinpolitischen Machtinteressen im Vordergrund ihrer Außenpolitik gestanden haben und erst in zweiter Linie ideologische und Systemfragen ins Blickfeld kamen, wenn es auch dem Charakter sowjetischer Außenpolitik entspricht, daß sie immer in hohem Maße *ideologisch* bestimmt ist. Dennoch sind grundlegende Fragen der *operativen* Außenpolitik der Sowjetunion gerade deshalb primär unter sicherheitspolitischen Gesichtspunkten entschieden worden, weil das *Eigeninteresse* der Sowjetunion auch *ideologisch* durch ihre Rolle als *Führungsmacht* der ›kommunistischen Weltbewegung‹ bzw. der ›sozialistischen Staatengemeinschaft‹ gerechtfertigt wird.« (S. 123)

Seiffert nennt dann im folgenden acht Gründe, weshalb man Chancen für eine Wende der sowjetischen Deutschlandpolitik sehen könne:

»1. Die offensive Status-quo-Politik der Sowjetunion ist im Scheitern begriffen.
2. Die Sowjetunion ist heute wirtschaftlich, politisch und auf die Dauer auch militärisch schwächer, als sie es zur Zeit der Vereinbarung des Nixon-Breschnew-Verhaltenskodexes war.
3. Für die Sowjetunion wiegt besonders schwer, daß vierzig Jahre

nach Kriegsende und trotz der Teilung der ›deutsche Faktor‹ wirtschaftlich, politisch und militärisch wieder einflußreich ist und vornehmlich zugunsten des Westens wirkt.

4. Auch und gerade unter diesen veränderten Umständen konzentriert sich das Interesse der Sowjetunion auf ihre Sicherheit – mit der Folge, daß sie zu deren Wahrung auch zu substantiellen Zugeständnissen bereit ist.
5. Obwohl innerhalb der Sowjetunion die Nationalitätenpolitik oft nur als Instrument russischen Großmachtstrebens gebraucht wird, lassen die sowjetische Theorie und in Ausnahmefällen auch die sowjetische Praxis (siehe Finnland; die Nichteingliederung der ›Volksdemokratien‹ nach 1945 in die Sowjetunion) hinsichtlich der Rolle der Nationen dennoch eine Position in der nationalen Frage einnehmen, entsprechend der das Selbstbestimmungsrecht der Gesamtnation der Deutschen nicht einfach abgelehnt werden kann.
6. Die ›Risse im Ostblock‹, deren Vertiefung manche Mitglieder der politischen Eliten des Warschauer Paktes von einer solchen neuen Deutschlandpolitik der Wiedervereinigung befürchten, sind zu einer Zeit entstanden, da die Sowjetunion eine offensive Status-quo-Politik betrieb. Schon deshalb ist es unlogisch zu glauben, daß ein Festhalten an ihr der *einzige* Weg sei, den Zusammenhalt des sowjetischen Hegemonialbereiches zu sichern ...
7. Dem ›Verlust‹ der DDR stünde zudem gegenüber, daß auch die bisherige Bundesrepublik Deutschland auf dem Wege der Ausübung des Selbstbestimmungsrechts in einem beide bisherigen Staatswesen umfassenden gesamtdeutschen Staat aufginge, der sich zwar aller Voraussicht nach der westlichen Wertegemeinschaft zugehörig fühlen würde, der aber für die Sowjetunion in keiner Hinsicht mehr eine Bedrohung darstellen könnte.
8. Andererseits böte aber ein wiedervereinigtes freies Deutschland [bzw. die Zentraleuropäische Föderation (B. W., P. K.)] mit seiner sozialen Marktwirtschaft, seinem industriellen und technischen Potential und seinem vorrangigen Interesse an erweiterten internationalen Wirtschaftsbeziehungen eine ausgezeichnete Möglichkeit für eine langfristige und umfassende wirtschaftliche Kooperation mit der Sowjetunion und der östlichen Wirtschaftsgemeinschaft ...« (s. S. 127/128).

Diese Überlegungen werden von Seiffert angestellt in Hinsicht auf mögliche Schritte, die von Westdeutschland her in Richtung eines

Zusammenrückens der Bundesrepublik Deutschland und der DDR längerfristig getan oder geplant werden könnten oder müßten. Die Ausführungen enthalten einen hohen Grad von analytischer Schärfe und Plausibilität, und man kann sich diesem hervorragenden Kenner nicht nur in seiner nationalen Grundintention, sondern auch in seinen Analysen weitgehend anschließen. Freilich könnte nunmehr eingewendet werden, daß die Plausibilität der Analyse Seifferts von der Begrenztheit seiner Zielvorstellungen, nämlich der Wiedervereinigung der beiden deutschen Staaten, Bundesrepublik Deutschland und DDR, abhängig bleibt. Hier wird die Auffassung vertreten, daß das Gegenteil der Fall ist.

Denn all jene Punkte, die nach Seiffert dem Interesse der Sowjetunion entgegenkommen könnten, scheinen uns in noch höherem Maße für die Errichtung der Zentraleuropäischen Föderation zu gelten. Der Abbau der Frontstellungen der Supermächte in Europa wäre wirkungsvoller: Die USA und die UdSSR müßten natürlich das Gebiet der Zentraleuropäischen Föderation verlassen, und die Zentraleuropäische Föderation wäre aufgrund der systemischen Veränderungen in Richtung einer Eigenständigkeit und gerade durch die Hineinnahme der CSSR weit weniger in Gefahr, dann doch wieder total vom »Westen« vereinnahmt zu werden.

In bezug auf diesen Punkt, nämlich die Hineinnahme der CSSR in die Zentraleuropäische Föderation, könnte nun wiederum eingewendet werden, daß dies ein ungleich weitergehendes politisches Ziel sei als die bloße Wiedervereinigung Deutschlands, und hier wird für gewöhnlich das Dogma von der Irreversibilität kommunistischer Machtausdehnung beschworen. Dafür kann man sich in der Tat auf jene historische Erfahrung berufen, die Stalin in einer berühmten Formulierung quasi dogmatisiert hat: »Dieser Krieg ist nicht wie andere. Jeder dehnt sein Gesellschaftssystem so weit aus, wie seine Truppen vordringen. Es kann gar nicht anders sein.« (Aus einem Gespräch mit M. Djilas.)

Aber möglicherweise sind die Zeiten Stalins doch tatsächlich vorbei, und eine andere Einschätzung bräuchte nicht notwendigerweise unrealistisch zu sein. Zwar muß man sich klarmachen, daß eine »Preisgabe« der DDR *und* der CSSR zweifellos eine gewisse Signalwirkung für die anderen ostmitteleuropäischen Staaten haben würde, aber es ist die Frage, ob die Sowjetunion eine Veränderung des Satelliten-Status dieser Länder längerfristig in der Tat zu fürchten hätte. Denn machen wir uns klar, daß die Rigorosität der Aufrechterhaltung der Sowjetmacht in Europa ein Teil der Konfrontation mit der Supermacht USA ist, und daß, wenn die Zentraleuropäische Föderation ihr diese vom Halse schafft, dann eine andere Politik in Ost-Mitteleuropa für die Sowjetunion mindestens denkbar wird.

Die Zentraleuropäische Föderation würde für eine enge politische, vor allem aber wirtschaftliche und technologische Kooperation mit der Sowjetunion leistungsfähiger und damit für die Sowjetunion interessanter sein können als »Kleindeutschland«. Und zwar wegen der für sie lebensnotwendigen Ergänzungen ihres notwendigerweise schwerfälligen technologischen und gesellschaftlichen Systems. Und je enger die Zusammenarbeit einer aufgrund ihrer Größe als hinreichend selbständig anzusehenden Zentraleuropäischen Föderation auch mit dem Westen bleibt, um so stärker könnte die Sowjetunion an der Kooperation interessiert sein.

Kann Frankreich lernen, die Politik von 1648 zu überwinden?

Spricht man mit Westdeutschen – Professoren etwa – über einen deutschen »nationalen Imperativ«, d. h. über eine aus der Idee der Nation resultierende praktische Politik zur Neuordnung in der Mitte Europas oder gar vom »Reich« im Sinne der hier vorgelegten Konzeption, dann bekommt man häufig Antworten folgender Art: »Was würden unsere Nachbarn dazu sagen?« oder »So etwas würden die Nachbarn niemals zulassen.«

Solche Antworten sind natürlich Zusammenfassungen möglicherweise komplexerer politischer Überlegungen, aber ihre Sprache ist verräterisch. Mit »Nachbarn« sind hier vor allem die Staaten Westeuropas gemeint, gelegentlich wird das Wort aber auch im Sinne der »Verbündeten« gebraucht. Die Übertragung von Begriffen aus dem überschaubaren Bereich der unmittelbaren menschlichen Beziehungen ist in der Politik immer irreführend, man denke vor allem an die »Freundschaft«, die uns mit den USA verbinden soll, und die bestenfalls wie die »Liebe zwischen Füchsin und Hahn« ist (Brecht).

Die Rede vom Nachbarn, dessen Stellungnahme man fürchtet, stammt aus dem Mief bürgerlicher Verhältnisse, deren Verlogenheit seit Maupassant, Balzac und Zola hinreichend bekannt ist, und die die kleinkarierte gegenseitige Abhängigkeit von der Meinung und dem Urteil der Nachbarn als gesellschaftliches Netz vorführt, in dem derjenige gefangen ist, dessen Ehrgeiz es ist, »dazugehören« zu wollen. Diese Übertragung einer – übrigens ohnehin antiquierten – privatgesellschaftlichen Attitüde auf politische Beziehungen entspricht natürlich dem Bedürfnis eines Randständigen, Aufsteigers oder sich unsicher Fühlenden, die Verhaltensmuster der Kreise, auf die er sich bezieht, besonders plausibel einhalten zu wollen, damit »die Nachbarn« in der richtigen Weise von ihm sprechen. Dieses Muster ist in der Nachkriegszeit von den westlichen Siegern und den kleinen europäischen Staaten mit Erfolg gegenüber Deutschland praktiziert worden, das ja erst einmal – nach entsprechender »Bestrafung« – zeigen mußte, ob es verdiente, in den Kreis der Völkerfamilie (!) zurückkehren zu dürfen. Wir mußten zur Kompensation dieses Makels besonders demokratisch und besonders verständigungsbereit sein, was ja nichts anderes heißt, als in Interessenkonflikten großzügig zum Nachgeben, z. B. zum Zahlen, bereit zu sein.

Die Aussage, die Nachbarn würden solches nicht zulassen, ist noch verräterischer, oft allerdings auch vielschichtiger. Man kann damit dem Vertreter von Gedanken europäischer Neuordnung ja scheinbar zustimmen, um dann mit ebenso scheinbarem Bedauern darauf hinzuweisen: »Ja, aber leider die Nachbarn.« So bleibt alles beim alten. Daß eine Neuordnung Europas im hier vorgeschlagenen Sinne in der Tat etwas ziemlich Revolutionäres sein könnte, wird geahnt. Über diese Bedrohung seines Status quo tröstet sich der »Philister vor, in und nach der Geschichte« mit der Berufung auf eine Instanz, die dergleichen ja, Gott sei Dank, verhindern werde: die westlichen Nachbarn.

Wie eng oder wie weit sind die Spielräume zentraleuropäischer Politik? Die kleinen Staaten können ohnehin nur Gesinnungspolitik treiben, d. h. moralischen Druck im Sinne jener bürgerlichen Nachbarn ausüben: Sie können aufhören, »mit uns zu reden« und nur noch über uns klatschen. Die Großen – ja, was werden die Großen tun? Das Besatzungsstatut anwenden? Einmarschieren? Boykottieren? Jedenfalls würde man nicht mehr von »Freunden« sprechen – was hier aber nur heißt, daß man glücklicherweise wieder im Bereich der politischen Realitäten, also der Interessenkalküle, angekommen wäre. Stellen wir uns also getrost auf diesen Boden: Jener antibürgerliche Ausweg, der sich in dem populären Vers kundgibt: »Ist der Ruf erst ruiniert, lebt man gänzlich ungeniert«, kann hier nur bedeuten: Sobald wir den Bereich der Phrasen, der Mythen, der kritiklos geltenden Verhaltensmaßregeln, der Verschleierung der wirklichen Verhältnisse und der unbewiesenen Voraussetzungen durchstoßen oder hinter uns lassen, wird eine Menge möglich, wovon man im genauen Sinne vorher nicht zu denken wagte.

Kaum jemand hat dies in der jüngsten Zeit in solcher Schärfe analysiert, wie der bereits mehrfach zitierte Régis Debray. Debray ist ein Mann vielfältiger politischer Erfahrungen, er kämpfte mit Che Guevara, und er ist heute Berater des Präsidenten Mitterrand. Ein Franzose wie Debray müßte es uns nachsehen, wenn wir das Verhältnis Deutschlands zu seinen westlichen Nachbarn unter Nachvollzug seiner eigenen Voraussetzungen bzw. Voraussetzungslosigkeiten analysieren – um so mehr, als wir mit seiner Analyse des amerikanischen Einflusses auf Europa weitgehend übereinstimmen. »Die westlichen Nachbarn« gehören ja selbstverständlich auch zu dem Rahmen, innerhalb dessen die Lösung der deutschen Frage nur eine europäische Lösung sein kann. Und durchaus ohne Arroganz gegenüber den anderen westeuropäischen Staaten wird dieser Teil der Rahmenbedingungen unseres Problems der Neuordnung Europas hier exemplarisch an dem Verhältnis zu Frankreich expliziert, wobei der Status quo ebenso zur Sprache kommen muß wie das mögliche Verhältnis Frankreichs zur Zentraleuropäischen Föderation.

Versucht man, das Verhältnis Frankreichs zu Deutschland seit 1945 zu überblicken, wie es etwa die abgewogene, obzwar etwas optimistische Darstellung von Weisenfeld tut, so zeigt sich sowohl an der zu erkennenden Generallinie wie an markanten Einzelpositionen, wie z. B. des Historikers Poidevin, die von simpler Deutschenfurcht oder besser von Deutschenhaß geprägt ist, oder an der des erhobenen Zeigefingers des penetrant schulmeisterlichen Alfred Grosser, der neuerdings den in seinem Geist erzogenen Ménudier durch die Bundesrepublik Deutschland reisen läßt, in wie hohem Maße das republikanische Frankreich zu einem konservativen Volk geworden ist – jedenfalls was die politischen Denkmuster angeht.

Man mache sich doch nur einmal klar, wie lange die sinnlosen Kämpfe zur Behauptung von Frankreichs Kolonialmacht die Welt noch vor Probleme stellte. Eine Kolonialmacht, die in Indochina nur die Sprache der Gewalt verstand und erst durch die »Hölle von Dien Bien Phu« gehen mußte, um zu lernen. Wenn der Satz, daß ein Volk eine wirkliche Revolution nur einmal machen kann, zutrifft, dann auf kein Volk so sehr wie auf das französische, dessen politische Lernfähigkeit seit seinen großen Zeiten von konservativen, besser von überholten Urteilen der Vergangenheit in hohem Maße gehemmt wird. Was im übrigen von niemandem schonungsloser analysiert wurde als von Franzosen selbst. Für die Gegenwart hat man manchmal den Eindruck, daß der Besitz wenigstens ganz moderner Waffen, nämlich Atombomben, unter anderem den Effekt hat, alte politische Vorstellungen zu konservieren. Jedenfalls scheint das politische Denken Frankreichs immer noch von Thesen wie der seines im 20. Jahrhundert meistgelesenen Historikers Bainville geprägt zu sein, der 1915 geschrieben hat, daß die im Geiste Richelieus errichtete Ordnung von 1648 eine der bedeutendsten politischen Leistungen Europas war: Sie machte Frankreich stark und zersplitterte Mitteleuropa.

Um aber nicht zu weit in die Geschichte der deutsch-französischen Beziehungen zurückzugehen – in denen ja die »Erbfeind«-Vorstellungen keineswegs einseitig waren – sei hier die Grundposition in der Ausbildung des französischen Verhältnisses zu seinem östlichen Nachbarn erinnert.

Da ist zunächst das Bewußtsein der Kriege von 1870/71, 1914/18 und 1940. Dabei wird allerdings seltener, als es die Deutschen selber tun, mit der Kategorie etwa des Überfalles argumentiert. 1870 war die Provokation von seiten Frankreichs ebenso eindeutig, wie sie allerdings zu Bismarcks Vorstellung der europäischen Lösung paßte, Preußens Stellung durch Vergrößerung auf das Reich und durch eine Reihe kurzer, energischer Schläge zu den Voraussetzungen einer Großmacht zu bringen.

Für 1914/18 erklärte bereits 1951 eine deutsch-französische Historiker-Kommission, daß man an der im Versailler Vertrag scheinbar festgeschriebenen »Alleinschuld« Deutschlands am Ausbruch des Ersten Weltkrieges nicht sinnvollerweise festhalten könne, eine Feststellung, die sogar bei jenem penetranten Alfred Grosser ausführlich zitiert wird, wie man fairerweise zugeben muß. Freilich wollten in diesem Punkt nun wiederum viele Deutsche keineswegs von ihrer Schuld lassen und griffen zehn Jahre später begierig nach Fritz Fischers »Griff nach der Weltmacht«, um mit diesem Buch unterm Arm wieder anbiedernde Buße zu tun. Sogar was 1940 angeht, unterläßt man in Frankreich meist den Begriff des verbrecherischen Überfalls – ein Zeichen politischer Reife, die einsieht, daß es Schuljungen-Niveau ist, sich nach dem Streit noch einmal darüber zu streiten, »wer angefangen hat«.

In seiner Skepsis gegenüber den Angelsachsen ist Frankreich natürlicher Verbündeter bei den Plänen zur Neuordnung Europas – ebenso wie es der wichtigste westliche Verbündete auch der Zentraleuropäischen Föderation sein und bleiben sollte. Was aber in bezug auf die Erfahrung jener drei Kriege zur ersten Grundlage von Frankreichs Verhältnis zu Deutschland werden mußte, das ist der Schock der Niederlage: Der erste ging verloren, der zweite spielte sich ausschließlich auf französischem Boden ab und endete mit dem Rückzug und einem innen- und außenpolitisch schnell verspielten Sieg, der dritte brachte Frankreich 1940 zunächst die schwerste und in seinen Augen demütigendste Niederlage seiner Geschichte. Diese durchaus nicht moralisierte, aber politisch um so härter erlebte Erfahrung der erlittenen Niederlage prägt Frankreichs Verhältnis zu Deutschland nach 1945, und dies gilt vor allem für die Zeit, in der General de Gaulle Frankreich repräsentierte. De Gaulle war von dem Gedanken besessen, Frankreichs Größe im alten Sinne nicht nur wiederherzustellen, sondern als eigentlich unangetastet hinstellen zu können, womit er zeigte, daß er – anders als etwa ein Eisenhower – politisch dachte. Er war mehr als ein Soldat, der etwa nach Revanche schnaubte, freilich hatte er auch so viel vom Besten des Soldaten, daß er nicht die Linie der moralisierenden Selbstgerechtigkeit verfolgte. (Ein Indiz dafür ist zum Beispiel, daß in der den Franzosen schließlich eingeräumten Besatzungszone die sog. Entnazifizierung nicht mit der kleinkarierten Penetranz moralisierender Kleinbürger, denen Macht gegeben war, durchgeführt wurde – was zur Folge hatte, daß etwa Ernst Jünger in diese Zone übersiedelte.)

Aber das Bewußtsein der realen Niederlage prägte die Politik, die wie 1648 darauf hinauslief, Deutschland jedenfalls zu schwächen, zu teilen, »Preußen« ganz aus der – wenigstens westlichen – Welt hinauszubefördern. »Preußen« wurde de Gaulle später charakteristischerweise zu einem Synonym für die DDR.

Daß dabei vergleichsweise noch lange Vorstellungen von einem »europäischen Gleichgewicht« eine Rolle spielten, ist ein Hinweis auf jene Zähigkeit, mit der sich in Frankreich politische Formeln halten und das Handeln beeinflussen können. In die Kategorie überlebten politischen Vorgehens gehört die kleinliche, schikanöse Sprachpolitik der Franzosen im heutigen Elsaß ebenso wie die zweite Grundlage des französischen Verhältnisses zu Deutschland, und dies ist die auf dem geschichtlichen Bewußtsein von der Größe Frankreichs aufruhende und eines gewissen Zivilisations- und Freiheitsmessianismus nicht entbehrende Rivalität Frankreichs zu Deutschland. In diesem Rivalitätsverhältnis beansprucht Frankreich traditionell den ersten Platz. Diesen Anspruch durchzuhalten, wird ihm freilich nicht leichtgemacht. Im Augenblick der Niederschrift dieser Zeilen (Frühjahr 1987) ist die Bundesrepublik, also das französischen Befürchtungen so entgegenkommende Restdeutschland, die erste Handelsmacht der Welt, im Volumen des Auslandshandels vor den USA und Japan stehend.

Es kann nicht darum gehen, jetzt unsererseits in das alte Muster nationalistischen Imponiergehabes zu verfallen, das man und auf das man sich freilich in Frankreich immer noch allzugut versteht. Es kommt vielmehr darauf an zu zeigen, daß sich unter den Zwängen der Entwicklung seit 1945 für das gegenwärtige Frankreich eine neue Grundlage im Verhältnis zu Deutschland ausbilden könnte. Wenn diese sich behaupten oder gar als herrschende durchsetzen könnte, so könnte im Verhältnis dieser beiden bedeutendsten europäischen Mächte eine Änderung eintreten. Eine Änderung, in der der gegenseitige Nationalismus sich zu einem Gegensatz entwickeln könnte, in dem Selbstbehauptung und Anerkennung beide ihren Platz hätten, und in dem beide Nationen es nicht nötig hätten, die andere bei gegenläufigen Interessenkonstellationen zum »Erbfeind« zu erklären. Europa soll und muß sich zuerst aus den ideologischen Weltbürgerkriegsfronten herausziehen: Da dies für Frankreich wie Deutschland gleich wichtig ist, ergibt sich hier ein Ansatzpunkt zu Chancen zukünftiger Kooperation.

Jenes Bewußtsein für die Selbstverständlichkeiten eines politischen Nationalismus, der zwar, wie die Geschichte gezeigt hat, beide Seiten nicht vor dem spießigsten Chauvinismus, aber die Franzosen zumindest davor bewahrt, mit dem Bad des Chauvinismus auch das Kind des Nationalbewußtseins auszuschütten, hatte schon bald nach 1945 eine Zweiseitigkeit in das Verhältnis Frankreichs zu Deutschland gebracht, deren Entwicklung Weisenfeld anschaulich beschreibt – wenn er in ihrer Beurteilung auch wohl zu optimistisch sein dürfte.

Im Interesse der eigenen Nation und unter der Erfahrung der Niederlagen mußte Frankreich wie 1648 an einer dauerhaften Schwächung, also zum Beispiel einer Teilung, Zerstückelung, Entmündigung Deutschlands interessiert sein, und davon wurde seine erste Nachkriegs- und Besatzungspolitik auch geprägt. Aber in der Selbstverständlichkeit seines politischen Nationalismus mußte es sich selbst zugeben, daß ein dauerhaftes Sichabfinden der deutschen Nation mit der Zersplitterung eigentlich nicht denkbar sei. Wiedervereinigung kam für Frankreich nicht in Frage, solange es Deutschland aufgrund der historischen Erinnerungen fürchtete. Aber der

Blick für die Realitäten könnte mehr und mehr eine andere Grundlage für das französisch-deutsche Verhältnis wirksam werden lassen, insofern eingesehen wird, daß die europäische Großmacht jedenfalls nicht mehr Deutschland ist, sondern die eurasische Sowjetunion.

Diese nun als absolute Bedrohung anzusehen, bedeutet vielleicht noch, wie Debray sagt, im Ost-West-Mythos befangen zu sein. Würde der beherrschende Ost-West-Gegensatz in einer neuen europäischen Ordnung überwunden, so wäre allerdings die Zeit gekommen, in der Frankreich und Mitteleuropa gemeinsam den alten Kontinent erneuern könnten.

Zunächst bedingt die Auffassung der Sowjetunion als der möglichen – eigentlichen – Bedrohung notwendigerweise eine veränderte Einschätzung der Stellung zu Deutschland. Ist die Sowjetunion die Bedrohung »des Westens«, also auch Frankreichs, dann wird nicht nur die Bundesrepublik Deutschland als Verbündeter wesentlicher, sondern man könnte auch der Wiedervereinigung der Bundesrepublik Deutschland und der DDR – freilich unter »westlichem« Vorzeichen – wieder etwas abgewinnen, was eben nicht nur den auch den Franzosen geläufigen Auffassungen von der Zusammengehörigkeit der Nation entspräche, sondern auch pragmatisch ein größeres strategisches Vorfeld für Frankreich bedeuten würde.

Was nun die hier vorgeschlagene Neuordnung Europas angeht, so könnte sie für Frankreich nur akzeptierbar sein, wenn es sich mit den Gedanken vertraut machen würde, die Debray vorträgt. Danach müßte sich Europa – für Debray vornehmlich Frankreich, aber in unserem Sinne eben auch die Zentraleuropäische Föderation – aus den ideenpolitischen Fronten des Weltbürgerkrieges herausziehen und die realen Veränderungen auch der Interessenlage der Sowjetunion veranschlagen. Solange Frankreich am Rapallo-Komplex leidet, wird es zu keiner anderen Sicht kommen als der, daß die alte Bedrohung – Deutschland – jetzt mit der neuen – Sowjetunion – potenziert wäre. Und eine »Neutralisierung« Mitteleuropas würde ihm vermutlich ein zu schwacher Schutzschild erscheinen.

Hier ist mit Seiffert auf die objektiven Veränderungen der Interessenlage der Sowjetunion hingewiesen worden. Erweist sich der Hinweis als richtig, so wäre mit dem Politischwerden dieser Einsicht jenes neuerliche Gespenst der Bedrohung aus dem Osten gebannt. Dazu könnte Frankreich nicht nur ideenpolitisch, sondern ganz real ebenso beitragen wie die Zentraleuropäische Föderation. Befürchtungen in bezug auf diese könnten Frankreich durch deren innere

Struktur wie auch durch die Stellung der CSSR genommen werden. Mit der Zentraleuropäischen Föderation aber müßte Frankreich jedenfalls das Interesse verbinden, Europa dem Einfluß der USA zu entziehen und zur Sowjetunion ein relativ risikofreies, ausbaufähiges Verhältnis zu entwickeln.

Auch bei den optimistischen Erwartungen oder Hoffnungen auf einen Machtverfall der Sowjetunion bliebe in Europa ein eindeutiges Machtgefälle von Ost nach West bestehen. Die Sowjetunion bleibt Supermacht. Die Zentraleuropäische Föderation müßte sich in deren Schwerefeld einrichten, das unvermeidliche Restrisiko kann durch politisch selbstbewußte Kooperation kleingehalten werden. Dies Restrisiko wäre für Frankreich natürlich noch kleiner. Beide gemeinsam müßten ein politisches Bewußtsein entwickeln, in dem die politische Einsicht reift, daß die Aufgabe, Europa aus dem Supermachtantagonismus heraus und auf seinen eigenen Weg zu bringen, ein politischer Kraftakt ist, den Europa nur gemeinsam erbringen kann. Wirksam müßte natürlich auch die Überzeugungskraft der Zentraleuropäischen Föderation nach Westen hin werden. Es müßte zudem politisch plausibel dargestellt werden, daß sie ebensowenig eine Bedrohung Frankreichs wie die Sowjetunion notwendigerweise eine ganz Europas ist. Wenn also, folgt man Debray, in bezug auf die Sowjetunion ein solcher ideenpolitischer Durchbruch möglich ist, dann sollte er auch in bezug auf die Zentraleuropäische Föderation möglich sein. Denn daß die Zentraleuropäische Föderation nicht nur ideologisch, sondern auch in praktischer Kooperation ihre Selbständigkeit aufs engste mit der Anerkennung der Größe und Bedeutung Frankreichs verbinden müßte, steht außer allem Zweifel. Die Verbindung und engste Zusammenarbeit mit Frankreich – die dann in viel höherem Maße die Bezeichnung einer »Freundschaft« verdienen würde, als sie es heute tut – könnte symbolisiert werden durch die Verlagerung entsprechender Institutionen natürlich nicht nach Bonn, sondern nach Aachen, womit die erste der Kaiserstädte des Alten Reiches eine zukunftsgerichtete, repräsentative Aufgabe erhielte, die der großen Vergangenheit der beiden beteiligten Völker gerecht wird.

Nachbemerkung

Sieht man sich die Geschichte der Nationen an, so zeigen sich fast überall Parallelen – jedenfalls trifft dies für die europäischen Nationen zu. Das anhebende Wir-Bewußtsein versucht sich etwa dadurch zu festigen, daß dem eigenen Volk ein besonders hohes Alter oder eine besonders ehrwürdige Abstammung zugeschrieben wird. Irgendwann entwickeln dann Nationen, unter dem Einfluß menschheitlicher Gedanken, deren harter oder vielmehr deren weicher Kern die Unausweichlichkeit des Allgemein-Humanen schlechthin ist, irgendwelche Ideen von menschheitlicher Sendung. Es war ja nicht nur das deutsche Volk, an dessen »Wesen« »die Welt genesen« sollte, auch am russischen, am englischen, am französischen Wesen ohnehin und neuerdings am amerikanischen Wesen werden solche Welt-Genesungsperspektiven festgemacht. Auch die Nationalisierungsphase des tschechischen Volkes erfand sich, wie gezeigt, nicht nur – wie fast gleichzeitig das deutsche – eine romantisierte Vergangenheit, sondern auch ein allgemeines Sendungsbewußtsein.

Man könnte diese Phase des allgemeinen, notwendigerweise vage bleibenden Sendungsbewußtseins die puerile Phase der Nationen nennen, die offenbar durchzumachen unvermeidlich ist.

Aber das ist die Vorbedingung des Erwachsenwerdens in der Politik: einzusehen, daß kein Volk, keine Nation, kein Land und kein Staat eine Legitimation hat, für die Menschheit zu sprechen oder sich eine menschheitliche Sendung zuzuschreiben. Jede Nation ist »unmittelbar zu Gott«, und das heißt, sich selbst und für sich selbst verantwortlich. Sie kann am Grade der Verwirklichung einer Humanität gemessen werden – aber auch dies kann sie nur von sich selbst her, auf dem Hintergrund ihrer eigenen Geschichte und selbst tun. Keine Nation kann aus sich heraus einen Maßstab entwickeln, an dem die anderen zu messen wären. Aber alle Nationen, insbesondere die benachbarten, hier also die Mitteleuropas, können die Phase des puerilen Sendungsbewußtseins ebenso überwinden wie die der bloß auf Gewalt gegründeten Auseinandersetzung. Sie können als Erwachsene erkennen, daß freie Kooperation freier Nationen nach dem Maßstab der eigenen Geschichte und der höchsten in ihr je entwickelten Vernünftigkeit jede von ihnen zu mehr macht, als sie allein darstellt, jeder von ihnen mehr Entwicklungsmöglichkeiten schafft, jede von ihnen bedeutender macht und je eigene Größe mit allgemeiner Ordnung, gemeinsame entschlossene Stärke der Selbstbehauptung mit der Anerkennung der anderen verbinden kann. In diesem Sinne ist dies Buch – trotz all seiner konkreten Bemühungen – auch eine Vision. Ohne Visionen wird es keine Zukunft für Europa geben; die Realpolitiker des Status quo in Europa verhalten sich gegenüber solchen aber bestenfalls wie die klassischen Frösche und ihre Perspektive zu dem ebenso klassischen Lynkeus, dem Türmer.

Die wirkliche Zukunft Europas mag vielleicht sehr anders aussehen, als sie hier entworfen wurde. Aber die Probleme, die hier behandelt wurden, werden Europa und die Deutschen um ihrer eigenen Weiterexistenz willen lösen müssen.

Kommentiertes Literaturverzeichnis

Dieses kommentierte Literaturverzeichnis kann naturgemäß weder alle von den Verfassern verwendeten Titel aufführen, noch beansprucht es, eine vollständige Übersicht über alle für dieses Thema relevante Literatur zu liefern. Es versteht sich vielmehr als Anregung und Hilfestellung zu einer weiteren Vertiefung der deutschen und Mitteleuropa-Frage.

Kap. I: Die Lage Europas und das Konzept der Zentraleuropäischen Föderation

Zu historischen Aspekten der Mitteleuropakonzeption

Frantz, Konstantin: Der Föderalismus als das leitende Princip für die sociale, staatliche und internationale Organisation, Aalen 1962, Neudruck d. Ausgabe v. 1879, ist das wichtigste Werk dieses bedeutenden Theoretikers eines zentraleuropäischen Föderalismus, dessen zukunftsweisende Gedanken im Bismarckschen Reich viel zu wenig Gehör fanden.

Schnur, Roman: Mitteleuropa in preußischer Sicht: Constantin Frantz, in: Der Staat 25 (1986), S. 545–573. Diese wichtige Studie stellt einen der wichtigsten Vordenker für die Idee einer mitteleuropäischen Föderation im 19. Jahrhundert vor – wobei vor allem die aktuellen Bezüge deutlich werden.

Naumann, Friedrich: Mitteleuropa, Berlin 1915. Dies wohl verbreitetste Mitteleuropa-Buch des großen Nationalliberalen steht in seiner Wirkungsgeschichte im Schatten des Nationalimperialismus des Dritten Reichs, als dessen Vorbereitung es namentlich im Ausland fälschlicherweise aufgefaßt wurde. Eine Reihe von Einzelaspekten ist immer noch beachtenswert, vor allem der Hinweis auf die damaligen faktischen Verflechtungen der Wirtschaftsräume und deren Entwicklung. Das Buch erschien 1915; begreiflicherweise konnte hier noch der hegemoniale Aspekt den föderativen überlagern, auch wenn dies wenig mit den späteren nationalimperialistischen Vorstellungen des Dritten Reichs zu tun hatte. Aber dennoch war dies ein machtpolitischer Rückfall hinter Konstantin Frantz und Franz von Liszt.

Wirsing, Giselher: Zwischeneuropa und die deutsche Zukunft, Jena 1932. Dieses zum Zeitpunkt seines Erscheinens ungemein gedanken- und einsichtsreiche Buch entwirft Ideen zu einem zentraleuropäischen Föderalismus unter starker Berücksichtigung der realen ökonomischen Entwicklungen in Mitteleuropa. Mit »Zwischeneuropa« sind hier gemeint: Estland, Lettland, Litauen, Polen, Tschechoslowakei, Ungarn, Rumänien, Jugoslawien, Bulgarien.

Rumpf, Helmut: Mitteleuropa, Zur Geschichte und Deutung eines politischen Begriffs, in: Historische Zeitschrift 165 (1942), S. 510–527, faßt die Mitteleuropadiskussion bis zu seiner Zeit zusammen. Abgesehen von zeitbedingten Fehleinschätzungen ist die Arbeit wichtig als Auseinandersetzung mit damals gängigen Europa- und Mitteleuropaideen sowie durch die Akzentuierung des politischen in Gegensatz zum bloß kulturellen oder geographischen Gesichtspunkt.

Meyer, Henry Cord: Mitteleuropa in German Thought and Action 1845–1945, Den Haag 1955, ist eine unentbehrliche, zusammenfassende Darstellung aller in Deutschland bis 1945 entwickelten Konzepte und Ideen für Mitteleuropa.

Rumpf, Helmut: Land ohne Souveränität, Kritische Anmerkungen zur Deutschlandpolitik von Adenauer bis Brandt, Karlsruhe, erw. 2. Aufl. 1973. Das Buch des Völkerrechtlers analysiert den Rechtsstatus der Bundesrepublik Deutschland entsprechend der Nachkriegsverträge und konfrontiert die Nachkriegspolitik mit den Imperativen und Möglichkeiten dieses Ausgangspunktes.

Aron, Raymond: Plädoyer für das dekadente Europa, Berlin, Frankfurt a. M., Wien, 2. Aufl. 1979, ist vor allem eine Auseinandersetzung eines Franzosen mit dem Marxismus in Europa – und zwar in den beiden Formen des realen Machtanspruchs der Sowjetunion und der marxistischen Ideologien im Westen. Aron ist ein Realist: »Kein Staat hat jemals saubere Hände gehabt« (S. 11). In Distanz zu den USA ebenso wie zur UdSSR ist das Plädoyer eher eine »Bestandsaufnahme« der krisenhaften Gegenwart Europas als eine Perspektive für europäische Politik, die mit der Realität der Sowjetunion rechnet.

Calleo, David P.: Legende und Wirklichkeit der deutschen Gefahr, Neue Aspekte zur Rolle Deutschlands in der Weltgeschichte, Bonn 1981, ist eine wichtige Darstellung der historischen und ideologischen Aspekte des »Problems Deutschland« aus der Sicht eines Amerikaners, der in nonkonformistischer Weise eine kritische Sicht der eigenen, d. h. der amerikanischen Voraussetzungen mit viel Verständnis für die eigentlichen Probleme der Deutschen und die Tradition des deutschen Idealismus vereinigt.

Zur aktuellen Mitteleuropadiskussion

Busek, Erhard / Wilflinger, Gerhard (Hrsg.): Aufbruch nach Mitteleuropa, Rekonstruktion eines versunkenen Kontinents, Wien 1986. Mit Ausnahme eines einzigen (C. F. v. Weizsäcker) befassen sich diese Aufsätze, meist von Emigranten verfaßt, mit kulturellen und historischen Aspekten der Länder, die wir die Länder Ost-Mitteleuropas nennen würden. Ein Beispiel für die eher k.u.k.-nostalgische Mitteleuropa-Diskussion – von Deutschland ist nicht die Rede.

Heller, Agnes / Fehér Ferenc: Osteuropa unter dem Schatten eines neuen Rapallo (inklusive Anmerkungen von Dieter Esche und Christian Semmler), in: Kommune, Forum für Politik und Ökonomie, Juli 1985, S. 44–57. Es handelt sich hier um eine gekürzte Fassung einer äußerst anregenden Studie aus einem Kreis ostmitteleuropäischer Emigranten, die einerseits explizit einen die Rechte anderer Völker achtenden deutschen Nationalismus und das Streben nach Wiedervereinigung anerkennt, aber andererseits die einzig möglich erscheinende Chance – einen westdeutsch-sowjetischen Handel über die Errichtung einer deutsch-deutschen Konföderation gegen eine Neutralisierung Westdeutschlands (das ist mit dem neuen Rapallo gemeint) – als zu gefährlich auch für die osteuropäischen Völker verwirft. Die diesem Aufsatz vorangestellten Anmerkungen linker Radikaldemokraten halten letzteres allerdings für eine falsche Perspektive, sind aber typischerweise gegen den hergebrachten deutschen Nationalismus weit kritischer.

Konrád, György: Antipolitik, Mitteleuropäische Meditationen, Frankfurt a. M. 1984. Das Buch des ungarischen Emigranten kommt, verzweifelnd an der Politik der europäischen Teilung, die von West und Ost betrieben wird, zu der ebenso eindringlichen wie einleuchtenden Forderung nach einem vereinigten Europa »diesseits von Ost und West«.

Konrád, György: Mein Traum von Europa in: Kursbuch 81 (1985), S. 175–193. »Ohne Mitteleuropa bleiben alle unsere größeren Städte Endstationen, Grenzstädte, vielleicht sogar Frontstädte. Wenn wir keine Strategie haben, sind wir Statisten und Opfer.« Konráds geträumte europäische Perspektiven treffen sich in vielen Punkten mit dem in diesem Buch entwickelten Gedanken.

Kundera, Milan: Un Occident Kidnappé oder die Tragödie Zentraleuropas, in: Kommune, Forum für Politik und Ökonomie, Juli 1984, S. 43–52. Der tschechische Emigrant beklagt die Unkenntnis des Westens in bezug auf die Länder Ost-Mitteleuropas. Er beschwört ihre Geschichte, ihre Freiheitskämpfe und ruft dazu auf, sie – wenigstens – als »moralischen Faktor« in das gesamteuropäische Bewußtsein zu heben.

Reißmüller, Johann Georg: Die vergessene Hälfte, Osteuropa und wir, München 1986, ist ein wichtiges Buch unter dem Gesichtspunkt, namentlich den Deutschen ins Gedächtnis zu rufen, daß auch jenseits des »Eisernen Vorhangs« Europa ist. So wesentlich die historisch-politischen Informationen und Würdigungen sind, so wenig ist dem Verfasser aber an einer Alternative zum Status quo gelegen.

Riemeck, Renate: Mitteleuropa – Bilanz eines Jahrhunderts (Perspektiven der Antroposophie), Frankfurt a. M., 2. Aufl. 1986, ist im Kern die Darstellung der Katastrophe Mitteleuropas vom Ersten Weltkrieg bis zu den dreißiger Jahren, unter besonderer Berücksichtigung der Rolle Englands und seiner kontinentalen Politik. Mit abgedruckt ist das Memorandum des Antroposophen Rudolf Steiner aus dem Jahr 1917, das eine hochbedeutsame Skizze der politischen Neuordnung Mitteleuropas enthält.

Schlögel, Karl: Die Mitte liegt ostwärts, Die Deutschen, der verlorene Osten und Mitteleuropa, Berlin 1986. Schlögel hat mit diesem Büchlein der neueren Mitteleuropa-Diskussion wesentliche Impulse gegeben. Sein Akzent liegt jedoch auf einem »Kulturmitteleuropa« bei Festhalten am politischen Status quo.

Ohne weitere Kommentierung sei hier noch die folgende Auswahl von Zeitungsartikeln angeführt, auf die im Text im Zusammenhang mit der Mitteleuropadiskussion eingegangen wird.

Bondy, Francois: Das Phantom Mitteleuropa und die politische Wirklichkeit, in: FAZ, 21. 12. 1985

Groß, Johannes: in: FAZ-Magazin vom 17. 10. 1986

Kielinger, Thomas: Die Mogelpackung Mitteleuropa, in: Rheinischer Merkur – Christ und Welt Nr. 39 vom 19. 9. 1986

Krziminski, Adam: Warum Mitteleuropa mehr ist als nur ein politisches Phantom, in: »Die Zeit« vom 27. 3. 1987

Reißmüller, J. G.: in: FAZ vom 16. 9. 1987

Schuller, Wolfgang: Wieder Wiedervereinigung (Rezensionsaufsatz), in: Der Staat 26 (1987), S. 421–431

Stürmer, Michael: in: FAZ vom 10. 12. 1986

Vetter, Ernst Günter: Erinnerung und Visionen, in: FAZ vom 30. 4. 1987

Zehm, Günter (»Pankraz«): in: »Die Welt« vom 22. 9. 1986

Kap. II: Ideen und Geschichte

1. Vier Kaiserstädte

Gielen, Viktor: Im Banne des Kaiserdoms, Aachen 1978. »Zentriert um den Dom als Herz und Mittelpunkt der Kaiserstadt Aachen« ist hier ebenso heimatkundlich liebevoll wie mit europäischem Ausblick die Geschichte dieser europäischen Kaiserstadt – bis 1931 – beschrieben.

Herzogenberg, Johanna Baronin: Prag – Ein Führer, München, 7. Aufl. 1985, ist ein sehr gelungener, eher schöngeistig-literarischer als streng wissenschaftlicher (jedoch durchaus zuverlässiger) Versuch, Geschichte und Gegenwart Prags darstellend zu erschließen.

Fehr, Götz / Neumeister, Werner: Prag – Geschichte, Kunst und Kultur der Stadt an der Moldau, München, 2. Aufl. 1986. Dieser Band enthält eine relativ kurze Übersicht über die Stadtgeschichte, die aber durch eine reiche Bildausstattung ergänzt wird.

Urzidil, Johannes / Jaenicke, Anselm: Prag – Glanz und Mystik einer Stadt, Krefeld o. J. Sehr lesenswert ist der 1965 geschriebene Essay Urzidils über Prag als »europäische Hauptstadt«, deren »Glanz und Mystik« dieser Band vor allem in prachtvollen Bildern veranschaulicht.

Rokyta, Hugo: Die böhmischen Länder – Handbuch der Denkmäler und Gedenkstätten europäischer Kulturbeziehungen in den böhmischen Ländern, Salzburg 1970, ist eine unübertroffene Dokumentation der kulturellen Verflechtung Mitteleuropas namentlich im Sinne des vorliegenden Buches.

Serke, Jürgen: Böhmische Dörfer, Wanderungen durch eine verlassene literarische Landschaft, Wien, Hamburg 1987. Ein mit zahlreichen Bilddokumenten ausgestatteter Band, der über Leben und Werke von fast 50 deutschsprachigen böhmischen Schriftstellern berichtet – eine weithin unbekannte Literatur, in der aber, wie kaum anderswo, der Geist Mitteleuropas lebendig ist.

Czeike, Felix / Brauneis, Walter: Wien und Umgebung, Kunst, Kultur und Geschichte der Donaumetropole, Köln 1985, ist eine gründliche und in der Verbindung von Stadt- und Kunstgeschichte und ihren europäischen Bezügen sehr informative Darstellung. Reich illustriert, anschaulich und als Kunst- und Geschichtsbuch ebenso wertvoll wie als Reiseführer.

Chorherr, Thomas: Wien – eine Geschichte, Wien 1987, ist eine eher journalistisch geschriebene, gut lesbare, im ganzen auch zuverlässige Geschichte der Stadt Wien, die die politischen Probleme der Gegenwart allerdings recht oberflächlich behandelt.

Ludewig, Thomas: Berlin – Geschichte einer deutschen Metropole, Gütersloh 1986. Ein Sachbuch, das eine Chronik (bis 1986), ein »Lexikon« – also ein alphabetisches Verzeichnis von Begriffen, Einrichtungen und Ereignissen der Berliner Geschichte – und einen generellen Essay vereinigt. Es ist für schnelle und zuverlässige Kurzinformationen gedacht und sehr brauchbar. Die allgemeine Darstellung ist stark von der Berliner »Frontstadt«-Mentalität geprägt.

Kiaulehn, Walther: Berlin – Schicksal einer Weltstadt, München 1981, ist eher journalistisch als wissenschaftlich angelegt, aber detailliert, zuverlässig und mit scharfsinnigen und überraschenden Perspektiven. Der Schwerpunkt liegt auf dem 19. und 20. Jahrhundert, wobei das Buch in der Beurteilung der Geschichte des Kaiserreichs, der Weimarer Republik und des Dritten Reiches eher konformistisch ist.

Dietrich, Richard (Hrsg.): Berlin – 10. Kapitel seiner Geschichte, Berlin, New York 1981, enthält eine von acht hervorragenden Fachleuten geschriebene Darstellung der Geschichte Berlins von den Anfängen bis zur Gegenwart. Es ist – mit ausgezeichnetem Register – wohl in diesem Umfang die beste Einführung.

Ribbe, Wolfgang (Hrsg.): Geschichte Berlins, Von der Frühgeschichte bis zur Gegenwart, 2 Bde., München 1987. In den in den Bänden enthaltenen Darstellungen zur Geschichte Berlins kommen die politischen ebenso wie die kulturellen und sozialen Aspekte dieser Geschichte nach neuestem Wissensstand zur Sprache.

2. *Die Idee des Reichs*

Boldt, Hans: Deutsche Verfassungsgeschichte, Bd. 1, Von den Anfängen bis zum Ende des älteren deutschen Reiches 1806, München 1984, bietet eine gut lesbare, kurze Übersicht über die Entwicklung der Verfassung des alten Heiligen Römischen Reichs Deutscher Nation, die sowohl die rein formale, juristische Seite als auch Verfassungswirklichkeit und die politischen und sozialen Grundlagen der Reichsverfassung in fast einem Jahrtausend erläutert.

Buschmann, Arno (Hrsg.): Kaiser und Reich – Klassische Texte und Dokumente zur Verfassungsgeschichte des Hl. Römischen Reichs Deutscher Nation, München 1984, liefert die wichtigsten Dokumente zu diesem Thema in deutscher Übersetzung.

Mitteis, Heinrich: Der Staat des Hohen Mittelalters, Grundlinien e. vergleichenden Verfassungsgeschichte des Lehnzeitalters, Weimar, 7. Aufl. 1962. Dieses Standardwerk über die politischen Bildungen und Entwicklungen in Europa vom 10.

bis zum 14. Jh. ist vor allem den konkreten Widersprüchen zwischen Reichsidee und Notwendigkeit realer territorialer Herrschaftssysteme gewidmet.

Müller-Mertens, Eckhard: Regnum Teutonicum – Aufkommen und Verbreitung der deutschen Reichs- und Königsauffassung im frühen Mittelalter, Wien, Köln, Graz 1970, ist eine gründliche und gelehrte Arbeit, die in stark ideengeschichtlicher Absicht die allmähliche Aneignung und Umwandlung des Begriffs vom (römischen) Imperium zu einer deutschen Reichsidee schildert.

Stengel, Edmund E.: Abhandlungen und Untersuchungen zur Geschichte des Kaisergedankens im Mittelalter, Köln, Graz 1965, ist eine wesentliche Studie, die den Kaisergedanken in seiner Herkunft aus germanischen Königstraditionen, seinen realpolitischen Grundlagen (»Den Kaiser macht das Heer«) und seiner Verbindung mit römischen Vorstellungen darstellt.

Schramm, Percy Ernst: Kaiser, Rom und Renovatio – Studien zur Geschichte des röm. Erneuerungsgedankens vom Ende des Karoling. Reiches bis zum Investiturstreit, Darmstadt, 3. Aufl. 1962. Die Tradition der Reichsidee im Mittelalter (vom Ende des Karolingerreichs bis zum Investiturstreit) wird hier vornehmlich unter dem Gedanken der Kontinuität dieser Idee innerhalb der verschiedensten Kräftekonstellationen dargestellt.

Dempf, Alois: Sacrum Imperium, Berlin, München 1929, ist ein Standardwerk über das christliche Geschichts- und Politikdenken des Mittelalters und der Renaissance (bis Nikolaus von Cues). Dempf setzt philosophisch breit an und verfolgt namentlich die Wandlungen und Erscheinungsformen der christlichen Reichsidee, wobei er vor allem die gegenseitige Beeinflussung von römischen und germanischen Traditionen herausstellt.

Goez, Werner: Translatio Imperii – Ein Beitrag zur Geschichte des Geschichtsdenkens und der politischen Theorie im Mittelalter und in der Frühen Neuzeit, Tübingen 1958. Die Reichsidee war im Mittelalter auch eine umfassende Geschichtstheorie. »Translatio« war, wie die »Renovatio«, einer der wesentlichen Begriffe zur gedanklichen Herstellung geschichtlicher Kontinuität.

Koch, Gottfried: Auf dem Weg zum Sacrum Imperium – Studien zur ideologischen Herrschaftsbegründung der deutschen Zentralgewalt im 11. und 12. Jh., Wien, Köln, Graz 1972. In diesem Werk geht es vor allem um die Re-Sakralisierung der Idee des deutschen Reiches in den Auseinandersetzungen mit Rom.

Rassow, Peter: Forschungen zur Reichs-Idee im 16. und 17. Jahrhundert, Köln, Opladen 1955, schildert den Umschlag der Reichsidee in eine Reichssehnsucht und ihre allmähliche Verbindung mit dem anhebenden nationalstaatlichen Bewußtsein.

Aretin, Karl Otmar Freiherr von: Heiliges Römisches Reich 1776–1806 – Reichsverfassung und Staatssouveränität – Teil 1: Darstellung (2: Quellen), Wiesbaden 1967, ist eine breit angelegte Studie über die Endphase des Heiligen Römischen Reichs, der Konsolidierung der reaktionären dynastischen Nachfolgesysteme und – implizit – der Vorbereitung der deutschen Revolution von 1848 und 1871.

Srbik, Heinrich Ritter von: Deutsche Einheit, Idee und Wirklichkeit vom Heiligen Reich bis Königsgrätz, 4 Bde. Unveränd. Nachdr. 1. Aufl. 1935, Darmstadt 1962, ist das Standardwerk über die Geschichte und den Gedanken der »Deutschen Einheit«, für die das deutsche Österreich immer ein selbstverständlicher Teil war.

Kap. III: Böhmen und Deutsche – Geschichte einer Beziehung

Allgemeine Darstellungen

Bosl, Karl (Hrsg.): Handbuch der Geschichte der Böhmischen Länder, 4 Bde., Stuttgart 1967–1970, ist das zentrale und völlig unerläßliche deutschsprachige Standardwerk zur böhmischen Geschichte. Beiträge einer Vielzahl von Autoren mit durchweg hohem Niveau decken von der Vor- und Frühgeschichte bis zum Prager Frühling von 1968 lückenlos den Gesamtbereich der politischen, sozialen, wirtschaftlichen und kulturellen Geschichte Böhmens ab.

Hoensch, Jörg K.: Geschichte Böhmens, Von der slavischen Landnahme bis ins 20. Jahrhundert, München 1987, ist eine aktualisierte und in einem Band zusammengefaßte Gesamtdarstellung der böhmischen Geschichte, die die o. g. Felder ebenfalls abdeckt. Die Detailfülle des Buches ist für einen Leser ohne Vorkenntnisse allerdings schwer zu bewältigen, zumal der Autor darauf verzichtet, mit zusammenfassenden Deutungen zur böhmischen Geschichte einige Schneisen in ihr Dickicht zu schlagen.

Hoensch, Jörg K.: Geschichte der Tschechoslowakischen Republik 1918–1978, Stuttgart u. a., 2. Aufl. 1978. Daß Hoenschs zuvor genanntes Buch die Zeit nach 1918 nur noch in Form eines 26seitigen »Ausblicks« behandelt, ist zu verschmerzen, da aus seiner Feder zu diesem Zeitraum ein eigenes Werk als brauchbare Gesamtübersicht zur neueren tschechischen Geschichte vorliegt.

Seibt, Ferdinand: Deutschland und die Tschechen, Geschichte einer Nachbarschaft in der Mitte Europas, München 1974, ist leicht lesbar und umfassend informierend und stellt zugleich langfristige Zusammenhänge und Entwicklungslinien deutlich heraus, so daß das Buch für einen »Einsteiger« in die böhmische Geschichte am geeignetsten sein dürfte.

Hilf, Rudolf: Deutsche und Tschechen, Bedeutung und Wandlungen einer Nachbarschaft in Mitteleuropa, Opladen 1973. Hilf bemüht sich im wesentlichen um eine Strukturanalyse des deutsch-tschechischen Verhältnisses in der Phase des neuzeitlichen beiderseitigen Nationalismus. Dabei werden die zentralen Zusammenhänge und Entwicklungslinien sehr deutlich gemacht, der Band eignet sich aber nicht für den Einstieg, sondern eher für eine zusammenfassende Nachbearbeitung.

Willars, Christian: Die böhmische Zitadelle, CSR – Schicksal einer Staatsidee, Wien, München 1965, ist eine andere, unter einem Pseudonym erschienene, Gesamtdeutung der neueren böhmisch-tschechischen Geschichte mit Rückblicken auf ältere Zeiten und stammt von dem konservativen tschechischen Emigranten Oswald Kostrba-Skalicky. Das Buch ist aufgrund der national-selbstkritischen Sichtweise interessant und auch gut lesbar, da es keine geschichtswissenschaftliche Arbeit im engeren Sinne ist, sondern für einen breiteren Leserkreis konzipiert wurde, was aber zu keinen Abstrichen an seiner Zuverlässigkeit führt.

Wer sich laufend über neue Erkenntnisse und Tendenzen in der wissenschaftlichen Aufarbeitung der böhmischen Geschichte informieren will, dem sei die vom Collegium Carolinum herausgegebene Zeitschrift »Bohemia« empfohlen. Entwicklungen in der tschechischen Historiographie lassen sich recht gut anhand des für das Ausland gedachten tschechoslowakischen Jahrbuchs »Historica« verfolgen, dessen Beiträge meist in Deutsch oder Englisch erscheinen.

Einzelne Themen und Zeitabschnitte

Prinz, Friedrich: Böhmen im mittelalterlichen Europa, Frühzeit, Hochmittelalter, Kolonisationsepoche, München 1984. Die Epoche des frühen und hohen Mittelalters bis zum Aussterben der Pzremysliden und den Übergang zu den Luxemburgern Anfang des 14 Jh. wird nach neustem Forschungsstand und insgesamt gut lesbar dargestellt.

Graus, Frantisek: Die Nationenbildung der Westslawen im Mittelalter (Nationes Bd. 3), Sigmaringen 1980, bietet eine Fülle von Informationen zur Herausbildung der mittelalterlichen nationalen Selbstidentifizierung und faßt ältere Forschungen und neuere Erkenntnisse zu diesem Thema gut zusammen. Der Vergleich der tschechischen mit der polnischen Entwicklung ist dabei eine willkommene Zutat.

Higounet, Charles: Die deutsche Ostsiedlung des Mittelalters, Berlin 1986. Die für die Entwicklung des deutsch-tschechischen Verhältnisses entscheidend wichtige deutsche Ostsiedlungsbewegung ist nach langer Zeit wieder anhand einer geschlossenen Darstellung eines Franzosen nachvollziehbar. Die Arbeit verbindet die Darstellung von Ursachen und zeitlichem Verlauf der Ostsiedlung glücklich mit siedlungsgeographischen Regionalstudien und einer Analyse der Formen und Folgen dieser Bewegung, vermeidet aber ein Eingehen auf deutsch-slawisch kontroverse Standpunkte.

Schlesinger, Walter (Hrsg.): Die deutsche Ostsiedlung des Mittelalters als Problem der europäischen Geschichte, Sigmaringen 1975. Dieser Sammelband empfiehlt sich deshalb als Ergänzung zu Higounets Werk. In den Beiträgen werden die verschiedenen Aspekte dieser Bewegung erörtert und in vergleichende gesamteuropäische Zusammenhänge gestellt. Der Beitrag zur »Problematik der deutschen Ostsiedlung aus tschechischer Sicht« zeigt, daß auch in der tschechischen Forschung die Frage entideologisiert wurde.

Seibt, Ferdinand: Karl IV. Ein Kaiser in Europa 1346 bis 1378, München 1978, Studienausgabe 1985. Die große Zeit Böhmens Mitte des 14. Jh. ist untrennbar verbunden mit dem Namen Kaiser Karl IV. Die Zeit und die Person dieses Herrschers finden sich hier am besten und einfühlsamsten dargestellt.

Seibt, Ferdinand: Hussitica. Zur Struktur einer Revolution (Beihefte des Archivs für Kulturgeschichte 8), Köln, Graz 1965. Von demselben Autor stammen auch wichtige Arbeiten zum nächsten großen Thema der böhmischen Geschichte, der Hussitenzeit. Verschiedene geistes- und sozialgeschichtliche Probleme dieser Epoche, darunter auch das Problem des spezifisch tschechisch-hussitischen Nationalismus, werden hier abgehandelt.

Kaminsky, Howard: A History of the Hussite Revolution, Berkley, Los Angeles 1967, bietet eine minutiöse Gesamtdarstellung der Entstehung und der verschiedenen ideologischen Entwicklungsrichtungen und Tendenzen der Hussitenbewegung.

Kann, Robert A.: Geschichte des Habsburgerreichs 1526–1918 (Orig.: A History of the Habsburg Empire 1526–1918, 1974), Wien 1982. Die Zeit der Einbindung Böhmens in das Habsburgerreich seit 1526 läßt es empfehlenswert erscheinen, diese auch im Kontext der gesamten habsburgischen Reichsgeschichte zu sehen, die – unter Einschluß von Exkursen zur speziellen böhmischen Entwicklung – am besten von Kann zusammengefaßt wurde.

Schamuschla, Walter: Die Anfänge der tschechischen Erneuerung und das deutsche Geistesleben (1740–1800), München 1973. Der seit Ende des 18. Jh. sich entwikkelnde tschechische und deutsche Nationalismus ist mehrfach und unter verschiedenen Blickwinkeln untersucht worden. Für die frühe Anfangsphase eines aufkeimenden tschechischen Nationalbewußtseins ist das genannte Buch sehr aufschlußreich.

Plaschka, Richard Georg: Von Palacky bis Pekar, Geschichtswissenschaft und Nationalbewußtsein bei den Tschechen, Graz, Köln 1955, dokumentiert die große Bedeutung der Historiker für das nationale »Erwachen« der Tschechen. Daß im Zuge der zunehmenden Verwissenschaftlichung der Historie von tschechischer Seite der tschechischen Geschichte ein gegenüber den Deutschen weniger antagonistischer Sinn gegeben wurde, ist darin gut abzulesen, ohne daß allerdings zu übersehen wäre, daß in der breiten Masse des Volkes die alten Mythen und nicht etwa die neuen wissenschaftlichen Erkenntnisse prägend waren.

Lemberg, Eugen: Wege und Wandlungen des Nationalbewußtseins, Studien zur Geschichte der Volkwerdung in den Niederlanden und Böhmen, Münster i. Westfalen 1934, ist eine immer noch lesenswerte Gesamtdarstellung zum Prozeß des tschechischen nationalen Erwachens.

Hroch, Miroslav: Die Vorkämpfer der nationalen Bewegungen bei den kleinen Völkern Europas, Prag 1968. Diese wegweisende Arbeit eines Prager Professors ist eine sozialgeschichtlich orientierte, vergleichende Studie zur Entstehung der nationalen Bewegungen bei den Tschechen und anderen »kleinen« Völkern, die zwar etwas trocken ist, den Prozeß aber deutlich darstellt.

Kren, Jan / Kural, Václav / Brandes, Detlef: Integration oder Ausgrenzung, Deutsche und Tschechen 1890–1945, Bremen 1986, faßt 3 Studien dieser – tschechischen und deutschen – Autoren zusammen, die sich mit dem tschechischen Nationalismus von 1890–1938, den tschechischen Reaktionen auf die deutsche Besetzung 1939–1945 und der Exil-Politik gegenüber den Deutschen Böhmens während des Zweiten Weltkrieges befassen. Zugleich soll und wird das Bemühen tschechischer Historiker dokumentiert, das historische Verhältnis zu den Deutschen in gewissenhafter Selbstprüfung zu untersuchen, auch um den eigenen Standort neu zu definieren.

Schwarz, Ernst: Volkstumsgeschichte der Sudetenländer, 2 Bde., München 1965/1966. Speziell zur Geschichte der Deutschen in den böhmischen Ländern sei auf diese breit angelegte, gut fundierte, vor allem siedlungsgeschichtlich orientierte Arbeit verwiesen.

Bohmann, Alfred: Das Sudetendeutschtum in Zahlen (Handbuch über Bestand und Entwicklung der sudetendeutschen Volksgruppe 1910–1950), München 1959, liefert statistisches Anschauungsmaterial für die neuere Geschichte der erst nach 1918 so genannten »Sudetendeutschen«.

Smelser, Ronald: Das Sudetenproblem und das Dritte Reich 1933–1938, Von der Volkstumspolitik zur Nationalsozialistischen Außenpolitik, München, Wien 1980. Für die naturgemäß heftig umstrittene Rolle der Sudetendeutschen von 1933 bis 1938 sei hier abschließend nochmals auf die Untersuchung eines englischen Historikers verwiesen, der der innersudetendeutschen politischen Entwicklung en détail nachgeht und den komplexen Prozeß der Selbstauslieferung an das Dritte Reich ohne voreilige Schuldzuweisungen nachzeichnet.

Kap. IV: Verfassung der Zentraleuropäischen Föderation Voraussetzungen, Prinzipien, Demokratie

Hillgruber, Andreas: Die Last der Nation, Düsseldorf 1984. Die fünf Beiträge dieses Bandes zeigen, daß als »Last der Nation« nicht nur die Zeit des Nationalsozialismus anzusehen ist, sondern daß und wie auch Entwicklungen der Nachkriegszeit einer zukunftsgerichteten Deutschlandpolitik im Wege stehen.

Landshut, Siegfried: Menschenrechte, in: Hamburger Jahrbuch für Wirtschafts- und Gesellschaftspolitik 3 (1958), S. 25–31, ist eine der wenigen Arbeiten, die sich Gedanken über die konkrete Herkunft westlicher Freiheitsvorstellungen und deren Übertragbarkeit machen.

Schmitt, Carl: Der Begriff des Politischen, Text von 1932 mit einem Vorwort und drei Corollarien, Berlin 1963. Zuerst 1932 – in der akuten Krise der Weimarer Republik – erschienen und in der Tradition der großen Staatsphilosophie stehend, enthält dies dem Umfang nach eher kleine Werk eine der ebenso präzisesten wie vielumstrittensten Bestimmungen des »Politischen«.

Schmitt, Carl: Die geistesgeschichtliche Lage des heutigen Parlamentarismus, Berlin, Nachdruck der 2. Aufl. 1926, 6. Aufl. 1985, ist eine weithin wirksame Kritik des Parlamentarismus, die bis in die Gegenwart hinein und mit internationaler Reichweite Kritikern aller politischen Richtungen zur Grundlage gedient hat.

Schmitt, Carl: Verfassungslehre, Berlin 1928, 6. Aufl. 1983, ist die wohl einflußreichste und umstrittenste Verfassungstheorie seit ihrem Erscheinen. Mit den Instabilitäten des Weimarer Systems im Hintergrund zeigt ihr Autor u. a. auch, daß der moderne Demokratiebegriff weitaus mehr umfaßt als den liberalen Parlamentarismus.

Schnur, Roman: Die französischen Juristen im konfessionellen Bürgerkrieg des 16. Jahrhunderts, Berlin 1962, ist das im Geist einer »Politik als Politik« geschriebene Werk über die große Amnestie, wie sie von französischen Kronjuristen nach der Bartholomäusnacht entwickelt wurde, um den Frieden gegen die »Politik als Ideologie«, gegen die – damals konfessionellen – Ideologien durchzusetzen und zu erhalten.

Willms, Bernard: Selbstbehauptung und Anerkennung, Grundriß einer politischen Dialektik, Opladen 1977. Das Buch stellt einen Versuch dar, eine aktuelle systematische politische Theorie in der Tradition der europäischen Staatslehre von Hobbes über Hegel bis Carl Schmitt zu entwickeln.

Willms, Bernard: Idealismus und Nation. Zur Rekonstruktion des politischen Selbstbewußtseins der Deutschen, Paderborn, München, Wien, Zürich 1986. Anhand zahlreicher Textdokumente aus der Zeit der Entstehung des deutschen Nationalismus wird dessen Zusammenhang mit dem »typisch deutschen« Denken des Idealismus dargestellt und zur Aktualisierung aufzuschließen versucht.

Siegler, Heinrich von: Wiedervereinigung und Sicherheit Deutschlands, 2 Bde., Bd. 1 bis 1964 (5. erw. Aufl.), Bd. 2 1964–1967, Bonn, Wien, Zürich 1964 u. 1968, ist eine »dokumentarische Diskussionsgrundlage«, die – praktisch bis zum Beginn der sozialliberalen »Ostpolitik« – die wichtigsten Abkommen über Deutschland, Stellungnahmen offizieller Stellen zur deutschen Frage sowie offizielle und inoffizielle Vorschläge zur Wiedervereinigung und zur damit verknüpften Sicherheitsfrage nahezu lückenlos wiedergibt und damit auch die beeindruckende Breite und den Umfang der damaligen politischen Diskussionen und Vorstellungen deutlich werden läßt.

Meyer von Achenbach, Richard: Gedanken über eine konstruktive Ostpolitik, Eine unterdrückte Denkschrift aus dem Jahre 1953, hrsg. v. Julius Schoeps, Frankfurt a. M. 1986, ist ein Beispiel für eine eigene aktive deutschlandpolitische Konzeption, wie sie in Opposition zu Adenauer auch von Jakob Kaiser, Ernst Lemmer und Karl-Georg Pfleiderer vertreten wurden.

Schütz, Wilhelm Wolfgang: Die Stunde Deutschlands, Wie kann Deutschland wiedervereinigt werden? Stuttgart 1955. Schütz kam schon vor 1955 zu der zentralen These: »Die Politik der Wiedervereinigung steht im Gegensatz zum Status quo. Sie muß auf die Revision des Bestehenden abzielen ...« Das hochinteressante Büchlein teilte das Schicksal fast aller einschlägigen Veröffentlichungen zu dieser Zeit: es wurde von parteipolitischen Tagesinteressen und dem entschlossenen Schweigen der Status-quo-Politiker im Abseits gehalten.

Poeggel, Walter / Wagner, Ingo: Die deutsche Konföderation, Eine theoretisch-politische und völkerrechtliche Studie, Berlin (Ost) 1964. Dieses Buch, obzwar noch vom Geist der ideologischen Konfrontation erfüllt, ist insofern interessant, als es die – quasi offiziellen – Vorstellungen der DDR der frühen 60er Jahre bezüglich einer politischen Form für Deutschland und Mitteleuropa konzentriert und thematisch umfassend darstellt.

Venohr, Wolfgang (Hrsg.): Die deutsche Einheit kommt bestimmt, Bergisch Gladbach 1982, ist vermutlich das erfolgreichste Buch in der neueren Diskussion um die deutsche Identität. Es enthält neben generellen Überlegungen zu Deutschland, seiner Geschichte und seiner (auch völkerrechtlichen) Gegenwart sehr detaillierte Vorschläge zu einer Politik der deutschen Einheit.

Dalos, György: Befreit die UdSSR von ihren Satelliten, Entwurf einer mitteleuropäischen Konföderation, in: Kursbuch 81 (1985), S. 1–11. Von beobachtbaren Denkströmungen in Ostmitteleuropa ausgehend wird hier die Skizze einer »mitteleuropäischen Konföderation« (ohne Deutschland) entworfen, die zeigt, daß für die ostmitteleuropäischen Autoren »Mitteleuropa« vor allem eine Vorstellung der Freiheit ist.

Kap. V: Zur Wirtschaftsordnung

Kleinewefers, Paul: Jahrgang 1905, Ein Bericht, Stuttgart, 1. Aufl. 1977, 4. Auflage Herford 1984, ist die Autobiographie eines der Verfasser des vorliegenden Buches, in der nicht nur der Lebenslauf eines mittelständischen Unternehmers eindrucksvoll geschildert wird, sondern neben einem Stück Zeitgeschichte auch eine eigenständige Bewertung wirtschaftlicher Sachverhalte und Zukunftsperspektiven zur Darstellung kommt.

Kleinewefers, Paul: Unternehmerinitiative und Mitbestimmung, in: Westdeutsche Rundschau, August 1951, war ein früher Versuch, quer gegen den herrschenden Zeitgeist gerade auch der deutschen Unternehmer diese zu einer Initiative auf einem hochsensiblen Feld anzuregen, um eine politisch und institutionell stabile Lösung des Problems der »Erhebung des arbeitenden Menschen vom Objekt zum Subjekt wirtschaftlichen Geschehens« zu finden.

Kleinewefers, Henner: Reformen für Wirtschaft und Gesellschaft, Utopien, Konzepte, Realitäten, Frankfurt a. M., 2. Aufl. 1985. Das Buch versteht sich als Beitrag zu laufenden ordnungspolitischen Grundsatzdiskussionen in Ost und West und führt zu diesem Zweck verschiedene derzeit relevante Reformvorstellungen für Gesellschaft und Wirtschaft vor, von neoliberalen Theorien über die realexistierenden ungarischen und jugoslawischen Reformkommunismen und den Theorien des emigrierten tschechischen Reformkommunisten (von 1968) Ota Šik bis hin zu »gruppensozialistischen« Modellen Bahros und der Grünen. Eigene Überlegungen des Autors zu den wichtigsten Grundproblemen sowie die Skizze einiger Grundzüge möglicher zukünftiger Reform bieten neben dem hohen Informations- und Übersichtswert intensive Anregungen für eine Diskussion auch ost-west-übergreifender Reformen.

Obst, Werner: Der rote Stern verglüht, München 1985, ist nur ein Beispiel für die öfters vertretene These vom Koloß auf tönernen Füßen, die in dieser Form die Sowjetunion wirtschaftlich und politisch doch arg unterschätzt.

Raupach, Hans: Wirtschaft und Gesellschaft Sowjetrußlands 1917–1977, Wiesbaden 1979, ist eine sehr lesenswerte Darstellung, in der vor allem die Schwierigkeiten greifbar werden, denen sich die Sowjets bei der unter Zeitdruck nachzuholenden Industrialisierung ihres Landes gegenübersahen und auf die die sowjetische Ideologie eine – deshalb nicht universell gültige – Antwort darstellte.

Nove, Alec: Das sowjetische Wirtschaftssystem, Baden-Baden 1980, ist das Standardwerk zur sowjetischen Wirtschaft, das die einzelnen Funktionsaspekte des sowjetischen Wirtschaftssystems detailliert beschreibt, über Schwächen, aber auch die Stärken der zentralisierten sozialistischen Planwirtschaft unvoreingenommen Auskunft gibt und das sowjetische System als Modell für die industrielle Entwicklung nicht völlig verwirft sowie das Modell einer Planwirtschaft, die grundlegende marktökonomische Entscheidungen trifft und einen regulierten Marktmechanismus für mikroökonomische Feinsteuerung und materielle Motivation verwendet, für diskutabel hält.

East European Economic Handbook, London 1985. Die ökonomische Entwicklungsfähigkeit Osteuropas, seine Stellung in weltwirtschaftlichem Zusammenhang und die Unterschiede der Leistung der einzelnen Regionen und Länder werden hier zusammenfassend analysiert, und durch besondere Länderabschnitte, darunter einen 32seitigen für die CSSR, ergänzt.

Dobias, Peter: Die Wirstschaftssysteme Osteuropas, Darmstadt 1986. Dieses grundlegende Buch beschreibt die Entstehung der Zentralen Planwirtschaft in der UdSSR nach 1917, seine Übertragung auf die ostmitteleuropäischen Länder nach 1945 und die Versuche zu einer Systemreform in diesen Ländern und deren Ergebnisse. Das Hauptproblem sieht der Autor in der Übertagung des sowjetischen Modells auf Länder mit ganz anderen Ausgangsbedingungen.

Zu den aktuellen Problemen der sowjetischen und Ostblock-Wirtschaft sei an dieser Stelle noch auf die unter VIII angeführte Literatur zur Ära Gorbatschow in der UdSSR hingewiesen.

Thalheim, Karl C.: Die wirtschaftliche Entwicklung der beiden Staaten in Deutschland – Tatsachen und Zahlen, Opladen, 2. Aufl. 1981. Das Bändchen bietet eine gute, leicht lesbare und mit übersichtlichen Schaubildern ausgestattete Einführung zu einem wirtschaftlichen Leistungsvergleich für Nichtspezialisten. Seine Zahlenangaben sind mittlerweile veraltet, aber die Erläuterungen, wie und ob überhaupt Wirtschaftszahlen der beiden Systeme verglichen werden können und welche Aussagekraft sie haben, sind weiterhin aktuell.

Hamel, Hannelore (Hrsg.): Bundesrepublik Deutschland – DDR: Die Wirtschaftssysteme, Soziale Marktwirtschaft und Sozialistische Planwirtschaft, München, 4. Aufl. 1983. Der Sammelband vergleicht nicht die volkswirtschaftlichen Eckdaten wie der zuvor genannte, sondern die Systeme und ihre Funktionsweisen, und zwar in bezug auf die gesellschaftstheoretische Fundierung der Wirtschaftssysteme, ihre ordnungspolitische Gestaltung, ihre Funktionsmechanismen, ihre Sozialpolitik, ihrer spezifischen gesamtwirtschaftlichen Instabilitäten und der Methoden ihrer Bekämpfung und eine Abwägung von »Planversagen versus Marktversagen«.

Deutsches Institut für Wirtschaftsforschung (DIW), Berlin (Hrsg.), Handbuch DDR-Wirtschaft, Reinbeck b. Hamburg 1985, bietet eine gut lesbare Übersicht über die Wirtschaftsentwicklung nur der DDR. Sowohl die gesamtwirtschaftlichen als auch die Entwicklungen einzelner Teilbereiche sowie die des Planungssystems, des Außenhandels und der Stellung im RGW werden dargestellt, der relative Erfolg des ostdeutschen Staates gewürdigt.

Kosta, Jirí: Abriß der sozioökonomischen Entwicklung der Tschechoslowakei 1945–1977, Frankfurt a. M. 1977, gibt einen kurzen Überblick über die wirtschaftliche Entwicklung der CSSR bis zum Ende des letzten Jahrzehnts. Die tschechische Wirtschaft und wirtschaftliche Struktur findet im Westen im übrigen aber wenig Interesse. Im Rahmen von Darstellungen zu den osteuropäischen Ökonomien (s. o. S. 395) finden sich aber auch Informationen zum sozialistischen tschechoslowakischen Wirtschaftssystem.

Zwass, Adam: The Economics of Eastern Europe in a Time of Change, London 1984. Die Entwicklung der DDR- und der CSSR-Wirtschaft – als Länder mit dem höchsten ökonomischen Entwicklungsstand vor Übernahme des sowjetischen Modells – sind Gegenstand der Arbeit, die die völlige Unangemessenheit der Übertragung eines planwirtschaftlichen Modells, das in einem sich erst entwickelnden Land erstellt wurde, auf hochentwickelte Volkswirtschaften demonstriert.

Damus, Renate: RGW – Wirtschaftliche Zusammenarbeit in Osteuropa, Opladen 1979, ist eine für Nichtexperten und Nichtökonomen gedachte Einführung in die Strukturen und Probleme des osteuropäischen »Rates für Gemeinsame Wirtschaftshilfe« (RGW bzw. COMECON).

Seiffert, Wolfgang: Das Rechtssystem des RGW, Eine Einführung in das Integrationsrecht des COMECON, Baden-Baden 1982, schildert kurz sowohl die Entwicklung der wirtschaftlichen Zusammenarbeit der RGW-Länder seit 1949 als auch die Probleme, die es seit Beginn der siebiger Jahre dabei gab, um dann ausführlich die Struktur des RGW und der Zusammenarbeit seiner Mitgliedsländer sowie deren juristischen »Überbau« darzustellen.

Kap. VI: Lage und Bewußtsein der vier Kernstaaten

Willms, Bernard: Die Deutsche Nation, Theorie – Lage – Zukunft, Köln 1982, ist der weithin umstrittene Versuch, diesseits der vom Westen wie vom Osten ausgehenden Denkzwänge Bausteine zur Rekonstruktion des nationalen Bewußtseins der Deutschen als Voraussetzung jeglicher selbständigen Politik bereitzustellen.

Willms, Bernard (Hrsg.): Handbuch zur Deutschen Nation. Bislang erschienen 2 Bde., Tübingen, Zürich, Paris 1986ff. Die Bände enthalten Aufsätze zur historischen, geistigen und politischen Lage der Deutschen als Nation. In Bd. 1 findet sich auch eine scharfsinnige Analyse zur Lage Österreichs.

Haftendorn, Helga: Sicherheit und Entspannung, Zur Außenpolitik der Bundesrepublik Deutschland 1955–1982, Baden-Baden 1983. Das Buch ist ein Standardwerk zur deutschen Nachkriegs-Außenpolitik, das die enge Vernetzung von Sicherheitspolitik, Westbindung und deutscher Frage sowie der Entspannungspolitik in ihrer historischen Entwicklung aufzeigt. Die Zusammenhänge von Sicherheitspolitik und Wiedervereinigungspolitik sind ebenso selbstverständlich gegeben, wie man ihnen gegenwärtig auszuweichen sucht – wie die Affäre Friedmann zeigt.

Friedmann, Bernhard: Einheit statt Raketen, Thesen zur Wiedervereinigung als Sicherheitskonzept, Herford 1987. Das Buch des CDU-Bundestagsabgeordneten Friedmann geht – nach dem Scheitern einer entsprechenden persönlichen Initiative anläßlich der Verhandlungen über die Mittelstreckenraketen im Mai 1987 – davon aus, daß die deutsche Teilung Ursache des Kriegsrisikos in Europa ist und daß deshalb eine Entspannungs- und Sicherheitspolitik für die Deutschen zugleich eine aktive, operative Wiedervereinigungspolitik sein müsse.

Lange, Klaus (Hrsg.): Aspekte der deutschen Frage, Herford 1986. Die in den Jahren 1983 bis 1985 entstandenen Beiträge geben ein umfassendes Bild der offenen deutschen Frage im europäischen Umfeld.

Bredow, Wilfried von: Deutschland – ein Provisorium? Berlin 1985. Dieses vor Gorbatschow geschriebene Buch gewinnt trotz kluger Einsichten in die und scharfsinniger Urteile über die Deutschlandpolitik der Bundesrepublik keine weiterführende Perspektive: es plädiert für ein staats- und weltbürgerliches »Gesundschrumpfen« des politischen Bewußtseins der Westdeutschen.

Schrenck-Notzing, Caspar von: Charakterwäsche, Die Politik der amerikanischen Umerziehung, München, 2. Aufl. 1981. Nach wie vor ist dieses Buch das Standardwerk über die »reeducation« der Westdeutschen, deren ideologische Grundlagen und politisch langfristige Absichten und Auswirkungen.

Seiffert, Wolfgang: Das ganze Deutschland, München 1986. Der bekannte DDR- und UdSSR-Experte umreißt eine äußerst beachtenswerte Perspektive zur Wiedervereinigung Deutschlands unter besonderer Berücksichtigung der Interessenlage der Sowjetunion und deren mutmaßlicher Entwicklung.

Bundesministerium für innerdeutsche Beziehungen (Hrsg.): DDR-Handbuch, 2 Bde., Bonn, 3. Aufl. 1985, ist eine umfassende Informationsquelle für das System der DDR in fast allen Hinsichten mit Artikeln zu allen wichtigen Fragen.

Bundesministerium für innerdeutsche Beziehungen (Hrsg.): Zahlenspiegel Bundesrepublik Deutschland – Deutsche Demokratische Republik, Ein Vergleich, Bonn, 3. Aufl. 1985, bietet anschauliche statistische Vergleichsübersichten.

Weber, Jürgen (Hrsg.): DDR – Bundesrepublik Deutschland, Beiträge zu einer vergleichenden Analyse ihrer politischen Systeme, München 1980. Das Buch liefert, thematisch gegliedert, umfassende Informationen zu einem Systemvergleich der beiden deutschen Staaten, der geschlossener ausfällt, als es der bescheidene Titel vermuten läßt.

Weber, Hermann: Geschichte der DDR, München 1985, ist eine materialreiche und zuverlässige Zusammenfassung der historischen Entwicklung der DDR und damit zugleich eine Funktionsanalyse des Systems, dessen Kurs weit weniger fest ist, als es in eigener Selbstdarstellung immer behauptet wird.

Hartmann, Jürgen: Politik und Gesellschaft in Osteuropa, Eine Einführung, Frankfurt a. M. 1983, bietet eine kurze und gut lesbare Übersicht über den Stand und die historische Genese der politischen, ökonomischen und sozialen Struktur der osteuropäischen Staaten einschließlich ihrer politischen Kultur, der für die DDR und die CSSR die besondere Problematik hervorhebt, die durch die Übertragung des sowjetischen Modells auf derart hochentwickelte Länder entstand.

Collegium Carolinum (Hrsg.): Tschechoslowakei (Länderbericht Osteuropa, Bd. 3), München, Wien 1977, bietet einen umfangreichen, wenn auch etwas älteren Überblick über Raum, Bevölkerung, Sozialstruktur, politisches System, Rechtssystem, Wirtschaft, Wissenschaft und Kultur der Tschechoslowakei inklusive eines tabellarischen Überblicks zu ihrer Zeitgeschichte.

Sperling, Walter: Tschechoslowakei, Beiträge zur Landeskunde Ostmitteleuropas, Stuttgart 1981. Das Buch gibt einen Überblick über die geographische Landeskunde der Tschechoslowakei, in den nicht nur Informationen zur Geographie und Landesnatur integriert sind, sondern auch Darstellungen zur Bevölkerung, zu den Nationalitäten, zur sozialen Gliederung, zu den Kulturlandschaften und zur Siedlungs-, Landwirtschafts-, Industrie- und Verkehrsstruktur. Die Slowakei und Prag werden gesondert ebenfalls untersucht.

Pokstefl, Josef: Verfassungs- und Regierungssystem der CSSR, München, Wien 1982, ist eine juristisch orientierte Arbeit, die mit einer umfangreichen Sammlung von Rechtsdokumenten kombiniert ist, und gibt die historische Entwicklung und die gegenwärtigen Grundzüge des – faktischen und des formellen – gesellschaftlichen und staatlichen Systems der CSSR wieder.

Sláma, Jiri: Die sozioökonomische Umgestaltung der Nachkriegs-Tschechoslowakei, Zur Politik des kommunistischen Machtmonopols, Wiesbaden 1977, ist hingegen sozialgeschichtlich orientiert und betont, daß die Enteignung und Zwangsaussiedlung der Deutschen 1945/46 sozial, ökonomisch und politisch ein wichtiges, wenn auch nicht das alleinige Vehikel des kommunistischen, tiefgreifenden sozialen und ökonomischen Umbaus der CSSR war und diesen Staat langfristig prägt.

Skilling, H. Gordon: Czechoslovakias interrupted Revolution, Princeton (N. J.) 1976, ist das Standardwerk über den innerhalb der kommunistischen Partei in der CSSR vor 1968 in Gang gekommenen weitreichenden Reformprozeß, der durch die Invasion der Truppen des Warschauer Pakts 1968 brutal unterbrochen wurde.

Mlynár Zdenek: Nachtfrost, Erfahrungen auf dem Weg vom realen zum menschlichen Sozialismus, Köln, Frankfurt a. M. 1978. Das Buch ist der Bericht eines »Insiders«, d. h. eines tschechischen Reformkommunisten und ZK-Sekretärs unter Dubcek, über Entstehung, Erfolge und »Abwürgung« des als »Prager Frühling« bekanntgewordenen reformkommunistischen Kurses in der KPC, der zeigt, daß auch innerhalb des Personals kommunistischer Parteien und Regime ein erstaunliches Innovationspotential vorhanden ist und wirksam werden könnte, sofern kein externes Definitionsmonopol von »Sozialismus« wirksam wäre.

Kusin, Vladimir V.: From Dubcek to Charter 77, A study of "normalization" in Czechoslovakia 1968–1978, New York 1978, diskutiert die als »Normalisierung« etikettierte politische Restauration nach 1968 in der CSSR bis zum Entstehen einer an der KSZE-Akte orientierten (Dissidenten-) Menschenrechtsbewegung, die mit der Charta 77 sich Gehör verschaffte. Der Autor beschreibt weniger die Geschichte dieses Jahrzehnts, als daß er die Ereignisse analysiert, kommentiert und extrapoliert, mit dem Ergebnis, daß die Tschechoslowakei erneut ein reformistisches Land werden könnte.

Brown, Archie / Wightman, Gordon: Czechoslovakia: Revival and Retreat, in: Brown, Archie / Gray, Jack (Hrsg.): Political Culture and Political Change in Communist States, New York, 2. Aufl. 1979, S. 159–196. Diese Studie beschreibt die politische Kultur der Nachkriegs-Tschechoslowakei, was die Wahrnehmung von Geschichte, grundlegenden Werten und politischen Glaubenssätzen, nationalen Identifikationspunkten u. a. m. angeht. Sie stellt neben einer stark ausgeprägten egalitären Grundhaltung, die von der KPC zeitweise genutzt werden konnte, eine anhaltende Orientierung an »westlichen«, sozialdemokratischen Maßstäben fest, was eine Unterstützung eines reformkommunistischen Kurses wie 1968 nicht ausschließt, sowie – seit 1968 – das Ende prorussischer und -sowjetischer Neigungen.

Kostrba-Skalicky, Oswald: Vom Sinn der böhmischen Geschichte, in: Bohemia 16 (1975), S. 24–38. Der konservative tschechische Exilautor beschäftigt sich mit einer seit der Periode des »nationalen Erwachens« im frühen 19. Jh. für die Tschechen immer wichtigen Frage, betont die Notwendigkeit der Überwindung der zur Passivität (nach gescheitertem irrealen Enthusiasmus) neigenden politischen Mentalität der Tschechen, und meint, daß 1968 sowohl »das endgültige Ende des traditionellen tschechischen allslawischen Taumels« brachte, als auch der Deutsche »seine negative Funktion in der komplizierten politischen Psychologie der böhmischen Länder« verlor.

Kap. VII: Selbständigkeit oder Neutralismus

Neutralität

Bühl, Wolfgang: Eine Zukunft für Deutschland, München 1985. Skeptisch gegen Wiedervereinigungs- und Neutralisierungskonzepte stellt dieses Buch trotzdem einen wesentlichen Beitrag zur politischen Entwicklungsperspektive in Europa dar, wobei vor allem die technologischen und ökonomischen Notwendigkeiten herausgehoben werden.

Debray, Régis: Die Weltmächte gegen Europa, Plädoyer für ein neues europäisches Selbstbewußtsein, Reinbeck 1986. Debray schreibt durchaus vom französischen

Standpunkt aus, aber die Analyse der US-amerikanischen Strategie und die illusionslose Beurteilung der Verläßlichkeit des amerikanischen Engagements in Europa sind von grundsätzlicher Bedeutung.

Löser, Jochen / Schilling, Ulrike: Neutralität für Mitteleuropa, Das Ende der Blöcke, München 1984, ist eines der wichtigsten Bücher im Zusammenhang dieses Themas. Ausgezeichnet sind namentlich die sicherheitspolitischen Gedankengänge, so zu einer stufenweisen militärischen Entflechtung in Mitteleuropa, und der Ansatz bei der Analyse der realen Interessen der beteiligten Mächte. Diese Arbeit wurde viel zu wenig beachtet – ein Versäumnis, das angesichts der politischen Bewegungen und Verschiebungen in Europa kaum noch länger verständlich ist.

Weidenfeld, Werner (Hrsg.): Die Identität Europas, Fragen – Positionen – Perspektiven, München, Wien 1985. Ausgehend von Westeuropa enthalten viele Beiträge dieses Sammelbandes wichtige Überlegungen zum Selbstverständnis Europas, die die bloße Beschränkung auf den Westen gedanklich zu überwinden versuchen.

Sicherheits- und Verteidigungsprobleme

Afheldt, Horst: Atomkrieg, Das Verhängnis einer Politik mit militärischen Mitteln, München, Wien 1984. Die Probleme militärischer Sicherheit werden derzeit kontrovers diskutiert. Das Buch macht auf vielfältige Widersprüche und Gefahren der derzeitigen, auf nukleare Abschreckung durch die USA bauenden westdeutschen Sicherheitspolitik aufmerksam. Afheldt ist kein doktrinärer Pazifist, sucht aber Wege zu einer neuen militärischen Sicherheitskonzeption und hat zu diesem Zweck eine entschlossene »Defensive Verteidigung« konzipiert.

Studiengruppe Alternative Sicherheitspolitik (Hrsg.): Strukturwandel der Verteidigung, Entwürfe für eine konsequente Defensive, Opladen 1984, beschreibt Einzelheiten eines modifizierten Afheldtschen Verteidigungskonzeptes und durchleuchtet zukünftige Probleme deutscher Verteidigungspolitik (geburtenschwache Jahrgänge, ökonomische Ressourcenverknappung). Damit soll an dieser Stelle keine Option für eine künftige Verteidigungspolitik der ZEF verbunden sein, die aber auf jeden Fall Ideen zu einer nichtnuklearen Verteidigungsstrategie wird überprüfen müssen.

Bühl, Hartmut (Hrsg.): Strategiediskussion: NATO-Strategie im Wandel – Alternative Sicherheitskonzepte – Strategische Defensive, Herford, Bonn 1987. Dieser Sammelband ist auf eine modernisierte Fortschreibung der bisherigen

NATO-Verteidigungspolitik hin angelegt, gibt aber auch der Selbstdarstellung alternativer Sicherheitskonzeptionen Raum und zeigt deutlich, daß aufgrund der technologischen Entwicklungen und des amerikanischen SDI-Programms große Wandlungen der Sicherheitsstrategie der Europäer so oder so ins Haus stehen und auch auf eine NATO-Strategie große Herausforderungen zukommen.

Reinfried, Hubert / Schulte, Ludwig: Ausstieg aus der Nuklearstrategie, Chancen und Risiken für die Sicherheit Europas, Herford 1987, kommt bei ebenfalls »atlantischer« Orientierung zu einem ähnlichen Ergebnis, indem es die Grundzüge der Entwicklung der globalen Nuklearstrategie und deren Perspektiven im Hinblick auf SDI, das amerikanische »Sternenkrieg«-Programm, untersucht. Als Folge dieser mit europäischen Sicherheitsinteressen nicht im Einklang stehenden Entwicklung wird ein zunehmender Zwang zur Konventionalisierung der europäischen Verteidigung gesehen, wobei hier der Nachweis wichtig ist, daß auch rein technologisch die Möglichkeit einer nichtnuklearen Verteidigung gegeben sind bzw. in Kürze gegeben sein werden.

Kap. VIII: Die »großen Brüder« und der westliche Nachbar

Horn, Hannelore / Mampel, Siegfried (Hrsg.): Die Deutsche Frage aus der heutigen Sicht des Auslands, Berlin 1987. In diesem Band kommen Vertreter bzw. Kenner der USA, Frankreichs, Italiens, Großbritanniens, Österreichs, der Sowjetunion und Polens zu Wort. Ihre Stellungnahmen kommen zwar durchweg zu dem Ergebnis, daß sich in den betreffenden Ländern seit der Nachkriegszeit ein erheblicher Einstellungswandel vollzogen hat, zeigen aber auch, daß gegenüber einer offenen deutschen Frage noch erhebliche Vorbehalte – auch Vorurteile – zu überwinden wären.

USA

Grosser, Alfred: Das Bündnis, Die westeuropäischen Länder und die USA seit dem Krieg, München 1978, resümiert – mit dem Schwerpunkt auf die französischen und westdeutschen Beziehungen zu den USA – die Geschichte des politischen, militärischen und ökonomischen Zusammenhangs Nordamerikas und Westeuropas in umfassender Weise bis zur Mitte der siebziger Jahre.

Aron, Raymond: Die imperiale Republik, Die Vereinigten Staaten von Amerika und die übrige Welt seit 1945, Stuttgart, Zürich 1975, behandelt in etwa denselben Zeitraum und dasselbe Thema und ist trotz des Titels ebenfalls mit Einschränkungen »proatlantisch«, d. h. kritisch gegenüber bestimmten Formen und

Traditionen der amerikanischen Diplomatie, aber gegen den damals aufgekommenen westeuropäischen Imperialismusvorwurf an die USA gerichtet. Die zugegebene hegemoniale Stellung und imperiale Politik der USA wird als natürliches Ergebnis der historischen Entwicklung und den Zwängen des bipolaren Systems geschildert.

Smith, Michael: Western Europe and the United States, The Uncertain Alliance, London, Boston, Sidney 1984. Das Buch analysiert Struktur und Geschichte dieser Allianz unter mehreren Gesichtspunkten, mit dem Schluß, daß zwar die Allianz nicht absolut unsicher ist, aber doch in ihr immer wieder neue Unsicherheiten und objektive Interessengegensätze aufgetreten sind und weiterhin auftreten werden, und daß es keine Garantie gibt, daß diese Divergenzen politisch immer steuerbar sein werden.

Hacke, Christian: Von Kennedy bis Reagan, Grundzüge der amerikanischen Außenpolitik 1960–1984, Stuttgart 1984, bietet eine gute Gesamtübersicht über die amerikanische Außenpolitik seit 1960 aus liberal-konservativer, »atlantischer« Sicht. Allerdings macht er auch deutlich, daß das für ihn wünschenswerte atlantische Bündnis nicht ungefährdet ist, da zwischen Westeuropa und den USA sowohl objektive Interessengegensätze als auch beträchtliche Unterschiede im politischen Handlungsstil existieren und daß die amerikanische Außenpolitik zu starken Schwankungen neigt.

Spillmann, Kurt R: Aggressive USA? Amerikanische Sicherheitspolitik 1945–1985, Stuttgart 1985, kommt – bei gleicher »atlantischer« Grundhaltung – zu ähnlichen Ergebnissen, auch wenn er die Frage seines Buchtitels verneint. Die größte Gefahr sieht er in dem wachsenden amerikanischen Hang zum Unilateralismus, d. h. zum einseitigen globalen Vorgehen mit tendenziell isolationistischem Grundtenor. Auch betont er wie auch Hacke die zunehmende Orientierung in den pazifischen Raum.

Quandt, Siegfried / Schult, Gerhard (Hrsg.): Die USA und Deutschland seit dem Zweiten Weltkrieg, Paderborn 1985. Der Sammelband widmet sich aus generell »atlantischer« Sichtweise verschiedenen Aspekten des deutsch-amerikanischen Verhältnisses, wobei interessant das Urteil eines amerikanischen Deutschlandkorrespondenten über dieses Verhältnis aus amerikanischer Sicht ist: es sei »keine echte Partnerschaft«, ja »im Grunde genommen nicht einmal ein Verhältnis«.

Hacker, Jens: Der Ostblock, Entstehung, Entwicklung und Struktur 1939–1980, Baden-Baden 1983, bietet eine gründliche Übersicht über die historische Entwicklung der Stellung der Sowjetunion in und zu ihrem Hegemonialverband in Osteuropa von dessen Entstehung bis zum Ende der Breschnew-Ära. Er zeigt auch, daß die Entwicklung dahin nicht gradlinig verlief und auch heute die Struktur des Ostblocks weder monolithisch noch unveränderlich ist und daß der sowjetische Wille zur Macht und nicht die Ideologie sein Kitt sind.

Fritsch-Bournazel, Renata: Die Sowjetunion und die deutsche Teilung, Die sowjetische Deutschlandpolitik 1945–1979, Opladen 1979, zeigt, daß sich die Sowjetunion in Mitteleuropa mehrere Optionen offengehalten hat und weiterhin halten dürfte.

Größte Aufmerksamkeit genießt derzeit aber die Politik des Generalsekretärs Gorbatschow, die mittlerweile auch eine Reihe von Analyse-Versuchen auf westlicher Seite provoziert hat. Alle ernstzunehmenden Autoren gehen dabei davon aus, daß »Perestrojka« »nur« der Reform des bestehenden realsozialistischen Systems dienen soll, aber auch davon, daß – bei naturgemäß unterschiedlichen Urteilen über die Chancen und die Reichweite der Reformen im einzelnen – eine umfassende und tiefgreifende gesellschaftliche und wirtschaftliche Reform für die Sowjetunion eine absolute Notwendigkeit ist und auch von der Gorbatschow-Gruppe als solche gesehen und angestrebt wird. Aus der jüngsten Literatur seien folgende Werke erwähnt:

Bundesinstitut für ostwissenschaftliche und internationale Studien (Hrsg.): Sowjetunion 1986/87 – Ereignisse, Probleme, Perspektiven, München, Wien 1987. Dieser Sammelband bilanziert in einer Reihe von Beiträgen die sowjetische Innen-, Wirtschafts- und Außenpolitik seit dem Machtantritt Gorbatschows bis Mitte 1987 wohl am umfassendsten. Der Grundtenor ist eher skeptisch, daß Spektrum der Urteile allerdings breit, die neue Flexibilität in der Außen- und Außenwirtschaftspolitik – auch gegenüber der Bundesrepublik – wird betont.

Mommsen, Margareta / Schröder, Hans-Henning (Hrsg.): Gorbatschows Revolution von oben, Dynamik und Widerstände im Reformprozeß der UdSSR, Frankfurt a. M., Berlin 1987. Auch dieser Sammelband enthält eine Reihe von Darstellungen ausgewiesener Experten zu den Chancen und Wirkungen von »Perestrojka« in den einzelnen Teilbereichen der sowjetischen Politik wie Kultur, Gesellschaft, Wirtschaft, Recht, Umweltschutz, Technologie, Militär, Abrüstung und Außenpolitik. Bei umfassender Informiertheit sind die Beiträge der Tendenz nach zwar etwas optimistischer als im zuvor genannten Band und betonen den grundlegenden Charakter der Wandlungen stärker, blieben aber skeptisch hinsichtlich der vollen Erfolgschancen von »Perestrojka«.

Müller, M. / Heimann, G. / Klose, H.-U. / Maldaner, K.: »Es gibt kein Zurück«, Gorbatschows Reformen – Chancen für Europa, Berlin, Bonn 1987. Sehr optimistisch, aber oft mit dem Wunsch als Vater des Gedankens – auch dem Wunsch nach einer »neuen Chance für die Idee des Sozialismus« – und mit eher allgemeinen Argumenten als mit tiefschürfenden Sachanalysen, betrachtet der von SPD-Politikern verfaßte Band die sowjetische Entwicklung. Im außenpolitischen Teil drücken die Autoren die Hoffnung aus, daß durch die neue sowjetische Politik Deutschland eine Chance haben werde, sich wieder als europäische Mitte zu begreifen, und daß es zu einer Definition einer Ost und West übergreifenden europäischen Identität kommen werde.

Ruffmann, Karl-Heinz: Fragen an die sowjetische Geschichte, Von Lenin bis Gorbatschow, München 1987. Eher skeptisch, aber aufgrund gründlicher historischer Analysen und insoweit sehr fundiert, betrachtet der Erlanger Osteuropa-Historiker die Entwicklungsperspektiven der Gorbatschowschen Sowjetunion. Weder Notwendigkeit noch Absicht zur Modernisierung in der UdSSR werden geleugnet, aber der Spielraum dazu als eng begrenzt auf eine Effektivierung des bestehenden inneren und Wirtschaftssystems gesehen, unter allerdings verstärktem Interesse an außenpolitischem Konfliktabbau und einer defensiveren Außenpolitik.

Frankreich

Bainville, Jacques: Histoire de deux peuples (continueé jusqu'a Hitler), Paris 1938. Dieses Buch, eines der meistgelesenen französischen Historiker des 20. Jahrhunderts, vertritt einen französischen Nationalismus, für den die Politik von 1648 – also eine Politik der Stärke Frankreichs und der Teilung, der Zerrissenheit Deutschlands – den Höhepunkt europäischer staatsmännischer Leistung war und ist. Kein Wunder, daß 1939/40 in Deutschland eine Übersetzung einer früheren Fassung dieses Werkes als »Geschichte zweier Völker« erschien.

Grosser, Alfred: Deutschlandbilanz, Geschichte Deutschlands seit 1945, München, 6. Aufl. 1977, ist die Geschichte »Deutschlands« – eigentlich nur der Bundesrepublik – von 1945 bis 1970 aus der Sicht eines Franzosen und Frankreichs. Scharfsinnig und differenziert, ist sie aber auch eine etwas herablassende demokratische Belehrung der Deutschen. Die Gemeinsamkeiten der Bundesrepublik mit dem Westen – Frankreich – werden höher eingestuft als die Zusammengehörigkeit mit der DDR, von der der Verfasser – eingestandenermaßen – kaum eine Ahnung hat.

Grosser, Alfred: Versuchte Beeinflussung – Zur Kritik und Ermunterung der Deutschen, Aufsätze und Ansprachen 1975–1980, München, Wien 1981, ist eine

Sammlung von in vielen Hinsichten durchaus Anregung gebenden Aufsätzen des Verfassers, in der der oben erwähnte herablassend belehrende Zug noch stärker und insoweit unangenehmer in Erscheinung tritt.

Poidevin, Raymond/Bariéty, Jaques: Frankreich und Deutschland, Die Geschichte ihrer Beziehungen 1815–1975, München 1982. Eine stark vom Geiste des herkömmlichen französischen Nationalinteresses geprägte Darstellung der Rolle und Beziehungen Deutschlands im 20. Jahrhundert. Dieses in Frankreich erst 1983 erschienene Buch zeigt eine voreingenommene Unbelehrbarkeit, die bei den heutigen wohltönenden Freundschaftsbeteuerungen der Politiker beider Länder nachdenklich machen sollte. Wie Bainville und z. T. auch Grosser zeigt auch Poidevin, daß in Frankreich der Geist von 1648 im Grunde immer noch bestimmend zu sein scheint.

Weisenfeld, Ernst: Welches Deutschland soll es sein? Frankreich und die deutsche Einheit seit 1945, München 1986. Diese wichtige Analyse des Verhältnisses Frankreichs zu Deutschland seit 1945 kommt hingegen in bezug auf die gewandelte Einstellung Frankreichs zu einer deutschen Wiedervereinigung zu – möglicherweise allzu – optimistischen Folgerungen.

Bernard Willms: geb. 1931 in Mönchengladbach. Studium in Köln und Münster. 1964 Promotion bei Joachim Ritter. 1965–69 Assistent bei Helmut Schelsky. Seit 1970 Professor für Politikwissenschaft mit dem Schwerpunkt Politische Theorie an der Ruhr-Universität Bochum.

Weitere wichtige Veröffentlichungen: Die totale Freiheit. Fichtes politische Philosophie, 1965; Die Antwort des Leviathan. Thomas Hobbes' politische Theorie, 1970; Die politischen Ideen von Hobbes bis Ho Tschi Minh, 1971; Selbstbehauptung und Anerkennung. Grundriß der politischen Dialektik, 1977; Einführung in die Staatslehre, 1979; Der Weg des Leviathan. Die Hobbes-Forschung von 1968–1978, 1980. Die Deutsche Nation, Theorie – Lage – Zukunft, 1982; Idealismus und Nation – Zur Rekonstruktion des Politischen Selbstbewußtseins der Deutschen, 1986; Thomas Hobbes: Das Reich des Leviathan, 1987; ferner Herausgeber des Handbuchs zur Deutschen Nation, bislang erschienen 2 Bände, 1986ff.

Paul Kleinewefers, 1905 in Krefeld geboren, nach Abitur und praktischer Arbeitszeit ab 1924 Studium des Maschinenbaus an den Technischen Hochschulen Karlsruhe und Hannover. 1930 Diplom-Ingenieur und Eintritt in die Maschinenfabrik Kleinewefers in Krefeld. Nach Zerstörung der Werke im Zweiten Weltkrieg Wiederaufbau und Ausbau der Unternehmen.

Ehrenamtliche Tätigkeit: In den dreißiger Jahren Beirat der Wirtschaftsgruppe Maschinenbau, Berlin, und anderer Fachgruppen; Beirat der Leipziger Messe. 1960 bis 1973 Beirat Deutsche Bank; 1967 bis 1974 Vorstand und später stellvertretender Vorsitzender der ASU (Arbeitsgemeinschaft Selbständiger Unternehmer), Bonn.

Auszeichnungen: 1950 Ehrensenator der Technischen Hochschule Karlsruhe. 1959 Verleihung der Diesel-Medaille in Gold.

Autobiographie »Jahrgang 1905«, Beitrag zur Zeit- und Wirtschaftsgeschichte, 1977 im Seewald-Verlag, Stuttgart. 1984/85 die 4. Auflage mit einem Vorwort von Prof. Hellmuth Diwald, Erlangen, bei Busse + Seewald in Herford. Im Laufe der Jahre zahlreiche Aufsätze und Artikel für zeitgeschichtliche Zeitschriften und Tageszeitungen; ferner mehrere Fernsehinterviews.

Personenregister